처음
읽는

윤리학

# 처음 읽는 윤리학

ⓒ 서울대학교 철학사상연구소, 2013

**초판 1쇄 펴낸날** 2013년 12월 20일
**초판 4쇄 펴낸날** 2023년  2월 10일

**엮은이** 서울대학교 철학사상연구소
**글쓴이** 주동률, 황경식, 정원섭, 강순전, 백승영, 이남인, 박찬국,
　　　　 김창래, 김상록, 김상환, 하주영, 정연교, 정훈, 김명식, 최경석,
　　　　 김은희, 김형철, 목광수, 이민수, 박병섭, 김현섭
**펴낸이** 이건복
**펴낸곳** 도서출판 동녘

**편집** 구형민 정경윤 김다정 이지원 김혜윤 홍주은
**마케팅** 임세현
**관리** 서숙희 이주원

**등록** 제311-1980-01호 1980년 3월 25일
**주소** (10881) 경기도 파주시 회동길 77-26
**전화** 영업 031-955-3000 편집 031-955-3005　**전송** 031-955-3009
**블로그** www.dongnyok.com　**전자우편** editor@dongnyok.com
**인쇄·제본** 영신사 **라미네이팅** 북웨어 **종이** 한서지업사

ISBN 978-89-7297-702-5 (93100)

• 잘못 만들어진 책은 바꿔 드립니다.
• 책값은 뒤표지에 쓰여 있습니다.
• 이 도서의 국립중앙도서관 출판시도서목록(CIP)은 e-CIP홈페이지(http://www.nl.go.kr/ecip)와
　국가자료공동목록시스템(http://www.nl.go.kr/kolisnet)에서 이용하실 수 있습니다.
　(CIP제어번호: CIP2013026709)

# 처음 읽는 윤리학

서울대학교 철학사상연구소 엮음

소크라테스부터
자크 데리다까지,
성윤리부터
디지털윤리까지
—
윤리의 본성을 탐구하는
철학적 모험!

동녘

## 일러두기

1. 본문에 사용한 기호의 쓰임새는 다음과 같다.

   ○ 국내서
   《 》: 단행본, 신문명, 잡지명
   〈 〉: 단편, 논문

   ○ 국외서
   이탤릭: 단행본, 잡지명
   " ": 단편, 논문

2. 맞춤법과 띄어쓰기는 '한글 맞춤법'에 따랐다. 그러나 국내에서 통용되는 외국어는 국내
   상황에 맞게 바꿨다. 특히 이 책에 등장하는 학자들의 이름은 최대한 원어를 번역하려고
   노력했으나, 기존에 많이 다뤄져 관용적으로 굳어진 경우에는 기존의 표기를 따랐다.

## 들어가는 글

서울대철학사상연구소는 동양과 서양의 철학사상을 종합적으로 연구하고 다양한 학문의 방법론과 체계에 관한 학제적 연구를 수행하는 동시에 철학 교육의 진작을 위한 연구 및 사업을 전개하기 위해서 1989년 6월 14일에 설립되었습니다. 이러한 목적을 위해서 본 연구소는 콜로키움과 학술대회 등을 개최하고 다양한 출판저술 활동을 전개해왔습니다.

연구소가 설립된 지 20년이 지난 2010년에 본 연구소 임원진은 그동안 본 연구소가 주로 철학 전공자들만을 염두에 두고 활동해왔는데, 이제부터는 일반인들까지 고려하는 철학 교육 활동을 활발하게 전개할 필요가 있다는 문제의식을 공유하게 되었습니다. 이러한 문제의식을 구체화하면서 본 연구소는 2012년 6월에 《마음과 철학》(서양편)을, 2013년 11월에는 《마음과 철학》(유학편)과 《마음과 철학》(불교편)을 출간하게 되었습니다.

《마음과 철학》(서양편)에서는 고대의 플라톤에서 현대의 차머스에 이르는 서양의 대표적인 철학자 28인의 마음관을 각 철학자에 대한 한국의 권위자들이 쉽게 소개하고 있습니다. 오늘날 마음의 본성에 대한 관심이 철학이나 심리학과 같은 학계에서뿐 아니라 일반인 사이에서도 높아지고 있는 현실을 반영하듯 이 책은 출간된 지 채 1

년도 안 되어 2쇄를 찍게 되었습니다.《마음과 철학》(유학편)은 공자에서 최한기에 이르는 유학의 대표적 철학자 15인의 마음관을,《마음과 철학》(불교편)은 초기 불교에서 성철에 이르는 불교의 대표적 사조나 사상가들의 마음관을 역시 각 사조와 사상가들에 대한 한국의 권위자들이 소개하고 있습니다.《마음과 철학》(서양편)과 마찬가지로《마음과 철학》(유학편)과《마음과 철학》(불교편)도 많은 사람들의 관심을 끌게 될 것으로 기대하고 있습니다.

본 연구소는 이제《마음과 철학》총서에 이어《처음 읽는 윤리학》이란 이름으로 윤리학에 대한 종합적인 안내서를 출간하게 되었습니다. 본 연구소가 윤리학에 대한 종합적인 안내서를 기획하게 되었던 것은 최근에 마이클 샌델의《정의란 무엇인가》가 국내에서 선풍을 일으킨 데서 볼 수 있는 것처럼 윤리문제에 대한 사람들의 관심이 크게 높아졌다고 보았기 때문입니다. 이 책은 이렇게 윤리문제에 대한 일반인들의 관심에 부응하기 위해서 기획되었기 때문에 철학 전공자들뿐 아니라 일반인들도 무난하게 읽을 수 있도록 집필되었습니다. 아울러 《마음과 철학》총서와 마찬가지로 이 책의 집필에는 이 책에서 다루고 있는 각 주제에 대한 한국의 대표적인 전문가들 21명이 참여하였습니다. 국내뿐 아니라 국외에서도 이렇게 대규모 집필진이 참여한 윤리학에 대한 종합적인 안내서는 없을 것으로 사료됩니다.

이 책은 크게 세 부분으로 나누어집니다. 첫째 부분은 이론윤리학의 주요 쟁점들을 다루고 있고, 둘째 부분은 근현대의 다양한 철학 사조에서 나타나고 있는 윤리학의 입장을 살펴보고 있으며, 셋째 부분은 실천윤리학의 제반 문제들을 다루고 있습니다. 이 책으로 독자들은 윤리학의 중심 문제들과 다양한 방법적 입장들에 대해서 전반적인 조망을 얻을 수 있을 것이라고 여겨집니다.

《처음 읽는 윤리학》이 출간되기까지 많은 분들의 노고가 있었습니다. 무엇보다도 기획 단계에서 좋은 아이디어를 주셨던 정호근 교수님, 이 책을 만드는 사업을 발진시켰던 전前철학사상연구소장 조은수 교수님, 고비고비마다 좋은 말씀 주셨던 연구소의 임원분들 그리고 좋은 책을 만들어보자는 일념으로 적극적으로 협조해주셨던 집필진 여러분께 깊이 감사드립니다. 또한 이 책의 출간을 흔쾌히 맡아주신 이건복 사장님 이하 도서출판 동녘의 임직원 여러분, 특히 이 책을 아름답게 만들어주신 윤현아 선생님께 깊이 감사드립니다.


2013년 11월 26일
서울대 철학사상연구소장

박찬국

# 차례

# 2부 | 철학, 윤리를 말하다

# 3부 | 일상생활 속의 윤리학

# 1.

# 왜 윤리학인가?

# 실재론/반실재론, 자연주의/반자연주의 상대주의/보편주의

주동률

이 글의 제목은 메타윤리학metaethics의 지형도에서 중요한 전선을 이루고 있는 대조적 입장들의 쌍을 제시한다. 학술적 문맥에서 '메타'는 그 다음에 오는 학문 영역의 본성과 기본 개념에 대한 2차적 반성 활동을 뜻한다. 메타철학metaphilosophy은 철학의 본성과 역할에 대한 (철학적) 성찰을, 메타비평metacriticism은 예술비평의 성격과 비평 기준의 지위에 대한 미학적 성찰을, 형이상학metaphysics은 개별적 존재자의 특성을 탐구하는 물리학physics의 배후에 있는, 존재함의 근본 원리에 대한 성찰이다. 메타윤리학은, 어떤 행위가 옳은지를 제시하는 규범윤리학의 본성과 규범적 속성의 존재론적, 인식론적 지위, 그리고 도덕 개념들의 의미와 도덕 판단의 논리를 다루는 철학적 윤리학의 분야이다. 다시 말해 옳음 혹은 좋음이라는 속성이 존재하는지, 존재한다면 어떤 방식으로, 즉 책상이나 책상을 이루는 분자들과 동일한 혹은 다른 방식으로 존재하는지를 탐구하고, 이와 관련하여 '옳음' 혹은 '좋음'이 무엇을 의미하고 그것이 등장하는 판단의 진리치나 정당화가 어떻게 논의될 수 있는지를 탐구한다. 개인들이 어떤 행위가 옳은지를 알고 그 행위를 추구하는 것이 중요하지, 그 행위의 옳음이 어디에 어떻게 존재하는지를 알아야 하는 이유는 무엇일까? 어떤 담론이나 인간 활동의 영역에서 중요한 기능을 하지만 그 영역에 속한 내부자들이 반성하지 않는 개념의 의미와 속성의 존재 여부 혹은 존재방식을 탐구하는 것은 철학자들 고유의 관심이다. 하지만 메타윤리학이 단지 추상적이고 개념적 탐구에 그치는 것은 아니다. 최근에 자신이 일생 동안 탐구해온 규범윤리학과 메타윤리학의 주요 입장들을 논의하고 자신의 입장을 체계적으로 개진한 한 철학자는 만약 자신이 부정하는 메타윤리학(이 경우는 아래에서 설명하게 될 주관주의 형태의 반실재론)이 합당한 것으로 판명이 난다면 자신의 전 생애가 "낭비된 것"으로 되리라고 말했다. 행위나 제도의 도덕성에 대한 판단이 단지 판단자의 개인적 의견 표명에 불과하고 그 판단을 참으로 만드는 객관적 사실이 존재하지 않는다면 그가 일생 지속한 학문적 탐구는 물론이고 그 탐구 결과에 근거하여 자신이 내린 도덕 판단과 수행한 행위조차 의미를 잃게 되기 때문이다. 이 글에서는 메타윤리학의 기본 성격, 주요문제들, 그리고 제목에 소개된 세 쌍의 입장들을 설명하고, 메타윤리학이 규범윤리학과 관련되는 지점을 간략히 언급할 것이다.


## 메타윤리학의 성격과 주요 이슈들

좋음이나 옳음과 같은 가치와 규범적 속성들의 존재론이 메타윤리학의 핵심 주제이다. 그런 연유로 메타윤리학은 철학의 다른 분야에서 논의되는 개념과 도구들에 크게 영향을 받는다. 속성 자체의 존재를 논할 때 동원되는 여러 개념들, 예를 들어 어떤 속성이 자연적인지 아닌지, 그것이 그 존재가 덜 의심되는 물리적 속성과 어떤 관계에 있는지(뒤에서 설명하겠지만, 후자에 환원되는지 혹은 단지 수반하는지) 등의 논의에 깊이 의존한다. 그런데 20세 중반 이후 상당 기간 동안 메타윤리학은 직접 속성 존재론으로 추구되기보다는 언어철학적 틀 안에서 진행되었다. 그 이유는 20세기 초반부터 철학자들은 세계 자체가 아니라 언어적으로 표명된 (세계에 관한) 판단을 대상으로 논의를 해왔기 때문이다. 이런 영향은 지금도 남아 있다. 뒤에서 보겠지만 도덕 속성의 객관적 존재를 부인하는 반실재론의 많은 유형은 다음의 경로를 밟는다. 도덕 판단은 겉보기와 달리 참 혹은 거짓으로 구획될 수 있는 명제가 아니라 일종의 감탄문 같은 언술행위로 이해되어야 한다. 그리고 도덕 판단이 참일 필요가 없다면, 그것을 참으로 만드는 세계 내적인 (도덕) 사실 조차 있을 필요가 없다(반실재론자들은 도덕 사실이 단지 존재할 필요가 없을 뿐 아니라 존재하는 것으로 보기 힘들다는, 다른 도덕 언어-관련적 주장을 더하기도 한다). 메타윤리학은 일반적 속성 존재론과 언어철학뿐 아니라 심리학이나 심리철학과도 깊은 연관을 맺고 있다. 도덕 판단이 판단자의 어떤 심리 상태를 대변하는지, 즉 믿음을 표명하는 것인지 욕구나 정서의 표현인지는 도덕 속성의 존재론에 아주 중요한 시사점을 던진다. 또한 도덕 판단과 판단자의 행위 동기의 관계도 중요한 주제이다. 물론 도덕 속성에 관한 인식이 어떻게 획득될 수 있는지, 도덕 판단의 참과 정당화가 과연 인식의 조건을 만족하는지도 속성 존재론과 항상 병행되어 진행되는 논의 주제이다. 메타윤리학은 이렇게 존재론, 언어철학, 심리(철)학, 인식론적 논의의 차원이 있을 뿐 아니라, 마지막 절에서 보겠지만 철학 이외에 진화생물학이나 인지과학적 성과에도 중요한 방식으로 영향을 받는다. 간략히 말하면, 규범적 차원과 관련되는 인간의 자기 이해와 세계 이해의 모든 방식들이 메타윤리학의 주제와 논의 도구로 등장한다.

　도덕 속성의 존재와 인식적 지위 이외에도 메타윤리학의 주요 논제들은 다음과 같다. 도덕적 책임에 (어떤 종류의) 자유의지가 필요한지, 인간에게 그러한 자유의지가 존재하는지의 문제, 도덕 판단의 기준이 일반적 원칙에 의해 주어져야 하는지, 아니면 일반화될 수 없는 상황적이고 개별적 판단 기준만이 가능한지의 문제generalism vs. particularism, 도덕규범의 존재와 일정 정도의 권위를 인정하더라도, 타산적 혹은 개인적 관심에 근거한 규범과 충돌할 경우 왜 개인들은 도덕규범에 최종적 혹은 우선적 권위를 부여해야 하는지Why Be Moral?의 문제 등. 이 문제들 중에서 이 글은 도덕 속성의 존재문제에 주로 초점을 맞출 것이다.

도덕 속성의 존재에 관한 논의의 서사narrative는 대개 다음과 같은 구조를 갖는다. 논의의 출발선에서 실재론자들은 일상인들의 도덕적 언어 사용과 관행이 실재론을 옳은 것으로 추정할 만한 성격realistic presumption을 갖는다고 주장한다. 물론 일상적 도덕 판단자와 행위자들이 도덕 속성의 형이상학적 성격과 지위에 관해 구체적인 상을 갖고 있지 않겠지만, 그 속성에 관한 실재론이 그들의 도덕 언어와 관행에 관한 최선의 설명을 제공한다는 것이다. 이에 대해 반실재론자들은 두 가지로 대응한다. 첫째, 도덕적 관행의 실재론적 추정을 뒤엎을 만한 중요한 **이론적** 이유들이 존재한다. 즉 일상적 도덕관념과 관습의 배후에 있는 내용을 추적하다보면 그 관념과 관습이 실재하는 속성과 사실에 관한 것일 수 없다는 다수의 철학적 이유들이 존재한다. 둘째로, 실재론적으로 보이는 관행에 관한 (조금 불충분하더라도) 반실재론적 설명이 가능할 뿐 아니라, 반실재론적 이론적 이유들을 배태한 반실재론적 도덕 관행도 존재한다. 이런 근거로 반실재론의 다양한 유형들이 등장했다. 실재론은 반실재론의 이론적 논증에 답하면서 그리고 반실재론의 도덕 관행에 대한 설명이 부족하다는 비판을 지속하면서 또한 다양한 형태로 분화하고 있다.

이 글의 진행도 이러한 서사구조를 따른다. 도덕 실재론의 기본 요소들을 먼저 제시하고, 소위 실재론적 추정을 가능케 하는 일상적 도덕관념과 관행을 소개한다. 다음 절들에서 이 추정에 대한 반실재론의 반대 주장, 그리고 그 반박에 기초한 반실재론의 주요 유형들이 제시된다. 이어서 반실재론적 논증에 답하면서 전개된 두 유형의 실재론, 즉 자연주의적 실재론과 반자연주의적 실재론의 대조가 소개된다. 반실재론의 한 유형이면서 일상적 함의가 많은 상대주의와 이에 대조되는 보편주의가 그 다음 주제이다. 이러한 논의를 추동하고 지속시키는, 메타윤리학이 마주한 주요 과제들이 마지막 절의 내용이다.

## 도덕 실재론의 일반적 규정과
## 일상적 도덕 관행의 실재론적 성격

다음에 제시되는 세 가지 요건들은 실재론에 대한 논의의 출발선에서 주로 제시되는 것들인데, 아래에서 보게 되듯이 일부 논자들은 이 규정에서 벗어난 실재론 개념을 도입한다. 하지만 이후의 입장 분화를 이해하기 위해서라도 일단 전통적 개념에서 시작해보자. 첫째로 도덕 실재론은 도덕 판단이 참 아니면 거짓이라는 진리치를 가진다고 간주한다. 철학적 용어를 사용하자면 도덕 판단이 세계의 상태를 기술하는 명제proposition이며, 그 판단이 대변하는 판단자의 심리 상태가 (역시 참 아니면 거짓인) 믿음이라는 주장이다. 도덕 판단이 진리치를 갖지 않는 감탄사나 명령문이 아니라 인식적 주장에 해당한다는 것이다. 도덕 판단에 대한 이러한 입장을 인지주의cognitivism라고 부른다. 둘째로 도덕 실재론은 참인 도덕 판단이 있다고 주장한다. 다시 말해 도덕 판단이 (감정의 표현이 아니라) 진리치를 가지는 믿음을 대변하지만, 모두 거짓인 진리치를 갖지는 않는다는 주장이다. 도덕 판단은 판단 대상이 어떤 도덕 속성을 구현한다고 주장하지만, 그 속성이 존재할 수 없는 부류에 속한다면 그 주장은 모두 거짓일 것이다(이러한 주장을 하는 반실재론의 유형인 오류 이론error theory이 다음에 소개된다). 실재론의 둘째 요건은 성공/완수 이론success theory이어야 한다는 것이다. 마지막으로 참인 도덕 판단을 참으로 만드는 것이 인간의 마음과 독립한 사실이어야 한다. 이 마음-독립성<sup>mind-independence</sup>에 대해서 두 가지 부연설명이 필요하다.

도덕은 그 형이상학적 지위가 무엇이든 인간의 성품이나 행위의 평가와 관련된 영역이고, 평가 대상인 본인과 주변 사람들의 몸과 마음에 미치는 영향을 도외시하는 도덕 평가는 있을 수 없다. 따라서 마음-독립성 조건에서 '마음'이 의미하는 바는, 평가 대상이 사람들(의 마음)에게 미치는 인과적 효과(복지 혹은 고통의 증가)가 아니라, 그 대상의 도덕성을 평가하는 사람의 **평가하는** 마음, 즉 호불호의 태도 혹은 옳거나 그르다는 믿음을 말한다. 어떤 대상에 대해 누가 좋다고 생각하거나 호의적으로 느끼는 것이 그 대상의 도덕성을 결정한다면 실재론은 결정적으로 훼손된다. 또한 여기서 '마음'은 개인적 믿음, 감정, 태도뿐 아니라 이론적 관념 체계, 집단적 태도, 문화적 관습 등을 포괄한다. 어떤 집단이 대체로 수용하는 행위가 바로 그 때문에 옳은 것이고, 그 집단이 수용하기 이전에 수용의 옳고 그름을 판단해줄 독자적 기준이 없다면 역시 도덕 실재론은 배제될 것이다(철학적 용어로 이와 같은 의미에서 '마음-독립적'으로 존재하는 것을 **실제로 존재**한다는 의미에서 '실재<sup>real</sup>'한다고 한다).

실재론자들이 자신의 편이라고 간주하는 도덕 관행은 다음과 같다. 우리는 당면한 도덕적 사안에 대해 **숙고**하고 **토론**하며, 때로는 자신과 다른 의견을 가진 사람들 (혹은 과거의 자신의 판단)을 **비판**하거나 자신의 입장을 그들에게 **정당화**한다. 만약에 도덕 판단이 단지 판단자 개인의 호불호의 감정과 태도의 표명이라면 이러한 숙고, 토론, 비판과 정당화의 행태는 이해하기 힘들어진다. 또한 우리는 과거에 용인되었던 행위나 제도, 예를 들어 노예/신분제도나 인종/성차별이 철폐된 것이 단순한 **변화**가 아니라 도덕적 **진보**라고 간주한다. 도덕적 이슈에 대해 **올바른** 대답이 있다고 믿거나 최소한 더 나은 대답과 못한 대답이 있다고 믿을 때 이러한 관행이 잘 이해가 간다. 실재론자들은 이러한 관행에 근거하여 일상적 도덕 판단자들이 기본적으로 실재론적 직관을 가지고 있다고 간주하거나, (그렇지 않다고 해도) 도덕 실재론을 전제하면 이러한 관행이 잘 이해가 간다는 의미에서 그 관행이 좋은 설명 가설이라고 주장한다. 그들은, 반실재론은 일상인들의 실재론적 도덕 직관이 체계적으로 오류 혹은 오해에 처해 있다고 주장해야 하고 비일상적, 수정적 도덕 관행의 도입을 주장해야 하는 부담을 지고 있으며, 실재론적 관행의 확산을 잘 설명하지 못한다고 주장한다.

## 도덕 실재론에 대한 반실재론의 문제제기

실재론적 추정에 맞서서 반실재론자들은 일상인들에게 실재론적 직관이 있다면 그것이 상당한 오류 혹은 오해일 가능성이 있다고 주장하는데, 도덕 속성과 판단에 대한 이론적 탐구가 이러한 진단을 가능케 한다는 것이다. 이러한 이론적 탐구는 또한 실재론이 설명하지 못하는 도덕 관념의 측면을 제시할 것이다. 더 나아가서 가설의 설명력은, 그것이 **참이라면** 관찰된 현상이 야기될 개연성을 말해줄 뿐, 그것이 애초에 참인지는 우리가 가진 최선의 배경적인 과학적, 철학적 세계관과 부합하는지에 의존하는데 이 점에서 실재론은 더 커다란 문제를 가진다는 것이 반실재론의 주장이다. 문제제기는 크게 세 가지이다.

첫째로, 끈질긴 도덕적 이견moral disagreement의 존재는 반실재론 논증의 주요 소재이다. 반실재론자에 의하면 도덕적 이견은 폭이 넓고 깊으며 중요한 주제에 걸쳐 나타난다. 중요한 사안(어떤 분배제도가 정의로운지, 안락사는 허용되는지 등)에 대한 이견은 표면적 차이가 아니라 근본적 도덕규범에 대한 관점의 차이를 드러낸다. 만약 도덕 속성이 세계 안에서 발견되는 것이라면 이러한 중대하고 끈질긴 이견은 한 편의 도덕적 인식적 실수 혹은 오류가 그만큼 크다는 것을 함축한다. 하지만 도덕적 이견은 많은 경우 당사자들 중 일부가 사실적 믿음과 정보에 무지하거나 추론에서 맹목적이기 때문에 생기지 않는다. 물론 X에 대한 이견이 있다고 해서 X에 대한 반실재론 혹은 상대주의가 그대로 도출되는 것은 아니다(자연과학적 사안들에 대해서도 끈질긴 이견이 존재한다). 하지만 만약 도덕 판단이 겉보기와 달리 판단자의 감정적 태도 혹은 삶의 방식의 표명이라면 이러한 끈질긴 이견은 더 이해하기 쉽다. 이것은 위에서 본 최선 설명으로의 논증이 다시 출현한 것이다. 반실재론자들은 이견에 대한 설명력에다 다음 보게 될 두 문제에 대한 반실재론적 대응의 우위를 더한다면 반실재론의 종합점수가 상대적으로 크게 보강될 것이라고 본다.

둘째, 반실재론자에 의하면 도덕 판단과 판단자의 행위, 행위 동기, 행위할 이유의 밀접한 관계가 실재론적으로 수용되기 힘들다. 세계 내에 존재하는 대부분의 사실 혹은 속성의 구현에 대한 기술, 그리고 그 사실에 대한 믿음만으로는 어떤 식으로 행위해야 할 동기나 이유가 주어지지 않는다. 내 앞에 책상이 있다거나 그 책상의 형태가 어떻다는 판단만으로 나는 어떤 동기나 행위 이유를 갖지 않는다. 하지만 어떤 행위가 옳다는 판단은 그 자체로 판단자에게 행위를 향한 동기 혹은 행위 수행을 위한 긍정적 이유를 제공한다. 이것이 반실재론 논증이 되는 까닭은, 반실재론자들은 도덕 판단과 동기 혹은 이유의 관계가 단지 밀접한 것이 아니라, 개념적 혹은 필연적이라고 생각하기 때문이다. X가 옳다는 판단을 내렸지만, X에 대해서 그 어떤 행위 동기나 이유를 갖지 않는 사람은 '옳다'는 말의 의미를 터득하지 못한 것이다. 물론 도덕 판단에 의한 행위 동기나 이유가 가장 강한 것일 필요는 없다. 다른 동기, 욕구, 관심이 있을 경우 도덕적 동기와 이유는 뒤

쳐질 수 있지만, 최소한 '옳다'는 판단은 그 대상에 대한 **어느 정도의** 긍정적 끌림을 동반해야 한다. 더 나아가서 도덕적 동기와 행위 이유는 판단자의 개인적 타산적 관심과 욕구충족과 무관한 것이어야 한다. 도덕적으로 옳은 행위를 추동하기 위해 개인적 관심과 추후에 연결시킬 필요가 있을 수도 있지만, 옳음의 판단 자체가 개인적 관심에 근거해서만 내려지는 것은 아니다. 옳음의 판단은 일정 부분 개인적 관심과 무관한 동기와 행위 이유를 줄 수 있어야 하는 것처럼 보인다. 이것이 도덕의 행위인도action-guiding 능력, 실천적 성격, 규범성의 근원일 것이다. 하지만 방금 언급된 대로 믿음만으로는 동기가 생기지 않는다. 18세기 영국의 철학자 흄David Hume에 의하면 동기를 위해서는 믿음과 욕구가 필요하지만, 욕구가 동기유발에 있어 더 상급 요인the senior partner이다. 따라서 도덕 판단이 그 자체로 동기와 행위 이유를 준다면 이는 도덕 판단이 사실에 대한 믿음보다는 판단자의 정서적 태도나 욕구의 표명이라는 입장을 더 잘 해명할 수 있다. 도덕 실재론에 의하면 도덕 판단은 세계 내적인 속성에 대한 판단인데, 그 속성을 인지하기만 하면 개인적 관심과 무관하게 판단자에게 동기를 유발하는 세계 내적, 즉 마음-독립적 속성의 존재는 어떤 반실재론자에 의하면 형이상학적으로 기이하다. 그 자체에 (당신의 개인적 관심과 무관하게) '나를 추구해달라'는 요구를 내적으로 탑재하고 있는 속성to-be-pursuedness somehow built into it이기 때문이다.

도덕 판단과 행위 동기와 이유의 내재적(개념적 혹은 필연적) 연관성을 주장하는 입장을 메타윤리학에서 내재주의internalism라고 부른다. 동기 내재주의와 이유 내재주의에는 중요한 차이가 있는데 여기서는 한 가지 점만을 지적하자. 만약 행위 이유가 동기를 주는 이유motivating reason라면 이는 동기 내재주의로 가게 될 것이고, 만약 판단자가 그 어떤 동기적 이끌림을 받지 않아도 그가 그렇게 **받아야만** 할 규범적 이유가 있다는 주장이라면(이러한 이유는 가끔 외적 이유 혹은 정당화 이유justifying reason라고 불린다) 실재론자도 수용할 수 있는 것이다. 필자가 보기에 도덕 판단과 행위 **이유**의 '내적인' 관계를 주장하면서 이를 실재론 특히 자연주의적 실재론에 대한 공격으로 이해하는 사람들은, 동기 내재주의와 외적 이유 사이에 중간 입지를 마련하려고 한다. X가 옳다는 판단을 내리는 사람은 실제 동기까지는 아니더라도, (그가 도덕에 대한 이해가 있는 사람이라면) X가 마땅히 행해질 이유가 있음을 이해해야 한다. 도덕적 대상이 가진 '마땅히 행해져야 함'이라는 속성은 자주 규범성normativity이라 불린다. 문제는 그 규범성이 대상의 자연 속성들과 같은 차원이냐는 것이다. 앞으로 '내재주의 논증'은 도덕 판단과 행위 **동기** 사이의 내적인 관계에 근거한 반실재론 논증으로, '규범성 논증'은 대상의 규범성(마땅히 행해져야 함)이 자연주의(실재론이든 반실재론이든)에 던지는 반론으로 의미하겠다.

반실재론자의 마지막 문제제기는 자연주의로부터의 논증이다. 간단히 말해, 우리 시대의 지배적 형이상학적 입장(일상적 용어로는 세계관)은 자연주의naturalism인데, 실재론적 도덕 속성은 자연주의적 세계(관)에 포함되기 힘들다는 것이다. 존재하는 모든 것이 자연적이라고 해보자. 그리고 자연적인 것은 원칙적으로 실험과 관찰을 통해 인식될 수 있다고 해보자('자연적'의 규정문제는 마지막 절에 다시 언급할 것이다). 자연주의로부터 도덕 실재론에 대한 도전은 네 가지 노선을 통해 제출된다.

첫째로, 직설적으로 도덕 속성의 구현이 관찰과 실험을 통해 지각될 수 있는가? 일부 반실재론자들이 묻듯이 "우리는 대상의 도덕적 측면 때문에 그것에 부딪히고 걸려 넘어질 수 있는가?" 철저한 경험주의자였던 흄은, 고의적인 살인 행위에서 살인자와 희생자의 자연적 행동과 상태를 경험적으로 확인할 수 있는 반면 그것들 **이외에** '사악함'이라는 속성은 찾을 수 없다는 사실에 주목한다. 살인 행위가 사악하다는 판단에 대응하는 하나의 "실재 사실"은 그 행위 자체에서 찾을 수 없다. **판단자**가 그의 생각을 "자신의 가슴으로 돌리고 그 행위에 대해〔판단자〕자신 안에 생겨난 비난의 감정을 발견할 때까지는." 이것은 도덕 판단에 대한 태도-표현적 입장이다.

둘째로 이러한 인식적 염려 이외에 도덕 속성은 그 어떤 자연 속성으로 환원reduction될 수 없다는 주장이 제기된다. '환원'도 갖가지 의미가 있는데, 여기서는 환원의 부정을 '옳음'이 그 어떤 자연적 **개념**과 의미가 같지 않다는 주장(의미 동일성의 부정) 혹은 옳음이 그 어떤 자연 **속성**과 하나일 수 없다는 주장(속성 동일성의 부정)으로 이해해보자. 둘은 물론 다른 차원의 주장이다. 실재론 논쟁은 결국 후자를 입증하는가에 달려 있다. 일부 반실재론자들은 도덕-비도덕 개념들의 의미상 차이가 속성들 간 차이를 동반할 것이라고 본다(20세기 초 영국 철학자 무어G. E. Moore가 이러한 취지의 논증을 제시했다. 그는 이 논증에 의해 도덕 속성에 관한 자연주의를 거부하면서 반실재론으로 이행하지 않고 다음 절에 보게 될 반자연주의적 실재론을 채택한다). 하지만 필자가 보기에 의미상 차이는 결국 위에서 본 도덕적 이견으로부터의 (반실재론) 논증 혹은 규범성에 근거한 (반자연주의) 논증으로 귀결된다. 도덕의 내용에 대한 끈질긴 이견 때문에 도덕 개념에 다른 의미 부여가 지속되고, 도덕 판단이 함축한 독특한 규범적 차원 때문에 의미상 차이는 물론 도덕 속성은 어떤 자연 속성과 하나일 수 없다는 것이고, **만약** 존재하는 모든 것이 자연적인 것이라면 도덕 속성의 실재성은 의심받게 될 것이다.

도덕 속성이 자연 속성으로 환원되거나 동일시되지 않는다고 해보자. 그래도 한 대상에 옳음을 귀속시킬 때 특이한 현상이 발생한다. 그 대상과 자연적으로 완전히 동일한 다른 대상은 첫째 대상의 도덕성과 동일한 도덕성을 구현할 것이다. 내가 어떤 행위를 했고 그 행위를 누가 옳다고 판단했다면, 그는 나의 행위와 자연적으로 동일한 행위에 대해서도 동일한 도덕 판단을 내려야 할 것이다. 이것이 도덕 판단/속성이 비도덕적 자연판단/속성에 수반한다supervene는 말의 의미이다(반면에 자연 속성은 도덕 속성에 수반하지 않기 때문에, 즉 도덕적 옳음은 **다수**의 자연 속성에 의해 구현될 수 있기 때문에, 이 비대칭적 수반에 의해 도덕 속성은 자연 속성에 수반을 통해 **의존**한다고 말해진다). 이러한 수반 현상을 어떻게 설명할 것인가? 만약 도덕 속성이 그 어떤 자연 속성과 다른 실재성을 가진다면, 그런데도 동일한 자연 대상은 동일한 도덕성을 가진다는 식으로 후자가 전자에 의존한다면, 그 현상을 어떻게 설명할 것인가? 반실재론자들은 도덕적 수반을 도덕적 사고/판단 행위moralizing의 일관성, 그리고 다수의 도덕 사고/판단이 조정될 필요 때문에 생긴 개념적 관례로 이해한다. 수반은 두 가지 다른 속성이 있다면 설명되기 힘들지만 한 속성에 대한 판단 관행의 일관성으로 이해될 수 있다는 것이다.

자연주의로부터의 논증의 마지막 유형은 도덕 속성의 설명적 역할에 관한 것이다. 실재론자들은 세계 내적 ('마음-독립적') 도덕 속성의 존재를 통해 도덕 관행을 설명하려 한다. 하지만 위에서 본대로 도덕 속성의 내용과 도덕 판단에 부착된 성격이 자연주의 세계관에 수용될 수 없는 것이 사실이라면, 하지만 만약 우리가 실재론적 도덕 속성을 전제하지 않고서도 도덕 관행을 설명할 수 있다면 관행의 실재론적 추정은 힘을 잃게 될 것이다. 이 점에서 반실재론자들은 우리가 내리는 도덕 판단과 이어지는 행위 동기를 대부분 비도덕적 사실에 대한 판단자의 감정적인 혹은 이념적인 반응과 태도로 설명한다. 일부 상대주의자들은 그 반응과 태도의 일부가 사회적으로 조건화되고 보강되어 왔으며, 개인들 간의 관심과 이해의 조정을 위해 그것들이 조건화되고 보강되는 정도가 강해질수록 개인들은 **마치** 세계 내에 존재하는 도덕 속성으로 생각하게끔 (마음-의존적인 것을 마음 밖에 있는 것으로) '객관화objectification'해왔다고 주장한다. 이 설명에 등장하는 비도덕적/자연 속성과 그에 대한 정서적, 사회-조건적, 누적적인 반응은 모두 경험적으로 인식되고 그 작동을 탐지할 있는 자연적 현상들이다. 더구나 이것들은 인간과 세계에 관한 다른 현상들의 설명에도 동원된다(하지만 옳음과 좋음은 도덕과 가치 현상 이외의 자연적 영역의 설명에 동원되지 않는다). 따라서 자연주의 세계관 내에서 도덕 속성을 통한 설명은 필요하지도 않고 오히려 그 세계관과 긴장관계에 있을 뿐이다.

### 반실재론의 유형들

이미 몇 번 암시된 바 있지만, 도덕에서 반실재론의 유형들을 간략히 분류해보자. 이것들은 실재론의 세 요건들(인지주의, 성공 이론, 마음-독립성)의 하나 이상을 부정하는 입장들이고, 결과적으로 도덕 속성의 실재성을 부정한다. 즉 실제 존재하는 대상들이 그 속성을 구현할 수 없음을 주장한다.

첫째, 비인지주의non-cognitivism는 도덕 판단이 아예 진리치를 갖지 않는다고 주장한다. 도덕 판단은 그 외형과 달리 세계 상태를 기술하는 명제가 아니고, 감탄문(정서나 태도의 표현) 혹은 권유/명령문(평가된 행위를 수행하려는 의지와 권유/명령)에 해당하므로 참이거나 거짓이 아니다. 둘째, 비인지주의 중에서 가장 많이 논의되는 것이 도덕 판단이 판단자의 정서적 반응과 태도의 표명이라는 입장으로 '정서주의/표현주의emotivism, expressivism'라 불린다. 셋째, 도덕 판단이 참을 지향하는 명제이고 객관적 속성에 대한 인지적 태도를 대변하지만, 위에서 언급된 반실재론적 이론적 이유들 때문에 그런 속성은 존재할 수 없으므로 도덕 판단은 모두 거짓의 진리치를 가진다는 입장이 오류 이론error theory이다. 넷째로, 도덕적 허구주의fictionalism는 도덕 판단이 **마치** 참인 것처럼 이해되고 소통되지만, 실상은 유용한 허구라고 본다. 허구적 문장('홍길동은 용감하다')은 참이 아니지만 거짓이라고 보는 것도 이상하다. 단지 그것을 마치 참이라고 볼 때 허구작품을 이해하고 다루는 데 편리하다. 우리의 도덕 관행도 개인들 간 의견과 이해를 조정하기에 유용하기에 그것이 지칭하는 것이 없는데도 불구하고 존속하게 된 허구이다. 다섯째, 도덕 회의주의skepticism는 도덕적 속성의 인식 가능성을 부정한다. 우리는 도덕 속성의 존재와 부재 중 어떤 편이 사실인지, 더 정당한지 가려낼 인식적 증거와 논증을 갖고 있지 않다. 마지막으로 다양한 형태의 구성주의constructivism, 관습주의conventionalism, 상대주의relativism에 의하면 도덕 판단을 참으로 만드는 것은 마음-독립적 도덕 속성이 아니라 사람(들)의 의견과 관습이다. 사람들의 의견이 도덕 현실을 구성하고 그 구성된 현실에 부합하는 것이 참인 도덕 판단이다.

　　상대주의는 아래에서 다시 논의될 것이다. 회의주의는 도덕의 실재 혹은 부재를 주장하는 것이 아니라 판단의 유보를 지향한다. 그리고 오류주의와 허구주의는 비록 (약화된 형태로) 도덕 판단의 인지주의를 유지하면서 그 판단이 (마치) 참을 주장하는 믿음의 표명으로 이해되어야 한다고 보지만, 도덕 판단의 실제적 내용과 역할을 설명하는 데 있어서는 태도표현적 입장 혹은 상대주의적 입장으로 귀환하는 경향이 있다. 따라서 이 자리에서는 표현주의의 특징과 문제점을 간단히 지적하자. 위에서 말한 대로, 이 입장은 살인 행위의 '사악함'이 **그 행위에 있는** '실재 존재'가 아니라 판단자의 '비난의 감정'이 투영된 것이라고 보는 흄의 공식적 입장이고 현재도 이에 대한 많은 유형의 추종자들이 있다. 흄에 의하면 도덕은 세계 내에 없던 것이 마음에 의해 투영되어 생겨난 '새로운 창조물'이다(흄의 다른 진술들에 근거하여 그를 보다 객관주의적으로 해석하는 논자들도 있음). 도덕 판단을 개인적 태도나 감정의 표현으로 볼 때 끈질긴 도덕적 이견은 사실에 대한 믿음의 충돌이 아니라 태도상의 충돌로 이해되고(감정적 대립은 사실적 정보를 공유한 자들 사이에도 유지된다), 도덕 판단과 행위 동기의 내적관계는 바로 호 불호의 감정적 반응이 동반하는 동기유발력으로 설명된다. 그리고 자연 대상에 대한 감정적 반응 자체가 자연적인 현상이므로 이 입장은 자연주의 내에 자연스럽게 포섭된다.

필자가 보기에 표현주의는 두 가지 관련된 취약점이 있다. 첫째로 도덕 판단이 태도의 표현이라면 도덕적 **추론**은 잘 설명될 수 있을 것인가. 도덕 판단들은 서로 전제와 결론으로 논증과 추론을 구성하기도 하고 그러한 추론들 중 일부는 '타당'하게 여겨지고 다른 것들은 부적절하다고 평가된다. 하지만 감정적 반응과 태도가 어떤 식으로 합당한 논증과 추론을 구성하게 될지는 의문이다. (감탄문으로 연결된 논증이 있을 수 있는가?) 둘째로 규범성의 문제를 생각해보자. 이것이 **인과적** 행위인도 능력으로 이해된다면 감정적 반응과 태도의 동기유발력이 도덕 판단의 규범성에 값하는 역할을 할 것이다. 하지만 '**마땅히** 행해져야 함'이라는 의미에서 규범성은 현재 내가 행하지 않거나 행할 의사가 없어도 내가 내린 도덕 판단의 대상 행위가 가지는 것으로 이해되는 속성이다. 때문에 규범성의 다른 측면은 내가 규범에 대한 판단에서 실수나 오류를 범할 수 있는 점이다. 내가 X에 대해 긍정적 반응을 보이고 이에 의해 내린 나의 긍정적 도덕 판단이 X의 규범성에 대한 잘못된 판단일 가능성이 있어야 한다. 그렇지 않다면 나의 긍정적 반응은 (나에게는) 오류가 불가능한 도덕 기준이 될 것이다. 이것이 (일견 '옳은' 대답을 찾으려는) 우리의 도덕적 관행에 부합하는 입장인가? 현금의 표현주의자들은 '향상된' 도덕적 태도와 감수성을 말한다. 관련 사실적 정보를 잘 수집/처리하고 추론에서 실수가 없으며 일관성을 지키는 태도와 정감이 '향상된' 도덕적 감수성이며, 이를 갖추지 못할 경우 도덕적 '실수'가 가능하다는 것이다. 이에 더해서 형식적 일관성은 타인의 입장에 서는 태도까지 동반하리라고 주장된다. 하지만 사실적 정보와 추론의 적절성은 도덕적 (감수성의) 향상의 기준으로 미흡한 것 같다. 반면에 일관성과 공감의 요구는 과연 표현주의 내에서 적절하게 발동될 수 있는 요구인가? 이 요구는 감정과 태도 위주의 도덕관을 벗어난 외적 기준이 아닌가? 개인들이 동일한 사안에 대해 다른 판단을 내리고 공감이라기보다는 개인적 관점에 사로잡힌 반응을 보일 경우 표현주의 내에서 어떤 비난을 할 수 있을 것인가? 일관성과 공감이 사회적 차원에서 관심과 이해관계의 조정을 위해 필요한 요건이라고 주장한다면, 이미 도덕 판단에 대해서 사회적 갈등의 조정과 합의 가능성이라는 표현주의 외적 기준이 도입된 것이다.

## 자연주의적 실재론과 반자연주의적 실재론

위에서 살펴본 대로 자연주의적 세계관을 가진 사람들은 도덕에서 반실재론자일 가능성이 많다. 그들이 존재하는 것의 총체라고 여기는 자연세계 내에 도덕 속성의 입지를 마련할 수 없기 때문이다. 그들은 비도덕적 자연세계에 대한 개인적 혹은 집단적 반응이라는 자연적 현상으로 도덕의 영역을 이해한다. 이 절에서는 자연주의 내에서 도덕 실재론을 유지하려는 시도와 자연주의로부터 반실재론으로 가는 논증을 수용하지만, 실재론적 추정과 근거가 더 강하기 때문에 반자연주의적 속성으로 도덕 실재를 유지하려는 시도를 대조하여 소개하겠다.

자연주의적 도덕 실재론의 기본 입장은 도덕 속성을 특정 부류의 자연 속성과 동일시하는 것이다(이러한 **속성** 동일성의 주장이 도덕 개념과 해당 자연 속성을 지칭하는 자연적 개념의 **의미** 동일성을 동반하는 입장과 그렇지 않은 입장의 구분이 있지만 이것은 세부적 차이이다). 다시 말해서 도덕 개념이 지칭하는 것은 일종의 자연 속성이다. 하지만 내가 빌린 물건을 돌려주는 행위가 옳다고 해도 그 **개별적** 행위의 자연 속성과 옳음을 동일시할 수는 없다. **다른** 자연 속성을 구현한 행위들도 옳을 수 있기 때문이다. 따라서 옳다고 판단되는, 개별적 차원에서는 다양한 행위들에 있어서 그것들을 하나로 구획할 수 있는 의미 있는 공통점이 있는지가 하나의 탐구과제로 떠오를 것이고, 필자는 그 공통점의 존재 여부와 그 성격이 자연주의 도덕 실재론의 이론적 생명력을 결정하는 요인이라고 생각한다. 그 공통점은 개별적 차원에서 다양하지만 자연주의 내에서 용인될 만한 고차적 자연 속성이고, 개인 혹은 집단의 호의적 반응이라는 의미에서 '마음-의존적'이 아닐 경우, 그러면서도 개인들이 그 공통점을 인식하고 관심을 가지며 (항상은 아니더라도) 추구할 수 있고, 그 추구가 사회적 갈등을 해소하는 등 통상 도덕에 부여되는 기능을 충분할 정도로 수행할 수 있을 경우 자연주의적 도덕 실재론은 가능하게 된다. 최근 메타윤리학에서 많이 논의되는 자연주의-객관적 결과주의 연합이 이러한 유형의 실재론의 한 사례가 될 것이다. 이 입장에서는 객관적으로, 즉 본인이나 판단자의 호의적 반응이나 의견과 상관없이 개인들의 삶의 질을 높이는 요소들이 있고 (지식, 자율성, 인간관계, 미적 향수 등), 그것들을 사회적 차원에서 촉진하는 것이 옳은 도덕적 행위와 제도들을 묶는 공통점이다(어떤 행위가 개인들에게 지식과 자율성의 증진을 가져올 지는 객관적 기준을 가지며, 개별적 차원에서 다양한 방식으로 이것이 구현되기 때문에 도덕 속성은 '고차적' 자연 속성이다). 물론 다른 규범적 입장에서는 다른 유형의 공통점을 제안할 것이다. 자연주의 도덕 실재론은 이러한 제안들이 위에서 제시한 실재론적 요건들, 즉 그 공통점이 자연주의적 고차 속성일 것, 마음/관습-독립적일 것, 그리고 도덕에 부여된 기능을 수행하고 개인들의 행위인도 능력을 가져야 할 것과 같은 조건을 만족할 때 메타윤리학의 논쟁터에서 존속할 수 있다.

이러한 자연주의 실재론의 기획이 성공한다고 해도, 그것은 반실재론의 논증들에 어떻게 대응할 것인가? 자연주의로부터의 논증은 자연스럽게 해결될 것이다. 이 입장에 따르면 도덕 속성은 일종의 고차적 자연 속성이므로 경험과 관찰의 대상이고 인간들의 행위와 제도의 작동을 설명하는 데 동원될 수 있을 것이며, 한 대상의 물리적 차원의 자연 속성들이 고정되면 고차적인 기능적 자연적 차원도 고정될 것이므로 도덕-비도덕 수반도 설명 가능하다. 문제는 도덕적 이견과 내재주의, 그리고 규범성에 근거한 반실재론 논증들이다. 우선 실재론자들은 도덕적 이견이 겉보기와 달리 확산/심층적이 아니라고 본다. 행위나 판단에 대한 표층적 차이의 배후에는 유사한 규범들이 있는 경우가 많다. 장례방식의 극단적 차이는 내세관과 종교적 신념의 차이에 기인할 뿐, 죽은 이에 대한 존중과 기억의 보존, 사후 복지를 바라는 믿음은 동일할 수 있다. 안락사의 경우에도 그것에 대한 도덕적인 평가의 차이는 사회적 환경과 생존전략의 차이, 종교적 신념의 차이에 근거할 수 있다. 물론 사실적, 종교적 신념의 차이로 모든 도덕적 이견들이 설명되거나 해소되지 않을 것이다. 하지만 이견의 폭은 규범적 사고의 진전과 더불어 줄어드는 경향이 있고, 반실재론자들은 개인적/문화적 차이에도 불구하고 오히려 도덕적 합의나 수렴이 확산되는 것을 설명하기 힘들다. 그리고 일부 이견은 도덕적 규범들 자체가 다수 있는 도덕적 현실 때문에 발생하는데, (뒤에서 다시 보겠지만) 도덕 다원주의는 반실재론으로 이어질 필요는 없다.

자연주의 실재론자들은 대개 내재주의, 즉 도덕 판단-동기의 개념적/필연적 연결을 부정한다. 그들은 판단과 동기의 **밀접한** 관계가 있을 수 있다는 것으로 충분하다고 여긴다. 객관적 결과주의에 따르면 개인적 복지의 중요성 그리고 사회적 차원에서 복지들이 가능한 충돌 없이 조화롭게 촉진되는 것의 중요성 때문에, 아주 초기 유아시절부터 규범적 용어가 입력/교육되는 환경에서 이미 긍정 혹은 부정적으로 채색된 정감적/태도상의 반응affective valences이 동원된다. 그런 연유로 그 이후 규범판단은 아주 강한 행위 동기 혹은 이유와 연결되었을 것이다. 그들은 도덕적 행위의 규범성에 대해서도 유사한 설명을 제시한다. 도덕적 속성이 구현된 상태의 **중요성**이 규범성의 근거이다. 자연주의 실재론자에 의하면 우리가 어떤 행위를 왜 **마땅히** 추구해야 하는지를 묻고 대답할 때 최종적으로 제시되는 것이 복지, 필요충족, 사회적 갈등의 해소 등의 이상들인데, 그것들은 자연적 활동을 통해 추구되고 그 구현 정도를 자연적 인지 능력을 통해 탐지할 수 있는 이상들이다. 그리고 그 중요성에 비추어 교육과 내면화를 통해 그 이상에 의해 (자주) 행위를 인도받을 수 있는 동기구조가 발생했을 것이다. 이렇게 도덕의 중요성, 인지능력, 도덕적 동기구조의 가능성이 도덕의 실천적 성격과 규범성의 핵심이라는 것이다.

반자연주의적 실재론자들은 도덕 속성이 자연 속성과 동일시되기 힘들다고 생각하지만, 반실재론을 수용할 수 없는 강한 이유들이 존재한다고 여긴다. 그 이유들은 일상적 도덕 관행이 여전히 실재론을 전제하거나 실재론하에서 더 잘 설명된다는 사실, 그리고 개인적, 집단적 반응이 가장 근원적인 도덕 기준일 수 없다는 생각으로부터 온다. 반자연주의적 실재론의 주요 특징들은 다음과 같다.

첫째로, 20세기 이후에 제출된 대부분의 반자연주의 도덕 실재론nonnaturalist moral realism은 어떤 초자연적인super-natural 실체의 영역, 혹은 자연세계와 유리된 채 "제 나름대로 떠다니는" 도덕의 영역을 상정하지 않는다. 반자연주의 실재론자들은 "자연법칙의 영역에 발판

foothold을 내리고 있지만” 자연과학적 탐구로 알려질 수 없고 자연 속성들 중 하나로 간주될 수 없는 것이 도덕의 영역이라고 생각한다.

둘째, 도덕의 영역은 실재하면서도 마음-의존적인 영역이다. 이 점에서 반자연주의 실재론은 이 글의 처음 부분에서 제시된 전통적 실재론의 셋째 요건(마음-독립 조건)을 부인한다. 좋음이나 옳음은 대상 내에 없던 것이 도덕 판단자의 반응에 의해 대상에게 투사projection되어 생겨난 '새로운 창조물'이 아니라, 일정한 인간적 감수성에 의해 조명될 경우에만 그 존재가 드러나는 세계의 일부이다. 반자연주의자들은 다양한 방식으로 도덕의 실재성을 기술하는데, 일부는 자연과학적 탐구보다는 (도덕적) 이성의 요구를 이해하고 그것에 부응할 때 인지되는 영역으로, 특정 개인의 반응과 자연적 사실들이 **함께** 구성하는 영역으로 도덕을 이해하는데, 그 반응은 (합리적 비판이 불가능한) 주관적 감정이 아니라 거듭된 비판을 이겨낼 수 있고 일정 행위를 요구하는 환경의 특수한 측면에 조응하는 감수성을 의미한다. 그들은 인지적이면서도 동기유발력을 가진 심리 상태를 상정하고 도덕 판단이 그런 심리 상태를 대변하며 그 판단이 대면하는 세계도 내재적으로 (개인 관심의 충족과 무관하게) 동기를 유발하는 영역이라고 상정한다(일부 옹호자나 비판자들은 반자연주의 실재론이 주-객관의 구분에 근거한 근대 이후의 주류 인식론과 형이상학적 패러다임을 부정하는 입장일 수 있음을 지적한다). 어떤 개인의 반응 혹은 감수성이 도덕 영역의 인지와 구성에 세계와 함께 참여하는지에 관해서는 (정보와 추론, 성품에서) 이상화된 개인을 상정하는 입장과 그렇지 않은 입장으로 나뉜다.

셋째로, 좋음이나 옳음이 수반하는, 개별적 차원에서 다양한 대상들 간에 (자격을 갖춘) 판단자의 반응 이전에 어떤 공통점이 있는지에 관해서 대개의 반자연주의 실재론자들은 그러한 공통점의 존재를 부정한다. 순수 자연적 관점에서라면 옳은 행위들 간에 의미 있는 공통점 혹은 패턴이 없다는 것이다("a natural shapelessness"). 그들은 이 점에서 도덕 속성은 자연 속성으로 환원될 수 없다는 근거를 얻는다. 일부 반자연주의 실재론자들은 옳은 행위들 간에 의미 있는 공통점의 존재를 인정한다. 예를 들어 특정 형태의 결과주의, 칸트 윤리학, 계약론이 (각각 혹은 연합하여) 옳은 행위들이 공통으로 소유한 특징을 대변할 수 있음을 인정한다. 하지만 이들도 옳은 행위의 규범성, 즉 '마땅히 행해져야할 이유가 있음'이라는 속성은 그 행위가 지닌 어떤 자연 속성, 심지어 좋은 결과를 산출한다거나 공정한 계약의 대상이라는 속성과도 동일시될 수 없는, 그 행위가 가진 비환원적이고 종별적으로 특수한 _sui generis_ 속성이라고 주장한다.

넷째로, 자연과학적 탐구의 대상이 아니며, 종별적으로 특수한 도덕 영역을 (자신의 감수성을 통해) 추적하는 판단자는 어떤 인식 능력을 가져야 하는가? 반자연주의 실재론은 자연적 인지 능력과 감정적 느낌 이상의 신비스런 능력을 도덕 판단자에게 요구하는 것은 아닌가? 이 점에서 반자연주의 실재론자들은 주로 합리적 (직관) 능력을 거론하는데, 이것이 그렇게 '신비스런' 요구가 아닌 것은, 논리적 속성 (어떤 논증의 '타당함')이나 수학적 속성(수 자체, 연산의 정확성, 혹은 어떤 주장이 수학적 공리_axiom_라는 사실)을 인지하는 능력처럼 감각이 아니면서도 합리적 인지 능력에 속하는 사례들이 있기 때문이다.

마지막으로, 이 입장이 도덕 속성을 자연 속성과 동일시하지 않기 때문에, 그리고 자연 속성(의 구현체들)만이 인과-설명적 역할을 하기 때문에, 일부 논자들은 도덕 속성이 세계의 물리적 인과설명에서 독자적 역할을 하지 않지만 규범관련적 현상을 설명할 때 필수불가결하다는 점에서 행위의 **합리적** 설명에서 일정 역할을 한다고 본다.

반자연주의 도덕 실재론은 최근 지지자를 늘려가고 있는 입장이다. 도덕의 객관적 실재를 인정해야 할 이유들이 상대적으로 많다는 생각과 규범성의 (자연적) 환원 가능성을 믿지 않으려는 성향이 합친 결과이다. 하지만 (자연주의적) 도덕 실재론과 반응-의존적 반실재론의 장점들만을 가려내어 유지하는 것이 가능한지 여전히 의심스럽게 보일 수 있다. 반자연주의 실재론이 초자연적(자연세계와 유리되어 "제 나름대로 떠다니는") 영역을 인정하는 것은 아니면서도, 그 어떤 자연 영역으로 환원되지 않고 그 일부가 아닌 영역을 상정한다는 것이 어떤 형이상학적 공간을 말하는지 불분명하다. 이 경우 왜 도덕 영역이 자연적 영역에 수반하는지에 대한 설명, 즉 왜 동일한 자연적 대상은 동일한 도덕성을 가질 수밖에 없는지에 대한 설명도, 그것이 더 이상의 설명이 있을 수 없는 단적인 사실brute fact이라는 언명으로밖에 주어질 수 없다. 자연주의의 관점에서 보자면 규범성과 도덕의 행위관련성에 너무 과도한 이론적 중요성을 부여한 나머지 형이상학적으로 유지되기 힘든 범주를 창출한 것이라는 의혹을 살 만하다. 더구나 일부 반자연주의 실재론자들이 인정하듯이, 개별적 차원에서는 이질적인 옳은 대상들과 그것들의 옳음 사이에 둘을 매개하는 규범 (이론)적으로 의미 있는 중간 공통점이나 패턴이 있을 수 있다면, 그 패턴을 중심으로 도덕을 설명하고 규범성의 가능성을 가늠하는 것이 더 적절한 메타윤리학의 노선이라는 주장이 제기될 수 있다.

### 도덕에 관한 상대주의와 보편주의의 대조

'X는 옳다'와 'X는 옳지 않다'는 일견 모순적인 문장들처럼 보인다. 하나가 참이면 다른 하나는 거짓이어야 하는 듯하다. 하지만 도덕 상대주의에 의하면 그렇지 않다. 이 도덕 판단들은 완성태가 아니라 각 문장의 말미에 'Y에 상대적으로'라는 삽입구가 생략되어 있기 때문이다. Y에는 판단자 개개인, 특정 자격을 갖춘 개인(신 혹은 '이상적 관찰자'), 혹은 판단자나 행위자가 속한 집단이 들어갈 수 있다. 통상 도덕상대주의는 집단-상대주의로 이해된다(현실적 개인-상대주의는 다음에 보게 될 집단-상대주의가 가진 장점을 갖기 힘들고, 이상화된 개인-상대주의는 그 이상화 조건을 논하는 가운데 상대주의를 벗어날 가능성이 있다). 문화나 사회에서 광범위하게 수용된 의견에 부합하는 도덕 판단이 참이라는 입장으로 이해될 경우 도덕 상대주의의 특징, 장점, 문제점은 각각 무엇인가?

도덕 상대주의가 도덕적 이견disagreement의 폭, 깊이, 중요성에 큰 영향을 받는다는 것은 놀라운 일이 아니다. 물론 이미 본대로 X에 관한 이견의 존재만으로, X-상대주의, 즉 X에 관한 주장들이 모두 (집단) **상대적으로만** 참이라는 주장이 확립되지는 않는다. 하지만 깊고 중요한 도덕적 이견들의 존재, 그리고 그것들이 사실적 정보와 합리적 추론의 증진에 의해 모두 해결될 것 같지 않다는 생각은 상대주의에 대한 강한 증거(즉 상대주의가 맞는다면 잘 이해되는 데이터)를 구성한다. 물론 도덕적 이견뿐 아니라, 판단-동기 내재주의와 자연주의 세계관도 상대주의에 힘을 보태는 이념들이다. 상대주의에 의하면 집단적 도덕적 이견들을 한 걸음 뒤에서 중재하고 한 편에 손들어주는 보편적 도덕 기준, 그리고 집단들의 의견과 독립적인 객관적 도덕 기준은 존재하지 않는다(가끔 상대주의에 대조적 입장으로 '절대주의absolutism'가 거론된다. 이 말은 예외가 없는 혹은 무조건적으로 적용되는 의무의 개념을 중심으로 여기는 입장을 암시한다. 하지만 상대주의 내에서도 한 집단 내적인 '절대적' 의무를 지정할 수 있고, 몇몇 예외를 가진 혹은 조건적 의무가 **모든** 집단들에게 적용되어야 한다는 입장도 있을 수 있다. 따라서 집단적 의견 배후에 그 의견의 잘잘못을 가려주는 기준이 있다는 입장을 아래에선 도덕에 관한 보편주의universalism로 칭하겠다).

도덕적 이견을 잘 설명해준다는 것 이외에도, 문화상대주의는 다음의 메타윤리학적, 그리고 규범적 장점을 가지는 것으로 선전된다. 첫째로 문화상대주의는 개인상대주의 혹은 비인지주의적 표현주의와 객관적 보편주의의 중간 지점으로 볼 수 있고, 이 점에서 양자의 문제점을 극복할 수 있다고 주장되기도 한다. 즉 한편으로 도덕 판단이 개인적 의견이나 감정의 표명은 아니고 진리치를 가질 수 있다는 점을 인정하면서, 또한 이 점에서 개인들이 잘못된 도덕 판단을 내릴 가능성도 인정하면서도, 다른 한편으로 도덕이 인간적 반응과 관심을 완전히 떠난 영역이 아님을 강조하는 입장이라는 것이다. 도덕 판단의 정당화 기준은 너와 나의 개인적 느낌과 태도 외부에 있지만, 그 기준이 객관적 세계로부터 오는 것이 아니라 합의되고 수용된 집단적 태도와 의견에 있다는 것이다. 규범적 차원에서는, 문화상대주의가 다양한 도덕적 의견을 가진 집단들의 독자성을 존중하고 공존을 위한 관용의 정신을 구현하는 입장으로 부각된다. 상대주의는 한 집단이 다른 집단들에 비해 도덕적으로 우월하다는 생각을 근거로 그들을 억압하고 지배하려는 자문화중심주의를 배제한다는 것이다.

이러한 장점들에도 불구하고 문화상대주의는 심각한 내적인 문제들에 처해 있으며, 그것이 채택될 경우 일견 부조리한 도덕적 결과들을 초래한다. 우선 도덕이 그것에 상대적인 집단 혹은 '문화'의 외연과 내용을 규정하는 어려운 과제가 있으며, 도덕 기준인 집단적으로 '수용된' 의견이 그 집단 내에서 얼마나 널리 확산/합의되어야 하는지도 쉽사리 결정하기 힘든 문제이다. 한 '문화' 내에도 도덕적 이견들이 있고, 한 개인이 다양한 '문화들'에 속해 있을 경우 문화상대주의는 개인에게 어떤 도덕적 가이드를 제공할 것인가. 또한 문화상대주의가 맞는다면, 우리가 통상 용인하고 참여하는 도덕 판단과 행위가 의심스럽게 될 수도 있다. 우리는 단지 소수라는 이유만으로 한 사회의 지배적 도덕규범을 비판하고 그에 도전하는 이들의 판단을 원초적으로

'거짓'으로 치부하지 않는다. 또한 타문화에 대한 도덕적 비판과 비난도 문화상대주의에서는 용인되기 힘든 관행이다(도덕적 평가와 비난이 정치적 혹은 무력에 의한 개입으로 이어질 필요는 없다).

물론 집단의 의견 배후에 그 의견의 도덕성에 대한 의견-독립적 평가기준이 있다는 보편주의의 과제도 만만치는 않다. 도덕적 이견이 상대주의에 대한 확증적 근거가 아니듯이 지구촌 차원의 도덕적 의견일치(노예제와 여성차별의 부도덕성 판단)의 존재가 보편주의를 확립해주는 것은 아니다. 그 의견일치 혹은 합의가 옳은 길로 들어 선 것이라는 주장을 근거 지워주는 규범 이론이 정당화되어야 한다. 하지만 근대 이후의 유력한 규범 이론의 기준들(정언적 의무, 공리 극대화, 계약의 공정성)은 대부분 상대주의적인 기준들이 아니다.

상대주의와 보편주의는 도덕적 이견과 합의의 상대적 폭, 깊이, 중요성에 다르게 평가한다. 보편주의는 합의되고 수렴된 도덕 평가를 위주로 도덕의 영역을 구획하려는 편향을 가지고 있고, 상대주의는 이견을 보이는 문제들에 주로 초점을 맞추어 상대주의적 해석을 (의견일치가 있는 사안을 포함한) 도덕일반에 적용하려는 선입견을 보인다. 그 중간에서 '도덕'의 영역을 중립적으로 규정하는 방안이 있을지는 모르겠지만, 필자는 도덕이 보편적 영역과 상대적 영역이 함께 존재하는 혼합적 판단과 행위의 영역일 가능성이 있다고 생각한다. 도덕적 관용 tolerance에 대해서도, 상대주의적 관점에서만 이해될 수 있는 것은 아니며 보편주의적 접근도 위험을 내포하고 있는 것 같다. 각 문화의 도덕적 독자성을 존중해야 한다는 생각이 문화상대주의로부터 배울 점이긴 하지만 문화적 독자성의 존중과 관용의 정신이 단지 상대적으로만, 즉 관용을 집단적으로 수용한 문화 **내에서만** 통용되고 되어야 하는 규범은 아니다(따라서 상대주의자는, 상대주의 자체의 합당성과 마찬가지로 관용과 같은 일부 보편적인 규범의 존재를 인정해야 한다). 반면에 **내가 보**

편적으로 여기는 규범이 **과연** 보편적인지를, 상호 인정하는 증거와 논증을 배경으로 가능한 공평하게 따져보자는 태도가 없이는 보편주의는 자문화중심주의로 될 가능성이 있다.

어떤 중요한 도덕적 사안에 대해서 이견이 있을 경우 네 가지 메타윤리학적인 대응이 가능하다. 첫째로 그 사안에 대해서는 참, 거짓의 판단이 불가능하고 불필요하다고 보면서 개인적 태도와 반응의 영역으로 간주하는 입장(비인지주의적 표현주의), 둘째로 이견을 보이는 모든 입장이 각자가 속한 문화에 상대적으로 참이라고 보는 입장(문화상대주의), 셋째로, 나의 편이 단지 나의 편이기 때문에 옳다고 주장하는 입장(독단주의, 자문화중심주의), 마지막으로, 둘 중에 하나가 맞을 터인데 그것이 어느 것인지 가능한 중립적 증거와 성찰의 근거에서 알아보자는 토론과 논쟁에 서로를 초대하는 입장이 있다.

## 메타윤리학의 향후 전개에서 주목해야 할 주제와 과제

첫째로, 메타윤리학은 기본적으로 도덕 속성과 사실의 존재론적 탐구이므로 무엇보다도 존재함의 최선의 기준에 의존해야 한다. 존재함에 대한 우리 시대의 지배적 기준이 자연주의에 의해 주어진다는 것을 인정한다고 해도, '자연적'이 뜻하는 바를 밝히는 것은 쉽지 않다. 현재 자연과학적 탐구의 대상이라는 기준은 너무 편협하고, **이상적** 자연과학의 탐구대상이라는 기준은 **현재** 메타윤리학의 논쟁에서 중재적 역할을 하기에 공허하다. 소위 자연주의를 표방하는 철학자들 사이에도 존재함의 기준에 있어서 상당히 커다란 편차가 있다는 사실은 메타윤리학의 논쟁에도 상당한 여유와 부담을 동시에 제공하고 있다. 또한 도덕 속성이 일부 자연 속성으로 환원되거나 환원되지 않았을 경우 그 존재론적 지위가 어떻게 영향을 받는지를 가늠하려면, 환원, 속성 동일성, 옹호적 동일성과 제거적 동일성 등의 주제들에 대한 개념적 탐구가 더 심화되어야 한다.

둘째로, 메타윤리학의 가장 커다란 전선들 중 하나는 도덕 판단과 행위 동기 혹은 행위 이유 사이의 관계의 성격을 어떻게 규정하는 가이다. 우리가 때로는 어떤 행위에 대해서 개인적 관심이나 목적과 무관한 긍정/부정적 동기나 규범적 장력을 느끼는 것이 사실이고, 그러한 장력의 세기가 도덕의 요체인 행위인도능력, 실천성, 규범성과 연관되기 때문이다. 판단-행위 동기/이유 사이의 관계를 더 밀접하게 잡을수록 자연주의적 실재론의 부담이 커질 것이다. 그 인지만으로 필연적이고 비수단적 동기와 행위 이유를 제공하는 자연 속성의 개념과 존재가 의심스럽기 때문이다. 물론 반응-의존적 반실재론과 비자연주의적 실재론의 대안들도 나름의 문제를 갖고 있다. 도덕의 규범성이 어떤 크기와 성격의 행위관련성을 갖는가에 따라 이 대안들의 상대적 장단점이 다르게 부각될 것이다.

셋째로, 도덕의 규범성 즉 마땅히 행해져야 한다는 성격의 **내용**을 밝히는 것, 어떤 행위가 그런 성격을 갖는지를 밝히는 것은 메타윤리학이 아니라 규범윤리학normative ethics의 몫이다. 특정 메타윤리학과 특정 규범윤리학 사이의 필연적 관련성은 없다. 하지만 자연주의/비자연주의, 실재론/반실재론 등의 메타 입장들 각각은 그 형이상학적, 인식론적 특성으로 인해 수용될 수 있는 규범윤리학들의 일정 **범위**를 제한할 것이다(예를 들어 자연주의는 초자연적 규범의 원천을 상정하는 규범이론을 배제하지만, 허용하는 규범이론들은 다수일 것이다). 반면에 우리의 도덕 판단을 인도하는 규범이론들 중에서 최선의 것에 대한 최선의 해석이 자연주의적인지 비자연주의적인지, 마음-의존적인지 마음-독립적인지에 따라 우리가 우호적으로 고려할 메타윤리학의 성격도 제한을 받게 된다(특정 규범윤리학의 최선의 메타적 성격에 대해서 논란이 있을 수 있기에 이 점에서도 필연적 패키지는 찾기 힘들다. 예를 들어 공리주의는 공리—쾌락, 행복, 삶의 수준 — 의 생산능력을 대상의 자연 속성과 동일시하는 자연주의와 연합할 수도 있고, 공리극대화라는 근본원칙의 참이 직관적으로만 정당화되고 '공리' 자체가 반응-의존적으로 해석될 수 있다고 본다면 반자연주의나 반실재론과 연결될 수도 있다). 메타윤리학 자체가 도덕 판단의 참과 정당화 가능성에 대한 아주 폭넓은 규범에 의존하고 있고, 최선의 규범윤리학의 성격이 메타윤리학에 영향을 준다는 점에서 이 둘 사이의 연관은 더 깊고 상세하게 탐구되어야 한다.

넷째로, 혹자는 유서 깊고 유력한 규범윤리학들이 다수 존재하고 최선의 지위를 다투고 있다는 사실 자체가 실재론에 불리한, 하나의 중요한 도덕적 이견의 존재를 증시한다고 볼 것이다. 이것은 더 심화시킬 수 있는 논거라고 생각된다. 하지만 실재론적 관점에서 실재하는 도덕적 현실 자체가 **다수의** 도덕 이념들과 기준들을 포함하고 있을 가능성이 있다. 그리고 도덕적 이상의 다원주의pluralism는 도덕에 대한 상대주의 혹은 기타 반실재론을 필연적으로 함축하지 않는다. '정의로운' 정치체제 혹은 '공정한' 분배제도가 만족해야 할 다수의 지향점들이 있을 수 있지만(인간적 복지의 보장과 증대, 평등, 응분의 몫, 권리 존중 등), 이 사실이 제도의 정의와 공정성이 판단자 개인의 감정과 태도에 달렸다든가 상대적인 기준을 가진다 함을 의미하지 않는다. 그 다수의 지향점들이 (판단자의 태도와 무관하게) 모든 사회에서 존중되어야 할 수도 있기 때문이다. 다원주의와 상대주의는 다른 입장이며, 도덕적 현실은 때로는 복잡하고 양화 혹은 양적으로 비교될 수 없는 상이한 장력들을 개인과 제도에게 던지고 있을 수도 있다. 다수 이상들 간 우선성의 결정에는 개인적, 문화적 의견이 필요할 수 있지만, 이는 공정함과 분배정의의 기준이라기보다는 현실적 의사결정의 방편일 수 있다. 물론 단지 이상들이 다수 있다는 데서 더 나아가, 이미 암시된 대

로 다원주의는 보편적/객관적 이상들과 반응-의존적 혹은 상대적 이
상들이 공존하는 다원주의로 갈 수 있고, 이 경우에는 메타 차원에서
도 여러 입장들이 영역별로 채택되어야 할 것이다.

　　마지막으로, 도덕 판단, 추론, 행위 결정을 내릴 경우 뇌가 어떤
식으로 자극을 받고 어떤 호르몬이 분비되는지, 결과적으로 어떤 경
우에 스트레스가 가중/완화되고 향후 동기에 피드백을 형성하는지를
탐구하는 뇌과학, 더 넓게는 인지과학적 도덕 탐구가 최근 꾸준히 성
과를 내고 있다. 다른 한편으로 인간의 도덕적 성향과 역량을 진화론
적으로 탐구하고 도덕적 규범(의식)을 "인간 종의 특이한 유전적 역사
의 산물"로, 자연선택의 특수한 경로를 통해 형상화된 것으로 간주하
는 진화론적 윤리학도 여러 유형으로 전개되고 있다. 일부 논자들은
도덕 현상에 대한 인지과학과 생물학적 접근이 보편성과 객관성을 표
방하는 실재론에 심각한 타격을 준다고 주장한다. 반면에 진화를 통
해 형성되고 뇌를 통해 처리되는 태도가 규범 속성을 규정한다고 보
지 않고, 인지과학과 진화론은 인간들에게 집단적으로 그리고 객관적
으로(즉 태도와 상관없이) 중요한 속성을 탐지하는 메커니즘의 공시적,
통시적인 탐색이라는 주장도 제기된다. 메타윤리학은, 이러한 방식으
로 이제 본격적인 학문적 성과를 내기 시작한 생리적, 생물학적, 심리
적, 사회적 인간 이해와, 연륜이 그리 길지 않은 세속적인 관점에서의
규범 탐구, 그리고 점차로 그 이론적 부담과 이점이 명료화되어 가는
존재론과 인식론적 도구들을 모두 참조해가면서 도덕과 규범 탐구의
한 축으로 남아 있을 것이다.

**더 읽어보기**

● J. L. 맥키, 《윤리학》, 서광사, 1990.

이 책은 옳고 그름이 세계 내에 존재하여 발견될 수 있는 것이 아니라 실제로는 인간의 태도가 투사된 것이고 사회적 필요에 의해 창출invent된 것이라는 입장을 담고 있다. 본문에 나온 오류 이론의 원조 격인 논저이며 현대 메타윤리학의 다양한 논의를 촉발한 저서이다.

● 길버트 하만, 김성한 옮김, 《도덕의 본성》, 철학과현실사, 2005.

도덕 판단이 판단 발화자와 청취자 사이에 공유된 태도에 상대적으로만 의미를 가진다는 도덕 상대주의를 체계적으로 옹호한다.

● 피터 싱어, 김성한 외 옮김, 《메타윤리》, 철학과현실사, 2006.

본문에 포함된 실재론, 자연주의, 주관주의적 반실재론, 상대주의에 대한 입문적 소개가 담겨져 있는 논문집. 1990년 이전 논의를 종합한 안내서이다.

● Alexander MIller, *Contemporary Metaethics: An Introduction*, 2nd Edition, Polity, 2013.

본문에 소개된 다양한 입장들과 메타윤리학의 주요 논쟁점들을 상세하게 소개한 저서이다.

● Derek Parfit, *On What Matters*, Volume I & II. Oxford Univ. Press, 2011.

규범윤리학과 메타윤리학의 주요 쟁점과 이론들을 검토하는데, 메타윤리학에서는 규범적 속성이 실재하지만 그 어떤 자연적 속성으로 환원될 수 없다는 입장을 옹호한다. 도덕에 대한 주관적 반실재론이 옳은 것으로 판명난다면 자신의 "일생이 낭비된 것"이 되리라는 본문에 나온 인용문은 이 책에서 온 것이다.

● Stanford Encyclopedia of Philosophy(http://plato.stanford.edu)

본문에 나온 것들을 포함한 메타윤리학에 대한 대표적 입장과 주제들에 대한 최근 논의가 상세히 소개되어 있다.

# 의무윤리와 덕윤리의 상호보완

황경식

## '도덕 규칙'이냐 '행위의 결과'냐?

우리는 어떤 도덕적 상황에 처했을 때 옳고 그른 행동에 대한 자기 나름의 도덕 판단을 내리며 이에 대해서 갖가지 이유를 제시한다. 그럴 경우 이러한 이유들이 전제가 되고 도덕 판단은 결론이 되어 일정한 도덕적 추론이 구성된다. 이 글에서는 이와 같이 이유를 제시하는 여러 형태 중에서 대표적인 두 가지를 골라 그것이 지닌 각각의 장점과 단점을 살펴보고자 한다. 그리고 이유를 제시하는 두 가지 방식이 서로 상충하는 결론에 이르게 될 때에 생기는 도덕적 문제를 생각하는 가운데, 윤리의 본성을 이해하는 또 하나의 실마리를 발견해보고자 한다.

어떤 행위가 옳고 그르다는 판단에 대한 이유나 근거를 물었을 때, 우리는 흔히 어떤 도덕 규칙rule에 의해 대답하게 된다. 그래서 우리는 어떤 행위가 거짓말을 하지 말라는 규칙이나 약속을 지키라는 규칙을 어긴 것이므로 그르다는 판단을 내리기도 한다. 이유를 제시하는 또 하나의 방식은, 어떤 행위가 가져올 결과consequence가 좋거나 나쁜 것을 가려서 그 행위의 옳고 그름을 판단하는 것이다. 어려운 사람의 도움을 거절하는 행위가 그르다고 판단하는 것은, 그로 인해 그 사람이 더 없는 고통과 불행을 당하는 결과에 이르게 될 것이기 때문이다. 그런데 도덕적으로 가장 문제가 되는 것은 이유를 제시하는 이러한 방식들이 서로 상충할 때 생긴다. 일반적으로 도덕적 딜레마도 대체로 이러한 상충의 경우에 생겨나는 것이다. 플라톤이 든 예와 같이 무기를 돌려주기로 한 약속을 지켜야 한다는 도덕 규칙과 무기를 돌려주었을 때 예상되는 나쁜 결과가 서로 상충하는 것이다.

이러한 경우 우리는 도덕 규칙을 따라야 하는 의무와 최선의 결과를 가져 올 행위를 해야 하는 요구를 동시에 지닌다. 어떤 것을 택해야 할지 분명하지 않을 뿐만 아니라 두 가지를 동시에 할 수 없는 것이다. 도덕철학에서는 이러한 사례와 맞닥뜨릴 경우, 다음과 같은 기본적인 문제가 제기된다. 최선의 결과를 위해 도덕 규칙을 양보해야 하는 경우는 언제이며, 도덕 규칙을 준수하기 위해 최선의 결과를 희생해야 할 경우는 언제인가? 이 문제를 달리 표현하면 다음과 같다. 어떤 사람은 결과가 다소 나쁠지라도 규칙을 고수하는 것이 옳다고 주장하고, 어떤 사람은 좀 더 좋은 결과를 위해서는 규칙을 어기는 것이 옳다는, 다시 말하면 보다 좋은 결과가 예상되면 그 규칙에 예외exception를 두는 것이 옳다고 주장한다. 그래서 위의 문제는 어떤 조건 아래에서 도덕 규칙에 예외를 둘 수 있는가라는 물음으로 표현될 수 있는데 이는 도덕철학에 있어서 또 다른 중요한 문제이다.

전통적인 도덕철학 혹은 윤리학은 이러한 문제에 대하여 두 가지 대립하는 입장이 있다. 의무론자deontologist들은 도덕 규칙에 일치하는 행위는 옳으며 그러한 규칙에 어긋나는 행위는 그르다고 한다. 이들의 입장에 따르면 우리는 언제나 도덕 규칙을 따라야 하며 그에 따르는 행위가 다소 나쁜 결과를 가져올지라도 이를 무시하고자 한다. 이러한 입장은 도덕 규칙에 예외를 허용하지 않으려는 쪽이다. 이에 반해서 결과론자consequentialist들은 최선의 결과를 가져 오는 행위는 옳고 그렇지 못한 행위는 그르다고 주장한다. 이러한 입장에 따르면 우리는 언제나 최선의 결과를 가져 오는 행위를 행해야 하고, 따라서 도덕 규칙을 지키고 어기는 문제는 부차적인 것으로 본다. 이는 행위 결과에 비추어 언제라도 도덕 규칙에 예외를 받아들일 자세가 되어 있음을 말한다.

이 두 윤리설을 서로 대비해서 보다 자세히 설명해보면 아래와 같다. 결과론적 이론은 만일 한 사람이 어떤 행동을 함으로써 좋은 결과를 낳는다면 또는 만일 모든 사람이 그 행동을 할 경우 좋은 결과를 가져온다면 그 행동은 도덕적으로 옳다고 주장한다. 어느 경우에 있어서나 그 행동을 옳거나 그르게 하는 것은 바로 그 행동이 갖는 결과의 좋음과 나쁨이다. 반면 의무론적 이론은 한 행동이 어떤 도덕 규칙에 따르는 것이면 옳고, 위반하는 것이면 그르다고 주장한다. 이런 의미에서 의무론자는 언제나 원칙을 강조하는 규칙주의라고 할 수 있다.

결과론적 윤리 체계에서 옳고 그른 행동의 척도는 가치의 기준을 행동의 결과에 적용하는 데에 있다. 만일 한 사람이 어떤 개별적 행동을 한 결과나 모든 사람이 어떤 유형의 행동을 한 결과가 가치의 기준을 만족시킨다면 그 결과는 옳으며, 만일 그 행동 또는 그러한 유형의 행동의 결과가 나쁘면 그 행동 또는 그러한 유형의 행동 역시 그르다. 이러한 종류의 윤리 체계에서 한 행동의 결과란 그 행동이 미래에 가져올 모든 영향을 포함하는 것으로 이해된다. 모든 영향이란 그 행동이 수행됨으로 생기는 모든 것, 즉 그 행동이 행해질 경우 그렇지 않을 경우와 비교해서 미래에 달라질 모든 것을 포함하는 것이다.

이런 점에서 의무론적 윤리설은 입장을 달리 한다. 의무론자들은 행동을 옳거나 그른 것으로 만드는 것은 행동의 결과의 좋고 나쁨이 아니라, 행동 그 자체의 성질이나 종류라고 주장한다. 그들의 견해에 따르면 만일 어떤 행동이 모든 도덕 행위자가 행해야 할 의무라는 성질을 갖거나 그러한 종류에 속한다면, 그 행동은 옳다. 그러나 그 행동이 모든 도덕 행위자가 금지해야 할 의무라는 성질을 갖거나 그러한 종류에 속한다면 그 행동은 그르다. 모든 도덕 행위자가 어떤 종류의 행위를 해야 하거나 또는 하지 말아야 한다고 하는 진술은 행동에 대한 도덕 규칙의 내용이라 할 수 있다.

### 윤리학의 의무론과 결과론

윤리학에 있어서 두 개의 주요 개념을 '좋은 것the good, 선義'과 '옳은 것the right'이라 한다면 결과론적 윤리설과 의무론적 윤리설의 구조는 대체로 이 두 가지 기본 개념을 규정하고 관련짓는 방식에 의해 결정된다고 할 수 있다. 윤리적 전통에 있어서 결과론에 속하는 윤리설은 우선 좋은 것을 옳은 것과는 상관없이 규정하고, 그리고 옳은 것은 이미 규정된 좋은 것을 극대화하는 것으로 보는 입장이다. 보다 정확히 말하면 옳은 행위나 제도는 가능한 대안들 중에서 최대의 선을 산출하는 것이거나 아니면 적어도 현실적으로 가능한 최선의 행위나 제도들 가운데 하나이어야 한다는 것이다.

결과론과 대비되는 또 하나의 윤리적 전통인 의무론은 옳은 것과 상관없이 좋은 것을 규정하지도 않으며, 더욱이 옳은 것을 좋은 것의 극대화로 생각하지도 않는 입장이다. 결과론과는 반대 방향에서 이론을 구성해가는 의무론에 있어서는 목적이나 선에 비해 의무나 정당성의 우선이 주장되며 옳은 것에 위반되는 것은 불선不善이고 무가치한 것으로 판단된다. 따라서 옳음의 원칙이나 의무의 체계가 선행되고 그에 따라서 가치 있는 선의 한계가 설정되는 것이다.

나아가서 결과론적 윤리설에는 구체적으로 좋은 것, 즉 선을 어떻게 규정하는가에 따라서 다시 여러 가지 유형이 있을 수 있다. 만약 인간이 탁월성을 실현하는 것을 선이라고 한다면 이것은 완전설

perfectionism이라 불리며 이러한 사상은 아리스토텔레스나 니체 등에서 전형적으로 나타난다. 이 밖에도 역사적으로 중요한 결과론의 유형으로는 행복설, 쾌락설, 진화설, 자아실현설 등이 있다. 그리고 하나의 선을 내세우는 이러한 윤리학적 일원론과는 달리 다양한 여러 가지 선을 상정할 경우 다원적 결과론이 성립하게 된다. 선이나 인생의 목적에 중점을 두는 이러한 결과론적 윤리설은 대체로 희랍 철학의 전통에 속하며 근래에 이르러 공리주의자公利主義者, utilitarian들에 의해 강력히 옹호되고 있다.

이에 반해서 의무론적 윤리설은 히브리적 전통에서 유래한 것으로서 근대에 이르러 칸트의 윤리학과 깊은 관련을 맺고 있다. 공리주의자 벤담의 강력한 저지를 받은 후 의무론은 근 한 세기 동안이나 적극적인 옹호자가 없었다. 사실상 그것은 지난 몇 십 년 동안 옥스포드를 중심으로 한 일단의 윤리학자가 아니었다면 아직도 큰 발전을 이루지 못했을 것이다. 로스W.D. Ross를 중심으로 한 일단의 의무론자들은 윤리학에 있어서 의무론을 재활시켰을 뿐만 아니라 공리주의에 대한 유력한 반론을 제기함으로써 규범윤리학의 논전을 더욱 풍요하게 하는 데 기여했다.

의무론적 윤리설이나 결과론적 윤리설에도 여러 가지 유형이 있음을 보아 왔다. 역사적으로는 칸트의 도덕 이론은 의무론을, 고전적 공리주의는 결과론을 대변하는 것으로 알려져 왔다. 그러나 이들은 각각 의무론이나 결과론에 있어서 지극히 단순하고 극단적인 입장으로 그 이후의 윤리설들은 이 두 유형을 보다 체계적이고 세련된 이론으로 발전시키는 과정에서 제시된 것들이다. 우리는 우선 여기에서 보다 단순한 유형들에 대해 제기되는 문제들을 살펴본 다음, 이를 해결하려는 과정에서 발전된 새로운 유형의 결과론과 의무론들을 살펴 보겠다.

　　의무론적 윤리설은 해결해야 할 문제가 두 가지 있다. 첫째, 의무론적 입장에 따르면 올바른 도덕 규칙에 따르는 행위는 옳고 그것을 어기는 행위는 그르다. 그러나 가능한 수많은 도덕 규칙 중에서 어떤 것이 옳은지를 가려 줄 기준은 무엇이냐는 문제이다. 둘째, 의무론적 입장은 엄격한 도덕 규칙을 내세우는 것으로 보이는데, 예외 없는 규칙이 있을 수 없는 도덕적 현실을 감안한다면 의무론도 그러한 도덕 규칙들에 대해서 예외를 인정할 수 있는 입장으로 수정될 수 있는지의 문제가 있다. 의무론자인 칸트는 바로 이상의 두 가지 문제를 두고 고심한 듯하며 나름의 해답을 내리고자 했다.

　　간단히 말해서 첫 번째 문제에 대해서 칸트는 사람들의 행위 지침이 되는 도덕 규칙 중에서 어떤 것이 올바른지를 결정하는 일반적인 기준을 제시하고 있다. 이 기준에 따르면 어떠한 도덕 규칙이 모든 사람이 따를 수 있는 행위의 보편적인 법칙이 될 수 있을 때, 그것은 올바른 도덕 규칙이 된다고 한다. 두 번째 문제에 관해서 칸트는 도덕적 엄격주의를 그대로 고수하려는 듯하다. 칸트는 약속을 지키고 거짓말을 하지 말라는 것과 같은 도덕 규칙을 어김으로써 보다 유익한 결과가 생길 때에도 예외를 인정할 수 있는가라는 문제제기를 하고 있다. 그러나 그는 진정한 도덕 체계에서는 이러한 예외가 있어서는 안 된다고 생각하고 비록 결과가 나쁠지라도 도덕 규칙에 따른 행위라면 도덕적으로 나쁜 행위로 볼 수 없다는 엄격주의를 내세우고 있다.

　　칸트가 다루진 않았으나 의무론자가 당면하게 될 세 번째 문제가 있다. 흔히 지적되듯이 도덕문제는 두 가지의 다른 도덕 규칙이 상충할 때에 생겨난다. 만일 칸트가 이 문제를 고려했다면 그는 두 번째 문제를 다시 생각했어야 할 것이다. 우리는 갑과의 약속을 지키자니 을에게 거짓말을 해야겠고, 을에게 바른 말을 하자니 갑과의 약속을 어길 수밖에 없는 상황에 종종 당면하게 된다. 이와 같이 상충하는 의무들이나 서로 충돌하는 규칙 앞에서 어떻게 해야 하는가? 이에 대한 의무론자의 답변은 무엇일까?

　상충하는 도덕 규칙의 문제와 더불어 도덕 규칙에 예외를 인정하지 않는다는 점은 사람들로 하여금 의무론을 비판하고 결과론적 윤리설을 옹호하게 했다. 결과론적 윤리설에 있어서 가장 유력한 대안으로 간주되어 온 것은 공리주의적 윤리설이다. 우리는 최대 다수의 최대 행복이 공리주의의 기본 원리라고 알고 있다. 이러한 입장에 따르면 어떤 상황에서 관련된 모든 사람에게 최대 행복을 가져오는 행위가 옳다고 한다. 이러한 입장이 의무론적 윤리설의 난점을 피할 수 있다는 것은 쉽게 알 수 있다. 도덕 규칙에 따르는 것보다 그것을 어기는 것이 결과적으로 보다 많은 행복을 가져 올 때 공리주의자는 그 도덕 규칙을 어겨도 좋다고 말한다. 따라서 공리주의적 입장은 의무론적 입장과는 달리 정당한 예외라면 그것을 허용할 수 있게 되는 것이다.

　이와 마찬가지로 도덕 규칙이나 도덕적 의무가 상충할 때 공리주의자는 그에 관련된 모든 사람에게 가장 많은 행복을 가져다 줄 규칙이나 의무에 따르라고 가르친다. 의무론적 입장과는 달리 공리주의는 어떤 상황에서 도덕 규칙들이 상충할 때에 어떻게 해야 할 것인지를 분명히 말할 수 있다는 장점이 있다. 공리주의적 입장이 의무론의 난점을 피할 수 있는 이유 역시 쉽게 설명된다. 공리주의는 도덕 규칙보다 그 결과에 의해 행위들을 평가함으로써 상충하는 도덕 규칙보다 우리가 의거할 수 있는 보다 기본적인 공리의 원리를 제시한다. 그리고 이러한 기본적인 기준으로 인해 예외가 인정될 수 있고 상충하는 도덕 규칙의 문제가 해결될 수 있다.

　그런데 예외를 인정한다고 해서 공리주의가 전통적인 도덕 규칙들을 소홀히 취급한다고 볼 수는 없다. 그들은 전통적인 도덕 규칙들이 대체로 사람들에게 가장 큰 행복을 가져다주는 지침으로서 오랜 세월을 거쳐 정선된 인류의 지혜가 담긴 것임을 인정한다. 단지 규칙에 따름으로써 가장 큰 행복이 보장된다는 점이 명백할 때에만 그것을 어겨도 좋다고 한다. 따라서 공리주의는 그다지 극단적인 입장은 아닌 것이다. 공리주의에 여러 장점이 있으나, 철학자들은 그 속에서도 심각한 결점들을 발견해냈다.

첫째, 공리주의는 인간의 행복을 최대로 도모하는 것이 도덕에 있어서 유일한 의무라고 보며 어떤 사람의 행복도 모두 꼭 같이 중요하다고 생각한다. 그러나 이때 공리주의자는 우리의 부모나 형제 민족 등과 같이 우리와 특수한 관계에 있는 사람에 대하여 갖는 특정한 도덕적 의무는 어떻게 설명할 수 있는가? 둘째, 우리의 의무로 생각되는 행위에는 행복과 직결되지 않는 것도 있다. 가령 우리가 가장 훌륭하다고 생각하는 후보가 있다. 그런데 극단적인 경우를 제외한다면 나의 한 표는 선거의 결과에 있어서 그 영향을 무시해도 좋다고 할 수 있으며, 그런 한에서 내가 투표를 하는 것이 인간의 행복을 증진한다는 이유로 나의 의무인 것은 아니다. 고전적 공리주의자는 이런 종류의 도덕적 의무를 어떻게 설명할 것인가?

앞으로 살펴보겠지만 신중한 공리주의자라면 이와 같은 두 가지 반론에 대하여 방어를 할 수 있을 것이다. 그런데 심각한 또 하나의 문제는, 공리주의적 입장은 우리의 도덕 규칙에 대해서 지나치게 많은 예외를 허용할 가능성이 있다는 것이다. 공리주의에서는 규칙을 어기는 것이 그에 따르는 것보다 전체 행복에 보탬이 된다면 미련 없이 규칙을 어기라고 한다. 물론, 행복의 도모를 위해 규칙을 어겨야 할 경우가 가끔 있다는 것이 우리의 도덕적 상식이기는 하나 이런 경우는 상당한 정도의 행복이 걸려 있을 때에만 한정되는 것이다. 예를 들어 생명을 구하기 위해서는 약속을 어기는 것이 허용될 수 있을 것이나 사소한 행복이나 편의를 위해서 마음대로 약속을 어길 수는 없는 것이 아닌가?

　앞에서 이야기한 것과 같이 때때로 도덕 규칙에 따르는 것과 최선의 결과 즉 최대 행복을 가져 오는 일은 상충하며, 이러한 상황에서 때로는 최대 행복을 초래하는 행위를 택해야 하고 때로는 규칙에 따라 행위해야 하다. 따라서 우리가 위에서 살펴본 소박한 형태의 의무론은 언제나 규칙만을 고수하는 점에서 그리고 단순한 공리주의는 최선의 결과를 위해 지나친 예외를 허용한다는 점에서 여러 가지 문제점을 안고 있다. 극단적인 의무주의나 소박한 공리주의의 난점을 피할 수 있는 보다 합당한 윤리설은 없을까? 이러한 보다 합당한 이론에 대한 연구는 20세기 도덕철학자들의 주요 관심사였다. 현대 윤리학자들은 의무론자가 도덕 규칙을 강조하는 점과 결과론자가 행위 결과를 강조하는 점은 모두 존중하는 윤리설을 구상해왔다.


### 의무윤리에 대한 비판과 덕윤리

　현대사회에서 다시 '덕德, virtue'의 윤리가 문제되는 것은 어떤 연유에서인가? 그것은 근대에서 현대에로 이어지는 규범문화 자체에 대한 불만족에서 비롯되는 것이 아닌가? 그렇다면 이는 근세 이후 추구해온 윤리적 삶과 그런 삶의 형태를 요구하는 근세 시민사회, 나아가서는 이 모든 것을 포괄하는 근대성modernity 자체에 대한 일종의 문화 비판과 연계된 것이 아닌가?와 같은 물음이 제기된다. 근세 이후 추구되어온 최소 윤리로서 의무윤리에 대한 불만 내지 도덕적 환원주의에 대한 회의는 근세 이후 대두된 자유주의적이고 다원주의적 시민사회가 치러야 할 갖가지 사회적 비용에 대한 비판과도 관련이 있다. 삶의 근간을 이루는 도덕 체계와 이를 요청하는 사회구조 간에는 긴밀한 상관관계가 있기 때문이다.

우선 근세 이후 현대에 이르기까지 지배적인 윤리는 앞에서 논의한 의무의 윤리duty ethics라고 할 수 있다. 그리고 의무의 윤리에 있어서는 어떤 행위가 의무의 행위로서 정당하며 그것이 왜 정당한 것인지 논거를 제시하는 정당화justification의 과제가 우선적으로 요구된다. 근세 이후 대두된 시민사회는 전통적 유대가 해체되고 가치관의 다원화가 급속히 진행되는 바 복잡한 다원주의 사회에로의 성향을 보이며 이같이 다원화된 복잡사회를 규제, 관리할 규범 체계는 성원들에게 가시성可知性과 구속력을 담보하기 위해 고도의 도덕적 결정성moral determinacy을 요구하게 된다. 그리고 결정성을 제고하기 위해서는 가능한 한 성원들의 가치관이 중첩하는 공통 요소에 부합하는 최소화 전략과 성원들의 이해와 설득력을 높이는 가시화 전략이 요구된다.

필자가 생각하기에 이같이 도덕적 결정성을 제고하기 위한 최소화 전략과 가시화 전략을 추구한 귀결이 바로 의무의 윤리가 아닌가 한다. 도덕적 행위의 스펙트럼에 있어 의무사항은 그야말로 성원들의 가치관의 다양성에도 불구하고 공유할 수밖에 없는 최소 윤리라 할 수 있으며 이를 이행하지 않을 경우 공동체에 상당한 해악을 유발할 것으로 예견되는 까닭에 그만큼 책임도 무겁다고 할 수 있다. 또한 의무사항은 성원들 누구에게나 쉽게 이해되는 공지성을 지녀야 하는 바 명시적으로 진술되어야 하고 따라서 규칙화를 요구하게 된다. 그러므로 의무의 윤리는 또한 규칙의 윤리rule ethics와도 친화성을 갖는다 할 수 있다. 그러나 이같이 규칙에 기반을 둔 의무의 윤리는 준-법적 유형의 윤리로서 도덕적 결정성을 제고하기 위한 고가의 비용을 치르게 되는 바, 도덕의 본령에서 멀어지게 되고 이에 따라 도덕적 행위자들에게 불만의 소지를 갖게 될 수밖에 없는 것이다.

우선 근세 이후 지배적인 의무의 윤리가 갖는 난점은 그것이 정당화에 지나치게 편향된 관심을 갖는 데 비해 동기화motivation의 과제에 대해서는 소홀하다는 점에서 비롯된다. 그 결과로서 도덕적 행위자들은 어떤 행위가 도덕적으로 가치 있고 정당한 의무적 행위인지 알고 있음에도 불구하고 그것을 행하고자 하는 동기부여가 되지 않아 갈등, 고심하게 된다. 이 같은 의무감과 동기부여 간의 갈등은 일종의 자기분열schizophrenia 현상을 초래하게 되는데 이는 결코 도덕적으로 바람직한 현상이라 할 수 없으며 우리가 자주 당면하는 의지나약, 자기기만, 양심의 가책 등도 비슷한 범주에 속하는 도덕 경험이라 할 수 있다.

또한 의무의 윤리가 불만족스러운 이유 중 하나가 도덕적 행위의 스펙트럼에는 의무사항만으로 환원하기 어려운 다양성이 존재하기 때문이며, 따라서 의무사항 일변도의 도덕적 환원주의는 인간의 도덕 경험이 갖는 다원성을 무시한다는 점에서 찾을 수 있다. 이를테면 도덕적 행위를 도덕적 의무사항, 금지사항 나아가 도덕적으로 무관한 허용사항permissiveness 등으로 나눌 경우 도덕적으로 가치 있는 행위들의 일부가 배제될 수 있다. 이를테면 성인다운 행위saintly action, 영웅적 행위heroic action 등은 도덕적으로 높이 평가되는 행위이기는 하나 그것이 앞서나온 3분법에는 포용되지 못한다. 이 같은 행위들이 의무사항이나 금지사항도 아님은 물론 더욱이 허용사항도 아니며 도덕적으로 높이 평가될 권장사항recommendable이라 함이 옳을 것이다.

굳이 이같이 대단한 의무 이상의 행위가 아니라 할지라도 우리의 일상에는 보통 사람들이 조금만 노력하면 수행 가능한 다양한 의무 이상의 행위들supererogatory actions이 있다. 친절한 행위, 용기 있는 행위, 배려하는 행위 등은 굳이 의무로서 요구되는 것은 아니나 도덕적으로 바람직한 행위로서 덕의 윤리에서는 도덕적 행위의 근간을 이루고 있다. 이상과 같이 살펴볼 때 의무의 윤리는 도덕적 행위에 대해 지나치게 좁은 입장을 취하고 있으며, 따라서 우리는 도덕적 의무사항이나 금지사항, 나아가서는 도덕적으로 무관한 허용사항을 넘어 의무 이상의 행위 즉 도덕적으로 권장할 사항이라는 항목을 포함하는 보다 넓은 스펙트럼을 수용해야 하며 도덕적으로 가치 있는 것은 오히려 권장사항에 있다고도 할 수 있는 것이다.

또한 의무의 윤리가 갖는 난점은 그것이 지나치게 행위 중심적 윤리라는 점에 있다. 행위는 그 결과가 객관적이고 공적으로 평가할 수 있는 외적으로 표현된 대상이다. 그러나 윤리적으로 이에 못지않게 중요한 것은 외적으로 표현되기 이전의 내면적 가치로서 도덕적 동기와 의도이다. 윤리나 도덕의 본령은 오히려 이 같은 내면적 가치에 있다고 생각될 수 있으며, 외적인 표현으로서 나타난 행위를 문제 삼을 경우 법과 도덕을 구분하기도 어려워질 것으로 보인다. 또한 이같이 지나치게 외적인 표현을 도덕의 중요한 잣대로 삼을 경우, 그것은 도덕에 대해 다소간 행태주의적behavioristic 편향을 보이는 이해라 할 수 있을 것이다.

나아가서 의무의 윤리는 규칙 중심적 윤리와의 지나친 친화성으로 인해, 외적 표현으로서 행위 중심적 윤리와 마찬가지 관점에서 도덕에 대한 준-법적인 이해를 보인다고 생각된다. 또한 도덕을 법규 체계로 이해함으로써 빈틈없는 연역적 체계로 오도할 우려마저 있는 것으로 생각된다. 윤리나 도덕에는 헤어R.M. Hare의 지적처럼 원칙의 측면과 결단의 측면이 있는 것으로서 결단의 측면에 주목할 경우 도덕적 주체의 창의적이고 자율적인 선택의 문제를 고려하지 않을 수 없는 것이다. 더욱이 우리가 당면하는 도덕적 상황은 저마다 고유하고 애매한 성질을 갖는 까닭에 주체의 관여에 의한 도덕적 창의성moral creativity은 더욱 강하게 요청된다 할 것이다. 결국 도덕에는 법률가적 모형lawyer's model을 생각할 수도 있으나 예술가적 모형artist's model 또한 고려되어야 할 것으로 사료된다.

이상에서 제시한 제반 논점들을 참고할 경우 우리는 근세 이후 지배적인 의무의 윤리가 여러 측면에서 만족스럽지 못하며 따라서 이를 대체할 대안적 모형을 구상하거나 아니면 적어도 상당 부분 보완할 수 있는 여지가 모색되어야 할 것으로 판단된다. 그러나 난국을 타개하기 위한 대안이나 보완책을 제대로 구상하기 위해서는 신중하게 고려되어야 할 선행요건들이 있음에 주의해야 한다. 우선 근세 이전의 전통사회를 지배했던 윤리 체계인 덕의 윤리가 손 쉬운 하나의 대안으로 떠오를지 모르나, 시대상황과 사회구조의 변화에 따라 그같은 윤리가 의무의 윤리로 대체된 만큼 덕의 윤리가 자립적 대안이 되기 위해서는 몇가지 선결문제에 대한 해법을 찾아야 할 것이다. 또한 덕의 윤리가 대안이 아니라 하나의 보완책이라 생각될 경우 그러한 보완이 어떤 측면에서 어떤 방식으로 이루어질 것인지에 대해서도 세목에 걸친 점검이 요구된다 할 것이다.

## 덕德, 바르고 즐거운 삶의 기술

윤리학이 풀어야할 주요 과제는 앞서도 지적했듯 도덕 판단의 정당 근거를 밝히는 정당화의 과제와 이에 부합하는 행위로 유도하는 동기화의 과제라 할 수 있다. 실천철학으로서 윤리학의 과제는 물론 정당화의 과제이다. 그러나 아무리 정당한 도덕 판단을 알고 있다 할지라도 그것이 행위로 연결되지 않는 한 실천철학으로서의 소임을 다했다고 하기 어렵다. 정당한 도덕 판단이 무엇인지 이성적으로 알고 있다 할지라도 그것을 행동으로 옮기고자 하는 의지나 감정의 밑받침을 받지 못할 경우 우리는 심각한 정신분열schizopherena 현상을 경험하게 될 것이다. 이는 또한 옳은 것이 무엇인지를 알면서도 행동으로 옮기지 못하는 심각한 도덕적 실패의 원인으로서 도덕적 성취의 장애가 아닐 수 없다 할 것이다.

소크라테스는 '알면 행한다'는 입론을 제시한 것으로 전해진다. 이에 따르면 좋은 게 무엇인지를 제대로 알면 반드시 행하게 된다는 것이다. 좋은 게 뭔지를 알고서도 나쁜 짓을 행하는 어리석은 자는 없다고 본다. 결국 나쁜 짓을 행하는 자는 좋은 게 뭔지를 제대로 모르기 때문이라는 결론이 나온다. 이는 도덕에 있어서 철저한 지행합일을 내세운 것이며 아는 것이 절대적으로 중요하다는 주지주의적인 입장에 서 있다 할 것이다. 그런데 사실상 좋은 것이 무엇인지를 제대로 알기도 어려운 일이 아닌가? 추상적인 일반 원칙을 알기는 쉬우나 구체적인 내용이나 디테일을 생생하고 체감적으로 알기는 어렵다. 이론적으로 아는 원론적 지식know that을 갖기는 쉬우나 각론적 방도나 할 줄 아는 실천적 지식know how이나 지혜를 갖기는 어렵다.

이상과 같은 소크라테스의 주지주의적 입장에 대해 보다 현실성 있는 경험론적 입장에서 아리스토텔레스의 '알아도 행하지 못 한다'는 입론이 반론으로 제시되었다. 아리스토텔레스는 좋은 게 뭔지를 알면서도 행하지 못하는 우리의 도덕적 현실 내지 도덕 경험에 바탕을 두고 스승의 입장에 의문을 제기했고 이를 자제심의 결여 내지 의지의 나약akrasia, weakness of will의 문제로 봤다. 우리가 도덕적 실패moral failure라 부르는 것은 바로 이 같은 이유에서 생겨난다고 할 수 있다. 우리는 자주 도덕적 실패를 범하고 그에 대해 후회하고 반성하며 심지어 뼈아픈 회한에 잠기기도 한다. 그렇다면 알아도 행하지 못하는 도덕적 실패 즉 자제심의 결여나 의지의 나약은 어떤 연유로 생기게 되는가?

자제심의 결여 혹은 도덕적 실패는 우리가 도덕적으로 바른 것이나 좋은 것을 알기는 하나 그것을 행동으로 옮길 실천적 의지가 없을 때 생겨난다. 우리에게 이 같은 강한 의지가 없을 경우 도덕적으로 올바른 것이 무엇인지를 알지라도 눈앞의 이익이나 당장의 유혹에 넘어가 도덕적 실패를 범하게 된다. 이 경우 우리에게는 담금질을 통해 쇠를 달구어 무쇠를 만들듯 의지를 단련하고 연마하여 유혹을 돌파할 수 있는 강한 의지나 도덕적 용기를 가질 것이 요구된다. 또한 이와 관련해서 중요한 것은 옳은 행위를 의무적으로 억지로 행할 수 있을지는 모르나 그것을 자발적으로 기꺼이 행할 수 있는 마음가짐 내지 감정을 도야할 필요도 있다. 따라서 도덕적 실천에서 오는 쾌감이나 즐거움을 맛보려면 우리의 감정을 순화하고 조율함으로써 올바른 행위, 고귀한 가치에 맛이 들려 그런 행위에 길들여지고 익숙해질 필요가 있는 것이다.

결국 도덕적 실패를 최소화하고 도덕적 행위를 즐겨할 수 있기 위해서는 우선 도덕적으로 올바른 것이 무엇인지를 제대로 아는 일이 선결요건이라 할 수 있다. 이와 더불어 우리는 의지를 단련, 연마하여 의지를 강화함으로써 도덕적 용기와 도덕적 내공을 기르고 유혹을 돌파할 부동심과 호연지기를 길러야 할 것이다. 나아가 감정을 순화하고 조율함으로써 올바른 것, 고귀한 것에 맛들이고 즐거움을 느끼게끔 길들이는 정서 교육이 절실히 요구된다 할 것이다. 결국 도덕적 실패를 줄이기 위한 일은 인지적 각성, 의지의 강화, 감정의 조율을 겸비하는 바 지·정·의 3원적 기능의 통합적 프로젝트라 할 수 있을 것이다.

공자의 어록인 《논어》에서는 공부하는 방법으로 타인의 지식을 배우는 '학學'과 스스로 생각하는 '사思'를 이야기하며, 이 두 가지 중 어느 하나도 없어서는 안 되며 양자는 상호 보완적인 관계에 있다고 하였다. 그런데 단지 이론적인 지식이 아니라 실천적인 지혜의 경우에는 이 두 가지에 더하여 습習이라는 제삼의 방법이 보완되어야 한다고 한다. 배우고 생각한 것을 반복해서 행위하는 연습의 과정 즉 습관화 habituation를 통해 아는 것이 내면화, 내재화, 자기화, 생활화되어 습득되고 체득되어야 함을 강조한다. 이 같이 습득되고 체득됨으로써 지식과 내가 일체가 되어 그야말로 나의 지식이 되며 그래서 익숙해지고 길들여지면 행하는 것이 억지로가 아니라 기꺼이, 즐거이 행할 수 있게 된다는 것이다. 이는 수영을 배울 때 처음에는 물이 싫고 무섭지만 수영의 기술에 익숙해지면 물에서 노는 것이 자유롭고 즐거운 것과 같은 이치이다.

이상과 같이 습관화를 통해 익힌 지속적 행위성향, 자기화하고 체득된 행동경향이 바로 바르고 즐거운 삶의 기술skill로서의 덕virtue이라 할 수 있다. 여기에서 덕을 기술이라 해서 반복적이고 기계적인 것이 아니며 생각하며 익힌 유연하고 성찰적인 기술이다. 그런 의미에서 덕은 도덕적 기술이요 행복의 기술이라 할 수 있다. 덕은 도덕적 실패를 최소화할 수 있는 도덕적 기술이요 도덕적 행위를 의무적으로가 아니라 즐거이 수행할 수 있는 행복의 기술이다. 그래서 덕은 바르고 즐거운 삶의 기술이라고 할 수 있다. 구두를 잘 만들기 위해서는 구두 짓는 기술을 익혀야 하고 피리를 잘 불기 위해서는 피리 부는 기능을 익혀야 하듯, 인간으로서 잘 살기 위해서 즉 성공적인 인생을 살기 위해서는 도덕적 기술과 행복의 기술로서의 덕이라는 인생의 기술이 요구된다 할 것이다.


## 의무윤리의 보완으로서 덕윤리

윤리학의 역사를 일별하면 고중세에는 덕윤리가 지배했으며 근세 이후 현대에 이르기까지 의무 중심적 윤리가 주류를 이루고 있었다. 그러나 근래에 이르러 의무윤리가 인간다운 삶을 보장하는 윤리로서 부실하다는 비판과 더불어 덕윤리에 대한 관심이 재개되고 있다. 윤리는 시대의 사회상과 불가분의 관계에 있는 만큼 고중세를 이

어온 소규모 공동체 중심의 공동사회가 해체되고 자신의 이해를 중심으로 이합집산하는 이익사회적이고, 가치 다원주의적인 시민사회에 있어서는 보다 명시적인 규칙의 윤리인 동시에 최소주의적인 의무의 윤리가 주류를 이루게 된 것은 불가피한 현실이었다. 그러나 규칙으로 정식화된 의무 중심적 윤리가 인간다운 삶을 담보하는 사회규범이 되기에는 극복해야 할 갖가지 난점들이 지적되었고 일부 윤리학자들은 전통적인 덕의 윤리로부터 대안을 모색하기에 이르렀다.

하지만 덕윤리는 이미 지적된 바와 같이 소규모 지역공동체에 적합한 규범의 형태였을 뿐만 아니라 그것에 내재한 애매성 내지 도덕적 미결정성moral indeterminacy으로 인해 복잡다단한 현대 시민사회의 대안윤리가 되기에는 역부족한 사실임을 인정하지 않을 수 없다. 그러나 근세 이후 주류 윤리인 의무윤리가 윤리로서 여러 가지 결함을 지니고 있다면 덕윤리가 그에 대한 대안 윤리가 되기는 어렵다 할지라도 의무윤리를 보완할 수 있는 잠재적 가능성을 타진할 만한 가치는 있다 하겠다. 우선 의무윤리는 근세 이후 우리의 도덕 생활에 있어 주로 공적인 영역에 적용하기 위해 구상된 것이다. 따라서 덕윤리는 일차적으로 비-공적이고 사적인 영역에 보다 적합한 윤리라 생각된다. 지금 우리의 일상에서도 사회윤리나 공공도덕보다는 개인윤리에 있어서 덕윤리의 전통이 많이 잔존하고 있음도 이 점과 상관이 있다 할 것이다.

그러나 덕윤리가 일차적으로 영역 구분으로 보아 비-공적이고 사적인 영역에 보다 적합한 윤리이지만 일단 이 점을 받아들이고 나면 사실상 덕윤리는 이 같은 영역 구분을 넘어 다양한 영역과 직종에 광범위하게 응용될 여지가 있음을 수긍하게 된다. 덕윤리는 사적 영역을 넘어 공적 영역 즉 시민윤리에 있어서도, 시민의 덕을 함양하고 교육하는 데 있어서 유용하다. 또한 공직자의 덕을 위시하여 교육자, 법조인, 의료인 등 역시 그 직종에 맞는 미덕을 개발하고 교육할 수 있는 여지가 생긴다. 그래서 근래에는 직업윤리에 있어서도 성공success 못지않게 봉사service의 측면도 강조되며 덕의 윤리는 직장인의 성공만이 아니라 인간으로서의 보람과 행복을 위해서도 강조되고 있다.

자유주의는 비록 덕을 정치의 목적으로 하는 완전주의perfectionism에 대해서는 비판적이지만 덕을 정치의 수단으로 수용하는 입장까지 배척할 이유가 없다고 할 수 있다. 자유주의가 덕을 배제할 이유가 없음을 이해하기 위해 정치의 주요 목적이라 할 수 있는 정의의 수행방식을 생각해보자. 이 같은 방식 중 하나는 정의의 원칙이 행위를 강제하는 부담으로서 외면적, 형식적으로만 그에 따르는 수행 방식이다. 이럴 경우 공적인 영역에서는 처벌의 공포가 두려워 정의의 원칙에 따르게는 될 것이나 그것이 성격에 영향을 주지 않는 한 사적 영역에서는 여전히 부정의를 쉽사리 자행할 가능성이 열려 있다.

이는 자유주의사회를 안정적으로 발전시키기 위해서는 불충분한 수행방식이 아닐 수 없다. 나아가 그것은 오히려 자유주의를 자멸시키는 결과로 이끌 수도 있다는 비판을 면하기 어려울 것으로 생각된다. 자유주의는 정의의 원칙을 내면화하고 그에 기반을 두고 행동하는 수행방식을 선호할 것으로 보인다. 이런 수행방식에서는 정의의 원칙이 단순히 행위만이 아니라 성격의 형성과 변화에도 영향을 줄 수 있다. 이 같이 생각할 때 자유주의에서 배제되고 있는 것은 정치의 외재적인 목적으로서 덕일 뿐 정치에 내재하는 수단으로서의 덕, 즉 타인의 권리를 존중하고 다른 의견을 가진 자에 대해 관용을 베풀며 정의에 자발적으로 따르고자 하는 성향 즉 정의감 등을 오히려 필수적으로 요청한다 할 것이다.

근세 이후 다원주의라는 사회적 현실에 대한 대응책을 추구하는 가운데 정치적으로는 자유주의가, 도덕적으로 의무윤리 등 최소주의적 전략이 제시되었다. 비록 다소 다른 두 가지 측면에서 제안된 것이긴 하나 이들은 모두 다원주의를 관리하기 위한 근대적 프로젝트 modern project의 일환이라 할 수 있다. 그런데 지금까지 일반적으로 자유주의나 의무윤리는 덕윤리에 대해 적대적이거나 아니면 적어도 비우호적이라는 견해가 지배적이었다. 그러나 우리가 보기에 이 같은 견해는 지극히 흑백논리적 발상에서 유래한 것으로 보인다. 최대 윤리이건 최소 윤리이건 혹은 공동체주의이건 자유주의이건 그에 걸맞은 덕윤리는 구상될 수 있을 뿐만 아니라 충분히 실현 가능하다고 생각된다.

물론 자유주의적 다원사회가 덕목들이 번성하게 될 환경으로서 최상의 조건은 아닐 것이며 소규모 지역공동체가 보다 유리한 조건일지도 모른다. 그러나 제대로 된 시민 교육이나 덕성 교육을 통해 유덕한 시민의 육성이 불가능하다고 생각하지는 않는다. 시민들이 그 같은 덕목을 제대로 갖추지 못함으로써 의무나 정의를 위배했을 경우 당하게 될 처벌의 고통이 그 같은 덕목 습득을 재촉하는 동기화의 에너지가 될 수도 있을 것이며, 나아가 그런 덕목의 체득으로 인해 자족하고 행복한 삶의 영위가 또 다른 하나의 유인이 될 수 있을 것이다. 여하튼 이 같은 주장들의 진위는 경험과학적 검증에 의해 밝혀질 것인 바 자유주의적 다원사회가 원리상 덕의 윤리에 비우호적이라는 입장은 자명한 것은 아니라 판단된다.

● **윌리엄 K. 프랑케나, 황경식 옮김, 《윤리학》, 철학과현실사, 2003.**

이론 윤리학 전반에 대한 개략적인 입문서로 의무론적 윤리와 결과론적 윤리의 발전과정 및 다양한 유형을 잘 설명해주고 있다. 다소 요약적인 듯하지만 핵심들을 놓치지 않고 있어 전 세계 수십 개의 언어로 번역되기도 했다.

● **황경식, 《윤리학과 그 응용》, 철학과현실사, 2012.**

의무론적 윤리와 결과론적 윤리 등 이론 윤리학을 구체적인 현실문제에 적용했을 때 어떤 입장과 해결이 제시될 수 있는지를 알 수 있는 응용윤리서다. 윤리적 입장이 서로 다른 사람들로 이루어진 토론 교실을 이끌어 가는 데 유용한 참고서라 할 수 있다.

● **피터 싱어, 김성동·황경식 옮김, 《실천윤리학》, 연암서가, 2013.**

실천윤리학은 응용윤리학의 또다른 명칭으로서 단지 이론적 앎이나 입장이 아니라 구체적인 행동이나 실천이 요구되는 현실의 윤리적 문제들을 다룬다. 남녀 성차이나 성차별 그리고 다양한 생명 의료윤리의 문제들을 흥미롭게 서술하고 있어 호평받는 개론서 중 한 권이다.

● **황경식, 《철학과 현실의 접점》, 철학과현실사, 2008.**

응용윤리학 내지 실천윤리학의 다양한 주제들을 논의한 저서로서 생명·의료윤리, 정보·사이버윤리, 환경·생태윤리, 성윤리·성철학 등을 망라하고 있어 응용윤리의 제문제를 전반적으로 일별할 수 있는 개론서이다. 철학의 현실화에 기여하고자 쓰여진 저술이다.

● **황경식, 《덕윤리의 현대적 의의》, 아카넷, 2012.**

윤리학의 이론들 중 의무론이나 결과론 등 근세 이후 지배적인 윤리설인 의무의 윤리를 비판한다. 그 가운데 그 대안 혹은 보완으로서 제시된 덕의 윤리를 동서의 전통으로부터 이끌어 내어 다양한 주제들을 중심으로 논의하고, 그 현대적 의의를 성찰하는 덕윤리의 연구서라 할 수 있다.

# 2.

# 철학,
# 윤리를 말하다

# 윤리는 계약의 산물인가?

정원섭

## 고전 윤리설의 아포리아

칸트Immanuel Kant는 철학의 핵심문제를 다음 세 가지 질문으로 구체화하였다. "나는 무엇을 알 수 있는가?", "나는 무엇을 해야 하는가?" 그리고 "나는 무엇을 희망할 수 있는가?"(칸트, 《순수이성비판》, A805~B833) 이 구분으로 볼 때 윤리학은 "나는 무엇을 해야 하는가?"에 대해 탐구하는 학문이다. 그래서 윤리학은 "마땅히 해야 할 바"에 대해 연구하는 당위의 학문으로서 실천철학practical philosophy이다(김태길, 《윤리학》, 박영사, 2006, 3쪽).

"무엇을 해야 하는가?" 즉 "윤리란 무엇인가?"라는 질문에 대해 서양고전 윤리설들은 대체로 두 가지 방식으로 답하고자 한다. 첫 번째 방식은 우리 삶의 궁극적인 목적을 찾아서 이 목적을 잘 실현하는 것이 윤리라고 주장한다. 이런 입장을 '목적론teleology'이라고 한다. 가령 아리스토텔레스의 경우, 우리의 최고의 목적은 행복이며 따라서 행복을 잘 추구해야 한다고 주장한다는 점에서 그의 입장은 대표적인 목적론이라 할 수 있다.

반면 이와 다른 한 가지 방식은 어떤 법칙이나 의무를 제시하고 마땅히 이를 따라야 한다고 주장하는 입장이다. 이때 법칙이나 의무는 우리의 궁극적인 목적이 무엇이든 상관없이 누구나 꼭 지켜야만 하는 것이다. 이런 입장을 '의무론deontology'이라고 한다. 가령 "네 이웃을

네 몸과 같이 사랑하라"는 기독교의 가르침이나 살생을 금지하는 불교의 가르침과 같은 경우 의무론의 좋은 본보기가 될 수 있을 것이다.

목적론적 윤리설의 경우 우리 행위의 목적을 제시하고자 한다는 점에서 우리의 일상적인 윤리적 체험과 잘 부합한다. 윤리적인 행동이란 대체로 의도적인 행위이며, 의도적 행위는 어떤 목적을 실현하고자 하는 것이기 때문이다. 뿐만 아니라 목적론적 윤리설은 우리가 궁극적으로 추구하고자 하는 목적 자체에 대해 심층적인 성찰을 하도록 이끌어 간다는 점에서 근원을 파악하고자 하는 철학적 탐구의 근본 정신과 맥을 같이 한다. 만일 인간의 궁극적인 목적이 존재한다면, 그 목적을 잘 실현하도록 노력하는 것이 바로 우리가 해야 할 윤리가 될 것이다.

그러나 바로 이 점에서 목적론적 윤리설은 심각한 이론적 어려움에 직면하게 된다. 왜냐하면 모든 인간에게 두루 맞을 수 있는 어떤 목적이 객관적으로 존재할 수 있는지가 도대체 불분명하기 때문이다. 물론 내가 미처 깨닫지 못했다 할지라도 어떤 궁극적인 목적이 객관적으로 존재할 수도 있을 것이다. 그렇다 하더라도 그런 목적이 어떻게 지금 여기에 살고 있는 '바로 나'의 목적이나 의무가 될 수 있는지에 대한 설명이 필요하다. 뿐만 아니라 만일 이런 목적이 단 하나가 아니라 여럿 존재하면서 상충하거나 서로 모순을 일으킨다면 어떻게 되겠는가? 뿐만 아니라 설령 누군가가 명예처럼 자신이 좋아하는 어떤 것을 자신의 인생의 궁극적인 목적으로 추구할 경우, 그것이 그 사람의 선택이라는 점은 분명하지만 이를 윤리적 당위라고 말하기는 힘들 것이다.

이러한 이론적 어려움들은 의무론적 윤리설에서도 마찬가지로 나타난다. "모든 인간에게 적용되는 보편적인 법칙이나 의무가 과연 존재하는가?" 그리고 설령 존재한다 해서 그것이 어떻게 "지금 여기에 살고 있는 나"의 의무나 법칙이 될 수 있는가? 위에서 제시한 기독교의 계명이나 불교의 계명에 대해 이렇게 되물을 수 있는 것이다. "왜 나는 이웃을 내 몸과 같이 사랑해야 하는가?", "왜 살생을 하면 안 되는가?"

이러한 문제들을 해결하기 위해 고전 윤리설들은 대체로 특정한 존재론이나 형이상학 혹은 종교에 호소하였다. 특히 중세의 경우 "무엇을 해야 하는가?"에 대한 해답을 찾는 과정에서 기독교가 결정적 역할을 수행하게 되면서 오늘날까지 윤리와 종교는 아주 밀접한 관련이 있는 것처럼 간주되고 있다. 기독교 문화권에서는 "무엇을 해야 하는가?"에 답하는 과정에서 기독교 교리가 결정적인 역할을 하였으며, 기독교 교리는 토마스 아퀴나스의 사상에서 잘 나타나듯이 심오한 존재론이나 고차원의 형이상학과 같은 이론철학theoretical philosophy을 통해 뒷받침되었다. 그 결과 현재까지도 윤리학은 더욱 근원적인 이론철학에 바탕을 두고 이를 현실에 적용한다는 의미에서 응용철학applied philosophy으로 이해되기도 한다.

윤리학을 이처럼 응용철학의 한 분야로 간주하는 입장은 윤리신명설divine command theory에서 뚜렷하게 드러난다. 윤리신명설이란 "무엇을 해야 하는가?"에 대한 대답을 신의 명령을 통해 찾고자 하는 입장이다. 이 입장을 따를 경우 '해야 하는 것' 곧 윤리란 '신이 명령한 것'이며 '해서는 안 되는 것'이란 '신이 금지한 것'이다. 이러한 신명설은 윤리적 실천문제를 해결하는 데 큰 장점이 있다. 윤리적 실천문제란 어떤 것이 옳은지 알면서도 자제력의 부족이나 이기적 욕망 혹은 외부의 유혹 때문에 제대로 실천하지 못하는 것을 말한다. 그런데 만일 전지전능한 신이 나를 언제나 지켜보며 돕고 있다면 어떤 유혹이나 욕망도 거뜬히 이겨내면서 윤리적 실천을 성공적으로 할 수 있을 것이기 때문이다. 그러나 쉽게 예견할 수 있듯이, 윤리신명설은 신의 존재에 대하여 의구심을 품는 사람들에게는 설득력을 발휘할 수 없다는 치명적 난점을 지니고 있다.

뿐만 아니라 설령 신의 존재를 받아들인다 할지라도 '신의 명령'과 '윤리'와의 상관관계에 대한 질문이 여전히 남게 된다. 이 문제는 이미 플라톤의 《에우티프론Euthyphron》에서 다음과 같은 형식으로 등장하였다. "그 행동이 옳기 때문에 신이 명령을 한 것인가, 아니면 신이 명령했기 때문에 그 행동이 옳은가?" 여기서 문제는 이 질문에 대해 어떻게 답변을 하건 우리는 딜레마에 빠지고 만다는 점이다. 만일 어떤 행동의 옳고 그름이 신의 명령과 상관없이 이미 결정되어 있다면, 신의 명령은 없어도 무방한 것이 되고 말 것이다. 그러나 만일 어떤 행동이 옳은 이유가 오로지 신의 명령 때문이라면, 윤리는 전적으로 신의 의지에 의해 좌지우지 될 것이다. 그러나 이때 신의 본성과 관련된 더욱 난해한 문제에 빠지게 된다. 즉 "신은 비윤리적인 것을 명령할 수 있는가?" 그리고 "만일 신이 비윤리적인 것을 명령할 수도 있다면 왜 우리는 신의 비윤리적인 명령까지 따라야 하는가?"

이처럼 고전 윤리설들은 "나는 무엇을 해야 하는가?"에 대한 답변을 은연중에 모종의 존재론이나 형이상학 혹은 종교에서 찾고자 하였다. 그 결과 "왜 해야 하는가?"라는 윤리학의 또 한 가지 중요한 질문에 대한 답 역시 고전 윤리설에서는 형이상학 혹은 종교를 통해 해결하게 된다. 이러한 해결 방법은 이 두 문제에 대하여 적절한 답변을 제시하는 것이라기보다는 문제 자체를 종교나 형이상학으로 넘겨 놓은 채 새로운 문제들을 초래하는 것에 지나지 않을 수 있다. 특히 기존의 형이상학적 가르침이 사회적 영향력을 상실하게 되었을 때, 혹은 한 사회 내에 상충하는 여러 종교적 신념들이 경쟁하는 상황이 되었을 때, 특정한 종교나 형이상학적 신념에 기반을 둔 윤리적 가르침은 다른 종교적 신념을 가진 사람들에게 큰 설득력을 갖지 못할 것이다.

"나는 무엇을 해야 하는가?" 그리고 "왜 해야 하는가?"라는 윤리학의 두 가지 핵심 질문에 대해 다른 어떤 존재론이나 형이상학 혹은 종교에 의존하지 않으면서 답변을 제시할 수는 없는 것일까?

## 계약론의 기원과 근대 사회계약론

계약론적 윤리설, 즉 윤리를 약속의 일종으로 이해하는 입장이 지닌 매력은 위의 두 질문에 대해 어떤 종교적 혹은 형이상학적 가설에 의존하지 않으면서도 간결하고 설득력 있는 답변을 제시하는 것처럼 보인다는 점이다. 즉 계약론은 위의 두 질문에 대해 이렇게 답한다. "윤리란 무엇인가?", "윤리란 약속이다", "왜 윤리를 지켜야 하는가?", "내가 지키기로 약속했기 때문에 지켜야 한다."

계약론적 발상이 체계적으로 등장한 책은 홉스Thomas Hobbes 의 《리바이어던Leviathan, or The Matter, Forme and Power of a Common-Wealth Ecclesiastical and Civil》(1651)이다. 그러나 그 기본적인 발상은 이미 플라톤의 《크리톤Kriton》에서 찾아 볼 수 있다. 소크라테스는 처형되기 전날 밤 감옥으로 찾아 온 친구 크리톤으로부터 탈옥을 권유받는다. 그런데 소크라테스는 왜 자신이 탈옥을 해서는 안 되는가에 대해 다양한 논거를 들어 오히려 크리톤을 설득한다. 그중 한 논거가 바로 일종의 계약론이다. 소크라테스는 이렇게 말한다. 만일 누군가가 자신의 모든 재산을 가지고 폴리스(곧 국가)를 떠날 수도 있었지만 폴리스가 제공하는 다양한 혜택을 누리면서 계속 살고 있다면, 그는 폴리스의 법률을 준수하겠다는 무언의 약속을 폴리스와 한 것과 다름없다는 것이다. 따라서 소크라테스 자신이 이제 와서 탈옥을 할 경우 자신은 폴리스와 한 약속을 어기게 된다는 것이다. 소크라테스의 이런 계약론적 사고가 그 당시 아테네에서 어느 정도 일반적이었는지는 불분명하지만, 폴리스에 대하여 시민이 '왜' 의무를 지켜야 하는가를 잘 보여주고 있다.

근대 계약론 역시 그 초점은 국가와 시민들 간의 관계, 즉 정치적 문제에 있었다. 근대 계약론은 구체적으로 다음과 같은 두 가지 목표가 있었다. 첫 번째 목적은 왕권에 대한 기존의 봉건적 정당화 방식, 곧 왕권신수설을 논파하는 것이었다. 이를 바탕으로 국가 권력과 시민들과의 관계를 종교와는 무관하게 새롭게 설정하는 것이 바로 둘째 목적이라 할 수 있다. 이 점을 가장 잘 보여주는 사람이 바로 로크John Locke이다. 그는 《시민정부론Of Civil Government》(1690) 1편에서 그 당시 지배적 입장이던 필머Robert Filmer의 왕권신수설을 반박한 후 2편에서 자연 상태에 있는 개인들이 자발적인 계약을 통해 사회 곧 국가를 세웠다고 주장하고 있기 때문이다.

이렇게 볼 때 근대 계약론자들의 일차적 관심은 '사회란 무엇인가?'이다. 그래서 근대 계약론은 '사회계약론social contract theory'으로 일컬어진다. 여기서 사회란 경우에 따라서 국가로도 해석될 수 있고 정치권력으로도 이해될 수 있다. 중요한 것은 이러한 사회란 자연 상태에서 서로 아무 신세도 지지 않은 채 살아가고 있는 자유롭고 평등한 사람들 간의 자발적인 약속을 통해 구성된 것일 뿐, 어떤 심오한 종교적 권위를 갖는 것은 아니라는 점이다. 계약론자들이 국가를 종교적 권위와 무관한 방식으로 정당화하였다고 해서 국가가 무기력하게 묘사된 것은 물론 아니었다. 가령 홉스는 자연 상태에 살고 있던 자유롭고 평등한 개인들이 자유로운 계약을 통해 국가를 세웠지만, 이 약속이 결코 파기되지 않고 영원히 준수되도록 하기 위해서는 그 국가 권력이 리바이어던이라는 절대 권력이어야 함을 강조한다. 이때 약속을 준수해야 하는 이유는 물론 세속적인 것이다. 만일 리바이어던이 붕괴될 경우 우리는 만인과 만인이 서로 이리떼처럼 으르렁대는 과거의 그 처참한 자연 상태로 다시 돌아갈 수밖에 없기 때문이다.

하지만 홉스가 제시한 리바이어던이라는 해결책은 루소의 지적처럼 역설적 상황이다. "인간은 본래 자유인으로 태어났다. 그런데 인간은 어디서나 쇠사슬에 묶여 있는 것이다."(루소, 《사회계약론Du Contrat social ou principes du droit politique》(1762) 1.1) 그렇다면 리바이어던, 곧 국가를 어떻게 길들일 것인가? 로크에 이르게 되면 국가는 리바이어던처럼 맹목적으로 복종해야 할 절대 권력이 아니라 우리 국민의 재산을 제대로 지켜주지 못할 경우 전복의 대상으로 전환된다. 국가 권력은 자유롭고 평등한 시민들의 이해관계를 충실히 보장해주어야 하며 시민들은 그들의 이해관계를 보장받기 위해 국가 권력을 제한할 수 있게 된다. 그런데 만일 오로지 자신들의 재산을 지키고자 하는 사적 이해관계로 가득한 국민들로 이루어진 국가라면, 그런 국가란 분열적일 수밖에 없을 것이다. 바로 그렇기 때문에 루소는 진정한 사회계약이란 개인 한 사람 한 사람의 다양한 이해관계들을 단순히 기계적으로 모아 놓는 것을 넘어, 이를 융합하여 하나의 일반 의지를 이끌어내는 것이어야 함을 누차 강조하였다. 일반 의지는 국민 한 사람 한 사람의 의지를 단순히 병합한 전체 의지와는 다른 것이다.

근대 계약론 역시 위의 두 가지 질문, 즉 '무엇을 해야 하는가?' 그리고 '왜 해야 하는가?'에 대해 '계약'이라는 개념을 통해 답하고자 한다. 하지만 그 일차적 관심이 국가와 시민 간의 정치적 관계에 있었다는 점을 고려한다면 근대 계약론을 윤리학의 영역으로만 간주하기 힘든 면도 없지 않다. 그러나 근대 계약론자들은 '자연 상태'라고 하는 독특한 가설적 상황을 제시함으로써 현대 자유주의 윤리의 이론적 출발점을 제시하고 있다는 점에서 주목하지 않을 수 없다. 특히 홉스와 로크는 '자연 상태에 존재하는 개인들을 서로 아무런 유대나 연고도 없는 자유롭고 평등한 원자적 존재들'로 설정한다. 그 결과 지금까지 윤리적 삶에서 결정적 구성요소로 간주되던 가족이나 친구 등 다양한 공동체적 요소들이 윤리적 자원에서 원칙적으로 배제되고, 윤리적 담론은 전통이나 공동체와 유리되면서 점점 더 추상화되기 시작한다. 이 점에서 근대 계약론이 바로 현대의 최소주의 윤리<sup>minimum morality</sup>로 나아가는 길을 열고 있었다 해도 과언이 아닐 것이다.

이러한 근대 계약론은 19세기 들어 근본적인 비판들을 마주하게 된다. 첫째, 흄과 헤겔이 공히 지적한 것처럼 사회계약론자들이 주장하는 자연 상태란 근본적으로 허구이며 따라서 이런 식의 사회계약은 역사적으로 결코 존재한 적이 없었다는 것이다(흄,《인간본성론 Treatise of Human Nature》, 3권, 2부 2절). 뿐만 아니라 만일 오래전 실제로 이런 계약이 존재했었다고 하더라도 그것은 나의 조상의 약속일 뿐 나의 약속은 아니며 따라서 내가 지켜야 할 이유가 없다는 것이다. 그런데 흄은 여기서 한발 더 나아가 근대 계약론자들에 대해 더욱 치명적인 비판을 가한다. 즉 둘째, 설령 내가 실제로 어떤 약속을 했다고 해서 반드시 그 약속을 준수해야 할 이유는 무엇인가?

첫 번째 질문과 관련하여 근대 계약론에서 등장하는 '자연 상태에서 최초의 계약'은 역사적 상황이 아니라 가설적 상황임이 분명하다. 따라서 사회계약론에서 말하는 계약이란, 계약 당사자들이 실제로 서명을 했다는 의미에서의 계약이 아니라 만일 그런 상황에 놓이게 된다면 기꺼이 서명했을 것이라는 의미에서 가상의 계약을 말하는 것이다. 즉 폴리스를 떠날 수도 있었지만 떠나지 않았다면 폴리스의 법률을 받아들이기로 실제로 약속한 것은 아니지만 약속한 것과 마찬가지라는 소크라테스의 생각이 암묵적 계약이라는 개념을 통해 다시 나타나고 있는 것이다.

그러나 첫 번째 비판에 대해 이렇게 답할 경우, 문제는 더욱 심각해질 수 있다. 왜냐하면 최초의 사회계약은 결국 암묵적 계약에 지나지 않게 되며, 암묵적 계약이란 실제 약속이 아니라는 점에서 관련 당사자들에게 구속력을 가질 수는 없기 때문이다. 우리는 실제로 한 약속에 대해 책임을 지는 것이지 약속을 했을 수도 있는 상황에 대해서까지 책임을 질 수는 없는 것이다. 따라서 만일 사회계약이 가설적 계약으로 이해될 경우 그 약속을 준수해야 하는 것은 그 약속을 한 행위 때문이 아니라 약속의 구체적 내용 때문에 준수하게 된다는 점에서 그 약속은 있으나마나한 것이 되고 만다.

두 번째 비판, 즉 약속을 도대체 왜 지켜야 하는가라는 비판에 맞서 우리는 두 가지 선택지를 마주하게 된다. 우선 결과주의적 답변이다. 즉 약속을 준수할 경우, 그렇지 않은 경우와 비교하여 더 좋은 결과를 산출할 것이라는 점이다. 그러나 이 답변은 계약론을 결과주의 윤리설의 하위 개념으로 변질시킬 뿐만 아니라, 약속 자체를 무의미한 것으로 만들고 만다. 이와는 달리 칸트 식으로 대응할 수도 있을 것이다. 즉 약속은 약속 그 자체로 준수되어야 한다고 응수할 수 있을 것이다. 왜냐하면 약속을 지킬 의사도 없이 약속을 하는 것은 자기모순에 불과하기 때문인 것이다. 그러나 이러한 칸트적 대응이 설득력을 갖기 위해서는 약속에 대한 더욱 정교한 도덕적 논의를 필요로 한다.


## 현대의 계약론 등장

오늘날 계약론은 공리주의, 칸트주의, 덕윤리설과 더불어 핵심적인 규범 이론으로 간주되고 있을 정도로 그 영향력이 강력하다(제임스 레이첼즈, 노혜련·김기덕 옮김, 《도덕철학의 기초》, 나눔의집, 2006, 275쪽). 이처럼 계약론이 20세기 후반 주요 규범윤리설로 다시 등장하는 데 결정적 기여를 한 것은 롤스의 《정의론A Theory of Justice》(1971, 국역본은 황경식 옮김, 이학사, 2003)이다. 그런데 롤스의 정의론은 사회적 약자를 적극적으로 배려하고자 하는 평등주의적 특징으로 인하여 롤스 스스로 밝히고 있듯이 실현 가능한 유토피아를 추구하고 있다(롤스, 《만민법The Law of Peoples》, 국역본은 장동진·김기호·김만권 옮김, 아카넷, 2009). 롤스의 이러한 이상주의적인 방법에 맞서 고티에David P. Gauthier는 합리적 선택이론을 철저하게 활용하여 더욱 현실주의적인 계약론을 제시하였다(고티에, 김형철 옮김, 《합의 도덕론》, 철학과현실사, 1993). 이런 과정을 거치며 계약론은 20세기 후반 윤리학 방법론으로 새롭게 자리매김한다. 계약론은 우선 시대별로 구분해보자면, 홉스에서 흄에 이르기까지의 근대 계약론과 20세기 롤스 이후 이후의 현대 계약론으로 구별된다.

　그런데 현대 계약론적 윤리설을 다루기 앞서 흄에 대해 한마디 하지 않을 수 없다. 일반적으로 흄은 도덕감정론에 기초하여 공리주의를 설파한 것으로 이해되고 있으며 계약론에 대해 비판적 입장을 취한 것으로 알려져 있다(마이클 센델, 이창신 옮김, 《정의란 무엇인가?》, 김영사, 2010, 205~207쪽). 그러나 고티에는 흄 역시 계약론자로 이해한다. 고티에에 따르면 계약론은 다음과 같은 두 가지 유형으로 양분된다. 첫 번째 유형은 대체로 계약의 내용, 즉 '무엇을 계약할 것인가?'에 주목한다. 홉스, 로크, 루소, 칸트 등 일반적으로 계약론자로 일컬어지는 학자들이 대체로 이 범주에 속한다. 그런데 흄의 경우 계약의 내용보다는 변천과정, 즉 '어떻게 계약이 전개되어 왔는가?'에 주목하고 있다는 점에서 흄 역시 계약론자라는 것이다. 고티에의 이러한 구분은 계약론의 범위를 지나치게 확장하고 있는 것으로 보인다. 이 글에서는 계약론에 대한 전통적인 이해방식에 따라 대체로 첫 번째 질문에 주목하고 있는 학자들을 계약론자로 간주하고자 한다.

　그러나 현대의 계약론적 윤리설을 다루기 전에 흄을 언급해야 할 이유는 다른 곳에 있다. 앞에서 말한 것처럼 근대 계약론자들의 관심은 윤리 전반이 아니라 정치적 의무에 있었다. 그 결과 윤리의 핵심 내용으로는 그 당시 여전히 유행하던 자연법을 비판적 성찰 없이 그대로 받아들이고 있었다. 이 점은 근대 계약론자들의 경우에도 다르지 않았다. 즉 도대체 약속이 왜 준수되어야 하는가에 대한 진지한 문제제기는 없었으며, 약속은 당연히 준수되어야 한다는 가정에서 출발하였던 것이다. 그렇기 때문에 윌 킴리카Will Kymlicka는 근대의 사회계약론에 대해 "계몽주의 이전의 윤리학의 붕괴에 대한 미봉책", 즉 기존의 의심스러운 자연적 의무를 다른 의무로 대체했을 뿐이라고 평가한다(킴리카, 〈사회계약론의 전통The Social Contract Tradition〉, P. Singer(ed.), *A Companion to Ethics*, Blackwell Publishers, p. 195).

흄은 계약이라는 행위 자체에 대해 문제 삼음으로써 지금까지의 논쟁을 정치적 의무라는 제한된 범위를 넘어 윤리학 전반의 문제로 전환시키고 있는 것이다. 그러나 흄 이후 계약론적 접근 방식에 대한 논의는 거의 사라지고 만다. 뿐만 아니라 영국과 미국에서 철학적 탐구가 언어 분석 중심으로 급속히 이동하면서 윤리학 분야의 연구 중심 역시 전통적인 규범윤리학에서 메타 윤리학으로 급속히 이동하게 된다. 그 결과 20세기 중반까지 세상은 두 차례에 걸친 세계 대전을 치루고 대공황을 겪으면서 심각한 몸살을 앓고 있었지만 윤리학뿐만 아니라 정치철학이나 사회철학 혹은 법철학 등 규범에 대한 연구 전반은 급격히 쇠퇴하게 된다.


## 규범적 계약론: 롤스의 '공정으로서 정의'

주지하다시피 롤스가 《정의론》을 저술한 목적은 "민주주의사회에 대한 적합한 도덕적 기초를 제공하는 것"이었다(롤스,《정의론》, 서문). 이를 위해 그는 그 당시 앵글로색슨 전통에서 지배적인 위치를 차지하고 있던 결과주의, 구체적으로는 공리주의에 대한 대안으로서 근대의 사회계약론을 "일반화하고 고도로 추상화하여" "공정으로서 정의"라는 자신의 독특한 정의관을 제시한다(롤스, 《정의론》, 제 1장 참고). 이 과정에서 계약론은 합리적 선택 이론과 맞물려 규범윤리 이론으로서 화려하게 부활한다. 그 결과 이제 윤리는 "저 밤하늘에 반짝이는 별처럼" 우리를 이끌어나가는 당위라기보다는 현실의 이해관계를 공정하게 조정하는 기제로 이해된다. 이런 점 때문에 계약론은 홉스에서 잘 나타나 있듯이 합리적인 이기주의를 변형시킨 것에 불과하다는 비판이 여전히 있을 수 있다.

그런데 롤스는 근대의 사회계약론자들과는 달리 최초의 계약 대상을 특정한 형태의 사회나 정부가 아니라 사회의 기본구조에 대한 정의의 원칙들로 삼고자 한다. 그렇기 때문에 '공정으로서 정의'라는 롤스의 정의관 전체를 아우르는 핵심은, 사회란 "공정한 협력체제"라는 발상이다(J. Rawls, *Justice as Fairness: Restatement*, The Belknap Press of Harvard University Press, 2001). 사회적 협력을 자발적으로 시작하여 안정적으로 유지하기 위해서는 협력의 조건이 처음부터 공정해야 한다. 이를 위해 롤스는 협력의 조건을 정하는 최초의 상황을 '원초적 입장 original position'이라는 관념을 통해 구체적으로 묘사한다. 물론 이 원초적 입장은 근대 사회계약론자들이 설정한 자연 상태와 마찬가지로 가설적인 상황일 수밖에 없다. 근대 계약론의 자연 상태에 존재하는 개인들이 자유롭고 평등한 상태에서 각자의 이해관계를 증진하고자 했던 것과 마찬가지로 원초적 입장에서 사회적 협력의 공정한 조건을 모색하는 롤스적 계약 당사자들 역시 자유롭고 평등한 합리적인 시민들인 것으로 가정된다.

여기서 계약 당사자들이 자유롭다는 것은, 이 계약이 강압에 의해서가 아니라 자발적으로 이루어져야 한다는 것을 의미한다. 이 점에서는 롤스의 경우나 근대 계약론자들이나 큰 차이가 없다. 그러나 롤스의 계약론의 뚜렷한 특징은 계약 당사자들이 오로지 자신의 이해관계를 극대화하고자 한다는 점에서 타산적 의미의 합리성뿐만 아니라 계약의 결과 자신이 부담할 수도 있는 손실을 기꺼이 감내하고자 한다는 윤리적 의미에서의 합리성 역시 갖추고 있다는 점이다. 계약 당사자들이 이런 윤리적 합리성을 갖추고 있다고 가정한다는 점에서 롤스의 입장은 계약론이 합리적 이기주의를 변형시킨 것에 불과하다는 비판으로부터 벗어날 수 있게 된다.

뿐만 아니라 롤스는 원초적 입장에 있는 계약 당사자들에게 계약의 공정성을 보장하기 위해 '무지의 베일veil of ignorance'이라는 독특한 인지적 제한 조건을 부과한다. 즉 원초적 입장에 있는 계약 당사자들에게는 그 사회의 일반적 상황에 대해서는 충분한 지식이 허용되지만 소질, 능력, 지능, 체력과 같은 천부적 재능과 소득이나 재산 정도 등 계약과정에서 당사자들에게 유리하거나 불리하게 작용할 수 있는 개별적 특수한 상황들에 대한 지식은 철저히 배제된다. 이렇게 함으로써 계약 당사자들은 협상과정에서 어떤 유리한 고지를 선점할 수도 없지만 어쩔 수 없이 불리한 처지로 내몰리지도 않게 됨으로써 최초의 계약 상황에서 공정한 위치에 있게 된다. 이런 점에서 원초적 입장은 계약 당사자들을 공정하게 대변하는 기구가 된다.

이 점에서 롤스의 계약론은 타산적 계약론contractarianism과는 구분되는 의미에서 규범적 계약론contractualism이라 할 수 있다. 규범적 계약론은 칸트의 사회계약론에 충실하려는 입장으로, 롤스와 스캔런T. M. Scanlon에서 볼 수 있듯이 합리성 자체가 이미 타인의 인격에 대한 상호 존중과 같은 규범적 내용을 함축하고 있다고 상정하고 있을 뿐만 아니라 전통적 계약론에 암묵적으로 가정되어 있던 제반 규범적 요소와 인간의 상호의존적 존재방식에 대한 반성적 성찰을 통해 계약론을 발전시키고자 한다는 점에서 규범적 계약론이 할 수 있을 것이다.(T. M. Scanlon, *What We Owe to Each other*, The Belknap Press of Harvard University Press, 1998)

## 타산적 계약론: 고티에의 '이해관계로서의 윤리'

타산적 계약론이란 홉스 식의 계약론에서 연원하는 것으로 도덕을 자기이익의 극대화 전략으로 이해하고자 하는 계약론적 입장을 말한다. 가령 고티에의 《합의도덕론》은 전통적인 사회계약론이 암묵적으로 전제하고 있는 규범적 요소를 거의 완벽하게 배제한 상황에서 오로지 상호이익의 극대화 전략을 통해 도덕규범을 찾고자 한다는 점에서 도구적 이성 개념에 충실한 전형적인 타산적 계약론이라 할 것이다(고티에, 《합의도덕론》). 이러한 맥락에서 나브슨Jan Narveson이나 부캐넌James Buchanan 등이 많은 학자들이 꾸준히 계약론을 발전시키고 있다.

이렇게 보자면 현대 계약론이 근대 사회계약론에서 교훈으로 삼는 것은 '약속'이라는 행위의 윤리적 특성에 주목하는 것이 아니다. 이미 칸트가 최초의 계약이 가상의 계약임을 분명히 하고 있다는 점에서(칸트, 《윤리형이상학》, 1부 47절, 52절), 이것만으로는 근대 계약론과 현대 계약론의 차이가 설명되지 않는다. 오히려 현대 계약론자들이 주목하는 것은 다음 두 가지이다. 첫째, 의무란 평등한 사람들 사이의 합의의 산물일 뿐이라는 점 둘째, 그리고 이런 합의의 산물로서 의무가 모두에게 이익을 제공한다는 점이다(킴리카, 〈사회계약론의 전통Contract Tradition〉, p. 16).

## 계약론의 의의

윤리를 계약의 일종으로 이해하는 이러한 발상은 윤리에 대한 새로운 이해를 촉진한다. 대체로 고대의 윤리설들은 목적론이거나 의무론이거나 우리가 마땅히 따라야 할 목적이나 의무가 이미 나와는 독립적으로 존재하고 있는 것으로 생각했었다. 그래서 윤리에서 중요한 것은 이런 의무나 목적을 발견하는 것, 혹은 신의 명령인 계시를 제대로 포착하는 것이었다. 이런 발상에서 보자면 윤리는 인식론의 문제와 불가분의 관계에 있게 된다.

그러나 계약이라는 시각에서 보자면 윤리는 이제 우리가 나와 평등한 사람들과 합리적 계약을 통해 만들어가는 것으로 변환된다. 윤리관의 이런 변화를 초래하는 결정적 계기는 인간을 보편적 실천이성에 비추어 그 법칙을 스스로 만들어가는 자기입법의 주체로 간주하고 있는 칸트적 정신에서 유래한다고 할 수 있다(칸트,《실천이성비판》참고).

● **토마스 홉스, 《리바이어던》, 1651.**

이 책은 사회계약론을 본격적으로 제시하고 있는 최초의 작품이다. 특히 국가가 등장하기 전 자연 상태에서 잠재적 전쟁 상황에 놓인 인간들의 삶이 얼마나 처참한지를 상징적으로 보여준 후 리바이어던이라는 절대 권력에 대한 사회계약을 이끌어낸다.

● **존 로크, 《시민정부론》, 1960.**

이 책에서 로크는 국가를 세우는 목적이 "재산을 보호하기 위한 것"이라고 주장함으로써 근대 부르조아들의 소유중심적 사고를 단적으로 보여준다. 또한 국가가 시민의 재산과 자유를 적절히 보장하지 못할 경우, 시민은 국가에 맞서 혁명을 일으킬 수 있다는 주장을 펼침으로써 자유주의 정치철학의 중요한 기초를 다진다.

● **C.B. 맥퍼슨, 황경식 옮김, 《홉스와 로크의 사회철학》, 박영사, 2010.**

이 책은 홉스, 수평파, 헤링턴 그리고 로크 등 영국의 고전적 자유주의자들의 사회사상을 소유중심적 개인주의로 파악한 후, 그 역사적 배경과 사회적 귀결에 대해 정치철학적 시각에서 다루고 있다. 특히 로크의 재산권 사상에 대한 분석은 노직을 거쳐 거의 표준적인 이해로 수용되고 있다.

● **장 자크 루소, 《사회계약론》, 1762.**

홉스와 로크의 사회계약론이 자유주의 전통의 선구가 된다고 한다면, 루소의 사회계약론은 공화주의 전통을 탁월하게 묘사하고 있다. 특히 국가란 개인 인민들의 생각을 단순 합산하는 전체 의지가 아니라 인민 전체의 일반의지에 기반을 둬야 한다는 그의 사고는 공동체를 바라보는 탁월한 식견이라 할 수 있다.

● **한국사회 · 윤리학회 편, 《사회계약론 연구》, 철학과현실사, 1993.**

이 책은 사회계약론의 주요 철학자들에 대한 국내 학자들의 논문을 망라하고 있다. 뿐만 아니라 피터 싱어가 편집한 《Companion to Ethics》에 실린 킴리카의 논문 〈사회계약론의 전통〉을 완역하며 실고 있어 사회계약론 전반에 대한 이해를 도모한다.

# 헤겔의
# 공동체로 확장된
# 주체의 윤리

강순전

이 글에서는 변증법을 철학적 방법으로 개발한 헤겔의 윤리학을 통하여 윤리를 고찰하는 변증법적 방법의 특징을 살펴본다. 헤겔이 살았던 19세기는 자본주의 시장경제의 발전으로 시민사회의 구성원들이 각기 자신의 이익을 추구하면서 사회의 분열이 문제로 대두되었던 시기였다. 헤겔은 분열의 시대에 사회 통합을 자신의 철학적 과제로 삼았다. 그리고 그는 이러한 과제를 철학적으로 수행하기 위해 변증법이라는 방법을 고안한다. 변증법은 사유의 방법이면서 존재의 방식이기도 하다. 타자가 이미 자신 속에 구성적으로 포함되어 있다는 변증법적 사유는 원자론적인 존재관을 비판하고 모든 존재를 선험적인 a priori 유대관계 속에서 고찰한다.

헤겔이 보기에 근대사회의 분열의 원인은 경제학적으로는 개인적 이윤추구지만, 철학적으로 볼 때는 개인이 자신을 공동체에 선행하는 독자적 존재로 간주하는 원자론적 인간관에 놓여 있기 때문이다. 자유주의 이데올로기를 정당화한 로크의 사회계약론을 위시하여 사회계약론은 인간을 사회 혹은 국가의 성립 이전에 독자적으로 존립하는 존재로 간주한다. 다른 한편으로 원자론적 인간관은 모든 것을 객체화하는 과학적 분석의 주체이자 그 자신을 이러한 분석의 객체로서 간주하는 계몽주의적 인간관과 자연스레 통합된다. 왜냐하면 이기적으로 욕망을 추구하는 개인에게 타자로부터 독립된 독자성이 부여될 때, 타자는 자신의 목적을 수행하기 위해 사용되는 수단에 지나지 않기 때문이다. 원자론적이고 계몽주의적인 인간관에 기초한 사회에서 인간 일반은 보다 큰 공리를 위하여 객체화되는 사회 공학적 조정의 대상이 된다.

칸트는 이렇게 인간의 본성을 객체화하는 것에 반대하여 인간의 존엄성을 주장한다. 하지만 칸트가 생각하는 존엄하고 자율적인 인간 역시 타인과 관계하기 이전의 고립적인 자아다. 칸트는 인격을 객체화하는 계몽주의적 인간관에 단호히 반대했음에도 불구하고 원자론적 인간관과 그에 기초한 사회계약론에 기초하여 자유주의 윤리학의 강력한 대변자가 된다. 주지하다시피 칸트의 관점은 롤스에게 전승되어 칸트-롤스로 이어지는 자유주의 윤리학의 진영을 형성한다. 개인으로서의 인간의 자유와 존엄성을 모토로 하는 자유주의 윤리학의 철학적 기초는 원자론적 인간관이다. 헤겔 역시 칸트가 말하는 인간의 자유와 존엄성을 포기하지 않으며 사유재산을 개인의 자유의 현존재로서 인정한다는 점에서 넓은 의미의 자유주의자다. 하지만 헤겔은 인간의 자유가 원자론적 개인의 고립적 방식으로는 성취될 수 없고, 개인을 선험적으로 사회적 연대 속에 존재하는 상호주관적 주체로서 고찰할 때만 실현될 수 있다고 본다. 따라서 헤겔은 현대의 자유주의-공동체주의 논쟁의 구도에서 자유주의에 반대하는 공동체주의의 진영에 서 있다.

주지하다시피 헤겔은 아리스토텔레스와 더불어 공동체주의를 대표하는 고전 철학자로 간주된다. 헤겔 윤리학의 현재성은 공동체주의를 지원하는 그의 고유한 방법에 있다. 헤겔은 아리스토텔레스와 유사한 관점을 취하지만 그와는 달리 변증법이라는 방법을 통해 공동체주의를 지지한다. 변증법은 상반된 대립자가 서로 통일되어 있다는 논리이기 때문에 공동체와 개체의 상관관계를 중시한다. 따라서 헤겔의 입장은 단순히 공동체가 개체에 우선한다는 고대의 정신을 넘어서 근세의 칸트적 주체성 또한 함께 고려하기 때문에 '공동체주의'는 올바른 표현일 수 없으며 오해를 받을 수 있다. 또한 헤겔의 윤리학은 공동체주의라는 용어가 불러일으킬 수 있는 상대주의와 무관하다. 변증법에 기초한 헤겔의 윤리학을 면밀히 고찰한다면 공동체주의라는 용어가 포함하는 오해들로부터 해방되고 그것이 표방하는 윤리적 관점을 올바로 이해하게 될 것이다.

윤리학에 대한 헤겔의 변증법적 방법을 해명하는 작업은 헤겔 윤리학의 메타적 방법론을 서술하는 방식으로 수행될 수 없다. 왜냐하면 헤겔 자신이 방법론을 인식론적인 것으로 간주하지 않고 사태의 존재방식으로 고찰했기 때문이다. 말하자면 헤겔의 변증법은 사태를 파악하기 위해 주관이 미리 구비하고 있는 인식론적 도구가 아니라 사태를 구성하는 객관적 질서다. 헤겔은 윤리학을 위한 별도의 방법을 고안해내지 않았다. 그는 자신의 윤리학적 고찰을 포함하고 있는 《법철학 Grundlinien der Philosophie des Rechts》(1820)에서 이 책의 서술이 《논리의 학》에서 전개된 방법, 즉 변증법을 전제한다고 반복하여 말하고 있다. 따라서 헤겔의 윤리학을 통해 윤리학에 대한 변증법적 방법을 탐구하는 우리의 작업은 우선 《논리의 학》에서 전개된 변증법의 대강의 골격을 살펴보고 이 방법이 윤리적 사태에 어떻게 적용되는지를 분석해보아야 한다. 여기서 우리는 칸트의 윤리학에 대한 헤겔의 비판을 비켜갈 수 없다. 왜냐하면 헤겔은 변증법적 방법을 통해 자유주의적 원자론에 기초한 윤리적 방법을 비판하고 있는데, 그것은 사회계약론과 개인의 양심에 기초한 도덕적 주체성에 관한 이론을 포함하는 칸트의 윤리학에서 정점에 이르기 때문이다. 자유주의 윤리학의 대표적 논의를 제공하는 칸트의 윤리학에 대한 헤겔의 비판을 살펴봄으로써 우리는 자연스레 헤겔이 어떤 논증을 통해 자유주의에 대항하는 현대 공동체주의를 지원할 수 있는지를 알게 될 것이다.

## 변증법은 무엇인가?

'변증법Dialektik, dialektike'은 '둘이서dia 말하는legein 기술techne'이라는 어원을 갖는다. 이런 의미에서 변증법은 대화술이다. 하지만 말은 로고스logos를 내용으로 하기 때문에, 대화술로서의 변증법Dialektik을 통해 드러나는 것은 이가의dia 이성성logos을 가진 사태에 대한 법칙이다. 플라톤에게서 이미 변증법은 사태의 이중적 특성을 양분함으로써 사태의 본성을 탐구하는 양분법dihairesis이라는 진리 탐구의 방법으로 활용되었다. 특히 헤겔에 와서 변증법은 사태가 지니는 이중적 논리를 지시하는 논리적 의미로 사용된다. 우리 속담에 '극과 극은 서로 통한다'는 말이 있듯이, 사태는 서로 상반되는 것들의 통일로 되어 있다. 이 속담이 말해주는 것은 서로 상극으로 보이는 것들은 언뜻 보아서 서로 상관없을 뿐만 아니라 서로를 배척하는 것으로 보이지만, 자세히 살펴보면 서로가 통한다는, 즉 서로가 존재하기 위해서 혹은 의미를 갖기 위해서 서로를 전제한다는 말이다. 이미 헤라클레이토스는 낮과 밤, 전쟁과 평화, 배고픔과 배부름 같은 상반된 개념들이 각기 그것으로서 규정되기 위해서 타자를 필요로 한다고 설파하였다. 낮이 없으면 밤은 밤으로서의 의미를 지니지 못한다. 헤겔도 아버지와 아들, 위와 아래 같은 개념들이 각각의 의미를 위해 대립자를 구성적으로 포함하는 변증법적인 관계에 있다고 설명한다. 아들이 없으면 아버지는 아버지가 아니라 한갓 남자에 불과하다. 헤라클레이토스는 모든 것이 이러한 대립자들의 통일로 구성되어 있다고 주장하였다.

하지만 분명히 서로 대립되면서 자신의 대립자를 자신의 의미 속에 포함하는 사물들 간의 관계가 있지만 모든 사물들이 이러한 관계

속에 놓여 있는 것은 아닌 것처럼 보인다. 연필과 지우개는 서로의 의미를 위해 타자를 전제하지 않는다. 변증법의 역사에서 헤겔이 위대한 점은 모든 사물들의 관계를 변증법적인 것으로 설명했다는 데 있다. 헤겔은 본질과 가상, 근거와 근거지어진 것, 전체와 부분, 외면과 내면, 현상과 본질, 원인과 결과, 실체와 우유성, 우연과 필연, 가능성과 현실성 등과 같이 의미상 상호제약적인 명백한 변증법적 관계뿐만 아니라 책상과 연필 같은 서로 무관한 듯이 보이는 두 사물의 직접적인 관계도 어떤 것과 타자라는 논리적 관계로 환원하여 양자의 관계를 변증법적인 것으로서 해석한다. 헤겔에게 모든 사물은 변증법적인 관계에 있다. 존재와 무, 어떤 것과 타자, 실재성과 부정성, 유한과 무한, 견인과 반발, 하나와 많음 같이 헤겔이 존재 논리의 범주라고 한 것들은 한 규정이 다른 규정으로 끊임없이 이행하는, 소멸되어 가는 진행 속에 나타나는 변증법적인 관계들은 표현한다. 앞에서 열거한 본질과 관계된 범주들은 한 규정이 타자로 이행하지만 그것을 매개로 다시 자신에게로 돌아오는 반성성Reflexivität을 특징으로 하는 변증법적인 관계다. 변증법적 관계를 지니는 규정들 사이의 관계가 이같이 다양하지만 그것들은 모두 자신의 규정을 위해 타자를 필요로 한다는 변증법의 일반적 의미를 지닌다.

대립자들이 서로 이행하고 통일된다는 논리는 변증법이라는 어원에 합치하는 가장 일반적인 변증법적 방법의 특징이라고 할 수 있다. 하지만 철학사에서 헤겔의 고유한 강점은 존재의 고찰을 위해 역사성을 도입했다는 것이다. 그는 변증법도 보편적인 것이 특수한 것으로 분열되었다가 개별성 속에서 양자를 통일하는 과정적인 전개로서 방법론화한다. 과정적으로 전개되는 변증법은 반드시 경험적 시간에 따라 전개되는 것이 아니라 사유의 계기적인successive 전개도 포함한다. 소금이라는 사물을 생각할 때, 우리는 우선 소금의 소금'임'이라는 사물성을 생각할 수 있다. 이것은 어떤 내용도 지니지 않는 보편성이다. 보편성은 자신 안에 포함된 희고 짜고 딱딱하고 각진 특수성들을 하나로 묶는 통일성일 뿐이다. 두 번째 단계에서는 여러 가지로 분화된 성질들, 즉 특수성을 생각할 수 있고, 마지막으로 소금이 보편성과 특수성의 통일로서 구체적 개별자로서 있다는 생각에 도달한다. 이러한 전개는 개별 사물을 사유하는 사고의 계기적 전개에서만이 아니라 존재, 무, 생성의 변증법과 가족, 시민사회, 국가의 변증법적 전개에서 보듯이 사유와 윤리적 사태 모두에서 확인된다. 하지만 변증법의 과정적 전개는 하나의 규정이 자신의 반대와 통일되어 있다는 공시적 구조로부터 발전하는 것이다. 존재는 이미 무로 이행되어 있다. 이러한 모순적 존재는 자기모순에 의해 다음 규정으로 이행한다. 따라서 한 규정의 과정적 전개는 그 규정이 스스로를 구별하고 특수화하는 자기전개의 통일적 과정이다. 헤겔은 역사의 전개도 이성적인 세계정신이 역사의 특수한 단계들로 자신의 구별된 모습을 전개해나가는 하나의 통일적 과정으로 본다.

헤겔의 변증법적 논리의 핵심적 주장은 모든 규정이 타자를 구성적으로 자신 안에 포함하고 있다는 것이다. 헤겔은 변증법적 논리를 통해 세계의 모든 사물을 서로 분리되어 있는 독자적인 것으로 보는 것이 아니라, 서로 연결되어 있는 연속체로서 간주한다. 이러한 세계관 내지 존재관은 존재의 원형을 생명으로 보는 그의 독특한 관점에서 기인한다. 죽어 있는 사물은 서로 분리되어 있는 독립적인 부분들과 그것들의 합성이다. 하지만 살아 있는 생명체는 그것의 부분들이 서로 독립해서는 존재할 수 없고 상호작용 속에서만 존재한다는 것이다. 생명이라는 전체로서의 통일성으로부터 벗어나서는 어떤 부분도 살아 있을 수 없다. 헤겔은 생명을 정신적인 것으로 보았다. 생명체가 생명으로서의 통일성을 유지할 수 있는 것은 그 안에 물질적인 육체를 관통하는 정신적인 영혼이 있기 때문이다. 마찬가지로 인간정신 활동의 고차적 표현인 윤리와 윤리적 실체인 국가도 정신적인 것으로서 통일을 이루어야 한다. 유기체의 살아 있는 통일성을 국가가 상실할 때 그것은 더 이상 국가가 아니다. 가족과 국가 같은 인륜적 실체는 분열된 개인들을 하나의 통일성 속에 통합한다. 헤겔이 살았던 서양의 근대는 고대의 소박한 인륜적 통일성이 개인의 이기적 욕구에 의해 파괴되는 시대였다. 헤겔은 시대의 분열을 철학이 해결해야 할 문제로 보고, 시대적 분열을 치유할 통일의 철학을 자신의 철학적 과제로 삼는다. 이 과제를 수행할 철학적 방법이 다름 아닌 변증법이다.

### 자유주의적 원자론 비판과 인륜성의 이념

헤겔이 살았던 근대는 사회적 통합이 위기에 처한 분열의 시대였다. 이 시대의 정신을 형성했고 헤겔이 대결해야 했던 철학적 문제의 지평은 역학적 자연과학과 시장경제의 발전에 기초한 계몽주의, 공리주의, 사회계약론적 원자론의 철학사상들이었다. 역학적 자연과학의 발전은 인간을 모든 것을 객체화하는 과학적 분석의 주체이자 또한 그러한 과학적 분석의 객체로서 간주하게 하였다. 또한 개인의 이윤추구를 제도적으로 보장하는 시장경제는 개인 각자가 타인을 자신의 이윤이라는 목적을 충족하기 위해 이용할 수단으로 간주하게 하였다. 사회 역시 개인의 소유권 보호라는 본래적 목적을 수행하기 위한 수단으로서 개인들의 합의에 의해 만들어진 부차적인 것으로 간주된다. 인간을 객체화하는 계몽주의는 인간을 이기적 욕망의 주체로 보는 공리주의와, 인간 욕망을 극대화하기 위해 사회를 조직하는 사회계약론과 상통하는 생각이다. 헤겔이 보기에 이러한 분열의 시대의 기초에 놓여 있는 사상은 원자론적 인간관이다. 근대사회에서 인간은 더 이상 사회적 동물이 아니다. 인간은 사회를 통해서만 자신의 정체성을 형성한다는 아리스토텔레스의 통찰은 더 이상 유효하지 않으며, 사회는 인간들의 연대를 보장하지 못한다. 근대인은 사회적 연대를 상실한 인간이다. 근대의 개인은 사회에 우선하는 궁극적인 목적이며, 사회는 개인의 목적을 충족하기 위해 결성된 수단일 뿐이다.

헤겔에 앞서 이러한 시대정신에 대항한 사람은 칸트다. 인간을 객체화하는 프랑스 계몽주의사상에 대항하여 칸트는 인간이 객체화될 수 없는 존엄한 존재임을 강조한다. 칸트는 모든 것을 객체화하는 자연적 존재들의 인과사슬에서 인간을 해방시킨다. 인간은 자연적 인과계열에 의해 지배되는 사물과 달리 이 인과계열을 시작할 수 있는 자유로운 존재다. 자연적 인과성으로부터의 독립이라는 인간 자유의 이념은 인간에게 자율, 즉 도덕적 의지에 의한 자기규정이라는 철저한 의미의 자유 개념을 부여한다. 인간은 현상계가 아닌 예지계, 즉 도덕세계에서도 살아가는 자유의 왕국의 시민이다. 칸트에게 인간이 도덕적이라는 것은 자율에 따라서만 살아가는 자유로운 존재라는 의미다. 인간은 이제 자연적 세계의 인과관계에 지배되지 않을 뿐만 아니라 신이나 전통과 같은 어떠한 타율로부터도 자유로운 존재다. 그런데 자율이라는 칸트의 독특한 자유 개념은 매우 까다롭고 철저한 것이어서 자유로운 인간, 도덕적인 인간에게 자신의 욕망으로부터도 자유로울 것을 요구한다. 말하자면 인간이 자신의 욕망에 의해 지배된다면 그때 인간은 자유롭지 못하다는 것이다. 왜냐하면 욕망은 육체에서 나오는 자연적인 것이기 때문이다. 칸트에게 자유와 도덕의 왕국을 형성하는 것은 실천이성과 도덕법칙을 따르려는 선의지뿐이다. 칸트는 욕망 혹은 경향성을 심리적, 자연적 사실로 간주함으로써 도덕적 인간을 순전히 이성적인 인간으로 만든다. 이로써 이성과 감성은 철저하게 분리되고 인간은 자연과 분리된다. 칸트에게서 인간은 철저하게 자유로운 인간이 되기 위해 자연과 외적인 권위에 대립하는 존재다. 하지만 외적인 권위에 대립하는 자유로운 인간은 동시에 다른 사람들과 어떠한 관계도 없는 개인적 자아가 되고 만다.

칸트는 인간을 대상화하는 프랑스의 유물론적 계몽사상에 대항해 인간의 존엄성과 자유를 주장하였지만 인간을 단독자로 보는 계약론적 원자론의 한계를 벗어나지 못한다. 칸트와 그를 계승한 롤스의 사회윤리학이 형성하는 자유주의 진영의 핵심적 인간관은 원자론적이다. 자유주의는 사회로부터 독립하여 사회를 자유로이 선택할 수 있는 개인의 자유에 기초한다. 이러한 개인은 사회로부터 형성되는 것이 아니라 사회에 선행하고 자신의 자유로운 의사에 따른 합의에 의해 사회를 구성한다. 이 점에서 칸트는 근대의 한 가지 중요한 사상과 대결하였지만 다른 한 가지 중요한 사상을 계승한다. 칸트와 롤스의 자유주의는 사회계약론의 전통에 서 있고 그 기초에는 원자론적 인간관이 놓여 있다. 자유주의의 주장들을 가능케 하는 핵심적인 토대는 '원자론적 인간관'이다. 하지만 헤겔 철학이 현대 자유주의-공동체주의 논쟁에서 자유주의에 비판적인 공동체주의의 핵심적인 논거를 제공하고 있는 점에서 알 수 있듯이, 헤겔은 칸트를 포함한 근대 정신이 견지하고 있는 자유주의적 원자론을 근대의 핵심문제로서 진단하고 그것과 대결한다. 이 대결에서 헤겔이 사용하는 무기는 변증법이다. 헤겔이 볼 때 자유주의적 원자론의 문제는 윤리의 문제를 변증법적으로 파악하지 못한다는 데 있다.

헤겔에 따르면 타자와 무관하게 고립적으로 존재하는 나는 불가능하며, 오히려 타자를 통해서만 나의 자아가 성립될 수 있다. 나는 타자와 분리된 고립된 상태에서는 정체성을 형성할 수 없다. 나는 언제나 타자와 변증법적 관계 속에 있고, 타인과의 상호작용 속에서만 나의 정체성을 형성한다. 타인 혹은 타인들의 집합으로서의 사회는 내가 자신의 자아를 형성하기 위해 필요에 따라 선택할 수 있는 수단적인 것이 아니다. 그것은 오히려 나의 자아가 성립하기 위해 구성적으로 이미 내 안에 내재하는 것이며, 나의 정체성 형성에서 본질적인 요소다. 따라서 고립된 개별 주체가 사회화 과정 이전에 존재하는 것이 아니라 사회화 과정이 자아가 형성되기 위한 전제 조건이다. 자유주의자들이 말하듯이 개인이 사회의 구성 원리를 선택하는 것이 아니라, 개인은 항상 이미 어느 특정한 사회, 특정한 국가의 구성원으로 태어나면서 그 안에서 정체성을 부여받는다. 타인과 타인의 집합으로서의 국가는 개인의 정체성을 형성하는 구성적 요소라는 이러한 변증법적 통찰이 바로 인륜성이라는 헤겔의 윤리학의 내용을 형성한다. 개인을 선험적으로 사회적 연대 속에서 존재하는 것으로 파악하는 인륜성의 이념을 통해 헤겔은 타인과 국가를 개인 자신의 목적을 위한 수단으로 간주하는 사회계약론을 비판한다. 물론 칸트는 다른 사회계약론자들과 달리 타인을 목적으로서 대우하는 것이 도덕적이라고 주장한다. 하지만 헤겔에 의하면 타인을 목적으로서 대우하는 진정한 도덕적 주체는 타인으로부터 독립하여 자신의 정체성을 확립하고 그에 기초하여 타인과의 관계를 선택하는 자유주의적인 고립적 개인으로서는 실현될 수 없다. 오히려 그것은 항상 이미 타인과의 변증법적 관계 속에 있는 상호주관적인 개인으로서만 실현될 수 있다. 이러한 개인만이 자신의 고유한 자유가 타인과의 관계를 통해 어떻게 실현될 수 있는지를 구체적인 내용 속에서 파악할 수 있다. 그럼으로써 타인의 자유와 진정으로 양립할 수 있는 참된 자유가 어떤 것인지 알 수 있다.

헤겔에 따르면 개인은 타자, 그리고 타자들의 집합인 공동체와 변증법적인 상호제약의 관계 속에 있다. 따라서 헤겔이 볼 때 칸트가 말하는 존엄한 도덕적 주체는 타인으로부터 고립된 주체로서가 아니라 사회화 과정을 통해 구체적으로 내용을 형성하고 자신을 실현할 수 있다. 반면 칸트와 자유주의자들은 자유를 자신이 스스로에게 부여한 규율에 따르는 것으로 본다. 그들에 따르면 자유로운 도덕적 주체는 타율에 의해 지배되어서는 안 되며, 오로지 자신이 스스로 선택하거나 자신이 타당하다고 인정할 수 있는 것에 따라서만 행동해야 한다. 하지만 헤겔은 인간이 자유롭기 위해서는 타율을 배제할 것이 아니라 오히려 그것을 받아들여야 함을 주장한다. 이때 타율이란 나의 자유를 억압하는 낯선 힘이 아니라 나의 자유가 실현될 선험적 틀로서 전승된 사회적 관습이다. 인간은 누구나 자신이 선택할 수 없고 이미 주어져 있는 특정한 국가의 구성원으로서 태어난다. 각각의 국가는 고유한 민족정신을 통해 특징지어지는 법, 종교, 문화적 제도들로 구조된다. 국가를 형성하는 이러한 정신적 내용들은 인륜성에 다름 아니다. 헤겔은 국가가 인륜적 실체로서 이성적인 것이라고 주장한다. 이로써 헤겔은 개인의 도덕적 양심에 기초하는 칸트의 실천이성을 객관적 정신으로서의 국가가 지니는 인륜성의 내용으로 확장한다. 국가는 인륜적 실체로서 이미 나의 조상들의 도덕적, 정신적 활동에 의해 축적된 이성적 내용을 포함하고 있다. 이 이성적 내용은 나의 자의적 결단에 대해 우위를 점하는 현실적인 것이다. 국가는 내가 마음대로 할 수 없는 객관적 현실이고, 이 객관적 현실은 이성적인 것이다. '현실적인 것은 이성적인 것이다.' 하지만 헤겔에 따르면 현존하는 국가가 모두 이성적이고, 그런 의미에서 현실적인 것은 아니다. 이성적인 것, 같은 의미에서 현실적인 것은 국가의 국가다움을 결정하는 요소다. 병든 생명체가 있듯이 이성적이고 현실적인 면모를 약하게만 구현하고 있는 병든 국가도 있다. 건강한 생명체가 그렇듯이 이성적인 국가는 개인과 국가의 원활한 상호작용 가운데 성립한다. 말하자면 개인들의 자각적 활동을 통해 국가의 자기의식이 뚜렷하게 형성되고 국가를 통해 개인들의 자유로운 활동이 실현되어야 한다. 또한 어느 국가나 현존하는 국가는 현실적인 것, 이성적인 것과 함께 부조리한 것을 포함하고 있다. 이성적인 것은 이러한 부조리를 관통해 현실적인 것으로서 자신을 관철한다. 따라서 국가 속에 존재하는 이성적이고 현실적인 것은, 한편으로 존재하며 개인의 결단을 인도하지만 다른 한편으로 존재해야 할 당위로서 개인의 활동에 의해 실현되어야 한다.

　　도덕적 주체로서의 개인은 인륜적 실체로서의 국가를 현실적이고 이성적인 것으로 간주하고 그것을 "자신을 움직이는 목적"으로 간주해야 한다(《법철학》, § 152). 개인은 자신의 특수한 목적이 이 보편적 목적에 근거하고 있음을 인식하고 그것에 따를 때 진정으로 자유롭게 되며 참된 의미에서 윤리적으로 행동하는 것이다. 헤겔은 타율, 즉 내가 선택하지 않은 전승된 관습이 나의 자유가 실현되기 위한 구체적 조건이라고 본다. 타율은 바로 나의 자유가 그것을 따를 때만 실현될 수 있다는 점에서 나의 자유의 내용에 상응하는 것, 나의 자유의 내용을 결정하는 것이다. 그렇다고 해서 헤겔이 도덕적 주체의 자율성을 부정하는 것은 아니다. 다만 주체의 자율성은 객관적 세계의 내용을 통해서만 구체화될 수 있다는 것이다. 또한 헤겔은 국가를 목적으로, 개인을 수단으로 간주하지도 않는다. 개별적 주체 없는 국가는 내용 없는 형식적 실체에 불과한 것이다. 개인과 국가의 관계는 수단과 목적의 관계가 아니라 생명체의 전체와 부분의 관계로 보아야 한다. 생명체의 부분이 생명체의 통일에 선재할 수 없지만, 거꾸로 부분들의 상호작용 없이 생명체는 유지될 수 없다. 개체와 공동체를 변증법적인 유기적 관계 속에서 파악하는 헤겔은 개인을 국가에 종속시키는 전체주의 사상가가 아니다. 오히려 그는 개별적 주체의 자각적 의식이 국가의 자기의식을 형성한다는 점을 분명히 하면서 개인의 역할을 강조한다. 다만 이 개인은 타자 및 공동체로부터 고립된 도덕적 주체가 아니라 항상 그것과 변증법적 관계 속에 있는 인륜적 주체다. 이러한 주체가 지니는 자유는 어떠한 내용도 자신의 결단에 의해 선택할 수 있다고 믿는 주의주의적voluntaristic 자유가 아니라 이성적으로 정해진 것에 따라서 결단하는 것이 진정으로 자유롭다고 생각하는 주지주의적intellectual 자유다.


## 도덕성과 인륜성

우리는 앞에서 자유주의적 원자론 비판이라는 테두리에서 칸트의 윤리학을 헤겔이 어떻게 비판하는지 살펴보았다. 헤겔의 윤리학은 칸트의 윤리학과의 대결 속에서 형성되었고 헤겔의 칸트 윤리학 비판으로부터 윤리에 대한 헤겔의 변증법적 정당화 작업을 잘 드러낼 수 있기 때문에 칸트 윤리학에 대한 헤겔의 비판을 좀 더 자세히 고찰할 필요가 있다.

칸트는 현상계와 예지계, 경험세계와 도덕의 왕국을 원리적으로 분리한다. 칸트에 따르면 자유는 칸트가 경향성이라고 부르는 욕구와 대립하며 욕구로부터 해방된 상태다. 또한 자유의 왕국에서 살아가는 도덕적 삶은 욕구를 절제하고 배제하는 데서 성립한다. 하지만 현실의 경험적 세계 속에서 살아가는 인간은 자연적 욕구를 가질 수밖에 없다. 칸트에 따르면 이러한 자연적 욕구는 순수이성에 기초한 도덕성의 요구에 부합하지 않는 것이기 때문에 인간은 도덕적이기 위해 그것과 영원히 투쟁해야 한다. 하지만 이성과 감정 내지 욕구 사이의 이러한 대립은 다음과 같은 딜레마에 직면한다. 한편으로 인간은 감정을 억제하고 이성에 따라서 도덕적으로 살아가는 최고의 상태에 도달해야 한다. 하지만 다른 한편으로 이러한 상태에 도달한다면 인간의 자유가 소멸되어 버린다. 왜냐하면 자유란 선과 악의 선택지에서 하나를 선택할 수 있으며 감정과 욕구가 남아 있어야 이성을 선택하는 자유가 가능하기 때문이다. 결국 완전한 도덕의 상태는 도덕의 실현을 위해 도달되어야 하는 이상이지만, 이상에 도달하는 것은 곧 도덕을 부정하는 것이기 때문에 이상에 도달되어서는 안 된다는 모순적 상황에 처하게 된다. 칸트는 현세에서 인간은 양자의 대립을 해소하지 못한다고 말함으로써 이 문제를 비켜 간다. 이로써 인간에게 자유와 도덕의 여지는 남지만, 인간은 자신의 삶이 그 자체 도덕적이지 않으며 인간은 원리적으로 도덕적 삶에 도달할 수 없다는 불행한 의식 속에서 살아간다.

이성과 감정, 도덕성과 경향성의 이원론적 분리는 우리가 도덕법칙에 합치하는 행동을 했더라도 그것이 연민이나 동감의 감정으로부터 유래했다면 도덕적이지 않은 것이 되게 하고, 도덕법칙에 합치하는 행동이라면 혐오하는 감정을 가지고서라도 그것을 수행할 것을 요구한다. 하지만 실러F. Schiller가 칸트를 비꼬면서 말하듯이 우리는 기꺼이 마음에서 우러나서 친구에게 봉사를 한다. 슬프게도 이러한 호의는 칸트에 따르면 도덕적이지 않다. 이러한 비현실성은 감성과 이성을 철저하게 분리하는 칸트 윤리학의 특성에서 기인한다. 헤겔에 따르면 칸트가 보지 못하고 있는 것은 이성과 감정, 도덕과 욕구가 변증법적으로 불가분의 관계에 있다는 사실이다. 헤겔은 행위하는 개인의 주관적 만족을 도덕이라는 보편적인 것을 수행하는 동기로 간주한다. 개인의 주관적 만족 없이 보편적인 것은 수행될 수 없다. 따라서 개인의 만족은 보편적인 도덕의 한 계기를 형성하는 것이다. 나폴레옹과 같은 위대한 성격의 소유자는 자신의 욕망을 실현하려는 주관적 동기에서 역사적으로 위대한 일을 감행한다. 모든 에너지를 한 가지 일에 집중시키는 열정은 이러한 주관적 욕구로부터 나오는 것이다. "어떤 위대한 일도 열정 없이는 이루어지지 않았다." 하지만 도덕주의자들은 위대한 일의 결과 중에서 개인에게 귀속되는 것은 결코 위대한 것이 아니라 단지 특수하고 외적인 것일 뿐이라고 평가한다. 그들은 위대한 개인의 실체적인 측면을 보지 못한다. "종복의 눈에는 어떠한 영웅도 존재하지 않는데, 그 이유는 영웅이 아니어서가 아니라 오히려 이들 종복이 다만 종복에 지나지 않기 때문이다."(《법철학》, §124)

헤겔에게 선은 도덕과 경향성, (도덕)법과 복지das Wohl(만족스럽고 행복한 상태)의 변증법적 통일이다. 칸트는 이 두 가지가 서로 상반된 성격의 것으로서 서로를 배제한다고 생각한다. 그래서 그는 그중 하나만을 선택하고 다른 하나는 버린다. 그 결과 실러가 비꼬는 것처럼 칸트의 윤리학에서는 "의무가 명하는 것을 혐오하면서 어쩔 수 없이 행할 것"이 요구된다(《법철학》, §124). 또한 "세계가 멸망할지라도 정의가 행해지게 하라"고 명령된다(《법철학》, §130). 하지만 헤겔이 보기에 선은 보편적인 법과 합치되어야 할 뿐만 아니라 행위자의 주관적인 복지와 타인의 복지, 더 나아가 다른 특수자 일반, 즉 만인의 복지를 지향하는 것이기도 하다. 선은 복지와 법의 통일이기 때문에, 한편으로 만인의 복지를 배제한 채 정의를 수행하라는 요구나 주관적 만족을 수반하지 않는 의무의 수행이 선이 아닌 것처럼, 다른 한편으로 진실한 심정으로부터 나오지만 형식적인 법에 부합하지 않는 행동도 옳지 못한 것이다. 후자의 예로서 헤겔은 가난한 사람들의 신발을 만들어주기 위해 가죽을 훔친 성자의 행동이 타당하지 못하다고 한다. 또한 스스로 살아 있다는 사실에 대한 명분을 "나는 살아야 한다", 즉 개인의 복지에서 찾는 사람에게 반대로 "나는 그래야 할 필요를 느끼지 못한다"가 똑같이 주장되면서 그 명분을 박탈할 수도 있다고 헤겔은 말한다(《법철학》, §126 보충). 말하자면 자신이 살고 싶다는 주관적 복지만으로가 아니라 살아야 할 객관적 이유(합법성)가 있어야 산다는 것이 정당화된다는 것이다. 이 예들은 모두 주관적 복지에만 기초할 뿐 객관적이고 보편적인 법에는 부합하지 않는 행위들이다. 하지만 선한 행위에서 법과 복지는 서로를 배제하는 것이 아니라 서로 불가분한 변증법적 통일 속에 있다. 법은 주관적 만족을 추구하는 행위자의 활동이 없으면 죽은 형식일 뿐이며 현실화될 수 있는 힘을 지니지 못한다. 거꾸로 주관적 복지를 도덕적으로 타당하게 하는 것은 법이다.

　　현상계와 예지계, 감성과 이성, 복지와 법의 변증법적 통일에 대한 헤겔의 통찰의 타당성을 우리는 현실에서 확인할 수 있다. 칸트는 도덕의 근거를 경험세계가 아닌 인간의 이성에서 찾기 때문에, 경험적 현실에 대한 고려를 전적으로 배제한다. 그에게는 진정성 있는 동기만이 중요하며 그것으로 도덕적이기에 충분하다. 하지만 이러한 도덕적 행위가 실현되어야 하는 곳은 구체적인 현실이다. 현실의 경험세계에서 우리는 개인의 심리적 원인과 사회적 조건에 제약되어 다양한 방식으로 행동한다. 우리는 정언명령에 대한 의무, 도덕법칙에 대한 존경심에서만 행동하는 것이 아니라 때로는 연민과 분노에서 도덕적 행동을 하기도 하며, 역사적 사회적으로 제약된 공동체의 정서와 제도 같은 것들이 도덕적 행동을 유발하거나 규정짓는다. 이같이 다양한 모습을 띠는 경험적 현실은 칸트가 보듯이 이성과 대립되고 분리되어 있는 것이 아니라 이성적인 것을 포함하고 있다. 칸트는 경험적 현실로부터 순화된 인간의 이성 속에만 도덕적인 것이 있다고 본다. 헤겔은 이러한 칸트의 도덕적 주체를 '덕의 기사'라고 한다. 덕의 기사는 마치 주관의 세계에 몰입해서 객관의 세계를 적대시하는 돈키호테와 같이 자신의 생각만이 선한 것이고 세상의 일은 모두 부조리한 것이라고 간주한다. 이같이 도덕 원칙을 개인으로서의 인간 안에서 찾는 도덕 이론은 현실성을 결여하고 있기 때문에 객관적 현실에서 실현되지 못하고 항상 좌초하게 되어 있다. 덕의 기사는 이성적인 것, 도덕적 진리가 자신의 주관 안에 있는 것이 아니라 이성적 존재자들의 정신적 활동의 산물인 객관세계 속에 이미 들어 있다는 사실을 깨달을 때 비로소 참된 인륜적 존재가 된다. 객관세계, 인륜적 실체로서의 국가는 칸트적 도덕 주체가 갖는 추상적 도덕법칙을 넘어서 있다. 거기서는 보편적 이성이 개인의 특수한 의지와 욕구에 촉발되어 추동되며, 개인의 복지 충족이 보편적 목적에 합치될 때만 윤리적인 것으로 인정된다.

　객관세계 속에 실현되어 있는 보편적 이성은 복지와 법의 통일로서 선이다. 그것은 주관적 의지를 도덕적으로 만드는 도덕성의 준거점이다. 반면 객관세계의 보편적 이성으로부터 유리되어 있는 칸트의 도덕 주체에게서 도덕성은 개인의 양심에 기초하고 있다. 칸트에게 양심은 선험적인 것이며, 양심의 내용은 도덕법칙이다. 헤겔은 양심을 무엇이 정의이며 의무인지 자기 내면에서 자신에 기초하여 인식하고, 또한 자신이 인식하고 의욕하는 것만을 정의이며 의무라고 인정하는 절대적 권능이라고 정의한다(《법철학》, § 137). 하지만 양심은 오직 자기 자신에만 의존하여 자기를 고수하고 관철하는 것이기 때문에, 보편타당한 규칙에 위배될 수 있다. 말하자면 양심은 지극히 주관적인 것이어서 객관적 현실의 이성에 전혀 상응하지 않을 수 있다. 이같이 객관적 내용과 무관한 자기 확신의 무한한 활동으로서의 양심을 헤겔은 형식적 양심이라고 한다. 이러한 양심은 자신에 충실하고 그런 의미에서 진정성을 갖추기만 하면 도덕적인 것이 된다. 또한 양심이 그런 방식으로 의욕하고 규정하는 모든 내용은 도덕적인 것이 된다. 형식적 양심은 자신의 진정성에서 나온 것이라면 그것이 아무리 객관적 이성에 위배되는 부조리한 것일지라도 정당한 것으로 간주하고 관철한다. 이러한 양심은 객관세계의 보편적 이성에 반하여 자의, 즉 자기만의 특수성을 원리로 삼고 그것을 행위를 통해 실현하기 때문에 악한 양심이다.

　물론 칸트가 말하는 양심conscience은 이러한 양심이 아니다. 왜냐하면 칸트의 양심에는 지극히 형식적이고 일반적이긴 하지만 모든 사람이 함께con 인식할 수 있는scientia 도덕법칙의 내용들이 있기 때문이다. 하지만 칸트의 양심은 지극히 형식적이어서 객관의 구체적인 내용을 반영하고 있지 못할 뿐만 아니라, 초래하게 될 결과의 내용과는 무관하게 선의지에 따르려는 동기만을 강조하기 때문에, 낭만주의자들의 심정주의 윤리학으로 발전하게 된다. 객관성을 도외시하고 무한한 자아의 주관성에 침잠하는 낭만주의자들은 순수한 심정에서 나온 모든 내용을 도덕적인 것으로 정당화한다. 따라서 악한 양심은 낭만주의의 심정윤리학에 직접적으로 해당하지만, 객관적 현실을 도외시하고 도덕적 주관의 순수한 의지만을 강조하는 칸트의 윤리학이 단초를 제공하고 있다고 할 수 있다. 형식적 양심이 말하는 것처럼 심정의 순수성, 즉 개인이 선한 마음, 선한 의도라고 간주하는 주관적 신념이 도덕적 가치를 결정하는 유일한 기준이라면, 이러한 양심에 객관적인 선과 악은 존재하지 않는다. 오히려 자신이 순수한 내면으로부터 확신하는 모든 것이 양심적인 것, 도덕적인 것이 된다. 따라서 그러한 확신에서 자행되는 모든 테러도 도덕적인 것으로서 정당화될 수 있다. 하지만 확신은 어떤 객관적 근거도 갖지 않기 때문에, 어떤 특정한 내용이 확신에 근거해서 양심으로서 주장된다면 정반대의 내용 또한 나름의 확신에 근거해서 양심이라고 주장될 수 있다. 헤겔은 양심의 참됨을 결정하는 근거는 객관세계의 이성 속에 들어 있다고 본다. 참된 양심은 자의적인 내용을 확신하는 것이 아니라 객관세계에 실현되어 있는 선을, 즉 보편적으로 이성적인 것을 의욕하는 심성이다. 결국 양심의 내용은 칸트에게서처럼 개인의 순수한 내면성에 있는 것이 아니라 객관세계의 이성 속에 있다. 헤겔에게 양심conscience이란 모든 개인들이 함께con 인식할 수 있는sciencia 객관세계의 이성적 질서이다. 이러한 객관적인 선에 합치하려고 할 때 양심은 참된 양심이 된다. 참된 양심은 주관적 의지와 객관세계의 선의 통일이며, 양자의 변증법적인 통일은 인륜성에 다름 아니다.

이상에서 서술한 칸트 윤리학에 대한 헤겔의 모든 비판은 칸트가 도덕을 개인의 양심에 정초하였다는 사실로 향한다. 개인의 양심에 기초한 칸트의 윤리학을 헤겔은 도덕성이라는 용어로 특징짓는다. 칸트 윤리학의 도덕성은 윤리의 기초 단위를 개인에게 두는 자유주의적 원자론에 입각해 있다. 이에 반해 헤겔은 윤리적인 것이 개인을 넘어서 개인과 공동체, 주관적 의지와 객관세계의 이성 사이의 변증법적 관계에 기초하고 있다고 주장한다. 이러한 특징을 지닌 윤리를 헤겔은 인륜성이라고 명명한다. 이성과 감정, 법과 복지, 주관적 의지와 객관세계의 이성을 분리하는 도덕성은 인간과 자연, 인간과 다른 인간 혹은 공동체를 분리하는 칸트의 오성적 사유로부터 비롯된다. 이에 대해 헤겔은 오성적 사유를 분리의 사유라고 비판하면서 앞서 열거한 양자의 변증법적 관계에 주목하여 인륜성이라는 통합과 연대의 윤리를 제시한다.

## 시민사회와 국가의 변증법적 매개

변증법에 기초한 헤겔의 윤리의 특성을 파악하기 위해 우리는 시민사회와 국가의 관계에 대한 고찰을 빼놓을 수 없다. 왜냐하면 시민사회는 근대에 새로이 생성되었고 근대를 특징짓는 대표적인 체계라고 할 수 있으며, 이것을 넘어서는 인륜적 실체라고 헤겔이 말하는 국가는 시민사회와의 변증법적인 불가분의 관계에서만 해명될 수 있기 때문이다. 헤겔 이전까지 시민사회와 국가는 서로 구별되지 않았다. 사회계약론자들이 자연 상태에서 시민사회로의 이행을 말할 때, 그들은 시민사회와 국가를 같은 개념으로 사용했다. 하지만 헤겔은 처음으로 시민사회와 국가를 구별한다. 시장을 중심으로 하는 시민사회는 원자론적 개인들이 이기적 욕구를 충족하기 위해 서로 관계하는 사회를 말한다. 여기서 타인은 나의 욕구와 이익을 실현하기 위한 수단으로서 의미를 지닐 뿐이다. 그렇기 때문에 타인은 나의 정체성을 형성하기 위한 구성적, 내재적 의미를 지니는 것이 아니라 단지 도구적이고 외적인 존재로서 간주된다. 따라서 근대에 시장의 등장과 함께 형성된 시민사회는 이전의 사회가 유지하고 있었던 인륜적 통일을 파괴하는 분열된 사회이자, 자체 내에서 대립을 극복할 수 없는 내재적 한계를 지닌 사회다. 사회계약론자들은 이러한 사회를 국가와 동일시하였고 이러한 사회=국가만을 알고 있었다. 하지만 헤겔이 보기에 이러한 사회는 참된 국가의 모습이 아니다. 헤겔은 인륜성의 세 가지 계기를 가족, 시민사회, 국가로서 서술하는데, 국가는 시민사회에서 해체된 가족의 자연적 유대를 법적, 제도적인 방식으로 회복하여야 한다. 따라서 헤겔이 말하는 국가는 사회계약론자들이 말하는, 그저 계약의 질서를 보장할 뿐이어서 구성원들의 분열을 방치하게 되는 경찰국가가 아니다. 국가는 자신의 대립을 치유하지 못하는 시민사회의 내재적 한계를 극복하고 사회적 통합을 성취하는 인륜성의 최고 단계다.

헤겔은 시민사회를 '욕구의 체계'라고 칭한다. 근대의 시장사회에서는 개인이 홀로 자신의 욕구를 충족할 수 없으며, 각 개인은 자신의 욕구를 충족하기 위해 타인과 관계를 맺을 수밖에 없다. 욕구의 실현을 위해 서로 의존할 수밖에 없는 이러한 체계는 어떤 개인도 사회 밖에 남겨두지 않는다. 욕구의 체계로서 시민사회는 모든 사람들을 자신 안으로 빨아들이는 욕구충족의 보편적 체계다. 욕구충족을 위한 상호 의존의 그물망 속에서 인간의 욕구는 점점 다양해진다. 각자는 시장에서 타인의 욕구를 자극함으로써 이윤을 획득하고, 이윤을 통해 자신의 욕구를 극대화하고자 한다. 이러한 방식으로 시장은 욕구를 점점 세분화하고 다양화한다. 이윤을 추구하는 시장의 기능이 잘 작동하면 할수록 이윤을 획득하는 계층에게 보다 많은 이윤이 집중되고 이윤 획득에 실패한 계층이 소외되는 현상이 심화된다. 부유한 계층은 시민사회가 제공하는 다양한 욕구를 향유하는 사치를 누리지만 소외된 계층은 욕구의 충족을 좌절당하고 경제적 재화를 통해 실현할 수 있는 자유를 상실하게 된다. 이러한 양극화가 심화되면 사회는 분열되고 파괴된다. 이와 같이 시민사회에는 자신을 부정하는 자기모순이 내재되어 있다. 하지만 시민사회는 이러한 자기모순을 스스로 해결하지 못한다. 원자론적 개인의 이윤추구에 기초한 시장사회는 자유주의적인 것이다. 따라서 자유주의liberalism의 극단적 형태인 자유지상주의libertarianism가 주장하듯이 빈곤문제의 해결은 이윤추구라는 시장 메커니즘에 본질적으로 합치하지 않는 것이기 때문에 개인의 자선 행위에 맡겨두어야 한다. 하지만 개인적 자선 행위는 우연적이고 제한된 범위에서 실행되는 한계를 갖는다. 헤겔은 공적인 제도를 통해 보다 지속적이고 보편적인 방식으로 빈곤의 구제가 수행되어야 하며, 이러한 역할의 주체는 시민사회가 될 수 없고 국가여야 한다고 주장한다. 분열의 메카니즘에 기초한 시민사회가 지속적으로 존립하기 위해서는 그 변증법적 반대 극인 국가의 통합을 필요로 한다. 하지만 국가도 마찬가지로 시민사회라는 토대 없이 이성적인 국가로서 존립할 수 없다.

근대에 새롭게 생성된 시장은 고중세적인 통합을 해체하고 인륜성에 위기를 가져왔다. 하지만 모든 것이 자신의 반대와 통일되어 있다는 변증법적 사유는 시장이 갖고 있는 분열의 부정적 기능과 함께 해방의 긍정적 기능 또한 포착한다. 변증법적 사유는 과거의 인륜적 통일을 해체하는 시장조차 배제하지 않고 새로운 인륜적 통일의 필수적인 구성요소로 간주한다. 헤겔에 따르면 근대사회는 더 이상 고대의 소박한 인륜적 통일로 복귀할 수 없다. 새로운 인륜적 국가는 시장을 포함한 시민사회라는 근대의 새로운 유산을 포함하여야 한다. 시장은 한편으로 개인 각자로 하여금 타인을 자신의 이윤추구를 위한 수단으로 삼게 하지만, 다른 한편 누구나 과거의 신분적 예속으로부터 벗어나서 판매자와 구매자라는 동등한 인격으로서 대우받게 하는 해방적 기능을 수행한다. 이제 만인은 법 앞에 평등한 인격으로서 자유로운 주체다. 이러한 인간 존엄성과 보편적 자유에 대한 사상은 노동을 통한 인간의 도야에 의해 성취된 것이다. 헤겔은 《정신현상학》의 주인과 노예의 변증법에서 인간이 노동을 통해 보편적 자유의 의식을 획득하는 것을 보여준다. 인간은 노동을 통해 자연으로부터 해방될 뿐만 아니라 자신의 자연적 본성으로부터 해방됨으로써 자신을 도야한다. 시장의 평등을 구현하는 시민사회는 역사적으로 성취된 인간의 이러한 도야의 단계를 전제한다. 나아가 시장제도 자체는 구성원들에게 노동을 통한 도야를 요구한다. 이윤추구의 경쟁에 참여하고 거기서 생존하기 위해 개인은 시장이 요구하는 조건을 구비해야 한다. 시장은 개인에게 근면, 성실, 준법 등의 미덕을 요구하면서 개인을 교육하고 도야시키는 긍정적 기능을 수행한다.

시민사회의 또 다른 중요한 긍정적 기능은 헤겔의 시민사회 개념을 좀 더 정확히 파악함으로써 이해할 수 있다. 헤겔이 말하는 시민사회는 시장이라는 좁은 틀에 머물지 않는다. 시민사회는 나아가 직업단체, 교회나 자발적 결사체를 포함한다. 직업단체는 오늘날의 회사단위의 노동조합보다 더 광범위한 것으로서 동일 직업을 아우르는 신분에 따른 단체를 말한다. 교회와 오늘날 NGO 같은 자발적 결사체를 포함하는 시민단체는 국가에 의해 조직되고 관리되지 않는, 시민들의 자유로운 자치조직이다. 이렇게 자발적으로 결성된 자치조직으로서 시민사회는 국가를 견제하는 역할을 할 수 있다. 헤겔은 국가와 국민

사이에 국가로부터 독립된 시민사회가 존재해야만 국가는 자유로운 이성적 국가가 될 수 있다고 주장한다. 시민사회라는 중간층이 형성되지 않는다면 전체주의 국가에서 그러하듯이 국가의 요구가 국민들에게 직접적으로 명령되며, 국민들은 국가의 권력을 견제할 수 있는 어떤 조직적 힘도 갖지 못한 채 국가의 폭력에 내맡겨질 수밖에 없다. 오늘날 민주국가에서 관찰되는 여러 시민단체와 시민운동의 역할은 헤겔의 이러한 통찰의 타당성을 뒷받침해준다.

시민사회의 긍정적 역할에도 불구하고 시장뿐만 아니라 직업단체와 같은 조직들도 그것이 시민사회의 조직인 한에서 집단 이기주의에 떨어지고 대립하는 가운데 서로 고립될 수 있다. 때문에 이러한 시민단체들에 관여하여 보편성을 유지할 수 있도록 하는 국가의 역할이 요구된다. 이를 위해 공무원을 통한 관료적 행정이 필요하며, 시민사회의 직업단체들이 대표자를 보내 서로의 이해를 제도적으로 조정할 수 있는 의회, 언론과 출판의 자유를 통해 의회와 정부의 정책에 대한 국민의 의견을 수렴하는 여론과 같은 장치들을 국가가 시민사회와의 통합을 위해 구비해야 한다. 이같이 시민사회의 자발적 조직이 국가를 보조하고 국가가 시민사회의 역할을 보편화하는 방식으로 시민사회와 국가가 통합되어야 한다. 헤겔이 말하는 이성적인 국가는 시민사회와 국가가 변증법적인 관계 속에서 서로를 보완하는 역할을 하면서 유기적인 통합을 이루는 자유로운 국가다.


### 자유주의와 공동체주의:
### 변증법적 방법을 통해 자유주의의 비판으로부터 벗어나기

헤겔은 국가를 인륜적 통합의 최종 심급에 두기 때문에 공동체주의자라고 할 수 있다. 하지만 공동체주의를 개체에 대해 공동체가 우선한다는 주장으로 단순히 도식화한다면 헤겔의 사상은 이러한 단순한 도식 안에 담길 수 없다. 헤겔이 개별에 대해 보편을 우위에 둔다고 하더라도, 그 보편은 개별에 대립하는 보편이 아니라 개별을 구성적으로 포함하는 구체적 보편이다. 구체적 보편이라는 변증법적 규정이 말해주듯이 공동체는 항상 개체를 전제한다. 따라서 헤겔의 공동체주의는 개인이 국가에 흡수되어버리는 전체주의적 국가주의가 아니다. 헤겔은 칸트에 의해 주제화된 근대적 주체성을 자신의 윤리학에서 지워버리지 않는다. 다만 그것을 항상 타인 및 공동체와의 관계 속에 상호주관적으로 위치지우고 작동시키려는 것이다. 헤겔은 인간의 존엄성과 자유를 무시하지 않는다. 오히려 그것을 올바로 실현시키기 위해 공동체의 구체적 조건을 탐구한다. 헤겔의 변증법적인 사고가 말해주는 것은 관계가 관계항에 우선하며 그것을 가능케 한다는 것이다. 변증법적인 사고는 자유주의자인 롤스가 말하는 도덕 원칙과 개별 사례 사이의 반성적 평형에서도 발견되는 보편적인 것이다. 하지만 롤스가 변증법을 반성적 사고의 방법으로만 적용하는 데 반해 헤겔은 그것을 사회적 존재의 존재론으로까지 확장한다.

자유주의자들이 원자론적 개인관을 고수하고 변증법적 사회존재론을 거부하는 이유는 그러한 변증법적 구조 속에서 개인의 자유가 상실될 것을 우려해서다. 공동체주의에 따르면 개인은 공동체를 통해서만 자신의 정체성을 부여 받으며 자신의 자유를 실현하기 위해 공동체의 목적, 공동선에 합치하게 행동하여야 한다. 하지만 자신이 선택하고 합의한 것, 자신이 스스로 규율로서 받아들인 것만을 따르려는 자유주의자의 입장에서 볼 때, 개인이 선과 정의를 스스로 선택하고 결정하는 것이 아니라 그것이 항상 공동체의 목적과 공동선에 결부되어 있고 그것을 통해 규정되는 것이라면, 이러한 공동체주의의 관점은 개인의 자유를 박탈하는 것이다. 더욱이 공동체주의에 따라 선과 정의는 관습의 산물이 되어버리고 특정한 시기의 특정한 공동체의 가치로 전락해버리고 만다. 따라서 자유주의자들이 보기에 공동체주의자들은 노예제 사회에서 통용되는 가치를 그 사회의 구성원이 정의로운 것으로 주장할 때 수긍할 수밖에 없다. 왜냐하면 공동체주의에 따르면 특정한 시기의 특정한 공동체에서 선과 정의를 규정하는 것은 그 시기 그 공동체에서 통용되는 공동체의 목적과 공동선이기 때문이다.

이처럼 공동체주의가 주장하는 것이 도덕적 가치가 공동체에 따라 결정된다는 상대주의라고 한다면 공동체주의는 자유주의의 공격 앞에 무기력한 존재일 수밖에 없다. 공동체주의는 이 문제를 해결해야 하는데, 헤겔의 변증법적 방법은 문제해결을 위한 중요한 단서를 제공한다. 변증법은 한 규정의 과정적 전개를 그 규정이 스스로를 구별하고 특수화하는 자기전개의 통일적 과정으로 파악한다. 헤겔은 역사를 통해 나타나는 공동체의 다양한 모습들도 하나의 이성적인 세계정신이 역사의 특수한 단계들로 자신의 구별된 모습을 전개해나가는 하나의 통일적 과정으로서 설명한다. 세계정신이라는 형이상학적 실체를 이성적인 과정의 통일성을 지칭하는 메타포로서 이해한다면, 헤겔의 설명에서 우리는 공동체들의 다양한 모습이 서로 무관하고 상대적인 것이 아니라 하나의 비상대적인,— 헤겔의 용어로— 절대적인 이성에 의해 하나의 통일적 과정으로 정렬될 수 있다는 사실을 도출할 수 있다. 이에 따라 노예제사회는 지금과 무관하고 지금의 자유사회와 동등한 존재가치를 지니고 양립할 수 있는 것이 아니라, 지금과 연속된 과정 속에 있고 지금과 비교할 때 자유롭지 못한 사회라고 평가될 수 있다. 따라서 헤겔 윤리학은 상대주의적인 공동체주의를 표방하는 것이 아니라, 공동체의 다양한 전개를 관통하는 비상대적인 이성적 원리 위에 세워진 공동체주의를 제시한다. 자유주의의 공격에 대처할 수 있는 참다운 공동체주의는 헤겔의 변증법적인 윤리적 통찰에 근거해서만 주장될 수 있다.

자유주의적 원자론을 비판하면서 헤겔은 개인의 정체성이 공동체의 목적에 의해 규정되며 개인의 자유와 도덕적 의무가 공동선에 연관하여 결정된다고 주장한다. 하지만 이것은 비이성적이고 자유롭지 못한 국가도 그것이 현존하는 한, 국가이기 때문에 개인의 자유와 권리가 그것에 구속되어야 한다는 의미가 아니다. 헤겔이 말하는 국가는 이성적이고 자유롭다. 그러한 국가만이 현실성을 지니고 개인의 자유와 권리를 구체적인 조건들을 통하여 실현할 수 있다. 이성적이고 현실적인 국가는 자유주의자들이 염려하는 것처럼 개인의 자유를 제거해버리는 것이 아니라, 오히려 공허한 자유에 구체적인 현실성을 불어넣어 준다.

공동체 속에서 나를 상실하지 않으면서도 공동체를 통해 나의 정체성을 획득하는 헤겔적 공동체주의는 나의 정체성을 공동체로 확장한다. 자유주의자들이 개인을 중심으로 생각하고 개인의 권익을 추구할 때, 공동체주의는 공동체를 위한 개인의 희생에 의미를 부여한다. 대부분의 사람들이 자유주의적 삶에 기초하여 개인적 이익추구에 골몰하는 오늘날, 공동체를 자신으로 여기고 공동체를 위해 헌신하는 삶은 아름답다. 윤리의 본질이 개인의 이기적 욕구를 넘어서 타인을 배려하는 것이라면, 자기 정체성을 공동체로 확장하는 공동체주의는 개인주의에 기초한 자유주의보다 더 윤리적인 윤리설이라고 할 수 있다. 이러한 공동체주의의 근저에는 헤겔의 변증법적 형이상학이 놓여 있다.

• 게오르그 빌헬름 프리드리히 헤겔, 임석진 옮김, 《법철학》, 한길사, 2008.

이 책은 '추상법', '도덕성', '인륜성'의 3부로 구성되어 있다. 윤리에 대한 고찰은 2부와 3부에 해당한다. 2부는 칸트 윤리학을 비판하고 있고, 3부는 헤겔 자신의 윤리학이라고 할 수 있는 인륜성에 대해 상세히 논의된다. 하지만 통상적 의미에서의 윤리학적인 논의는 2부에 집중되며, 칸트 윤리학의 비판을 통해 헤겔 윤리학의 이념을 살펴볼 수 있다.

• 나종석, 《차이와 연대》, 길, 2007.

헤겔의 《법철학》은 일반 독자들이 읽기에 매우 어려운 책이다. 그런 점에서 나종석의 《차이와 연대》는 《법철학》의 주요 내용들을 원전의 내용에 충실하면서 일반 독자들이 이해 가능하게 서술하기에 《법철학》에 대한 훌륭한 안내서라고 할 수 있다.

• 찰스 테일러, 박찬국 옮김, 《헤겔 철학과 현대의 위기》, 서광사, 1988.

헤겔에 기초한 이론을 펼치는 대표적인 공동체주의자 찰스 테일러의 저서다. 헤겔철학의 형이상학적 배경을 탄탄한 지식에 기초해 법철학의 핵심적 내용들을 명료하게 서술하고 있다. 법철학의 이해를 위해서 뿐만 아니라 헤겔 철학의 안내서로도 일독을 권할 만한 탁월한 저서다.

• 마이클 샌델, 《정의란 무엇인가》, 김영사, 2010.

철학책으로서 150만부가 팔린 한국사회에 너무나 잘 알려진 베스트셀러다. 그래서 누구나 한번쯤 읽어야 한다는 강박관념에 사두고 읽지 않는 책 1위에 올라 있기도 하다. 공리주의, 자유주의, 공동체주의로 이행하는 이 책의 논증을 온전히 이해하기 위해서는 공동체주의의 입장을 바탕에 두고 있어야 한다. 이 책의 완독에 실패한 사람들에게 이 글에서 소개한 헤겔의 입장을 염두에 두고 다시 읽어 볼 것을 권한다.

• 강순전, 《칸트에서 헤겔로》, 철학과현실사, 2008.

변증법에 관한 보다 상세한 탐구를 원한다면 이 책의 일독을 권한다. 헤겔 철학은 칸트 철학과의 대결로부터 탄생했다고 할 수 있는데, 이 책은 이론철학, 특히 변증법과 관련하여 헤겔이 칸트와 대결하는 가운데 자신의 고유한 철학을 어떻게 형성하는지 보여준다.

계보학의 입장

# 니체와 푸코의 계보학이 제안하는 삶의 윤리

백승영

'현대 정신으로의 전환점인 니체', '금세기의 니체이자 포스트구
조주의적 현대성을 제시한 푸코.' 이런 닉네임의 형성에 니체와 푸코
가 사용하는 철학적 방법론인 계보학Genealogie은 결정적 역할을 한다.
계보학적 방법론은 지식론과 형이상학 비판은 물론이고, 제도 및 권
력론, 법과 형벌론에 이르기까지 그들의 철학 전체를 종횡무진 누비
면서 관통한다. 도덕론도 여기서 예외가 아니다. 도덕이라는 문제 영
역에서 전개된 푸코와 니체의 계보학 프로그램은 '목적론적-형이상학
적-규범적 도덕철학'을 '주체적-미학적 삶의 윤리'에 관한 철학으로 대
체해버린다. 이로써 서양의 전통도덕 담론에서 명맥을 이어왔던 자명
성들의 토대를 뒤흔들고, 도덕 담론의 새로운 방향을 제시한다. 물론
니체와 푸코가 사용한 계보학 프로그램이 내용적 일치를 이루는 것
은 아니다. 푸코가 니체의 계보학 프로그램에 힘입은 것은 사실이지
만, 그것은 정신의 측면에서의 수용이자 활용으로서의 수용이지, 결
코 문자 그대로의 수용이 아니기 때문이다. 하지만 그들의 프로그램
은 도덕철학에서의 지배적 견해에 대한 19세기와 20세기 각각의 시기
에 행해진 맞대응이며, 19세기와 20세기에서 각각 수행된 '도덕철학
에서의 가치의 전도'인 것이다. 이 프로그램은 도덕이라는 문제 영역
에서 이렇게 묻는다. "삶이 예술작품이 될 수는 없는 것인가? 램프나
집은 예술적 대상인데 왜 삶은 아닌가?"(《윤리의 계보학에 대하여》, 332쪽)

푸코의 이 질문은 인간과 삶과 세계를 '스스로 분만하는 예술작품'으로 이해하는 니체에게서 이미 전제된 것이며, 이들의 가치전도 작업이 지향하는 바를 예상하게 한다. 도덕의 영역에서 현대성은 곧 도덕에 삶의 기술과 삶의 미학이라는 자격을 부여하는 데서 확보될 수 있다는 것을.

원래 계보학은 족보 탐구의 의미를 갖고 있었다. 후손으로서의 유산 요구 및 성姓을 사용할 권한의 획득을 위한 가계家系의 연원과 유래, 선조와 조상의 계통에 대한 조사였던 것이다. 이런 것을 니체가 19세기 중반 철학적 방법 개념으로 도입하면서, 계보학은 철학적 의미를 획득한다. 그는 이 방법 개념을 자신의 철학 전체에서 사용하고 있지만, 무엇보다도 도덕과 윤리의 문제를 다루는 그의 관점적 시선을 통해 계보학의 진수를 보여준다. 여기서 계보학은 도덕 개념과 도덕감 등 도덕 가치들의 유래Herkunft와 발생Entstehung을 다루고, 그 발생과 유래를 개인의 사적이고도 집합적인 '심리적 측면' 및 '힘과 권력적 이해관계의 측면'이라는 이중구조를 통해 분석해낸다. 그래서 계보학은 형이상학적 근원이나 초월적 목적을 고려하는 대신, 심리분석적-권력론적 특성을 갖추게 된다. 그런데 니체는 이 이중구조를 힘에의 의지Wille zur Macht라는 자연성의 표현으로 생각한다. 그래서 심리분석적-권력론적으로 고찰된 도덕 가치의 발생과 유래에 대한 설명은 다시 '도덕적 자연주의moralischer Naturalismus'로 귀결된다. 그의 계보학 프로그램은 곧 '자연주의 계보학 프로그램'이었던 것이다.

주지하다시피 니체는 체계적인 철학자가 아니었다. 그의 계보학 프로그램 역시 마찬가지이며, 그의 저작과 유고 전체에 산발적으로 퍼져 있다. 그중에서 1880년대 중반 이후에 쓴 《유고》, 《도덕의 계보》, 《선악의 저편》, 《우상의 황혼》, 《안티크리스트》는 도덕에 대한 니체의 계보학 작업을 재구성할 수 있게 해주는 텍스트들이며, 그 핵심적인 내용은 크게 두 가지로 구성해볼 수 있다. 첫째, 서양의 도덕철학에서 견고히 유지되던 형식적 자명성들을 해체한다. 도덕 개념과 도덕감에 대한 목적론, 본질주의, 실체론적 입장은 물론이거니와, 규범윤리나 윤리적 보편주의 역시 처음부터 배제된다. 서양 도덕철학의 여러 전통들이 갖고 있던 유효성과 적절성도 그 권리를 상실한다. 좋은 삶—개인적이면서도 공동체적인—과 관계하여 고대정신이 출현시킨 목적론적 윤리, 상호주관적 합의를 위해 이성적 행위규칙을 설정하는 근대 초기에 등장한 계약 이론, 칸트가 대변하는 이성적 개인의 자율성에 관한 의무론적 윤리, 벤담과 밀로 소급되며 최대 다수의 최대 행복론을 주장하는 공리주의 윤리, 루소와 쇼펜하우어적 기원을 가진 동정의 윤리, 금욕적 그리스도교 윤리에 이르기까지, 어느 것 하나 예외가 될 수 없다.

둘째, 니체는 자신의 도덕철학을 '비도덕주의<sub>Immoralismus</sub> 윤리학'으로 제시한다. 그 출발점은 '주체'와 '주체성'의 측면을 도덕적 문제제기의 시발점으로 주목하는 것이다. 그래서 '무엇'이, '어떤 행위'가 도덕적이고 도덕적이지 않은지를 묻지 않는다. 오히려 '누가' 그 행위를 하는지 묻는다. 행위로부터 행위자로의 주목점의 변화. 이것은 한편으로 도덕적 행위가 가치 면에서 중성적이라는 것, 즉 '그 자체로' '가치 그 자체'를 갖고 있는 행위는 없다는 것을 전제한 것이며, 다른 한편으로는 도덕이라는 문제 영역에서 '주체'가 중심 영역이 된다는 것을 의미한다. '주체'를 문제시하면서 니체는 소위 '주체화'의 과정이 도덕적 측면에서 어떻게 이루어지는지를 파악해낸다. 물론 니체가 말하는 주체는 그가 해체해버리는 원자적-실체적 주체가 아니라, 힘에의 의지의 주체로서 관계적 존재방식을 가지고 형성되어가는 주체다. 여기서 도덕은 도덕 주체가 자기 자신을 조형하면서 동시에 자신의 삶 역시 조형해나가는 도구로 사용하는 것(해석으로서의 도덕)으로, 이상적인 도덕은 도덕 주체를 고귀하면서도 아름다운 존재('위버멘쉬-주인-주권적-귀족적 존재')로, 그의 삶 또한 그러한 특질을 갖출 수 있도록 기능하는 해석(주인도덕)으로 설명된다. 또한 자연주의 계보학이 적용되기에, 도덕의 이름으로 가치가 부여된 모든 것들 — 도덕감이든 도덕 개념이든 도덕적 이상이든 — 의 자연적 발생사를 추적한다. '선과 악' 개념의 '좋음과 나쁨'으로의 대체, '양심'과 '양심의 가책'이라는 도덕감의 도덕 외적이고도 자연적인 유래를 보여준 것, 동정과 금욕 등의 도덕적 이상들을 상대화시킨 것, 주인도덕과 노예도덕으로 도덕 유형을 구분하고 주인도덕을 권장하는 것 등은 비도덕주의의 핵심 논제들이다.

　　푸코는 지식과 진리 그리고 주체의 문제에 이르기까지 방법론적으로나 내용상으로 명실상부 계보적 철학을 직접 실천한 철학자다. 〈니체, 계보학, 역사〉(1971)에서 그 구조적 모델이 작업된 이후, 계보학은 1960년대에 주로 사용되었던 고고학적 방법론에 우위를 점하면서 1970년대부터 푸코의 작업 전체를 규정한다. 특히 《성의 역사》 2·3권이 대표하는 그의 후기 윤리적 관심은, 지식-권력의 형태로 진행되었던 이전의 계보학 프로그램과는 물론 다르지만, 단절이라기보다는 그것을 윤리적 영역에서 지속하고 있는 것이라고 할 수 있다. 물론 푸코는 — 니체도 그렇듯이 — 계보학이라는 자신의 무기에 대해 명증적 정의를 내리지도, 단일적 사용을 고집하지도 않는다. 그것은 때로는 반과학주의로, 때로는 역사적 지식의 형성과정을 파악하여 여러 형태의 종속으로부터 해방시키는 것으로, 또 때로는 주체가 역사적 과정 속에서 자신을 구성하는 방식으로 등장하기도 한다. 게다가 〈니체, 계보학, 역사〉에서 획득된 계보학의 임무는 도덕철학적이라기보다는 형이상학 비판이라는 프로그램을 중심으로 이행되고 있고, 여기서 계보학은 푸코 자신의 완결된 철학적 프로그램으로 제시된 것도 아니었다. 하지만 거기서 주목된 니체적 계보학의 의미, 즉 '초역사적 관점으로부터 역사적 감각의 해방'은 개별자와 우연들에서 연원과 발생을 추적하고, 목적론이나 실체론이나 초역사적인 관점을 배제한 '진짜 역사'를 보여주는 것이며, 이것이 그의 1980년대 윤리적 관심에서도 그대로 적용된다고 볼 수 있다. 계보학 프로그램의 이런 운용에 대해 푸코는 〈윤리의 계보학에 대하여〉(1983)라는 인터뷰에서, 자신의 계보학의 영역을 세 가지로 나누면서 직접 해명한다. '진리와 관계되어 자신을 인식 주체로 구성하는 역사적 존재론(《말과 사물》), 권력과 관계되어 자신을 타자에 작용하는 주체로 구성하는 역사적 존재론(《성의 역사》 1권인 《앎의 의지》), 그리고 윤리와 관계되어 우리 자신을 도덕적 행위자로 구성하는 역사적 존재론(《성의 역사》 2·3권인 《쾌락의 활용》, 《자기배려》)'이 바로 그것이다. 그의 계보학 프로그램은 그의 최후의 관심사인 윤리에 이르기까지 사용되는 철학 방법론인 것이다.

그 프로그램은 두 가지 특징을 지니고 있다. 첫째, 그것은 "도덕의 계보학이 아니라, 윤리의 계보학"을 지향한다(《윤리의 계보학에 대하여》, 337쪽). 여기서 '윤리'는 푸코에 의해 새로운 의미를 부여받는다. 윤리는 '개인이 여러 규범적 요소들과 관련지어가면서 스스로를 도덕 주체로 능동적으로 형성해가는 방식과 양식 일체'를 의미한다. 그래서 윤리의 계보학은 곧 윤리적 행위의 능동적 '주체'로서의 '주체의 계보학'이 되며, 도덕 코드 자체의 형성이나 규범성의 확보나 그 코드를 적용한 도덕적 실천의 문제보다는, 개인이 그것들을 어떻게 활용하면서 자신을 윤리적 주체로 구성하는지를 보여주려고 한다. 그래서 전통적인 의미의 도덕철학이나 윤리학의 재정립은 당연히 그의 관심사가 아니다. 오히려 도덕이라는 문제 영역 일체를 '자기와의 관계'라는 문제 틀 속에서 해명한다. 개인이 자기 자신의 신체와 영혼, 행위와 사유, 그리고 삶의 방식을 구축하고 변경하기 위해 그것을 어떻게 사용하고 활용하는지를 다루려는 것이다. 이를 위해 성적 실천의 능동적 행위자로서의 주체의 형성(《성의 역사》 2·3권)이 주목되기도 하고, 성이라는 영역적 제한을 넘어서 좀 더 넓은 차원에서 자기 자신을 윤리적 주체로 형성해가는 자기와의 관계 맺음을 포괄적으로 규명하는 방식으로(《주체의 해석학》) 진행되기도 한다.

둘째, 윤리의 계보학은 주체의 자기형성의 문제를 지식-권력의 모델을 통해 규명하지 않는다. 그래서 성적 실천이나 규범은 《성의 역사》 1권에서 보여준 지식 담론과 권력과의 관계 속에서의 대상적 객체라는 성격을 갖지 않는다. 오히려 인간이 욕망하는 존재l'homme de désir로서 성에 대해 어떻게 사색하고 충실했는지를 보여주고, 주체의 능동적인 자기형성에 성적 경험이— 복합적 경험으로서— 어떤 역할을 하는지 밝히는 방식으로 대상화된다. 성이 그런 능동적 활동이기에 윤리의 계보학은 그것을 금지의 시각이라기보다는 자기기술의 시각에서 윤리적 문제로 삼는 것이다. 그래서 윤리의 계보학은 단순한 성적 욕망의 주체에 대한 계보학을 넘어서서, 자기를 돌보는 자기배려epimeleia heautou의 계보학이라는 특징을 갖추게 된다. 이런 프레임 속에서 푸코는 고전문헌들을 검토하여, 성적 규범이나 규칙들이 자기를 형성해가는 자기기술이자 자기를 실천하는 자기배려의 기술로서 개인적 실존의 주권적 수행에 기여하는 모습을 밝혀내는 것이다. 성은 단순히 쾌락을 위한 것도, 욕망의 충족을 위한 것이 아니라, 개인의 자기실천의 기술과 실존의 방식을 보여주는 역할을 하는 것이다.

이런 특징을 갖는 윤리의 계보학은 윤리적 보편주의와 목적론과 실체론, 규범주의 도덕모델을 해체시킨다는 측면에서 전통적인 도덕 담론에 대한 맞대응이기도 하지만, 그 맞대응의 힘은 '주체'의 문제를 도덕 담론의 핵심으로 설정한 데서 더 강화된다고 할 수 있다. 그것도 푸코의 이전 연구에서처럼 지식과 권력 체계들의 대상적 생산물로서 '구축되는' 것으로서가 아니라, 규칙들을 실천하면서 '스스로를 윤리적 주체로 형성해내는' 주체를 말이다. 이 과정을 통해 니체가 비도덕주의로 무장한 개인의 주권적 삶의 수행을 보여주면서 도달한 그 지점에 푸코 역시 도달한다. 즉 도덕과 윤리에 관한 철학적 성찰은 도덕철학적 기호 속에서 요청된 규범성의 확보가 아니라, 삶의 자유로운 자기형성의 가능성에 대한 근원적 질문이며, 그런 한에서 개인의 삶의 창조적 구현을 위한 실천적 제안을 한다는 지점에 말이다. 니체에게도 푸코에게도 문제로서의 도덕이나 윤리는 '실존의 미학'인 것이다.

### 니체의 출발점: 자연주의 계보학,
### '자연명법으로 정언명법을 대체한다'

"인간은 어떤 조건들 아래 선과 악이라는 가치판단을 생각해냈던 것일까? 그리고 그 가치판단들 자체는 어떤 가치를 갖고 있는 것일까? 그것들은 이제까지 인간의 성장을 저지했던가? 아니면 촉진했던가? 그것들은 삶의 위기와 빈곤, 퇴화의 징후인가? 아니면 반대로 거기에는 삶의 충만과 힘과 의지가, 삶의 용기와 확신과 그 미래가 나타나 있는가?"《도덕의 계보》서문 3, 340쪽) 이 물음에는 도덕문제를 다루는 니체의 계보학 프로그램의 질문방식과 그에 대한 답변의 형식적 측면이 이미 누설되고 있다. 즉 그것은 도덕적 가치판단의 '가치'에 관한 것이고, 그 가치는 '삶'이라는 척도에 의해서 평가되어야 하며, 삶은 곧 '힘에의 의지의 활동'이라는 것이다. 그래서 도덕의 계보와 연원에 대한 계보학적 추적은 도덕문제를 '가치 — 힘에의 의지 — 삶'이라는 구조 속에서 다루게 된다. 그런데 니체에게 힘에의 의지는 일차적으로 인간과 세계의 '생명성'과 '자연성'에 대한 존재론적 명칭이다. 인간 자신과 행위 일반, 세계의 구성과 변화에 이르기까지 모든 것은 힘에의 의지의 활동 때문에 가능하며, 그 활동 자체가 살아 있는 힘<sub>vis activa</sub>으로서 자연적 소여<sup></sup>natur consonante다. 이런 힘에의 의지를 도덕문제에 관해서도 적극적인 해명 원리로 사용하는 것, 이것이 바로 계보학에 자연주의라는 특징을 부여하는 것이다.

자연주의 계보학 프로그램의 일차적 목표는 도덕의 자연적 유용성을 밝혀내고 도덕을 자연화시키면서, 도덕의 자연적 발생사를 쓰는 것이다. "자연명법으로 정언명법을 대체한다."(《유고》KGW VIII 2 9〔27〕, p. 20)라는 짤막한 표명은 니체의 이런 관심을 대변한다. 그래서 도덕의 소위 '기원'이라는 것은 선 그 자체도, 이성의 형식도, 신의 계율도 아니라는 것, 도덕의 소위 '목적'이라는 것도 이성의 행복도, 초월적 진리에 대한 관조도, 절대적인 선 그 자체의 실현도 아니라는 것, 그런 '기원'이나 '목적'은 '자연적 유용성'으로 대체되어야 하고, 오로지 이것에 의해서만 도덕 가치는 평가되어야 한다는 것. 이런 명제를 자연주의 계보학은 세우고 싶어 한다.

> 도덕적 자연주의: 표면상으로만 해방된 가치로 보이는 초자연적 도덕 가치를 그것의 '자연 본성'으로 환원한다: 즉 그것의 자연적 비도덕성으로, 자연적 유용성 등으로. 이런 고찰 경향을 나는 도덕적 자연주의라고 명명하려 한다.(《유고》KGW VIII 2 9〔86〕, p. 57)

자연명법을 세우려는 니체의 작업은 도덕철학의 질문방식을 급진적으로 변경하는 것에서 시작한다. 먼저, 도덕을 도덕 주체의 실천적인 관심에서 형성되어 삶의 조건이 된 가치평가의 체계, 즉 해석<sup></sup>Interpretation으로 규정한다. 그래서 도덕은 구체적인 개인적-집합적 삶의 조건을 반영하고, 그 개인적-사회적 삶을 형성해내는 기능을 갖는다. 그렇다면 도덕은 결코 절대적일 수도 초월적일 수도 보편적일 수도 없다. 둘째, 도덕문제를 다룰 때 '행위' 대신에 '행위자'에서 출발한다.

그래서 '무엇'이 도덕적인지 '어떤 행위'가 도덕적 권유의 대상인지를 묻는 대신, '누구'의 행위인지를 먼저 묻는다. 동일한 성향이나 행위도 그 성향이나 행위의 주체가 누구인지에 따라 다른 도덕적 평가의 대상이 된다는 것이다. 예컨대 이기적 행위의 경우, 그것에 대한 평가는 그 주체가 누구인지에 따라 도덕적 권유의 대상이 되기도 하고 도덕적 폄하의 대상이 되기도 한다. 이것은 곧 '행위 그 자체'가 갖고 있다는, 행위에 '고유한' 도덕적 특질에 대한 부정이기도 하다. 셋째, 행위 주체가 도덕문제를 해명하는 키워드 역할을 하기에 니체는 행위 주체의 문제를 도덕문제에 대한 철학적 해명의 선결과제로 이해한다. '건강한 주권적-주인'적 개인과 '병든-노예'적 개인으로 인간을 구분하는 그의 유명한 인간 유형론은 바로 이런 이유에서 등장하며, 이것은 그의 도덕철학의 전제로 사용된다. '주인도덕-노예도덕'이라는 도덕 유형론 역시 그 인간 유형론에 근거해서 제공된다.

니체의 다음 행로는 도덕의 자연적 유용성을 해명하는 일이다. 그것은 힘에의 의지라는 원리에 의해, 도덕 개념들의 숨겨진 발생사를 해명하면서 진행된다. 자연적 유용성이란 힘에의 의지에 대한 유용성, 구체적으로 말하면 '힘 상승의 역학과 그것이 가져오는 삶의 상승'에 대한 유용성이다. 유용성의 이런 기준을 가지고 니체는 선과 악, 좋음과 나쁨, 행복 같은 도덕 개념들을 완전히 그리고 철저하게 '힘 관계'에 의해서만 재정의한다. 자연적 유용성을 보여주는 것들은 곧 '좋은gut' 것이고, 그런 기능을 하지 못하는 것은 '나쁜schlecht' 것이다. 우리가 추구하는 '행복' 역시 저항의 극복과 힘의 행사에서 느껴지는 개인의 힘 체험이자 삶의 상승에 대한 체험이다(《유고》 KGW VIII 2 11〔414〕, p. 521). 도덕의 자연적 유용성을 이렇게 밝힌 후 니체는 우리에게 친숙한 선gut과 악böse 개념을 '좋음'과 '나쁨'으로 대체해버리고 싶어한다. 선악이라는 가치의 대립 개념은 니체에 의하면 그리스도교에 힘입어 도덕의 역사에 등장한다. 도덕 역사에는 이미 자연적 유용성에 입각한 '좋음과 나쁨'이라는 가치평가의 방식과 개념이 있었다. 그것은 힘을 지닌 자들에 의해 형성된 '고귀하면서도 귀족적인' 평가방식(주인도덕)이었다. 그런데 그리스도교의 무리 본능과 노예 본능이 출현하면서 '고귀한=귀족적인=강력한=좋은'은 '악'으로, '고귀하지 않은=천민적=무력한=나쁜'은 '선'으로 평가됐다(노예도덕). 가치의 전도가 일어난 것이다. 이것은 도덕에서의 노예반란으로 선과 악 개념의 결정적 등장이자, '좋음과 나쁨'이라는 가치평가의 방식과 개념에 대한 승리를 의미하는 것이었다. 이것은 다시 '선과 악'을 '대립 개념'으로 사용하는 이원적 도덕의 등장을 의미하는 것이기도 하다. 니체는 바로 이런 상황을 다시 뒤집고자 하는 것이다.

주인도덕과 노예도덕으로 도덕을 유형화하는 작업은 바로 이런 맥락에서 진행된다. 이 작업의 전제는 주인-노예, 건강한 주권적 개인-병든 개인이라는 인간 유형론이다. 주인적 존재는 자신의 삶을 자기극복을 통해 조형하려는 강한 의지의 소유자, 많은 욕구들의 긴장적 대립을 제어하는 자기지배력의 소유자, 자기긍정과 자기존중감을 지니고 자신의 행위 원칙을 능동적으로 구성하고 그것에 자발적으로 복종하는 주권성의 소유자다. 즉 니체가 권유하는 위버멘쉬적 삶을 살아가고자 의식적-의지적 노력을 기울이는 존재인 것이다. 그런 주인적-주권적 존재의 힘에의 의지에서 나오고, 그들의 삶에 유용한 도덕이 바로 주인도덕이며, 그들의 힘에의 의지는 거기서 자발적이면서도 능동적으로, 자신에 대한 긍정에서 자신의 삶에 유용한 것을 '좋다'고 평가한다. 물론 그 반대의 것은 '나쁘다'고 평가한다. 이들의 이기심은 건강한 이기심이고 이들의 지배욕 역시 탐욕이나 무자비한 폭압욕과는 다르며 이들의 자연적 욕구는 삶의 건강성을 유지시키는 필요불가결한 요소다(《선악의 저편》, 260, 275~279쪽). 그래서 주인적 존재는 자신

의 자연적 본성에 대한 제거적 금욕을 삶의 조건으로 삼을 이유도 없
으며 그럴 필요도 없다. 욕구들과 욕망들을 통제하고 지배하며, 그것
을 자신의 삶을 위해 사용할 수 있는 능력과 힘이 있기 때문이다. 그
렇기에 그는 '건강한' 개인이며, 그가 건강하기에 자연적 욕구와 욕망
들로부터도 진정 자유롭다.

　주권적-주인적 존재가 주인도덕의 소유자이듯, 노예도덕의 소유
자는 노예적 존재다. 그는 주인과 대립적인 성향을 지닌 인간이며, 그
의 대표적 특징은 복수의 심리와 무리 본능 및 자기지배력의 부재다.
그래서 그의 이기심은 퇴화를 불러오고, 그의 지배욕은 탐욕이나 폭
압욕일 뿐이며, 그의 자연적 욕망은 제거적 금욕의 대상이 된다. 그는
자율적인 자기결정 대신 평균적 가치감을 도덕에 부여하면서, 주인적
존재와 그의 가치평가를 '악'으로 규정한다. 그들의 보복과 복수 본능
이 발휘되는 것이다. 니체는 이런 노예적 존재방식을 병들어 있는 상
태로 이해한다. 앞서 제시되었던 '도덕에서의 노예반란', '좋음과 나쁨'
의 '선과 악'으로의 전환은 바로 이런 병든 노예들의 건강한 주인에 대
한 승리였던 것이다.


### 삶의 윤리에 대한 요청

　자연주의 계보학 프로그램은 주요한 도덕 개념의 자연적 발생사
나 도덕 유형론을 제시하는 것으로 만족하지 않는다. 그 프로그램의
최종 의도는 도덕 주체를 건강한 주인도덕의 주체로, 건강한 주권적
주체성을 지닌 존재로 육성시키는 데에 있다. 그것을 위해서는 물론
외적 제도나 환경이나 교육 등도 필요하지만, 결정적인 요소는 개인적
차원의 것이다. 건강한 주권적 주체성을 스스로 형성하려는 결단과
노력과 의지에 의해서 비로소 그는 건강한 주권적 개인이자 건강한 도

덕 주체가 될 수 있는 것이다. 그래서 니체의 도덕 프로그램의 주안점은 도덕규범의 확립이나, 보편적인 윤리학을 세우는 데로 향하지 않는다. 오히려 그것은 개인의 실존적 결단을 촉구하는 상황을 마련하는 데로 향한다. 선과 악 개념의 노예적 연원을 보여준 것, 행위가 아니라 '누구'를 묻는 것도 모두 그것의 일환이라고 할 수 있다. 이런 의미에서 니체의 도덕 프로그램은 어떤 도덕 주체가 될 것인지, 어떤 도덕 주체로서 행위할 것인지, 어떤 식으로 살아갈 것인지를 스스로 묻고 결단을 촉구하는 '삶의 윤리'라는 특징을 갖추게 된다. 이런 특징은 '양심'과 '양심의 가책' 및 '죄' 개념의 발생을 추적하면서 '자유'나 '평등' 등의 소위 천부인권을 '획득'권리로 규정하는 양심 분석론을 통해 다시 한 번 강조된다.

양심 분석론은 양심과 양심의 가책의 자연적 발생사를 추적한다. 그것에 의하면 양심의 가책은 병든 개인에게서 발생하고, '죄의식'과 연계되면서 도덕화된 것이다. 반면 양심의 자연적 상태는 가책 없는 상태로, 이것은 건강한 주권적 개인이 갖고 있는 책임의식과 자유의식에 대한 다른 표현이다. 양심의 자연적 상태에 대한 이런 규정은 니체가 인간 삶의 개인적-사회적 방식을 '힘(에의 의지의) 경제 Machtökonomie'로 설명하면서 시작된다. 즉 인간은 자신의 힘에의 의지를 상승시키려는 이기적인 동기와 목적을 갖고 있는 존재이며, 그 동기와 목적에 따라 가치를 평가하면서 살아가는 '관점적이면서도 힘 경제적'인 존재다. 그런데 힘에 대한 고려는 가치에 대한 평가를 넘어서 가치의 '교환'을 실현시킨다. 즉 관점적 주체들 사이에는 가치의 교환이 상호적으로 이루어진다. 서로의 힘을 견주어 가치를 정하고 등가물을 생각해내어 교환하는 것은 이기적 존재의 이기적 동기를 만족시키는 경제적 행위다. 그렇다면 '힘 경제적인 가치의 측정과 교환'은 개인들 사이의 근원적 관계이자 자연적 관계다. 이 관계가 바로 인간의 사회적 삶을 가능하게 한다. 그런데 힘 경제적 평가와 교환은 '가치의 등가 원칙'에 따라야 한다. 일상적인 경제적 교환에서 원칙적으로 교환 당사자들이 모두 만족해야 하듯이, 여기서도 그러해야 한다. 이때 교환의 당사자들 사이에 그 당사자들과 독립적인 제3의 가치, 가치 그 자체라는 것은 무의미하다. 오히려 그들 사이에만 적용되는 가치평가가 이루어진다. 그래서 가치의 등가는 늘 상대적이며, 바로 그런 상대성으로 인해 힘 경제적 교환에서는 모든 사람이 모든 사람을 원칙적으로 만족시키는 것이다. 그렇다면 힘 경제적 평가와 교환에서는 서로가 가치의 등가 원칙을 지키겠다는 약속, 그 약속이 지켜지지 않았을 경우는 변제하겠다는 약속이 이미 신용의 형태로 전제되어 있다고 할 수 있다. 그리고 자신의 신용에 책임을 지겠다는 이 약속은 지켜져야 한다. 주권적 개인들에게서 그 약속은 늘 이행된다. 자신이 했던 약속을 기억하고, 그 약속에 책임을 지는 것이다. 그가 '망각'이라는 동물적이고도 자연적인 충동을 '기억'이라는 좀 더 고급한 의지의 능력에 의해 지배하기 때문이다. 즉 자기지배의 힘을 늘 유지하기 때문이다. 이런 특수한 자기지배는 그런데 총체적인 자기지배를 전제한다. 그리고 바로 여기서 건강성이 확보된다. 니체는 이런 건강한 주권적 개인에게만 진정한 의미의 '약속권리'가 있다고 생각한다. 그만이 유일하게 "약속할 수 있는 짐승animal promissible"인 것이다(《도덕의 계보》 II 10, 395쪽). 니체에게 약속할 수 있는 권리는 인간이라면 누구에게든 부여되는 자연적 소여가 아니다. 오히려 건강한 주권적 개인만이 획득할 수 있는 '특권'인 것이다. 약속이 특권이라면, 그 약속에 대해 책임 질 수 있는 권리 또한 특권이다. 그리고 약속권리와 책임권리의 소유자는 당연히 자유로운 존재다. 니체는 이런 개인의 약속권리와 책임권리 그리고 자유에 대한 의식을 바로 '양심'이라고 부른다. 건강한 주권적 개인의 양심, 양심의 자연적 상태는 이렇듯 선도덕적이고-초도덕적인, 자유에 대한 의식이자 책임에 대한 의식이며, 약속권리에 대한 긍지이자 책임권리에 대한 긍지 외에 다른 것이 아니다. 이것은 니체에게서 힘 느낌으로 환원된다. 권리를 획득하고 자신에 대한 긍지를 느끼면서 경험되는 힘 상승의 느낌으로 말이다. 이런 내용을 니체는 다음처럼 요약해서 말한다.

> 책임이라는 이상한 특권에 대한 자랑스러운 인식, 이 희한한 자유에 대한 의식, 자기 자신과 운명을 지배하는 이 힘에 대한 의식은 그의 가장 밑바닥 심연까지 내려앉아 본능이, 지배적인 본능이 되어버렸다. ― 만일 이에 대한 한 단어가 필요하다고 했을 때, 이것을, 이 지배적인 본능을 무엇이라고 부르게 될 것인가? 그러나 의심할 여지없이 주권적 인간은 그것을 양심이라고 부른다……. (《도덕의 계보》 II 2, p. 399)

'약속을 하고 그 약속을 지켜, 자신의 약속에 책임을 지는 것'이 주권성의 표현이라면, 그 반대의 경우도 있다. 즉 자기지배의 힘이 약화되거나 결여되어 약속권리를 처음부터 갖지 못하는 경우, 약속권리를 획득해서 약속은 했으나 그 사이 자기지배의 힘이 약화되어 약속을 지키지 못하게 되어버린 경우다. 어떤 경우든 개인의 내적 지배의 조절장치가 망가졌다는 것을, 즉 병이 들었다는 것을 의미한다. 개인이 이렇게 병이 든 경우, 자연적 관계로 상정되었던 약속관계의 왜곡이 발생한다. 즉 힘 경제적 교환관계가 채무자-채권자의 관계로 전환된다. 힘 경제적 관계에서 등가적 교환은, 바로 '가치의 등가 원칙'에 대한 약속을 전제로 한 것이었다. 그런데 그 약속이 파기되면, 약속을 파기한 개인은 채무자가 되고 약속파기로 인해 손해를 본 개인은 채권자가 된다. 약속 주체였던 개인-개인의 건강한 관계가 채무자-채권자 관계로 변형되어 버리는 것이다. 이때 채무자-개인은 채권자에게 무언가 빚지고 있다는 부채감을 갖게 된다. 이것은 곧 자신이 입힌 손해분을 변제해야 한다는, 변제에 대한 의무감을 갖게 된다는 것을 의미한다. 이런 부채감이 형식적 변이를 일으킨 것이 바로 '양심의 가책'이다. 그런데 부채감과 변제에 대한 의무감, 즉 양심의 가책은 병든 개인에게 자연적으로 생기지 않는다. 그의 망각력이 이미 약속에 대한 기억력을 이겨버렸기 때문이다. 그래서 그에게는 기억을 되돌리게 하는, 망각에 대한 기억의 승리를 가능하게 하는 보조기제가 필요하다. 여러 보조기제들 중에서 가장 강력한 보조수단으로 니체는 '고통에 대한 기억'을 지목한다. 인간이 약속을 어겼을 때 그에게 가해졌던 고통의 역사에 대한 기억, 자신이 계약을 파기했을 때 자기에게 가해졌던 고통에 대한 기억, 이런 것들이 그에게 그런 고통스러운 순간을 다시 경험해서는 안 된다는 경고의 메시지를 보낸다. 이때 고통의 순간이 잔인하면 할수록, 그에게는 더욱 선명하게 남으며 그럴수록 약속의 기억은 더 효과적으로 되살아난다. 자신이 했던 약속을 고통에 대한 기억을 통해 기억해내면서 그는 부채감과 변제의무와 신용에 대한 책임감을 비로소 갖게 된다. 그런데 잔인한 고통에 대한 기억을 필요로 하는 개인은 결코 건강할 수 없다. 잔인함과 고통이라는 병리적 기제를 요청하는 유형이기 때문이다. 이런 인간을 니체는 '병든-원한 개인' 유형이라고 부르며, 양심의 가책을 그에게 귀속시키는 것이다. 양심의 가책은 병리적 기제를 통해 기억해낸 부채감과 변제의무에 대한 다른 표현일 뿐이다. 그것도 자기 자신을 괴롭히고 파괴하려는, 자기 자신을 원한의 대상으로 삼는 병든 개인의 소산인 것이다.

그러므로 사실상 어느 시대나 공격적인 인간은 좀 더 강하고, 좀 더 용기 있고, 좀 더 고귀한 인간으로 또한 좀 더 자유로운 눈과 좀 더 훌륭한 양심을 자신의 편에 지녀왔던 것이다: 이미 잘 알고 있는 바이지만, 이와는 반대로 도대체 양심에다 '양심의 가책'을 발명한 자는 누구인가? ― 그는 원한 인간Der Mensch des Ressentiment이다.(《도덕의 계보》II 11, p. 418)

　　양심과 양심의 가책이 이런 계보를 갖고 있는데, 어째서 우리는 그것을 도덕적인 영역에서 '죄'나 '죄의식'과 연계시켰던 것일까? 그 이유를 니체는 다시 병든 개인의 두 가지 심리에서 찾는다. 병리적 개인은 "자기고문을 소름끼칠 정도의 냉혹함과 준엄함으로 몰고 가기 위해", 양심의 가책을 "신에 대한 죄책감"으로 해석한다. 그래서 채무자-개인을 '죄인-인간'으로 만들어버린다. 또한 병든 개인은 자기지배력을 상실한 경우이기에, 자신에게 고유하고 자기에게서 분리시킬 수 없는 동물적 본능 자체를 신에 대한 죄로 고쳐 해석해버린다. 자연적 본성을, 자연성 일체를, 육체성 일체를 신적인 것에 대한 대립으로, 신의 벌로, 신에게 죄를 짓게 하는 기제로 해석해냈던 것이다. 달리 말하면 저편 세계의 것, 감각에 반하는 것, 본능에 반하는 것, 자연에 반하는 것, 동물성에 반하는 것을, 한마디로 삶에 적대적인 것을 이상화시키고 그런 이상들을 양심의 가책과 밀접하게 연결시켰던 것이다. 그리고 이 일은 서양에서 그리스도교의 등장과 더불어 이루어진다. 이렇게 해서 니체는 부채감을 신에 대한 죄의식으로 해석해낸 그리스도교 도덕 주체를 병든-원한 인간으로 지목한다.
　　이런 방식의 발생사를 통해 니체는 도덕 개념이나 도덕감의 문제를 주체의 문제로 소급시켜버린다. 도덕은 도덕 주체의 자기반영이자 그의 삶의 반영이고, 도덕 주체의 특질을 형성시키는 수단이자 그의 삶을 형성시키는 수단이기 때문이다. 한마디로 도덕은 해석 즉, 도덕 주체의 삶의 실천이며 실존의 양식인 것이다. 그래서 니체가 주인도덕을 권유하는 것은, 보편적 규범 하나를 도덕적 이상으로 권유하는 것이 아니다. 오히려 그런 도덕을 자신의 실존의 양식으로 가질 수 있는 주인적-주권적 존재가 먼저 되라는 권유인 것이다. 그래야 약속권리도 책임권리도 그리고 자유나 평등을 요구할 권리도 비로소 획득할 수 있는, 진정한 의미의 도덕 주체일 수 있다. 그래서 주인적-주권적 주체로 자신을 만드는 것, 그런 주체적 삶을 꾸려나가는 것은 니체에게 정언적인 것이며, 이들의 도덕이야말로 삶을 그럴듯한 가치와 의미를 지닌 예술작품처럼 만드는 데 기여하는, 진정한 삶의 윤리가 되는 것이다. 니체의 자연주의 계보학은 바로 이런 점을 주지시키려 파괴의 망치와 건설의 망치를 마구 휘두른 것이다.

## 전통 도덕철학에 대한 비판

자연주의 계보학 프로그램이 수행한 '도덕에서의 가치의 전도'는 도덕철학에서의 전통적 자명성을 파괴하고 해체한다. 그것은 서양의 도덕철학이 갖추고 있는 형식적 측면과 내용적 측면 모두에 대한 이의제기라고 할 수 있다. 형식적 측면에서 서양의 도덕철학은 첫째, 도덕적 절대주의를 표방한다. 즉 선 그 자체를 토대로 삼아 선 그 자체와의 관계를 통해 구속력을 확보하려는 도덕이라는 것이다. 하지만 초시간적 보편성을 확보하는 선 그 자체라는 것은 있을 수 없다. 도덕은 해석이기에 인간의 가변적인 삶과 직접적인 관계에서 형성될 수밖에 없기 때문이다. 이렇듯 니체는 도덕을 삶의 관점에서 보면서 도덕의 무조건성과 절대성에 대해 공격한다. 둘째, 서양의 도덕은 형이상학적 이원론과 결합하여, '당위'의 초월세계에서 도덕의 근원Ursprung을 찾는 목적론적 특징을 갖추게 된다. 하지만 초월세계와 현실세계, 당위의 세계와 불완전한 현실세계라는 이원론 자체가 허구이며, 도덕의 초월적 근원에 대한 설정은 곧 기적근원Wunderursprung을 찾는 일과 다르지 않다. 도덕은 인간의 구체적 삶에서 유래하고 발생하는 해석이기 때문이다. 따라서 윤리적 절대주의나 보편주의 그리고 목적론적 윤리는 도덕의 해석적 성격에 의해 부정된다. 이런 내용을 니체는 "절대적인 도덕은 존재하지 않는다"(《아침놀》, 139, 161쪽)라는 짤막한 단언으로 표현한다.

절대성 요구를 하며 형이상학적 이원론과 결합되어 있는 서양의 도덕철학에서 니체는 반자연적 성격을 찾아낸다. 도덕의 반자연성은 인간의 자연적 욕구나 욕망을 금욕의 대상으로 삼는 금욕주의 전통에서 전형적으로 발견된다. 감각적 쾌락이나 육체의 행복, 이기심, 지배욕 같은 인간의 자연성에 속하는 것들은 플라톤이 육체를 이성의 감옥으로 상정한 이후, 늘 세속적인 것으로, 억제되어야 할 것으로 금지목록에 올라 있었던 것이다. 그것이 인간의 이성성을 방해하거나 파괴시켜 이성적 행복을 방해한다는 이유에서 말이다. 그것도 누구의 이기심이고 누구의 지배욕인지 묻지도 않은 채로, 이기심이나 지배욕 자체가 무조건적 제거적 금욕의 대상으로 선언된다. 그것은 곧 인간의 자연성이 건강한 삶의 조건이 될 '가능성' 자체를 파기해버린 것이라고 할 수 있다. 도덕이 형이상학적 이원론과 처음부터 결합되어 있었고, 세계에 대한 이원론이 인간에 관한 '이성 대 육체'라는 이원론을 발생시켰기 때문이다. 니체에게 이런 금욕주의는 인간의 무능력을 보여주는 단적인 예일 뿐이다. 그것이 자연적 욕망 자체를 거세하고 멸절하려는 전략을 사용하기 때문이다. 그 전략은 욕망들을 통제하고 지배하여, 삶을 위해 최대한 활용할 수 있는 능력 자체가 결여되었기 때문에 요청된다. 이런 맥락에서 니체는 육체적 욕망에 대한 거세 전략이 무능력자에 의해서나 금욕주의자들에 의해서가 아니라, 오히려 "금욕주의자이기에는 희한한 자들, 금욕주의자가 될 필요가 있었

던 자들"에 의해 사용된 것이라고 한다(《반자연으로서의 도덕》 2,《우상의
황혼》, 107쪽). 즉 감각적 욕구에 대해 완전한 패배를 인정하는 무능력
자는 그 욕구에 자신을 맡겨버릴 것이다. 그런데 그 욕구들로부터 완
전히 자유롭지 못해 그것들을 완전히 떨쳐버리지 못하면서도, 그것들
을 지배할 수는 없는 자들이 거세전략을 사용한다. 이들에게 욕구와
욕망은 도저히 통제할 수 없는 대상이며, 늘 그들을 괴롭히는 문젯거
리로 남아 있기 때문이다. 이들이야말로 '금욕주의자가 될 필요가 있
던 자들'이다. 결국 금욕주의는 반자연성을 가르치지만, 실제로 그것
은 자기 제어력과 조절 능력을 상실한 채로, 삶의 퇴락을 지향하는 데
카당스 본능의 소산이었던 것이다.

반자연적 도덕의 내용과 형식 및 그것의 전개과정에 대한 논의를
통해 니체는 "도덕은 지금까지 삶을 가장 심하게 비방하는 것이었고,
삶에 독을 섞는 것이었다"(《유고》 KGW VIII 2 10〔166〕, p. 260)라는 결론
적 평가를 내린다. 그것은 노예 본능과 데카당스 본능의 소산이었다.
그래서 병든 도덕이었다. 플라톤과 아리스토텔레스의 이성적 행복주
의, 칸트의 의무론적 윤리, 쇼펜하우어의 동정의 도덕, 공리주의 등에
대한 니체의 비판은 이런 공통의 토대에 대한 비판을 전제로 진행된
다. 니체는 새로운 건강한 도덕을 제시하고 싶어 한다. 도덕적 자연주
의나 비도덕주의는 건강한 도덕에 대한 명칭이며, 건강한 도덕은 앞서
제시되었듯이 자율적이면서도 주권적인 자기형성과 삶의 형성을 위한
삶의 윤리다. 예술가가 재료를 가지고 자신의 작품을 만들어가듯이
개인 역시 자기 자신과 삶을 그렇게 조형해간다. 건강한 도덕을 가지
고서……

## 푸코의 '윤리의 계보학'의 출발점

푸코의 후기 윤리적 사유는 결코 도덕철학의 전통적 기호 속에서 움직이지 않는다. 도덕이나 이성의 보편적 규범성에 관한 이론을 추구하지도 않는다. 권력 비판을 위한 규범적 척도를 제공하지도 않는다. 오히려 푸코에게는 '삶의 자유로운 자기형성과 자기수행의 가능성'으로 향하고, 거기서 개인이 '자신을 어떻게 도덕 주체로 형성해가는지' 논의되는 윤리적 관심이자 실존적 관심이 지배한다. 그래서 도덕 주체로 자신을 형성해가는 문제는 푸코에게 도덕적 경험의 가장 기초적인 지평이라고 할 수 있다. 개인이 자신을 주체로서, 의식적이면서도 자기규정적인 존재로서 자신의 도덕적 행위들을 현실적 삶에서 실천적으로 구성해내어야, 규범과의 연계도 비로소 파악될 수 있기 때문이다. "도덕 주체의 형성을 요청하지 않는 도덕적 삶의 수행은 없다."《쾌락의 활용》, 42쪽) 그래서 푸코의 윤리의 계보학에는 확실한 목표가 있다. 보편윤리도 규제적 가르침도 없는 자기관계 형식의 가능성을 보여주는 것이다. 즉 규범과 규범적 행위모델로 환원될 수 없는 자기관계를 구체적으로 보여주고 그것을 윤리적 현실로 제시하는 것이다. 그것은 곧 '윤리적' '삶'의 가능성을 보여주는 것이기도 하다. 이를 위해 푸코는《성의 역사》2·3권에서 성을 개인의 자기실천의 기술과 실존의 방식을 보여주는 역할을 하는 것으로 제시한다. 이것은 성이 어떻게, 어떤 이유에서, 어떤 형태로 도덕 영역에 들어오며, 성행위에 대한 지속적인 도덕적 배려는 어찌된 것인지 물어보면서 시작된다.


## 욕망 주체의 계보학

《쾌락의 활용》의 시작 부분에서 푸코는 성을 '특이한 역사적 경험'으로 다룬다고 한다. 그것은 성을 지식과 권력과 주체성이라는 세

가지 구성축을 통해서 분석하는 것이며, 이중에서 주체성을 중심으로 분석된 성의 내용이 바로 계보학적 윤리의 대상이다. 성에서는 '인식의 장, 규칙들의 총체, 개인이 자신과 맺는 관계 유형이 서로 관계를 맺는 복합적인 경험방식'으로 다루어지며, 거기서 성문제는 고대 전반에 걸친 삶의 기술이 된다.

그 시작은 윤리의 세 가지 지평을 구분하는 것이다. 개인들에게 어떻게 행위하고 살아야 할지를 미리 지시하는 그때그때의 '도덕 코드Moralcode', 이미 제시되어 있는 코드에 따르거나 따르지 않는 실제의 '도덕적 실천', 그리고 마지막으로 여러 규범요소들을 자신과 관련시키면서 개인 스스로 자신을 도덕 주체로 구성하도록 해주는 '자기실천'이 바로 그것이다. 이 자기실천은 자기 자신과 스스로 관계 맺는 방식이며, 개인을 도덕적 주체로 구성 짓는 방식을 결정해주는 것으로, 이것이 바로 '윤리의 계보학'이라는 명칭에서 '윤리'가 의미하는 것이다(《쾌락의 활용》, 39~40쪽, 〈윤리의 계보학에 대하여〉, 334쪽). 그런데 도덕 코드를 중심으로 보면 세 시기인 그리스 고전 시기, 로마 후기 시기, 그리고 그리스도교 시기는 결코 다르지 않다. 세 시기 모두 어느 정도 성의 영역에서 쾌락과 일부일처적 충실에 대한 규칙들, 상호적인 호모섹슈얼리티가 제공하는 쾌락에 대한 금지, 성에 대한 이론적인 문제설정 등에 대해 미리 주어진 지시사항들이 있었다. 그래서 육체와 여성(혹은 부인), 소년, 진리라는 네 가지 대상이 윤리적 문젯거리로 각각 등장했던 것이다. 반면 개인이 그런 금지와 지시사항을 자신들과 관련시키는 방식에서는 다른 특징을 보인다. 즉 '자기실천의 방식들'에서 그리스도교 시기는 앞의 두 고전 시기와 구별되는 것이다.

고전기 그리스와 헬레니즘-로마 시대에서 성도덕은 개인들의 삶을 이끌어가는 여러 가지 실천들의 총체와 연계되어, 개인의 자유로운 선택과 결정과 결단에 입각한 주권적 자기실천을 가능하게 하고, 그들 자신의 삶을 존중되고 기억될 만한 그럴듯한 형태로, 그래서 아름다운 빛을 발할 정도의 것으로 조형하는 데 기여하는, 신중하고도 자발적인 실천이었다. 그래서 그것은 '윤리로 정향된 도덕'이었다. 반면 그리스도교 성도덕은 '도덕 코드에 정향된 도덕'으로, 자기 자신을 조형하고 자신의 삶을 작품으로 만들어내는 주체로 개인을 보지 않고, 이미 주어진 존재로 이해하고 이런 의미의 도덕 주체를 미리 정해진 코드에 종속시킨다. 그래서 고대의 성도덕이 개인적 실존의 주권적인 완성에 기여하는 반면, 그리스도교는 그 반대로 총체적이고도 절대적인 성적 규범성에 개인을 종속시키는 것을 요구한 것이다. 고대세계의 자기기술은 그래서 사목적 권력의 행사에 통합되면서 자율성과 중요성을 일정정도 상실해버린 것이다. 결국 고전적 성도덕은 '실존의 미학 l'esthétique de l'existence'으로 기능할 수 있었지만, 그리스도교 성도덕은 그런 기능을 할 수 없었던 것이다.

그렇다면 고전 그리스나 그리스-로마 후기에서 성적 활동은 어떤 방식으로 실존의 미학의 한 축을 구성하며, 어떤 방식으로 개인을 도덕 주체로 성립시키면서 문제시되었는가? 푸코는 이 문제를 해명하는 키워드로 아프로디시아aphrodisia, 크레시스chresis, 엔크라테이아enkrateia, 그리고 소프로쉬네sophrosune를 제시한다. 그리스인들은 쾌락을 아프로디시아(쾌락을 제공해주는 행위와 몸짓과 접촉 등)의 측면에서 이해한다. 여기서 쾌락은 행위와 욕망과 구분될 수는 있어도 결코 분리될 수는 없는, 순환적인 역동관계를 형성하고 있다. 그래서 쾌락을 아프로디시아의 측면에서 본다는 것은, 쾌락 그 자체나 행위 그 자체나 욕망 그 자체를 문제시하거나, 어떤 욕망, 어떤 행위, 어떤 쾌락을 문제시하는 것을 의미하지 않는다. 오히려 서로 구분될 수 없는 '역동적 통일 그 자체와 개인이 맺는 관계'의 방식이 문제가 된다. 성적 활동과 관련된 쾌락도 마찬가지다. 그래서 성적쾌락에 대한 도덕적 성찰은 쾌락 그 자체가 좋은지 나쁜지에 관한 것이 아니다. 특정 금기에 경계선을 그어서 선과 악으로 나누려 하지도 않는다. 쾌락은 외설도 반자연적이지도 악도 아니며, 오히려 자연적으로 주어진 것이자 삶에서 결코 배제할 수 없는 것이다. 하지만 쾌락은 사람들을 쉽게 무절제나 과도로 치닫게 하는 폭발적 힘이다. 그래서 그것이 과도하거나 부족할 경우, 적절한 시점이 아니거나 적절한 양식이 아닐 경우가 있으며, 바로 이 경우들 때문에 도덕적 배려의 대상이 되어야 했던 것이다. 잠재적 과도함을 지닌 그 힘을 제어하고 그에 알맞은 관리술을 확보하는 것이 필요했던 것이다. 이런 이유에서 고전 시기의 성윤리는 자기지배enkrateia의 기술을 요구한다. 자기지배는 특정한 금지와 규약을 세우는 것이 아니라, 쾌락을 조절하고 제어하며, 그것들을 활용하는 조건들과 활용의 양태를 제시한다. 이때 욕망에 근거하지 않는 쾌락의 무절제함은 피하게 되고sophrosune, 적절한 순간에 적절한 방식으로 개인의 사회적 위치 등의 요소를 고려한 쾌락의 신중한 조절과 배분의 방식이 선택된다chresis. 그래야 욕망과 쾌락에 휩쓸리지 않고, '절제'하는 제어력과 우월함을 유지하며 종속으로부터 자유롭게 있도록 해주는 주권적인 자기지배가 가능하게 된다. 아프로디시아로 이해된 쾌락의 위험한 성격은 이렇듯 그것과의 의식적이고도 주권적인 교제방식을 통해서 제거될 수 있었던 것이다.

고전기 그리스인들은 쾌락에 대해 수동적이거나 노예적으로 되는 것, 여성적으로 되는 것을 지양하고, 반면 쾌락과 능동적이면서도 주권적이며 남성적인 관계를 맺는 것을 지향한다. 이런 모습은 곧 성 및 쾌락과의 의식적인 관계설정이 고대 그리스인에게 중요했다는 것을 의미한다. 스스로에 의해 절제되고 자제되는 쾌락과의 관계설정이 말이다. 물론 절제와 자제는 폴리스에서 특권적인 신분과 지위와 책임을 지닌 자들(자유로운 남성)에게 속하는 것으로, 결코 보편적 법칙이 될 수 없었다. 그래서 개인이 스스로를 윤리적 주체로 세우는 것은 자신의 규칙들을 보편화하면서가 아니라, 자신의 행동을 개별화하고 합리적으로 심사숙고하면서 진행된다. 이런 상황에서 쾌락의 차원에서의 미덕은 '자기 자신에 대한 지배관계의 확보'라고 할 수 있다. 쾌락을 활용하면서 개인은 지배와 복종, 억제와 순종 등의 자기관계를 정립해야 하는 것이다. 이것을 위해서는 훈련이 필요하며 이 훈련은 시민들을 양성하는 것과 같다. 그 훈련들을 통해 개인은 자기 자신을 지배하는 윤리의 목표에 도달할 수 있었던 것이다. 이렇게 고전적인 (자유로운 남성인) 그리스인은 아프로디시아를 자기 자신을 '절제하며 지배하는' 현실적인 삶의 윤리의 장으로 활용할 수 있었으며, 그것을 통해 자신을 '스스로 형성하는 도덕 주체'로 만들 수 있었다. 그러나 그것은 결코 이기적이거나 개인주의적인 자기형성을 의미하는 것은 아니었다. 오히려 자기 자신에 대한 지배는 타인에 대한 지배의 전제 조건이었기에, 타인의 지배를 가능하게 하고 정당화하는 목적에 기여하는 것이었다. 그러므로 자기형성의 목표는 자기중심적인 자기관계가 아니라 공적 삶 속에서 자신을 주권적으로 현실화하는 것이었다. 성공한 자기지배 및 자기완성은 바로 그것을 가능하게 한다. "가장 왕다운 인간은 자기 자신의 왕인 자다basilikos, basileuon heauton."(《쾌락의 활용》, 99쪽) 여기서 푸코는 자유의 완성을 본다. 최고의 자유는 자기 자신에게 행사하는 능동적 자유이기 때문이다. 성적 절제는 자기지배의 형태를 취하는 자유의 행사인 것이다. 그렇다면 욕망과 쾌락에 대한 지배는, 결코 순수함을 보존하거나 영혼의 순결을 위해서가 아니라, 진정한 자유를 목적으로 삼는다고 할 수 있다. 그런데 절제를 통한 자유로운 자기지배력은 로고스에 대한 이해를 전제한다. 절제는 아리스토텔레스가 말하듯 '올바른 이성이 명령하는 것을 욕망하는 것'이기 때문이다. 그래서 자신의 쾌락에 대한 절제적 지배는, 쾌락을 로고스에 복종시키는 것과 결국 하나다. 이런 로고스는 인식의 완성이라기보다는 행동의 올바름을 실현하는 것이다. 이런 유형의 자기지배는 기원 후 1, 2세기까지도 스토아주의의 자기실천 및 자기 인식을 통해 더욱 강화되면서 고대세계의 윤리적 성찰의 중심에 놓이게 된다. 물론 그 사이에 성과 관련된 도덕들은 변화한다. 성행위가 병리화되는 경우도 많아지고, 성적으로 동등한 관계에서의 사랑이 말해지며, 소년애도 무시된다. 거기에 자기지배의 성격도 달라진다. 자기지배는 이제 정치적인 성격을 없애버리고 개인의 자유와 자기권능을 훈련시키는 대신 이타적인 자기관심에 몰두한다. 쾌락에 대한 금욕도 강조된다. 하지만 윤리적 실질substance ethique은 그대로 유지된다. 스토아적 금욕의 대상이기는 했어도 쾌락은 여전히 자연적인 것이자 아프로디시아로 이해되었고, 절제를 통한 자기배려의 관심도 여전히 윤리적 성찰의 중심 대상이었던 것이다.

이런 고대의 두 시기의 윤리적 자기실천은 '코드에 정향된 도덕'을 보여주는 그리스도교 시기에 이르러 다른 양태가 된다. 고대의 성도덕의 근본명제는 개인들에게 좋고 아름다운 삶을 가능하게 하는 실천적 지혜의 규칙들이었지만, 그리스도교의 근본명제는 모든 사람들이 그것에 복종해야 하는 보편적인 신적 법칙이다. 자기를 돌보고 자기를 형성하고 지배하는 실천의 측면에서 이해되던 자기배려는 '영혼에 대한 배려'와 '자기해독' 형식의 자기배려가 된다. 여기서 자기는 더 이상 스스로 만들어가는 것이 아니다. 이미 주어진 것이며, 그것도 지속적으로 시험하고 포기되고 해독되며 정화되어야 하는 것이다. 고대의 지배와 주권성이 갖고 있던 남성적 가치는, 순수함과 수동성과 순결이라는 여성적 가치로 전환된다. 자유로운 남성으로 제한되었던 도덕 주체는 불균형적 특성 대신에 보편적 요구의 적용을 받는 보편적인 도덕 주체가 된다. 쾌락은 아프로디시아로부터 단절되고 개인의 실천적 자기지배라는 특징으로부터도 멀어진다. 욕망은 색욕이자 육욕이고, 쾌락과 분리된다. 그렇게 분리된 욕망과 쾌락은 악이고 죄다. 그리스 공식에서는 행위와 쾌락과 욕망과의 불가분의 관계에서 성행위가 이해되었다면, 이제는 욕망에 초점을 맞추고 그것을 근절시키는 공식이 등장한다. 성적 행위는 이제 중성적인 것이어야 하며, 쾌락이 아니라 생식을 위한 것이어야 한다. 쾌락은 실제적으로나 이론적으로 모두 배제되고, 욕망은 실제로 배제되지만 이론적으로는 매우 중요하며, 그것의 위험에 대한 지속적 관심에 봉사하도록 엄격한 자기통제의 기술이 사용된다. 이 기술은 욕망을 순수하게 만들고 쾌락을 제거하는 것이며, 엄격한 자기통제는 그 자체가 목적이 되기도 한다. 쾌락의 미학은 포기되고 그 대신 타락한 욕망에 대한 고통스럽고도 비판적인 억압적 성찰이 등장한다. 이런 그리스도교적 성윤리의 목표는 순수함에 도달하는 것이었으며, 이런 목적을 위해 영혼은 자기통제를 해야 했던 것이다. 이렇게 해서 고대의 성윤리가 개인 실존의 주권적 수행에 기여하는 반면, 그리스도교 성도덕은 반대로 일반적인 도덕법 속으로 개인을 종속시킨다. 그 속에서 주체는 고대적 의미에서의 자기관계, 즉 자신의 고유한 실존을 위해 내적·외적인 조건들과 관계하면서 지속적으로 형성시키는 과정 속에 있는 방식을 포기한다. 오히려 순수한 내적인 자기관계라는 새로운 형식이 등장하는 것이다. 주체의 윤리적 가능성은 이제 절대적인 규범과 법의 내면화로 대체된 것이다.


### 자기배려의 계보학: '나는 나를 무엇으로 만들어야 하는가?'

코드에 정향된 도덕과 윤리에 정향된 도덕의 차이. 이것을 통해 푸코는 금지적 규범으로서의 도덕과 자기실천의 기술로서의 윤리의 차이를 보여주었다. 후자는 자기 자신을 돌보는 것, 즉 자기배려이고,

이것이 바로 윤리적인 자기관계다. 푸코가 《자기에의 배려》에서 헬레니즘-로마적 형식으로 보여준 것처럼 말이다. 헬레니즘-로마 철학이 권장하는 자기배려는 만족스럽고 자기향유적인 자기명상이 아니다. 나르시스적 탐색도 아니다. 오히려 고독의 요구를 벗어나서 타자와의 사회적 관계를 염두에 두는, 자기통치와 타자의 통치를 위한 강화제였던 것이다. 자기를 세계로부터 분리시키는 대신, 합리적 행동의 주체로 자신을 준비시키는 것이다. 고대의 두 시기에 지속된 이런 윤리적 자기관계는 '나는 누구인가?'가 아니라 '나는 나를 무엇으로 만들어야 하는가?'를 묻는다. 그래서 그것은 의도적이고 자발적인 삶의 실천이었고 행동해야 하는 문제이며, 삶의 여러 양식들과 조건들의 복잡성을 고려한, 신중하게 고안된 절차를 지닌 기술의 총체였다. 거기서 고려되어야 할 대상은 우선적으로 현실적 행위들이며, 그것은 진리를 위한 이론적인 반성이나 노력과는 일차적으로 무관한 것이다. 더구나 자기배려라는 윤리적 자기관계는 '자기인식gnothi seauton'과 동일한 것도 아니다. 물론 자기 인식은 자기에 대한 배려의 본질적 요소 중 하나다. 소크라테스가 자신에 대해 '나는 동료 시민들이 자기들을 돌보게끔 애를 쓰는 사람이며 신이 내게 그런 역할을 부여했다'라고 인식하는 것처럼 말이다. 하지만 자기배려는 그런 자기 인식에 머무르지 않고, 성찰된 규칙에 따라 자신의 삶을 구축하고 자신의 삶을 통해서 일정한 행동원리를 보여주려 한다. 이런 자기배려에서 윤리적 규칙이라는 것은 삶을 수행하는 규칙들이지, 의무론적 윤리가 아니다. 윤리적 삶의 수행은 정언적 규칙들에 무조건적으로 복종해서가 아니라 행위할 때마다 행해지는 매순간의 개인들의 결단에 의한 것이다. 그래서 자기지배와 행위능력을 형성하기 위해서 고대인들은 법적 강요도 도덕적 강요도 필요로 하지 않았다. 행위규칙을 그 속에서 보편화시키면서 윤리적 주체가 된 것도, '자기'로 된 것도 아니었던 것이다(자신에 대한 글쓰기, 읽기, 경청하기, 기억하기, 명상 등도 자기구성을 위한 것이었다는 점은 여기서 논외로 한다). 자기배려는 우리를 우리 행위의 진정한 주체로 구축하도록 만드는, 적절한 장소와 시간에서 적절하게 행동하도록 만드는 삶의 실천이었던 것이다.

## 실존의 미학, 윤리와 미학 사이

윤리적 자기관계, 즉 의식적인 자기배려는 자기 자신과의 관계를 정립하는 것이며, 이미 주어져 있는 것이 아니라 삶의 수행에서 비로소 형성되는 삶의 기술이자 삶의 형식이다. 고대인에게 그것은 자기 자신의 지배자가 되기, 자기 자신에게 완벽한 지배력을 행사하기 등의 규범적 모델 위에서, 그리고 자신을 향유하고 자신과 더불어 즐거움을 취하기 등의 향유의 모델 위에서 표상된다. 푸코는 이런 자기배려의 형식에서 '실존의 미학'을 발견한다. 개인으로 하여금 자신의 삶을 존중되고 주목되며 기억될 만한, 그럴 듯한 것으로, 하나의 작품과도 같은 것으로 만들 수 있는 행실과 실천을 규정하는 훈련으로 말이다. 로고스와 관련된 절제와 자기지배와 자기배려의 실천은 아름다운 삶의 과정인 것이다.

그것이 의미하는 것은, 인간이 자신의 행위의 규칙들을 설정할 뿐만 아니라 그들 자신을 변형하고자 하는 의식적이고도 의도적인 실천이다. 자신의 특수한 존재 속에서 스스로를 변화시키고, 자신의 삶을 어떤 미학적 가치를 담고 있으며 특정 양식의 기준에 상응하는 작품으로 만들기 위한 것이다(《쾌락의 활용》, 25쪽).

그런데 푸코는 왜 실존의 미학을 논하는 것일까? 현대의 윤리적 상황이 우려스럽기 때문이다. 오늘날 우리는 법이나 종교나 사회제도가 우리의 개인적이고도 도덕적인 삶에 개입하는 것을 꺼려한다. 그렇다고 윤리를 포기하는 것은 아니다. 하지만 푸코에게 현대의 상황은 주체의 윤리적 삶이 학문적 전문집단에 의해 폭압되고 있는 것처럼 보인다. 근대적인 규율권력도 그리스도교적 영성도 권위적 힘을 상실했지만, 개인의 자유로운 윤리적 실천은 여전히 통제되고 있는 것이다. 그래서 그는 "윤리적 문제를 과학지식에 연결시킬 필요는 없는 것이다"(《윤리의 계보학에 대하여》, 331쪽)라고 단언하면서, 종속이 아닌 자유로운 실천으로서의 '윤리적' 삶의 가능성을, '삶 자체'의 윤리적 수행 가능성을 찾고 싶어 한다. 고대적 실존의 미학은 푸코에게 그 가능성을 보여준 것이다.

그것이 말하는 바, 즉 좋은 삶이란 자기규정적이고도 자기창조적인 실존이며 삶의 수행은 전적으로 주체의 손에 놓여 있다는 것, 자기지배는 자신의 결단과 선택에 의한 자기수양의 결과라는 것, 주체의 선택과 결단에서 자신으로부터 나오는 실천적인 삶의 능동성이 자신의 머리 위에 미리 놓인 규범들을 대체한다는 것, 윤리의 영역이 학적 진리보다 더 근원적이라는 것 등은 물론이며, 무엇보다도 자기배려의 주체가 ─ 데카르트적인 이성 주체가 실천적 자기배려 작업의 관계로부터 자기인식을 해방시키기 이전의 ─ '진짜 살아가는 도덕 주체이자 주권적인 자유로운 도덕적 행위자'라는 것, 그리고 그의 자기배려의 기술은 합리적인 행동의 주체로 자신을 준비시키는 것이고, 그의 윤리는 그 자체로 권위적인 법적 체계나 규율 체계와 무관하며, 강압적 요소를 수반하지 않는 수련과 노력을 요구하는 삶의 윤리라는 점이 푸코에게는 매력적으로 보인 것 같다. 그렇다고 푸코가 고대적 실존의 미학을 '직접적인 윤리(학)적 대안'으로 제시하는 것은 아니다. 특정 환경과 시대의 그것을 간단히 다른 시대와 환경으로 이접시킨다는 것은 계보학자 푸코에게는 어울리지 않는다. 규범적 심급을 새롭게 제시하는 것도 마찬가지다. 그는 단지 현대의 윤리적 상황에 대한 '비판적 저항'의 지점을 고대적 실존의 미학에서 찾아보려 하며, 그것이 진정한 '윤리적' '삶'의 가능성이 될 수 있다고 생각한다. '나는 나를 무엇으로 만들어야 하는가?'라는 물음을 가지고 수행되는 자기규정적이면서도 의식적인 자기형성에의 의지의 소산으로서……

이런 푸코의 미학적 윤리에 대해 그가 정치 영역과 권력비판의 장을 포기했다는 비판들도 있지만, 자기배려의 삶 자체가 비판적 숙고에 힘입은 자기생산과 자기조형을 장려하는 것인 한에서, 권력에 대한 궁극적 저항도 바로 거기서 가능할 것이라고 푸코는 생각한다. 권력에 대항하는 '윤리적' 저항으로서 말이다.

**● 프리드리히 니체, 김정현 옮김, 《도덕의 계보》, 《선악의 저편》, 책세상, 2002.**

세 논문으로 구성된 《도덕의 계보》는 니체의 《실천이성비판》이다. 도덕감과 도덕개념과 도덕가치 및 도덕적 이상의 자연적 발생사 그리고 그것들과 그리스도교 심리학과의 연계과정이 계보학의 방식을 통해 분석되어 있다. 이중 백미는 단연 양심분석론이 제공된 두 번째 논문이다. 《선악의 저편》은 현대성에 대한 비판적 분석을 전면에 내세운 것으로, 현대 과학, 현대 예술, 현대 정치 그리고 현대 도덕의 문제점을 극복할 수 있는 자유정신을 갖춘 인간 육성의 필요성을 역설한다.

**● 프리드리히 니체, 백승영 옮김, 《우상의 황혼》, 《안티크리스트》, 책세상, 2002.**

《우상의 황혼》은 니체가 '요약된 내 철학'이라고 말할 정도로 니체철학의 핵심부분을 일목요연하게 정리해주고 있다. 〈소크라테스의 문제〉, 〈반자연으로서의 도덕〉, 〈네 가지 중대한 오류들〉, 〈인류를 개선한다는 자들〉 등의 주요 내용이 니체의 도덕철학과 직·간접적으로 관련되어 있다. 《안티크리스트》는 그리스도교 도덕 및 교회에 대한 신랄한 비판과 예수 그리스도에 대한 옹호론이 한 편의 신앙고백처럼 제시되어 있다.

**● 백승영, 《니체, 디오니소스적 긍정의 철학》, 책세상, 2005.**

니체 도덕철학의 형성사, 내용, 학적 평가를 개괄적으로 설명한다(5부 비도덕주의 윤리학).

**● 미셸 푸코, 이규현·이영목·신은영·문경자 옮김, 《성의 역사 1·2·3》, 나남출판, 2004·2010.**

1권 《앎의 의지》는 인간의 성 담론을 지탱하는 권력-지식-쾌락의 체제를 드러내며, 억압 가설의 허구성을 밝힌다. 2권 《쾌락의 활용》과 3권 《자기에의 배려》는 푸코적 의미에서의 '윤리'의 계보학을 다루고 있다. 여기서 성은 주체의 자기실천과 자기관계 및 자기배려를 위한 기술로, 실존의 기술로 다루어진다.

**● 미셸 푸코, 심세광 옮김, 《주체의 해석학》, 동문선, 2007.**

1981년~1982년 사이에 푸코가 콜레주 드 프랑스에서 강의한 것을 녹취해서 2001년에 출간된 것이다. 《성의 역사》 2·3권이 출간되기 이전의 강연이지만, 성문제를 직접 다루지 않고 그 주제를 확대하여 주체의 역사에 관한 계보학 및 자기배려의 계보학을 전개시킨다. 주체의 윤리적 형성 및 윤리적인 자기생산의 측면을 강조하는 푸코의 후기 윤리적 사유의 의미를 살펴볼 수 있다.

● M. Foucault, "Nietzsche, la généalogie, l'histoire" (1971) in: *Dits et Ècrits*, Gallimard, 1994, Tome II, pp. 136~156.

계보학의 탈목적론-탈실체론-탈형이상학적 성격에 대해 니체의 《반시대적 고찰》에서 제시된 '진짜 역사' 및 '역사적 감각'을 사용하여 밝힌 글이다. 하지만 흄의 형이상학비판 프로그램의 일환이다. (국내에는 《미셸 푸코》(이광래 옮김, 민음사, 1989, 329~359쪽)의 부록으로 추가되어 있다.)

# 후설의 윤리학

이남인

이 글의 많은 부분은 필자의 〈현상학적 사회윤리학의
의의와 과제〉(《인문논총》 69, 2013)를 바탕으로 쓰였다.

현상학적 윤리학은 브렌타노F. Brentano를 출발점으로 하여 후설을 거쳐 팬더A. Pfänder, 라이나하A. Reinach, 셸러Max Scheler, 힐데브란트Dietrich von Hildebrand, 하르트만N. Hartmann 등으로 이어지는 윤리학적 전통을 뜻한다. 이 장에서 우리는 주로 현상학의 창시자인 후설의 윤리학을 살펴보고자 한다. 후설은 그의 스승 브렌타노로부터 다방면으로 영향을 받으면서 현상학적 윤리학을 전개해나갔고, 이후 등장한 팬더, 라이나하, 셸러, 힐데브란트, 하르트만 등이 현상학적 윤리학을 전개하는 데 결정적인 영향을 미쳤다.

후설은 생전에 윤리학에 대한 단 한 권의 저술도 출간하지 않았다. 현상학적 윤리학을 다루고 있는 그의 작품 중에서 일부만 그의 생전에 출간되었다. 이러한 점에서 그는 흄이나 칸트처럼 생전에 완결적인 윤리학 저술을 출간한 많은 전통적 윤리학자들과 구별된다. 그렇다고 해서 후설이 윤리학에 대해 관심이 없었다고 단정해서는 안 된다. 후설은 《논리연구》의 출간 이전부터 계속해서 윤리학 강의를 하면서 현상학적 윤리학의 정립을 위해 노력하였다. 현상학적 윤리학의 문제를 다루고 있는 후설의 작품들 중에서 현재까지 출간된 것들 중에서 중요한 것으로는 후설 전집으로 출간된 《윤리학과 가치론 강의: 1908~1914》(Hua XXVIII)와 《윤리학 입문》(Hua XXXVII)을 비롯해 〈쇄신에 관한 다섯 개의 논문들〉(Hua XXVII, 3 ff.), 〈피히테의 인간의 이상

〈1917년의 3개의 강의〉〉(Hua XXV, 267 ff.), 〈공동정신 I〉(Hua XIV, 165 ff.) 등이 있다.

후설의 현상학적 윤리학은 가치평가적 이성과 더불어 실천이성을 도덕의 원천으로 간주하며 그러한 점에서 그것은 다음과 같이 몇 가지 점에서 전통적인 윤리학과 구별된다. 첫째, 현상학적 윤리학은 가치 및 도덕의 원천을 이론이성으로 간주하는 이성주의적 도덕 이론과 구별된다. 현상학적 윤리학에 의하면 이론이성은 인식의 원천은 될 수 있지만 도덕의 원천이 될 수는 없다. 바로 이러한 이유에서 윤리학은 수학이나 물리학과 같은 이론적 학문과는 구별되는 것이다. 둘째, 현상학적 윤리학은 가치 및 도덕의 원천을 실천이성으로 간주하는 칸트의 윤리학과 구별된다. 칸트의 실천이성은 그 어떤 감정적인 요소도 지니고 있지 않은 능력인데 반해 후설의 가치평가적 이성, 실천이성은 감정적인 요소를 지니고 있기 때문이다. 셋째, 현상학적 윤리학은 감정을 도덕의 원천으로 간주한다는 점에서 흄의 도덕철학과 유사한 부분이 있지만, 후자와 결정적인 점에서 차이가 난다. 그 차이란 흄의 윤리학이 감정을 주체의 단순히 주관적인 심리적 속성에 불과하다고 보며 따라서 이성적인 성격을 지니고 있지 않은 것으로 간주하는 데 반해, 후설의 현상학적 윤리학은 감정이 이성적 성격을 지닐 수 있음을 인정한다는 데 있다.


## 현상학적 윤리학과 윤리적 회의주의의 극복

현상학적 윤리학을 전개하면서 후설의 일차적인 관심사는 윤리적 회의주의를 극복하는 데 있다. 윤리적 회의주의는 객관적으로 타당한 그 어떤 도덕법칙도 존재하지 않는다고 주장한다. 그러나 뒤에서 자세하게 살펴보겠지만 후설에 의하면 윤리적 회의주의는 타당하지 않다. 바로 이러한 이유에서 그는 윤리적 회의주의로 귀결되는 일체의 윤리학에 대해 비판적인 입장을 취하고 있다.

후설에 의하면 윤리적 회의주의의 대표적인 예는 흄의 윤리학이다. 앞서도 지적되었듯이 흄은 도덕의 원천인 감정을 주체의 단순히 주관적인 심리적 속성으로 간주한다. 흄에 의하면 감정은 주체의 주관적인 심리적 속성에 불과하며 객관적이며 대상적인 것과는 아무런 관계도 맺고 있지 않기 때문에 이성적인 성격을 가지고 있지 않다. 따라서 감정을 도덕의 원천으로 간주하는 흄의 윤리학은 회의주의로 전락하고 만다. 그런데 이처럼 도덕적 회의주의로 귀결되는 윤리학에는 흄의 윤리학뿐 아니라, 도덕을 진화의 산물로 간주하면서 도덕법칙을 진화과정 속에서 부단히 변화하는 것으로 간주하는 진화론적 윤리학 또는 도덕을 권력에의 의지의 산물로 간주하면서 객관적인 도덕법칙의 존재를 근본적으로 부정하는 니체 식의 계보학적 윤리학도 포함된다(Hua XXVIII, 381 ff.).

후설에 의하면 윤리적 회의주의가 주장하는 것과는 달리 윤리의 영역에서도 객관적으로 타당한 법칙들이 존재한다. 그는 이론이성(인식적 이성)과 비이론적 이성(가치평가적 이성과 실천이성) 사이에 존재하는 유비관계를 통해 이러한 사실을 해명한다. 양자 사이의 유비관계에 의하면 이론이성의 영역에서 그 어떤 회의주의에도 굴하지 않을 수 있는 객관적으로 타당한 법칙이 존재하듯이, 비이론적 이성의 영역에서도 그 어떤 회의주의에도 굴하지 않을 수 있는 객관적으로 타당한 법칙이 존재한다. 그러면 우선 이론이성의 영역에서 확인할 수 있는 그 어떤 회의주의에도 굴하지 않을 수 있는 객관적으로 타당한 법칙이 무엇인지 살펴보자.

우리는 이론이성의 영역에서 존재하는 객관적으로 타당한 법칙의 예로 형식논리학의 규칙들을 제시할 수 있다. 대표적으로 "모든 A

가 B이고 모든 B가 C이면 모든 A는 C이다"를 비롯한 여러 가지 규칙들을 들 수 있다. 우리는 이러한 형식논리학의 규칙들이 타당하다고 생각한다. 그러면 이러한 규칙들이 타당한 이유는 무엇인가? 이와 관련해 심리학주의는 인식하는 주관이 그것들을 타당한 것으로 간주하기 때문이라고 주장한다. 여기서 알 수 있듯이 심리학주의에 따르면 형식논리학의 규칙의 타당성은 그것을 인식하는 주관의 의식에 의존한다.

그러나 후설에 의하면 심리학주의는 형식논리학의 규칙의 타당성의 정체를 올바로 해명하지 못한다. 형식논리학의 규칙은 그것을 인식하는 주관이 존재하든 존재하지 않든 객관적으로 타당한 법칙이다. 인간을 비롯해 형식논리학의 규칙을 인식할 수 있는 생명체들이 이 우주에서 완전히 사라진다고 하더라도 형식논리학의 규칙은 타당하다. 말하자면 형식논리학의 규칙들은 인간이라는 종 또는 여타의 생명체들의 종에 의존해 상대적으로 타당한 것이 아니라, 그 어떤 생명체의 종과도 무관하게 절대적으로, 즉 객관적으로 타당하다.

이처럼 이론이성의 영역에서 객관적으로 타당한 법칙들이 존재하듯이 비이론적 이성의 영역에서도 객관적으로 타당한 법칙들이 존재한다. 그러면 비이론적 이성의 영역 중에서 우선 가치평가적 이성의 영역에 들어있는 객관적으로 타당한 법칙들을 살펴보자.

우리는 가치평가적 이성의 영역에서 다양한 유형의 객관적으로 타당한 법칙을 확인할 수 있다. 가치의 영역을 살펴보면 우리는 예술적 가치, 도덕적 가치, 정치적 가치, 경제적 가치 등 다양한 "가치 범주"(Hua XXVIII, 90)가 존재함을 알 수 있다. 그런데 우리가 어떤 하나의 가치 범주에 한정하여 논할 경우 이 가치 범주에 속하는 다양한 가치들 사이에는 '동등함', '더 큼', '더 작음' 등 세 가지 유형의 관계가 존재한다. 말하자면 어떤 하나의 가치 범주에 속하는 가치 A와 B 사이에는 "A는 B와 동등한 가치를 가지고 있거나, A가 B보다 더 큰 가치를 가지고 있거나, A가 B보다 더 작은 가치를 가지고 있거나 세 가지 경우가 존재한다."(Hua XXVIII, 90) 그런데 이러한 법칙에 대해 잠시 생각해보면 알 수 있듯이 그것은 객관적으로 타당하다.

그 이외에도 가치평가적 이성의 영역에서 확인할 수 있는 객관적으로 타당한 법칙들의 예는 다음과 같이 다양하다. "좋은 것이 존재하는 상황이 나쁜 것이 존재하는 상황보다 더 낫고, 나쁜 것이 존재하지 않는 상황이 선한 것이 존재하지 않는 상황보다 더 낫다"(Hua XXVIII, 93) "어떤 좋은 것이 있을 경우 그것 홀로 존재하는 상황이 그것과 나쁜 것이 섞여 존재하는 상황보다 더 좋다."(Hua XXVIII, 93) "어떤 좋은 것(G)이 있고 좋지도 않고 나쁘지도 않은 어떤 것(A, Adiaphoron)이 있을 경우 그것(G)은 좋지도 않고 나쁘지도 않은 어떤 것(A)과 그것을 합한 것(G+A)과 동일하게 좋다."(Hua XXVIII, 93)

가치평가적 이성의 영역에서와 마찬가지로 실천이성의 영역에서도 객관적으로 타당한 여러 가지 법칙들이 존재한다. 우리는 실천 행위를 하면서 의지의 목표를 가지고 있는데, 후설은 이러한 의지의 목표와 관련하여 다음과 같은 법칙들을 객관적으로 타당한 법칙들로 제시한다(Hua XXVIII, 130). "좋은 것, 나쁜 것, 중립적인 것 등 세 가지가 있을 경우 좋은 것이 나쁜 것 또는 중립적인 것보다 더 좋은 의지의 목표가 된다." "덜 나쁜 것과 더 나쁜 것 중에서 보다 더 좋은 의지의 목표가 되는 것은 덜 나쁜 것이다." "나쁜 것을 의지하는 것은 그 자체로는 나쁘지만, 덜 나쁜 것을 의지하는 것이 나쁜 것을 의지하는 것보다는 덜 나쁘다."

이외에도 후설은 다음과 같은 법칙들을 실천이성의 영역에서 확인할 수 있는 객관적으로 타당한 것들로 제시한다. "B가 A보다 더 커다란 가치를 가지고 있을 경우 이 둘 중에서 하나를 선택해야 하는 상황에서 A를 선택하는 일은 B를 선택하는 일보다 더 나쁠 뿐 아니라, 그것 자체가 나쁜 것이다. 더 많은 가치를 가지고 있는 것을 무시하고 더 작은 가치를 가지고 있는 것을 더 좋아하는 일은 나쁘다."(Hua XXVIII, 130) "모든 선택 행위에서 더 좋은 것은 좋은 것을 흡수하고, 가장 좋은 것은 그 자체로 실천적으로 좋다고 평가될 수 있는 여타의 모든 것을 흡수한다."(Hua XXVIII, 136) 말하자면 좋은 것보다는 더 좋은 것을 선택하고, 더 좋은 것보다는 가장 좋은 것을 선택하는 것이 더 좋다. 따라서 우리는 좋은 것보다는 더 좋은 것을 선택하고, 더 좋은 것보다는 가장 좋은 것을 선택하도록 해야 한다.

그리고 후설은 선택 행위를 규제하는 이러한 법칙들을 토대로 실천 행위를 규제하는 최상의 법칙에 해당하는 정언명령(Hua XXVIII, 136)을 도출한다: "선택할 수 있는 것들 중에서 그 어떤 다른 것에 의해서도 삼켜질 수 없는 최선의 것을 선택하라!" 그는 정언명령을 다음과 같이 표현하기도 한다. "얻을 수 있는 모든 것들 중에서 최선의 것을 얻도록 하라!"(Hua XXVIII, 137) 후설에 의하면 이것이 절대적으로 옳은 것이며 따라서 정언적으로 요청되는 것이다.

후설은 이처럼 가치평가적 이성의 영역과 실천이성의 영역에서 객관적으로 타당한 법칙들이 존재한다는 사실을 해명하면서 윤리적 회의주의를 논파하고 있다. 따라서 객관적으로 타당한 윤리법칙의 존재를 부정하는 윤리적 회의주의는 타당하지 않다. 모든 이성적 존재자는 가치평가를 하고 실천 행위를 하는 매 순간 비록 명료하게 의식하고 있지 못할지라도 이처럼 객관적으로 타당한 법칙에 따라 가치평가하고 실천 행위를 하면서 살아가는 것이다. 이성적인 존재자의 가치평가 행위와 실천 행위의 그 구체적인 내용을 보면 각 개인이 처한 상황에 따라 그때그때 다르게 이루어질 수 있음에도 불구하고 그것은 윤리적 회의주의가 상정하는 것처럼 아무런 객관적 법칙에 종속됨이 없이 그야말로 자의적이며 주관적으로 이루어지는 것이 아니다.

## 도덕의 원천으로서의 실천이성의 구조

앞서 우리는 흄의 도덕 이론을 언급하면서 흄이 감정을 도덕의 원천으로 보며 감정을 순전히 주관적인 것으로 간주한다는 사실을 살펴보았다. 흄과는 달리 후설은 도덕의 원천을 실천이성으로 간주한다. 그러나 후설이 도덕의 원천으로 간주하는 실천이성은 칸트의 실천이성과 동일한 것이 아니다. 그러면 이제 후설의 실천이성의 구조를 살펴보면서 그것이 흄의 감정, 칸트의 실천이성 등과 어떻게 다른지 살펴보자.

후설의 실천이성의 구조를 살펴보기 위하여 우리는《논리연구》에 나타난 체험의 구별을 살펴볼 필요가 있다(이남인,《현상학과 해석학》, 서울대학교출판부, 2004, 117쪽 이하 참조). 후설은《논리연구》에서 모든 체험을 '지향적 체험'과 '비지향적 체험'으로 나눈다. 지향적 체험이란 대상과의 지향적 관계를 가지고 있는 체험이며, 비지향적 체험은 대상과의 지향적 관계를 결여하고 있는 한갓 주관적인 체험 상태를 뜻한다. 그 어떤 지향적 체험도 비지향적 체험이 없이는 존재할 수 없으며 그러한 한에서 모든 지향적 체험은 비지향적 체험에 토대를 두고 있다.

대상과의 지향적 관계를 가지고 있는 모든 지향적 체험은 다시 '객관화적 지향적 체험'과 '비객관화적 지향적 체험'으로 나누어진다. 객관화적 지향적 체험이란 대상과의 지향적 관계가 인식적인 관계일 경우를 뜻하며 비객관화적 지향적 체험이란 대상과의 지향적 관계가 비인식적 관계, 예를 들어 감정적 관계, 의지적 관계 등일 경우를 뜻한다. 예를 들어 어떤 꽃을 보고 '여기 꽃이 하나 있다'고 진술할 경우 이러한 진술의 토대가 되는 지향적 체험은 객관화적 지향적 체험이다.

이 경우 대상과의 지향적 관계가 인식적인 관계이기 때문이다. 그러나 동일한 꽃을 보고 "여기 있는 이 꽃이 아름답다" 또는 "아름다운 이 꽃을 갖고 싶다"라고 진술할 경우 이러한 진술들의 토대가 되는 지향적 체험은 비객관화적 지향적 체험이다. 그 이유는 이 경우 대상과의 지향적 관계가 각기 감정적 관계, 의지적 관계이기 때문이다.

객관화적 지향적 체험과 비객관화적 지향적 체험 사이의 관계를 보면 객관화적 지향적 체험이 없이는 비객관화적 지향적 체험이 존재할 수 없다. 앞의 예에서 '여기 꽃이 하나 있다'는 지향적 체험이 없이는 '여기 있는 이 꽃이 아름답다'는 지향적 체험도 존재할 수 없고 '아름다운 이 꽃을 갖고 싶다'는 지향적 체험도 존재할 수 없다.

비객화적 지향적 체험은 다시 두 가지 유형으로 나뉜다. 하나는 감정적인 비객관화적 지향적 체험이요, 다른 하나는 의지적인 비객관화적 지향적 체험이다. 앞의 예에서 '여기 있는 이 꽃이 아름답다'는 지향적 체험은 감정적인 비객관화적 지향적 체험이며, '아름다운 이 꽃을 갖고 싶다'는 지향적 체험은 의지적인 비객관화적 지향적 체험이다. 그런데 감정적인 비객관화적 지향적 체험과 의지적인 비객관화적 지향적 체험의 관계를 살펴보면 감정적인 비객관화적 지향적 체험이 없이는 의지적인 비객관화적 지향적 체험이 존재할 수 없다. 앞의 예에서 '여기 있는 이 꽃이 아름답다'는 감정적인 비객관화적 지향적 체험이 없으면 '아름다운 이 꽃을 갖고 싶다'는 의지적인 비객관화적 지향적 체험은 존재할 수 없다.

지금까지 살펴본 체험들 중에서 비지향적 체험은 한갓 주관적인 의식의 상태에 불과하며 따라서 그것은 아직 이성 작용이 들어있지 않은 체험이다. 이와는 달리 지향적 체험은 현실적인 세계에 존재하는 대상과 관계를 맺고 있으며, 그 대상에 대해 그것이 옳다 그르다는 판단을 내릴 수 있는 체험이며 따라서 그것은 이성 작용이 들어있는 체험이다. 따라서 우리는 지향적 체험을 간단히 '이성'이라 부르고 그중에서 객관화적 지향적 체험을 '이론이성'이라 부르고, 비객관화적 지향적 체험을 '비이론적 이성'이라 부를 수 있다. 더 나아가 우리는 비이론적 이성 중에서 감정적인 비객관화적 지향적 체험을 '가치평가적 이성'이라 부르고 의지적인 비객관화적 지향적 체험을 '실천이성'이라 부를 수 있다.

후설의 현상학적 윤리학에서 실천이성은 바로 의지적인 비객관화적 지향적 체험을 뜻한다. 그것은 한편으로는 이론이성과 구별되고 다른 한편으로는 가치평가적 이성과 구별된다. 지금까지의 논의를 토대로 우리는 도덕의 원천인 실천이성의 구조를 어느 정도 이해할 수 있게 되었다. 실천이성은 이론이성을 토대로 형성된 가치평가적 이성 위에 구축된 지향적 체험이다. 이 점과 관련해 우리는 다음과 같은 두 가지 사실을 첨가하고자 한다.

첫째, 의식의 장에서 이론이성이 활동한다고 해서 곧바로 감정적인 비객관화적 지향적 체험인 가치평가적 이성이 등장할 수 있는 것은 아니다. 감정적인 비객관화적 지향적 체험인 가치평가적 이성은 지향적 감정이라고도 불리는데, 이러한 지향적 감정은 비지향적 감정이 없이는 존재할 수 없다. 이는 객관화적 지향적 체험이 비지향적 체험인 감각자료가 없이는 존재할 수 없는 것과 마찬가지다.

둘째, 의식의 장에 이론이성과 그를 토대로 구축된 가치평가적 이성이 존재한다고 해서 곧바로 의지적인 비객화적 지향적 체험인 실천이성이 등장할 수 있는 것은 아니다. 실천이성은 지향적 의지라고도 불리는데, 이러한 지향적 의지는 비지향적 의지가 없이는 존재할 수 없다. 말하자면 이론이성과 그를 토대로 구축된 감정적인 가치평가적 이성을 토대로 비지향적 의지가 발현해야만 지향적 의지인 실천이성이 발현될 수 있는 것이다.

이러한 논의를 통하여 우리는 후설의 실천이성이 칸트의 실천이성과 어떻게 구별되는지 이해할 수 있다. 칸트의 실천이성은 오직 순수한 선의지로서 그것은 그 어떤 감정적인 요소도 지니고 있지 않다. 그러나 후설의 실천이성은 감정적 요소를 지니고 있는데, 그 이유는 그것이 지향적 감정과 비지향적 감정을 구성요소로 가지고 있는 가치평가적 이성을 포함하고 있기 때문이다.

더 나아가 우리는 후설의 실천이성이 흄의 감정과 어떻게 다른지도 이해할 수 있다. 물론 후설의 실천이성이 감정적 요소를 가지고 있기 때문에 그것은 흄의 감정과 전혀 무관한 것이 아니다. 그러나 후설의 실천이성은 흄의 감정과 동일하지 않다. 우선 후설의 실천이성은 의지적인 요소를 지니고 있기 때문에 흄의 감정과 전혀 다르다. 더 나아가 후설의 실천이성에 들어있는 감정적 요소는 흄의 감정과 동일한 것이 아니다. 앞서 지적하였듯이 흄의 감정은 순전히 주관적인 상태에 불과한 데 반해 후설의 실천이성에 들어있는 감정적 요소는 주체의 순전히 주관적인 심리 상태에 불과한 비지향적 감정뿐 아니라, 대상과의 지향적 관계를 가지고 있는 지향적 감정도 포함한다.

여기서 우리는 현상학적 윤리학이 이론적 학문 및 가치론과 어떤 관계에 있는지 이해할 수 있다. 현상학적 윤리학은 실천이성 및 그의 지향적 상관자인 실천법칙의 구조를 해명함을 목표로 한다. 그런데 현상학적 윤리학은 가치평가적 이성과 그의 지향적 상관자인 가치의 구조를 해명함을 목표로 하는 가치론과 분리되어 전개될 수 없다. 그 이유는 앞서 논의된 것처럼 실천이성이 가치평가적 이성에 토대를 두고 있으며 그로부터 분리될 수 없기 때문이다. 더 나아가 현상학적 윤리학은 이론이성 및 그의 지향적 상관자인 이론적 대상들을 탐구함을 목표로 하는 논리학을 비롯한 제반 이론적 학문들과 분리되어 전개될 수 없다. 그 이유는 실천이성이 뿌리박고 있는 가치평가적 이성이 궁극적으로 이론이성에 토대를 두고 있기 때문이다.

## 현상학적 윤리학의 다양한 차원들

후설에 의하면 현상학적 윤리학은 다양한 차원으로 나누어진다. 그런데 이 점을 살펴보기에 앞서 우리는 후설의 현상학적 윤리학이 포괄하는 것이 정확히 무엇인지 해명하고자 한다. 후설의 현상학적 윤리학은 그 포괄하는 범위에서 볼 때 크게 세 가지로 나누어진다. 본래적인 의미의 현상학적 윤리학은 실천학을 뜻한다. 그러나 그것은 가치론과 분리되어 전개될 수 없으며 따라서 현상학적 윤리학은 실천학과 더불어 가치론을 포함한다. 더 나아가 현상학적 윤리학은 이론적 학문들과 분리되어 전개될 수 없기 때문에 가장 넓은 의미에서 현상학적 윤리학은 원칙적으로 실천학 및 가치론뿐 아니라, 이론적 학문까지 포괄할 수 있다. 이 점과 관련해 그는 1924년에 발표한 〈개인윤리학적 물음으로서의 쇄신〉(Hua XXVII, 20 ff.)에서 '완전한 윤리학<sup>die volle Ethik</sup>'은 논리학, 가치론, 실천학을 포괄한다고 말한다(Hua XXVII, 40). 그러나 그는 《윤리학과 가치론 강의》에서 현상학적 윤리학을 전개하면서 윤리학을 이처럼 넓은 의미로 사용하지는 않는다. 그는 윤리학을 실천학과 동일한 것으로 규정하기도 하고, 실천학과 가치론을 포괄하는 것으로 규정하기도 한다. 이 절에서 우리는 현상학적 윤리학을 현상학적 실천학과 현상학적 가치론을 포괄하는 학문 분과로 간주하고 그의 다차원적인 구조를 살펴볼 것이다. 따라서 우리는 이 절에서 실천학과 가치론을 따로 분리하지 않은 채 현상학적 윤리학의 다양한 차원을 해명할 것이다.

후설은 윤리학과 이론적 학문과의 유비관계를 해명하면서 윤리학의 다양한 차원이 존재한다는 사실을 해명한다. 윤리학의 다양한 차원을 살펴보기 위하여 우선 이론적 학문에 어떤 차원이 존재하는 지 살펴보자(이에 대한 보다 더 자세한 논의는 이남인,《현상학과 해석학》, 서울 대학교출판문화원, 2013, 32쪽 이하 참고).

이론적 학문의 첫 번째 차원으로는 다양한 유형의 경험과학을 들 수 있다. 물리학, 화학, 생물학 등의 자연과학뿐 아니라, 언어학, 역 사학, 사회학, 정치학, 경제학, 문화인류학 등의 제반 경험과학도 여기 에 해당한다. 이처럼 다양한 경험과학은 이론이성을 통해 전개된다.

이론적 학문의 두 번째 차원으로는 내용적 존재론 내지 영역적 존재론을 들 수 있다. 모든 경험과학은 나름의 고유한 본질적 전제들 을 가지고 전개되는데, 바로 이러한 전제를 다루는 학문이 내용적 존 재론 또는 영역적 존재론이다. 이러한 학문을 내용적 존재론 또는 영 역 존재론이라 부르는 이유는 그것이 뒤에서 논의될 형식적 존재론과 는 달리 모든 대상이 갖추어야 할 형식적 본질이 아니라, 특정 대상 영역에만 타당한 내용적 본질을 연구대상으로 삼고 있기 때문이다. 내용적 존재론 또는 영역적 존재론은 경험과학과 마찬가지로 이론이 성을 통해 전개된다.

이론적 학문의 세 번째 차원으로는 형식적 존재론을 들 수 있다. 이 점과 관련해 우리는 경험과학, 내용적 존재론 등을 비롯해 모든 학 문은 그것이 학문이 되기 위해서 필요한 형식적인 조건들을 갖추어야 한다는 사실에 주목할 필요가 있다. 예를 들어 모든 학문은 앞서 살 펴본 형식논리학의 법칙에 위배되어서는 안 된다. 그 어떤 학문도 형 식논리학의 법칙을 위배하면 학문으로서의 자격을 상실한다. 그런데 바로 모든 학문이 갖추어야 할 이러한 형식적 조건을 연구하는 학문 이 형식적 존재론이다. 형식적 존재론의 예로는 앞서 살펴본 형식논리 학 및 전체와 부분에 관한 이론을 비롯해 다양한 학문을 들 수 있다. 형식논리학을 비롯해 모든 형식적 존재론 역시 이론이성을 통해 전개된다.

　이론적 학문의 네 번째 차원으로는 초월론적 현상학을 들 수 있다. 초월론적 현상학은 앞서 살펴본 다양한 유형의 학문이 다루는 다양한 유형의 대상들이 우리의 초월론적 의식을 통해 어떻게 구성되는지를 해명한다. 초월론적 현상학은 다양한 유형이 존재할 수 있는데, 이론이성을 통해 전개되는 다양한 유형의 학문이 다루는 대상들의 구성의 구조를 해명함을 목표로 하는 초월론적 현상학은 이론이성을 통해 전개된다.

　후설에 의하면 가치평가적 이성을 통해 전개되는 가치론과 실천이성을 통해 전개되는 실천학 역시 이론이성을 통해 전개되는 이론적 학문들처럼 다층적인 차원에서 전개될 수 있다. 그 이유는 이론이성과 마찬가지로 가치평가적 이성뿐 아니라, 실천이성 역시 다양한 차원에서 해명될 수 있기 때문이다.

　가치론과 실천학은 우선 경험적 차원에서 경험적 가치론과 경험적 실천학으로 전개될 수 있다. 경험적 가치론과 경험적 실천학은 구체적인 역사적, 사회적 상황에서 어떤 개인 또는 사회구성원들이 어떤 식으로 가치평가를 하며 어떤 윤리적 규범을 타당한 것으로 받아들이면서 윤리적으로 살아가야 하는지 해명함을 목표로 한다. 경험적 가치론과 경험적 실천학이 구체적인 역사적, 사회적 상황에 놓인 개인 또는 사회를 연구대상으로 삼기 때문에 그것은 시대와 사회가 변함에 따라 각기 다른 모습을 보일 수 있다.

　후설은 현상학적 윤리학을 전개하면서 여기저기서 경험적 가치론 내지 경험적 실천학에 대해 언급하고 있다. 예를 들어 그는 1908년과 1909년 겨울 학기에 행한 '윤리학의 근본문제'에 관한 강의에서 가치론을 "가치의 본질법칙들"을 해명함을 목표로 하는 본질적 가치론으로서의 "순수가치론reine axiologische Wissenschaften"과 "구체적 가치들konkrete Werte"을 해명함을 목표로 하는 "구체적인 가치론konkret axiologische Wissenschaften"(Hua XXVIII, 278)으로 나누는데, 여기서 구체적인 가치론이 경험적 가치론을 뜻한다. 그리고 그는 1924년에 일본에서 출간한 글에서 "순수윤리학die reine Ethik"과 "경험적인 인간적 윤리학die empirisch-humane Ethik"을 구별하고 있는데(Hua XXVII, 20), 여기서 "경험적인 인간적 윤리학"이 바로 경험적 실천학을 뜻한다. 이 점과 관련해 후설은 경험적 가치론과 경험적 실천학이 "주어진 세계 속에 있는 인간과auf den Menschen in der gegebenen Welt"(Hua XXVIII, 141) 연관된 학문이라고 말한다. 이 경우 "주어진 세계 속에 있는 인간"이라 함은 구체적인 역사적, 사회적 맥락 속에서 존재하는 것으로 파악된 인간을 뜻하며, 따라서 그것은 그의 본질구조와 구별된다.

후설은 철학자로서 현상학적 윤리학을 전개하면서 경험적 차원에서 전개되는 경험적 가치론과 경험적 실천학의 문제에 대해 거의 관심을 가지고 있지 않았다. 그는 경험적 가치론과 경험적 실천학을 "본래적으로 철학적인 학문 분야eine eigentlich philosophische Disziplin"(Hua XXVIII, 141)로 간주하지 않는다. 그럼에도 불구하고 그가 경험적 가치론과 경험적 실천학의 문제에 대해 아무런 관심를 가지고 있지 않았던 것은 아니다. 그는 제1차 세계대전에 참전하는 사람들을 위해 1917년에서 1918년 사이에 걸쳐 프라이부르크 대학에서 '피히테의 인간의 이상Fichtes Menschheitsideal'이라는 주제로 몇 차례에 걸쳐 윤리학에 대한 강연을 행하였는데(Hua XXV, 267 ff, 384), 이 강연에 나타난 윤리학은 경험적 실천학의 한 유형이다. 이 강연에서 그는 〈독일국민에게 고함〉으로 유명한 피히테의 여러 저술들을 참조하면서 제1차 세계대전에 참전하는 독일 국민들이 되새겨야 할 윤리적 사명에 대해 논하고 있으며 그러한 점에서 이 강연은 일종의 국민윤리 강연이다. 이 점과 관련해 우리는 국민윤리가 경험적 실천학의 전형적인 예에 해당한다는 사실을 주목할 필요가 있다. 국민윤리는 한 국민이 처한 역사적, 사회적 상황이 다름에 따라 각기 다른 모습을 보일 수 있다.

가치론과 실천학은 내용적 가치론과 내용적 실천학의 차원에서 전개될 수 있다. 경험적 가치론과 경험적 실천학이 경험적인 차원의 학문인 것과는 달리 내용적 가치론과 내용적 실천학은 다양한 가치들과 실천 행위들을 관통해 흐르고 있는 내용적 본질구조를 해명함을 목표로 하는 본질학이다.

우선 내용적 가치론은 어떤 유형의 가치들이 존재하는지, 각각의 가치들의 본질적 속성은 무엇인지, 그리고 이 각각의 가치들 사이의 위계질서는 존재하는지, 만일 존재한다면 가장 높은 가치는 무엇인지 등을 해명함을 목표로 한다(Hua XXVIII, 140). 후설은 내용적 가치론을 구체적으로 전개시키지 않았다. 내용적 가치론을 구체적으로 전개시킨 사람은 셸러인데, 그는 《윤리학에서의 형식주의와 내용적인 가치윤리학 Der Formalismus in der Ethik und die materiale Wertethik》(Bern: A. Franck AG, 1980, 122 ff)에서 감각적 가치, 생명적 가치, 정신적 가치, 성스러운 가치 등을 구별하고 이들 각각의 정체를 해명하고 있다. 셸러에 의하면 다양한 가치들 사이에 위계질서가 존재하며 다양한 가치들 중에서 가장 낮은 가치는 감각적 가치이고 가장 높은 가치는 성스러운 가치이다.

후설은 내용적 실천학 역시 구체적으로 전개하지 않았다. 그러나 앞에서 살펴본 내용적 가치론을 돌이켜보면 우리는 내용적 실천학이 무엇을 뜻하는지 이해할 수 있다. 내용적 실천학은 다양한 유형의 실천 행위가 존재할 경우 이 각각의 본질은 무엇인지, 그들 사이에 위계질서가 존재하는지, 존재한다면 가장 훌륭한 실천 행위는 무엇인지 등을 해명함을 목표로 한다.

가치론과 실천학은 형식적 가치론과 형식적 실천학의 차원에서 전개될 수 있다. 우리는 이미 형식적 가치론과 형식적 실천학이 무엇인지 살펴보았다. 앞서 윤리적 회의주의에 대한 후설의 비판을 살펴보면서 우리는 가치평가적 이성의 영역과 실천이성의 영역에서 객관적으로 타당한 법칙들이 존재한다는 점을 살펴보았는데, 바로 이러한 법칙들이 다름 아닌 형식적 가치론과 형식적 실천학의 법칙들이다. 그러면 형식적 가치론과 형식적 실천학이 구체적으로 무엇을 뜻하는지 더 자세하게 살펴보자.

1절에서 논의된 가치평가적 이성의 영역에서 확인할 수 있는 객관적으로 타당한 법칙들은 가치의 구체적인 내용과 무관하게 오직 형식적인 관점에서 볼 때 객관적으로 타당하다. 그러한 점에서 그것들은 이론이성의 영역에서 확인할 수 있는 형식적으로 타당한 형식논리학의 법칙들과 유사한 성격이 있다. 바로 이러한 이유에서 후설은 가치평가적 이성의 영역에서 확인할 수 있는 형식적으로 타당한 객관적인 법칙들을 연구하는 학문을 "형식적 가치론die formale Axiologie"(Hua XXVIII, 70 ff.)이라 부른다. 형식논리학의 다양한 법칙들과 마찬가지로 형식적 가치론의 다양한 법칙들은 그것을 인식하는 주관이 존재하느냐 존재하지 않으냐는 문제와 무관하게 객관적으로 타당한 법칙이라고 할 수 있다. 말하자면 형식논리학의 여러 법칙들과 마찬가지로 형식적 가치론의 여러 법칙들은 심리학주의를 통해 설명될 수 없다.

1절에서 논의된 실천이성의 영역에서 확인할 수 있는 객관적으로 타당한 법칙들 역시 실천 행위의 구체적인 내용과 무관하게 형식적으로 타당하다. 후설은 실천 행위의 구체적인 내용과 무관하게 형식적으로 타당한 이러한 법칙들을 다루는 학문을 "형식적 실천학formale Praktik"(Hua XXVIII, 126 ff.)이라 부른다. 형식적 실천학은 형식논리학과의 유비관계를 통해 정립된 학문이다. 따라서 무엇이 옳은지의 문제가 형식논리학을 통해서 결정될 수 없듯이 어떤 행위가 옳은지의 문제는 '형식적 실천학'을 통해서 결정될 수 없다.

가치론과 실천학은 초월론적 현상학의 차원에서 전개될 수 있다. 앞서 우리는 이론이성의 영역에서 전개되는 다양한 학문을 살펴보면서 초월론적 현상학의 과제가 다양한 유형의 이론적 학문이 다루는 다양한 유형의 대상들이 우리의 초월론적 의식을 통해 어떻게 구성되는지 해명하는 데 있다는 사실을 살펴보았다. 그런데 우리는 이론이성을 통해서 구성되는 대상들뿐 아니라, 가치평가적 이성을 통해서 구성되는 대상들, 즉 다양한 유형의 가치들뿐 아니라, 실천이성을 통해 구성되는 대상들, 즉 다양한 유형의 실천 행위들에 대해서도 초월론적 현상학적 연구를 수행할 수 있다. 후설은 1914년에 행한 '윤리학과 가치론의 근본문제에 대한 강의'에서 다양한 가치들에 대한 초월론적 현상학과 다양한 유형의 실천 행위들에 대한 초월론적 현상학을 "노에시스적으로 선험적인 학문들noetisch apriorische Disziplinen" (Hua XXVIII, 141)이라 부른다. 그에 의하면 이러한 "노에시스적으로 선험적인 학문들"은 "가치평가하고 의지하는 이성의 순수현상학die reine Phaenomenologie der wertenden und wollenden Vernunft"(Hua XXVIII, 141)으로서 그것은 "의식 일반에 관한 일반적 현상학"(Hua XXVIII, 141)의 한 부분이 된다.

## 쇄신의 윤리학으로서의 개인윤리학과 사회윤리학

후설은 1920년대 초반 《Kaijo》라는 일본의 잡지에 투고한 3편의 글을 포함해 모두 5편의 글에서 '쇄신die Erneuerung'의 문제를 다루면서 현상학적 윤리학을 '개인윤리학Individualethik'과 '사회윤리학Sozialethik'으로 나누어서 전개하고 있다. 개인윤리학과 사회윤리학은 서로 밀접한 연관 속에서 존재한다. 그럼에도 불구하고 우리는 윤리학의 초점을 개인에게 둘 것이냐, 사회에 둘 것이냐에 따라 개인윤리학과 사회윤리학

을 구별할 수 있다. 앞서 논의되었듯이 실천학으로서의 윤리학이 다
양한 차원에서 전개될 수 있기 때문에 개인윤리학과 사회윤리학 역시
다양한 차원에서 전개될 수 있다. 말하자면 그것은 경험적 윤리학, 내
용적 윤리학, 형식적 윤리학, 초월론적 윤리학 등 다양한 차원에서 전
개될 수 있다. 그러나 후설은 이 5편의 글에서 개인윤리학과 사회윤리
학을 형식적 윤리학으로서 전개시키고 있다. 이 점과 관련해 그는 그
가 여기서 전개하고 있는 개인윤리학과 사회윤리학이 '윤리적 원칙론
ethische Prinzipienlehre'(Hua XXVII, 50)에 해당하며 따라서 그것이 '단지 형
식적일 뿐nur formal'(Hua XXVII, 50)이라고 말한다.

우선 형식적인 개인윤리학의 문제를 살펴보자. 개인윤리학의 출
발점은 형식적 실천학을 통해 정립된 정언명령이다. 앞서 살펴보았듯
이 형식적 실천학의 정언명령은 우리에게 다음과 같이 명령한다. "선
택할 수 있는 것들 중에서 그 어떤 다른 것에 의해서도 삼켜질 수 없
는 최선의 것을 선택하라!" 또는 "얻을 수 있는 모든 것들 중에서 최선
의 것을 얻도록 하라!"

그러면 정언명령이 알려주는 것처럼 선택할 수 있는 것 중에서
최선의 것을 선택할 수 있기 위해서 우리 각자는 어떻게 해야 할까?
이를 위해 우리가 일차적으로 해야 할 것은 우리의 삶과 관련해 우리
가 선택할 수 있는 다양한 가능성들을 살펴보는 일이다. 이 점과 관련
해 우리는 각자에게 무한히 다양한 삶의 가능성이 존재하며 그중에
서 우리는 매 순간 하나의 가능성을 선택하면서 살아간다는 사실에
유의할 필요가 있다. 그러면 우리 각자는 어떻게 우리 각자에게 주어
진 그처럼 다양한 가능성을 모두 조망할 수 있을까? 이 점과 관련해
후설은 이처럼 무한한 가능성을 조망할 수 있는 가능성을 본질직관
의 방법적 토대인 자유변경에서 찾고 있다. 말하자면 나는 현재 내가
살아가고 있는 삶의 모습을 출발점으로 삼아서 나의 삶의 모습을 다

양한 방식으로 자유변경해가면서 내가 선택할 수 있는 삶의 모습들을 모두 조망해볼 수 있다. 그리고 이처럼 다양한 나의 삶의 모습들을 조망하면 나는 그를 토대로 내가 택할 수 있는 그처럼 무한한 삶의 모습들 중에서 어떤 삶이 가장 가치 있는 삶인지 평가하고 경우에 따라 그 삶을 위해 결단을 내릴 수 있다. 이 점과 관련해 후설은 우리 모두가 일생에 한 번은 자신의 삶 전체에 대해 총체적으로 반성하면서 "삶 전체를 위해 결정적으로 중요한 의미를 지니고 있는 결단"(Hua XXVII, 43)을 수행할 필요성에 대해 역설하고 있다.

그러면 이러한 결단을 통해 우리 각자에게 어떤 일이 일어나는가? 이러한 결단을 통해 우리 각자는 "윤리적 이념die ethische Idee"(Hua XXVII, 43)에 따라 윤리적 삶을 살아갈 수 있게 된다. 그리고 이처럼 윤리적 삶을 살아가게 됨에 따라 우리 각자는 "'윤리적 노예 상태'로 퇴락한 인간"(Hua XXVII, 43), 즉 이전의 "낡은 인간"을 버리고 "새로운 참된 인간"(Hua XXVII, 43)으로 다시 태어나게 된다. 이처럼 다시 태어난 새로운 인간의 윤리적 삶의 본질은 인간을 "낮은 곳으로 떨어트리는 경향성들과의 투쟁"(Hua XXVII, 43)에 있다. 그리고 이러한 경향성들이 인간을 끊임없이 따라다니기 때문에 그에 대한 투쟁은 일회적인 것이 아니라 부단히 지속되어야 하며, 바로 이러한 과정을 통해 윤리적 인간은 "지속적인 쇄신"(Hua XXVII, 43)을 통해 부단히 거듭나야 하는 것이다. 여기서 알 수 있듯이 인간의 "지속적인 쇄신"은 바로 윤리적 삶의 핵심이다.

그러나 쇄신은 개인적 차원에서뿐 아니라, 사회적 차원에서도 수행되어야 한다. 개인과 마찬가지로 사회 역시 윤리적 이념에 따라 부단히 쇄신되어야 한다. 바로 사회의 부단한 쇄신이 사회윤리학의 목표이다. 그런데 후설에 의하면 사회의 쇄신은 주먹구구식으로가 아니라 방법적 이념에 따라 체계적으로 수행되어야 한다. 앞서 우리는 개인윤리학을 살펴보면서 그의 방법적 구성요소 중 하나로 자유변경을 살펴보았는데, 이 자유변경이 개인의 쇄신을 방법적으로 수행될 수 있도록 해주는 요소이다. 이와 마찬가지로 사회의 지속적인 쇄신 역시 자유변경의 방법을 통해 체계적으로 이루어져야 한다.

따라서 사회의 쇄신을 위해서 우리는 우선 자유변경의 방법을 사용해 우리가 생각해볼 수 있는 무수히 많은 가능한 사회의 유형을 모두 떠올려보아야 한다. 이와 관련해 후설은 1922/23년에 집필한 한 유고에서 "인간의 발전과정에서 나타난 문화의 형식적 유형들"(Hua XXVII, 59)이라는 주제하에서 역사적으로 존재했던 다양한 문화 유형을 검토한다(Hua XXVII, 59 ff.). 여기서 그는 역사적으로 존재했던 문화 유형을 크게 종교적 문화 유형과 철학적 문화 유형(학문적 문화 유형)으로 나눈 후 이 각각을 보다 더 세분하여 고찰한다. 그는 종교적 문화 유형을 자연종교에 의해 각인된 문화 유형, 종교적 자유운동에 의해 각인된 문화 유형, 중세적인 종교적 문화 유형 등으로 나누어 고찰하고, 철학적 문화 유형을 철학적 자유운동을 통해 각인된 철학적 문화 유형, 희랍에서의 철학적 문화 유형, 중세의 철학적 문화 유형, 근대의 철학적 문화 유형 등으로 나누어 고찰하고 있다.

그리고 이처럼 다양한 문화 유형을 떠올려본 후 우리는 그중에서 가장 이상적인 문화 유형이 무엇인지 검토해야 한다. 후설에 의하면 종교적 문화 유형에 비해 철학적 문화 유형이 더 바람직한 문화 유형이다. 그 이유는 철학적 문화는 종교적 문화와는 달리 이성비판을 통해 정초된 것이기 때문이다. 그리고 다양한 철학적 문화 유형 중에서 근대의 철학적 문화 유형이 여타의 철학적 문화 유형에 비해 더 바람직하다. 그 이유는 근대의 철학적 문화 유형은 "이성비판"을 통한 "절대적 자기 정당화의 이념"(Hua XXVII, 94)을 특징으로 하고 있으며, 바로 이러한 이념을 토대로 해서만 진정한 의미에서 부단한 사회의 쇄신이 가능하기 때문이다.

　후설의 형식적인 개인윤리학과 사회윤리학은 개인적 차원과 사회적 차원에서 보편적인 목적론에 토대를 두고 있다. 그 이유는 그것이 개인과 사회의 부단한 쇄신을 목표로 하고 있기 때문이다. 이러한 부단한 쇄신을 통해 개인과 사회는 보다 더 큰 행복을 경험할 수 있다. 그리고 이처럼 부단한 쇄신을 가능하게 하는 보편적인 목적론의 최종적인 원천은 신이다.

　쇄신의 윤리학으로서의 후설의 형식적인 개인윤리학과 사회윤리학은 어떤 이유에서 넓은 의미의 윤리학이 실천학뿐 아니라, 가치론과 인식론을 포괄하는 학문인지 분명하게 보여준다. 앞서 논의되었듯이 쇄신의 윤리학으로서의 개인윤리학과 사회윤리학을 전개하기 위해서 우리는 우선 다양한 유형의 인간의 삶과 사회를 검토해야 한다. 이처럼 다양한 유형의 인간의 삶과 사회를 검토하는 일이 이론이성의 과제이며, 바로 이러한 이유에서 형식적인 개인윤리학과 사회윤리학은 이론적 학문을 포함하지 않을 수 없다. 이 점과 관련해 후설은 형식적 사회윤리학을 전개하면서 그것이 다양한 유형의 사회의 본질구조를 검토함을 목표로 하는 '형식적 사회 이론eine formale Gesellschaftslehre(Hua XXVII, 50)'을 전제한다고 말하고 있다. 그리고 개인윤리학과 사회윤리학을 전개하기 위해서 우리는 이처럼 다양한 유형의 인간의 삶과 사회를 해명한 후 가장 이상적인 인간과 사회의 유형이 무엇인지 해명해야 한다. 그런데 이처럼 가장 이상적인 인간의 삶의 유형과 가장 이상적인 사회의 유형이 무엇인지 해명하는 작업은 다름 아닌 가장 가치 있는 인간의 삶의 유형과 사회의 유형을 해명하는 작업을 뜻하며, 이러한 작업은 바로 가치론의 과제이다. 따라서 형식적인 개인윤리학과 사회윤리학은 가치론을 포함하지 않을 수 없다.

## 후설의 현상학적 윤리학에 대한 평가

지금까지 우리는 후설의 현상학적 윤리학에 대해 전반적으로 살펴보았다. 이제 후설의 현상학적 윤리학의 의의와 한계를 검토하면서 이 글의 논의를 마무리하기로 하자.

앞서 살펴보았듯이 후설의 현상학적 윤리학의 중요한 의의 중 하나는 무엇보다도 형식적 윤리학을 정립하면서 윤리적 회의주의를 극복하고 있다는 데 있다. 더 나아가 후설의 현상학적 윤리학의 또 하나의 중요한 의의는 그를 통해 경험적 윤리학, 내용적 윤리학, 형식적 윤리학, 초월론적 윤리학 등 다양한 차원의 윤리학이 가능하다는 사실이 드러났다는 데 있다. 철학사에 등장한 여러 철학자들의 윤리학을 살펴보면 우리가 정립할 수 있는 가능한 윤리학을 체계적으로 제시한 경우를 거의 찾아볼 수 없다. 물론 우리는 이 글에서 후설이 제시한 모든 차원의 윤리학을 다 검토하지 않았다. 예를 들어 그는 형식논리학을 비롯해 모든 이론적인 학문이 순수 이론이자 동시에 '기술론 Kunstlehre, Technologie'(Hua XXXVII, 20 ff.)으로 탈바꿈할 수 있는 것처럼 형식적 윤리학을 비롯해 다양한 유형의 윤리학이 윤리적 기술론으로 탈바꿈할 수 있다는 사실을 논하고 있는데, 우리는 이 글에서 윤리적 기술론에 대해 논하지 않았다.

그럼에도 불구하고 후설의 현상학적 윤리학은 몇 가지 한계도 가지고 있다. 우선 그것은 다양한 차원의 윤리학이 존재한다는 사실을 해명하기는 했지만, 그처럼 다양한 차원 중에서 극히 일부만을 전개하였을 뿐이다. 그가 가장 심혈을 기울여 전개한 윤리학은 형식적 윤리학이다. 앞서 살펴보았듯이 내용적 윤리학과 경험적 윤리학은 거의 전개되지 않은 채 남아있다. 그리고 후설의 현상학적 윤리학은 여기저기 불투명한 점을 많이 남겨놓고 있다. 예를 들어 그는 형식적 사회윤리학을 전개하면서 이성비판을 통한 절대적인 자기정당화의 이념에 의해 정초된 사회를 가장 이상적으로 제시하는데, 이처럼 특정한 유형의 사회를 이상적인 사회로 간주하는 윤리학이 과연 형식적인 윤리학이냐는 문제점이 제기될 수 있다. 필자의 견해에 의하면 특정한 내용을 가지고 있는 사회를 가장 이상적인 사회로 제시하는 그의 사회윤리학은 형식적 사회윤리학이 아니라, 내용적인 사회윤리학에 해당한다. 그리고 과연 이성비판을 통한 절대적인 자기정당화의 이념에 의해 정초된 사회가 가장 이상적인 사회라는 그의 견해가 어느 정도 타당한 것인지도 문제라 할 수 있다. 더 나아가 그는 가장 이상적인 사회로 그리스도교적 이념을 토대로 한 "사랑의 공동체"(Hua XIV, 175)를 제시하고 있는데, 이러한 사랑의 공동체와 이성비판을 통한 절대적인 자기정당화의 이념에 의해 정초된 사회가 어떤 관계에 있는지도 불투명한 채로 남아 있다.

물론 이러한 한계들이 후설의 현상학적 윤리학의 기획을 좌초시킬 만큼 결정적인 것은 아니다. 이러한 한계들은 충분히 극복될 수 있는 성질의 것들이다. 후설의 현상학적 윤리학은 윤리학이 전개될 수 있는 다양한 차원들을 모두 보여주고 있기 때문에 미래의 윤리학을 위해 결정적으로 중요한 의미를 지닌다. 앞서 언급한 한계들을 극복하고 현상학적 윤리학을 보다 더 탄탄한 철학적 토대 위에 정초시키는 일은 미래의 현상학에 부과된 중요한 과제 중 하나이다.

● 박인철, 〈포용과 책임: '사랑의 공동체'에 대한 현상학적 고찰〉,《철학과 현상학 연구》18, 2001.

이 논문은 후설의 후기 현상학적 윤리학의 핵심 주제 중의 하나로 등장하는 사랑의 공동체 개념을 포용과 책임이라는 두 가지 주제와 관련하여 고찰하고 있다.

● 이길우, 〈현상학적 윤리학〉,《철학과 현상학 연구》3, 1988.

이 논문은 후설이 인식적 진리와 가치적 진리 사이에 존재하는 유사성에 대한 논의를 토대로 순수윤리학의 이념을 어떻게 형성해나가는지를 해명하고 있다.

● 조관성,《현상학과 윤리학》, 교육과학사, 2003.

이 책은 후설이 발전시킨 가치론과 실천학을 나름의 일관성과 체계를 갖춘 이론으로 재구성함을 목표로 하면서 후설의 윤리학이 품고 있는 인간학적 함의, 사회철학적 함의, 문화철학적 함의, 도덕교육적 함의 등을 밝혀내고자 시도한다.

● 조관성, 〈후설 윤리학의 역사적 현재적 의미와 전망〉,《범한철학》57, 2010.

이 논문은 후설의 현상학적 윤리학이 윤리학의 역사에서 가지고 있는 의미를 밝혀내고 그것이 현대 윤리학을 위해 어떤 의미를 가지고 있는지 천착하고 있다.

● 홍성하, 〈후설의 현상학적 윤리학과 보편적 목적론〉,《철학》59, 1999.

이 논문은 후설의 현상학에 나타난 윤리학과 보편적 목적론에 연관된 문제들을 연대기적으로 해명하고 있다.

● 알로이스 로스, 이길우 옮김,《후설의 윤리 연구》, 세화, 1991.

이 책은 후설의 윤리학을 다루고 있는 최초의 단행본으로서 후설의 현상학에서 윤리학이 차지하는 위치에 대한 논의를 출발점으로 삼아 후설의 순수윤리학의 이념, 순수가치론, 순수실천학의 문제를 해명하고 있다.

● 이남인, 〈현상학적 사회윤리학의 의의와 과제〉,《인문논총》69, 2013.

이 논문은 후설이 1920년 이후 전개한 현상학적 사회윤리학의 의의를 살펴보고 후설의 현상학적 윤리학과 관련하여 해결하여야 할 과제가 무엇인지 해명한다.

# 키르케고르, 야스퍼스, 하이데거와 초월의 윤리학

박찬국

## 실존철학의 문제의식

철학사에서 흔히 실존철학은 19세기 후반의 사상가들이었던 니체와 키르케고르에서 시작해서 20세기에 들어와 야스퍼스, 하이데거, 마르셀, 사르트르, 카뮈 등에 의해서 전개된 철학 사조로 규정되고 있다. 실존철학의 비조로 불리는 니체나 키르케고르가 실존철학이란 용어를 알지 못했고, 하이데거나 마르셀 그리고 카뮈와 같은 사람들이 자신의 철학을 실존철학으로 규정하는 것에 대해서 강하게 반발했음에도, 실존철학자들로 분류된 철학자들에게 일정한 공통점이 존재한다는 사실은 부인될 수 없다.

실존철학은 인간 존재의 진면목이 외적인 관찰이든 내적인 반성이든 단순히 관찰하는 것을 통해서 개시되고 구현될 수 있다고 보지 않는다. 실존철학은 인간 존재의 진면목이 우리가 일상적인 삶의 공허함과 허구성을 온몸으로 깨달으면서 자신의 삶을 총체적으로 변혁하는 실존 수행을 통해서 개시되고 구현될 수 있다고 본다. 이 점에서 실존철학은, 인간의 본성을 이른바 합리적인 이성에서 찾으면서 삶에 대한 의식적인 반성을 통해서 삶을 건설적으로 변화시킬 수 있다고 생각하는 서양의 전통적인 철학 사조가 순진하다고 보면서, 그것에 대해서 대립각을 세운다.

실존철학자들은 인간 존재의 진면목을 다음과 같이 본다. 니체는 영원회귀 사상, 즉 우리를 분쇄할 수도 있는 가장 무거운 사상을 인수함으로써, 키르케고르는 신앙이라는 실존적인 비약과 함께 신 앞에 단독자로 섬으로써, 하이데거는 불안이란 기분을 인수하고 죽음을 향해 선구함으로써, 야스퍼스는 한계 상황에 과감하게 직면하여 철저하게 좌절하고 이와 함께 초월의 차원으로 비약함으로써, 그리고 사르트르는 구토의 기분에서 어느 날 갑자기 자신의 낯설고 섬뜩한 무의미한 존재와 마주함으로써 드러날 수 있다고 본다.

이와 같이 실존철학은 인간 존재의 진면목이 자신을 드러내는 실존적인 경험에 충실하고자 하기 때문에 그러한 실존적인 경험의 차이에 따라서 실존철학자들마다 인간 존재에 대한 이해가 달라질 수밖에 없다고 본다. 이러한 차이에도 불구하고 실존철학자들은 무엇보다도 불안이나 구토와 같은 부정적인 기분을 통해서 인간 존재의 진면모가 드러나거나 아니면 중요한 일단이 드러난다고 본다는 데서 공통점이 있다.

이러한 기분에서 드러나는 것은 인간의 단적인 유한성이다. 유한성이란 인간이 자신의 근거가 아니라는 것, 인간은 아무런 이유도 근거도 없이 이 세계에 던져져 있다는 것을 의미한다. 인간은 자신이 납득할 수 있는 어떤 합당한 이유도 없이 태어나고 죽어간다. 탄생과 죽음 사이에서 각자 개인이 행하는 많은 것들이 자신의 선택에 의해서 결정된다고 하더라도 결국 인간의 삶은 자신이 어쩌지 못하는 탄생과 죽음에 의해서 한계 지워져 있다. 인간의 삶은 이렇게 궁극적으로 그 바닥을 알 수 없는 심연 위에 세워져 있고 그러한 심연에서 벗어나기 위해서 내가 의지할 수 있는 게 아무 것도 없다는 황량한 사실에 대한 경험에서 모든 실존철학은 출발한다.

그런데 내가 아무런 근거도 이유도 없이 세계에 던져져 있다는 사실은 나의 존재를 객관적으로 관찰함으로써 드러나는 것이 아니라,

불안 내지 구토라는 기분에 내가 엄습되면서 나 자신이 도저히 부정할 수 없는 형태로 자신을 드러낸다. 이러한 사실은 그렇게 기분을 통해 드러나면서도 데카르트가 방법적인 회의를 통해서 도달한 '나는 생각한다, 고로 나는 존재한다'는 사실보다도 확실하게 자신을 드러낸다. 아울러 그러한 사실이 갖는 확실성은 단순히 지적인 차원의 확실성을 넘어서 나의 모든 기력과 활력을 앗아가는 실존적인 확실성이란 성격을 갖는다.

나의 존재가 아무런 이유도 근거도 없이 주어진 것으로서 나에게 낯설고 섬뜩하게 드러나는 사건은 다른 한편으로 그동안 나의 삶에 지주가 되었던 사회적인 가치들이나 규범들 그리고 내가 소중히 했던 돈이나 명예 그리고 가족이나 조국 같은 그 모든 것들이 나에 대한 구속력과 의미를 상실하는 사건이기도 하다. 이렇게 내가 신봉해왔고 집착해왔던 모든 것들이 의미를 상실함으로써 나의 존재뿐 아니라 모든 존재자들의 존재도 아무런 이유도 근거도 없이 주어진 것으로서 자신을 드러낸다. 불안이나 구토는 이렇게 나를 비롯한 모든 존재자들이 드러내는 황량한 존재에 대한 불안이고 구토이다.

그런데 이 지점에서 실존철학이 걸어갈 수 있는 길은 크게 두 가지다. 하나는 사르트르가 걸었던 길이고, 다른 하나는 키르케고르, 하이데거, 야스퍼스와 같은 사람들이 걸었던 길이다.

사르트르의 길은 영원과 절대를 상징하는 초월의 차원을 거부하면서 인간 자신의 주체적인 의지로 자신과 세계의 허망한 존재를 짊어지려고 한다. 사르트르는 불안 내지 구토라는 기분에서 경험하는 의미도 근거도 없는 이 세계, 다시 말해서 공허한 니힐nihil이 지배하는 이 세계를 세계의 진정한 모습으로 인정하면서 인간 자신의 주체적인 의미 기투를 통해서 이 세계를 변화시켜 나가고자 한다. 또한 사르트르는 불안 내지 구토라는 기분에서 경험하는 세계의 무의미성을 인간

의 자유로운 선택과 의미부여를 막을 수 있는 어떠한 절대적인 의미
도 가치도 미리 주어져 있지 않다고 해석한다. 사르트르가 걸었던 길
은 불안 내지 구토의 기분에서 자신을 드러내는 무의미한 세계에 대
한 반항이고, 휴머니즘적인 가치 기투를 통해서 니힐의 세계에서 벗
어나려는 절망적인 몸부림이다.

이에 반해 키르케고르나 하이데거 그리고 야스퍼스가 걸었던 길
은 불안과 구토에서 드러나는 세계와 나의 존재의 무의미성을 나와
세계의 단적인 진정한 상태로 보지 않고, 하나의 암시이자 지시로 본
다. 다시 말해서 그들은 불안 내지 구토라는 기분에서 그 동안 내가
신봉해왔던 사회적 가치와 의미가 붕괴되고 세계와 나의 존재가 낯설
과 허망한 것으로 자신을 드러냈을 때, 이는 그것들이 사르트르가 파
악한 것처럼 그 자체로 무가치하고 무의미해서가 아니라 오히려 그러
한 사회적인 가치와 의미에 의해서 포섭될 수 없는 신비스런 깊이와
충만을 간직하고 있다는 사실을 암시한다고 보는 것이다.

따라서 이들에게 인간의 과제는 사르트르처럼 그 자체로 무의미
한 나와 세계의 존재에 나와 인류의 주관적인 가치를 재투입하는 것
이 아니라, 세계와 나의 존재가 간직하고 있는 충만한 깊이와 풍요로
움을 경험하는 것이다. 따라서 키르케고르와 하이데거 그리고 야스퍼
스가 걸었던 길은 영원과 절대의 차원에 자신을 열면서 자신과 세계
의 허망한 존재에 그러한 차원이 침투하도록 하려는 길이다. 사르트
르가 걸었던 길이 영원과 절대의 차원을 철저하게 거부하는 무신론적
인 휴머니즘의 길이라면, 키르케고르와 하이데거 그리고 야스퍼스가
걸었던 길은 초월의 차원이 외면 당하고 있는 근대문명의 한가운데에
서 초월의 차원을 환기시키려는 길이다.

우리는 여기서 모든 실존철학자들을 다 다룰 수 없으며 주로 키
르케고르와 하이데거 그리고 야스퍼스를 중심으로 실존철학이 윤리

학과 관련하여 어떻게 새로운 사유를 개척해나갔는지 고찰할 것이다. 이들의 철학이 실존철학을 다 포괄하는 것은 절대로 아니고 또한 이들 중 야스퍼스만이 자신의 철학을 기꺼이 실존철학이라고 불렀지만, 이 글에서는 편의상 이들의 철학을 실존철학이라고 부르겠다. 따라서 이 글에서 실존철학으로 지칭되고 있는 것은 키르케고르와 야스퍼스 그리고 하이데거의 철학이다.

윤리학의 근본적인 관심사가 인간이 어떻게 살아야 할 것인가에 대한 답을 구하는 것이라면 실존철학은 그 자체가 윤리학이라고 할 수 있을 것이다. 실존철학은 우리가 따라야 할 구체적인 행위의 규범들을 제시하고 있지는 않지만, 인간이 소비물자를 얻는 대가로 사회 체계의 한 기능인자로 전락하고 있는 물질문명의 한가운데에서 인간에게 잠재해 있는 보다 높은 삶의 가능성을 회복하는 것에 근본적으로 관심이 있기 때문이다. 실존철학은 '어떻게 살 것인가'라는 물음에 대해서 우리가 망각하고 있는 보다 높은 삶의 가능성을 상기시키고 그것을 회복할 수 있는 구체적인 길을 제시하는 방식으로 답하려고 한다. 또한 실존철학은 이렇게 인간은 자신에게 잠재해 있는 보다 높은 삶의 가능성을 구현하는 것에 의해서만 자신의 삶의 고유한 무게와 존엄성을 경험하면서 자신의 삶을 긍정할 수 있다고 본다.

이렇게 인간이 보다 높은 삶의 가능성을 구현할 수 있고 이와 함께 자신의 삶의 고유한 무게와 존엄성을 구현할 수 있는 존재라고 보는 점에서, 실존철학은 인간을 생물학적인 조건이나 사회적인 조건에 의해서 결정되는 존재로 보는 현대의 환원주의적인 철학사조들과 대립된다고 할 수 있다. 실존철학은 생물학적인 환원주의에 대해서는 고지식할 정도로 인간과 동물 사이의 본질적인 차이를 강조하며, 사회학적인 환원주의에 대해서는 인간이 사회체제의 한 기능인자로 환원될 수 없는 독자적인 무게와 존엄성을 갖는다는 사실을 강조한다.

그런데 실존철학은 인간을 '세계-내-존재'라고 본다. 인간은 항상 세계 속에서 살고 있으며 이러한 세계는 인간이 선택한 삶의 가능성에 따라서 그때마다 다른 성격을 갖게 된다. 황금만능주의자가 사는 세계와 부처나 예수와 같은 사람이 사는 세계는 근본적으로 다르다. 황금만능주의자에게는 인간을 비롯한 모든 존재자들은 돈을 벌기 위한 수단으로 나타나는 반면에, 부처와 예수와 같은 사람에게는 모든 존재자들이 고귀한 신성을 갖는 것으로 나타날 것이다. 이와 관련하여 우리는 하이데거와 마찬가지로 윤리학이라는 말의 어원에 해당하는 그리스어 에토스ἦθος, Ethos가 원래 거주지Wohnstätte를 의미한다는 데 주목해야 할 것이다. 윤리라는 말이 보통 행위의 지침이 되는 '사회적·도덕적 규범'을 가리키지만, 그리스어 에토스는 '인간이 거주해야 하는 근원적인 세계'를 가리킨다.

실존철학은 이러한 근원적 세계에서는 인간을 비롯한 모든 존재자들이 자신들의 진리, 즉 자신들의 고유한 본질을 찬연하게 드러낸다고 본다. 또한 이러한 세계에서 인간은 존재자들을 자신의 욕구충족을 위한 수단으로 삼는 것이 아니라 그것들이 자신들의 고유한 본질을 발현하도록 돕는다. 선한 행위가 존재자들의 성장을 돕는 행위이고 악한 행위가 존재자들의 성장을 왜곡하거나 파괴하는 행위라고 한다면, 이러한 세계는 존재자들이 자신들의 고유한 본질을 발현하면서 원활하게 성장할 수 있다는 의미에서 선이 지배하는 세계이다.

생물학주의와 사회학주의 등의 환원주의적인 사조들을 통해서 인간이 갖는 독자성과 무게가 갈수록 부정되어 가는 현대의 정신적인 상황에서, 실존철학은 인간 존재가 갖는 독자성과 무게를 강조하면서 인간은 어떻게 살아야 하며 인간이 거주해야 할 근원적인 세계는 어떠해야 하는지에 대해 오늘날에도 여전히 깊은 의의를 갖는 심원한 통찰들을 제시했다. 실존철학이 이미 한물 지나간 유행 사상으로 간주될 정도로 실존철학에 대한 관심이 퇴조한 오늘날의 상황에서도 실존철학이 제시한 윤리학적 통찰들은 여전히 유효하며 우리가 창조적으로 계승, 발전시켜야 한다고 생각한다.

## 비본래적 실존과 한계 상황

실존철학은 위에서 말한 것처럼 삶의 보다 높은 가능성을 구현하는 것을 목표하기 때문에 우리의 삶을 우리가 넘어서야 할 일상적인 삶과 보다 높은 삶으로 구별한다. 우리는 이러한 일상적인 삶을 하이데거의 용어를 빌려서 '비본래적인 실존'이라고 부르고, 보다 높은 삶을 '본래적인 실존'이라고 부를 것이다. 하이데거에서 비본래적인 실존에 해당하는 것은 '세상 사람들의 삶'이며, 키르케고르에서는 '심미적 실존'이고 야스퍼스에서는 '현존재Dasein'다.

키르케고르에서 심미적 실존은 아름다운 것, 재미있고 흥겨운 것을 탐닉하는 삶의 방식을 가리킨다. 심미적 실존에게는 어떤 것이 아름다운지 아닌지 혹은 재미있는지 없는지의 구별이 중요할 뿐 어떤 것이 선한 것인지 아닌지의 구별은 중요하지 않다. 이 경우 아름다운 것, 재미있는 것은 우리의 감각을 즐겁게 해주는 것이다. 심미적 실존은 이러한 감각에 충실하고자 하며 즐거운 감각을 지속적으로 유지하려고 한다. 따라서 심미적 실존은 자신이 부딪히는 조건에 따라서 순간순간 변하는 변덕스런 삶이다. 그것은 지금 이 순간 어떤 것이 재미있으면 바로 그것을 택하지만 그것이 싫증이 나면 즉시 다른 것을 택한다.

심미적 실존에게는 찰나 찰나의 즐거운 흥분만이 중요하기 때문에 자신의 과거에 대해서 반성하지도 참된 미래를 구상하지도 않으며 오직 순간순간의 향락만을 중시한다. 따라서 심미적 실존의 일생은 찰나 찰나의 이어짐에 불과할 뿐이며 일관된 성격과 통일된 인격을 결여하고 있다. 예를 들어 심미적 실존의 대표자인 돈 주앙Don Juan과 같은 사람은 상황과 조건에 따라서 언제든지 자신의 말을 바꿀 수 있다. 한 여성에게 영원한 사랑을 약속하지만 보다 아름다운 여성이 나타나면 그는 서슴없이 자신의 약속을 내팽개치고 다른 여성의 뒤를 쫓는다. 이런 사람에게 말이란 감각적인 욕망의 도구일 뿐이다. 말은 인간 자신의 인격의 표현이지만 심미적 실존은 이렇게 자신의 말에 무게를 두지 않음으로써 자신의 인격성을 스스로 부정한다. 그에게는 자신의 인격성을 완성하는 것보다 순간순간의 향락만이 중요한 것이다.

하이데거가 말하는 세상 사람들의 삶은 우리가 살고 있는 일상적인 생활세계의 일반적인 가치들을 자명하게 옳은 것으로 간주하면서 사는 것을 가리킨다. 일상적인 세계에서 사람들은 자신들이 종사하는 일의 수행자나 사람들이 추구하는 세간적인 가치들의 구현자로서 나타난다. 예를 들어 우리는 학교라는 생활세계에서는 교수로 자기 자신을 이해하면서 다른 사람들과 관계하고, 가정이라는 생활세계에서는 자신을 가장으로 이해하면서 다른 사람들과 관계한다. 그리고 우리는 어떤 사람을 그 사람이 교수로서 혹은 가장으로서 자신의 역할을 제대로 수행하고 있는지에 따라서 평가한다. 즉 일상적인 생활세계에서 각각의 현존재는 어느 누구에 의해서도 대체될 수 없고 다른 누구와도 비교할 수 없는 고유한 현존재로 나타나는 것이 아니라, 다른 사람들에 의해서 얼마든지 대신 수행될 수 있는 특정한 사회적 기능의 수행자나 어떤 세간적인 가치를 기준으로 다른 사람들과 항상 비교되면서 등급이 매겨지는 존재로 나타난다.

따라서 이러한 세계에서 사람들은 자신이 어떤 사회적인 기능 면에서 타인에 비해서 더 우월하다든가 그렇지 못하다는 식의 격차나, 부나 명예 혹은 도덕성 혹은 종교적인 헌신도와 같은 사회적 가치의 실현 정도 면에서 남보다 더 우월하다든가 그렇지 않다든가 등의 격차를 의식한다. 이와 함께 사람들은 자신이 다른 사람들보다도 많이 떨어져 있다고 생각하면 그 격차를 줄이려고 하며, 그렇지 않고 다른 사람들과 큰 격차가 없다고 생각하면 그 격차를 늘이려고 노력한다. 주변세계에서 사람들은 항상 이런 격차에 대한 우려Sorge에 사로잡혀 있으며, 이런 맥락에서 하이데거는 일상적인 삶에서 사람들이 서로에 대해 갖는 관계의 성격을 '격차성Abständigkeit'이라고 부른다. 이러한 성격을 사람들은 보통 의식하지 못하지만 자각되지 않을수록 타인들에 대한 사람들의 관계를 더욱 더 집요하면서도 근본적으로 규정한다.

이렇게 격차성이 지배하는 인간관계에서 사람들은 부지불식간에 서로 경쟁적이 되며 사람들 사이에는 서로에 대한 노골적이거나 은밀한 시기심이 지배하게 된다. 이 경우 사람들은 타인들과 비교되는 자기 자신을 강하게 의식하면서 자신을 다른 사람들과 분리된 하나의 고립된 주체로 이해하게 되고, 이에 따라서 항상 '나'는 이렇게 생각하고 이렇게 행위한다고 주장하면서 자기 자신을 자신의 생각과 행위의 주체로 내세우게 된다.

그러나 하이데거는 이렇게 격차성이 지배하는 삶에서 현존재는 자신의 삶의 주체가 아니라 사실은 익명의 타인들에게 예속된 채 익명의 타인들의 자의恣意와 변덕에 의해서 휘둘리게 된다고 말한다. 이 경우 타인들이란 어떤 특정한 타인들이 아니라 익명의 세상 사람das Man이다. 일상적인 현존재가 추구하는 가치들은 자기 자신이 주체적으로 선택한 가치들이 아니라 사실은 어릴 적부터 익명의 세상 사람에 의해서 주입되어 왔던 것이다. 따라서 사람들은 자신이 독자적인 주체로서 사유하고 행동한다고 말하지만, 사실은 하나의 세상 사람으로서 사유하고 행동하는 것이다.

야스퍼스에서 비본래적 실존에 해당하는 현존재는 탄생에서부터 죽음에 이르는 시간의 한계 내에서 자신의 생존과 권력을 위해서 투쟁하는 주체이다. 이 경우 나의 지성과 의식이라는 것도 생존과 권력의 유지와 획득을 위해서 사용되는 도구적인 성격을 갖게 된다. 이러한 현존재는 자신을 세계의 중심으로 간주하며 자신을 중심으로 모든 것을 평가한다. 즉, 자신에게 유리한 것을 객관적으로도 좋은 것으로 간주하고 그렇지 않은 것을 객관적으로도 나쁜 것으로 간주하는 것이다.

이상에서 보듯이 키르케고르와 야스퍼스 그리고 하이데거는 우리의 비본래적인 실존이 갖는 성격을 각각 다른 각도에서 조명하지만, 이들은 모두 비본래적인 실존이 자기중심성을 근본 특성으로 갖는다고 본다. 따라서 이들이 말하는 삶의 보다 높은 가능성이란 자기중심성에서 벗어난 삶이며, 자신의 이해관심에 따라 존재자들을 평가하고 다루는 것이 아니라 이해관심에서 벗어나 존재자들을 그 자체로서 이해하고 존중하는 삶이라고 할 수 있다.

그러면 비본래적인 실존으로부터의 초월은 어떤 식으로 일어나는가? 키르케고르와 야스퍼스 그리고 하이데거는 비본래적인 실존에서 본래적인 실존으로의 초월이 우리가 비본래적인 실존 방식으로는 넘어설 수 없는 한계 상황 앞에서 좌절하면서 비본래적인 실존의 허망함을 자각하는 방식으로 일어난다고 본다.

일반적으로 상황이란 우리가 처해 있는 그때마다의 처지를 가리키며 우리는 보통 이러한 상황을 우리에게 유리한 방향으로 변화시키려고 하며 또한 많은 경우 그렇게 변화시킬 수 있다. 이에 반해 한계 상황이란 우리가 어떻게 해도 변화시킬 수 없는 상황을 가리킨다. 그것은 우리가 부딪치고 좌절할 수밖에 없는 하나의 벽과 같은 것이다. 이러한 한계 상황에 속하는 것으로 야스퍼스는 병이나 고통, 투쟁, 죽음과 같은 것을 들지만 이러한 한계 상황 중에서 가장 극단적인 것은 '죽음'이라고 해야 할 것이다.

그런데 대부분의 경우 우리는 이러한 한계 상황에 부딪히면서 직면하게 되는 자신의 유한성을 인정하려고 하지 않는다. 우리는 한계 상황이 존재한다는 사실에 눈을 감으려고 하거나 한계 상황도 우리가 통제할 수 있는 것과 유사하다고 생각하려고 한다. 우리는 하이데거가 말하는 것처럼 '다른 사람들은 죽었지만 나는 아직 죽지 않았다'라고 생각하면서 죽음을 잊으려고 하거나, 과학기술의 발전을 통해서 죽음까지도 극복하려고 한다.

따라서 실존철학은 우리가 궁극적으로 한계 상황에 던져져 있다는 사실을 깨닫게 되는 것은, 우리의 삶에 대한 의식적인 반성을 넘어 불안이란 기분을 통해서 우리가 그동안 살아온 비본래적인 실존의 허망함을 깨닫게 되는 것에 의해서 비로소 가능하게 된다고 본다. 불안이란 기분에 엄습되면서 우리는 그동안 신봉해왔고 의탁해왔던 것들, 즉 우리가 갖고 있는 권력이나 과학 혹은 문화적 가치들이 사실은 한계 상황 앞에서 무력하다는 것을 깨닫게 된다. 그러면서 우리는 그러한 것들을 넘어서 진정으로 절대적이고 무제약적인 것을 향하게 되는 것이다. 이러한 의미에서 불안이란 기분은 우리에게 유한한 것들에 대한 집착에서 벗어나서 진정으로 무한하고 무조건적인 것으로 향하도록 결단을 촉구하는 기분이다.

따라서 불안이란 기분에는 우리가 신봉해온 모든 상대적이고 유한한 가치들을 거부하고, 절대적이고 무제약적인 것을 향할 것을 촉구하는 외침이 울리고 있다고 할 수 있다. 하이데거는 이러한 외침을 초기에는 '양심의 소리'라고 부르지만 나중에는 '존재의 소리'라고 부르며, 야스퍼스는 그것을 '초월의 차원에서 들려오는 존재 자체' 내지 '신의 소리'라고 부른다.

## 근본기분과 초월

실존철학은 불안이란 기분이 우리의 존재의 근저에서 항상 잠복해 있으면서 우리에게 결단을 촉구하고 있다고 본다. 불안이 이렇게 우리의 존재의 근저에서 항상 잠복해 있다는 사실은 그것이 아무런 이유도 근거도 없이 언제든지 갑자기 의식의 표면으로 올라와 우리를 사로잡을 수 있다는 데서 드러난다. 그러나 우리는 이러한 불안을 두려워하면서 그것을 잠재우려고 한다. 우리가 이렇게 불안을 두려워하면서 그것이 촉구하는 결단을 미루게 될 때, 우리의 일상적인 삶에는 아무리 즐거운 일들이 많아도 항상 어떤 우울이 드리워져 있게 된다.

이러한 사실을 예리하게 지적하고 분석한 사람이 키르케고르였다. 심미적 실존은 자신이야말로 사회적인 규범 따위에 구애받지 않고 가장 자유롭고 주체적으로 살고 있다고 생각하지만, 사실상 그의 삶은 자신이 주체적으로 영위하는 것이 아니다. 심리적 실존은 세상이 제공하는 향락에 끌려 다니는 향락의 노예일 뿐이다. 그는 자신이 아름다운 여인을 택한다고 생각하지만 사실은 그 여인에 의해서 끌렸을 뿐이다. 심미적 실존은 자유로운 실존이 아니고 자신이 통제하지 못하는 변덕스런 감정에 따라서 춤추는 실존인 것이다. 그런데 키르케고르는 이렇게 끊임없이 유쾌하고 즐거운 일을 찾아나서는 심미적인 실존의 삶에는 어두운 우울이 드리워져 있다고 보았다.

우리에게는 근본적으로 초월의 성향이 존재하기 때문에 심미적 실존의 삶에 빠져 있더라도 우리는 암암리에 그것에 대해서 염증을 느끼게 된다. 키르케고르는 심미적 실존의 삶에 드리운 우울의 정체를 바로 이러한 염증이라고 보며, 이런 의미에서 그는 우울이란 '한갓 감각의 수단으로 영락해버린 정신이 자신의 초라한 처지에 대해서 짜증을 내는 정신의 히스테리'라고 말하고 있다. 그러나 심미적 실존은 자신의 삶에 드리운 이 어두운 우울이 재미있고 자극적인 것이 없기 때문에 생기는 것이라고 착각하면서, 보다 재미있고 자극적인 것을 줄기차게 찾아 나선다. 이에 반해서 실존철학은 그러한 우울을 극복할 수 있는 근본적인 길은 불안의 소리에 귀를 기울이면서 불안이 촉구하는 결단을 과감하게 수행하는 것이라고 본다.

우리는 항상 기분 속에서 살고 있지만 실존철학은 기분들 중에는 우리가 망각하고 있는 삶의 보다 높은 가능성과 우리가 거주해야 할 근원적인 세계를 분명하게 지시하거나 개시하는 것들이 있다고 본다. 특히 하이데거는 그러한 기분을 '근본기분'이라고 부르며 그러한 근본기분들의 예로서 불안Angst과 경이Erstaunen와 같은 것들을 들고 있다.

이러한 근본기분들에서는 존재자 전체가 그러한 기분에 의해서 엄습되기 전과는 전혀 다르게 드러난다. 예를 들어 불안이란 근본기분이 엄습했을 때, 그 전에는 유의미한 것으로 여겨졌던 모든 존재자들이 무의미한 것으로 드러나며, 이와 함께 존재자와 관계하는 우리의 모든 행위와 삶도 무의미한 것으로 드러난다. 이렇게 우리의 삶과 세계가 허망한 것으로 나타날 때 우리는 '나라는 존재는 무엇이고 세계는 무엇인가'라는 물음에 사로잡히게 된다. 이러한 물음은 나의 삶과 세계를 눈앞의 대상을 관찰하는 식으로 묻는 물음이 아니라 우리의 존재 근저에서 비롯되면서 우리를 엄습해오는 물음이며, 우리의 존재 자체가 물음으로 화해버리는 식의 물음이다. 이러한 물음은 일상적인 의문처럼 우리가 일상에서 부딪히는 특정한 문제 때문에 일어나는 것이 아니며, 과학적 의문처럼 세계를 이론적으로 관찰하면서 생겨나는 것도 아니다. 그러한 물음은 바로 모든 것이 허망하게 나타나는 불안이라는 근본기분이 우리를 엄습하면서 우리 자신의 심연에서 솟아나는 물음이다.

하이데거는 근본기분이야말로 보다 높은 삶의 가능성과 우리가 살아야 할 근원적인 세계가 드러나는 통로이기 때문에 우리가 인간과 세계를 제대로 이해하기 위해서는 근본기분을 일깨워야 한다고 본다. 이 경우 '하나의 근본기분을 일깨운다'라는 것은 이전에는 의식되어 있지 않던 것을 단순히 의식한다는 것이 아니라, 하나의 기분을 일깨우면서 그 기분에 사로잡힌다는 것을 의미한다. '기분을 의식한다'는 것은 그것을 우리 안에서 일어나는 심리적인 사건으로 간주하면서 그것에 의식의 시선을 던지는 것을 말한다. 이에 반해 '기분을 일깨운다'는 것은 그것으로 하여금 우리를 사로잡게 하고 그것의 말에 귀를 기울인다는 것을 의미한다. 우리는 그것에 거스르지 않고 오히려 그것이 우리로 하여금 말을 걸게 함으로써 그것이 원하는 것이 도대체 무엇인지 우리에게 말하도록 해야만 한다. 우리는 그것에서 들려오는 인간과 세계의 진리에 귀를 기울여야 하는 것이다.

## 존재 자체로의 초월로서의 본래적 실존

이렇게 불안을 비롯한 근본기분에서 우리에게 말을 걸어오는 인간과 세계의 진리를 향해 초월하는 인간의 존재방식을 야스퍼스는 실존이라고 부르고 하이데거는 본래적 실존이라고 부르는데 이 글에서는 '본래적 실존'이라고 부를 것이다.

그런데 불안과 같은 근본기분에서 인간과 세계의 진리는 서로 따로 자신을 드러내는 것이 아니라 오히려 하나의 통일적인 전체로서 자신을 드러낸다. 이렇게 인간과 세계를 통일하는 전체를 하이데거와 야스퍼스는 '존재 자체'라고 불렀다. 따라서 근본기분에서 우리에게 자신을 드러내는 인간과 세계의 진리에 향한다는 것은 궁극적으로는 존재 자체로 초월하는 것을 의미한다. 그런데 이 경우 존재 자체란 무엇이며 우리는 왜 존재로 초월해야 하는가?

우리는 보통 세계를 개개의 고립된 실체들로 생각하지만, 조금만 더 생각해본다면 개개의 모든 존재자들은 다른 존재자들과의 관계 속에서만 존재할 수 있다는 사실을 곧 깨닫게 된다. 개개의 존재자들은 독립적으로 존재하는 것이 아니라 항상 하늘과 대지 그리고 다른 존재자들과의 직접 혹은 간접적인 관계 속에서 존재한다. 개개의 존재자가 다른 존재자들과 맺는 관계는 존재자의 존립에 부수적으로 수반되는 것이 아니라 그것의 존립을 위해서 본질적으로 필요한 것이다.

존재자들은 이렇게 서로 긴밀한 관계를 맺고 있을 뿐 아니라 이러한 관계망은 하나의 전체적인 질서를 형성한다. 개개의 존재자는 이러한 전체적인 관계질서 안에서 존재한다. 우리 자신을 예로 들어보자. 우리는 태양의 빛을 받고 대지의 수분을 마시면서 태양과 천체 그리고 물과 대지와 관계하고 있으며, 음식물을 통해서 다른 식물과 동물과 관계하고 있고, 사회적인 분업과 협업 체계 아래서 다른 인간들과 관계하고 있다. 우리 인간뿐 아니라 모든 존재자들도 이미 이렇게 전체에 나가 있는 것이며 전체와의 긴밀한 관계 속에서 존재한다. 모든 존재자들은 이러한 전체적인 관계질서 안에서만 존립할 수 있기 때문에, 이러한 전체적인 관계질서는 흔히 사람들이 생각하는 것처럼 '서로 독립적으로 존재하는 존재자들의 단순한 총합'은 아니다.

존재자들이 전체적인 관계질서 안에서만 존재한다면 이러한 관계질서는 어디에서 비롯되는가? 이러한 관계질서는 인간들 간의 상업적인 관계처럼 존재자들의 협약이나 계약에 의해서 생기는 것이 아니다. 존재자들은 이러한 관계질서를 형성하는 주체가 아니라 오히려 존재자는 관계질서에 의해서 존재하고 각각의 존재자들의 행동방식마저도 이러한 전체적인 관계질서에 의해서 규정된다. 존재자들의 존재방식이 이러한 전체적인 관계질서에 의해서 규정되고 조절될 경우에만 존재자들 사이에는 혼돈이 아니라 조화와 균형이 존재할 수 있으며, 존재자들 사이의 관계도 서로의 파멸이 아니라 서로의 존립을 위한 본질적인 조건이 될 수 있다.

이런 의미에서 전체적인 관계질서는 각각의 존재자를 그러한 존재자로서, 즉 동물은 동물로서, 식물은 식물로서 존재하게 하면서 그것들 간의 조화와 통일을 가능케 하는 궁극적인 근거이다. 이러한 전체적인 관계질서를 하이데거는 '존재 자체'라고 부르며 그것에 의해서 각 존재자들에게 부여되는 고유한 존재방식을 본질Wesen이라고 부른다.

전체적인 관계질서가 존재자의 존재방식을 규정하지만, 그렇다고 해서 이것은 존재자들이 전체에 예속되어 있다는 것을 의미하지는 않는다. 오히려 개개의 존재자들이 전체적인 질서가 자신에게 부여해준 본질적인 존재방식에 따르는 것은 존재자들이 건강하게 존재하기 위한 조건이다. 따라서 존재자들이 자신들에게 부여된 본질에 따른다는 것은 존재자들이 자기에게 낯선 법칙에 예속되는 것이 아니라 오히려 자신의 고유한 존재를 실현한다는 것을 의미한다.

예를 들어 닭이 넓은 마당에서 닭의 본능에 따라서 살 경우에 그것들은 자신에게 낯선 법칙에 자신을 예속시키는 것이 아니라 자신의 고유한 존재를 실현하고 있는 것이다. 이에 반해 닭이 인간들의 이해관심에 따라서 좁은 닭장에서 수시로 전기 자극을 받아가면서 알을 까는 기계로서 살아갈 때 그것은 자신의 본질에 배치되게 사는 것이고 결국 자신의 존재를 손상시키는 결과를 초래하게 될 것이다. 따라서 본질은 어떤 존재자가 다른 존재자들에 대해서 갖는 한계Grenze를 의미하지만, 이러한 한계는 존재자를 구속하고 제한하는 것이 아니라 오히려 존재자를 자신의 진리 안으로 자유로이 내주는 것이다.

각 존재자에게 부여된 본질은 각 존재자가 갖는 부분들에게 질서와 통일을 부여한다. 어떤 존재자가 자신의 본질에 따를 경우, 그 존재자의 부분들은 통일적인 생을 구현하게 되지만 그렇지 못할 경우에 그러한 부분들은 혼돈과 무질서에 빠져 해체되고 말 것이다. 예를 들어서 닭이 자신에게 주어진 본질적인 본능에 따라서 살 경우, 그것에 속해 있는 부분들인 다리나 날개가 잘 발달할 뿐 아니라 그것들은 하나의 통일된 전체성을 형성하면서 훌륭한 닭으로 성장하게 될 것이다. 존재 자체가 존재자들에게 본질을 부여하고 존재자들로 하여금 그러한 본질을 따르게 함으로써 존재자들 간의 전체적인 질서와 조화를 가능케 하는 '전체성'인 것처럼, 본질은 어떤 존재자 내에서 부분들 간의 전체적인 질서와 조화를 가능케 하는 '전체성'이다.

선한 행위가 우리가 다른 존재자들에게 우리 자신의 편협한 이해관심을 강요하지 않고 존재자들로 하여금 자신들의 고유한 존재를 발현하게 하는 행위일 경우, 이러한 행위가 가능하기 위해서는 우리는 먼저 존재 자체로 나아가 있어야만 한다. 우리가 우리의 이해관심에 의해서 제한된 환경세계로부터 벗어나 존재 자체의 입장으로 초월할 경우에만 존재자는 주체의 이해관심에 의해서 침윤된 '대상'이 아니라 그 자체로서 자신을 개시할 수 있으며 우리는 이러한 개시에 입각하여 그 존재자에 대해 참되게 행위할 수 있다.

우리가 우리의 제한된 입장을 초월하여 존재자들을 그 자체로서 존재하게 한다는 것은, 단순히 어떤 개인의 사적인 관점뿐 아니라 의식 일반이나 상호주관성과 같은 인류 일반에 공통된 관점마저도 초월한다는 것을 의미한다. 의식 일반이나 상호주관성과 같이 인간 전체의 공통된 관점도 모든 존재자들을 '그 자체로서' 드러내지는 않으며 우리 인간의 이해관심의 '대상'으로서만 드러낼 뿐이다. 이 경우 존재자는 인간에게 유용한지 아닌지에 따라서 고찰되며, 이때 존재자에게 부여되는 의미는 그 자체적인 의미가 아니라 주관적인 의미에 지나지 않는다.

존재자는 존재 자체의 관점에서만 그것 자체로서 나타날 수 있으며, 오직 존재 자체의 관점만이 존재자를 그 자신으로부터 소외시키지 않는다. 이는 존재가 최대의 전체이기에 그것 안의 어떠한 개별적인 존재자에 대해서도 타자일 수 없기 때문이다. 그것이 어떤 존재자의 타자일 경우 그것은 또 하나의 개별적인 존재자에 지나지 않을 것이다. 최대의 포괄자로서의 존재에 대해서 모든 존재자는 한계를 갖지만 이러한 포괄자는 어떠한 한계도 갖지 않는다. 존재 자체는 그 자신이 어떠한 한계도 갖지 않는 무한하고 절대적인 것이므로 자신의 한계를 존재자들에게 강요하지 않고 그것들을 그 자체로 해방시킨다.

이에 대해서 최대의 포괄자인 존재 자체가 아닌 어떤 보다 큰 부분으로 개별자를 기능에 따라서 편입시키거나 어떤 존재자를 위한 수단적인 기능으로 만드는 것은 그것을 타자의 한 부분으로 만들면서 그 자신으로부터 소외시키는 것이다. 나치즘이나 볼셰비즘에서처럼 독일 민족이나 프롤레타리아와 같은 특정한 집단을 모든 것을 궁극적으로 포괄해야 할 전체로 선포하고 모든 존재자들을 그것의 수단적인 기능으로서만 인정할 경우에 존재자들은 자기 자신으로부터 소외된다. 혹은 자본주의에서처럼 화폐를 절대시하고 화폐가 모든 것을 포괄하는 전체가 될 자연물이든 인간이든 화폐 축적을 위한 수단으로 간주하면서 자기 자신으로부터 소외된다.

이런 의미에서 존재 자체를 향해서 우리가 초월한다는 것은 모든 존재자들의 진리가 드러나는 열린 장 안으로 진입하는 사건을 의미한다. 이러한 장으로 진입할 때 모든 것들은 고유한 본질과 존엄성을 갖는다. 즉 모든 것들은 야스퍼스의 말을 빌리자면 무제약자인 존재 자체가 자신을 드러내는 상징적인 암호가 된다. 이와 동일한 맥락에서 하이데거는, 본래적 실존에게는 모든 존재자들이 단순히 내 앞에 있는 존재자들이 아니라 존재 자체가 현현하는 성스러운 사물Das Ding로 나타나게 된다고 말한다.

우리가 불안이란 기분이 촉구하는 것처럼 유한한 것들에 대한 모든 집착을 버릴 때, 우리는 존재 자체의 열린 장으로 진입하게 된다. 그리고 이와 함께 불안이라는 기분은 모든 존재자들의 고유한 진리를 경험하게 되는 경이라는 기분으로 변화한다. 실존철학은 이러한 경이라는 근본기분이야말로 인간과 세계의 근원적인 진리가 드러나는 기분이라고 본다.

## 기쁨의 윤리학으로서의 실존철학

경이라는 기분 속에서 우리가 사물들을 존재 자체가 깃든 성스러운 것으로 경험하면서 그것들과 관계할 때 우리는 감각적인 쾌감과는 전적으로 다른 성질을 갖는 '기쁨Freude'을 느낀다. 기쁨은 우리가 어떤 것을 고귀한 것으로 존중하면서 그것과 교감을 나눌 때 갖게 되는 기분이다. 우리는 단순히 우리의 욕망을 충족시키는 것들로부터는 쾌감을 느끼는 반면에 고귀한 것과 일치할 때는 기쁨을 느낀다.

인간이 진정으로 바라는 것은 쾌락이 가득 찬 삶이나 단순한 자기보존이 아니며, 힘들고 짧더라도 의미와 기쁨에 충만한 삶이다. 의미와 기쁨에 충만한 삶은 자신이 접하는 모든 인간들과 사물들을 존재의 현현으로 경험하면서 그것들 자체가 절대적인 의미를 갖는다는 사실을 경험한다. 이 경우 의미는 인간들과 사물들 외부에서 주어지는 것이 아니라 그것들 자체 내에 존재한다.

기쁨이 존재하는 모든 것들의 독자성에 대한 감각일 경우 우리는 우리가 접하는 모든 것들에 대해서 그때마다 다른 기쁨을 느끼게 된다. 바흐의 음악이 베토벤의 음악과는 다른 기쁨을 주는 것처럼, 어린아이는 어른과 다른 기쁨을 주고 식물은 동물과 다른 기쁨을 준다. 쾌락은 다른 존재자들을 수단으로 하여 자신의 욕망을 충족시키는 것이기에 그것은 그 대상을 수시로 바꾸더라도 항상 동일한 성격을 띠게 된다. 바로 이것이 쾌락이 지나치면 역겨운 것으로 변하게 되는 이유이다.

실존철학이 궁극적으로 지향하는 것은 단순하고 소박한 사물들 각각이 갖는 독자성을 경험하면서 그것들에 대해서 기쁨을 느낄 수 있는 우리들의 능력을 다시 일깨우는 것이다. 우리가 접하는 모든 것들을 고귀한 것으로 존중하는 태도를 우리는 '사랑'이라고 부를 수 있을 것이다. 하이데거는 사랑이라는 단어를 별로 사용하지 않고 대신에 '존재자로 하여금 그 자신의 고유한 존재를 발현케 하는 태도'를 의미하는 독일어 'Sein-lassen(그 자체로 존재하게 함)'이란 용어를 사용하고 있다.

## 실존철학에서 양심과 죄

우리는 앞에서 불안이란 기분 속에서 우리로 하여금 자신의 보다 높은 가능성을 구현하도록 촉구하는 양심의 소리가 울려온다는 것을 보았다. 양심은 전통적으로 어떤 행위의 선악을 평가하는 심급으로 간주되어 왔다. 이에 반해 실존철학은 양심을 인간이 어느 정도까지 자신의 보다 높은 가능성을 구현하고 있는지를 평가하는 심급이라고 본다. 양심은 우리로 하여금 각각의 행위가 도덕법칙에 부합되는지 아닌지를 살펴보도록 하는 것이 아니라, 우리의 삶 자체가 자신의 본래적인 가능성을 구현하고 있는지 살펴보도록 하는 것이다. 따라서 실존철학의 양심 개념은 우리를 전통적인 양심 개념보다도 훨씬 더 어렵고 고차적인 과제 앞에 직면케 한다.

칸트에 의하면 양심의 소리는 그 어떠한 무도無道한 인간도 도덕법칙의 시선 앞에서 떨게 하지만 우리는 그것 앞에서 숨으려는 경향이 있다. 실존철학도 양심의 소리는 우리를 본래적인 존재 가능성의 부름 앞에서 떨게 하지만 우리는 그것 앞에서 숨으려고 하는 경향이 있다고 본다. 이와 함께 사람들은 보통 자신이 속해 있는 사회가 인정하는 도덕법칙을 어기지 않았다고 자부하고 그것에 자족하는 방식으로 자신을 기만하는 성향을 갖고 있다. 사람들은 사회가 제시하는 도덕법칙에 자신의 행위나 삶이 일치하는지를 계산함으로써 자신의 삶에 정당성을 부여하려는 것이다.

이 경우 현존재는 자신의 존재를 사회가 인정하는 도덕법칙에 종속시키게 된다. 그는 양심의 소리가 직면케 하는 자신의 본래적인 존재를 억압하는 대신에 어떤 특정 사회의 도덕법칙에 의해서 지배되는 경직된 존재를 얻는다. 이와 함께 그의 양심은 권위주의적이고 경직된 양심이 된다. 이에 반해 실존철학이 말하는 근원적인 의미의 양심은 어떤 사회가 인정하는 도덕법칙의 정당성마저도 판단하는 심급이 된다. 그것은 인간의 보다 높은 가능성을 실현하는 데 도움이 되는 사회적 도덕규범은 선하지만, 그렇지 않은 것은 그릇된 것으로 평가함으로써 우리가 특정 사회의 도덕규범에 완고하게 집착하는 태도에서 벗어나게 한다.

실존철학에서 양심이 어떤 특정한 도덕법칙이 아니라 인간 개개인의 본래적인 실존을 환기하는 성격을 갖는 것처럼, 죄도 어떤 특정한 도덕법칙을 지키지 못한 것에 대한 죄가 아니라 자신의 본래적인 가능성을 실현하지 못한 것에 대한 죄이다. 인간은 삶의 보다 높은 가능성을 자신이 만든 것이 아님에도 불구하고 그것을 자신의 것으로서 인수하면서 그것에 책임을 져야만 한다. 양심의 소리는 우리가 심미적 실존이나 세상 사람의 삶에 빠져서 자신의 본래적인 가능성을 구현하지 못하고 있음을 질책하는 소리이며, 나의 본래적인 가능성을 내가 만든 것이 아님에도 '나의' 것으로 인수하고 그것에 대해 책임질 것 Schuldig-sein을 촉구하는 소리이다.

따라서 비본래적 실존과 본래적인 실존의 차이는 단순히 도덕적인 삶과 비도덕적인 삶 사이의 차이가 아니라, 인간을 포함한 존재자 전체에 대한 이해와 태도의 차이이다. 그것은 존재자들에 대한 습관적이면서도 진부한 관계와 그것들에 대해 경이에 차 있는 관계 사이의 차이이다. 비본래성과 본래성이라는 규정은 도덕적인 규정을 넘어서 존재의 진리에 대해서 인간이 갖는 상이한 관계를 의미하는 것이다.

## 근대 윤리학사에서 실존철학이 갖는 의의

실존철학은 인간 존재의 근저에 잠들어 있는 근본기분을 다시 일깨우는 것에 의해 우리로 하여금 존재라는 최대의 포괄적인 장으로 진입하게 함으로써 존재자들을 그 자체로 존재하게 하는 선한 인간으로 변화시키려고 한다.

이에 반해서 근대 윤리학은 기분을 개인의 주관적인 감정에 불과한 것으로 보면서 보편적인 규범의 실현과는 무관하다고 간주해왔다. 근대적인 도덕 이론은, 첫째로 토대주의적인foundational 입장을 취한다. 그것은 무엇이 도덕적이고 비도덕적인지를 결정할 수 있는 통일적인 원리를 찾으려고 한다. 근대 윤리학의 두 번째 특징은 추론적이다. 그것은 이론적인 원리에서 구체적인 도덕적인 판단에 도달하기 위한 추론과정을 제공한다. 공리주의적인 입장이든 의무론적인 입장이든 근대 윤리학은 윤리학의 과제를 인간 행위의 도덕성 여부를 판단할 수 있는 원리와 규칙을 제시하는 것으로 본다.

실존철학은 이러한 근대 윤리학의 전통이 전통 형이상학과 마찬가지로 주지주의적인 선입견에 사로잡혀 있다고 비판한다. 그것은 존재자에 대한 객관적인 인식만이 존재자에 대한 우리의 올바른 관계를 가능하게 한다는 선입견에 사로잡혀 있다는 것이다. 더 나아가 실존철학은 이러한 이론적 논증이나 정당화는 많은 경우 우리에게 자신이 삶의 절대적인 기초를 확보하고 있다는 '안이한 자기 확신beruhigte Selbstsicherheit'을 부여함으로써 우리가 보통 빠져 있는 비본래적인 실존의 공허함과 불안함을 은폐하는 메커니즘으로서 기능할 수 있다고 본다. 그것은 사람들을 성숙시키고 사람들이 진정한 삶을 살아가는 것을 돕기는커녕 오히려 방해할 수 있다.

실존철학은 이론적인 논증이나 정당화보다는 근본기분을 통한 존재와의 직접적인 만남을 통해서 우리가 거주해야 할 근원적인 세계가 열리며, 이러한 세계가 우리에게 인식과 행위의 척도를 제시한다고 생각하기에 그것은 우리로 하여금 존재와 만나는 근본기분의 사건 안으로 자신을 던질 것을 촉구한다.

아울러 실존철학은 인간이 진정으로 윤리적인 존재가 되는 것은 이상적인 도덕규범들을 제시하고 그것들을 따르라는 충고나, 그것들을 왜 따라야 하는지를 정당화하는 철학적인 논변만으로는 실현되기 어렵다고 생각한다. 그러한 설교나 철학적인 논변은 이미 이성과 감성으로 분열된 인간관을 전제하는 것이며 그중 이성 부분에 호소하는 것이다. 이러한 철학적 입장에서는 인간이 이성적인 인식이나 의지를 통해서 자신을 원하는 대로 변화시킬 수 있다고 생각한다.

그러나 실존철학은 우리가 논변이나 정당화와 같이 지적인 이성에 호소하기보다는 사람들의 정서에 호소할 때 삶에 보다 큰 변화를 일으킬 수 있다는 사실에 주목한다. 예를 들어서 사람들은 도덕적 추론보다는 우리의 마음을 부드럽게 만드는 시나 음악을 통해서 보다 도덕적인 인간으로 변화될 수 있다. 이 경우 시나 음악은 우리를 특정한 기분으로 끌어들이면서 우리로 하여금 우리 자신과 세계를 달리 보게 한다. 이와 동일한 맥락에서 실존철학은 우리 내면에서 일어나는 근본기분의 사건에 우리 자신을 맡길 때 진정한 실존적 변화가 일어날 수 있다고 본다.

근본기분이 갖는 이러한 심중深重한 의미 때문에 하이데거는 근본기분에 대한 새로운 철학적 성찰이 인간과 존재에 대한 보다 근원적인 시야를 열어 줄 것이라고 보았다. 그런데 이 경우 근본기분은 전통철학이 생각하는 것처럼 이성과 의지와 분리된 감정의 영역에 속하는 것이 아니다. 오히려 실존철학은 이성과 의지와 감정으로 인간을 분리하여 분석하는 것이야말로 인간에 대한 왜곡된 파악이라고 생각한다.

근본기분은 일차적으로 감정에 속하는 것이지만 근본기분에서는 존재자 전체의 진리가 근원적으로 열린다는 점에서 인식의 차원이 문제가 되고 있다고 할 수 있다. 또한 불안과 같은 근본기분을 통해서 인간은 자신의 무력함Ohnmacht과 유한성을 경험하게 되는 바, 근본기분에서는 또한 의지적인 차원이 문제가 되고 있다. 아니 근본기분에서는 이러한 정서적 차원, 인식적 차원, 의지적 차원이라는 세 가지 영역으로 인간이 분화되기 이전의 전체로서의 인간 실존, 그 어떻게도 나뉠 수 없는 철저한 개체In-dividuum로서의 인간 실존이 문제되고 있는 것이다. 근본기분에서는 인식과 의지 그리고 감정이 함께 작용하고 있기 때문에 근본기분은 전체로서의 하나의 인간을 관통하면서 실존적인 변화를 일으킬 수 있는 것이다.

이런 맥락에서 하이데거는 근본기분이 항상 이해와 말과 결합되어 나타난다고 보았다. 우리는 앞에서 불안이라는 기분이 지금까지의 삶이 공허한 것이었음을 그 어떠한 의식적인 반성보다도 더 명료하게 깨닫게 하는 양심의 소리와 결합되어 나타나고 있다는 것을 보았다. 이와 함께 전통적으로 인간의 능동적인 자유라는 측면을 대표하는 이성이나 의식이 하이데거 철학의 구도에서는, 근본기분에서 자신을 고지하는 존재의 소리에서 도피하지 않고 그것에 적극적으로 청종聽從하는 능력으로서 재해석된다. 하이데거는 이렇게 존재의 소리를 청종하는 것을 '이해Verstehen' 또는 '사유Denken'라고 부르고 있다. 이 경우 이해는 단순히 머리로 존재의 소리가 말하는 것을 그것의 의미를 인식하는 것이 아니라 존재의 소리에 자신을 엶으로써 우리 자신의 실존 방식을 변화시키는 것을 의미한다. 이렇게 실존 방식의 변화에 영향을 전혀 미치지 않는 이해는 참된 이해가 아니라 피상적이고 사이비적인 이해이다.

무규정적인 다양성으로서의 감성적 측면과 이러한 무규정적인 다양성에 통일적인 규정을 가하는 이성적 측면에로의 인간의 자기분열은 실존철학에서는 존재의 소리가 고지해오는 통로인 근본기분을 인간의 가장 본질적인 현상으로 봄으로써 극복된다. 이와 함께 감성과 이성의 분열과 결부되어 있는 존재와 당위, 그리고 필연과 자유 사이의 전통적인 대립도 극복된다. 인간은 존재의 소리에 응답함으로써 더 이상 자신의 감성적인 존재와 이성적인 규범이 내세우는 당위 사이에서 갈등하지 않고 자기 자신과 하나가 되며, 존재자 전체를 자신의 자유를 저해하는 필연적인 것들로 경험하지 않고 그것들과의 친교를 회복하게 된다.

그러나 실존철학이 제시하는 윤리학적 통찰은 일정한 의미에서 전통 윤리학의 근원적인 반복이라고 할 수 있다. 예를 들어 실존철학은 다른 인간을 인격으로 대해야 한다는 칸트 실천철학의 대명제를 부정하는 것이 아니라 그것을 당연한 것으로서 받아들인다. 그러나 그것은 전승되어 온 가능성들을 동일하게 반복하는 것이 아니라 그것들을 보다 근원적으로 계승하려고 하며, 그것들이 근거하는 근원적인 윤리 경험을 드러내는 것을 목표한다. 이런 의미에서 실존철학은 기초윤리학Fundamentalethik이라고 불릴 수 있을 것이다.

- **조가경,《실존철학》, 박영사, 1970.**

실존철학에 대한 종합적인 소개서로 한국에서의 실존철학 연구 수준을 격상시킨 책으로 인정받고 있다.

- **O. F. 볼노우, 최동희 옮김,《실존철학 입문》, 간디서원, 2006.**

실존철학 전반을 이해하기 쉽게 소개하고 있는 책이다.

- **박찬국,《인간과 행복에 대한 철학적 성》, 집문당, 2010.**

인간과 행복이라는 주제를 중심으로 키르케고르와 니체 그리고 야스퍼스와 하이데거의 사상을 살펴보고 있다.

- **박찬국,《하이데거와 윤리학》, 철학과현실사, 2002.**

하이데거 철학에 포함되어 있는 윤리학적 통찰과 그것이 윤리학사에서 갖는 의의를 고찰하고 있다.

- **Jacob Golomb, *In search of authenticity*, Routledge, 1999.**

실존철학의 대표적인 사상가들에서 진정한 삶의 모습이 어떻게 파악되고 있는지 고찰하고 있는 책이다.

# 프롬의 정신분석적 성격 이론과 윤리학

정신분석학의 입장

박찬국

이 글은 졸저 《에리히 프롬과의 대화》(철학과현실사, 2001)의 일부를 이 책의 취지에 맞추어 수정, 보완한 것이다.

사람들은 보통 자신이 주체적이고 이성적인 사고에 입각하여 행동한다고 여긴다. 이러한 생각은 19세기 후반과 20세기 초에 니체와 프로이트 그리고 맑스와 같은 사상가들이 제기한 회의에 의해서 더 이상 타당성을 갖지 못하게 되었다. 이른바 우리들의 이성적인 생각이란 니체나 프로이트 그리고 맑스에 의하면 우리가 보통 의식하지 못하는 힘에의 의지나 무의식적인 충동 그리고 그때마다의 사회구조에 의해서 규정되어 있다는 것이다.

그런데 19세기 후반 이래 니체, 프로이트, 맑스와 그들의 계승자들에 의해서 우리들의 의식적인 생각과 행동을 규정하고 있는 무의식적인 차원들이 속속들이 파헤쳐져 왔음에도 불구하고, 우리의 의식적인 생각과 행동을 규정하는 각 개인들의 타고난 성격과 습득된 성격은 철학에서 그다지 큰 주목을 받지 못했다. 이는 매우 의아한 일이라고 할 수 있다. 왜냐하면 각 개인들의 성격이 서로 다르며 이러한 성격에 의해서 동일한 사태에 대해서도 사람들이 서로 다르게 반응한다는 사실은 어느 누구도 부인할 수 없는 사실이기 때문이다.

쇼펜하우어는 우리가 어떤 사람의 성격을 알고 그 사람이 처한 상황을 알고 있다면, 그 사람이 어떤 식으로 행동할 것인지를 예측할 수 있다고 말했을 정도로 어떤 사람의 성격이 그 사람의 사고와 행동을 결정하고 있다고 봤다. 그러나 성격이라는 현상이 갖는 이러한 중

차대한 의의에도 불구하고 그것은 철학에서는 물론이고 윤리학에서도 거의 주목을 받지 못했다.

필자는 이러한 학문적 상황에서 프롬만은 예외라고 생각한다. 프롬은 프로이트의 정신분석학을 연구하면서 성격이 인간의 사고와 행동을 크게 규정한다는 사실에 일찍부터 주목했으며, 이와 동시에 윤리학은 반드시 성격에 대한 연구를 수용해야 한다고 보았다. 올바른 윤리를 확립하는 것은 결국 올바른 성격을 확립하는 것으로 귀착되기 때문이다. 윤리학의 근본문제는 무엇이 선한 행위인지를 규정하는 것이라고 할 수 있지만, 선한 성격에 바탕을 두지 않는 선한 행위는 사실은 우연히 행해진 것일 수 있기 때문에 궁극적으로 중요한 것은 선한 행위보다 선한 성격이라고 할 수 있다. 따라서 윤리학의 근본문제는 무엇이 선한 행위인가보다는 무엇이 선한 성격이고 그러한 성격을 어떻게 하면 형성할 수 있는지가 되어야 할 것이다.

이 글에서는 프롬이 정신분석학적 성격 이론에 입각하여 윤리학에 어떠한 새로운 사유 지평을 열고 있는지를 살펴볼 것이다. 그런데 프롬의 성격 이론은 그의 독특한 인간 이해에 입각하고 있다. 따라서 우리는 프롬의 성격 이론과 이것에 입각한 윤리학을 살펴보기 전에 프롬의 인간 이해를 프로이트의 인간 이해와 대비하면서 간략히 살펴볼 것이다.

### 프로이트의 인간 이해

프롬은 자신의 성격 이론과 그것에 근거한 윤리학을 프로이트와의 대결을 통해서 개척하고 있다.

프롬은 프로이트야말로 심리현상의 본질을 파악하기 위해서는 인간의 성격을 먼저 해명할 필요가 있다는 사실에 주목한 최초의 심리학자라고 본다. 프로이트는 신경증 내지 노이로제 증상에 대한 연구를 심화시켜 나가면서 그러한 증상은 그 증상을 낳는 성격구조를 해명할 경우에만 제대로 파악될 수 있다는 사실을 깨달았다. 이와 함께 프로이트는 또한 신경증 증상보다는 신경증적인 '성격'을 치료하는 것이 중요하다고 봤다. 이런 의미에서 프롬은 프로이트가 정신분석학적 성격 이론을 위한 토대를 마련했다고 보고 있다. 그러나 이렇게 프로이트의 업적을 인정하면서도 프롬은 프로이트의 성격 이론이 갖는 한계를 지적하고 있다. 이러한 한계를 프롬은 프로이트의 성격 이론이 근본적으로 기계론적인 인간관에 구속되어 있다는 데서 찾고 있다.

프로이트는 인간을 '리비도'라는 일정한 성적性的 에너지에 의해서 움직이는 기계와 같다고 보았다. 리비도가 발산되지 않을 경우 그것은 인간의 내부에 고통스런 긴장을 낳는다. 이러한 긴장은 성행위에 의해서 비로소 해소되는 바, 프로이트는 이러한 긴장으로부터의 해방을 '쾌락'이라고 불렀다. 이렇게 리비도를 발산함으로써 쾌락을 맛보려고 하는 현상을 가리켜서 프로이트는 '쾌락원칙'이라고 불렀다.

프로이트는 이러한 '쾌락원칙'을 '현실원칙'과 대립되는 것으로 본다. 인간은 쾌락만을 추구할 수 없으며 생존하기 위해서 현실을 고려해야만 한다. 인간은 노동을 해야 할 뿐 아니라 쾌락의 추구를 제한하는 사회적 타부도 고려해야만 한다. 문명의 진보는 노동에 의해서 일어나지만, 노동은 인간이 본능적으로 추구하는 것이 아니라 어느 누구도 좋아서 하지 않는 고통스럽고 불쾌한 것이기 때문에 강요되지 않으면 안 된다. 이와 같이 노동을 향한 본능적인 충동과 같은 것이 없다면, 불쾌한 노동을 위하여 요구되는 정력은 성본능에서 동원되지 않으면 안 된다.

이는 인간의 생존과 문명의 발전을 위해서는 쾌락충동이 억제되어야 하고 사회적으로 감시되고 통제되어야만 한다는 것을 의미한다.

따라서 우리는 쾌락을 추구하되 노동도 하면서 사회적 감시와 통제도 고려해야만 한다. 서로 갈등관계에 있는 쾌락원칙과 현실원칙을 균형 있게 고려하는 것이 정신적으로 건강하게 살기 위한 조건이며, 이 두 원칙 중의 어느 한쪽이 지나칠 때 신경증 내지는 정신병적 징후가 나타나게 된다.

이러한 인간관에 입각하여 프로이트는 신경증의 기원을 사람들이 유아기 때 자신의 성욕과 부모의 권위 사이에서 겪게 되는 심리적인 갈등을 제대로 해결하지 못한 데서 찾는다. 그리고 이러한 갈등을 '오이디푸스콤플렉스'라고 부르고 있다. 나이 어린 사내아이가 만날 수 있는 최초의 여성은 어머니이기 때문에 사내아이는 어머니에 대한 성적 욕구를 갖게 되면서 아버지의 경쟁자가 된다. 신경증은 이러한 경쟁에서 비롯되는 불안에 대해서 아직 정신이 미성숙한 유아가 적절한 방법으로 대처하지 못한 데서 생긴다.


### 프롬의 인간 이해

프로이트의 정신분석학은 유물론적인 전제에 사로잡혀 있기 때문에 생존 본능이나 성본능과 같은 생리적 본능을 인간의 삶을 규정하는 가장 근본적인 것으로 보고 있다. 이러한 생리적 본능은 인간뿐 아니라 동물에게서도 볼 수 있는 현상이며, 이 점에서 프로이트는 인간과 동물 사이에 본질적인 차이를 인정하지 않는다고 할 수 있다. 이에 반해 프롬은 인간의 삶을 규정하는 가장 근본적인 것을 생리적 본능이 아니라 인간에게만 존재하는 실존적인 열정들에서 찾고 있다.

프롬은 인간의 근본적인 특성을 인간이 죽음을 생각하면서 탄생에서 죽음에 이르는 자신의 존재 전체를 문제 삼을 수 있다는 데서 찾고 있다. 인간이 갖는 이러한 존재 성격을 하이데거는 '실존'이라고 부르고 있는 바, 프롬의 인간관은 인간이 갖는 이러한 존재 성격을 인간 이해의 주도적인 실마리로 삼는다는 점에서 상당히 실존철학적인 성격을 갖는다고 할 수 있다. 따라서 실존철학과 마찬가지로 프롬은 동물과 인간 사이에 본질적인 차이를 인정하고 있다.

인간이 동물과 가장 현저하게 구별되는 점은, 동물이 자연조건에 대응하는 적응 능력을 본능이라는 형태로 자연으로부터 부여받는 반면에, 인간에게는 자연에 대한 본능적 적응 능력이 크게 결여되어 있다는 것이다. 인간은 이렇게 본능적인 적응 능력이 약화된 대신 이성을 갖는다. 이와 같이 인간 각자는 약화된 본능 대신에 이성을 가지고 있기 때문에 자신의 삶을 스스로 개척해나가야 하며 자신의 삶에 대해서 궁극적으로 책임져야만 한다. 인간은 이러한 사실 앞에서 고독감과 함께 무력감을 느낄 수도 있다. 다시 말해 인간은 자신이 어떻게 살아야 할지가 분명하게 보이지 않는 세계 안에 무력하게 홀로 던져져 있다고 느낄 수 있는 것이다.

이러한 고독감과 무력감은 우리가 죽음을 의식할 때 가장 첨예해진다. 인간은 철이 들면서부터 자신의 삶이 죽음으로 끝난다는 사실을 자각한다. 그리고 인간은 죽음 앞에서 자신이 철저하게 무력한 존재이며, 또한 자신의 죽음은 어느 누구도 대신해줄 수 없고 자신이 홀로 겪어야 한다는 사실을 의식한다. 아울러 죽음을 생각하면서 우리의 삶은 모든 노력에도 불구하고 결국은 죽음으로 끝나는 무의미한 것이라는 생각을 하면서 허무감에 빠지기도 한다.

인간의 삶은 이성적인 존재로서의 인간만이 빠져들 수 있는 이러한 '고독감'과 '무력감' 그리고 '허무감'에서 벗어나 자신의 삶을 유의미하고 충만한 삶으로 만들려는 몸부림이라고 할 수 있다. 이 점에서 우리는 인간의 삶을 근본적으로 규정하는 것은 식욕이나 성욕과 같은 생리적인 본능이 아니라, 인간만이 지닌 다음과 같은 욕망들, 즉 첫째로는 고독감에서 벗어나기 위해서 결합과 합일을 원하는 욕망, 둘째로는 무력감에서 벗어나기 위해서 세계를 자신이 원하는 대로 변형시키려는 창조와 초월에의 욕망, 마지막으로 허무감에서 벗어나기 위해서 지향의 틀을 구하는 욕망이라고 할 수 있다.

이러한 욕망들은 식욕과 성욕과 같이 육체에 뿌리박은 본능적 욕망이 아니다. 그것들은 오히려 인간이 본능이 약화된 대신 이성을 갖게 됨으로써 처하게 되는 독특한 실존적 상황에서 비롯되는 것이라는 점에서, '실존적 욕망'이라고 불릴 수 있을 것이다.

이러한 욕망들은 이성적이면서도 건강한 방식으로 실현될 수 있지만 많은 경우 비이성적이고 병적인 방식으로 실현된다. 예를 들어 고독감에서 벗어나기 위해서 결합과 합일을 실현하려는 욕망은 술이나 마약 등을 통해서 의식을 마비시키거나 특정한 종교집단이나 정치적인 집단에 자신을 예속시키는 방식으로 실현된다. 프롬은 우리가 고독감을 극복하면서 참된 결합과 합일을 실현할 수 있는 유일한 길은 '사랑'이라고 말하고 있다. 이 경우 사랑은 사랑하는 자의 생명과 성장에 대한 보호와 관심, 책임과 존경이라는 성격을 갖는다. 따라서 이러한 사랑은 맹목적인 것이 아니라 상대방 혹은 세계와 사물들의 진정한 본질을 드러내면서 그것들이 자신들의 잠재적인 가능성을 발휘하도록 돕는 이성적인 통찰과 결부되어 있다.

또한 초월과 창조에의 욕망 역시 많은 경우 비이성적이고 병적으로 실현된다. 우리는 다른 사람들이나 집단들 혹은 자연의 사물들을 지배하고 정복함으로써 무력감에서 벗어나려고 한다. 그러한 욕망이 이성적이고 건강한 방식으로 실현될 경우, 그것은 다른 인간들이나 사물들을 자신의 생존이나 강화를 위한 수단으로 삼지 않고 그것들이 자신의 고유한 본질을 실현하도록 돕는 형태로 나타나며, 사물들을 순수한 눈이나 귀로 보고 들으면서 그것들의 고유성을 향유하고 그것에 기뻐하는 태도로 나타난다.

지향의 틀에 대한 욕망 역시 많은 경우 어떤 특정한 정치적인 이데올로기나 종교적 교리에 대한 광적인 집착을 통해서 실현된다. 이 경우 정치적인 이데올로기나 종교적 교리는 그것에 대한 어떠한 비판도 허용하지 않고 맹목적인 복종만을 요구하는 권위주의적 성격을 갖는다. 따라서 인간은 그러한 지향의 틀을 신봉할수록 비판적인 이성을 상실하면서 다른 지향의 틀과 그것을 신봉하는 자들을 극단적으로 배척하게 된다. 이에 반해 지향의 틀에 대한 욕망을 이성적이고 건강한 형태로 충족시키는 종교나 철학은 어떤 특정한 교리 체계나 이데올로기에 대한 믿음보다는 다른 인간들과 사물들에 대해서 지혜롭게 사랑을 실천하는 삶의 태도를 더 중시한다.

실존적 욕망들이 이성적이고 건강한 방식으로 실현될 때일 경우에 그것들은 사랑·친절·연대·자유·진리를 구하려는 욕망으로 나타나지만, 비이성적이고 병적인 방식으로 실현될 때 편협한 이기주의나 지배욕과 소유욕 그리고 광신적인 민족주의나 인종주의와 같은 정치적 이데올로기나 광신적인 종교에 자신을 예속시키는 것으로 나타난다. 또한 그러한 실존적 욕망들을 실현하는 이성적이고 건강한 방식은 보다 큰 힘과 기쁨, 자아의 통합과 활력을 낳는 반면에, 그것들을 실현하는 비이성적이고 병적인 방식은 생명력의 저하와 슬픔, 분열과 파괴를 낳는다. 이런 의미에서 프롬은 전자의 방식은 생명지향적인 것인 반면에, 후자는 생명을 파괴하는 성격을 갖는다고 말하고 있다.

그런데 우리가 위에서 살펴본 인간의 근본적 욕망들인 결합에의 욕망과 초월에의 욕망 그리고 지향의 틀에 대한 욕망은 서로 무관하게 분리된 욕망들이 아니라 사실은 하나의 동일한 욕망을 여러 측면에서 고찰한 것이라고 할 수 있다. 예를 들어 사람들은 어떤 지향의 틀을 함께 신봉하면서 서로 간의 결합을 추구하지만, 이러한 지향의 틀은 세계를 특정하게 해석하고 인간의 삶에 일정한 방향과 의미를 제시하면서 세계를 인간이 아늑하게 거주할 수 있는 장소로 창조하는 방식이기도 하다.

프로이트는 인간의 모든 종류의 열정과 욕망을 움직이는 기본적인 힘을 성적인 욕망, 즉 리비도에서 찾지만, 프롬에 따르면 성적 욕망이 인간에게서 가장 강력한 힘은 결코 아니며 또한 성적인 욕구불만이 모든 심리적 갈등의 원인도 아니다. 또한 다윈이나 쇼펜하우어가 말하는 것처럼 생존에의 욕망이 강력한 본능적 욕망이기는 하지만 각 인간에 따라 생존에의 욕망보다도 실존적 욕망을 더 우선시할 수 있다. 인간은 성욕이 충족되지 않아서 혹은 배가 고파서 자살은 하지 않지만 인생에 대한 허무감이나 열등감 혹은 고독 때문에는 자살할 수 있으며, 삶의 고귀한 의미를 위해서 자신의 목숨을 희생할 수도 있다.

더 나아가 식욕이나 성욕도 실존적 욕망과 분리되어서 따로 존재하는 것이 아니라 이것과 항상 결합되어 나타난다. 성욕은 단순한 성욕으로 나타나지 않고 결합과 합일에의 욕망과 결부되어 나타나거나, 다른 인간들을 학대하는 도착적 성행위에서 보듯이 무력감에서 벗어나려는 욕망과 결부되어 나타난다. 또한 식욕 역시 인간의 경우에는 단순히 허기를 때우기 위한 욕망에 그치지 않고 사물이 가지고 있는 독특한 성질을 맛보고 즐기려는 욕망과 결부되어 있다. 이러한 욕망은 초월과 창조의 욕망 중 하나라고 할 수 있다. 그리고 식사 행위는 인간들 간의 결속과 합일을 매개하는 것이 된다. 단적으로 말해서 인간의 경우에는 식욕과 성욕과 같은 생리적 욕망도 실존적 욕망의 성격을 띠고 있는 것이다.

## 프로이트 비판

이상에서 보듯이 실존적 욕망들은 개인이나 종족의 생존을 위해서 직접적으로 필요한 본능은 아니지만, 그것들은 생존 본능이나 성적 본능과 동일한 정도로, 아니 경우에 따라서는 그 이상으로 강하다. 따라서 우리는 인간의 모든 욕망을 생리적인 본능으로 환원하는 것을 넘어서 인간을 전체적으로 고찰해야 한다. 이는 실존적 욕망들은 한 개인의 전체적인 성장에 대한 욕구와 관련이 있기 때문이다. 예를 들어 인간은 결합과 합일을 향한 욕망을 다른 인간들에 대한 사랑을 통해서 실현할 때 자신의 삶에 대해 보다 더 큰 활력과 통일성을 경험할 수 있으며 정신적으로 건강한 존재가 될 수 있다.

프롬은 자신의 새로운 인간 이해에 입각하여 프로이트의 심리학을 결핍의 심리학으로 규정하고 있다. 프로이트는 쾌락을 '성적인 에너지가 발산되지 못한 상태에서 인간이 자신의 내부에서 겪는 고통스러운 긴장이 해소된 결과 생겨나는 만족'이라고 정의한다. 이에 반해서 프롬은 인간에게 진정한 행복은 성욕의 충족을 통해서가 아니라 사랑과 자비와 같은 자신의 내적인 능력을 실현할 때 주어진다고 본다. 그러나 사랑이나 자비와 같은 진정으로 인간적이고 풍요로운 현상은 프로이트의 사상 체계에서는 아무런 중요한 역할을 하지 못한다.

프로이트는 그러한 현상을 무시했을 뿐 아니라 '성'이란 현상에 대해서도 극히 단순하게 생각하고 있다. 프로이트는 성욕을 단지 생리적인 현상으로 보았으며, 성적인 쾌락도 성적인 욕구불만에서 비롯되는 고통스러운 긴장이 해소되는 것에 불과한 것으로 여겼다. 그러나 육체적인 만족을 가져다 줄 뿐 아니라 정신적인 풍요와 기쁨을 낳는 행위로서의 성적인 행위는 고통스런 긴장으로부터의 해방처럼 소극적인 성격만을 갖는 것이 아니다.

프롬은 아버지와 자식 사이의 갈등도 프로이트가 말하는 것처럼 단순히 어머니를 둘러싼 성적인 경쟁에서 야기되는 것이 아니라 부모의 권위적인 억압에 대한 자식의 반발에서 비롯된다고 본다. 부모의 권위적인 억압은 가부장적인 사회에서는 흔한 현상이다. 이런 의미에서 프롬은 부모의 불합리한 권위적인 억압에 대한 싸움에서 아이가 패배함으로써 남겨진 상처야말로 모든 신경증의 근원이라고 보고 있다. 이러한 상처로 인해서 인간의 독창성과 자발성은 약화되거나 마비되며 사람들은 자기 자신이 아니라 신이나 재물, 명성, 강박적인 의례, 사회적 여론, 유행과 같은 익명의 권위에 의존하게 된다.

더 나아가 프롬은 프로이트의 이론은 가치와 규범의 문제에서 상대주의적 입장으로 전락할 수 있다고 본다. 프로이트는 심리학이 어떤 가치판단의 타당성 여부는 문제 삼을 수 없다고 본다. 즉 프로이트는 심리학은 어떤 사람이 특정한 가치판단을 내리게 되는 심리적 동기를 해명하는 데는 기여할 수 있지만, 어떤 가치판단이 갖는 윤리적 정당성을 결정하는 데 심리학은 기여할 바가 없다고 보는 것이다.

프롬은 프로이트의 이러한 생각이 그의 초자아 이론에서 가장 분명하게 나타나고 있다고 본다. 초자아 이론에 따르면 부친이 어린아이에게 주입하는 사회적 규범이나 금지 체계가 각 개인의 양심의 내용이 된다는 것이다. 이와 함께 프로이트는 인간에게 기존의 사회적인 규범을 비판하면서 새로운 규범을 형성해나갈 수 있는 주체적인 능력이 있다는 사실을 고려하지 않고 있다. 그러나 이렇게 되면 모든 사회적 권위는 단순히 사회적 권위라는 이유로 정당성을 갖게 된다.

윤리적 규범의 타당성 여부는 심리학이 다룰 수 있는 영역이 아니라고 본 프로이트와 달리, 프롬은 인간의 생리적인 본능에 그치지 않고 인격 전체를 고려하는 심리학이 윤리학을 위한 토대가 될 수 있다고 본다. 즉 프롬은 심리학이 우리가 어떤 행위와 삶의 방식을 선한 것으로 볼 것인지 아니면 악한 것으로 볼 것인지에 대해서 하나의 지침을 줄 수 있다고 보는 것이다. 프롬은 선이란 인간을 정신적으로 건강하면서도 행복하게 만드는 행위나 삶의 방식이며, 악이란 인간을 정신적으로 병들게 하고 불행하게 만드는 행위나 삶의 방식이라고 본다. 또한 심리학은 어떤 행위나 삶의 방식이 인간을 정신적으로 건강하게 만들고 행복하게 만드는지를 분명히 밝히는 데 크게 기여할 수 있다고 본다.

이런 의미에서 프롬은 프로이트의 정신분석학이 심리학을 하나의 자연과학으로 만들기 위해 심리학을 윤리학과 분리시키는 잘못을 저질렀다고 생각한다. 그것은 인간을 전체적으로 고찰하려고 했으면서도 인간이 단순히 생리적 욕망을 충족시키는 것을 넘어서 자신의 삶을 유의미한 것으로 만들고 싶어 하고 참된 가치와 규범을 발견하고 실현하기 위해서 발버둥치는 존재라는 사실을 간과했다는 것이다. 이런 의미에서 프롬은 프로이트가 제시하는 인간은 구체적인 인간과는 거리가 먼 비현실적인 추상물이라고 평가하고 있다.

가치와 윤리적인 문제가 인간에게 갖는 의의를 이해하지 못할 경우, 인간과 인간의 정서적이며 정신적인 장애에 대해 이해하는 것은 불가능하다. 이는 역으로 인간의 본성과 심리를 제대로 이해하지 못하면 가치 및 생활 규범도 제대로 이해할 수 없다는 것을 의미한다. 이는 윤리학의 과제는 단순히 최근의 윤리학에서 보는 것처럼 도덕적 행위의 본질을 따지는 것을 넘어서 인간을 이성적이며 주체적인 인격으로 성숙시키면서 진정으로 행복한 인간으로 형성하는 것이기 때문이다. 프롬은 윤리학은 인간의 본성에 대한 파악에 입각할 수밖에 없다고 보는 바, 인간의 본성에 대한 심리학적 탐구에 윤리학이 기초할 때 윤리학은 비로소 정치함과 아울러 깊이를 가질 수 있다고 본다.

이렇게 프로이트의 한계를 지적하면서도 프롬은 프로이트의 정신분석학의 공적을 높이 평가하고 있다. 프롬은 프로이트가 인간의 마음이 서로 갈등하는 심적인 힘 혹은 에너지들로 구성된 구조물이라는 사실을 발견함으로써 인간을 파악하는 새로운 지평을 열었다고 본다. 프로이트는 갈등하는 심적인 힘들에 대한 파악을 통해서 우리 삶의 과거를 이해하고 미래의 방향을 예측함으로써 우리의 합리적 결단과 선택을 가능하게 하려고 했다.

이와 관련하여 프롬은 보통 프로이트 정신분석학의 핵심적 개념으로 간주되는 리비도 이론이 프로이트의 가장 중요한 발견이 아니라고 본다. 프롬은 심지어 리비도 이론은 프로이트의 전체 사상 중에서 자신의 시대에 가장 구속되어 있었던 사상이라고까지 말하고 있다. 모든 창조적 사상가들은 자신이 속한 시대의 사고방식과 언어를 통해서만 사유할 수 있다. 그들의 가장 독창적인 사상은 그 시대의 사람들이 '생각할 수 없는 것'인 경우가 흔하며 이에 따라서 그들은 자신들이 발견한 것을 그 시대 사람들이 수용할 수 있게 만들기 위해서 그것들을 왜곡시키거나 협소하게 만들 수밖에 없게 된다. 그 당시의 유물론적인 사조에 깊이 물들어 있던 프로이트는 어떤 심리적인 힘이 동시에 어떤 생리적인 힘으로 확인될 수 없는 한 그것은 인간을 움직이는 동기가 될 수 없는 것으로 보았으며, 그러한 두 가지 성질을 함께 가진 유일한 힘이 성적 에너지였다.

그러나 프롬은 프로이트 정신분석학의 가장 큰 기여는 서로 갈등하는 인간 내부의 여러 경향들과 그러한 갈등들을 자각하지 못하게 하는 저항의 힘 그리고 아무런 갈등도 없는 것처럼 보이게 만드는 합리화와 그러한 갈등들을 자각함으로써 일어나게 되는 정신적 해방과 같은 것을 발견한 것이라고 볼 수 있다. 프로이트의 리비도 이론의 핵심을 형성하는 성적 충동과 자아와 초자아 사이의 갈등은 사람들의 삶에서 중심적인 역할을 하는 갈등들의 작은 일부에 지나지 않을 뿐이다. 이런 의미에서 우리는 인간의 근본적인 욕망들에 대한 프롬의 파악과 그러한 욕망들 사이의 갈등에 대한 프롬의 분석도 프로이트의 분석을 새로운 형태로 발전시킨 것이라고 할 수 있다.


### 성격 이론과 윤리학

우리는 이상에서 프로이트의 인간 이해와 대비하면서 프롬의 인간 이해를 간략하게 살펴보았다. 프롬은 이러한 인간 이해를 토대로 자신 특유의 성격 이론과 윤리학을 개척했다.

인간에게는 약화된 본능 대신 이성이 주어져 있지만 인간은 매사에 이성에 따라서 사고하고 행동하지는 않는다. 오히려 많은 경우 각자의 성격에 따라서 사고하고 느끼고 행동한다. 효과적인 행동을 하기 위해서는 지나치게 많이 생각하거나 의심하는 데 에너지를 써서는 안 되기 때문에 우리는 흔히 이미 고정되어 있는 특정한 방식으로 사고하고 느끼고 행동하는 것이다. 이렇게 우리가 생각하고 느끼고 행동하는 특정한 방식이 성격이다. 이런 의미에서 사람들은 자신들의 성격에 따라서 '본능적으로 생각하고 느끼고 행동한다'고 말할 수 있으며, 성격이란 인간이 상실하게 된 본능을 대신하는 것이라고 할 수 있다.

성격이 합리적이고 생산적인 것일 때 사고도 합리적이고 생산적으로 행해지는 반면에, 우리의 성격이 불합리하고 비생산적인 것일 경우에는 사고도 합리적인 논리의 외관을 쓰고서 그러한 왜곡된 성격과 정서구조를 미화하고 정당화하는 역할을 하기 쉽다. 사람들이 행동하고 느끼고 생각하는 방법은 대체로 그 사람의 특수한 성격에 의해 결정되는 것이지, 현실에 대한 이성적인 사려의 결과는 아닌 것이다. 대부분의 사람들에게는 자신이 갖고 있는 관념이나 판단은 자신이 행한 논리적 추리의 결과인 것처럼 보이기 때문에 사람들은 세계에 대한 자신들의 태도도 자신들이 갖는 관념과 판단에 입각해 있다고 생각하는 경향이 있다. 그러나 이러한 확신은 사실은 그러한 관념이나 판단이 비롯된 그들의 성격구조를 강화하는 역할을 할 뿐이다.

프롬은 성격을 크게 합리적이고 생산적인 성격과 비합리적이고 비생산적인 성격으로 나누고 있다. 우리는 앞에서 인간이 자신의 근원적 열망들을 긍정적이고 생산적인 방식으로 충족시킬 수 있지만 부정적이고 비생산적인 방식으로도 충족시킬 수 있다는 사실을 보았다. 프롬은 어떤 사람이 자신의 근원적인 열망들을 어쩌다가 우연히 긍정적이고 생산적으로 실현하는 것이 아니라 지속적으로 긍정적이고 생산적으로 실현할 경우 그러한 사람은 생산적 성격 내지 생명친화적인 성격을 가지고 있다고 본다. 이러한 생산적 성격 내지 생명친화적인 성격에 반대되는 것은 비생산적이고 파괴적인 성격이다. 생산적 성격은 사랑, 연대, 정의, 합리성을 지향하는 반면에, 비생산적 성격은 사디즘이나 마조히즘, 파괴성, 탐욕, 이기주의적인 자기애나 자신이 속한 민족이나 인종 혹은 종교집단이나 정치집단에 대한 맹목적이고 배타적인 애정인 근친애를 지향한다.

프롬은 생산적인 성격이 지향하는 사랑, 연대, 정의, 합리성은 서로 밀접하게 연관되어 있다고 보면서 그것들을 '생명 증후군'이라고 부르고 있는 반면에, 비생산적인 성격이 지향하는 사도-마조히즘, 파괴성, 탐욕, 나르시시즘, 근친애 역시 서로 밀접하게 결합되어 있다고 보면서 그것들을 '생명 저해 증후군'이라고 부르고 있다.

프롬은 자신의 이러한 성격 이론이 오늘날의 윤리학에서 일어나고 있는 지적인 혼란을 해결하는 데 크게 기여할 수 있다고 생각하며, 더 나아가 윤리학은 정신분석학적인 성격 이론을 도입할 경우에만 그러한 지적인 혼란을 제대로 해결할 수 있다고 생각한다.

첫째로, 프롬은 윤리학의 여러 용어들이 다의적인 의미로 쓰이면서 발생하는 지적인 혼란을 해결하는 데 정신분석학적인 성격 이론이 절대적으로 필요하다고 본다.

많은 윤리적인 용어들이 동일한 말이라도 다른 의미로 쓰이거나 서로 모순되는 태도들을 가리키기 위해서 쓰이는 경우가 드물지 않다. 그런데 윤리적인 용어들이 갖는 이러한 애매모호함은 그러한 용어들이 성격구조와 관련해 이해될 경우 사라진다. 예를 들어서 마조히즘적인 성격의 소유자에게 '사랑'이란 상대방에 무조건 복종하는 것을 의미할 뿐, 평등한 관계에 입각한 상호 간의 애정과 존경을 의미하지 않는다. 또한 그러한 사람에게 '희생'이란 개인적인 자아를 보다 더 높은 지위와 권위를 갖는 자에게 철저하게 복종시키는 일이지 인간의 고귀한 도덕적인 자아를 실현하는 것은 아니다.

이런 의미에서 프롬은 사람들이 흔히 자기희생으로 찬양하는 행위도 마조히즘적인 열망에서 비롯된 것일 수 있다고 보면서, 진정한 의미의 자기희생과 병적인 종류의 자기희생은 서로 구분되어야 한다고 말한다. 희생이 참된 정신적 이상을 실현하기 위해서 행해지는 것이라면 그러한 희생은 인간이 자신의 삶을 최고로 완성하는 행위다. 그러나 이러한 희생은 광적인 정치 이데올로기나 종교가 가르치는 마조히즘적인 희생과는 근본적으로 다른 성격을 갖는다. 마조히즘적 희생은 인간이 자아를 실현하고 완성하기 위한 행위가 아니라 그 자체가 목적이 된다. 마조히즘적인 희생은 삶의 완성을 자아를 절멸하는 데서 찾고 있는 것이다.

이 경우 프롬은 마조히즘을 성행위할 때 상대방으로부터 학대받고 싶어 하는 도착적인 성향뿐 아니라 사람들의 특정한 성격적 경향성을 가리키는 용어로 사용하고 있다. 즉 프롬은 마조히즘을 한 인간이 자신보다 강력하다고 생각하는 어떤 힘에 자신을 복속시킴으로써 스스로의 힘으로는 도저히 견뎌낼 수 없는 고독감과 허무감을 극복하려는 성격적 경향성으로 보고 있는 것이다. 이런 의미의 마조히즘은 사디즘과 마찬가지로 단순히 성적인 차원에서뿐 아니라 사회적·종교적인 차원을 비롯한 삶의 모든 차원에서 나타나고 있다. 슐라이어마허Friedrich Ernst Daniel Schleiermacher는 종교적 경험을 절대적 의존의 경험이라고 정의한 바가 있는데, 프롬은 이것이야말로 종교가 마조히즘적인 형태로 나타난 것으로 보고 있다.

마조히스트는 한편으로는 자신 밖의 힘에 자신을 내맡김으로써 자신을 상실하게 되지만 다른 한편으로는 자신보다 강력하다고 생각하는 힘의 일부로 자신을 만들면서, 하나의 독립된 개인으로 존재할 때는 가질 수 없던 힘을 갖게 된다. 아울러 그러한 외적인 권위에 복종함으로써 스스로 결단을 내리는 부담에서 벗어나게 된다. 그러나 마조히스트는 이러한 자부심과 안정감을 갖게 되는 대가로 자기 자신을 비하하고 괴롭혀야만 한다. 이러한 마조히스트에게 '용기'란 자진하여 복종하거나 고통을 견디는 것이지 권력에 반대하여 정의와 자신의 정당한 권리를 주장하는 것이 아니다.

프롬은 윤리적이고 정치적인 중요한 개념들을 둘러싼 많은 지적인 혼란은 이러한 개념들의 의미를 성격 이론에 입각하여 심리학적으로 올바르게 분석함으로써 비로소 극복될 수 있다고 생각한다. 프롬은 사람들의 성격유형에 따라서 동일한 용어가 완전히 다른 의미를 가질 수 있다고 생각하는 것이다. 이와 관련하여 프롬은 윤리학의 근본문제는 사랑이나 정의와 같은 규범들을 이론적으로 정당화하거나 왜 인간은 도덕적이어야 하는가 등의 문제들을 논리적으로 따지는 것이 아니라 사랑과 정의 그리고 용기와 같은 윤리적인 용어들이 지향하는 진정한 사태를 드러내 주는 것이라고 생각한다.

위에서 본 것처럼 마조히즘적인 성격의 소유자들을 비롯한 병적인 성격의 소유자들 역시 사랑이나 정의라는 규범을 부정하지 않으며, 이들 역시 인간은 도덕적으로 살아야 한다고 생각한다. 그럼에도 그들은 그러한 개념들을 자신들의 성격과 그러한 성격에서 비롯되는 불합리한 정열을 정당화하는 의미로 받아들인다. 따라서 프롬은 사랑이나 정의나 용기와 같은 중요한 가치들의 진정한 의미를 드러내기 위해서는 그러한 가치들이 왜곡되지 않은 방식으로 나타나는 성격구조에 대한 해명이 필수적이라고 생각한다. 이런 의미에서 프롬은 윤리학의 발전을 위해서는 정신분석학적인 성격 이론이 필수불가결하다고 생각한다.

둘째, 프롬은 윤리학이 상대주의에 빠지지 않고 선과 악을 구별할 수 있는 기분을 분명히 제시하기 위해서 정신분석학적인 성격 이론이 절대적으로 필요하다고 본다. 이는 결국 선이란 인간의 진정한 행복과 정신적 성장을 증진시키는 것이요 악은 그것을 저해하는 것인바, 인간이 진정으로 행복하고 정신적으로 성장하는 것이 무엇을 의미하며 그러한 진정한 행복과 정신적 성장을 실현하기 위해서 우리는 어떻게 해야 하는지를 정신분석학적 성격 이론이 분명하게 제시할 수 있기 때문이다.

윤리학의 발전을 위해서 성격 이론이 갖는 이러한 지대한 의의에 비추어 볼 때 프롬은 윤리적인 문제해결에 정신분석학이 발견한 사실들을 적용하려는 철학적인 시도나 심리학적 시도가 그동안 거의 행해진 적이 없었다는 사실에 대해서 크게 의아해 한다.

우리는 아래에서 프롬이 정신분석학적인 성격 이론에 입각한 윤리학을 구체적으로 어떤 식으로 전개하고 있는지를 살펴볼 것이다. 프롬은 앞에서 언급한 생명 증후군에 입각하면서 그러한 증후군을 촉진하는 윤리를 '인본주의적 윤리'라고 부르는 반면에, 생명 저해 증후군에 입각하면서 그 증후군을 촉진하는 윤리를 '권위주의적인 윤리'라고 부르고 있다. 프롬은 자신의 성격 이론에 기초하여 인본주의적 윤리와 권위주의적인 윤리 각각에서 무엇이 선이나 악, 죄 그리고 양심으로 규정되는지를 분석하고 있다.


## 1) 권위주의적 윤리와 인본주의적 윤리

권위주의적 윤리는 무엇이 선하고 악한가를 인식하는 인간의 능력을 부정한다. 규범을 부여하는 것은 개인을 초월하는 권위이다. 이러한 권위는 복종하는 자가 권위에 대해서 갖는 경외와 그의 나약하고 의존적인 감정에 기반을 둔다. 권위주의적 윤리에서는 '순종이 최대의 미덕이며 불복종이 최대의 죄악'으로 간주되는 것이다. 이에 대해서 인본주의적 윤리는 인간을 초월하는 권위가 아니라 오직 인간만이 미덕과 죄의 기준을 결정할 수 있다는 원칙에 입각해 있다. 그리고 그것은 인간을 위해 선한 것이면 '선'이고 인간에게 유해한 것이 '악'이라는 원리에 입각해 있다. 즉 유일한 윤리적 가치 기준은 인간의 행복인 것이다. 이 점에서 인본주의적 윤리는 인간중심적이다.

프롬은 권위주의적 윤리가 인간이 처한 근본적인 상황에서 비롯되는 고독감과 무력감에서 '손쉬운' 방식으로 벗어나려는 시도에서 비롯된다고 본다. 인간은 자신이 우연히 세계에 내던져 있다고 느끼면서 자신의 무력함과 한계를 깨닫는다. 무엇보다도 인간은 자신이 죽음으로부터 피할 수 없다는 사실을 알고 있다. 인간은 이러한 유한성을 여러 가지 관념을 통해서 부정하려고 노력해왔다. 예를 들어 기독교의 영혼불멸 사상은 영혼을 불사의 것으로 가정함으로써 인간의 삶이 죽음으로 끝난다는 비극적인 사실을 부정하고 있다. 또한 사람들은 자신들이 살고 있는 지금이야말로 인류가 희구해온 유토피아가 실현되는 시대라고 생각함으로써 자신들의 무력감에서 도피하려고 한다. 그리고 어떤 사람들은 인생의 의미는 각 개인의 삶의 완전한 전개에 있지 않고, 사회에 대한 봉사나 사회적 의무의 완수에서 찾을 수 있다고 주장한다. 이러한 입장들은 개인의 발전과 자유와 행복은 개인을 초월하는 영원하고 강력한 권위에 비하면 중요하지 않다고 주장한다.

프롬이 권위주의적인 윤리가 인간이 처한 근본적인 상황에서 비롯되는 고독감과 무력감에서 '손쉬운' 방식으로 벗어나려는 시도라고 보는 이유는, 그러한 윤리가 인간이 자신의 성격과 인격을 변화시키려고 지속적으로 노력하지도 않고 단순히 권위에 복종하는 것만으로도 고독감과 무력감에서 벗어날 수 있고 더 나아가 선한 인간이 될 수 있다고 보기 때문이다.

이에 반해 프롬은 인간문제에 단 하나의 해결책만이 있을 뿐이라고 생각한다. 그것은 인간은 그의 운명에 무관심한 우주 속에서 본래 혼자이며 고독하다는 사실을 인정하면서, 인간 대신에 인간문제를 해결할 수 있는 수 있는 어떤 초월적인 힘도 없다는 사실을 인정하는 것이다. 인본주의적 윤리는 이러한 입장에 입각하여 인간 자신이 규범의 부여자인 동시에 규범이 적용되는 대상이라고 생각한다.

프롬은 우리가 인본주의의 입장에 서면서도 모든 인간에게 객관적으로 타당하면서도 명증적인 가치판단의 규범을 세울 수 있다고 생각한다. 인본주의적 윤리에서 '선'이란 인간에게 이로운 것이며 '악'이란 인간에게 해로운 것임을 뜻하는데, 인간에게 선한 것이 무엇인가를 알기 위해서는 우리는 먼저 인간의 본성을 알아야만 한다. 이런 의미에서 인본주의적 윤리는 이론적인 '인간학'에 기초를 둔 '삶의 기술'이라고 할 수 있으며 따라서 일종의 '응용과학'이다.

이렇게 생각하는 점에서 프롬은 플라톤이나 아리스토텔레스 그리고 스피노자와 같은 사람들의 생각을 계승하고 있다. 이들은 쾌락을 선으로 보는 윤리적 쾌락주의에 대해서 비판적인 입장을 취하면서 주관적인 쾌락의 체험은 어떤 행동이 선한지에 대한 기준이 될 수 없다고 보며, '이성적인 존재로서의 인간의 본성을 실현하는 행동과 그것에 수반되는 쾌락'만이 진정으로 인간에게 좋은 것이라고 생각한다. 다시 말해 이들은 진정한 행복과 거짓된 행복을 구별하고 있으며, 진정한 행복은 인간의 본성을 실현하는 올바르고 덕스러운 생활을 통해서만 주어진다고 생각했다. 인간은 지혜, 용기, 절제, 사랑과 같은 미덕을 구현할 때 자신의 본성을 진정으로 실현하는 것이며 자신의 삶에 만족하고 행복할 수 있다는 것이다. 달리 말해서 마음이 평온하고 두려움이 없으며, 지속적이며 평온한 만족을 위해서 당장의 자극적인 쾌락을 거부할 수 있는 신중하고 통찰력 있는 사람만이 '진정한' 쾌락을 획득할 수 있다는 것이다. 더 나아가 그들은 행복은 미덕에 대한 보상이 아니라 미덕 그 자체라고 보았다.

이러한 인본주의적인 윤리의 입장에서 프롬은 프로이트의 신경증 이론을 재해석하고 있다. 프로이트는 성적인 에너지를 막는 것이 신경증적인 불안의 원인이 될 수 있다는 사실을 드러냄으로써 성욕의 충족이 갖는 중요성을 드러내었다. 프로이트는 성욕의 충족이 갖는 중요성을 과대평가하고 있지만, 그의 학설은 인간은 자신이 지니고 있는 생산적 에너지를 사용하지 못하게 되면 정신적인 병에 걸리고 불행하게 된다는 사실을 극히 상징적으로 표현하는 것이라고 볼 수 있다. 즉 우리는 프로이트의 이론을 '인간이 성적인 에너지와 같은 생리적인 능력뿐만 아니라 정신적인 능력을 실현하지 못하게 되면 불행하게 된다'는 이론으로 확장할 수 있는 것이다.

인간은 말하고 생각할 수 있는 능력을 부여받았다. 이러한 능력들의 표현이 저지 당하게 되면 인간은 심한 상처를 입게 될 것이다. 인간은 자신과 아울러 모든 존재자들을 사랑할 수 있는 능력을 지니고 있다. 인간이 동료 인간들과 다른 존재자들을 사랑하는 것은 결코 인간을 초월하는 현상이 아니며 인간이 본래 가지고 있고 인간에게서 우러나는 힘이다. 사랑은 인간이 하기 싫어도 해야만 하는 외부에서 부과된 의무가 아니라, 인간이 그것을 통해 세계와 관계를 맺고 세계를 진정한 의미에서 자기 것으로 동화하는 인간 자신의 힘이다. 만일 이러한 능력을 사용할 수 없다면 그러한 능력은 자신과 타인들을 파괴하는 데 사용되고 인간은 고통과 불행에 빠질 것이다.

### 2) 권위주의적 양심과 인본주의적 양심

윤리적 입장에 권위주의적 윤리와 인본주의적 윤리가 있는 것처럼 프롬은 각각에 상응하는 윤리적 양심이 있다고 생각한다. 우리가 위에서 본 사랑, 정의, 희생과 같은 용어들이 사람들의 성격과 그 성격에 상응하는 윤리적 입장에 따라서 상이한 의미를 띠는 것처럼 양심이라는 용어도 항상 동일한 의미를 갖는 것은 아니다.

양심은 그것이 권위주의적 양심이든 인본주의적 양심이든 일종의 인식이지만 그러한 인식은 추상적인 사고의 차원에서 이루어지는 인식 이상의 것이다. 양심은 감정적인 성질을 가지고 있다. 양심은 전 인격의 반응이다. 따라서 우리의 인격이 왜곡되어 있을 경우에는 소위 양심의 소리라는 것도 왜곡되어 있을 수 있다. 예를 들어 히틀러 숭배자는 히틀러의 명령에 따를 때 자신의 양심에 따른다고 생각한다.

권위주의적 양심이 따르는 여러 가지 규범은 권위들에 의해 결정된다. 우연히도 이러한 규범이 선한 것이면 양심은 선한 방향으로 우리를 인도할 것이다. 그러나 그것은 선하기 때문이 아니라 권위가 부여해준 규범이기 때문에 양심이 따라야 하는 규범이 된다. 권위주의적 윤리는 보통 인간은 원래 파괴적이며 이기적이라고 보며, 윤리적 행동이란 천성적인 사악한 욕구들을 억제하는 것이라고 본다. 인간은 우선 자신의 본성이 악하다는 것을 깨닫고 강한 의지력을 발동하여 이러한 타고난 악한 성향과 투쟁해야만 하며 자신에 대한 감시인이 되어야 한다는 것이다. 권위주의적 윤리는 이와 같이 인간은 원래 악하기 때문에 자신과 혹독한 투쟁을 해야만 선하게 될 수 있다는 생각에 사람들을 물들게 하였다. 그러나 프롬은 그러한 투쟁과 억압의 효과는 그것에 대한 옹호자들이 믿는 것보다는 훨씬 적다고 말하고 있다.

인본주의적 윤리에서 윤리적인 문제는 악을 억제하느냐 아니면 악에 탐닉하느냐가 아니라고 본다. 억압과 탐닉 양자는 모두 다른 종류의 속박에 지나지 않으며 진정한 윤리적인 문제는 악을 억압하고 악에 탐닉하는 태도와 생산적이고 창조적인 태도 중에서 하나를 택하는 것이다. 인간을 악하다고 보는 것은 인간이 정말로 악하다는 사실에서보다는 오히려 인간을 불구로 만드는 권위주의적 정신에 의해서 조장된 것이다. 인본주의적 윤리는 인간이 원래 악하다고 보는 것이 아니라 생산적이고 생명 친화적인 잠재력을 타고났다고 보며, 그러한 타고난 원초적인 잠재력을 생산적으로 발휘하는 것이 문제라고 본다. 물론 우리가 사랑과 책임, 용기, 절제와 같은 미덕을 지니기 위해서는 끊임없는 자기성찰이 필요하지만 그것은 흡사 악한 죄인을 가두어 놓고 감시하는 것과는 다르다.

권위주의적 윤리는 규범에 대한 무조건적인 복종을 요구하면서도 인간을 그러한 규범에 항상 저촉할 수밖에 없는 악한 존재로 보기 때문에, 권위주의적 윤리는 인간이 자신에 대한 긍지나 자신감보다는 죄책감을 가질 것을 요구한다. 권위주의적 양심이란 죄의식에 사로잡히고 자신을 학대하는 양심인 것이다.

따라서 죄의식은 보통 권위주의적 양심에 의해서 의식적으로 체험되는 것이지만 그렇다고 그것이 인본주의적 양심에 죄의식이 없다는 것을 의미하지는 않는다. 이러한 죄의식은 자신에 대한 의식적인 자책이라기보다는 자신의 존재에 대한 불안과 권태라는 방식으로, 혹은 무의식적인 죄책감으로 나타난다. 프롬은 이러한 불안의 한 형태를 자신의 인생을 낭비해버린 사람들이 보이는 죽음에 대한 비합리적인 공포에서 찾고 있다. 그것은 모든 인간은 죽어야만 한다는 사실에 대한 정상적인 공포가 아니라 사람들을 끊임없이 사로잡는 죽음에 대한 전율이다. 죽음에 대한 그러한 비합리적인 공포는 자신이 인생을 낭비해버렸으며 자신의 능력을 생산적으로 사용하지 못했다는 사실에 대한 죄책감의 표현이다.

이렇게 볼 때 권위주의적 양심은 사실은 인본주의적 양심에 근거하면서도 인본주의적 양심을 은폐하면서 그것의 소리를 듣지 못하게 기능한다. 사람들은 의식적인 차원에서는 자신이 권위를 기쁘게 하지 못했다는 것에 대해서 죄책감을 느끼지만, 무의식적인 차원에서는 자신의 생산적인 잠재력을 구현하지 못한 것에 대해서 죄책감을 느끼고 있는 것이다. 그럼에도 사람들은 의식적인 차원에서 경험하는 죄책감에 사로잡힘으로써 무의식적인 차원의 진정한 죄책감을 망각한다.


## 성격과 사회

성격과 사회 사이의 관계와 관련해서도 프롬은 프로이트를 비판하면서 독자적인 입장을 개척하고 있다. 프로이트는 인간을 악한 존재로 보면서 인간들 사이의 관계를 적대적인 것으로 보는 근대의 특정한 통념을 계승했다. 인간들 간의 관계를 '만인 대 만인의 투쟁'으로 본 홉스처럼 프로이트는 인간을 근본적으로 반사회적인 존재로 보고 있는 것이다. 프로이트는 남성은 모든 여자를 정복하려는 무제한적인 욕망에 쫓기고 있다고 보면서, 사회적 금지조치만이 이러한 욕망의 무분별한 추구를 저지할 수 있다고 가정한다. 그는 사람들은 서로 질투를 하지 않을 수 없고 이러한 상호간의 질투와 경쟁은 이를 유발하는 사회적·경제적 원인이 모두 사라지더라도 계속될 것으로 보았다.

이 경우 프로이트는 개인과 사회의 관계를 본질적으로 정적靜的인 것으로 파악하고 있다. 프로이트는 인간을 어떠한 문화에서 살든 간에 동일한 생물학적인 충동을 갖는 존재로 보았으며, 따라서 근대인에게만 특유한 열정과 불안감마저도 인간 일반의 생리적인 구조에서 비롯된 것으로 보았다. 그러나 개인과 사회의 관계는 자연적인 충동을 갖는 개인이 한편에 존재하고 또 다른 한편에 개인과 별도로 사회가 존재하면서 개인의 욕구를 허용하거나 억압하는 관계가 아니다.

물론 사람이면 누구나 가지고 있는 여러 가지 욕망, 이를테면 식욕과 성욕과 같은 여러 가지 불변적인 욕구가 있는 것은 사실이다. 그러나 인간들의 성격적인 차이를 형성하는 사랑과 증오, 권력에 대한 갈망이나 복종에 대한 동경, 감각적인 즐거움에 대한 탐닉과 같은 충동은 상당 부분 인간이 사회에 적응하는 가운데 형성되는 것이다. 인간이 가지고 있는 가장 아름다운 성향은 가장 추악한 성향과 마찬가지로 고정된 생물학적인 인간성의 일부가 아니라 바로 인간을 형성하는 사회구조의 산물인 것이다.

다시 말해 사회는 프로이트가 말하는 것처럼 단지 억압적인 기능만을 갖는 것이 아니라 창조적인 기능도 가지고 있다. 사회구조에 따라서 사회구성원들에게는 전연 판이한 사회적 성격이 요구되며 또한 다른 사람과의 관계도 다른 양상을 띠게 된다. 우리는 사회 속에서 성장하고 사회에 적응해야 살아남을 수 있기 때문에 우리가 갖는 성격 구조는 우리가 처해 있는 사회의 분위기로부터 크게 영향을 받게 되는 것이다. 이와 함께 프롬은 생명 증후군이 지배하는 사회적 분위기가 있는가 하면, 생명 저해 증후군이 지배하는 사회적 분위기가 있다고 생각한다. 생명 증후군이 지배하는 사회적인 분위기에서 사람들은 살아남고 성공하기 위해서라도 생명 증후군을 발전시키는 반면에, 생명 저해 증후군이 지배하는 사회적 분위기에서 사람들은 생명 저해 증후군을 발전시키게 되는 것이다.

이렇게 사회적 조건이 개인들의 인성발달에 미치는 영향이 극히 크기 때문에 프롬은 각 개인들이 생명 증후군을 발전시키기 위해서는 당사자의 노력도 필요하지만 사회구조를 생명 증후군의 발달을 촉진하는 방향으로 변화시킬 필요가 있다고 말하고 있다. 이와 관련하여 프롬은 파괴적이거나 잔혹한 사람이 그렇게 된 것은 상당 부분 자신이 살고 있는 사회적 상황에 적응하기 위해서 불가피했던 것이라고 본다. 따라서 사람의 성격과 그를 지배하는 정열은 그 자체로는 비합리적이지만, 그 사람이 살고 있는 특정한 사회적 상황에서 그 사람이 살아남고 성공한다는 관점에서 보면 나름대로의 합리성을 갖고 있다. 예를 들어서 파시즘이나 나치즘이 지배하는 상황에서 사람들은 그 사회에서 생존하고 출세하기 위해서 파괴적인 성격과 열정을 개발해야 하는 것이다.

그러나 이렇게 사회적 환경이 개인들의 성격에 대해서 갖는 영향력을 강조한다고 해서 프롬이 개인들의 성격이 그가 살고 있는 사회적 조건에 의하여 결정된다는 사회학주의적인 명제를 주장하고 있다고 생각해서는 안 된다. 사회학주의는 각 개인의 성격과 아울러 사람들이 추구하는 이념이 그때마다의 사회적 조건에 의해서 결정된다고 생각하기 때문에 본질적으로 상대주의적인 입장을 취하고 있다. 그것은 인간은 백지이고 그것 위에 그때마다의 사회적 조건이 인간이 실현해야 할 가치와 규범을 기입한다고 보는 것이다.

이러한 사회학주의적인 상대주의에서 각 개인은 자신이 살고 있는 사회의 가치와 규범에 제대로 순응하는 한 정상이고 그렇지 못할 경우에는 병적인 인간으로 평가된다. 프롬은 이러한 사회학적 상대주의는 사회에 대한 순응만을 정상적인 것으로 간주하고 사회에 대한 비판을 허용하지 않음으로써 사회발전에 해로운 결과를 미칠 것이라고 본다. 사회학적 상대주의의 입장에 반해서 프롬은 인간이나 사회가 생산적인 것인지 비생산적인 것인지, 다시 말해서 건전한 것인지 병적인 것인지를 평가할 수 있는 객관적인 척도가 존재한다고 본다. 프롬은 자신의 이러한 입장을 '규범적 인간주의'라고 부르고 있다.

- **에리히 프롬, 박갑성·최현철 옮김, 《자기를 찾는 인간》, 종로서적, 1989.**
정신분석학적 성격 이론에 입각하여 독자적인 윤리학을 개척하고 있다.

- **에리히 프롬, 김병익 옮김, 《건전한 사회》, 범우사, 1975.**
사회적 성격이라는 개념을 개척하면서 자본주의사회의 각 단계에서 사회적 성격이 구체적으로 어떻게 나타나고 있는지를 분석하고 있다.

- **에리히 프롬, 이상두 옮김, 《자유로부터의 도피》, 금성출판사, 1989.**
마조히즘이나 사디즘 등과 같이 근대인들이 보이는 병적인 성격적 경향들을 자유로부터 도피하기 위한 시도로 보면서 분석하고 있다.

- **라이너 풍크, 박규호 옮김, 〈사회심리분석-에리히 프롬의 사상적 단초 및 그 현대적 의미〉, 라이너 풍크·헬무트 요하흐·게르트 마이어, 《에리히 프롬과 현대성》, 영림카디널, 2003.**
에리히 프롬의 사회심리 분석의 핵심적 내용과 아울러 그것이 오늘날 갖는 의의를 분석하고 있다.

- **박찬국, 〈에리히 프롬의 인간관-실존주의와 맑스주의를 넘어서〉, 《시대와 철학》 13호, 1996.**
에리히 프롬의 인간 이해가 실존주의와 맑스주의 양자를 어떤 식으로 종합하고 있는지 살펴보고 있다.

# 가다머의 '프로네시스와 대화의 윤리학'

김창래

한스-게오르크 가다머는 자신의 철학 체계 내부에 독립된 분과로서의 윤리학 또는 실천철학을 전개한 적이 없다. 이것은 가다머에게는 윤리학이 존재하지 않는다는 사실을 뜻하지 않는다. 오히려 정반대가 참이다. 가다머에게 윤리학은 단지 철학의 한 분야에 불과한 것이 아니다. 철학은 곧 윤리학이고 오로지 실천철학으로서만 가능하다. 그리고 이는 '윤리에 대한 가다머의 철학적 성찰'이 철학의 여러 분야 중 하나로서의 윤리학에서가 아니라 오로지 그의 철학 체계 전체 안에서만 다루어질 수 있다는 사실을 뜻한다. 이 글은 이 같은 과제와 관련하여 약간의 기여를 하고자 한다.

잘 알려진 대로 가다머는 《진리와 방법Wahrheit und Methode》의 저자이고, 이 책은 '진리'와 '방법'의 관계, 즉 "과학적 방법론의 통제 영역을 넘어서 있는 진리"(한스-게오르크 가다머, 《전집》, 1권, 튜빙엔 1990, p.1, 이하 《전집》 인용은 권수와 쪽수만 표시한다)와 과학의 방법을 통해 얻을 수 있는 인식 간의 관계를 다루고 있다. 이 관계는 통상 단적인 대립관계로 알려져 왔다. 즉 방법은 진리에로의 길이 아니고, 진리는 방법을 초월한다는 것이다. 그러나 가다머가 분명히 밝히듯 이 둘 사이에는 결코 서로를 "배제하는" 관계가 성립하는 것이 "아니다."(2권, p. 238) 가다머는 분명히 과학의 방법적 인식이 한 종류의 진리임을 인정한다. 과학은 보편 법칙의 정립, 법칙에 의한 설명과 예측, 그리고 이를 통한 "자연의 지배"(2권, p. 37)라는 목적에 봉사하는 수단으로서의 인식이다. 중요한 것은 이 같은 인식이 물론 "아무것도 아닌 것은 아니지만"(2권, p. 453) 진리 전체는 아니고 또 진리 자체도 아니라는 것이다. 과학의 방법에 의거하지 않는 (1권, p. 13 참조) 그리고 과학적 인식을 "앞서가는"(2권, p. 450), 따라서 과학의 진리보다 "더 근원적인"(2권, p. 427) 진리가 있다. 여기서 '근원적'이라 함은, 이 진리가 인간의 가능한 삶의 방식 중 하나로서의 과학적 세계 태도를 존재론적으로 앞서는 삶의 경험 자체로부터 생겨난다는 의미이다. 이 근원적 경험을 가다머는 구체적으로 "철학의 경험, 예술의 경험, 그리고 역사 자체의 경험"(1권, p. 2)으로 제시한다. 그러나 이로써 가다머가 '학문의 특정 분야로서의 철학과 역사학', 그리고 '문화의 한 형태로서의 예술'에 진리와 관련한 특수 지위를 부여했다고 생각한다면, 그것은 단견이다. 그가 의미하는 진리 경험은 오히려 인간의 삶 자체, 즉 역사적 전승과 예술작품의 매개를 통해 이루어지는 "인간의 세계 경험과 삶의 실천 전체"(2권, p. 439)이다. 바로 이 영역, 과학의 방법적 이론적 탐구에 앞서 이미 항상 우리의 삶과 실천이 움직이고 있는 영역이 바로 가장 근원적인 의미에서의 진리의 장소이다. 그리고 과학의 방법적 진리는 이 근원적인 실천적 삶의 세계를 대상화하여 이론적으로 관찰하고 그 합법칙적 질서를 확정한다는 목적에 봉사하는 수단, 따라서 이 근원적 진리의 한 파생적 양태에 불과할 뿐이다. 이렇게 '법칙적 질서로 파악되는 한에서의 세계(자연)에 대한 이론적 탐구로서의 근대 과학'의 근거에 '과학과 이론 이전의 인간의 삶과 실천에 대한, 그리고 그렇게 살며 실천하는 인간 자신에 대한 학문으로서의 정신과학'이 놓여 있다. 그리고 이 정신과학에 대한 철학적 성찰이 바로 가다머의 철학적 해석학이다.

　　이것이 이른바 《진리와 방법》의 기획을 근본적으로 결정하는 구조이다. '방법'에 앞서는 '진리'가 있고, '대상으로서의 자연에 대한 학문으로서의 근대 과학'을 앞서 가는 '인간 자신에 대한 학문으로서의 정신과학'이 있고, '이론적 앎'을 앞서 가는 '실천적 삶'이 있다. 물론 이 관계는 이미 언급한 대로 대립의 관련이 아니라 근거 부여의 관련이다. 따라서 철학적 정신과학론으로서의 해석학의 과제는 과학적, 이론적 세계 태도의 한계를 넘어 인간의 실천적 삶의 세계를 독자적인 철학적 탐구 영역으로 확정하고, 이 영역에 대한 철학적 사유를 통해 이 영역에 존립하는 고유한 앎의 존재론적 근원성을 입증하는 일이다. 이제 자연과 자연에 대한 방법적 이론적 앎이 아니라, 인간과 "인간에 대한 앎"(4권, p. 243), 그리고 인간의 삶에 대한 앎, 나아가 인간의 좋은 삶에 대한 앎이 문제이다. 말하자면 "모든 인간적 앎과 행위를 규정하는 물음, 즉 인간으로서의 인간에게 결정적인 그리고 그의 '좋음'의 선택에 결정적인 그런 '가장 거대한' 물음"(2권, p. 318)에 답하는 것이다. 그 물음은 '인간이란 무엇인가?', '인간의 삶이란 무엇인가?', 그리고 '인간의 좋은 삶이란 무엇인가?'이다.

여기서 해석학에 대한 실천철학의, 그리고 실천철학에 대한 해석학의 의미가 드러난다. 근원적인 진리가 주어지는 실천적 삶의 세계는 가다머의 해석학의 논의 주제이면서 동시에 전통적인 윤리학의 탐구 대상이기 때문이다. 정확히 말해 현대의 해석학이 방법에 앞선 근원적 진리를 추구해 갈 때 그 "모범"으로 삼았던 것은 실천적인 앎(아레테에 대한 앎 또는 프로네시스)에 의거해 좋은 삶을 찾았던 고대 "실천철학"(2권, p. 318)의 전통이었다. 이런 이유에서 가다머는 인간의 삶의 실천 자체를 문제시하는 자신의 해석학이 근본에 있어서는 "철학이고, 〔또한〕 철학으로서 실천철학"(가다머, 《과학 시대의 이성》, 프랑크푸르트 1976, p. 108) 이상 다른 것이 아니라고 말한다. 고대 실천철학의 "유산"(2권, p. 433)으로서의 해석학 그리고 이 해석학의 지성사적 "모범"으로서의 실천철학은 모두 '세계 안의 인간이 타인과 더불어 살면서 자유롭게 결단하고 행위하는 그리고 그 행위에 대한 책임까지 떠맡아야 하는 영역'에 주목하고 있다. 이제 우리는 이 같은 인간의 윤리적 실천적 삶의 세계를 합법칙적 질서로서의 외적 자연과는 구분된 (정확히 자연을 앞서는) 하나의 독자적인 존재론적 질서로 인정하고, 이 세계에 대한 실천적 "앎의 특수 지위에 대한" 철학적 "반성"(2권, p. 433)을 통해 이 앎을 과학의 방법적 인식을 앞서 가는 근원적인 진리로 정당화해야 한다. 근본적인 물음은 우리의 실천적 삶의 세계에 뿌리를 내리고 있는, (과학의 방법적 앎과는) "다른 종류의 앎"(1권, p. 27), 즉 우리의 윤리적 행위를 이끌어가는 실천적 앎의 정당화이다. 이 물음에 대한 답변에 바로 해석학적 실천철학의 존립 근거가 놓여 있다.

### 실천적 삶의 세계

가다머에 의하면 우리 인간은 "두 세계의 시민"이다. 즉 한편으로는 "감성적 세계"에 속하고 다른 한편으로는 "초감성적 자유"(10권, p. 233)의 세계에 속한다(칸트, 《도덕 형이상학의 정초를 위하여Grundlegung zur Metaphysik der Sitten》 p. 451). 전자가 합법칙적 질서의 구현체로서의 외적 자연이라면 후자는 인간의 자유로운 선택과 행위를 통해 형성된 실천적, 도덕적 세계이다. 이렇게 두 개의 현실성이 "나란히 서 있고"(10권, p. 230) 인간은 이 둘 모두에 관계한다는, 그리고 이 두 세계에 대해 각기 상이한 종류의 앎이 성립한다는 생각은 전통적으로 수호되어 온 관점이다. 이제 우리는 이 문제를 숙고해야 한다. 왜냐하면 실천적 삶의 세계, 이 세계에 대한 실천적 앎의 자립성이 승인되지 않는다면 '학으로서의 윤리학'은 존립할 수 없기 때문이다.

이미 고대 희랍인들은 신이 만든 세계로서의 피지스와 인간이 정립한 모든 것으로서의 노모스를 구분했다. 전자가 때와 장소의 달라짐에도 불구하고 불변적인 동일성을 유지하는 형상적 세계라면, 후자는 구체적인 상황의 변화에 따라 늘 변모하는 인간의 세계이다(플라톤, 《크라틸로스》, 383b, 384d 참조; 아리스토텔레스, 《니코마쿠스 윤리학》, 1134b 참조). 따라서 전자에 대해서는 관조적 학문의 하나로서의 자연학적 인식이 성립한다면(아리스토텔레스, 《자연학》 192b 참조; 《형이상학》, 1025b 참조), 후자에 대해서는 인간적인 좋음을 다루는 실천적 학문만이 가능할 뿐이다(《니코마쿠스 윤리학》, 1094b 참조). 그리고 두 인식은 엄밀히 구분된다. 다시 말해 실천적 도덕에 대한 자연학적 접근은 허용되지 않는다. 이것은 실천의 대상이지 관조의 대상이 아니기 때문이다. 마찬가지로 칸트 역시 자연과 자유라는 두 현실성을 구분하고 각각을 자연학과 윤리학을 위한 자리로 지정하였다(《도덕 형이상학의 정초를 위하여》, p. 387 참조). 다만 그는 자유의 영역에 대해서는 인식의 가능성을 인정하지 않는데, 그것은 그에게 인식이 경험적 인식이라는 좁은 의미만을 갖기 때문이다. 따라서 **"존재하는 것"**에 대한 인식이 아니라 **"존재해야 하는 것"**(《순수 이성 비판》, B 868)에 대한 자유로운 선택과 행위가 문제인 자유의 세계에서는 이른바 경험적 인식 또는 방법적 인식이 불가능하다. 물론 칸트의 이 같은 제한이 자연 법칙의 강제로부터 인간의 자유를 수호하기 위해 이루어진 것임은 잘 알려진 일이다. 분명한 것은 칸트 역시 자유의 세계에 대한 자연과학적 접근을 허용하지 않는다는 점이다. 후에 딜타이가 자연과학에 대비된 독자적인 학문으로서의 정신과학의 건립을 꾀할 때에도 두 학문의 근원적인 "다름"(딜타이, 《전집》, 7권, p. 70)에 주목했다는 것도 주지의 사실이다. 도덕적 실천의 세계는 독자적인 현실성으로 인정되어 왔고, 이 세계에 대한 학문으로서의 실천철학의 자립성도 마찬가지로 인정되어 왔다.

외적 자연에 대한 이론적 탐구와 인간의 삶에 대한 실천적 학문의 병존 가능성에 대한 회의는 근대 과학의 탄생, 그리고 이 과학의 눈부신 성장에 이어 곧 바로 등장했다. 밀은 그 가장 중요한 이정표이다. 그의《논리학 체계》, 6권의 제목은《도덕과학의 논리학에 관하여》인데, 여기서 그는 인과 법칙에 지배되는 외적 자연에 대비하여 인간의 "사고, 느낌, 행위"에 대한 과학을 "도덕과학"(《논리학 체계》, 6권, p. 430)이라 칭하고, 자연과학과는 다른 이 과학만의 독자적인 논리학에 대해 묻는다. 그러나 그는 이내 사유하고 느끼고 행위하는 인간 역시 자연의 일부에 불과하고 따라서 자연의 인과 법칙의 지배를 피할 수는 없다고 말한다(같은 책, p. 433 참조). 따라서 당연한 결론이지만 도덕과학만을 위한 독자적인 방법론 같은 것은 없고, 인간과 사회 역시 외적 자연의 탐구 방법, 인과적 설명에 의해 연구되지 않으면 안 된다(같은 책, 418f., 433f. 참조). 즉 외적 자연과 근본적으로 구분되는, 즉 색다른 탐구 방법을 요구할 정도로 상이한 현실성은 존재하지 않는다. 자유의 세계를 지배하는 것은 자연의 법칙이고 인간은 이 법칙적 자연의 일부일 뿐이다. 그러므로 자유는 자연으로, 그리고 도덕과학은 자연과학으로 환원된다. 학문의 세계에는 하나의 대상(외적 자연), 하나의 방법(인과적 설명), 하나의 과학(자연과학)만이 존재할 뿐이다. 유감스러운 것은 자유의 세계에서 그 존재론적 자립성을 박탈한 사람은《자유론》의 저자였고, 도덕과학의 학문적 가능성을 매장한 사람도 바로 도덕과학이라는 학문의 최초의 명명자였다는 점이다.

　　바로 여기서 인간의 실천적 삶을 외적 자연의 일부로 간주하고, 자유로운 선택, 행위, 책임의 담지자로서의 행위자를 자연 법칙의 지배 아래 종속시키는 실증주의적 학문론에 대한 반대가 태동한다. 19세기 독일에서 전개된, 정신과학의 독자성에 대한 열렬한 철학적 반성(딜타이, 리케르트, 베버)이 바로 이 영국적인 학문 일원론에 반대하고 인간의 역사적, 사회적, 문화적, 실천적 삶에 대한 독자적인 인식 가능성을 확보하려는 동기에서 출발했음은 잘 알려진 일이다. 마찬가지로 가다머도 자신의《진리와 방법》의 첫 절을 밀에 대한 비판적 성찰로 시작한다. 가다머의 비판은, 밀이 주어진 구체적 상황 안에서 이루어지는 인간의 실천적 행위를 "보편적인 규칙의 케이스로 파악"한다는 점에 집중된다. 가다머가 보기에 인간의 실천적 행위는 결코 보편 법칙의 한 사례가 아니고, 오로지 그 "일회적이고 역사적인 구체화에서만 이해될"(1권, p. 10) 수 있기 때문이다. 자유로운 실천의 세계에서 중요한 것은 여러 행위들을 자신 아래 포섭하는 법칙의 보편성이 아니라, 지금 여기, 우리가 "처해 있는"(10권, p. 234) 이 상황 안에서 바로 내가, 나의 좋은 삶을 위하여 선택하고 행위에 옮기는 가능성일 뿐이다. 이 세계에서 우리가 알아야 할 것은 바로 나와 나의 삶에 대해, 그리고 나와 함께 살아가고 있는 사람들을 위해 "좋은 것"(《니코마쿠스 윤리학》, 1140a)이다. 물론 이 좋음은 나와 우리가 처해 있는 구체적인 상황 안에서의 좋음이다. 삶은 늘 특정 상황 안에서만 진행되기 때문이다. 이것을 아는 것, 즉 좋음의 그때마다의 구체성에 대한 인식은 분명 "하나의 앎"(4권, p. 243)이고 실은 가장 근원적인 앎이다. 바로 이 앎이 자유의 세계 안에서 그때마다의 우리의 선택과 행위를 이끌어가는 유일한 지침이기 때문이다. 이런 이유에서 '자연의 보편성에 대한 방법적 인식'에 앞서 있는 '인간의 실천적 삶에 대한 앎'의 근원성을 증시하려는 가다머는 근대 자연과학주의를 넘어 고대 희랍의 위대한 실천철학적 전통으로 돌아간다. 왜냐하면 이 전통은 보편 법칙의 체계로서의 자연과는 다른, 인간의 구체적인 삶, 그리고 이론적 기술적 지식과는 다른 실천적 앎에 대한 존중으로 일관하고 있기 때문이다. 말하자면 그리스 실천철학은 방법을 넘어선 진리의 가능성을 보장해주는 통로인 셈이다.

　고대 실천철학의 출발점은 "좋음에 대한 소크라테스적 물음"(4권, p. 373)이다. 물론 이 물음은 전혀 이론적인 물음이 아니다. 즉 과학의 이론적 인식이 대신 답해 줄 수 있는 물음이 아니다. 물음은 자유로운 행위 주체로서의 각각의 인간에게 그의 "아레테"에 대하여, 그리고 그의 "삶의 최상의 방식에 대하여"(《과학 시대의 이성》, p. 83) 묻고 있기 때문이다. 앎은 "실천의 현실에로의 관련으로부터 규정되어야 하고"(5권, p. 231), 삶은 이 앎의 "이끌음"(2권, p. 454)을 받아야 한다. 이렇게 "이론적 삶의 정위와 실천적-정치적 삶의 정위가, 그리고 이론적인 앎과 실천적인 앎이 뗄 수 없이 얽혀 있다는 사실"(7권, p. 126)이 이른바 아레테는 곧 앎이라는(플라톤, 《메논》, 88c-d 참조) 소크라테스의 말의 참된 의미이다. 소크라테스 이후의 고대 실천철학은 이 같은 앎과 삶의 근원적 귀속성에 근거했다는 점에서 분명한 "연속성"을 갖고 있고, 이 연속성이 외관상 대립되어 보이는 플라톤과 아리스토텔레스의 철학을 한데 "결합해"(7권, p. 126)준다. 즉 좋음에 대한 소크라테스의 물음에 대한 답변의 시도로서의 그리스 실천철학의 역사에서는 "플라톤적 아리스토텔레스적 영향의 통일성"(7권, p. 128)이 발견된다. 이 통일성이야말로 가다머의 해석학적 윤리학을 위한 철학적 자양분의 원천이다.

약간의 논란의 소지가 있음에도 불구하고 가다머는 플라톤의 초월론과 아리스토텔레스의 내재론 간의 고정관념적 대립을 거부한다. 왜냐하면 세세한 부분에서의 차이에도 불구하고 이 두 철학 체계는 근본에 있어서는 모두 "잘 사는 것"(《파이돈》, 48b; 《니코마쿠스 윤리학》, 1140a)을 추구했던 실천철학이기 때문이다. 가다머에 의하면 플라톤 스스로는 "두 세계 이론을 가르쳤던 플라톤주의자가 아니었고"(7권, p. 331), 아리스토텔레스도 이데아의 초월성에 대한 그의 비판에도 불구하고 철학 사상 "최초의 플라톤주의자"(2권, p. 503)였다. 두 사람의 철학의 마지막 목표는 일치한다. 그것은 '좋은 삶'이다. 그런 한에서 두 사람은 좋음에 대한 소크라테스적 문제의식의 계승자들이다. 그러나 두 철학자가 이 공동의 목표에 도달하기 위해 취했던 행로는 서로 달랐다. 플라톤은 유한한, 그러나 지혜를 사랑하는 인간들 간의 물음과 답변을 주고받음, 즉 변증술적 대화를 통해 좋은 삶에 이르기를 원했고, 아리스토텔레스는 프로네시스의 연마라는 길을 택했다. 물론 가다머는 이 두 길이 '영향의 통일성'을 형성한다고 본다. 그리고 그가 방법에 앞선 진리를 찾아 그리스 실천철학에로 되돌아갔을 때 그의 시선이 향했던 것도 다름 아닌 이 통일성이었다. 이렇게 보면 대화의 변증술과 프로네시스는 가다머의 실천철학적 사유를 떠받치고 있는 두 기둥이다. 한 마디로 말해 가다머의 해석학적 실천철학이란 '좋음에 대한 소크라테스적 물음과 관련한 플라톤과 아리스토텔레스의 영향의 통일성'과 '현대의 해석학적 사유' 간의 지평 융합이라고 할 수 있을 것이다. 물론 이 융합의 결과로 더 큰 하나의 지평이 형성되었다. 그것은 좋음과 관련한 플라톤의 변증술, 아리스토텔레스의 프로네시스 이론, 그리고 가다머 자신의 해석학의 '영향의 통일성'이다. 이제 우리는 이 해석학적 윤리학의 구성적 계기로 프로네시스 이론과 대화의 변증술을 차례로 살펴볼 것이다. 그러나 이에 앞서 모든 철학적 윤리학을 따라다니는 근본적인 아포리아 하나에 대해 숙고하지 않으면 안 된다. 이른바 '철학으로서의 윤리학'의 가능성의 문제이다.

## 철학적 윤리학의 딜레마

'철학'은 존재하는 모든 것의 보편적 원리와 근거를 추구한다. 반면 '윤리학'은 실제의 상황 안에서 이루어지는 구체적인 인간 행위를 문제시한다. 이 두 측면을 모두 자신 안에 포괄해야 하는 '철학적 윤리학'의 처지는 실로 미묘하다. 말하자면 세상에는 "천 개나 되는"(니체, 정동호 옮김,《차라투스트라는 이렇게 말했다》, 책세상, 2000, 100쪽) 도덕들이 있는데, 철학은 이 가지가지의 도덕들을 모두 아우르는 보편적 도덕원리를 추구하지 않으면 안 된다. 그러나 철학이 사유하는 이 원리의 보편성에도 불구하고 개별적인 인간들이 각각의 상황 안에서 추구하고 선택하는 "좋음은" 결코 하나의 원리에 환원되지 않는 "총천연색의 어떤 것"(10권, p. 259)이다. 이것이 철학적 윤리학의 번민이다. 한편으로 **철학적** 윤리학은 보편적 도덕원리를 포기할 수 없다. 그러나 다른 한편으로 철학적 **윤리학**은 실제의 행위가 일어나는 상황의 구체성을 외면해서도 안 된다. 바로 여기서 철학적 "반성의 보편성"과 도덕적 상황의 "구체화" 간의 "해결할 수 없는 딜레마"가 생겨나는 것처럼 "보인다." 이 딜레마를 해결하지 않는 한 **철학적 윤리학**이라는 학문은 존립할 수 없다. 가다머에 의하면 이 딜레마로부터 벗어나는 길은 단 두 가지뿐이다. 하나는 "칸트가 걸었던 윤리학적 형식주의의 길"이고 나머지 하나는 "아리스토텔레스의 길"(4권, p. 177)이다.

도덕 현상과 관련한 모든 경험의 우연성과 상대성에, 그리고 경험계 안에서 나타나는 강력하고도 변명 많은 경향성과 이해관계에 맞서 싸우며 우리의 도덕적 이성의 "순수성을 확보했다"(4권, p. 179)는 것, 그리고 이 또는 저 좋은 것이 아니라 모든 "좋은 것들의 질서의 근거에 놓여 있는"(4권, p. 201) '좋은 의지'와 '의무'를 도덕의 근본 원리로 제시했다는 것, 이것은 물론 부정할 수 없는, "칸트의 무한한 업적"(4권, p. 187)이다. 이로써 그는 모든 도덕 현상의 보편적 원리를 제시하라는 **철학적** 윤리학의 요청을 충족시킨 셈이다. 문제는 이 충족이 도덕 현상의 구체성에 주목하라는 철학적 **윤리학**의 요청을 외면하면서 이루어졌다는 점이다. 즉 칸트의 윤리학적 형식주의는 우리가 삶 안에서 당면하게 되는 실제의 윤리적 판단의 구체적인 내용들을 모두 "이차적인 문제로 만들어"(4권, p. 192)버렸다. 구체적인 내용들을 이차적인 것으로 만들지 않는 한, 구체성이 사상된 공허한 형식이 일차적인 원리로 드러날 수는 없기 때문이다. 따라서 실천적 삶의 구체성에 주목하고 있는 가다머로서는 결코 칸트의 형식주의 윤리학의 길을 걸을 수는 없다. 왜냐하면 그에게 윤리학이란 "구체적인 에토스의 형태"를

띠고 등장하는 "모랄"(4권, p. 182)의 문제인데, 칸트의 형식적 도덕원리
는 이 구체적인 모랄들의 피안에, "구속력 있는 에토스의 순정한 각인
의 영점零點"(4권, p. 200)에 위치한 것이기 때문이다. '순수한' 실천 이성
이 모든 경험으로부터 자유로워지기를 원하면서 이 이성은 동시에 모
든 구체적인 에토스의 경험적 구속력으로부터도 벗어나 현실적 도덕
의 진공 상태 안으로 진입해 버렸다. 즉 경험적이고 현실적인 가치들
을 떠나 "가치의 하늘나라로 고양되어"(4권, p. 201) 버린 것이다. 물론
이 같은 고양은 바람직한 것이로되 인간적인 것은 결코 아니다. 즉 인
간에게 요구되는 최선의 길이지만 실재의 인간이 갈 수 있는 길은 아
니다. 왜냐하면 우리 유한한 인간은 순수한 실천 이성의 요청이라는
의무 곁에 "인간적 존재의 제약성"과 "그의 이성 사용의 제약성"(4권,
p. 187)이라는 또한 승인하지 않을 수 없는 현실을 가지고 있기 때문
이다. 윤리에 대한 철학적 성찰은 이 실제의 인간을 향해야지, 이 인
간을 인간 이상의 무엇 또는 인간이 아닌 다른 어떤 것으로 만들면서
진행되어서는 안 된다. 윤리란 본디 '인간'의 문제이기 때문이다. 여기
서 철학적 윤리학의 가능 근거에 대한 물음은 더 위태로운 형태로, 즉
"우리를 불안하게 하는 하나의 물음"으로 제기된다. "어떻게 하나의 철
학적 윤리학이, 즉 인간적인 것〔행위〕에 대한 인간적인 이론〔철학〕이 가
능할 것인가? 인간을 비인간적인 자기 고양에로 이끌어 가지 않으면
서 말이다."(4권, p. 186)

　　모든 윤리의 경험적 내용으로부터 자유로운 순수한 이성, 그런
이성이 확보하는 도덕의 "무상황적이고 (…) 아프리오리한"(4권, p. 201)
보편적 원리는 결국 "환상적 착각"(4권, p. 202)에 불과할 뿐이다. 왜냐
하면 인간의 이성은 "실제로 에토스에 규정되어 있고" 이 이성이 할
일은 "그때마다의"(4권, p. 201) "구체적인 삶의 상황 안에서 무엇이 행
할 만한 것인지"(2권, p. 162)를 숙고하는 것이기 때문이다. 철학적 윤리

학이 추구하는 앎은 "에토스의 전체적인 구체화로부터 분리될 수 없다."(4권, p. 183) 그러므로 "그때마다의 (도덕적) 상황에 적용"되어 "구체화될"(4권, p. 187) 수 없는, 그런 도덕원리의 초월적 보편성은 공허할 뿐이다. 이 보편적 원리에는 실재하는 인간적 도덕의 "제일 원리"로서의 "사실hoti"(《니코마쿠스 윤리학》, 1095b)이 들어 있지 않기 때문이다. 윤리학의 철학적 보편성을 위해 모든 것을 "이론화하려는", 그리고 실제의 실천이 이루어지는 그때마다의 "상황의 요구로부터 벗어나는 위험"을 아리스토텔레스는 늘 "주목하고 있었고", 바로 여기에 그의 결코 "노화되지 않는 정당성"(4권, p.187)이 있다. 이렇게 구체적인 도덕적 상황, 그리고 이 상황과 관련된 '사실'을 도덕의 원리로 삼았다는 점에서 칸트가 아니라 아리스토텔레스가 "옳았고"(4권, p.201), 그는 이 옳음을 통해 "철학적 윤리학의 창시자"(4권, p. 182)가 되었다. 이 고대인은 적어도 가다머에게는 "실천철학의 유일한 모델"(10권, p. 242)이었다. 그는 방법에 앞선 근원적 진리 경험이 이루어지는 삶의 실천의 장을 주시하고 있었기 때문이다. 이제 남은 물음은 다음이다. 어떻게 "그때마다의 실천적 사회적 제약 요인에 의존하는 (…) 우리의 인륜적 존재"(4권, p.185)가 자신이 처한 상황을 잘 숙고하면서 인간적인 좋음을 성취할 수 있는가? 그리고 이 인간적인 좋음을 어떻게 신적인 좋음에 가능한 한 접근시킬 수 있는가? 물론 이 물음은 아리스토텔레스의 구체성의 윤리학에서 출발하는 가다머가 답해야 할 것이다.

## 프락시스, 프로네시스, 에토스

아리스토텔레스는 그의 《형이상학》에서 관조적 학문theoretike, 제작적 학문poietike, 실천적 학문praktike 등 세 가지의 에피스테메를 구분하고 각각의 학문에서 요구되는 앎의 상태를 테오리아theoria, 테크네

techne, 프로네시스phronesis로 제시한 바 있다(1025b~1026a 참조). 이중 '실천적 학문'과 '프로네시스'가 각기 가다머가 주목하는 '정신과학'과 '(방법에 앞선) 진리'의 지성사적 원천임은 주지의 사실이다. 이 사실을 근거로 가다머의 '방법과 진리'의 관계를 '이론과 실천'의 대립 관계로 해석하려는 시도가 있어 오곤 했다. 이 시도는 완전히 그릇된 것은 아니지만, 적어도 우리의 관점에서는 매우 중요한 두 가지의 문제점을 가지고 있다. 우선 그리스인들에게, 그리고 그리스 실천철학에 많은 지적 부채를 지고 있는 가다머에게도 이론과 실천의 대립은 결코 "존재하지 않는다."(가다머, 《해석학적 기투》, 튜빙엔 2000, p. 8) 이론과 실천의 상호 귀속성이 그리스 실천철학의 근본 전제 중의 하나이고, 가다머가 이 시원의 철학에로 되돌아간 것도 바로 이 상호 귀속성 때문임은 이미 설명된 바 있다. 두 번째로 현대 과학의 이론 개념은 존재자의 관찰, 기술, 지배라는 "도구적 개념"(4권, p. 216)으로 변질되었고, 그런 한에서 형상적 질서의 관조로서의 그리스적 테오리아의 풍부한 철학적 의미를 포함하지 못한다. 이 개념은 오히려 아리스토텔레스가 테크네라 불렀던 것에 더 가깝다. 세계를 대상화하여 관찰하는 현대 과학의 이론적 태도가 자연의 지배라는 목적에 봉사하는 수단이라는 의미에서 그렇다. 이런 이유에서 가다머는 자신의 방법에 앞선 진리 개념, 그리고 "아리스토텔레스의 실천의 개념이 '테오리아'에 반대해서 형성된 것이 아니라, 제작의 '기술적 정신'에 반대해서 형성된"(10권, p. 234) 것임을 분명히 한다. 즉 '방법과 진리'의 관계는 "테크네와 프로네시스", 그리고 "포이에시스와 프락시스"(10권, p. 238)의 관계에로 소급된다는 것이다. 물론 이렇게 테크네에 대비된 프로네시스는 테오리아와의 뗄 수 없는 연관 안에 서 있다. 이제 우리에게는 두 가지의 과제가 제기된다. 첫째 '기술적 지식에 대비한 실천적 앎의 독특성'이 드러나야 하고, 둘째 '실천과 이론'의, 지금 우리의 맥락에서 더 구체화시켜 표현하자면

'에토스와 로고스'의 밀접한 상호 귀속성이 증시되어야 한다.

기술적 제작과 실천적 행위는 다른 것이다(1권, p.326 참조;《니코마쿠스 윤리학》, 1140a 참조). 전자가 경험을 통한 기술적 숙달의 문제라면(《형이상학》, 981a 참조), 후자는 습관을 통한 성격적 탁월성의 형성문제이고(《니코마쿠스 윤리학》, 1103a 참조), 이렇게 형성된 에토스에 따라 "현명하게"(《해석학적 기투》, p. 10) 행위함의 문제이다. 따라서 테크네에는 "기술적 능숙함이 있지만 프로네시스에는 그런 것이 없다." 왜냐하면 현명한 행위에는 규칙이 없기 때문이다. 행위의 대상은 "다르게 있을 수 있는 것들"(《니코마쿠스 윤리학》, 1140b)이고, 이렇게 매번 달라지는 것들에 대해서는 매번 새로운 숙고가 필요하다(같은 책, 1140a 참조). 따라서 모든 행위에 적용될 수 있는 보편적 원리나 규칙 같은 것을 찾아내어 이것을 매번의 행위 상황에 기계적으로 적용하는 기술을 개발하는 것은 실천적 학문의 과제도 아니고 또 이 학문이 할 수 있는 일도 아니다. 모든 인간적 행위는 그때마다의 구체적인 상황 안에서의 실천이고(《과학 시대의 이성》, p. 83 참조), 이 실천의 인도자로서의 프로네시스는 "그때마다 결단을 요구하는 상황을 근원적으로 밝혀서"(4권, p. 201) 이 상황 안에 주어진 여러 "가능성들" 중에서 자신에게 가장 '좋은' 것을 "선택하고 결단하게"(4권, p. 245) 해주는 앎이다. 물론 여기서의 '좋음'에 대한 숙고도 주어진 상황 안에서 득실의 장단을 따지는 목적 합리적 또는 도구적 이성의 기민한 판단을 뜻하는 것이 아니다. 실천이 추구하는 좋음은 이 또는 저 목적에 좋음이 아니라, "언제나 그 자체로 선택될 뿐 결코 다른 것 때문에 선택되는 일이 없는 것", 즉 "단적인" 좋음으로서의 "행복"(《니코마쿠스 윤리학》, 1097a)이기 때문이다. 그래서 아리스토텔레스는 프로네시스를 "자신에게 좋은 것, 유익한 것들과 관련해서", 더 정확히 하자면 "전체적으로 잘 살아가는 것과 관련해서 무엇이 좋고 유익한지 잘 숙고할"(같은 책, 1140a) 수 있는 품성 상태로 규정한다. 여기서 분명한 것은 실천적 행위가 일회적 행위의 효율성의 극대화의 문제가 아니고 "그리스인들이 '행복'이라 불렸던 것, 즉 행복하고 복된 삶에로의 총체적 인도", "삶의 운영의 전체적인 태도"(《해석학적 기투》, p. 10)의 문제라는 점이다. 이렇게 실천이 삶 전체에 대한 통찰에 의거해야 하는 한에서, 올바른 실천을 이끌어 가는 프로네시스는 "가르칠 수 있고 습득할 수 있는 테크네"의 문제가 아니라 "어떤 가르침이나 배움도 불가능한"(2권, p. 162), 행위자 "자신의 존재의 성숙"(4권, p. 186)의 문제일 것이다. 말하자면 이것은 학습의 결과가 아니라 "수련"(1권, 318쪽)의 산물일 뿐이다. 비유적으로 삶 전체를 "올바르게 내다보는 (…) 경험으로부터 나온 눈"(《니코마쿠스 윤리학》, 1143b)과 같은 것이다. 그러나 중요한 것은 이 눈이 단지 경험 많은 ('개인'으로서의) 현자의 눈에 불과한 것은 아니라는 점이다. 이것은 말하자면 '에토스'의 눈이다. 그렇기 때문에 인간의 실천에 대한 학문으로서의 윤리학Ethik은 그 어원에서도 분명하게 알 수 있듯 인륜적 존재로서의 에토스ethos의 문제 이상 다른 것이 아니다.

실천은 "자유로운 선택"의 문제이고 따라서 언제나 "삶의 운영의 지배적인 선호의 질서에 정위할"(《과학 시대의 이성》, 81f.) 수밖에 없다. 물론 실천은 "자연적인 것이 아니고"(같은 책, p. 82) 프로네시스도 "자연이 준 재능이 아니어서"(2권, p. 325) 이 같은 선호의 질서는 결코 필연적인 타당성을 주장할 수 없다. 그렇다고 이것이 개인의 임의에 맡겨진 것이냐 하면 물론 그런 것은 아니다. 선호의 근거는 분명히 있다. 그것은 에토스의 구속력이다. 도덕적 실천의 주체로서의 인간은 피할 수 없이 시대와 사회의 에토스 안에 "처해 있고"(10권, p. 234) "살고 있다."(10권, p. 263) 그리고 그의 도덕적 행위를 이끌어 가는 프로네시스도 바로 이 에토스의 "인륜적 존재 규정성으로부터 생겨난다."(4권, p. 201) 한마디로 "무엇이 행할 만하고 그렇지 않은지를 구분하게" 해주는 것은 에토스의 "인륜적 존재", 그리고 이 존재에 의해 규정된 각자의 "인륜적 태도"(1권, p. 27)이다. 그러므로 "인간의 이성이 사실상 에토스에 규정되어 있음"은 모든 실천철학적 사유의 출발점이다. 왜냐하면 윤리학이란 이렇게 "구체적으로 규정하는 에토스의 단적인 자기 해명"(4권, p. 201) 이상 다른 것이 아니기 때문이다. 여기서 도덕의 영역에서는 "사실이 곧 원리"라는 아리스토텔레스의 말의 구체적 의미가 드러난다. 원리로서의 사실은 행위자가 처한 상황의 실제적 사실이 아니라 그가 처한 도덕적 상황의 인륜적 사실이다. 그래서 가다머는 이렇게 쓴다. "사실이 곧 원리이다. (…) 어떻게 사실성이 원리의 특성을, 즉 최초로 규정하는 '출발점'의 특성을 가질 수 있는가? 여기서 사실이라 함은 (…) 긴밀하게 이해 가능하고 심오한 정도로 공통적인, 따라서 우리 모두 참여하고 있는 확신, 평가, 습관 등 우리의 삶의 체계를 이루어내는 모든 것의 총 개념이다. 이 같은 사실성의 총화를 표현하는 그리스어가 잘 알려진 〈에토스〉의 개념, 즉 연습과 습관을 통해 생성된 존재이다."(2권, p. 325) 윤리적 선택이란 개인의 임의에 따른 판단이 아니라 에토스적 합리성에 따른 판단이다.

물론 여기서, "그렇다면 행위자 각자의 자유로워야 할 도덕적 선택과 결단을 사회적 에토스가 대신해주는 것은 아닌가? 그리하여 행위자 개인의 자유가 박탈되는 것은 아닌가?" 하는 물음이 제기될지도 모른다. 그러나 이 물음은 개인과 에토스 간의 변증법적 관련을 이해하지 못한 데서 제기된 것일 뿐이다. 이 관련은 이른바 "외적"(헤겔,《논리학》, 슈어캄프 판, 2권, p. 28) 관계, 즉 서로 무관한 것들이 대립을 일삼는 관계가 아니다. 다시 말해 개인과 에토스가 일단 서로 대립하고 후자가 전자에 일방적인 영향력을 행사하는 것이 결코 아니다. 개인은 늘 에토스 안에 있고 에토스는 개인을 통해 형성된다. 정확히 말해 개인은 자신을 형성하면서 에토스를 형성하고 또한 이 에토스 안에서만 자신을 형성할 수 있다. 이 관계는 가다머의 해석학적 존재론에서 존재와 존재자의 관련과 같은 것이다. 모든 현재의 해석자(존재자)는 늘 전통(존재)의 지배 아래 있고 이 지배 아래서만 전승을 이해하고 또 자기 자신을 이해할 수 있다. 그러나 해석자를 지배하는 전통 역시 해석자들의 텍스트 이해와 자기 이해의 반복을 통해서 형성된 것이다. 마찬가지로 도덕적 실천의 주체로서의 개인은 늘 에토스의 지배 아래서 행위하지만, 개인을 지배한다는 그 에토스도 실은 각각의 개인들의 구체적인 실천을 통해서 형성된 것일 뿐이다.

아주 간략히 이 구조를 살펴볼 필요가 있다. 그때마다의 도덕적 행위는 각각의 행위자의 자유로운 선택의 형태로 이루어진다. 그는 "나는 무엇인가? 나는 무엇을 행해야 하는가?"라고 물으며 좋음의 선택이라는 문제에 매달린다. 그런 한에서 이 행위는 개인적 선택이고 또 이 선택을 이끌어 가는 프로네시스도 일단은 자기 인식이다(1권, p. 321 참조). 그러나 이미 지적했듯이 인간은 이미 항상 에토스 안에 처해 있고 또 살고 있어서, 자신을 에토스에 대립시키는 일, 즉 에토스의 외부로 나가 불편부당한 외부자의 눈으로 에토스를 관찰하는 일을 할 수는 없다(1권, p. 321 참조). 정확히 말해 그는 에토스를 결코 떠날 수 없다. 그가 자신에 대해, 자신에 대한 좋음에 대해 물을 때, 그의 인륜적 존재로서의 에토스가 함께 말하고 있고, 따라서 그의 개별적인 도덕적 판단을 인도하는 '자기 인식'도 에토스적 앎에 의해 규정된다. 즉 그는 에토스 안에서 에토스와 함께 선택하고 행위한다. 그의 도덕적인 자기 태도는 에토스 안에서의 태도이고 정확히는 '에토스 안의 나'에 대한 태도이다. 그러므로 모든 도덕적 선택과 행위는 에토스가 "보편적으로 말한 것"을 행위자가 "구체적으로 만나게 되는 것들 안에서", 즉 그의 그때마다의 일회적인 도덕적 결단의 상황 안에서 "재인식하는"(4권, p. 186) 과정이다. 즉 에토스의 보편성이 개별자의 구체적이고 일회적인 행위 상황 안에서 반복되는 것이다. 물론 여기서도 에토스의 보편성과 개별자의 구체성을 천한 방식으로 대립시켜서는 곤란하다. 에토스의 보편성은 개별적 행위자들의 사회성 이상 다른 것이 아니기 때문이다. 바로 이것이 이른바 인간은 사회적 존재zoon politikon라는 말의 본래적 의미이다. 사회적 에토스란 각기 다른 의지를 갖는 개인들이, 즉 외관상 "총 천연색의" 다른 좋음을 선택하는 개인들이 소통과 불협화를 거치며 보편적인 것에로의 합의를 이끌어 온, 공동의 도덕적 삶의 침전물 이상 다른 것이 아니다. 에토스는 무수히 많았던 개인들의 실천적 행위와 그 상호 작용을 통해 형성된 것, 곧 '우리'의 실천적 사회적 삶의 역사 자체이다. 그러므로 우리를 규정하는 에토스는 '우리의 실천적 삶의 세계와는 다른 어떤 곳'으로부터 '우리 유한한 인간에게는 생소한 어떤 것'으로서 우리에게 다가와 우리를 뒤덮어 휘어잡는 먹구름 같은 것이 아니다. 그것은 곧 우리의 역사, 우리의 사회적 삶의 객관화이기 때문이다. 그러므로 우리 자신이 역사적 에토스의 한 부분임을 승인한다는 것, 그리고 "우리 동료들과의 교류를 통해서 또 사회와 국가 안에서의 공동의 삶을 통해서" 우리가 갖게 된 "공동의 확신과 결단이" 바로 "우리 것임을 인정한다는 것"은 자유로운 행위자로서의 도덕적 주체의 자기 포기 같은 것이 결코 아니다. 오히려 이 사실의 승인에 역사적, 사회적 존재자로서 인간이 가질 수 있는 "자기 존재의, 그리고 자기 이해의 존엄"(2권, 325f.)이 놓여 있다. 에토스란 바로 역사적, 사회적 존재자로서의 우리 자신이기 때문이다. 그 의미에서 에토스는 우리에게 곧 "제2의 '자연'"(2권, p. 469)이다. 우리가 형성한 것이기에 생득적인 것은 아니지만 그 구속력만큼은 자연에 못지않다. 에토스는 자연과는 다른 자유의 세계의 유일한 입법자이고 실천적 앎의 정당화를 위한 단 하나의 진리 기준이다.

여기서 인간적 도덕의 에토스 구속성과 관련하여 몇 가지 가능한 비판이 제기될 수 있다. 대표적인 것 세 가지만 검토하기로 하자. 첫째는 과거로부터 전수된 에토스에 힘을 부여하는 이 입장은 보수주의라는 비판이고, 둘째는 에토스의 복수성의 문제, 즉 "천 개나 되는" 에토스의 권위를 모두 인정할 경우 도덕적 다원주의 내지 상대주의가 불가피하다는 것이고, 셋째는 실천적 이성의 권한을 에토스에 넘겨주는 이 윤리설은 비합리주의라는 것이다. 나는 우선 세 번째 (물론 가장 중요한) 비판에 대한 반박에서 시작하고자 한다. 반박이 진행되고 에토스의 합리성의 근거를 살피는 가운데 처음 두 비판도 자연스럽게 무력화될 것이다.

## 에토스와 로고스

에토스적 실천이 비합리적이라는 생각은 근본적으로 '로고스'와 '에토스'의 단적인 구분에 근거하고 있다. 이 구분의 두 항은 그리스인들이 사유했던 로고스와 에토스가 아니라, '모든 에토스로부터의 순수함을 간직한 로고스'와 '어떤 로고스적 활동도 포함하지 않는 에토스', 즉 서로 단적으로 분리된, 좁은 의미의 로고스와 에토스이다. 그리고 이 대립은 이내 이론과 실천의 관계를 로고스적 앎의 에토스적 적용으로 규정한다. 즉 이론은 에토스적 실천에 앞서 이미 그리고 오로지 로고스의 사유에 의해 완결된 앎이고, 실천은 단지 이 완결된 앎을 구체적인 행위 상황에 로고스의 어떤 개입도 없이 다만 그때마다의 에토스에 따라 응용하는 과정일 뿐이다. 로고스적 앎과 에토스적 삶은 설혹 '차후 적용'이라는 관계로 결합되어 있더라도 근본적으로 분리된 이원적 과정이다. 앎의 개념이 이렇게 좁은 의미의 로고스의 단적인 이론 인식에 국한된다면, 당연히 실천적 앎, 에토스적 앎은 앎이 아니고, 에토스에 대한 학문으로서의 윤리학의 학문적 자립성도 유지될 수 없다. 바로 여기에 이 비판의 심각성, 그리고 이에 대한 재비판의 시급성이 있다. 이런 이유에서 가다머는 철학적 윤리학의 중심 과제는 "로고스와 에토스의 매개"(4권, p. 183)를 통해 "이론적 및 실천적인 두 측면을 하나의 참된 결합으로 이끌어 가는"(10권, p. 264) 데 있다고 말한다. 오로지 이 결합만이 윤리의 학의 가능성을, 그리고 이른바 방법(에토스적 실천으로부터 분리된 좁은 의미의 로고스적 이론 인식)을 앞서 가는 진리(로고스와 에토스의, 이론과 실천의 통일로서의 삶의 진리)를 보장해줄 수 있기 때문이다.

에토스적 실천이 비합리적이라는 비판은 좁은 의미의 로고스와 에토스, 또한 좁은 의미의 이론과 실천의 엄격한 구분에 근거한다. 그러나 에토스로부터 자유로운 순수한 로고스, 실천을 떠난 이론, 삶 없는 앎이 도대체 무엇을 의미할 수 있는가? 이 같이 좁은 의미의 '이론 이성적 인식' 개념은 분명 그리스적이라기보다는 오히려 근대적이다. 왜냐하면 앎을 모든 실천적 이해관계를 배제한 순수 이론 인식, 관찰 대상으로 주어지는 한에서의 세계(자연)에 대한 대상지로 제한하는 일은 근대 과학의 탄생 이후에나 가능한 일이기 때문이다. 정작 그리스인들에게 에피스테메가 관조적 학문뿐 아니라 실천적 학문과 제작술까지 포괄하는 넓고 유연한 개념이었음은 이미 지적된 바 있다. 또한 테오리아와 프락시스의 근본적 차이를 잘 숙지하고 있던 아리스토텔레스도 실천적 앎이 관조적 앎과는 "다르지만" 그러나 "분명 앎의 한 종류"(《니코마쿠스 윤리학》, 1143b)임을 인정했고, 테오리아도 "어떤 의미에서는" 하나의 "프락시스"(《정치학》, 1325b)라고 분명히 말한다. 왜냐하면 그에게 중요한 것은 실천과 삶을 떠난 단적인 관조적 앎이 아니라 관조와 앎에 따른 삶, 이른바 "가장 좋고 가장 즐거운 (…) 삶"(《니코마쿠스 윤리학》, 1178a)이기 때문이다. 그러므로 그 시원의 의미에서 보자면 관조는 결코 실천의 부정이 아니고, 이미 하나의 삶의 방식, "하

나의 실천"(《과학 시대의 이성》, p. 80), 이른바 "최상의 실천"(10권, p. 264)
이다. 그러므로 실천 없는 관조, 에토스 없는 로고스는 하나의 추상
에 불과할 뿐이다. 반대로 로고스 없는 에토스, 앎 없는 삶 또한 추상
적이기는 마찬가지다. 우리의 삶의 실천이 단지 미리 주어진 "이론적
인 앎의" 차후적이고 기계적인 "적용이 아니라"(《해석학적 기투》, p. 10),
그때마다의 상황 안에서 좋은 선택을 위한 숙고이고 이 숙고가 이성
의 활동을 의미한다면 말이다. 더욱이 이 숙고가 목적 합리적 오성의
기술적 계산이 아니라 "보편적인 의미에서 좋음과 올바름에 대한 숙
고"(4권, p. 184)라면 이것이 "이성과 이성성에 힘입어야"(10권, p. 234)
함은 설명의 필요조차 없다. 이 같은 실천적 숙고의 능력은 분명 "합
리성의 한 형식"(10권, p. 243)이고, 나아가 유한한 인간에게 허용된 가
장 근원적인 형식이다. 이런 의미에서 가다머는 "실천철학의 형이상학
적 기초"를 "'로고스'를 소유한다는 인간의 탁월성"에서, 즉 이 로고
스를 가지고 "선택할 수 있고 선택해야만 하고, 그래서 그때마다의 구
체적인 상황 안에서 '좋은 것'을 알고 발견할 수 있어야 한다는"(10권,
p. 238) 인간의 탁월성에서 찾는다. 이렇게 에토스적 삶의 한복판에서
로고스의 숙고 활동은 계속된다. 마치 관조적 앎의 추구가 최선의 삶
의 방식이듯 말이다. 모든 로고스가 에토스 안에 서 있듯이, "'로고스'
없이는 '에토스'도 없다."(10권, p. 239) 분명한 것은 로고스가 자신을 구
현할 장으로서의 에토스를 필요로 하는 것처럼 에토스 또한 자신의
숙고를 인도할 로고스를 요구한다는 점이다. 말하자면 에토스 없는
로고스는 공허하고 로고스 없는 에토스는 맹목이다. 그래서 가다머
는 이렇게 쓴다. "인간을 규정하는 것은 단지 에토스뿐이 아니다. 로
고스, 즉 앎과 사유도 인간을 규정한다. 아리스토텔레스는 '최상의 보
편성', 그리고 또한 '최후의 구체화'라는 두 방향 모두에 '누스'라는 궁
극의 단어를 허용하였다. '최상의 앎의 의욕'과 '이성적으로 선택해야

함', 이는 그 안에서 '누스'가 지배적으로 되는, 로고스의 두 형식이다."
(10권, p. 243)

로고스의 이 두 형식은 동시에 에토스의 두 형식이기도 하다. 정확히 말하자면 로고스와 에토스는 "서로로부터 분리될 수 없는, 동일한 것의 두 측면"(10권, p. 263)일 뿐이다. 이 두 측면을 갖는 그 하나의 동일한 것은 바로 우리의 삶, 로고스로 에토스를 인도하고 또한 에토스 안에서 로고스를 사용하며 진행되는 인간의 실천적 삶이다. 이 하나의 삶 안에는 로고스 없는 에토스도 없고 에토스 없는 로고스도 없다. 따라서 둘의 대립도 없다. 그러므로 이 같은 윤리학에 대해 "몽롱한 비합리주의"(2권, p. 162)라고 비판한다면, 이는 오로지 로고스와 에토스의, 이론과 실천의 "통일"(10권, p. 263)로서의 인간적 삶의 근원성에 대한 무지에서 비롯된 것일 뿐이다. 이 통일체로서의 삶을 살아가는 인간은 합리적이다. 그러나 그가 실천으로부터 벗어나 있다는 의미에서가 아니고, 에토스적 현실 안에서 "참으로 포괄적인 이성 사용"을 할 수 있다는 의미에서 그렇다. 이 같은 이성 사용의 핵심은 독단의 거부이고 타자에 대한 개방성이다. 즉 인간은 모든 "독단의 유혹을 넘어서 있어서" 자신과는 달리 생각하고, 의욕하고, 느끼는 타자에 대해 열려 있고 타자의 타자성을 자신의 삶 안에 받아들여서 공동의 합리성을 향해 다가갈 수 있다는 의미에서 합리적이다. 그리고 이 합리성이 오로지 인간의 이성 사용의 결과인 한에서, 이는 인간 자신의 실천에 대한 "이성적인 자기 책임 위에"(2권, p. 325), 그리고 이 책임의 연대성에 대한 의식 위에 존립한다. 인간의 삶이 단지 나의 삶이 아니라 우리의 삶이라는 것, 따라서 이 삶에 대해 나와 너의, 그리고 우리의 이성이 "공동의 책임을 져야 한다"(4권, p. 185)는 자각 위에 존립한다. 바로 이 자각이 인간들을 상호적인 대화에로 이끌어 간다. 이 대화만이 인간을 합리적인 공동 세계의 건립, 로고스적 에토스의 형성이라는 과제로 인도하는 길이다.

## 대화, 공동성, '하나 됨'에로의 좋은 의지

나는 앞서 가다머의 해석학적 윤리학이 두 개의 기둥에, 정확히는 이 두 기둥의 "영향의 통일성"에 의해 지탱된다고 말했다. 그 두 기둥 중 하나가 지금까지 논의한 아리스토텔레스의 실천철학이고, 나머지 하나는 인간적인 말의 오고감을 통해 진행되는 이른바 플라톤의 변증술이다. 이제 이 두 기둥이 어떻게 하나의 "영향 통일성"을 형성하는지를 생각해보아야 한다. 결론을 선취하자면 구체적인 사실에서 출발하는 에토스의 윤리학에게 보편적인 도덕원리로의 길을 열어 주는 것이 바로 변증술적 대화이다. 간단히 말해 에토스의 윤리학이 가다머의 해석학적 윤리학을 '철학적 **윤리학**'으로 만들어 주었다면 변증술적 대화는 '**철학적** 윤리학'이 되게 해준다. 물론 이 둘의 영향 통일성의 결과는 하나의 '**철학적 윤리학**', 그러나 역시 '**인간적**이기를 멈추지 않는 철학적 윤리학'이다.

신이 만든 퓌지스와는 달리 인간적 정립의 세계로서의 노모스에는 절대적인 척도가 없다. 신이 인간에게 그러한 척도를 주지 않았기 때문이다. 따라서 척도는 인간 스스로 만들어 가야 한다. 이것이 바로 "생성된 존재"(2권, p. 325)로서의 에토스이다. 에토스는 모든 인간적 존재자들의 실천을 위한 근거가 된다는 점에서 분명 스스로는 존재자가 아닌 것, 즉 '존재'이다. 그런 한에서 인간의 도덕적 행위는 완전히 무정부주의적인 것은 물론 아니다. 그러나 또한 이 에토스는 하늘나라로부터 주어진 것이 아니라 유한한 인간들의 정립, 관습, 합의의 결과라는 점에서 '생성된 것', 즉 인간적 형성의 산물일 뿐이다. 그런 한에서 에토스에 의존하는 인간의 도덕은 결코 절대적인 타당성, 전 인류적 보편성을 가질 수 없다. 이 불행한 결론은 가다머가 칸트의 형식주의 윤리학이 아니라 아리스토텔레스의 구체성의 윤리학의 길을 걷기로 결정하던 순간, 즉 윤리의 영역에서 보편적이고 초월적인 척도의 주어짐을 거부하던 순간, 이미 예고된 문제였다. 이제 신적 척도를 거부한 인간적인 윤리학에게 근본적인 물음이 제기된다. 그때마다의 상황 안에서, 그때마다의 에토스에 따라 선택된 인간적인 좋음을 어떻게 신적인 좋음에 접근시킬 수 있는가?

철학적 윤리학의 과제는 좋음에 대한 물음에 최종적인 답을 주는 일이다. 그러나 인간적인 윤리학은 이 물음에 대한 유일하게 옳은 답을 가지고 있지 않으며 또 가질 수도 없다. 이 윤리학이 가진 것은 그릇되지는 않은 복수의 답들이고, 이 윤리학이 처한 상황은 이 복수의 답들 간의 충돌이다. 이제 이 윤리학이 할 수 있는 유일한 일은 인간들 사이의 대화를 통해 복수의 답들 간의 합의를 이끌어 내는 일, 이 운명적인 복수성을 통일성에로 접근시키는 일뿐이다. 이를 가능하게 하는 것이 바로 인간적 대화이고 플라톤이 변증술이라 불렀던 사유의 기술, "묻고 답하는"(《크라틸로스》, 390c) 기술이다. 우리는 좋음에 대해 묻고 답해야 한다. 물론 우리가 묻고 신이 답한다면 좋겠지만, 신이 침묵하는 바에야 우리 스스로 묻고 우리 스스로 답하는 "차선의"(《파이돈》, 99c) 항해를 수용하지 않을 수 없다. 이 항해의 전제는 이성의 "복수성"(2권, 275)이고, 그 지침은 가장 포괄적인 의미에서의 합리성, 즉 독단의 극복이고 생소한 이성에 대한 "수용성"(1권, p. 273)이다. 나만이 유일하게 옳은 이성이고 다른 이성은 존재할 수 없다는 독단을 이겨내고, 나의 말이 아니라 생소한 이성의 생소한 말이 "옳을 수 있다는 가능성을 고려하면서"(2권, p. 275) 타인의 말에 귀를 기울일 줄 아는, 그리하여 나의 말과 그의 말이 공통의 기반을 발견하게 하는 비판적 태도가 이 대화를 이끌어 간다. "타인의 관점을 함께 사유하고 공통적인 것에 대한 이해를 추구하는"(4권, p. 51) 이 태도야말로 신이 아닌 인간에게 허용될 수 있는 최상의 합리적 사유이다. 이것은 말하자면 이성의 "복수성"을 인정하는 겸허한 이성의 "훈련", "설득, 논쟁, 경험을 통해" 복수의 이성들을 "전체의 통일성에로 결합시키는"(2권, p. 275) 훈련이다. 대화란 이성의 복수성을 '통일성'에로 옮겨 주는 길이고, 이 옮김의 목표는 '너와 나의 하나 됨'이다.

일단 이성은 좋음 그리고 좋은 삶과 관련하여 "자기 자신과 협의해야"(1권, p. 326) 한다. 그리고 마찬가지로 자기 자신과 협의했을 다른 이성과 협의해야 한다. 그리고 궁극적으로는 이 "타자와" 그의 "타자성 안에서 공동적인 것을 인식하는 법을 배워야"(10권, p. 237) 한다. 이 과정을 통해, 그리고 오로지 이 과정을 통해서만 "공동의 확신"이 구성되고 "공동성이 건립"(2권, p. 275)된다. 이 "합의의 공동 세계"(2권, p. 326)가 바로 유한한 인간들이 숙고와 선택, 행위와 상호 작용, 물음과 답변, 대화와 합의를 통해 구성한 실천적 삶의 세계, '우리'의 로고스적 에토스이다. 이 공동 세계가 바로 우리의 자유로운 실천의 장이고, 이 세계 안에서 구속력 있는 공동의 확신이 우리가 가질 수 있는 도덕적 행위의 척도이고, 이 세계 안에 "함께 있음"이 이 척도의 참을 "증명할"(7권, p. 373) 수 있는 유일한 길이다. 왜냐하면 우리는 진리를 소유한 신이 아니라 다만 진리를 추구하는 인간일 뿐이며 동시에 "인간들 안의 인간, 사회적 존재"(4권, p. 50)이기 때문이다. 진리는 저 먼 곳의 신에게서 오는 것이 아니라 지금 여기 함께 있는 인간들로부터 온다. 그러므로 도덕의 보편적 원리는 분쟁과 갈등을 조정하기 위한 척도로 미리 주어져 있어야 하는 것이 아니라, 대화와 합의를 통해 비로소 얻어져야 할 것이다. 이것이 바로 신이 아닌 '인간'에게 허용된 좋음이고 또 '인간적인' 철학적 윤리학이 추구해야 하는 것이다.

자연의 일부가 아니라 자유의 소유자로서의 인간은 신적 법칙이 지배하는 피지스가 아니라 인간적인 에토스가 지배하는 노모스 안에 살고 있다. 이 세계는 물론 "사회적 존재 그리고 국가를 형성하는 존재로서의 인간 존재가 창조한 것"(10권, p. 243)이다. 그리고 그런 한에서 이 세계의 성원들의 공동의 확신은 결코 신적인 보편성을 누리는 도덕의 원리는 아니고, 따라서 이 세계 안에서 우리가 획득한 좋음도 여전히 인간적인 좋음일 뿐이지 신적인 좋음은 아니다. 신의 관점에서 본다면 이는 분명 결함이요 한계일 것이다. 그러나 인간의 관점에 따르면 이는 단순한 "결함이나 한계가 아니다."(4권, p. 187) 우리는 오히려 이 외관상의 한계가 갖는 긍정적인 의미에 대해 숙고할 수 있어야 한다. 두 가지가 중요하다.

첫째, 인간이 창조한 "삶의 질서"는 완전한 것이 아니고 또 그의 이성 사용의 최종적인 결과물도 아니다. 그리고 그 의미는 인간의 이성과 이 이성이 창조한 질서가 단지 불완전하다는 것이 아니라, 불완전하기 때문에 인간 이성은 "자신의 비판적 능력을 〔계속〕 사용해야 하고" 이를 통해 자신이 창조한 질서를 "지속적으로 새로 창조해야"(10권, p. 243) 한다는 것이다. 신이 아닌 인간이 형성한 모든 에토스는 "지속적인 재형성"(2권, p. 317), 무한한 손질과 보완을 통한 개선을 요구한다. 이렇게 인간의 이성 사용과 합리적 삶의 질서 구성의 모든 노력이 무한히 새로워짐, 끝없이 나아짐에 지시되어 있는 한에서, 가다머의 윤리학은 과거의 것, 기존의 에토스에만 머물러 있는 "맹목적 보수주의가 "결코 아니다."(2권, p. 325) 이 윤리학은 최후의 좋음에는 도달하지 못했지만, 또한 바로 그렇기 때문에 점진적인 좋아짐을 시도해야 하고 또 약속하기 때문이다.

둘째, 타자 승인과 개방적 대화, 대화를 통해 합의를 창출하려는 갖은 노력에도 불구하고 우리는 애당초 우리가 추구했던 '통일성', 즉 '그 하나의 이성'과 '달리 생각하는 나와 너의 하나 됨'에는 도달하지 못했다. 여전히 복수의 이성이 있고, 이들에 의해 다르게 형성된 여러 에토스들이 있다. 이것은 무엇을 의미하는가? 해석학적 윤리학이 도덕의 보편적 원리에 이르지 못했고 따라서 이 윤리학은 **철학적** 윤리학이 아님을 뜻하는가? 이성과 로고스적 에토스의 복수성은 일단은 해석학적 윤리학의 치명적인 결함으로 보인다. 그러나 이것은 실은 이 윤리학의 약점이 아니라 강점이다. 왜냐하면 이 같은 복수성의 승인을 통해 이 윤리학은 인간을 인간 이상의 다른 어떤 것으로 만들어 버리지 않는, 인간적인 이론으로 남을 수 있기 때문이다. 인간의 이성이 에토스에 근거할 수밖에 없다는 것, 그리고 실제로 다양한 에토스가 존재한다는 사실은 "인간적 근본 구조의 본질에 속한다."(10권, p. 263) 그러므로 철학적 윤리학은 모든 인간적 실천의 보편적 원리로서의 신적인 좋음을 단적으로 요청하지 말고, 오히려 이 같이 유한한 인간이 처해 있는 현사실적 근본 구조에서 출발하지 않으면 안 된다 (3권, p. 325 참조). 왜냐하면 윤리학이란 본디 인간의 일이기 때문이다. 신들은 윤리학을 하지 않는다(플라톤,《향연》, 204a 참조). 신들은 이미 좋고 또 좋음을 가지고 있어서 그들에게는 좋음에 대한 철학적 숙고가 불필요하다. 이 숙고는 '그 하나의 신적인 좋음'을 갖지 못한, 그래서 이 좋음을 사랑하고 추구하는, 그리고 자신이 가진 이 또는 저 좋은 것들 중에 어떤 것이 신적인 좋음에 가까운지를 물어야 하는 인간의 일이다. 이렇게 신적인 좋음을 갖지 못해 그 좋음을 사랑하는 인간의 유한성에서 출발하는, 그리고 사랑하는 자로서의 인간은 그가 추구하는 바 신적인 좋음의 최종적인 소유자일 수는 없다는 사실을 긍정하는 윤리학이야말로 '철학philo-sophia'이라는 말의 시원의 의미에 오히려 충실한 것이다. 왜냐하면 철학은 본디 지혜의 소유가 아니라 지혜에 대한 사랑이고, 사랑이라는 말에는 사랑하는 것을 갖지 못했고 (같은 책, 200a-b 참조) 또 영원히 가질 수 없다는 의미도 포함되어 있기(4권, p. 478 참조; 6권, p. 152 참조) 때문이다. 그러므로 윤리학의 '철학적임'은 그 하나의 신적인 좋음의 소유와 획득이 아니라 그 좋음에 대한 부단한 사랑과 추구에 존립한다. 가다머는 이 사랑의 추동력을 "좋은 의지guter Wille"(2권, p. 343)라 부른다. 그러나 이 의지는 "아무런 제한 없이 (…) 그 자체로 좋은"(칸트,《도덕 형이상학의 정초를 위하여》, 393f.) 의지가 아니라, 그 하나의 신적인 좋음을 지향하고 사랑하기 때문에 좋은 의지이다. 이것은 달리 생각하는 "타인을 가능한 한 강력하게 만들어서 그의 말이 뭔가 이해 가능한 것을 포함하게"(가다머, 〈그리고 그럼에도: 좋은 의지의 힘〉, 필립 포제 편,《텍스트와 해석》, 뮌헨 1984, p. 59) 하려는, 그리고 이렇게 "서로를 이해하려는 좋은 의지"(2권, p. 343)이고, 이 이해를 통해 서로 다른 '너와 나의 하나 됨'을 추구하는, 그리고 이 하나 됨을 통해 '우리 모두에게 좋음'을 추구하는 의지이다. 이 의지의 좋음은 말하자면 좋음의 최종적인 소유가 아니라 그 좋음을 의욕함에 존립한다. 이것은 그야말로 인간적인 의지이다. 이 좋은 의지가 그때마다의 타자들을 서로 매개해주고 그 매개의 결과로 그때마다 '우리 모두에게 좋음'에 이르게 한다. 그러나 그때마다의 인간들에게 허용된 이 '우리 모두에게 좋음'은 아직도 여전히 최종적인 좋음, '그 하나의 신적인 좋음'은 분명 아니다. 그러나 또한 분명한 것은 철학(애지)하는 자로서의 우리 인간은 그 하나의 신적인 좋음을 사랑하고 추구하고 의욕하고 있고, 그 좋음을 향하여 천천히 그러나 부단히 움직여가고 있다는 점이다. 우리는 이 사실을 승인해야 할 뿐 아니라 이 사실에 기뻐해야 한다. 왜냐하면 우리가 그 사실을 부정할 때, 이를 테면 우리 유한한 인간의 본성 중에 그 하나의 좋음이 이미 들어 있다는 독단을 펼 때, 우리는 윤리학을 할 필요가 없는 신이 되어 버릴 것이기 때문이다. 그것은 동시에 '철학'으로서의 윤리학의 종말이고 '철학'하는 자로서의 인간의 죽음이다.

**● 한스-게오르크 가다머, 이길우 외 옮김, 《진리와 방법 I》, 문학동네, 2000.**

1, 2, 3부로 구성된 가다머의 《진리와 방법》의 제1부의 번역이다. 따라서 2부와 3부에서 다룬 정신과학의 해석학과 언어 존재론의 내용은 없지만, 예술작품의 존재론에 대한 가다머의 성찰을 파악할 수 있게 해주는 좋은 통로이다. 번역의 판본으로 삼은 것이 《전집》 1권이었기 때문에 매우 중요한 《진리와 방법》의 2판 서문과 후기가 누락된 것은 아쉽다. 그러나 도처에서 가다머의 철학적 해석학의 근본 기획을 읽어 낼 수 있는 자료이다.

**● 한스-게오르크 가다머, 박남희 옮김, 《과학 시대의 이성》, 책세상, 2009.**

과학적 지식과 실천적 삶의 관련에 대한, 가다머의 여섯 편의 논문이 실려 있다. 특히 과학 시대와 과학주의에 대한 철학적 반성은 도대체 인간의 앎과 삶이 무엇이냐는 근원적인 물음을 제기한다. 과학적 지식과 앎이 동일시되고 인문학의 위기가 우려되는 우리 시대의 철학적 궁핍을 잘 드러낸 책이다.

**● 정연재, 《윤리학과 해석학》, 아카넷, 2008.**

가다머의 철학적 해석학을 윤리학의 관점에서 정리한 드문, 그리고 권할 만한 자료이다. 특히 그리스 실천철학이 가다머의 해석학적 기획에 끼친 영향을 심도 있게 분석한 이론서이다. 책 말미에 제공된 가다머 문헌 목록도 초학자들에게는 좋은 도움을 줄 것이다.

**● 한국해석학회 편, 《문화와 해석학》, 철학과현실사, 2000.**

한국해석학회에서 펴내는 《해석학연구》 제7집이다. 이 책의 2부는 〈가다머의 철학적 해석학 연구〉라는 특집으로 꾸며져 있고, 여기에는 가다머의 해석학에 각기 다른 관점에서 접근하는 4편의 논문이 실려져 있다.

**● 한국해석학회 편, 《인문학과 해석학》, 철학과현실사, 2001.**

한국해석학회에서 펴내는 《해석학연구》 제8집이다. 책의 제목이 보여 주듯이 정신과학의 정체성에 대한 다양한 논문들이 실려져 있다. 가다머의 해석학 자체의 내용뿐 아니라, 이 해석학이 현대의 철학적 해석학의 역사 안에서 갖는 지형도적 위치를 파악하는 데 도움이 될 것이다.

# 레비나스와 얼굴의 윤리학

김상록

레비나스의 철학은 오롯이 자기 시대와의 대화였다. 그의 눈에 비친 당대는, 그 자신이 열거한 굵직한 사건들만 들더라도, "세계 대전과 국지전, 국가 사회주의, 스탈린주의와 탈脫스탈린화, 수용소들, 가스실, 핵무기고, 테러리즘과 실업", "제삼세계의 계속되는 비참함" 등등 제국주의적이고 전체주의적인 폭력으로 점철된 시대였다. 여기에다 68혁명, 베를린 장벽의 붕괴, 소비에트 연방의 몰락 등을 목격했던 레비나스는 에릭 홉스봄이 부른 대로 '극단의 세기' 전부를 아흔의 생애 속에서 고스란히 겪어낸 유대인 철학자다.

파국적 세기의 이 모든 사건들은 레비나스에게 그것들을 통해 명실상부 세계사 자체가 된 유럽 문명사를 근본에서부터 반성하게 했다. 레비나스는 서양 문명을 뒤흔들고 있는 위기의 정신적 진앙지를 고대 그리스 이래의 철학 전통에서 찾고, 이 전통의 핵심 특징을 부각시키기 위해 '존재론', '전체성의 철학', '동일자의 철학' 등으로 부른다. 이에 맞서는 레비나스의 사상은 흔히 '타자의 사유', '타자의 철학' 등으로 일컬어진다. 과연 일리 있는 명칭이다. 그러나 레비나스가 제시한 대안적 기획에서 그 일면만을 부각시키는 경향성을 띤다는 점에서 편파적인 이름이기도 하다. 왜냐하면 레비나스의 대안은 유대교의 가르침(헤브라이즘)과 플라톤 이래의 철학(헬레니즘)을 새로이 종합하는 데 있기 때문이다. 레비나스 철학이 가진 윤리적 함의를 가늠해보려는 우리의 과제도 결국 이 종합의 성격을 온전히 이해하는 일에 그 성패가 달려 있다.

이런 이해는 레비나스적 종합의 근원적 장소인 대면관계로 거슬러 올라갈 때 비로소 가능해진다. 레비나스에 따르면 이 대면관계야말로 모든 사회적 관계의 기초다. 이런 근본 입장이 레비나스의 윤리학을 여타의 윤리학과 구별 짓는 특징을 낳는다. 레비나스는 아리스토텔레스에서 헤겔로 이어지는 공동체주의와 거리가 멀고, 홉스 이래의 계약론 전통에도 속하지 않는다. 레비나스가 말하는 윤리적 주체는 정치공동체의 시민도 아니고 사회계약을 맺도록 설복되는 자연 상태의 개인도 아니기 때문이다. 다른 한편 레비나스의 윤리학은 칸트의 의무론과도 다르고, 키르케고르 및 하이데거의 실존윤리학과도 갈라진다. 레비나스에서 윤리적 명령은 이성에 의해 정립된 보편적 법칙성에서 오는 것이 아니며 타인과 동떨어진 절대 타자의 차원에 근거하고 있지도 않다.

이러한 복잡한 분기점들을 식별해 가면서 레비나스 사상의 핵심에 도달하는 것이 이 글의 목표다. 우선 레비나스가 화두로 삼았던 인류사적 문제 상황을 간략하게나마 정리하는 일이 그 첫걸음이 되어야 한다.


### 나는 타자다

홀로코스트로 상징되는 총체적 폭력의 소용돌이를 빠져 나온 유럽은, 자기 지배와 세계 지배의 이상 아래 추진한 자기확장운동을 거친 끝에 전 지구적 차원에서 보편화를 달성했다. 이런 점에서 20세기는 유럽 역사의 보편화 과정이 어떤 완성에 도달한 시점이다. 유럽의 역사적 운동 — 또는, 유럽발 세계화 과정 — 을 추동하고 이끌어

온 원리는, 레비나스에 따르면 고대 그리스에서 발원한 '이성'이다. 이 이성은 우주 만물, 존재 전체를 관조하여 그 운동 원리를 파악하려는 희랍적 이론(헬레니즘의 테오리아)이다. 희랍적 의미의 진리란 이론 이성에 의해 밝게 드러난 존재를 뜻하며, 희랍적 의미의 앎이란 존재를 밝히는 빛이다. 레비나스가 이해하는 전통적 의미의 헬레니즘은 이처럼 앎과 진리를 추구하는 운동으로서 거기에 입각해서 자기와 세계를 지배하고자 하는 열망에 의해 추동된다. 희랍의 학문이 신비롭게 감추어진 존재에 이성의 빛을 쏘여 존재를 그 자체로 드러내려는 존재론으로 탄생한 것도 바로 이 때문이다. 희랍 존재론과 거기서 파생한 서구의 과학은, 자연과 사회 전체에 대한 개념적 지식(앎과 진리)을 획득하여 그 속의 개별 존재자들을 하나의 체계로 통합함으로써 평화로운 질서를 산출하고자 한다.

이러한 문명적 기획의 산물인 현대세계는 20세기의 극단적 폭력들을 거쳤지만 이제 어느 정도 안정기에 접어들었다. 서양 형이상학의 완성자 헤겔의 관점에서 본다면, 저 폭력적 사건들은 동일자의 자기인식이라는 이성의 절대 지점에 도달하기 위한 불가피한 사건들로서 정당화될 것이다. 전체주의적 폭력은 '동일자와 비동일자의 동일성'이라는 역사의 변증법적 수레바퀴가 종착지에 다다르기 전에 밟고 지나갈 수밖에 없는 개별자들 — 이성 미만의 실존에 머무는 것으로 간주되는 개별자들 — 에게 가해진 희생으로 합리화될 것이다.

그러나 레비나스가 주목하듯이, 20세기의 파국을 겪은 유럽의 지식인들은 헤겔 식의 역사철학적 정당화를 받아들이지 않았다. 전후 세계질서는 그들에게 안정감을 가져다주기는커녕 외려 알지 못할 불안감에 빠뜨렸다. 그들에게 20세기는 그리스 - 유럽적 문명 기획의 원리 자체 — 앎과 진리, 그리고 이것들이 근거하는 이론 이성(의식) — 를 근본적 의문에 부치는 사건으로 대두되었다. 이 사건들의 파장을 레비나스는 크게 두 가지 성격으로 나누어 파악한다. 첫째, 인간과 인권의 옹호를 목표로 한 공산주의운동은 전체주의적 억압으로 전도된 역설이 웅변하고 대변하듯, 명징한 이론적 의식으로 기획되고 투철한 의지로 추진된 사업들이 실수 행위로 귀착된 사실. 소외로부터 탈주하려는 의식과 의지가 도리어 소외에 빠지는 역설적 상황이 초래된 것이다. 둘째, 존재의 진리를 추구하는 과학기술이 존재로부터 끌어낸 에너지가 지구를 폭발시킬 수 있게 된 사실. 원자 속에 숨은 가공할 힘을 지구 파멸적 백열白熱로 폭발시킬 수 있는 기술적 탈脫은폐의 자연 지배력은, 진리가 존재 자체를 위협하는 역설적 상황을 낳았다. 희랍적 문명 기획이 결국 봉착하게 된 이 이중적 소외, 유럽의 이 역설적 도착倒錯과 그에 따른 신경증, 이에 대한 가장 간명한 표현을 레비나스는 랭보의 시구에서 찾는다. '나는 타자다Je est un autre'.

이런 역사적 상황은 하이데거와 그 이후에 등장한 구조주의자들이 휴머니즘을 발본적으로 거부하도록 만들었다. 이후 현대 유럽 지성계의 주류가 기치로 삼은 반反인간주의는, 일찍이 '너 자신을 알라'는 소크라테스적 명법에 의해 깨어난 이래 자기의식 속에서 전체를 포괄하려는 헤겔의 절대지 속에서 완성된 희랍적 이론이성을 그 자체로 기각한다. 유대-기독교적 신의 죽음(니체)과 플라톤적 철학의 종말(하이데거)이라는 푯말 아래 유럽의 지성은 자기 전통의 인간 이념을 부정하고 주체의 죽음을 선언한다.

레비나스는 이 주류를 추동한 위기 상황에 공감하면서도 거기에 합류하지 않는다. 도리어 그는 이 상황을 거꾸로 이해한다. 레비나스에게 유럽 문명의 위기는 진정한 주체의 이념을 정립할 수 있도록 하는 계기이자 휴머니즘의 참된 의미를 재발견할 수 있도록 하는 기회가 된다. 이제 인간적이라 함은 타인을 사랑함이며, 주체적이라 함은 이웃사랑을 실천할 무한 책임을 감당할 수 있음이다. '타인의 인간주의'와 그 책임자인 주체를 레비나스는 유대교에서 발원한 유일신교의 핵심적 가르침 — 이웃사랑과 메시아적 주체 — 으로 이해한다. 뿐만 아니라, 이러한 유대교의 보편사적 의미는 플라톤주의의 재정립과 복권을 요구한다. 레비나스의 기획은 이처럼 현재의 위기 속에서 자라나고 있는 '오래된 미래'의 구원을 전도하는 데 있다. 니체와 하이데거 이후 구조주의와 포스트모더니즘을 거치면서 거스를 수 없는 흐름처럼 보이는 반反플라톤주의에 맞서 플라톤을 옹호하는 것이 가능한가? 신의 죽음 이후 다시 성경을 펼쳐들고 가르치는 일이 가능한가? 레비나스는 이 두 물음에 대해 동시적으로 긍정하도록 우리를 이끌고자 한다.

## 자율과 타율

반인간주의와 반플라톤주의의 기치 아래 결집한 유럽 현대 철학에게 주체의 죽음을 선고하게 한 사태가, 주류와 갈라선 레비나스에게는 주체의 옹호를 주장하게 하는 정반대의 의미임을 앞에서 보았다. 물론 유럽의 위기라는 사태가 그 표면적인 차원에서 지닌 의미는 레비나스에서나 주류 지성계에서나 유사하다. 자아는 투명한 자기의식을 확보할 수 없으며 자기를 초과하는 어떤 이질적인 질서에 자기도 모르게 노출, 종속되어 있다는 것. 그런데 이로부터 주류 사상계처럼 주체의 폐기를 결론짓는 것은, 주체의 본질을 자기 동일적 자아의 내재성에, 타자를 동일자로 환원시키는 내재성에서 찾기 때문이다. 그리고 이는 궁극적으로 앎을 통해 자기와 세계를 장악하려는 인식론적 지배욕, 존재 전체의 진리를 통해 통일적인 정합성을 꾀하는 존재론적 지배욕의 발로이다. 반면 레비나스에게 주체의 본질은 윤리적이다. 이때 주체를 주체답게 만드는 것은 더 이상 모나드적인 자기 완결성이 아니라, 타인의 고통에 (무한히) 노출되는 도덕적 감수성에 있다.

자기 전통의 문명 기획이 실패한 이후 유럽 지성계가, 사상과 실제 두 차원에서 모두 이론의 여지없이 보편적인 것으로 확립된 것처럼 보이는 유럽 문명의 중심성을 스스로 부인하는 데 열중하고 있다면, 그것은 다름 아닌 저 윤리적 감수성의 발로 때문이라는 것이 레비나스의 생각이다. '나는 타자다'로 표현된 자기 소외는, '자아 안에 있는 타자'의 무의식적 부름이 자아의 자기중심적 실존운동에 간섭하여 생긴 교란 현상인 것이다. 유럽 '문명 속의 불만'은 여기서 비롯된다. 유럽 전통의 형이상학 — 존재론적 근본 정향과 이로부터 연유하는 인식론적 정초 — 의 관점에서라면 우여곡절 끝에 재정착된 평화의 질서가 문제될 것 없는 정당성을 얻을 수 있을 텐데도, 그러기는커녕 유럽은 좌불안석인 것이다.

그러나 이러한 토대의 위기는 단순히 전통 형이상학(헬레니즘)의 해체로 이어지는 데 그쳐서는 안 된다. 문명사적 실수 행위로 표출된 유럽의 신경증은 오히려 자신의 진정한 토대이지만 오래전 망각된 토대를 회복하라는 부름을 간직하고 있다. 만회되어야 할 토대란 헤브라이즘이다. '살인하지 말라'와 '이방인(이웃)을 사랑하라'는 구약의 명령은 레비나스에게 유럽 문명은 물론 인류 문명의 기초이다.

유럽 주류 지성계의 자문화중심주의 비판 — 유럽의 자기 공박 — 의 저변에는 (그 의식 여부를 떠나) 저 신의 명령을 어긴 데 따른 죄책감이 도사리고 있다. 물론, 레비나스에게는 죄책감이 아니라 그것의 근거인 책임감이 더 본원적인 사태이고 그런 책임감을 불러일으키는 것이 그의 주체론의 궁극 목적이기도 하다. 그러나 현상적 질서 — 즉, 실존운동의 전개과정 — 에서는 죄책감이 앞선다. 물자체의 질서에서 우선하는 책임감은 현상적 질서에서는 사후적으로 나타난다. 달리 말하면, 인간은 본성상 신적인 선과의 유대 속에 있지만, 우선 대개이 신적 타자에 대해 자기를 걸어 잠그는 경향, 즉 타자에 대한 폐쇄성을 띠고 있다. 이로부터 자율과 타율에 관한 레비나스 윤리학의 근본 명제가 나온다. '의지에 따라〔자발적으로〕선한 사람은 아무도 없다'가 그것이다. '자발적으로 악한 사람은 아무도 없다'라는 소크라테스의 주장을 거꾸로 뒤집은 명제다. 이로써 레비나스는 키르케고르 이래 형성된 실존철학의 계보에 이름을 올린다. 앎에서 덕이 나오며 따라서 악행은 오직 무지에서 비롯된다고 생각한 소크라테스를 비판하고 오로지 예수그리스도의 가르침에 의해서만 (윤리적) 비진리에서 깨어날 수 있음을 역설한 키르케고르처럼, 레비나스는 이교異敎적 자율론(소크라테스)에 맞서 유일신교적 타율론을 내세운다. 인간의 의지에서 그 어떤 문제성도 제기하지 않은 희랍 전통의 윤리학에 반대하여 기독교 사상가와 유대교 철학자가 말하는 타자(스승)의 가르침은, 소크라테스의 산파술에서처럼 한갓 보조적 위치에 머무는 것이 아니라, 주도적인 위치와 본질적인 위상을 차지한다.

이 문제와 관련해서 레비나스는 또 다른 실존철학자 하이데거와도 통한다. 물론 하이데거에서 절대 타자 — 즉, (존재자와 절대로 다른) 존재 — 는 비인격적인 만큼 타자와의 관계가 전혀 사제師弟지간으로 조명되지 않지만, 그의 철학은 타율적 윤리의 입장에 서 있다. 인간은 우선 대개 비진리 속에 퇴락해 있음을 강조할 때 하이데거는 기독교 원죄론을 희랍적 감성으로 변용한다.

### '윤리-정치'에서 '윤리-종교'로

세 실존철학자들 모두에 공통되는 타율적 윤리에 따르면, 우리는 스스로를 구원하지 못한다. 의식의 내재성 안에 머무는 한 나는 비진리이고, 나를 깨우칠 진리는 늘 바깥에서 온다. 이 바깥은 절대적 타자성의 차원에 있다.

키르케고르의 경우 절대 타자가 나에게 일깨우는 윤리적 진리는 전체로부터 박해받는 양태로 나타난다. 레비나스는 무엇보다 이 점을 키르케고르의 결정적 공헌으로 보고 높이 산다. 키르케고르는, 특히 헤겔의 윤리학을 겨냥하면서, 민족국가와 같은 공동체의 일반적 질서, 전체 사회에 대한 개념적 인식에 입각해서 개별자들에게 규범을 부과하는 희랍적 윤리학에 맞선다. 레비나스가 — 아도르노와 마찬가지로 — 키르케고르와 연대하는 것은, 이런 전체의 이념에 의해 타자의 가르침이 배제되고 핍박받는 현실, 그리하여 타자는 사회의 폐기물과 같은 위치로 전락할 수밖에 없는 현실을 고발하기 위해서다. 타자를 그 절대성에서 정립하는 실존철학의 이러한 연대는 윤리적 성찰의 지평을 새로이 설정한다. 이제 지평은 아리스토텔레스에서 헤겔로 이어지는 공동체주의적 전통에서처럼 더 이상 ‘윤리-정치’가 아니라, ‘윤리-종교’다. 존재를 절대 타자로 설정하는 하이데거 역시 이 같은 지평 위에 있다.

그러나 헤겔적인 전체를 거부하면서 종교의 차원으로 이행하는 키르케고르가 ‘윤리적인 것의 목적론적 중지’을 수행할 때, 레비나스는 키르케고르와 결별한다. 나 자신의 구원을 위해 일반성의 차원을 뛰어넘어 신과의 대면을 갈망하는 키르케고르의 ‘두려움과 떨림’, 거기서 나오는 키르케고르적 외침은 헤겔의 전체 앞에서 이기주의적인 저항이라는 비판을 면하기 어렵다는 것이 레비나스의 생각이다. 키르케고르에서 타자의 부름과 그에 대한 자아의 응답은 그 밖의 무수한 타인들과의 관계를 (한낱 일반성의 차원으로 매도하여) 무시하는 대면관계이고, 그러하기에 헤겔적 전체주의가 배태하고 있는 폭력에 대해 무기력할 뿐만 아니라 그 항거의 정당성조차 주장하기 어렵다는 것이다. 반면 레비나스적 대면관계에서 자아를 비진리의 상태로부터 일깨우는 타자는 단순히 신이 아니다. 레비나스에서 절대 타자는 (신뿐만 아니

라) 타인이다. 신은 오직 이 타인의 얼굴 속에서만 임재한다. 신적인 스승은 키르케고르에서처럼 육화된 말씀인 예수그리스도가 아니라, 나의 육신에 말씀이 떨려오도록 하는 타인이다.

그러므로 레비나스에서 타자의 부름은 키르케고르에서처럼 전체의 질서와 체제를 꿰뚫고 자아에게 수신되는 것이되, 그 호소력의 성격이 다르다. 레비나스가 타자의 부름을 '맥락 없는 의미화'라고 규정할 때, 여기서 '맥락'은 키르케고르에서처럼 전체의 정치적 질서를 가리킨다. 그러나 이 맥락을 붕괴시키는 동시에 자아를 호통치는 타자, 그리하여 자아를 역사 바깥으로 빼내는 타자의 호소력은 다른 데서 나온다. 그것은 전체의 폭력에 노출된 타인이 '죽이지 말라'며 나를 향해 외치는 정의의 꾸짖음이다. 내가 지금 여기서 맞닥뜨린 비참한 이웃, 그런 유일무이한 타인의 외침이 담겨 있을 때에만, 오직 그럴 때에만, 절대 타자의 부름은 전체의 배타적 질서를 변화시킬 수 있는 실질적 혁명 역량을 자아에게 심어줄 수 있다고 레비나스는 확신한다.

《존재와 시간Sein und Zeit》(1927)에서 희랍인 하이데거는 자기 자신을 찾으라는 키르케고르적 신의 부름을 양심을 통해 들려오는 존재의 부름으로 변용시킨 바 있다. 독일인에게 새 시대를 열 혁명을 결단하라는 존재의 부름은 그러나 결국 20세기 전체주의의 소용돌이 속에 삼켜지고 말았다. 그 이유를 레비나스는 같은 곳에서 찾는다. 존재의 호소에는 타인의 외침이 들어 있지 않기 때문이다. 레비나스가 하이데거의 존재를 비인격적이라 특징짓고, 거기에 그 어떤 타자성도 부여하지 않는 까닭이 여기에 있다.

### 제삼자와 업보

누군가 키르케고르 역시 이웃사랑의 윤리를 설파한다는 점에서 레비나스와 다를 바 없다고 반론을 제기할지도 모른다. 물론이다.《두려움과 떨림Frygt og Bæven》이 판단 중지한 윤리는 그리스비극 및 헤겔 철학에서 통하는 공동체주의적 윤리일 뿐,《불안의 개념Begrebet Angest》의 서문이 언급하고 《사랑의 역사Kjerlighedens Gjerninger》가 역설하는 '제2의 윤리'는 분명 이웃사랑의 명령과 그 실천이다. 그러나 이런 반론은, 레비나스가 말하는 타인이 기독교의 이웃과 구별된다는 사실을 놓치고 있다. 레비나스의 이웃, 타인에는 늘 '제삼자'가 결부되어 있다. 나를 바라보는 타인의 눈에는 언제나 제삼자가 함께 어린다. 레비나스가 말하는 제삼자는 누구인가?

레비나스는 "타인을 죽이는 방법은 무수히 많다"고 말한다. 여기서 그가 염두에 두고 있는 형제 살해는 총칼로 없애는 살인만을 뜻하지 않는다. 레비나스에게는 타인에 대한 무관심마저도 타인 살해의 일종이다. 그렇다면, 타인을 해치려는 의도가 전혀 없이 살아가고 있는 내가, 그래서 법적으로는 물론 '윤리적'으로도 아무런 죄의식을 가질 '이유'가 없는 내가 양심의 가책을 느껴야 한다는 말인가? 레비나스에 따르면, 그런 나도 무의식적으로는 언제나 이미 타인에 대한 책임감의 부름을 받고 있다. 어떻게 그럴 수 있단 말인가? 우리의 유대인 사상가가 말하는 그런 책임감이란 결국 '살해하지 말라'는 신의 명령을 어긴 죄의식으로 귀착되는 것이 아닌가? 무의식적 죄책의 실체를, 타인에 대한 무한 책임을 방기했다고 보는 레비나스의 이론은, 성경의 권위 말고는 기댈 데가 없는 설교에 불과한 것이 아닌가? 레비나스가 구약에서 가장 중요한 영감을 길어내는 것은 사실이다. 그러나 레비나스는 특정 종교의 교리에 입각한 진부한 독단주의자가 아니라, 보편적인 논증을 펴는 현대적 철학자이고자 한다.

여기서 레비나스의 논증은 '낡은' 성경이 '최신의' 무의식 이론마저도 인지하지 못하고 있는 무의식의 차원을 가진 심오한 가르침임을 보여주려는 것으로 볼 수 있다. 마찬가지로 유대인 사상가였던 프로이트도 레비나스 못지않게 인간의 모듬살이에 불가피하게 존재하는 숙명적 죄책감을 감지했고, 갈수록 그것을 자기 사유의 중심 화두로 삼았다. 이 문제에 대한 프로이트의 열정은 바울과 아우구스티누스에 버금갈 만큼, 무의식적 죄책감은 정신분석의 윤리학에서 핵심적이다. 그러나 레비나스가 보기에 정신분석은 성경의 가르침이 이미 함축하고 있는 윤리적 무의식의 심층에는 도달하지 못하고 있다. 이를 보이려는 레비나스의 노력은 정신분석에 대한 소극적 비판과 거리두기를 넘어 후기에 가서는 나름의 무의식론을 적극적으로 개진하기에 이른다. 이 도달 지점에서 돌이켜 볼 때, 레비나스가 전개하는 죄책의 현상학은 정신분석의 신경증 이론의 해체 작업으로 구상된 측면이 있다. 여기서 정신분석은 일종의 디딤돌과 같은 수단적 역할로 활용될 뿐이다. 오히려 레비나스의 문제의식과 그 지평은, 정신분석을 가로질러, 불교와 통하는 데가 있다.

　　레비나스가 볼 때 문제의 죄책은 우리 각자가 자신의 "의도를 넘어서는 책임"을 지고 있다는 사실과 관련된다. 나는 내 존재를 경제(아래에서 보게 될 것처럼, 가장 포괄적 의미 경제, 즉 오이코스)적으로 유지하기 위해 일을 해야 한다. 나의 세계-내-거주를 부양하는 데 기여하도록 의도된 내 일과 그 결과물은 그러나, 언제나 이미, 전체 사회의 교환과정 속에 놓여 있다. 어디서 와서 어디로 가는지 알 수 없는 이 거대한 교환의 흐름에 내맡겨져 있는 한, 나는 내 일과 그 산물의 자초지종을 온전히 장악하지 못한다. 왜냐하면 교환과정 마디마디에 잠복해 있는 타자들은 내 생산물을 나로부터 분리시켜 전혀 새로운 맥락 속에 위치시킴으로써 내 작품에 낯선(다른) 의미를 부여하기 때문이다. 그뿐만이 아니다. 타자의 개입은 아예, 내 생산물의 수준 이전에, 내가 작업과 작품을 구상하는 수준에서부터 이루어질 수 있고, '우선 대개'

그렇다. 춥고 배고프고 아플 수 있는, 그리고 결국엔 죽을 신체를 가진 의지로서 나는 내 존재를 보존할 의도로 행위하지만, 내 의도는 총칼과 돈을 쥔 타자에 의해 나도 모르게 다른 것으로 뒤바뀌어 버리는 것이다.

이처럼 내 행위는 자기 의도를 배반한다. 그러므로 정신분석이 말하는 '실수 행위'와 동일한 구조의 소외, 자유가 필연으로 전도되는 소외를 나타낸다. 그러나 그 내포는 확연히 다르다. 정신분석의 실수 행위가 성적 욕구의 발로인 반면, 레비나스가 동일한 정신분석의 용어를 빌어 현상학적으로 분석하는 사태는 자아의 존재 욕구 ─ 레비나스에 따르면, 스피노자의 윤리학에서 공리와 같은 코나투스 에센디 conatus essendi ─ 에서, 존재 집착에서 연원한다. 레비나스에게 진정한 무의식의 사태는 성性이 아니라 존재와 관련된 윤리적 사태이다. 이에 따라 죄책의 문제 역시 아버지 수컷을 거역하는 아들 수컷의 성적 집착이 아니라, 하나님 아버지의 명령을 망각한 자아의 존재 집착의 차원에 놓여 있다. 그러므로 레비나스가 빌린 명칭인 "실수 행위" 아래 정신분석을 가로질러 가리키는 사태, 즉 존재 욕구에 사로잡힌 신체적 의지가 하는 행위 및 그 결과는 바로 불교에서 말하는 업보業報, 아집에 따른 말과 몸과 뜻이 행하는 바이자 그 귀결인 업보와 가장 가깝다. 레비나스의 실수 행위 분석은 업보의 현상학인 것이다.

자아가 존재에 집착하는 한 그가 하는 행위는 모두 업, 즉 사회적 실책(이는 위에서 말한 무의식적 죄책, 레비나스적 의미의 죄와는 구별되어야 한다)이 된다. 레비나스가 '존재의 경제'라 일컫는 것 ─ 즉, 속세에서 서로 업을 주고받는 중생衆生들의 교환체제 ─ 속에 머무는 한 우리는 모두 서로에 대해 죄인이다. 성자聖子들만으로 구성된 사회가 아닌 사회는, 다시 말해 모든 사회는, '존재의 경제'라는 하부구조 위에 설립된 체제다. 레비나스의 '전체성'은 바로 이런 사회(즉, 모든 인간 사회, 이른바 속세)를 뜻하지, 흔히 생각하듯 스탈린 치하의 소비에트나 히틀러 치하의 독일 제국과 같은 전체주의사회만을 가리키는 것이 아니다. 모든 전체성, 모든 사회체제를 설립하고 작동시키는 것은 따라서 업보에 의한 소외가 필연적으로 내재해 있는 존재-경제적 교환과정이다. 그러므로 이러한 존재론적 소외는 역사의 시작과 더불어 발생한다. 그것은 역사 설립적 소외이다. 이는 동시에 최초의 부정의다. 그것은 존재-경제적 약자를 업에 가두고 그 영혼까지도 노예화시킬 수 있는 폭력을 발휘한다. 소외의 폭력과 더불어 작동하는 존재-경제적 교환체제는, 즉 전체성은 이런 의미에서 총체적 죄책 연관에 다름 아니다.

위에서 말한 '의도를 넘어선 책임'은 바로 이런 존재-경제의 총체적 연루 상황 속에 끼어있는 개인의 행위―즉, 업―에서 비롯된다. 존재의 경제 속에서 내 행위는 내 의식이 관장하는 의도의 가시반경을 넘어서 총체적 연루의 미로를 따라 미지의 곳으로 흘러가기 마련이고, 이 경우 당사자가 아닌 무수한 이들에게 내가 원치 않는 해를 미칠 수 있다. 내 행위의 관련 당사자들에 대해서 나는 결백하고 무구無垢하면서도, 동시에 내 의식 반경 바깥에 있는 숱한 국외자局外者들에게 죄인일 수 있는 것이다. 저 '무수한 이들', 이 '숱한 국외자들'이 바로 레비나스가 말하는 제삼자이다. (물론 이 개념의 의미는 레비나스 사유가 발전하는 과정에서 미묘하게 변한다.) 반면 '얼굴'은 전체성의 폭력에 희생된 사람들 가운데 내가 언제 어디서든 현장에서 직접 마주치게 되는 단 한 명의 타인, 즉 이웃이다. 그러므로 제삼자는 존재-경제의 부정의한 폭력에 집중 노출된 희생자이지만 쓰레기처럼 배출되고 처리되기에 세속적(존재-경제적 또는 전체주의적) 눈에는 보이지 않는 폐기물의 위치를 일컫는 말이다. (가령, 맑스가 말하는 '산업 예비군'은 자본주의사회의 특유한 제삼자라고 할 수 있다.) 이러한 희생체제의 (재)생산에 알게 모르게 기여하는 내 행위가 레비나스적 의미의 업이다.

## 실존의 모순

자기 의식적 확실성에 입각한 자아는 존재-경제의 체제 속에서 고통 받는 타인에게 무관심하다. 레비나스 윤리학의 목표는 이런 모나드적 자아가 타인에 대한 책임감을 느끼도록 그 심금을 울리는 데 있다. 앞에서 본 대로 레비나스가 (정신분석의 실수 행위를 해체하여) 업보 개념으로 재구성한 것은 윤리적 본성의 심금을 울리기 위한 첫 조율 작업이었다. 내가 남을 해치지 않으면서 내 존재를 강화하기 위한 의도로 한 행위가 필연적으로 실패할 수밖에 없다는 사실을 분명히 함으로써 레비나스가 보여준 것은, 존재에 집착하는 한 자아는 존재론적 소외의 굴레를 벗어날 수 없다는 것이었다. 이 굴레에 갇혀 있는 한, 나는 내가 생각하는 나가 아니라 알지 못할 저자의 시나리오에 따른 역할일 뿐이다. 의식의 거울에 비치는 내 얼굴은 가면이다. 이제 나는 잃어버린 내 얼굴을 되찾고자 한다. 이로써 레비나스는 실수 행위를 낳는 실존구조인 신경증까지도 구약 성경의 관점에서 해체할 수 있게 된다. 레비나스의 무의식론에 따른 신경증이란 가면을 벗고 완전한 얼굴을 소유하고자 하는 열망이다. 그것은 자아가 자신의 의지 행위가 업으로 전도되는 소외현상에 대한 괴로움, 즉 총체적 연루에 따른 죄책감의 발로인 것이다.

이렇게 이해된 신경증의 문제를 레비나스는 실존에 각인된 근본 모순과 이 모순의 궁극적 해소를 향한 실존운동이라는 관점에서 파악한다. 그가 보는 실존의 모순이란 무엇인가? 자아는, 현실의 한낱 일부분이면서 이와 동시에 자기 존재가 전부라고 여긴다. 자아는 자신의 (객관적) 동일성이 전체 속 다른 부분들과의 관계 속에서 결정된다는 것을 알면서도, 동시에 자기 (고유의) 동일성을 전체 속 자기 위치로부터가 아니라 자기로부터 이끌어낸다. 전체 속에 있는 동시에 그 바깥에 있는 존재, 연루와 분리, 참여와 독립의 동시성을 나타내는 모순적 존재가 바로 자아의 실존이다.

이러한 연루와 분리의 모순이 기존의 실존방식으로는 더 이상 해결될 수 없을 정도로 첨예화될 때, 신경증으로 터져 나온다. 여기서 실존 주체가 스스로 생각하는 자기와 남들에게 비친 자기 사이의 간극은, 얼굴과 가면 사이의 괴리는 혼자서 감당할 수 없는 괴로움이다. 이미 존재론적 소외와 — 즉, 역사의 시작과 — 더불어 벌어졌던 얼굴과 가면의 차이는 이 시점에 이르러 모순으로 격화되는 것이다. 이 모순이 낳는 사회적 죄책감에서 벗어나기 위해 완벽한 얼굴의 소유자가 되고자 하는 실존운동, 그리하여 떳떳이 신과 대면하겠다는 강박에 시달리는 실존운동이 레비나스적 의미의 신경증이다. 구약의 에덴동산이 상징하는 낙원이란 얼굴과 가면의 차이가 등장하기 이전의 순진무구한 상태를 가리키고, 천국이란 낙원 추방과 동시적인 (성性의 정립과) 역사 성립 이후 생겨나 깊어지기만 하던 모순이 해소되는 지복을 의미한다. 실존운동이란 이 윤리적 지복을 향한 구도求道의 길이다. 그래서 구원의 종착지인 "천국은 윤리적이다." 소설가 최인훈의 용어를 빌자면, 그것은 광장과 밀실의 화해가 이루어진 나라다. 이 화해는, 레비나스에 따르면 역사의 폭력에 희생된 타인에 대한 무한책임을 떠맡을 때에만 가능하다.


## 제삼의 길

그러한 화해를 요구하는 실존 모순은 인간 문명의 근본문제이다. 사회에 관한 모든 사상과 담론은 결국 이 문제에 대한 나름대로의 파악과 해결책으로 이해될 수 있다. 현대 유럽문명의 위기는 실존 모순 및 그 해소에 대한 기존의 담론들이 효력을 상실했음을 의미한다. 따라서 그것은 새 시대를 열 새로운 담론을 세워야 하는 과제를 부과한다. 이 시대사적 과제를 두고 레비나스의 담론은 '제삼의 길'을 제시하고자 한다. 이는 2,000년전 바울이 보편사의 기독교적 개벽을 수행하고자 희랍민족과 유대민족 사이의 갈등을 돌파하는 제삼의 길을 낸 것에 비견될 수 있는 시도이다. 이를 통해 레비나스가 넘어서고자 하는 것은 희랍 담론(그리스에서 시작된 철학과 과학기술문명)과 기독基督 담론(서양의 종교문명) 사이의 대립(이는 철학사적으로 헤겔-키르케고르 대립에서 연원한다)이다. 자신의 문명 기획이 '실수 행위'로 밝혀지면서 유럽이 빠져든 신경증적 불안은 저 두 담론을 모두 기각한다는 것이 레비나스의 생각이다. 다시 말하면, 실존 모순과 거기서 비롯되는 사회적 죄책('의도를 넘어선 책임')을 두 담론은 제대로 고려하지도 해결하지도 못한다는 것이다. 왜 그런가?

기독 담론은 실존 모순을 왜곡함으로써 해소시킨다. 레비나스에 따르면, 기독교는 인간이 저지른 잘못을 신에 대한 불경으로 바꾸어 버린 다음, 무한한 신의 사랑에서 나오는 용서에 의해 면죄될 수 있는 것으로 만든다. 업보를 통해 무의식의 차원에서 작용하는 사회적 죄를 마치 "의도적 죄"처럼 취급하는 것이다. 그런데도 기독 담론에서 무한한 용서가 그 정당성을 획득하는 이유는, 기독 공동체가 스스로를 "자신의 모든 자초지종을 지배하는 사회"로 여기고 있기 때문이다. 무수한 제삼자들과 난마처럼 뒤얽힌 사회적 관계망을 사랑의 대화 속에 현전하는 신과의 대면으로 대체함으로써 기독교는, 사회적 죄책의 실상 — 개인의 의도를 초과하는 거대한 죄책 연관 — 에 대해 눈을 감는다. 기독 담론은 서로 사랑하는 둘만의 대화, 내밀한 담론이다. 여기서는 실존 모순의 핵심에 자리한 제삼자가 전혀 고려되지 않는다. 따라서 기독교적 이웃사랑은 정작 사회적 부정의를 교정하는 데 아무런 도움이 되지 않는 적선에 불과하다. (현대사회에 널리 퍼진 기부 문화는 이런 우연적 적선의 한 예이다.) 키르케고르는 레비나스에게 이런 기독 담론의 근대적 대변자로 간주된다.

　반면 희랍 담론은 기독 담론의 영향력 상실을 낳은 현상적 질서를 그대로 옹호함으로써, 그리고 그것을 실재의 법칙으로 정당화시킴으로써 세력을 넓혀 간다. 개별자들의 업보를 통해 관철되는 전체의 작동법칙을 그대로 이성적인 것으로 정당화하는 것이다. 희랍 담론은 생로병사하는 인간 의지의 신체성을 공략점으로 삼아 중생을 업보의 굴레 속에 가두는 전체성의 메카니즘을 이성의 간지奸智라고 찬양하고, 그렇게 관철되는 철칙을 역사를 주관하는 이성의 법칙으로 격상시킨다. 이와 상관적으로, 전체의 작동법칙에 항의하는 개별자는 '사사로운' 내면성으로, 동물적인 실존으로 치부된다. 희랍 담론에 따른 실존 모순의 해결은 저 전체의 논리에 대한 이성적·객관적 인식의 고양을 통해 전체와 합일을 이루는 것이다. 그러나 이런 화해는 거짓이다. 왜냐하면 희랍 담론은 개별자의 단독적 실존과 윤리적 구원에의 열망을 무시하면서 시작하기 때문이다. 이는 실존의 모순 자체를 묵살하는 일과 다름없다. 그래서 레비나스는 희랍 담론을 '대화 상대자가 없는 담론', '비인격적 담론'이라 부른다.

　희랍 담론과 기독 담론의 대립 구도를 넘어 레비나스가 제시하는 새로운 길은 '유대 담론'이다. 유대 담론은 실존 모순의 실상이 그대로 드러나는 동시에 그 해결책을 함축하고 있는 대화 상황에서부터 시작해야 한다. 그것은 고통 받고 있는 타자와 내가 맞닥뜨리게 되는 장면이다. 나는 이 타자에 대해 의식적으로 그 어떤 책임도 질 이유가 없음에도 불구하고 그의 고통에 대해 본의 아니게 괴로워한다. 이 장면을 레비나스는 얼굴을 맞댄 관계라 부른다.

## 얼굴과의 대면

레비나스가 제시하는 유대 담론의 '원초적 장면'과도 같은 얼굴과의 대면은, 그에 따르면, 모든 사회적 관계의 원형이다. 인간관계에 대한 모든 이론, 윤리학과 사회철학은 바로 이에 대한 성찰에서 시작해야 한다. 이 근원적 인간관계 한편에는 자신의 비참함을 통해 전체성에 내재한 부정의를 고발하는 타인이 있다. 이 유대적 타자는 기독적 타자와는 달리 제삼자의 희생을 동시에 고발한다. 다른 한편으로, 정의를 외치는 저 타인의 부름에 이미 무의식의 차원에서부터 노출되어 그에 대한 책임을 질 것을 호소 받고 있는 자아가 있다. 타인의 부름과 이에 응답해야 할 자아와의 관계를 인간관계의 원형으로 설정하는 레비나스의 시각은, 사실 유대 담론의 고유 사상(선민사상과 메시아주의)을 인간 실존의 보편적 범주로 제시하려는 의도 아래 형성된 것이다. 레비나스가 말하는 타인의 부름이란 나를 메시아적 주체로 선택한 신의 명령이다. 그런데 이 유대적 인간관계론은 공자에서 맹자로 이어지는 유교 담론의 그것과 크게 공명하며, 양 담론의 대비는 우리가 예상치 못한 폭넓고 깊은 함의를 보여줄 수 있다. 그러나 여기서 우리의 관심은 서양 철학사에 국한된다. 이 글은 서양 윤리학의 역사 속에서 레비나스의 접근법이 가진 특성을 드러내는 것을 주요 목표 중 하나로 삼고 있기 때문이다.

레비나스 윤리학의 특성은 이웃사랑을 명하는 타인과 그에 (무의식적으로는 언제나 이미) 청종하는 자아 사이의 관계에서 출발한다는 데 있다. 이 관계의 두 항 중 먼저 자아 쪽을 보자. 레비나스가 말하는 자아는 공동체에 소속된 시민도 아니고, 자연적 이기주의에 매몰된 채 모든 질서에 선행해 있는 개인도 아니다. 이 점에서 레비나스의 윤리학은, 고대적 형태(아리스토텔레스)이건 근대적 형태(헤겔)이건 법에 의해 시민들 상호 간의 의무를 법적으로 규정하는 공동체의 정치적 질서를 지평으로 하는 윤리학과도 구별되고, 홉스의 정치철학 이래 자연 상태의 개인들로부터 출발하는 계약론적 윤리학과도 구별된다.

관계의 다른 항인 타인 쪽으로 넘어가 보면, 칸트와의 대비가 레비나스의 독특성을 두드러지게 하는 데 적격이다. 칸트에게서 윤리적 명령은 이성에 의해 보편적 법칙으로 성립될 수 있을 때에만 윤리적일 수 있다. 그리고 이 보편화 가능성은 인류 전체를 한갓 수단이 아니라 언제나 목적 자체로 대해야 한다는 원칙에 따라야 한다. 이런 칸트의 기준에 따른다면, 레비나스의 도덕 명령은 여러 점에서 결격을 면치 못한다. 우선, 내가 고려해야 하는 것은 인류 전체가 아니라 내가 지금 여기 마주하고 있는 유일무이한 타인이다. 또 이 단독의 타인으로부터 발하는 명령은 나의 이성이 아니라 감성에 호소한다. 이런 명령은, 칸트의 논리로는 감성적이기에 정념적인 동기에 따른 불순한 의지의 발로이며, 특수한 개인의 처지에 대한 고려로 인해 그 보편성을 상실한 것으로 간주될 것이다. 그러나 레비나스에게는, 실천이성과 감성을 철저히 분리시킨 칸트에서와는 달리, 감성이야말로 윤리의 근원적 차원이다. 그리고 이 심성에 호소하는 유일무이한 타인은 보편성을 해치는 특수성이 아니라, 실질적인 보편성의 실현을 낳을 단독성이다. 보편적 휴머니즘의 실현과 더 거리가 먼 것은 오히려 형식적인 것으로 그치기 쉬운 칸트의 보편성이다. 이웃사랑을 도대체 명령될 수 있는 것의 영역에서 배제하면서 법의 형식화로 나아간 칸트와는 달리, 레비나스는 이웃사랑을 가장 근원적인 법으로 놓고 나감으로써 휴머니즘의 실질적 보편화에 도달할 수 있다고 생각한다. 내가 대면한 바로 그 타인의 호소에는 인류 전체의 정의에 대한 요구(제삼자의 호소)가 함께 들어있다는 점에서, 레비나스의 대면관계는 형식적 보편성을 넘어 살과 피를 가진 보편성을 담보한다. 이제 이 대면관계에서 일어나는 운동을 살펴볼 차례다.

## 윤리와 정치 또는 종교와 철학

우리는 앞에서 레비나스가 말하는 타인의 얼굴―즉, 내가 지금 여기 마주한 단 한 명의 타인―에는 늘 제삼자―즉, (제삼자는 인류의 경제적 정의실현에 대한 요구와 같으므로) 그 밖의 인류 전체―가 배후에 함께 한다는 점을 강조한 바 있다. 얼굴과 제삼자 각각과 자아가 맺는 관계의 의미는, 앞서 잠깐 언급한 대로 레비나스 사상이 발전함에 따라 계속 변화를 겪지만, 여기서는 후기 레비나스가 제시한 최종 입장만을 고려하기로 한다.

타인의 얼굴이 존재-경제적 부정의에 고통 받는 타인을 책임지라는 신의 명령이라면, 타인을 대면하는 일은, 타인과 얼굴에 얼굴을 마주하는 일은, 내가 한 점 부끄럼 없이 선하게 살고 있기에 떳떳하게 고개를 들 수 있을 것을 요구한다. 그러나 위에서 본대로, 존재의 경제에 참여하는 한, 그 어떤 선의지도 악업惡業을 낳는 실수 행위로 전도될 수밖에 없다. 자기의 존재를 문제 삼지 않는 선의지는 위선의 가면일 뿐, 타인을 볼 낮이 없다. 이처럼 (이중적 의미의) 얼굴에 시달리는 것이 신경증이다. 그런데 그것은 결국 '죽음에 이르는 병'과 같다. 왜냐하면 사실 내가 벗어야 할 궁극의 가면이란 무엇인가? 그것은 존재 자체다. 존재에 집착하는 한 나는 타인의 살해에, 알든 모르든, 원하든 원하지 않든 기여하며 살아간다. 《다르게 존재함》이 아니라 《존재와 다르게》라는 후기 레비나스의 주저 제목은 바로 존재라는 가면을 벗으라는 윤리적 명령을 (그리고 그 명령을 따르는 주체의 실존방식을) 뜻한다. 그래서 타자의 부름은 존재에 뿌리박고 있는 주체에게 트라우마로 들이닥친다. 그런데 이 명령에 온전히 따르려면, 그리하여 절대 타자를 떳떳이 응시할 수 있으려면, 유한한 주체는 죽음을 면할 길이 없다. 자신의 존재 자체가 벗어던져야 할 가면인 까닭이다. 아마 이것이 구약에서 신이 모세에게 한 말을 두고 레비나스가 이해하는 의미일 것이며(《출애굽기》 33장 20절: "네가 내 얼굴을 보지 못하리니 나를 보고 살 자가 없음이니라"), 레비나스가 타인의 얼굴을 신의 흔적이라고 규정할 때 염두에 둔 의미들 중 하나일 것이다.

이러한 신경증은 한시라도 빨리 떨쳐버려야 할 부정적 현상이 아니다. 그것은 오히려 감내해야 할 긍정적 증상이다. 레비나스가 주체는 타자의 '볼모'이며 얼굴의 '강박'에 시달린다고 말할 때, 이는 신경증의 심화를 유도하기 위함이다. 그리고 레비나스적 의미의 주체란 이런 신경증적 시련을 견뎌내면서 신적 타자의 부름을 청종하는 자이다. 볼모라는 예속隸屬감과 강박이라는 수동성은, 신경증적 주체가 그를 책임 주체로 선택한 신의 명령에 대하여 여전히 타율적 상태에 있음을 나타낸다. 그런데 주체가 이 시련을 끝까지 견딜 때 타율이 자율로 전도되는 순간이 온다. 이 순간에 들어서는 것이 레비나스가 '정신병psychose'이라고 특징짓는 실존 단계 또는 실존구조다. 좋은 의미의 이 정신병적 전환을 통해서, 병리적이 아니라 윤리적인 광기에 의한 회심을 통해서, 바로 대속적 희생에 자기 존재를 기꺼이 바치는 자아, 즉 메시아적 자아가 탄생한다. 자기를 박해하고 고문하는 자의 잘못마저 자신의 책임으로 떠맡아 우주 전체를 지탱하는 성자聖者로 선택 받은 자, 메시아는 모든 자아의 본질적 구조이다. 레비나스에게 참된 자아는 메시아이다.

나를 메시아로 선발한 타자의 부름은 대속적 희생의 책임을 부과하는 것으로 끝나지 않는다. 만약 그렇다면 레비나스는 우리가 매번 마주치는 타인에게 나를 온전히 희생의 제물로 바칠 것을 권고하는 셈이 될 것이다. 메시아적 희생을 요구하는 타자의 부름은 동시에 신이 정의正義의 스승/주인/판관으로서 내리는 명령이기도 하다. 이 정의 덕분에, 정의의 신이 내리는 은총 덕분에, 나는 다른 타인들과 마찬가지로 대우받을 수 있게 된다. 다시 말하면, 그 밖의 다른 모든 타인들(제삼자)과의 형평성을 고려하여 여태껏 무한하기만 했던 얼굴의 요구를 나는 이제 제한할 수 있게 된 것이다. 타인의 얼굴을 지운다는 것은 내가 신경증을 벗어나 존재할 권리를 다시 얻었음을 뜻한다. 이 로써 내 행위는 다시 업이 되겠지만, 이제부터는 정의로운 사회구현을 위해 타자에게 바치는 업적業績을 낳을 것이다.

이러한 정의의 업적은, 정신병에 이르기까지 무의식적 실존운동을 일단락 짓고 의식의 운동을 재도입할 것을 요구한다. 유일무이한 타인의 얼굴을 지우고 제삼자를 고려한 형평성을 따지기 위해서는 계산, 측정, 앎, 객관화, 주제화 등등이 필요하기 때문이다. 이는 자기중심적 실존운동에 봉사해왔다는 이유로 기각되었던, 플라톤 이래의 철학적 덕목들이 정의의 업적을 위하여 복권됨을 뜻한다. 요컨대 얼굴에서 제삼자로의 이행은 윤리에서 정치로, 종교에서 (좁은 의미의) 철학으로, (무한한) 사랑에서 (분별하는) 지혜(앎)로 옮아가는 것이다.

중요한 것은 이 이행의 운동이 일회적인 것으로 그치는 게 결코 아니라는 점이다. 그것은 무한한 순환운동을 한다. 객관적 형평성을 고려하는 정치는, 곤궁에 처해 있는 단 한 명의 타인의 부름을 듣고 응답하는 윤리/종교에 의해 끊임없이 교정 받아야 하고, 그런 의미에서 종속적인 위치에 있다. 정치를 스스로 알아서 하도록 내버려두면 결국 폭정에 이르고 만다는 것이 레비나스가 역사로부터 끌어낸 교훈이다. 파생태인 정치/철학적 앎은 본원적인 윤리/종교적 사랑에 의해 에너지를 공급받는 동시에 그 감독하에 놓여야 한다. 헬레니즘(앎)과 헤브라이즘(사랑) 사이의 이런 새로운 관계설정이 바로, 레비나스가 낱말 '필로-소피아philo-sophia'의 두 성분을 통상적인 번역과는 정반대의 순서로 읽을 것을 제안할 때 의도하는 바다. 이제 철학은 더 이상 '지혜에 대한 사랑'이 아니다. 철학은 '사랑의 지혜'다. 이것이 새로운 보편사의 개벽을 위해 레비나스가 수행한 헬레니즘과 헤브라이즘의 종합이다.

## 가족의 경이

레비나스의 종합에 대해 혹자는 이렇게 생각할지도 모른다. 여전히 너무 유대적이어서, 종합이라기보다는 헤브라이즘에 헬레니즘이 흡수된 꼴이라고. 더욱이 레비나스의 주체론과 자아론, 그와 결부된 무의식론은 유대민족의 선민사상과 수난사에 희랍의 로고스를 당의 糖衣처럼 입혀 놓은 것에 불과한 것이 아니냐고. 그의 타자철학이라는 것은 결국 일종의 '뜻으로 읽는 유대민족사'가 아니냐고.

이런 반론은 과연 정곡을 찌르는 데가 있다. 사실, 유대민족의 선민사상과 수난의 역사 ― 현상학에 따르면 당연히 판단 중지해야 할 경험적 사실 ― 를 괄호친다면 레비나스의 논리가 도대체 어디서 현상학적 설득력을 얻을 수 있겠는가? 자기를 핍박하고 박해하는 고문자의 잘못마저 내가 책임지는 것이 참된 주체라는 논리는 성경 말고 현상학적 논증을 끌어올 데가 있는가?

앞에서 우리는 레비나스가 유대교에서 가장 중요한 영감을 얻으면서도, 이 특정 종교에 기대지 않는 논증을 통해 철학적 보편성을 확보하고자 하는 사상가임을 확인한 바 있다. 필자가 그의 실수 행위 분석을 불교의 업론과 연결시키려고 시도했던 것도 이 점과 관련된다. 유교의 인의仁義론과의 깊은 소통을 암시한 것도 마찬가지다. 그런데 이제 다시 유대교 전통에 완전히 침윤된 나머지 자신의 원칙마저 어기고 있는 레비나스를 마주하고 있는 것인가?

문제는 그렇게 간단하지 않다. 왜냐하면 유대적 윤리학과 희랍적 이론철학을 종합하는 데 레비나스가 궁극적으로 호소하는 현상학적 원천이 있기 때문이다. 그것은 '가족'이다. 과문한 필자가 알기로 이 점은 레비나스의 논자들에게 주목된 적이 없는데, 그것을 입증하기 위해서는 넓은 지면이 필요하기에 여기서는 그 결론만 말하자.

　나를 고문하는 타인의 잘못마저 내 탓으로 여기는 대속의 경지를 두고 레비나스가 생각하는 보편적 상황은, 자식이 그 어떤 잘못을 했더라도 사랑으로 감싸는 모성애와 같다. 레비나스는 우리 각자에게서 타자(아이)를 잉태하는 '모태'를 되살리고자 하는 것이다. 박해자마저 품을 수 있는 대속적 책임 주체의 현상학적 원천을 레비나스는 모성애에서 찾는 것이다. 두 번째 계기인 제삼자를 고려한 형평성과 측정, 객관성과 앎, 이 계기와 관련해서 현상학적 증시證示의 원천이 되는 것은 부성애다. 레비나스가 새롭게 정의하는 철학, '사랑의 지혜'는 그러므로 모성애의 무조건적 사랑과 부성애의 가리는 지혜의 출산(창조)적 종합이라고 할 수 있다. 이 종합 속에서 출산된 아이는 장차 형제애의 실천을 통해 세계에 정의를 실현할 메시아로 자라날 것이다.

　이 이중적인 현상학적 증시를 통해 레비나스가 보여주려는 사태는, 유대인 인류학자 요한 야곱 바코펜의 영향을 받은 에리히 프롬이 프로이트의 오이디푸스콤플렉스를 비판하면서 강조했던 가족관계의 의미와 다르지 않다. 이를 우리 식으로 옮기면 이렇다. 열 손가락 중 지금 아파하고 있는 이 단 하나의 손가락에 온 신경이 쓰이지만(모성애), 한 손 안에서 모듬살이를 꾸리려면 누가 길고 짧은지 잴 필요 또한 있는 것이다(부성애).

　존재에 대한 경이에서 출발하는 희랍 전통의 철학과는 달리 레비나스의 사유는 가족의 경이에서 시작되고 그리로 돌아간다. 레비나스 철학의 특수성과 보편성은 이처럼 그의 사유 전체를 떠받치는 가족 모델을 우리가 어떻게 받아들이느냐에 달려 있다.

더<br>읽어보기

● **임마뉘엘 레비나스 지음, 양명수 옮김, 《윤리와 무한》, 다산글방, 2000.**

레비나스가 남긴 많은 대담들 중에 가장 빼어난 대담. 대담자인 필립 네모는 레비나스 철학 전체에 대한 깊은 이해를 바탕으로 정곡을 찌르는 질문을 부드럽게 던진다. 그의 인도 아래 펼쳐지는 레비나스의 답변 역시 간결, 명료하면서도 심금을 울린다.

● **임마뉘엘 레비나스, 강영안 옮김, 《시간과 타자》, 문예출판사, 1996.**

레비나스가 한 일련의 강연들을 한 권으로 묶은 책. 레비나스의 핵심 주저인 《전체성과 무한》이 아직 국내에 번역되지 않은 상황에서 이 주저에 담긴 사상을 간략하게나마 조망해볼 수 있는 기회를 주는 책이다.

● **마리 안느 레스쿠레, 변광배·김모세 옮김, 《레비나스 평전》, 살림, 2006.**

레비나스에 관한 전기. 레비나스의 생애를 따라가면서 철학자의 삶과 그 삶 속에서 영근 사상을 서로 교차시킨다. 레비나스 사상이 어떻게 형성되었는지 그 구체적인 역사를 들려줌으로써 레비나스를 보다 깊이 이해할 수 있도록 도와준다.

● **강영안, 《타인의 얼굴》, 문학과지성사, 2005.**

국내 학자에 의해 저술된 대표적인 레비나스 연구서. 레비나스 철학에 대한 포괄적이고 균형 잡힌 이해를 기반으로 전개되는 명료한 서술을 통해 레비나스 사상의 전모와 그 철학사적 의의를 보여준다.

해체론의 입장

# 데리다의 윤리학

김상환

본문의 원전 인용은 모두 데리다의
불어판 원작을 기준으로 했다.

이 글의 목적은 데리다의 해체론<sup>déconstruction</sup>을 소개하고, 이를 바탕으로 해체론의 전략적 개념들이 새로운 윤리학의 이념들로 변형, 발전되는 과정을 설명하는 데 있다.

데리다의 초기 저작은 전통 형이상학과 관련된 언어, 의미, 실재 등의 문제와 씨름했다. 반면 후기 저작은 주로 윤리, 정치, 종교 등과 관련된 실천의 문제에 천착하고 있다. 다양한 수준과 문맥에서 문제를 구성해가는 데리다의 윤리학은 산종적인 성격을 띠므로 간략한 문장으로 정리하기 어렵다. 사실 해체론은 언제나 여러 유형의 저자들을 끊임없이 바꾸어 읽어가는 가운데 경우마다 형태를 바꾸는 어떤 해체 불가능자를 논증한다. 그러므로 유사한 문제를 다루더라도 해결의 위치에 오는 개념은 서로 다른 명칭, 서로 다른 발산의 선들을 거느린다.

**칸트, 레비나스, 데리다**: 그럼에도 불구하고 해체론적 윤리학의 특징을 거칠게나마 개괄하자면, 데리다가 주석을 붙이는 수많은 저자 중에서 칸트와 레비나스를 가장 중요한 좌표로 삼아야 할 것이다. 이들과 마찬가지로 데리다는 윤리를 한편으로는 정치와, 다른 한편으로는 종교와 분리하지 않는다. 이들에게서 윤리, 정치, 종교는 서로의 둘레를 맴도는 관계다. 그러므로 데리다의 윤리학은 선<sup>善</sup>을 정의하거나 개인의 도덕적 역량에 초점을 두는 덕의 윤리학으로 분류할 수 없다.

도덕적 규칙의 보편성이나 정당성을 묻는 규범적 윤리학이라 할 수도 없다. 하물며 어떤 정치-신학을 꿈꾸는 것도 아니다. 해체론적 윤리학의 중심에는 책임(응답)의 개념이 있지만, 최후의 문제는 서양의 실천적 세계 전체를 구조화하는 어떤 역사적 선험성이다.

칸트는 비판철학의 핵심을 "믿음에 자리를 내주기 위해 앎을 지양한다"라는 말로 집약했다. 이와 유사하게 데리다는 이론적 사유를 철저하게 해체하여 실천의 고유한 지평을 여는 어떤 결정 불가능자를 논증코자 한다. 해체론적 윤리학은 결정 불가능자가 역설적으로 책임 있는 결정을 요구하는 정의正義의 위치에 오를 때 시작된다. 그러나 칸트의 윤리학이 보편적 법칙에 대한 책임에 매달린다면, 데리다의 윤리학에서 책임의 대상으로 설정되는 결정 불가능성은 상황마다 달라지는 어떤 독특한 타자에서 온다.

타자의 윤리학을 처음 가르친 사람은 레비나스다. 레비나스는 동일성의 사유를 깨뜨리는 초월적 타자의 얼굴에서, 그 얼굴에 응답하는 무조건적 환대에서 윤리적 개방성의 지평을 찾았다. 그리고 이 지평을 존재론적 개방성에 선행하는 것으로 간주했다. 해체론적 윤리학은 이 점을 받아들이면서 출발한다. 그러나 데리다는 레비나스처럼 자아와 타자의 관계를 비대칭적 위계관계에 두지 않고 오히려 대칭적 문제제기의 관계에 둔다. 게다가 초월적 타자에 대한 책임 못지않게 여타의 타자 일반(타자의 타자들)에 대한 책임을 중시한다. 데리다가 가리키는 윤리적 상황은 이론적 계산의 저편에서 이 두 가지 책임이 초래하는 어떤 결정 불가능성에 봉착할 때, 그 결정 불가능성에도 불구하고 어떤 위급하고 긴박한 결단을 내려야 하는 제3의 책임과 마주칠 때 성립한다.

데리다는 윤리적 상황을 초래하는 결정 불가능자를 '유령'이라 부르는데, 이 말은 해체론의 기초 용어인 '차연différance'과 '글-쓰기

écriture'를 실천학의 문맥으로 옮기는 이름이다. 그러므로 일단 차연의
개념에서부터 시작해보자.


### 차연의 철학

데리다의 해체론은 무엇보다 차이의 철학, 더 정확히는 차연의 철
학으로 명명할 수 있다. 차연의 철학이 등장하는 사상사적 배경으로
두 가지를 꼽을 수 있다. 하나는 현상학이고 다른 하나는 구조주의다.

**현상학과 해체론**: 후설에서 시작된 현상학은 하이데거의 존재 사
유와 레비나스의 윤리학을 거치면서 심화, 변형되는 국면을 맞이한
다. 후설의 현상학이 인식의 차원에서 개방성(나타남)의 기원을 집요
하게 묻는다면, 하이데거는 인식론적 개방성에 선행하는 존재론적 개
방성의 물음을, 레비나스는 존재론적 개방성에 앞서는 윤리적 개방
성의 물음을 제기했다. 해체론은 이런 현상학의 발전적인 흐름을 계
승, 변형, 혹은 완성하는 위치에 있다. 해체론은 1960년대에는 문자학
grammatologie의 형태를, 1990년대 이후에는 유령학hantologie의 형태를
띠는데, 문자학과 유령학은 모두 현상학이 변형되는 마지막 지점들을
표시한다.

데리다는 후설과 씨름하여 한편으로는 서양의 언어 이해를 지배
하는 현전적 존재 이해와 음성중심주의를 첨예하게 부각시킨다. 다른
한편으로는 의미 현상의 기원에 개입하는 원초적 글-쓰기의 개념에
도달한다. 해체론적 문자학의 출발점은 여기에 있다. 하이데거의 존재
사유가 데리다에게 제기한 가장 중요한 문제는 철학의 종언 혹은 형
이상학의 극복에 있다. 서양 사상사 전체에 작별을 고하고 새로운 천
년의 사상사를 준비하는 문제. 해체론은 이런 문제의 마지막 귀결점
으로 향해 가고, 그런 한에서 기본적으로 철학사-해체론이다.

후설의 현상학과 하이데거의 존재 사유를 동일성의 사유로 낙인 찍는 레비나스의 윤리적 사유에 대해 데리다는 처음에 비판적인 태도를 보였다. 하지만 실천의 문제를 천착하는 데리다의 후기 저작에서 레비나스의 메시아주의는 해체론의 새로운 안내자로 자리를 잡아간다. 여기서 메시아적 약속과 응답은 차연의 다른 이름으로 등장하여 문자학과 유령학을 재편하는 구심점이 된다. 메시아성은 문자학적 의미화에 앞서는 선행의 조건, 유령학적 개방성을 구조화하는 선험적 조건, 역사적 미래의 도래 가능성 자체로 천명된다. 그리고 이런 천명과 더불어 어떤 윤리적 전회가 일어난다. 메시아적 약속과 응답은 정의, 책임, 결단, 환대, 용서 등과 같은 데리다 윤리학의 주요 개념들에 일관성을 부여하는 기본 요소가 된다.

**구조주의와 해체론**: 해체론의 사상사적 배경으로 꼽아야 하는 또 하나의 중요한 사조는 구조주의다. 데리다는 구조주의의 전성기에, 구조주의에 적극 개입하면서 세상에 처음 이름을 떨쳤다. 그러나 구조주의를 따라가고 넘어서려는 모든 철학은 과거의 허물을 벗고 새로운 형태로 다시 태어나야 했다. 데리다의 해체론뿐만 아니라 구조주의 시대에 살아남은 모든 철학은 적어도 두 가지 점에서 변형을 겪게 된다. 먼저 내용의 측면이다. 구조주의 이후의 철학은 비약적인 발전을 거듭하며 만개하던 당대의 언어학, 인류학, 정신분석, 문학비평 이론 등의 성과를 흡수해야 했다. 엄청난 파고를 일으키는 지식의 바다에 뛰어들어야 했고, 그 결과 언어, 인간, 인식, 사회, 역사, 실천 등과 같은 전통적인 문제를 철학 외부적인 시각에서 바라보아야 했다. 말하자면 사변적으로 접근하는 길을 버리고 실증적인 연구에 밀착하여 접근하게 된 것이다. 특히 언어학, 정신분석, 인류학, 현대문학 등에 대해 정통한 이해를 가진 데리다는 철학이 인접 학문과 교감하며 새로운 내용을 획득하는 전형을 보여준다.

구조주의를 통과하면서 철학은 내용에서만이 아니라 사변의 수준에서도 상전벽해桑田碧海의 변화를 겪어야 했다. 구조주의는 실체적 사유를 관계적 사유로, 동일성의 사유를 차이의 사유로 뒤바꾸는 혁명적 전회를 가져왔다. 실증과학의 차원에서 실체, 본질, 동일성의 범주를 상관적 차이의 효과로 전락시킨 것이 구조주의다. 구조주의를 통과하면서 차이가 동일성에 앞선다는 것, 관계는 실체나 주체에 앞선다는 것이 누구도 거부하기 힘든 과학적 사실이 되었다. 이제 본질주의나 실체론은 더 이상 땅에 발붙일 수 없게 된 것이다. 이런 기본적인 발견에서 출발하므로 구조주의 이후의 철학은 당연히 차이의 철학이라는 공통의 형태를 취하게 된다. 데리다가 세상에 처음 이름을 알린 것도 구조주의적 전회를 더욱 과격화했기 때문인데, 이 점을 대변하는 용어가 차연이다.

**차연의 선물**: 차이의 철학은 모든 종합이 차이에 의해 이루어짐을 외친다. 기독교에 따르면 이 세상에 주어진 모든 것은 신의 선물이다. 차이의 철학은 신의 자리에 차이를 놓는다. 우리에게 나타나는 모든 분절된 단위는 차이에서 온 것이 아닌가? 이것이 차이의 철학 일반의 공통된 물음이다. 차이의 철학에서 차이는 선물하는 차이, 증여하는 차이, 따라서 감사기도의 대상이다. 차연은 그런 증여적인 차이에 대한 새로운 이름이다. 그렇다면 차연은 또 무엇인가?

단순한 차이가 정태적 구별에 불과하다면, 차연은 사물들 사이에서 어떤 구별(규정)이 성립하는 역동적 과정을 가리킨다. 차연과 짝을 이루는 동사 différer는 두 가지 의미를 지닌다. '지연, 연기한다'는 뜻과 '다르다, 같지 않다'는 뜻이 그것이다. 차연은 이 두 가지 뜻의 차이내기, 시간적 차이내기(시간-화)와 공간적 차이내기(사이-화)를 하나로 엮는 단어다. 차연은 단순히 능동적인 사태도, 단순히 수동적인 사태도 아니다. 차연에는 시공간적 차이가 함께 얽혀 들어가듯 능동과 수동이 구별될 수 없다. 단위, 규정, 정체성, 질서 등이 모두 차연이 가져다주는 선물이라면, 그 증여는 어떤 박탈과 혼동된다. 차연은 선물을 준 것인가, 빼앗긴 것인가? 그 선물과 더불어 차연은 다가온 것인가, 물러선 것인가?

이런 비결정성은 음성과 문자의 혼동으로 이어진다. 원어로 돌아가 볼 때 차이différence와 차연différance 사이에는 발음상의 차이가 거의 없다. 신조어인 차연은 순수 음성언어(자연)에 속하는 것도 순수 문자언어(인공)에 속하는 것도 아니다. 차연의 a는 음성 속에 출몰하는 문자의 유령 혹은 자연 속에 깃드는 인공의 자취와 같다. 차연이란 단어는 그 자체로 자연과 인공, 안과 바깥 등의 모든 대립적 이항 사이에 숨어 있는 궁극적 결정 불가능성을 표기하고 있다. 이 점에서 차연은 다른 종류의 증여적인 차이, 가령 소쉬르의 언어학적 차이, 헤겔의 변증법적 차이, 그리고 하이데거의 존재론적 차이 등과 구별된다.

《그라마톨로지De la grammatologie》(1967)에서 읽을 수 있는 것처럼 차연은 소쉬르의 테제에 대한 주석에서 처음 모습을 드러냈다. 먼저 중요한 것은 자의성의 테제다. 소쉬르에 따르면, 상징의 경우 기표(가령 비둘기)는 기의(평화)에 의해 동기화되어 있고, 따라서 양자의 관계는 필연적인 데가 있다. 반면 기호의 경우 기표는 기의에 의해 전혀 동기화되지 않고, 따라서 양자의 관계는 자의적이다. 이런 자의성의 테제는 차이의 테제로 발전한다. 이것은 기의의 유래가 기표들 사이의 상관적 차이(대조, 대립, 구별)에 있음을 말한다. "언어에는 차이밖에 없다"는 차이의 테제는 "언어에는 관계밖에 없다"는 말로 번역될 수 있다. 그것은 기호나 의미작용 일반이 본질이나 실체적 단위의 항을 전혀 전제함 없이 설명될 수 있음을 언명한다. 차이의 테제에 따르면, 언어의 세계에서는 "사물 자체마저 어떤 기호다." 의미나 가치 등은 차이관계의 효과나 매듭에 불과하다. 음소音素를 비롯하여 언어의 세계에 속하는 모든 것은 차이의 선물이다. 그런 차이의 선물 가운데는 또한 개념이 있다. 개념은 "그것은 무엇인가?"라는 물음에 대한 최종의 답이다. 플라톤에서 시작된 서양 형이상학에서 이런 물음과 답은 어떤 불변의 실재(본질)를 전제한다. 개념적 진리는 자기 동일적인 의미(초월적 기의)의 현전 가능성에 기초한다. 그러나 소쉬르의 테제에 충실하면, 개념화 가능성 자체는 차이의 유희가 낳은 파생적 효과에 불과하다.

**비-현전의 원리**: 차연은 종합과 형성 혹은 분화의 원리, 모든 구조화된 나타남의 원리다. 그러나 차연 자체는 현전의 양태로 나타나지 않는다. 다만 현전과 부재의 중간인 흔적의 양태로만 나타나고, 따라서 개념화에 끝내 저항한다. "그것은 무엇인가?"라는 물음을 초과하는 차연은 개념적 사유를 가능케 하는 동시에 탈구시킨다. 구성하면서 무너뜨리고 조이면서 푸는 차연. 그것은 정의 불가능한 사태다. 데리다가 볼 때, 차연을 암시하던 언어학적 차이는 다시 형이상학적 차이 혹은 개념적 차이로 퇴행했다. 그것은 소쉬르가 언어학의 대상을 음성언어로 한정한다든지, 기표와 기의의 통일성을 전제한다든지, 언어학적 차이가 이항대립적인 차이로 고착된다든지 할 때 일어나는 퇴행이다. 이런 퇴행은 언어학을 과학의 반열에 올려놓으려는 노력의 필연적 귀결이다. 하이데거가 설파한 것처럼 이론화는 형이상학의 탄생 내력 자체에 해당한다. 형이상학은 감성적인 세계와 초-감성적인 세계를 나누고, 이를 기초로 이분법적 질서를 구축한다. 진위, 선악, 미추, 내면/외면, 필연/우연, 하나/여럿, 순수/혼잡, 자연/인공, 남여, 좌우 등등. 이론적 사유는 이렇게 무한히 이어지는 이분법적 구도 안에서 성립한다. 여기서 존재는 현전présence으로, 무無는 부재로서 이해된다. 존재자는 시선(육안이나 정신의 눈) 앞에 지속적으로 출석하는 어떤 것이다.

데리다는 소쉬르의 언어학에 나타나는 음성중심주의를 강조한다. 음성언어를 참되고 본래적인 언어로, 반면 문자를 일탈적이고 불완전한 언어로 간주하는 것이 음성중심주의다. 여기서 음성은 어떤 충만한 의미현전의 사건이자 의식의 자기현전을 유발하는 사건으로 간주된다. 이런 음성중심적인 언어관은 현전적 존재 이해와 동전의 양면을 이룬다. 데리다는 소쉬르의 언어학적 차이뿐만 아니라 헤겔의 변증법적 차이와 하이데거의 존재론적 차이도 역시 음성중심주의에 휘말리고 있음을 밝힌다. 사실 헤겔은 설형문자나 상형문자를 불완전한 문자로, 표음문자를 완전하고 정신적인 문자로 분류한다. 하이데거는 존재에 부합하는 원초적 단어, 원초적 목소리를 갈망한다. 이런 것은 모두 목소리에서 충만하고 궁극적인 의미현전의 사건을 기다리는 음성중심주의에서 비롯된다.

## 해체론적 문자학과 글–쓰기의 역설

데리다의 초기 저작에서 음성중심주의에 대한 반대는 문자의 환원 불가능한 위상에 대한 강조와 병행한다. 초기의 해체론이 문자학의 형태를 띠는 것은 이런 문맥에서 이해되어야 한다. 해체론적 문자학에서 차연을 대신하는 용어는 '글–쓰기'다. 여기서 글–쓰기는 경험적 차원의 단위, 구별(차이)을 선물하되 박탈해가는 배후의 형식적 유희를 가리킨다. 그것은 현상의 나타남의 배후에 있는 궁극의 유사–선험적인 유희이고, 그런 한에서 원초적 글–쓰기(혹은 기입)라 불린다. 그렇다면 글–쓰기에 이런 특권적 의미가 실리는 이유는 무엇일까?

**음성중심주의**: 서양 형이상학의 본성이 존재를 현전으로 이해하는 데 있다면, 이것을 설명하는 근대적 사례는 데카르트의 코기토Cogito에 있다. 코기토가 함축하는 주체의 자기관계(자기의식)는 자족적이면서도 극단적인 현전의 경험을 약속한다. 여기서는 동일한 자아가

동시에 자극의 주체이자 대상이기 때문이다. 코기토 속에서 일어나는 자기자극은 흥분의 강도를 배가해가는 현전의 함량운동이다. 외면성, 매개성, 애매성 등이 불순물처럼 빠져나가고 내면성, 직접성, 명료성 등이 순도를 높여가는 함량운동. 그 속에서 주체는 자연 속에서는 결코 경험할 수 없는 이상적인 현전의 상태를 스스로 생산한다.

데리다가 루소의 《고백록Les Confessions》(1769)에서 마스터베이션이 언급되는 대목에 주목하는 이유는 여기에 있다. 루소는 자위행위가 자연적인 성관계를 대신하는 사악한 행위임을 고백한다. 하지만 다른 한편 그 위험한 보충 행위 속에서 최고의 성적 쾌감을 누릴 수 있다고 말한다. 어떠한 외부의 간섭이나 방해도 없이 욕구불만에서 벗어날 뿐만 아니라 완전한 만족감에 이르는 길이 자위행위에 있다는 것이다. 데리다는 루소의 이런 고백 속에서 어떤 도덕적 징후가 아니라 존재론적 증상을 읽는다. 자기감응 속에서 가장 탁월한 현전의 상태를 찾으려는 서양 근대 형이상학의 근본적인 경향이 자위행위의 찬양으로 드러난다는 것이다.

서양 철학사에서 자위행위보다 훨씬 더 일반적인 자기감응의 사례는 목소리에 있다. 가수가 자신의 노래에 스스로 빠져들기 위해 눈을 감는 경우를 생각해보라. 거꾸로 자기도취에 빠진 사람은 목소리를 높이거나 노래를 흥얼거리게 된다. 이는 바깥으로 표출되는 목소리가 안으로 되돌아와 다시 영혼을 자극하기 때문이다. 공기의 파동인 목소리는 영혼의 울림으로 이어진다. 자기감응을 수반하는 한에서 목소리는 물질화되는 정신, 정신화되는 물질처럼 현상한다. 그런 이유에서 서양 철학자들은 보통 음성언어를 자연적이고 살아 있는 언어로, 반면 문자언어를 인위적이고 죽어 있는 언어로 간주해왔다. 음성언어는 의미의 생생한 자기현전을 실현할 수 있는 특권적인 매체라는 것이다.

1960년대 말과 1970년대 초의 저작에서 데리다는 플라톤에서

구조주의 시대에 이르는 수많은 문헌들을 분석하면서 이런 음성 위주의 언어관이 드러나는 극적인 장면을 연출하곤 했다. 루소, 헤겔, 소쉬르, 레비스트로스, 후설, 하이데거 등을 거쳐 가는 다양한 사례 분석을 통해 장구한 전통의 음성중심주의적인 언어관이 현전의 형이상학과 분리될 수 없는 관계에 있음을 보여주었다. 그러나 데리다의 의도는 현전의 형이상학을 음성중심주의로 재구성하는 데 있다기보다 그런 재구성 과정에서 음성보다 더 오래된 문자의 흔적을 드러내는 데 있다. 목소리보다 더 오래된 문자. 그것이 데리다가 말하는 어떤 원초적인 글-쓰기다. 그러나 목소리보다 더 오래된 글이라니? 왜냐하면 보통 우리는 말을 배우고서야 글을 배우기 때문이다. 상식적 의미의 문자는 음성을 재현, 대리, 보충하기 위해 있는 것이고 그래서 당연히 음성언어가 있고 난 다음에 생기는 어떤 것이 아닌가?

**파르마콘과 보충**: 이런 물음을 위해서는 데리다가 현전의 형이상학을 음성중심주의로서 재구성하는 세 단계 절차를 구분할 필요가 있다.

첫 번째 단계는 음성과 문자가 첨예하게 대립하는 장면의 주위에서 펼쳐진다. 이 단계의 과제는 대립의 장면 속에 여타의 모든 형이상학적 이항대립 체계(정신/물질, 자연/인공, 생명/죽음, 기원/파생 등등)가 회집되고 있음을 밝히는 데 있다. 즉 음성과 문자는 각기 형이상학적인 것과 형이하학적인 것 전체를 압축, 표현하는 대표자가 된다. 이런 대립의 장면 속에서 문자는 단순히 음성언어를 보완하는 외적인 보조수단(보존, 전달, 재생 장치)으로 폄하될 뿐만 아니라 음성언어의 자연적 순수성을 해치는 독으로 심판되기에 이른다.

두 번째 단계는 음성중심주의의 자기모순으로 향한다. 그 모순은 서양 철학자들이 음성과 문자를 대립시킴에도 불구하고 의식적으로든 무의식적으로든 문자의 필요성을 인정한다는 점에 있다. 음성은 오래 보존(기억)되거나 멀리 전달될 수 없다. 음성중심주의는 음성언어가 문자언어에 의해 보충될 때만 자신의 완전성을 발휘할 수 있음을 고백한다. 이때 문자는 음성에 건강과 수명을 가져다주는 약으로 간주된다. 플라톤이 문자를 독과 약을 동시에 의미하는 파르마콘pharmakon 으로 부른 이유가 여기에 있다. 이런 파르마콘의 논리 속에 드러나는 자기모순은 형이상학이 추구하는 순수한 현전이 끊임없이 지연, 보류되어야 하는 상태, 따라서 끝내 불가능한 상태임을 함축한다. 왜냐하면 보충한다는 것은 순수성을 훼손한다는 것과 같기 때문이다. 음성과 문자가 어떤 환원 불가능한 보충관계에 있다면, 이는 음성으로 대변되는 순수 자연이나 순수 생명, 혹은 순수 기원 등이 문자로 대변되는 반대항(인공, 죽음, 모사 등)에 의해 끊임없이 불순해지고 있음을 말한다.

세 번째 단계에서 해체론의 과제는 보충, 오염, 지연, 다시 말해서 차연을 유사 선험적인 원리로 끌어올리는 데 있다. 음성중심주의를 해체한다는 것은 결코 문자중심주의를 옹호한다는 것을 의미하지 않는다. 그것은 오히려 음성중심주의가 대변하는 모든 형이상학적 이항대립 자체의 불가능 조건을 드러내는 것이자 그 불가능 조건인 차연 자체 속에서 다시 형이상학적 이항대립의 유래와 가능 조건을 찾는 것이다. 이런 작업은 차연이 형이상학적 차이(플라톤)나 언어학적 차이(소쉬르)보다 더 오래된 차이, 나아가 변증법적 차이(헤겔)나 존재론적 차이(하이데거)보다 먼저 태어난 차이임을 언명하는 데까지 나아간다. 이런 언명의 끝에서 모든 것이 하나로 꿰어진다. 이 세상에 나타나는 모든 차이와 구별은 차연의 이중적 자기운동, 다시 말해서 자기를 실현하되 동시에 차폐하는 자기관계적인 차이의 산물로 그려지는 것이다.

**글−쓰기**: 그렇다면 모든 차이와 구별 혹은 질서에 선행하는 차연을 왜 굳이 글−쓰기라 불러야 하는가? 이는 경험적 차원에서 글이 보여주는 성격과 관련된 문제이다. 글의 성격은 다음과 같이 세 가지로 정리될 수 있다.

먼저 글은 지시 대상(사실)을 대신한다. 글 속에는 실재가 직접 현전하지 않는다. 다른 한편 글의 수취인과 발신자는 서로 떨어져 있다. 두 사람은 서로에 대해 부재한다. 마지막으로 글은 제삼자의 손에 들어갔을 때에도 읽힐 수 있다. 이는 글이 원래의 문맥에서 벗어나더라도 여전히 기능할 수 있음을 말한다. 데리다는 글에서 찾을 수 있는 이런 세 가지 특징을 의미작용 일반, 나아가 의사소통 일반의 구조적 특징으로 간주한다. 여기서 구조적 특징은 가능 조건과 같다. 즉 시각적이든 청각적이든 모든 종류의 기호는 사실, 주체, 문맥과 분리되어 독자적인 전개의 논리(반복 가능성)를 획득할 때야 비로소 어떤 의미를 가리키거나 전달할 수 있다. 그 삼중의 분리가 의미작용과 의사전달 일반의 가능 조건이다. 데리다는 다양한 경로를 통해 이 점을 증명한다.

먼저 글(기표)이 사실(기의)과 분리되어 기능할 수 있다는 점, 다시 말해서 기표의 자율성과 관련된 논변은 소쉬르의 두 테제, 즉 자의성의 테제와 차이의 테제에서 출발한다. 데리다는 이 두 테제를 이용하여 기의의 발생이 기표들 사이의 차연에 의존함을 증명한다. 차연의 테제는 두 가지 극단적인 유형의 글쓰기, 즉 철학자가 추구하는 영도의 글-쓰기와 문학이 꿈꾸는 절대의 글-쓰기에 모두 불가능 선고를 내리는 위치에 있다. 영도의 글-쓰기에서 기표는 기의의 도래를 위해 등장했다 사라져야 할 휘발성 매체가 되어야 한다. 반면 절대의 글쓰기(말라르메, 아르토, 바타유 등)는 재현의 논리와 반복의 논리를 철저하게 거부한다. 그 결과 자기 이외의 어떤 것도 가리키지 않는, 오로지 자기 자신만을 가리키면서 앞으로 나아가는 언어가 되고자 한다. 차연의 테제는 절대적 언어가 철학적 언어와 마찬가지로 불가피하게 재현과 반복 가능성의 논리에 의해 지연, 보충되고 있음을 보여준다. 이는 반복이 모든 의미화의 환원 불가능한 조건임을 의미한다.

　　다른 한편 주체에 대한 직관이 의미전달의 필수 조건이 될 수 없다는 것은 정신분석과 구조주의에서 이미 진부한 이야기다. 정신분석에서 주체는 무의식에 의해 자기 자신과 분리되어 있다. 구조주의에서 주체는 구조가 만드는 어떤 기능적 위치로 소외되어 있다. 이것은 현대문학에서도 마찬가지이다. 가령 이인성의 소설에서 말은 주체에 대한 직관과 무한히 분리되고 있다. 데리다는 이런 종류의 근거들 이외에 후설 현상학에 대한 분석을 통해서도 글과 주체의 분리 가능성이 의미작용과 의사전달 자체의 가능 조건임을 입증한다. 하지만 이 점은 말과 문맥의 분리 가능성에 대한 논변 속에서 훨씬 더 명료해진다.

　　**반복 가능성**: 문맥의 문제는 데리다와 수행적 언어의 분석으로 유명한 미국의 언어철학자 썰 사이의 논쟁 속에서 상세히 개진된다. 썰에 따르면, 문학적 언어는 참된 언어의 세계에서 배제되어야 하는 어떤 사이비 언어, 무책임한 언어다. 왜냐하면 사실적 문맥을 무시하고 제멋대로 자신을 펼쳐가기 때문이다. 이런 주장에 맞서 데리다는 다시 한번 문학적 글-쓰기와 철학적 글-쓰기 사이의 경계를 해체한다. 이런 논쟁적인 해체 작업에서 어떤 박차처럼 등장하는 용어가 있는데, 그것이 '반복 가능성itérabilité'이다. 이 용어는 인용문처럼 말이 원래의 문맥에서 분리되어 다른 문맥 속에서 반복되는 능력, 반복되면서 달라지는 가능성을 가리킨다(itér는 원래 다르다는 의미의 페르시아 말에서 왔다). 그것은 데리다의 해체론에서 '인용 가능성', '접목', '산종' 등과 유사한 의미를 지니는 단어다. 데리다에 따르면 차이나는 반복이나 인용 가능성은 문학적 언어의 고유한 특성도, 문학에 의해 언어에 외재적으로 덧붙여지는 특성도 아니다. 그것은 오히려 모든 기호나 단어가 정상적으로 기능하기 위해 자체적으로 가지고 있어야 하는 어떤 내재적 특성이다. 반복 가능성은 기호나 단어의 최소 가능 조건으로

머물지 않는다. 그것은 또한 개념의 최소 가능 조건이기도 하다. 개념의 가능 조건이라는 것은 어떤 합리적 질서의 가능 조건이라는 것과 같다.

경험적 차원의 글에 두드러지게 나타나는 삼중의 분리 가능성(사실, 주체, 문맥과의 분리 가능성)이 기호와 개념, 나아가 나타남(경험적 현상) 일반의 가능 조건 자체임이 밝혀질 때, 글-쓰기는 그 유사 선험적 조건 자체의 작동 방식에 대한 이름으로 승격된다. 이것이 원초적 글-쓰기라는 용어의 탄생 배경이다. 그러나 데리다의 원초적 글-쓰기archi-écriture는 형이상학이 추구하던 어떤 순수 기원이나 뿌리arche 혹은 어떤 원본의 회귀와는 거리가 멀다. 그것은 오히려 순수 기원, 뿌리, 중심, 현전, 원본 속에서 일어나는 어떤 폭력의 경제를, 그 경제에서 비롯되는 어떤 지연과 타협을, 그 타협에서 비롯되는 어떤 시공간적 사이-내기를 가리킨다.

**글-쓰기와 도덕의 기원**: 기원, 중심, 뿌리 속에서 일어나는 어떤 자기 관계적 차이, 그것이 글-쓰기다. 해체론적 문자학은 이런 글-쓰기를 이미 (비)도덕의 기원에 해당하는 사건으로 언명했다. "원초적 글-쓰기는 도덕성과 비도덕성의 기원이다. 윤리학을 열어놓는 비-윤리적 개방, 폭력적 개방"(《그라마톨로지》, p. 202). 그렇다면 글-쓰기는 어떻게 도덕과 비도덕, 윤리와 비-윤리의 공통된 기원일 수 있는가? 이 점은 만년의 데리다가 레비나스의 윤리학에 주석을 붙일 때 구체적으로 드러난다.

데리다가 재구성하는 레비나스의 윤리학에서 타자는 이원적이다. 먼저 얼굴로서 대변되는 절대적 타자가 있다. 무한한 책임, 무조건적 환대를 요구하는 무제약적 타자. 그 앞에서 주체는 순수 수동성의 상태, 인질의 위치로 떨어지면서 윤리적 주체로 태어난다. 다른 한편 제삼자에 해당하는 타자가 있다. 그것은 직접적 대면관계(얼굴 대 얼굴의 관계)에 놓인 무제약적 타자 이외의 다른 모든 타자, 타자의 타자들을 가리킨다. 그런 타자 일반이 요구하는 것은 어떤 합법칙성, 공정한 분배를 위한 소통과 계산 가능성, 정치적 합리성 등이다.

해체론적 문자학의 논리를 따를 때 순수 타자에 대한 도덕적 대면관계와 제삼자에 대한 정치-법률적 관계는 언제나 함께, 동시에 성립할 수밖에 없다. 그것은 글-쓰기가 처음부터 타자에 대한 이중의 관계, 혹은 이중의 타자에 대한 관계를 가리키기 때문이다. 먼저 글-쓰기는 문맥에 상관없이 책임 있는 응답을 명령하는 초월적 타자에 대한 관계다. 여기서 존중되어야 하는 것은 타자의 독특성, 단독성, 일회성이다. 다른 한편 글-쓰기는 이런 초월적 타자와 관계하되 그것을 일반적 타자의 요구 안에 기-입하기 위해 관계한다. 이 점을 강조하는 데리다의 반복구가 "모든 타자는 전적으로 다르다tout autre est tout autre"이다. 이는 모든 타자 일반이 단독적인 타자 못지않게 똑같이 존중되어야 함을 의미한다. 일반적 타자 앞에서 존중해야 하는 가치는 (가변적) 반복 가능성이다.

모든 차이의 철학은 한목소리로 말한다. 무제약적 타자의 독특성을 간과하는 판단은 결코 윤리적일 수 없음을. 도덕적 책임의 핵심은 타자에 대한 무조건적인 환대에 있다. 그러나 데리다는 이 지점에서 레비나스와 거리를 둔다. 즉 절대 타자와의 순수 대면관계에 머무는 판단은 실현 불가능한 영웅주의, 악으로 변질될 수 있는 아름다운 영혼의 순수주의로 그칠 수 있다. 현실 속에서 유효하고 따라서 반복 가능한 윤리적 판단은 초월적 타자의 무제한적인 요구를 일반적 타자의 수용 가능성 안에서 제한할 때만 성립할 수 있다. 설득력 있는 윤리적 판단의 기원에는 초월적 타자에 대한 수직적 관계와 일반적 타자에 대한 수평적 관계가 교차하는 사건이 있다.

데리다는 그 교차의 사건을 때로는 차연이나 글-쓰기로, 때로는 용서, 타협, 창조 등으로 부른다. 해체론은 용서의 윤리학이자 타협의 윤리학 혹은 창조의 윤리학으로 불릴 수 있다. 그러나 이 모든 용어는 어떤 숨 막히는 결단의 사건을 대체, 설명하는 위치에 있다. 어떠한 형태를 취하든 해체론적 윤리학은 도덕적 판단의 기원과 조건을 묻는 결단의 윤리학으로 귀결된다. 왜냐하면 글-쓰기가 어떤 교차의 사건이라면, 그것은 무엇보다 아포리아를 초래하는 어떤 결정 불가능자가 출현하는 사건이기 때문이다. 이때 결정 불가능하다는 것은 어떠한 규칙이나 논리도 무력해진다는 것을 말한다. 그것은 이론적 판단, 학문적 지식이 마지막 한계를 드러내는 사건이다. 해체론적 의미의 윤리적 상황은 정확히 어떤 결정 불가능자가 위급하고 긴박한 결정을 요구하는 정의로서, 다시 말해서 도덕적 책임의 기원으로서 경험될 때 성립한다. 데리다는 도덕적 책임을 불러일으키는 문제의 결정 불가능자를 유령이라 부른다. 유령은 이론적 인식의 저편에서 순수 실천의 차원을 개방하는 이념, 다시 말해서 정의에 대한 이름이다.

### 해체론적 유령학과 윤리적 개방성의 기원

해체론은 1990년대 초부터 문자학의 형태를 버리고 유령학의 형태를 취한다. 이 무렵 데리다는 법과 정의의 관계를 천착하는《법의 힘Force de Loi》(1992)을 계기로 본격적으로 실천의 문제와 씨름하기 시작했다.《마르크스의 유령들Spectres de Marx》(1993)에서 가장 상세히 개진되는 해체론적 유령학은 '동구 공산권의 몰락과 더불어 역사의 뒤안길로 사라진 듯한 마르크스의 정신을 어떻게 계승할 것인가?'라는 물음 속에서 탄생했다. 구천을 떠도는 듯한 마르크스의 유령을 어떻게 애도할 것인가?

**결정 불가능성**: 유령학은 문자학과 유사한 전략적 위치에 있다. 문

자학은 형이상학이 적대시했던 글-쓰기를 역설적으로 (탈)형이상학의 기원에 해당하는 사태로 전도시켰다. 유령도 글-쓰기 못지않게 형이상학이 혐오하는 어떤 것이다. 형이상학에 기초한 서양의 이론적 사유에서 유령은 신비한 환상, 망상의 영역에 속하는 것으로 간주된다. 유령과 관련된 담론은 기껏해야 문학이라는 특정 영역에서만 허용된다. 유령은 실재의 바깥에 있는 가상, 따라서 참된 앎의 바깥에 속하는 거짓 믿음의 대상이다.

따라서 학자는 결코 유령을 믿지 않으며, 과학성을 추구했던 마르크스는 더더욱 믿지 않았다. 학문적 사고는 실재와 비-실재를 첨예하게 대립시키는 형이상학적 이분법의 논리를 따르기 때문이다. "학자로서 실재와 비-실재, 현실과 비-현실, 생명과 비-생명, 존재와 비-존재 사이의 날카로운 구별을 믿지 않은 사람은 결코 있어 본 적이 없다"(《마르크스의 유령들》, p. 33). 그러나 데리다는 유령이 글-쓰기와 마찬가지로 (탈)형이상학의 기원에 출몰하는 어떤 해체 불가능한 사태, 다시 말해서 차연을 번역할 수 있는 용어임을 입증코자 한다.

이 과정에서 데리다는 네 가지 중요한 논점을 제시한다. 첫째, 유령은 형이상학적 이분법을 초과하며, 따라서 형이상학이 결코 공정하게 사유할 수 없는 어떤 것이다. 둘째, 유령은 실재의 바깥 어느 장소에 속하는 국지적 사태가 아니라 실재의 현상(혹은 경험)을 구성하는 일반적 사태다. 셋째, 유령은 나타남의 비밀이기 이전에 믿음 일반의 가능 조건에 해당한다. 그런 한에서 유령은 미래로부터 올 타자에 대한 메시아적 약속의 가능 조건이다. 이는 새로운 역사적 개방성의 가능 조건과 같다. 넷째, 유령은 법률 속에서 자라나는 법률 초과적인 잉여, 다시 말해서 정의의 얼굴이다. 이 논점들 각각을 차례로 상론해보자.

첫째, 유령은 존재와 무, 생명과 죽음, 현실과 잠재 등의 이분법을 초과한다. 없는 것이면서 있고, 죽은 것이면서 살아 있으며, 가상적인 것이면서 현실적인 것이기 때문이다. 햄릿의 물음 "to be or not to be?"는 "왜 없지 않고 있는가?"라는 전통 존재론의 물음을 반복한다. 유령은 이런 물음의 배후에 있는 존재 이해, 존재를 현전으로 가정하는 존재 이해를 위기에 빠뜨린다. 유령은 형이상학적 이분법의 논리에서는 어떤 결정 불가능자에 해당한다.

**현상학에서 유령학으로**: 유령은 산 것인지 죽은 것인지 결정 불가능한 것일 뿐만 아니라 반복 가능한 어떤 것이다. 예측 불가능한 리듬에 따라 오고 또 오고 다시 출몰하는 어떤 것. 그것이 유령이다. 반복 가능하다는 것은 어떤 질서를 열어놓는다는 것, 어떤 전달 가능한 의미의 기원이 된다는 것과 같다. 결정 불가능하되 반복 가능한 사태인 유령은 형이상학적 판단의 근본 전제를 처음부터 다시 검토할 것을 요구한다. 또한 자신에 부응하는 새로운 논리를 고안하도록 호소한다. 데리다는 그것을 유령학이라 부른다. "이것을 유령학이라 부르자. 이 유령 출몰의 논리는 단지 존재론이나 존재 사유보다 훨씬 더 폭넓고 위력적인 것만이 아니다. (…) 유령학은 종말론과 목적론마저 자기 범위 안에 포용하되 그것들을 어떤 국지화된 장소들로서 또는 어떤 특수한 효과들로서 포용한다"(《마르크스의 유령들》, p. 31).

둘째, 유령학은 존재론과 존재 사유, 종말론과 목적론을 하위의 계기로 거느릴 뿐만 아니라 현상학까지 하위의 효과로 거느린다. 반복적인 유령 출몰은 어떤 재-출현이되 "결코 나타남도 아니고 사라짐도 될 수 없는, 결코 현상도 아니고 그 반대도 될 수 없는 어떤 출현의 재-출현"(《마르크스의 유령들》, p. 84)이라는 점에서 현상학을 초과한다. 초과한다는 것은 배반하되 동시에 정초한다는 것과 같다. 유령 출몰은 현상학적 나타남의 기원이고, 따라서 현상학은 유령학의 하위 영역이다. 현상학은 유령 출몰의 논리 안에서 일어나는 어떤 자기 제한의 효과다.

　그렇다면 유령성은 어떤 의미에서 나타남의 마지막 비밀인가? 그것은 나타남이 현재 속에 과거와 미래가 개입하는 역동적인 사태이기 때문이다. 현재에 개입하는 과거와 미래. 그것은 비-현전, 부재의 차원에 속하되 현재 속에 잠입하고 있는 것, 따라서 유령적인 어떤 것이다. 현상은 반복 가능한 유령적 효과에 의해 구조화되어 있고, 그런 한에서만 비로소 특정한 질서에 따라 역동적으로 나타날 수 있다. 그러므로 유령성은 실재의 바깥도, 문학과 같은 특정 영역에서만 허용되는 국지적 담론의 대상도 아니다. 현상 일반은 유령적 효과에 의해 비로소 살아 있는 현상으로서 나타나거나 소멸할 수 있다. 이런 의미에서 유령성은 현상의 세계 전체에 편재한다.

　셋째, 유령성은 단지 현상의 세계 전체에 편재할 뿐만 아니라 세계 자체를 초과한다. 어디로 초과하는가? 믿음, 신념, 신앙의 세계로 초과한다. 신념의 상관항은 실재도 비-실재도 아닌 것, 현전도 부재도 아닌 것, 유령적인 어떤 것이다. 우리는 유령을 부인하자마자 믿음의 가능성 자체를 부정하기에 이르고, 따라서 실재에 대한 신념 자체마저 버려야 한다. 모든 믿음은 어떤 유령적 효과에 의해 구조화되고, 특히 미래에 대한 신념의 지반은 유령성에 있다.

　이렇게 말할 때 데리다가 강조하는 것은 유령성이 가리키는 신념의 지반이 현상의 지반, 나타남의 최후 조건 자체라는 점이다. 미래(혹은 과거)에서부터 도래하며 현재를 긍정하는 타자에 대한 믿음, 현재에 말을 거는 타자에 대한 (재)긍정 없이는 어떠한 의미, 어떠한 실재도 현상으로서 나타날 수 없다. 유령적인 타자에 대한 신뢰와 긍정, 다시 말해서 약속의 '예yes'는 나타남의 최후 조건이다. 모든 관계의 마지막 조건, 따라서 공동체의 최소 조건도 여기에 있다. 그러나 조이스의 작품을 마무리하는 문장이 말하는 것처럼, '예'는 언제나 '예, 예'다. 당신은 '예, 예'라 하지 않으면서 '예'라 할 수 없다. 긍정은 타인의 긍정에 대한 긍정이자 반복 가능성에 의해 구조화된 (재)긍정이다. 이런 반복 가능성이 미래에 대한 약속과 신념을 불러들인다.

**결단의 사건**: 미래에 대한 약속과 신념이 사라진 자리에는 오로지 예정된 프로그램, 계산 가능한 시간표만 남는다. 프로그램과 시간표가 장악한 시간. 그 기계적인 시간에는 역사가 있을 수 없다. 프로그램에 따라 고정된 시간의 빗장이 어떤 유령적 효과에 의해 풀릴 때, 시간표의 순서가 어떤 결정 불가능자의 출몰에 의해 탈구될 때, 그때야 비로소 역사적인 시간이 요동치게 된다. 역사적 시간은 어떤 계산 불가능자의 도래와 더불어 일어나는 희망과 약속의 시간, 메시아적 약속의 시간이다.

형이상학은 역사의 흐름에 어떤 확정된 목적론적 의미를 부여하고자 했다. 그리고 목적론적 의미가 실현되는 종말의 계기를 구하고자 했다. 이런 목적론적 합리화와 종말론적 정당화는 유령을 푸닥거리하는 절차와 같다. 가령 헤겔이 논리-개념화한 역사는 유령성이 완전히 말소된 시간이다. 거기에서는 더 이상 메시아적 희망과 약속을 언명할 수 없다. 그러나 해체론의 논리에 따르면 그런 헤겔 식 말소는 유령 자신이 하는 일로 번역될 수 있다. 목적론과 종말론은 존재론과 마찬가지로 유령의 자기후퇴와 양보에서 성립하는 파생적 효과다. 시간의 빗장을 푸는 것도 유령이지만, 빗장을 거는 것 또한 유령이다.

넷째, 메시아적 희망과 약속의 가능 조건인 유령은 신속한 결단의 책임을 불러일으킨다. 이 점에서 유령은 윤리적 판단을 지도하는 최후의 이념이자, 도덕적 의무의 마지막 상관항인 정의正義 자체다. 데리다의 해체론은 믿음에 자리를 내주기 위해 앎을 지양한다는 칸트적 계획의 연장선상에 있다. 해체론은 이론적 사유를 해체하되 오로지 해체 불가능한 것을 구하기 위해 해체한다. 이때 해체 불가능하다는 것은 역설적이고 따라서 결정 불가능하다는 것을 말한다. 그러나 헤겔의 논리학에서 모순이 개념의 함정이되 새로운 개념의 원천인 것처럼, 데리다의 해체론에서 결정 불가능한 것은 판단의 무덤이되 자궁이다.

이론적 판단의 무덤이자 실천적 판단의 자궁. 여기서 이론적 판단은 모든 형체를 잃어버리고 순수 실천적인 수행사의 형태로 다시 태어나야 하는 위기의 상황을 맞이한다. 그것은 차라리 광기의 상황이다. 계산할 수 없는 것을 계산해야 하고 결정할 수 없는 것을 결정해야 하기 때문이다. 결정 불가능자는 판단의 유보, 정지, 휴식을 허락하지 않는다. 오히려 햄릿의 유령처럼 간절하게 응답해줄 것을 호소한다. 해체론이 재발견하는 도덕적 책임의 기원은 결정 불가능자가 요구하는 다급한 결정의 의무에 있다. 위급하고 긴박한 결정의 의무. 그것이 또한 해체론적 의미의 글-쓰기의 의무에 해당한다. 결단의 글-쓰기는 결정할 수 없는 것을 화급히 결정하기 위해, 책임질 수 없는 것을 책임지기 위해 광기와 오만, 전율을 통과한다. 그리고 모든 합리성과 계산적 추론의 저편으로 도약하여 순수 실천의 차원을 맞이한다.

**법과 정의**: 칸트는 적법성과 도덕성을 구별한 바 있다. 법에 부합한다 해도 법칙 자체를 위한 (도덕적) 판단이 아닐 수 있기 때문이다. 데리다는 법을 따르는 판단과 정의를 따르는 판단을 구별한다. 이때 법은 현전의 질서에 속하는 것, 현실적인 것, 이론적으로 계산 가능한 것, 따라서 해체 가능한 어떤 것이다. 반면 정의는 반복 가능하되 논리적으로 결정 불가능한 것, 계산 불가능한 것, 따라서 결코 해체할 수 없는 어떤 것이다. 데리다는 도덕적 판단을 정의를 따르는 판단에 국한하고, 법을 따르는 판단은 정치적 판단으로 분류한다.

이런 분류에 따르면, 정의는 현전의 시간 속에서는 결코 마주칠 수 없는 어떤 것이 된다. 정의가 충만하게 실현되는 어떤 현실적 계기는 없다. 그 누구도 자신이 정의롭다고 말할 수 없다. 정의는 무한히 다가갈 수 있되 결코 도달할 수 없는 이념이다. 닫힌 시간의 빗장을 풀며 다가오는 이념은 결코 현재화될 수 없지만, 바로 그렇기 때문에 실천적 판단의 배후에 자리한 유사 선험적 조건이 될 수 있다. 왜냐하면 처음부터 예측 가능한 결론, 기계적 추론의 결과로서 주어질 수 있는 것은 도덕적 책임과 결단의 대상일 수 없기 때문이다. 칸트의 윤리학에서 도덕적 판단이 보편성 검사를 통과해야 한다면, 데리다의 윤리학에서 통과해야 하는 것은 "결정 불가능성의 시련"이다. "결정 불가능성의 시련을 거치지 않은 결정은 자유로운 결정이라 할 수 없다. 그것은 기껏해야 어떤 계산 가능한 절차를 프로그램에 따라 적용하거나 연속적으로 펼쳐가는 것에 불과하다. 그런 판단은 합법적일 수 있을지언정 정의롭지는 못할 것이다"(《법의 힘》, p. 53).

법은 현실적이되 본성상 자기 자신을 합법적으로 정초하거나 정당화할 수 없다. 합법성은 이미 법이 수립되었을 때만 성립한다. 벤야민이 지적한 것처럼, 법을 수립하고 정초하는 것은 법이 아니라 어떤 폭력이다. 법률 정초적인 폭력은 합법적이지 않지만, 불법적이지도 않다. 합법-불법의 이분법은 법이 수립된 이후의 일이다. 이분법의 논리에 따르는 법은 자신의 기원에 있는 어떤 개방적인 폭력을 사유할 수 없다. 합법성에 얽매인 판단은 특정 법 체계의 기원에 있는 창조적인 계기를 망각하기 쉽다. 기계적인 규칙 적용으로, 타성적인 환원으로 전락하기 쉽다.

칸트는 '규정적 판단'과 '반성적 판단'을 구별했다. 규정적 판단은 규칙 이행적인 판단이고, 반성적 판단은 규칙 창조적인 판단이다. 칸트는 도덕적 판단을 규정적 판단의 하위 유형으로 간주했다. 반면 데리다에게 도덕적 판단은 마치 감성적 이념에 부딪힌 심미적 판단처럼 반성적 판단의 형태를 취해야 한다. 왜냐하면 정의는 기존의 법칙을 근본적으로 다시 해석하고 새로운 법칙을 수립하도록 요구하기 때문이다. 정의는 기존의 법칙을 초과하되 그 법칙의 전제에 대해, 그 법칙에 따른 추론과 결론에 대해 처음부터 다시 생각하도록 주문하는 어떤 이의제기의 원천이다. 책임 있는 응답과 결정을 명령하는 어떤 물음의 원천. 우리는 그 앞에서 새로운 법칙의 창조로 나아가야 한다.

그렇다고 정의를 단순히 법의 바깥, 외부로 간주할 수는 없다. 법을 무시하고 위반하는 것은 이미 정의로운 것이 아니기 때문이다. 정의롭기 위해서는 먼저 적법성부터 갖추어야 한다. 하지만 적법성은 정의의 충분 조건이 될 수 없다. 정의는 법에 따른 추론의 끝에서 찾아오는 것도, 법정판결을 알리는 방망이 소리와 더불어 실현되는 것도 아니다. 정의가 법의 한계를 표시한다면, 그것은 법이 자신의 가능한 논리를 모두 펼친 이후 부딪히는 한계다. 정의는 최선의 법률적 계산이 이율배반에 빠질 때, 따라서 그 법률 초과적인 사태에 부응하는 고심에 찬 결단, 근본으로 돌아가는 창조적 판단을 요구하면서 온다.

**타협, 위증, 무책임의 책임**: 해체론적 의미의 결정(글-쓰기)이 창조적이어야 한다면, 데리다가 말하는 창조invention는 여러 가지 점에서 특이한 의미를 지닌다. 그것은 다음과 같이 네 가지 측면에서 정리할 수 있다.

먼저 창조적 결정은 기억과 전통에 대한 계승을 전제한다. 해체론적 유령학에서 "유산은 결코 어떤 주어진 소여가 아니다. 그것은 언제나 어떤 과제다. (…) 존재한다는 것, 그것은 상속한다는 것을 의미한다. 존재를 둘러싼 모든 물음, 또는 무엇이 있어야 하는가(혹은 있지 말아야 하는가)를 둘러싼 모든 물음은 유산상속의 물음이다"《마르크스의 유령들》, p. 54). 존재는 언제나 상속된 존재이고, 상속은 과거의 비밀로 돌아가는 재해석, 회상, 애도 속에서 이루어진다. 정의가 무조건적인 책임(선물)을 요구하며 출몰하는 타자의 유령에 있다면, 타자의 유령은 애도(용서)의 작업 속에서 출현하며, 이와 더불어 우리의 존재가 규정된다.

둘째, 애도가 유령을 불러들이는 작업인 것처럼, 창조는 "타자를 오게끔 만드는 결단"이다. 여기서 창조의 어원적 의미 자체가 '오게 한다는 것in-venire, 안으로 불러들인다는 것'에 있음을 주목하자. 해체론적 의미의 창조는 전적으로 다른 타자를 초대, 환대한다는 것과 같다. 따라서 창조적 판단은 수동적인 형식의 판단이다. 창조는 타자의 도래를, 결정은 "타자의 결정"을 의미하기 때문이다. 모든 것은 "타자 앞에 응답하기"로 귀결된다. 그러나 그 응답은 결정 불가능성의 시련을 통과해야 한다. 광기와 오만, 전율과 도약의 상황을 지나야 하므로 자아는 자기의식이 분열되고 정체성이 허물어지는 국면을 맞이한다. 창조적 결단은 오직 그런 통제 불가능한 분열의 순간에 일어난다.

셋째, 이런 광기와 분열의 상황은 어떤 폭력의 도가니다. 두 종류의 폭력이 들끓는 도가니. 거기에는 먼저 무조건적인 환대를 요구하는 절대적 타자의 폭력, 윤리적 폭력이 있다. 가령 타자의 얼굴과 직접적인 대면관계에 놓인 레비나스적 주체는 어떤 성스러운 광기에 빠진다. 자발적으로 인질의 위치로 내려가서, 때로는 자신의 죽음으로 타자와 관계하고자 한다. 이는 "선과 악, 사랑과 미움, 주기와 취하기, 삶의 욕망과 죽음충동, 열렬한 환대와 자기중심적이거나 나르키소스적인 자폐 사이를 식별하기 불가능한"(Derrida, *Adieu à Emmanuel Levinas*, p. 66) 국면이다. 다른 한편 레비나스가 제삼자라 부르는 타자의 타자들(유한한 타자들)에서 오는 정치-법률적 폭력이 있다. 이것은 사회와 국가의 공공적 질서를 위해 행사되는 폭력이다. 공존을 위한 비교, 계산, 숙고, 심문, 소통, 분배의 차원을 여는 정치-법률적 폭력은 주체를 "윤리적 폭력의 현기증"으로부터 보호, 방어해준다.

데리다가 말하는 창조적 결단의 책임은 무한한 타자 앞의 책임(절대적 책임)도, 유한한 타자들 앞의 책임(일반적 책임)도 아니다. 그것은 서로 상반되는 두 가지 책임을 그때그때 상황마다 매번 서로 다르게 조율하고 타협시켜야 하는 책임이다. 그런 조율과 타협이 없다면 정의는 도착적이거나 악의적인 계산에 이용당할 수 있다. 타협과 계산을 회피할 때 윤리적 주체는 현실에 손을 더럽히지 않으려다 무력하거나 무책임한 주체로 전락할 수 있다. 순수를 지키기 위해 실천에 나서는 대신 오직 타인의 행동에서 날선 비판의 빌미만을 찾는 아름다운 영혼으로 전락할 수도 있다. 해체론적 의미의 판단이나 결단은 폭력의 경제를 배경으로 하는 어떤 타협이다. 그것이 창조적이라 불리는 것은 상반된 두 가지 폭력의 논리를 하나로 엮는 작업이기 때문이다.

마지막으로 두 종류의 책임 사이에 타협점을 찾는 창조의 책임. 이 제3의 책임 앞에서 선행의 두 가지 책임은 부분적으로나마 어떤 훼손과 배반의 대상이 될 수밖에 없다. 절대적 책임과 일반적 책임에 동시에 부응하기 위해 윤리적 판단은 필연적으로 어떤 위증, 무책임을 범해야 한다. 이런 역설을 극적으로 연출하는 장면은 가족을 속인 채 모리아 산에 올라 이삭을 칼로 베려는 순간의 아브라함이다. 신에 대한 절대적 책임을 위해 아브라함은 아버지로서, 남편으로서, 공동체의 지도자로서 떠맡아야 하는 사회적 책임 일반에 눈을 감아야 했다. 거꾸로 사회적 책임을 다하기 위해서라면 아브라함은 신의 무조건적인 명령 앞에 무책임해져야 한다.


### 윤리와 종교의 관계

데리다에게 이 장면은 두 가지 의미를 지닌다. 먼저 그것은 3대 메시아주의 종교(유대교, 기독교, 이슬람교)가 뿌리를 내리는 첫 번째 장면이다. 다른 한편 그것은 절대적 책임과 일반적 책임 사이의 모순을 설명하는 어떤 극단적인, 그러나 모든 윤리적 판단의 구조를 반영하는 범례적인 사례에 해당한다. 가령 나는 한 사람을 연인으로 선택할 때 그 외의 다른 모든 사람에게 무관심해질 수밖에 없다. 내가 연인으로서 책임을 다할수록 다른 사람들에게는 무책임해진다. 무책임화는 책임의 논리와 배타적인 것이 아니라, 책임의 논리 자체를 구성하는 일부다. 이것은 충실한 번역이나 창조적 계승이 배반이나 위증의 계기를 피할 수 없는 것과 같다.

**근본악 혹은 자기면역의 논리**: 종교의 문제를 천착하는《신앙과 지식》(1996)에서 데리다는 이런 무책임화의 역설과 유사한 모순을 신앙과 지식, 종교와 이성 사이에서 다시 발견한다. 그리고 종교의 비종교화를 초래하는 모순을 근본악이라 부른다. "근본악의 가능성이 종교성을 파괴하는 동시에 일으켜 세운다."(《신앙과 지식》, p. 86) 이때 근본악은 종교를 지속적으로 위협하는 이성도, 그것에 기초한 과학이나 첨단기술도 아니다. 그것은 종교와 이성, 신앙과 지식을 하나로 묶는 자기면역의 논리다. 정확히 말해서 무사無事 혹은 성결聖潔의 자기면역 논리다. 이때 성결l'indemne은 종교가 지키려는 성스러움, 거룩함, 안녕, 온전함 등을 가리킨다. 데리다에게 그것은 절대적 타자의 충만한 현전 가능성이다.

새로운 면역성을 얻기 위해서는 기존의 면역 체계, 기존의 자기방어 체계를 파괴해야 한다. 그런 조건에서만 유기체는 비로소 죽음의 위협에서 구제될 수 있다. 데리다가 말하는 자기면역의 논리는 자기를 스스로 훼손하여 자신을 보존하는 논리, 스스로 더럽혀 자신의 순수성을 지키는 논리, 스스로 탈내어 무탈한 삶의 길을 가는 논리다. 거꾸로 보면 이것은 살아남기 위해서는 먼저 죽어야 한다는 논리다. 그러나 죽었다 살아난 생명, 죽음을 통과하고 극복한 생명은 때로 생명 이상의 생명이 된다. 생물학적인 생명이 넘볼 수 없는 숭고한 생명, 가령 정신적 생명도 자기면역의 논리에 의해 태어난다.

역사적으로 볼 때 계몽주의 시대에 종교는 이성에 의해 사라진 것처럼 보인다. 그러나 동시에 이성에 의해, 이성 안에서 다른 형태로 부활하게 되었다. 가령 칸트의 《이성의 한계 안에서의 종교Die Religion innerhalb der Grenzen der blossen Vernunft》(1793)가 이 점을 대변한다. 이 책에서 칸트는 예식의 종교와 도덕적 종교, 반성적 신앙과 독단적 신앙을 구별했다. 도덕적 종교 혹은 반성적 신앙에서 신의 계시와 예식(기도)의 관계는 도덕법칙과 실천이성의 관계로 대체된다. 그런데 칸트는 기독교를 세상에서 유일한 도덕적 종교, 이성적 종교, 법칙의 인식에 따른 순수 종교로 간주했다. 이것은 종교가 자신을 위기에 빠뜨리는 적대자에 의해 새로운 진화의 기회를 얻는 사례라 할 수 있다. 우리는 여기서 기독교가 신이 없는 종교로, 순수 도덕으로 다시 태어나는 것을 본다. 데리다가 레비나스의 윤리학에 적극 개입하는 것도 그것이 칸트 이후 유대-기독교(믿음)의 전통이 자기면역의 논리에 따라 그리스적 이성(앎)의 전통에 의해 다시 한번 극단적으로 추상화, 보편화되는 사례이기 때문일 것이다. 사실 레비나스에게 얼굴과 제삼자, 절대적 책임과 일반적 책임, 다윗의 도시와 시저의 도시는 성결의 자기면역 논리에 의해 상호 교차-보충되는 두 항, 다시 말해서 믿음과 앎을 대신하는 위치에 있다.

이런 치명적인 자기면역의 논리는 오늘날 종교와 첨단과학기술 사이에서 반복되고 있다. 데리다는 도처에서 발견되는 이런 역설의 논리를 통해 종교와 이성, 신앙과 지식, 계시와 추상이 원천적으로 분리 불가능한 관계에 있다는 사실을 끌어낸다. "종교와 이성은 공통의 원천에서 나와 함께 전개된다. (…) 단일한 공통의 원천이 스스로 자신을 기계적으로, 자동적으로 나누고 반동적으로 자기 자신과 대립한다. 이런 반동은 자기희생적인 보상과 회복의 절차로서, 그 자신이 위협하는 성결을 복원코자한다."(《신앙과 지식》, p. 41)

**종교성 혹은 메시아성**: 종교와 이성의 공통 원천. 그것은 서양의 실천적 역사의 세계를 구조화하는 어떤 유사 선험적 조건이다. 데리다는 그것을 '종교성'이라 부른다. 역사 속에 등장했던 모든 종교보다 더 오래된 종교성. 모든 실정 종교에 선행할 뿐만 아니라 믿음과 지식의 공통 원천인 종교성. 그것이 데리다가 말하는 메시아주의 없는 메시아성이다. 모든 약속, 믿음, 희망, 미래, 역사가 성립하기 위해 먼저 있어야 하는 메시아성. 그러므로 그것은 언어와 경험 그리고 지식 자체 속에, 나아가 공동체 속에 이것들의 가능 조건으로 기입되어 있는 메시아성이다.

해체론적 의미의 메시아성은 계산 가능성을 초과하는, 그러나 정의로서 도래하는 타자에 대한 열림과 응답을 말한다. 정확히 말해서 그것은 결정 불가능성의 시험을 통과하는 응답, 그 시험 속에서 어쩔 줄 몰라 멈칫하고 뒷걸음치는 존경을 가리킨다. "이런 존경은 여전히 종교성religio다. 주저와 망설임 혹은 억제 (…) 로서의 종교성. 그것은 모든 종교의 문턱에서부터, 모든 사회적이거나 공동체적인 끈에서부터 오는, 자기관계적인 반복의 끈에 해당하는 종교성이다. 태초의 말씀 이전과 이후에, 성례聖禮의 이전과 이후에, 성경의 이전과 이후에 오는 종교성이다"(《신앙과 지식》, pp. 33~34).

따라서 종교성의 진면목은 다른 데 있는 것이 아니다. 그것은 성경이나 종교적인 의례에 있는 것이 아니라 도덕적 판단 안에 있다. 결정 불가능한 것을 결정하는 전율과 도약의 순간은 종교보다 더 종교적일 수 있는 계기다. 그런 숭고한 계기를 통과할 때만 도덕적 판단이 유효할 수 있음을 강조하는 데리다는 칸트와 레비나스를 이어 다시 한번 종교를 윤리적으로 환원, 추상화하고 있는 셈이다. 그러나 그때 윤리는 종교처럼 비밀스러워지고 성스러워지며 두터운 침묵의 무게를 거느리게 된다는 사실도 놓치지 말아야 할 것이다.

● **자크 데리다, 김성도 옮김, 《그라마톨로지》, 민음사, 2010.**

고전적인 언어철학과 현대 기호학을 가로지르며 서양 형이상학의 울타리를 드러 내는 동시에 해체론적 문자학을 구축하는 저작으로 데리다의 대표작으로 꼽힌다.

● **자크 데리다, 진태원 옮김, 《법의 힘》, 문학과지성사, 2004.**

데리다가 본격적으로 역사와 실천의 문제를 다루는 첫 저작으로 해체론적 실천학의 근간이 되는 법과 정의의 구분을 제시한다.

● **자크 데리다, 진태원 옮김, 《마르크스의 유령들》, 그린비, 근간.**

마르크스와 햄릿을 교차시키며 현상학과 존재론의 저편에서 해체론적 유령학을 구축하는 저작으로 해체론이 메시아론의 형태를 띠기 시작하는 전환점을 보여준다.

● **김상환, 《해체론 시대의 철학》, 문학과지성사, 1996.**

해체론의 기본적 의미와 사상사적 위상을 설명하고, 데리다의 은유론을 천착하고 있다.

● **김형효, 《데리다의 해체철학》, 민음사, 1993.**

데리다의 해체론에 등장하는 주요 개념과 용어를 설명하고, 이것들이 함축하는 역설의 논리를 다양한 관점에서 해설한다.

# 남성 중심적 도덕관에 대한 비판

## 하주영

이 글에서 '페미니즘'과 '여성주의'는 같은 의미로 쓰였다.
한 때 '여성주의'라는 용어에서 풍기는 '본질주의적' 또는
'특수주의적' 뉘앙스 때문에 이 역어를 꺼리는 경향이
있었으나, 현재는 그런 부담감 없이 그 둘을 혼용하는
경향이 있고, 필자 역시 이를 따르고자 한다.

페미니즘은 인간을 성별에 따라 위계를 나누어 차별과 억압을 행사하고, 여성에게 종속을 강요하는 제도적이거나 일상화된 모든 폭력과 지배에 저항하는 실천적 움직임이자 이론적 시도다. 페미니즘 윤리학은 바로 그런 지향을 전통철학, 특히 기존 윤리학에 대한 비판적 검토를 통해 실현하려 한다. 흔히 윤리학은 성별에 상관없이 윤리적으로 올바른 행위 원칙과 규범들을 논의하는 학문 분야로 인식되고 있기 때문에, 페미니스트들의 이런 문제의식은 너무 정치적이고 편향적으로 비칠지 모른다. 그러나 도덕이 결코 억압과 지배로부터 자유로운 영역이 아니라는 사실은 과거에 자기희생과 인내, 순종이 주로 여성의 미덕으로 강제되면서 여성에 대한 남성의 지배를 정당화하는 데 이용되었다는 사실만 떠올려도 쉽게 확인할 수 있을 것이다. 따라서 페미니즘 윤리학의 초점은 전통 도덕철학의 남성 중심주의적 경향이 어떻게 관철되고 여성의 종속을 유지하는 데 이바지해왔으며, 이런 과정에서 왜곡되거나 제대로 평가되지 못한 것들이 무엇인지 드러내고, 이런 부정적 경향을 극복하는 일에 맞춰져 있다.

이런 작업에서 페미니스트들이 한편으로는 대단히 중요하게 여기면서도, 다른 한편으로는 아주 신중하게 접근하는 문제가 바로 '성적 차이(이하 '성차')'다. 대부분의 페미니즘 윤리학은 여성과 남성의 도덕관이 서로 다르게 발달되었다는 사실을 이론의 출발점으로 삼는다.

곧 남녀는 도덕관이라는 측면에서 성차가 존재한다는 것이다. 그런데 이런 도덕적 성차를 부각시키고 강조하는 것은 양면성을 띤다. 즉 한편으로 이것은 여성의 도덕관에 대한 기존 윤리학의 부당한 평가절하와 무시를 비판하고, 여성의 도덕관에 공정한 자리매김을 해준다는 점에서 상당한 설득력을 발휘한다. 그러나 다른 한편으로 이것은 여성들의 성정체성을 고정화할 위험이 존재한다. 비록 여성들의 도덕관이 긍정적으로 재평가된다 하더라도 이것이 여성의 도덕관으로 고정될 경우 전통적인 차원의 성역할 고정화와 변별점이 흐려질 수 있기 때문이다. 따라서 성평등을 진전시키고 남성 중심적 도덕관을 효과적으로 반박하려면 도덕적 성차를 어떤 차원에서 그리고 어느 정도나 부각시켜야 하는지 판단하기가 쉽지 않다. 그런 점에서 논란과 시각 차이가 여전히 있지만, 적어도 '성적 차이'를 반영하여 일원화된 남성 중심적 도덕관의 폐해를 극복해야 한다는 주장에는 많은 페미니스트들이 공감하고 있다.

도덕적 성차와 관련된 페미니즘의 문제의식을 보여주는 대표적인 예로 흔히 언급되는 것이 '보살핌의 윤리care ethics(배려의 윤리)'다. 따라서 '페미니즘 윤리학'은 종종 보살핌의 윤리와 동일시된다. 이런 인식이 딱히 틀렸다고 할 수는 없지만, 오해의 위험도 적지 않다. 윤리적 문제에 대한 여성주의적 접근은 '보살핌의 윤리' 그 이상이기 때문이다. 다시 말해 여성주의적 접근에는 '보살핌의 윤리'와 문제의식이 일치하는 부분도 있지만 이를 넘어서는 경우도 있으며, 또한 이런 윤리적 관점에 상당히 비판적인 논의들도 포함되어 있기 때문이다. 예컨대 기존 윤리학의 형식적인 성중립성과 남성 중심적 도덕 관점을 비판하면서도 보살핌의 윤리와는 다른 방식으로 또는 보살핌의 윤리에 마찬가지로 비판적인 태도를 취하면서 정의론이나 성평등론을 재구성하려는 이론적 시도가 존재하기 때문이다. (예컨대 아이리스 마리온 영Iris M.

Young이나 마사 누스바움Martha Nussbaum 등의 논의가 그에 해당한다.) 그런 측면에서 '페미니즘 윤리'를 '보살핌의 윤리'로 제한해서 이해하는 것은 단순한 태도일 뿐 아니라, 도덕에 대한 페미니스트들의 다양한 이론적 접근을 일면적으로 이해할 위험이 있다는 점을 지적해둘 필요가 있다.

그러나 이런 위험에도 불구하고 보살핌의 윤리를 페미니즘 윤리학 논의의 출발점으로 삼는 것은 충분히 의미 있는 일이다. 보살핌의 윤리가 그 한계에도 불구하고 페미니즘 윤리학을 이해하기 위해 중요한 이론적 단초를 제공하고 있으며, 보살핌의 윤리가 제기한 문제들을 논의하고 비판적으로 소비하는 과정에서 소위 여성주의적 도덕 이해를 좀 더 가다듬고 분명하게 규정하는 데 도움이 될 생산적 사유와 성찰이 많이 발생했기 때문이다. 따라서 이 글은 보살핌의 윤리에서 시작하여 그것이 제기한 문제들, 또 이 윤리가 낳은 논란들을 따라가면서 페미니즘 윤리학의 기본 문제의식과 특징들을 살펴볼 예정이다.


## 보살핌의 윤리

지금껏 철학자들은 인간의 성별과 상관없이 '보편적'으로 타당한 도덕 원칙과 윤리규범을 추구해왔다. 도덕적으로 올바른 행위와 원칙을 규정하고 확립할 때 남녀의 성차는 고려의 대상이 될 수 없으며, 남녀의 도덕이 서로 다를 수 없다는 점을 전제한 것이다. 그러나 페미니즘 윤리학은 많은 철학자들이 보편적인 것으로 주장하고 당연시한 도덕 이론과 원칙들이 사실은 '남성 중심적 시각'을 숨기고 있는 '위장된 보편성'일 뿐이라고 본다. 예컨대 흔히 윤리학에서 강조되는 자율적이고 독립적인 개인을 토대로 한 도덕 주체, 감성을 경시하는 이성 중심적 태도, 추상적인 도덕 원칙에 중점을 둔 정의 등은 주로 남성적 경험과 관점에 입각한 도덕 범주일 뿐 남녀의 경험과 도덕적 관점을 아우른 보편적인 것과는 거리가 멀다는 것이다. 또한 현재와 같이 성차별적으로 구조화된 사회에서 기존의 철학자들처럼 형식적인 성중립성을 통해 정의나 평등을 강조하는 태도는 지배와 억압을 시정하는 데 큰 힘을 발휘하지 못한다고 주장한다. 도덕 이론이 사실상 남성의 이해를 반영하고 있는 남성편향적인 것이라면, 이를 여성의 관점에서 비판적으로 바라보고 그런 편향을 극복할 수 있는 대안적 관점이 필요하다는 말이다.

이런 문제의식에서 어느 정도 드러났듯이, 페미니즘 윤리학은 여성과 남성에게 서로 다른 도덕적 관점이 있다는 믿음에서 출발한다. 사실 도덕이 성차와 무관할 수 없다는 생각은 그 이전의 철학자들에게서도 찾아볼 수 있다. 한편으로 부정적 의미에서 과거의 철학자들은 여성들에게는 이성적 사유보다 감성적인 면이 발달했기 때문에 가족과 같은 사적 영역에나 적합할 도덕적 성향과 태도가 발달했다고 보았고, 그와 관련된 미덕을 여성들에게 할당하고 강요했다. 또 비판적 관점에서는 밀과 해리엇 테일러Harriet Taylor 등이 바로 이런 성별화된 도덕에 주목하면서, 가부장제 사회가 여성들에게 종속적 위치를 강제하고 정당화하는 과정에서 도덕이 중요한 역할을 해왔다고 주장했다(밀, 서병훈 옮김,《여성의 종속》, 책세상, 2006, 37~38쪽). 결국 성별화된 도덕이 여성들이 불평등한 대우를 받는 데 기여하고 있다고 생각한 것이다. 물론 페미니즘 윤리학이 도덕의 성차를 긍정한 것은 과거의 철학자들처럼 여성의 도덕을 비하하려는 의도도 아니고, 또 성별화된 도덕이 여성의 억압에 이용된 측면을 몰라서도 아니다. 그보다는 여성의 도덕을 재평가하고 그것이 남성 중심적 도덕에 대해 가지는 비판적 힘과 대안으로서의 가능성을 보여주려 한 것이다. 그렇다면 페미니즘 윤리학은 그런 이론적 포부를 구체적으로 어떻게 풀어냈을까? 그리고 그것은 성공적이었을까?

남녀의 상이한 도덕 발달과 관점을 분석하고 있는 대표적 이론으로는 심리학자인 캐럴 길리건Carol Gilligan으로 시작된 '보살핌의 윤리'를 들 수 있다. 길리건은 여성과 남성이 서로 다른 도덕적 관점과 태도를 가지고 있다고 생각한다. 이 말은 남녀가 본성적으로 상이한 도덕관념을 타고났다거나 여성이라면 누구나 이런 여성 특유의 도덕관을 가져야 한다는 뜻이 아니다. 그보다는 가부장적 사회에서 여성은 남성과 다른 사회화 과정을 거치고, 공사 구분(가족을 사랑에 기초한 관계 중심의 사적 영역으로 보고, 정치나 경제 등의 공간은 이해관계 중심의 공적 공간으로 규정하는 것)에 의해 남성들은 공적인 영역에서 활동하고 여성들은 주로 사적 영역에서 가사와 육아를 책임지고 노인과 병자를 돌보는 일을 도맡으면서 여성 특유의 도덕적 태도와 관점이 발달하게 되었다는 주장이다.

우리가 경험을 통해 확인할 수 있는 이런 도덕적 성차와 관련하여 길리건은 다음과 같은 문제를 제기한다. 우선 길리건은 기존의 도덕 이론이 남성 중심적이어서 여성 특유의 도덕적 관점을 제대로 반영하지 않거나 열등한 것으로 평가절하한다고 비판한다. 또한 그런 도덕 이론만으로는 도덕적 갈등의 상황에서 사람들이 행하는 다양한 윤리적 숙고의 과정을 온전히 다 설명할 수 없을 뿐 아니라, 너무 일원적이어서 경우에 따라서는 도덕적 문제 상황에 대한 적절한 해결책을 제시해주기 어렵다는 것이다. 그렇다면 길리건이 문제 삼고 있는 남성 중심적 도덕 이론이란 무엇이고, 그와는 구분되는 여성 특유의 도덕적 관점은 구체적으로 무엇일까?

길리건은 크게 두 가지를 남성 중심적 도덕 이론의 특징으로 보고 있다. 하나는 도덕적 갈등을 주로 자율적 개인들 간의 권리 상충에서 빚어지는 문제로 받아들이는 것이고, 다른 하나는 도덕적 문제를 추상적 차원의 도덕 원칙이나 의무를 관련된 현실에 적용하는 차원에서 바라본다는 점이다. 우선 첫 번째 특징에 대한 비판부터 살펴보자.

흔히 윤리학에서 도덕적 문제 상황을 다룰 때 지배적인 경향은 그것을 서로 다른 권리 주장에 입각한 도덕적 의무들 간의 상충에서 오는 갈등과 대립의 문제로 본다는 점이다. 다시 말해 대부분의 윤리적 갈등이 '자율적' 개인들 간의 서로 다른 또는 서로 상충하는 '권리' 주장에서 빚어진다고 해석하는 것이다. 예컨대 임신중절은 무엇보다도 태아의 생명권과 어머니가 자신의 몸을 자율적으로 관리하고 통제하려는 권리의 대립으로 이해된다. 사실 권리들이 상충할 때 갈등이 빚어지는 도덕적 문제 상황이 있음을 부인하기는 어렵다. 그러나 이런 식으로만 해석할 경우, 그와는 다른 관점, 곧 문제를 타인에 대한 배려나 책임감의 관점에서 바라보고 타자와의 의사소통을 통해 해결을 모색하는 관점을 약화시키거나 심지어 배제할 위험이 있다.

흥미로운 점은 많은 여성들의 도덕적 숙고과정에서 바로 그런 또 다른 도덕 관점을 발견할 수 있다는 사실이다. 길리건에 의하면 임신중절을 결정해야 하는 상황에서 많은 여성들은 이 문제를 단순히 권리 대 권리, 또는 의무 대 의무의 대립보다는 아이에 대한 자신의 책임감이라는 관점에서 바라본다(길리언, *In a Different Voice*, Harvard University Press, 1982 p. 105). 그들은 자신과 타자의 관계를 독립성과 자율성이라는 측면에서만 바라보는 관점을 매우 편협하고 개인주의적이라고 여긴다. 인간은 아무런 연관 없이 버섯처럼 불쑥 솟아나 자라나는 단절된 독립적 개인이라기보다는 타자와의 관계 속에서 태어나고 성장·발전하는 존재이기 때문에, 이런 관계적 측면에서 보면 자신의 권리 주장에 매몰되지 않고 타자의 고통을 민감하게 감지하고 배려하며 타자에 대한 책임을 중시하는 태도가 도덕적으로 매우 의미 있게 받아들여진다는 것이다.

그러나 기존의 윤리학에서 여성들의 이런 도덕적 태도는 열등하고 부차적인 것으로 자리매김했다. 즉 그것은 도덕 판단을 자율적으로 행하기보다 타자와의 조화와 타협을 중심으로 도덕적 결정을 내리는 덜 성숙한 태도로 여겨졌던 것이다. 이런 점은 콜버그<sup>L. Kohlberg</sup>가 도덕적 성숙도를 측정하기 위해 어떤 도덕적 딜레마의 상황을 제시하고 이를 대하는 소년 소녀의 태도를 비교하고 평가할 때 잘 드러난다(*In a Different Voice*, chap. 2). 콜버그가 제시한 것은 '하인즈의 딜레마'다. 하인즈의 아내는 중병에 걸려 비싼 약이 필요하지만, 그에게는 충분한 돈이 없고, 약사는 약값을 깎아줄 용의가 없다. 하인즈는 약을 훔쳐서라도 아내를 구하거나, 도둑질은 잘못이므로 아내가 죽도록 내버려두어야 하는 두 선택지 앞에서 결단을 내려야 하는 상황이다. 소년은 이 딜레마를 '도둑질을 해서는 안 된다'와 '생명을 구하기 위해 노력해야 한다'는 두 도덕적 의무가 상충하는 문제로 보고 '생명을 구해야 한다'라는 보다 높은 도덕적 의무를 선택한 반면, 소녀는 주어진 딜레마를 타자의 처지에 대한 배려와 이해 부족의 문제로 보고 약사와 하인즈 상호간의 소통을 통해 해결책을 찾으려 한다. 콜버그는 소녀의 태도를 소년에 비해 낮은 수준의 도덕적 태도로 평가한다. 소녀의 태도는 보편적 도덕원리에 따라 자신의 행위를 결정하지 못하고 타자와의 조화와 타협을 중심으로 자신의 도덕적 행위를 결정하는 덜 성숙한 도덕 수준이라고 본 것이다.

그러나 길리건은 이런 식의 평가가 서로 다른 도덕적 관점에 부당하게 등급을 매기면서 남성적 관점을 보편적이고 우월한 것으로 절대화하는 태도라고 비판한다. 여성은, 개인의 자율성에 기반을 두고 상호의 권리 존중과 상호 불간섭을 중시하며 정의를 최상의 도덕 원칙으로 내세우는 기존의 '남성 중심적' 도덕과는 다른 도덕적 관점과 태도를 가지고 있으며, 그것은 남성의 도덕 못지않게 설득력 있고 타당하다는 것이다. 따라서 길리건은 기존의 철학자들이 정의의 관점을 내세우면서 보살핌의 관점을 무시했던 전철을 되풀이하지 않는다. 다시 말해 길리건은 보살핌의 관점이 정의의 관점보다 도덕적으로 더 우월하다거나 정의의 관점을 보살핌의 관점으로 대체해야 한다고 주장하지 않는다. 또 두 관점 모두 타당하니까, 여성은 여성대로, 남성은 남성대로 자신의 도덕적 관점에 만족하면서 부당하게 다른 성의 관점을 무시하지 말고 상호 존중해야 한다고 주장하지도 않는다. 길리건은 두 관점이 모두 인간 행위의 중요한 척도로 받아들여져야 하며, 상호 보충적인 것으로 이해되어야 한다고 주장한다(*In a Different Voice*, p. 33). 즉 두 관점의 지지자들은 자신의 관점을 상대의 관점에 비춰봄으로써, 자신의 관점이 지닌 한계를 교정하거나 부족한 부분을 보완할 수 있다는 것이다.

보살핌의 윤리가 여성적 도덕의 또 다른 특징으로 내세운 것은, 여성들이 도덕 원칙의 형식적 적용보다 도덕적 선택의 구체적 맥락을 중시하는 도덕적 태도를 선호한다는 점이다. 길리건이 잘 보여주었듯이 타자와의 구체적 관계에 초점을 두는 보살핌의 윤리는 추상적인 도덕 원칙보다는 도덕적 선택이 내려지는 구체적이고 특수한 맥락을 중시한다. 보통 윤리학에서 도덕은 관련된 행위 원칙을 찾아내어 상황에 적용하는 것으로 받아들여지고, 또 관련된 원칙들이 서로 상충할 때는 보다 상위의 원칙을 선택하여 적용하는 것을 전형적인 해결책으로 여긴다. 그러나 보살핌의 윤리는 이런 방식에 만족하지 않는다. 추상적 원칙과 원리만으로는 개별적 상황의 다양하고 특수한 성격들을 다 담아내기 어렵기 때문이다.

이런 관점은 보살핌의 윤리를 강조하는 또 다른 학자인 넬 노딩스Nel Noddings를 통해 극대화된다. 노딩스는 우리가 추상적 원칙이나 원리에 집중하게 되면 예외를 인정하기 어렵게 되고 타자와의 관계 및 문제가 발생하는 상황의 개별적이고 특수한 성격에 세심하게 주의를 기울이기 어렵게 되기 때문에 원칙주의에 반대한다. 물론 추상적 원칙을 완전히 부인할 수는 없겠지만, 그것은 복잡한 상황들을 단순화하고 비슷한 문제들의 반복적 발생을 막는다는 차원에서, 다시 말해 보살핌의 실현을 용이하게 한다는 측면에서만 고려될 뿐이다. 비록 노딩스처럼 원칙주의를 극단적으로 거부하는 입장은 페미니스트 윤리학자들 사이에서도 드물지만, 보살핌의 윤리는 원리들이 구체적 상황 맥락을 충분히 고려하지 않은 채 일원적이고 형식적으로 적용되고 특별한 권위를 부여받는 것에 반대한다.

### 보살핌의 윤리는 희생자 윤리?

여성의 도덕을 재평가하는 것은 남성 중심주의적 도덕을 비판하고 성평등의 진전을 가져오는 데 얼마나 도움이 될까? 우선 전통 윤리학이 관계에 토대를 둔 여성의 도덕관을 열등한 것으로 보고 이런 도덕관이 담고 있는 긍정적 함축을 무시했다는 점에서 많은 페미니스트들은 보살핌의 윤리가 기존 철학의 남성 중심주의를 잘 드러냈다고 평가한다. 그러나 관계 중심의 도덕적 입장을 여성의 도덕과 동일시하는 태도와 그런 태도가 성평등의 진전에 미칠 영향에 대해서는 우려의 목소리가 끊이질 않는다.

가장 큰 우려는 비록 관계 중심의 윤리가 대안적 성격을 지녔다 하더라도, 이를 성적 차이로 부각시키는 태도는 결국 그동안 페미니즘이 문제시해왔던 여성의 전통적 성역할을 굳히는 결과를 가져올 것이라는 점이다. 즉 보살핌의 윤리가 여성의 도덕으로 찬양됨으로써 결국 남성들이 여성에게 강요했던 미덕, 곧 여성들이 가족 등 사적 영역에서 가족과 병자를 돌볼 때 발휘되었던 미덕을 자발적으로 긍정하는 것에 그칠 위험이 있다는 지적이다. 그런 점에서 보살핌의 윤리에 부정적인 이들은 이를 희생자나 노예의 윤리라고 비아냥거리기도 한다.

그러나 과연 보살핌의 윤리가 전통 윤리학에서 말하는 것처럼 자신은 돌보지 않은 채 오로지 타자의 필요와 요구에만 충실히 부응하면서 마냥 희생하고 타자에게 굴종하는 윤리와 같은 것인지는 좀 더 따져보아야 한다. 그리고 보살핌의 윤리가 그런 비난을 받는 것은 그것이 평등과 공정성을 강조하는 정의의 윤리를 남성의 도덕으로 비판한 점 때문인데, 비록 그런 비판을 했더라도 과연 보살핌의 윤리가 정의의 윤리를 배척한다고 말할 수 있는지는 신중하게 접근해야 할 문제다. 이에 대해 길리건은 앞에서도 언급했듯이 보살핌의 윤리와 정의의 윤리는 상호 보완 관계이지, 여성들에게 정의의 관점이 필요하지 않다는 주장은 아님을 강조한다.

물론 보살핌의 윤리와 정의의 윤리 사이에는 상호 환원되거나 흡수되기 어려운 차이점이 존재한다. 예컨대 타자의 처지에 공감하고 연민을 느끼는 것은 정의의 윤리에서도 분명 발견할 수 있지만, 정의의 입장만으로는 보살핌의 윤리가 말하는 것처럼 경우에 따라서 타자를 위해 자신의 이익을 일시적으로라도 기꺼이 유보하는 적극적 자세나 관점이 나오기 어렵다. 이렇듯 상호 환원되기 어려운 차이가 존재하지만, 이런 차이점 때문에 보살핌의 관점이 정의의 관점을 전적으로 배척한다고 볼 수는 없다. 길리건 자신도 보살핌의 윤리와 정의의 윤리가 좀 더 균형 잡힌 윤리적 판단과 선택을 위해 서로를 필요로 하는 보완적 관계라고 보지 않았는가? 또한 보살핌의 윤리에 타자에 대한 굴종을 정당화하는 논리가 내장되어 있다는 주장 역시 과도하기는 마찬가지다. 보살핌의 윤리에서는 타자에 대한 배려뿐 아니라 스스로에 대한 존중과 배려 역시 중요하게 받아들여지고 있기 때문이다(*In a Different Voice*, pp. 73~74).

그럼에도 조심스러워야 할 부분은 있다. 보살핌의 관점을 여성의 윤리적 태도라고 강조할 때 이를 어떤 차원에서 받아들이고 해석할 것인지 좀 더 면밀하게 따져보아야 한다. 길리건이나 노딩스는 이것이 생물학적으로 여성이라면 누구나 갖게 되는 윤리도, 여성들만이 가질 수 있는 관점이라고도 주장하지 않는다. 즉 남성들도 공유할 수 있는 관점이라는 것이다. 그러나 사실 이것만으로는 보살핌의 윤리가 갖는 긍정적 힘을 충분히 확산시키고, 보살핌의 태도가 주로 여성에게 강제적으로 할당됨으로써 여성이 불평등한 처지에 놓이게 된 차별적 현실을 무력화시키기에 부족하다. 이런 문제를 극복하기 위해서는 비록 보살핌의 윤리가 주로 여성들에게서 발달된 관점이라 하더라도, 이를 여성의 관점으로 고정하지 말고 궁극적으로는 남녀 모두의 보편적 관점으로 자리 잡을 수 있도록 해야 한다. 이와 더불어 보살핌의 가치가 구현된 노동을 재평가하는 작업이 병행되어야 한다. 그래야 남성들도 보살핌의 관점이 윤리적으로 중요한 태도임을 받아들이고, 보살핌의 노동을 자신들도 참여해야 할 노동으로 받아들일 것이기 때문이다. 따라서 설사 길리건이 보살핌의 윤리를 여성의 관점으로 강조했다고 해도, 그것은 남성 중심주의적 도덕관을 비판한다는 '전략적' 의미로 받아들여야 한다. 그런 의미를 뛰어넘어 보살핌의 윤리를 여성의 도덕으로 고정하게 되면 희생자 윤리나 여성의 고정된 성역할 강화 등의 비판에서 결코 자유로울 수 없다.

### 정의, 개인주의, 자율성에 대한 평가

보살핌의 윤리가 받는 비판 가운데 두 번째로 많이 지적될 수 있는 것은 '정의를 남성적 관점의 전형'으로 비판한 부분이다. 그러나 과연 여성에게는 정의의 관점이 없다거나, 또 그런 관점이 여성에게 부정적인 것이라 말할 수 있을까? 이와 더불어 남성 중심주의적 윤리학의 토대로 비판받고 있는 개인주의나 자율성에 대한 강조 역시 여성에게는 낯선 관점 또는 성차별적 현실을 개선하는 데 도움이 될 수 없는 관점이라고 단언할 수 있을까?

정의, 자율성, 개인주의 등을 토대로 한 남성 중심주의적 윤리학에 대한 이런 공격은 근대 이후 성립한 자유주의의 성차별주의적 한계를 비판한 것이다. 그러나 페미니즘과 자유주의의 관계에 대한 논의는 워낙 광범위하고 복잡한 사안이라 여기서 자세히 논의하기는 어렵고, 다만 페미니즘 윤리학과 관련해서 필요한 부분만 다루기로 하자.

비록 길리건이 '보살핌의 윤리'는 정의의 관점을 대체하려는 것이 아니라 보완의 측면에서 받아들여야 한다고 주장하긴 했지만, 사실 보살핌의 윤리는 '정의의 관점'이 가진 남성 중심적 측면을 드러내는 데 초점을 맞추고 있어서 정의가 성불평등을 시정하는 데 기여할 수 있는 점은 주목하지 않는다. 심지어 노딩스는 여성들이 추구해야 할 것은 보살핌의 윤리이며 정의가 여성문제에 기여할 것은 거의 없다고 단언하기도 했다.

사실 보살핌의 윤리를 지지하든 아니든 많은 페미니스트들에게 기존의 정의론은 부정적으로 평가되어 왔다. 여기에는 무엇보다도 기존의 정의론이 여성들이 겪는 다양한 차별과 억압의 문제에 충분히 관심을 기울이지 못했다는 점이 작용하고 있다. 예컨대 정의론의 대표적 철학자인 롤스만 해도 공사 구분의 문제나 가족에서 일어나는 부정의의 문제를 정의의 주요문제로 고려하지 않았다. 그러나 이런 한계에도 불구하고 대부분의 페미니스트들은 노딩스처럼 정의가 여성에게 별 도움이 안 된다는 생각에는 동의하지 않는다. 여성들이 정치와 경제를 포함한 다양한 영역에서 겪는 권리 부재의 상황이나 억압과 차별의 문제를 해결하는 데 정의가 충분히 기여할 수 있다는 점을 인정하기 때문이다. 다만 정의론이 여성문제에 좀 더 진지하게 대응할 수 있도록 페미니스트들이 지적하고 있는 문제들을 수용하여 변화되고 조정될 필요가 있다고 보고 이런 방향에서 이론적 개입을 시도해 왔다.

예를 들어 영은 여성을 포함하여 사회적 약자들이 겪고 있는 부정의의 문제를 좀 더 면밀하고 세심하게 구분하여, 단지 불평등한 분배문제뿐 아니라 문화적 이미지나 상징과 관련하여 그들이 겪고 있는 부정의의 문제(문화적 제국주의)나 의사결정 절차 및 분업과 연관된 부정의의 문제를 분석한다. 또 오킨Susan M. Okin은 기존의 정의론에 내재된 공사 구분의 문제나 기계적인 성중립성의 허상 등을 비판한다. 그 외에도 페미니스트들은 기존의 정의론이 여성을 포함한 다양한 사회적 약자들이 겪는 억압과 그들의 관점을 충분히 반영하지 못했다는 점을 들어, 이런 차이를 충분히 반영할 수 있도록 기존의 정의론을 변화시켜야 한다고 주장한다.

다음으로 살펴볼 것은 '자율성에 토대를 둔 개인주의'에 대한 문제제기다. 보살핌의 윤리는 개인주의가 타자와의 관계보다는 개인의 독립과 자율을 강조하는 남성의 경험을 투영한 것이며, 그런 점에서 남성 중심주의라고 비판한다. 사실 모든 인간은 관계의 기초 위에서 탄생하고 성장·발전하기 때문에, 그런 관계적 측면과 분리된 채 홀로 서 있는 독립적이고 자율적 개인을 이론적 전제로 삼게 되면 타자와 소통해서 문제를 해결하고 타자의 고통에 공감하고 타자의 필요에 세심하게 귀를 기울이는 도덕적 태도가 뒷전에 놓이게 된다. 게다가 이런 자율적 개인을 강조하게 되면, 불가피하게(너무 어리거나 노쇠해서, 정신적이거나 육체적인 장애 때문에) 타자에게 의존할 수밖에 없는 사람들의 입장을 이론적으로 충분히 반영하거나 그들의 문제제기에 공감을 가지기 어렵다.

그런데 일부 페미니스트들은 개인주의적 관점이 지닌 한계를 부분적으로 인정하면서도, 자율성이나 개인주의 등에 대한 강조가 반드시 여성들에게 부정적인 것으로 받아들여져서는 안 된다고 강조한다. 이런 가치나 관점이 성불평등을 시정하는 데 기여할 수 있는 측면을 과소평가해서는 안 된다는 것이다. 예컨대 누스바움에 의하면 기존 정의론은 단지 개인주의적이어서 문제라기보다는 개인주의가 일관적이고 철저하게 관철되지 못해 문제일 수도 있다는 것이다. 가족에서 일어나는 여러 가지 부정의(성역할 고정화, 가사노동 착취, 성폭력, 학대 등)는 여성들이 단지 가족의 구성원이 아니라 독립적인 한 개인으로서 다양한 권리를 누릴 수 있고 폭력과 학대로부터 보호받아야 할 존재라는 점을 충분히 인식할 때 시정될 수 있다. 또 자율성과 관련해서도 누스바움은 여성들이 단지 타자와의 관계를 중시하고 타자와의 조화를 지향한다는 점을 뛰어넘어 자유롭게 자신의 삶을 결정하고 자율적으로 도덕적 판단을 내릴 수 있는 존재라는 사실을 부각시킬 때 성차별과 억압의 문제도 해결할 수 있다고 주장한다(누스바움, *Sex and Social Justice*, Oxford University Press, 2000, pp. 61~67).

이런 지적은 보살핌의 윤리가 보여준 주장이 전적으로 그르다는 말이 아니라, 개인주의나 자율성 같은 범주를 남성의 전유물로 여길 때 야기될 수 있는 이론적 오류와 위험을 보여준다. 비록 이런 범주를 원용한 기존의 윤리학이 성차별적 고정관념 때문에 여성들에게 억압적으로 작용한 것은 맞지만, 이를 푸는 해법은 단순히 그런 범주들을 남성적인 것으로 배척하기보다는 성별에 관계없이 보편적이고 일관적으로 적용하는 데 있다는 주장이다. 그래야만 여성들은 가족이나 공동체의 가부장적이고 전제적인 요구와 강제로부터 자유로울 수 있고 자신의 삶과 관련하여 중요하고 도덕적인 결정들을 자율적으로 판단하고 선택할 수 있기 때문이다.

## 감성 대 이성: 합리성 비판에 대한 평가

보살핌의 윤리를 포함하여 페미니즘 윤리학은 이성 중심의 도덕관에 대해 부정적인 태도를 보인다. 감성(감정)과 이성을 대립시키고 이성에 절대적인 우위를 두는 그런 관점이 남성에게는 이성을, 여성에게는 감성과 감정을 본성에 적합한 것으로 보면서 여성의 종속을 정당화했을 뿐 아니라, 감성이 도덕에서 차지하는 비중을 평가절하했다고 여기기 때문이다. 실제로 철학자들이 강조하는 '이성적 존재로서의 인간' 규정은 성중립적인 것으로 받아들여지지 않았고, 여성은 합리성이 결여된 존재로 간주되어 학문이나 정치적 논의 등에서 오랫동안 소외되고 배제되어 왔다. 그런 점에서 기존의 인간 규정은 스스로를 이성적 존재로 정의한 남성들의 자기 이해를 투영한 것이고, 기존의 윤리학은 이런 남성 중심적 인간 이해에 토대를 두고 자율적이고 이성적인 존재로서의 인간 곧 남성을 도덕의 주체로 전제한다. 여성은 감성적 존재이기에 도덕적 주체에 걸맞은 자격을 지니지 못한다는 것이다.

그렇다면 페미니즘 윤리학이 이런 비판을 통해 말하고자 하는 바는 정확히 무엇일까? 그것은 여성을 감성적이고 비합리적 존재로 본 규정을 그대로 인정하면서 단순히 감성과 이성에 대한 기존의 위계를 역전시키는 것, 감성과 감정에 대한 가치평가를 뒤집자는 주장일까? 예컨대 보살핌의 윤리를 지지하는 이들 가운데 노딩스에게서는 그런 관점을 볼 수 있다. 노딩스는 여성을 감성적 존재로 긍정하고 있으며, 보살핌의 태도에서 드러나는 감정은 합리성과 대립할 뿐 아니라 바로 그런 합리성과 상관이 없다는 점에서 높은 평가를 받는다. 예컨대 노딩스는 아이를 돌보는 어머니의 경험에 주목하면서 판단과 평가, 반성이 전혀 포함되지 않은 순전히 자발적인 기쁨과 사랑의 감정이야말로 타자와의 연관을 강조하는 도덕성의 핵심이며 사회적 애착의 모범이라고 주장한다(노딩스, *Caring*, University of California Press, 1984, p.

137). 그러나 이런 관점은 대부분의 페미니스트들에게 설득력이 없다. 보살핌의 태도에는 분명 타자에 대한 사랑과 연민, 공감의 감정 등이 깔려 있지만, 그 어떤 합리성과도 연관되지 않은 보살핌은 부주의하고 때때로 위험하기 때문이다(*Sex and Social Justice*, pp. 74~75). 보살핌의 감정은 결코 합리성과 무관한 것이 아니라 비판적인 성찰과 결합하고 있으며, 또 그래야만 신중하고 사려 깊은 보살핌이 가능할 것이다.

노딩스에 동의하는 이들도 있겠지만, 사실 대부분의 페미니스트들은 결코 합리성 그 자체를 거부하지 않는다. 그보다는 남성 중심적 관점에서 이해된 합리성(소위 '남근적 합리성'), 곧 감성과 이성을 절대적 대립관계로 놓고 감성을 이성의 우위 속에서 통제되어야 할 열등한 것으로 보는 차원의 합리성을 문제 삼는다. 다시 말해 감성을 합리성과 무관한 것, 또는 대립되는 것으로 보고, 도덕에서 감성(감정)이 맡은 역할을 낮춰 평가하는 태도에 반대하는 것이다. 타인의 고통에 공감하는 것은 단순히 비합리적이고 변덕스러운, 따라서 이성의 통제를 받아야만 의미를 부여받을 수 있는 그저 그런 연민에 그치지 않는다. 그런 공감과 감정이입이 가능하려면 타자의 상황에 대한 인지적 차원의 이해와 평가(타자가 고통을 느끼는 이유는 무엇인지, 그가 겪는 구체적 고통은 어떤 것인지 등에 대한 이해, 타자의 고통이 나도 공감할만한 것인지에 대한 평가)가 어느 정도 전제되어야 하기 때문이다. 또한 타자의 필요와 요구에 민감하게 반응하고 타자를 충실히 잘 보살피는 과정에서도 감정은 합리성과 결합하여 신중하고 주의 깊은 보살핌의 도덕을 구성한다.

이렇듯 페미니즘 윤리학은 이성과 감성의 절대적 대립이나 이성의 절대적 우위를 통해 도덕을 이해하려는 관점을 비판하고, 감성을 우리 사유와 행위의 중요한 한 조건으로 받아들여야 한다고 주장한다. 아울러 도덕에서 감성이 맡은 역할과 가치를 인정하고, 이성과 감성 중 어느 하나에 절대적 우위를 두지 않은 균형 잡힌 합리성을 추구한다.

## 보편주의에 대한 회의?: 대체주의 비판과 차이의 인정

페미니즘 윤리학이 제기했던 문제들 가운데 가장 주목할 것은 소위 보편주의를 표방한 기존의 윤리학 이론이 여성을 포함하여 사회적 약자들의 관점을 제대로 반영하지 않았다는 점이다. 소위 가장된 보편주의에 대한 문제제기인데, 그것은 누구에게나 보편적이어야 할 관점을 남성의 관점으로 대체한다는 의미에서 '대체주의substitutionalism'로 불리기도 한다. 그런데 기존의 윤리학 이론이 대변하고 있는 남성의 관점이란 엄밀히 말하면 특정 지배집단, 곧 남성 가운데서도 중산층 이상의 젊고 건강한 백인 이성애자 남성의 관점이다. 따라서 여기서는 여성의 목소리뿐 아니라 소위 사회적 약자들(흑인, 소수민족, 노인, 장애우, 성적 소수자, 이주노동자 등)의 다양한 관점도 배제되고 소외된다. 사실 대체주의는 어떤 이론도 피해가기 어렵다. 아무리 공정한 입장을 견지하려고 노력하더라도, 다양한 처지와 상황에 놓여 있는 약자들이 겪는 그 모든 차별과 억압을 온전히 파악하고 이를 이론적으로 반영하기란 매우 어렵기 때문이다. 따라서 늘 겸허하고 주의 깊게 그리고 낮은 자세로 소외된 이들의 목소리를 경청함으로써 기존의 이론을 끊임없이 수정하고 보완하지 않는다면 이런 위험을 줄일 수 없다.

페미니즘 윤리학은 바로 이런 대체주의의 위험을 줄이고 여성을 포함한 여러 소외 집단의 다양한 관점을 반영하기 위해 부단한 이론적 개입을 해왔다. 기존의 정의론이 분배 패러다임에 치중함으로써 파악하지 못했던 다양한 부정의의 문제들을 분석한 영, 롤스의 정의론을 여성주의적 관점에서 접근하여 성중립성의 허상을 공격하고 보살핌의 논리를 접목시키려는 오킨, 롤스의 정의론이 형식적 차원의 평등론을 벗어나지 못했다고 보고 가능성<sup>Capability</sup> 논의를 통해 좀 더 실질적인 차원의 평등론을 제시하고자 하는 누스바움 등이 좋은 예다.

그런데 대체주의의 위험에 공감하면서도 페미니스트들은 ‘보편주의’에 대해 상반된 입장을 보인다. 즉 한편에는 보편주의에 대해 회의적인 시각이, 다른 한편에는 보편주의를 도덕 이론과 원칙의 토대로서 긍정하는 시각이 존재한다. 전자의 입장을 대변하는 대표적 학자는 영이다. 영은 서로 다른 사회적 배경을 지닌 집단들이 보편적으로 받아들일 수 있는 정의의 원칙 같은 것은 불가능하다고 본다. 그리고 이런 불가능한 보편주의를 추구하기 때문에 대체주의가 발생한다고 주장한다. 따라서 이런 보편주의를 포기해야 특정 계급의 입장을 보편적인 것으로 실체화하는 위험을 피할 수 있으며, 대신 가급적 다양한 집단의 입장을 의사소통에 반영하여 공적 공정성을 확보해야 한다고 강조한다(영, *Justice and the politics of difference*, Princeton University Press, 2011, p. 112).

그러나 영의 이런 입장은 설득력이 떨어진다. 보편적 도덕 원칙을 표방한 기존의 정의론이나 도덕 이론이 대체주의의 위험을 벗어날 수 없었고 차이의 인정에 인색했다는 점을 감안하면, 이런 회의적 입장이 그럴 듯하게 보일지 모른다. 그러나 대체주의의 위험이 있다고 해서 보편적 도덕 원칙의 가능성과 타당성을 부정해야 한다는 결론을 끌어낼 수는 없다. 대체주의가 문제인 것은 보편주의를 표방한 도덕 원칙이나 이론이 충분히 보편적이지 않아서이지, 보편주의 그 자체의 문제는 아니기 때문이다. 게다가 보편주의를 주장한다고 반드시 차이의 인정이 어려워지는 것도 아니다. 오히려 차이가 제대로 인정되기 위해서라도 보편적인 원칙들에 대한 동의가 필요하다.

예컨대 저마다 다른 사회적 배경을 지닌 집단들이라 해도 단순히 차이만 부각시킨다면 그 어떤 보편적인 차원의 도덕 원칙도 정립할 수 없다. 그런 다양한 차이들을 인정하고 반영하기 위해서는 우선 그런 차이에도 불구하고 상호 합의할 수 있는 보편적인 원칙이나 기준이 있어야 한다. 그래야만 예컨대 다양한 성별, 인종적, 종교적 차이 등에도 불구하고 인간은 인간이라는 이유만으로 존엄성을 부여받고 평등한 권리를 요구할 수 있다. 또한 보편적인 도덕 원칙이 전제되어야 다양한 관점에서 또는 상반된 입장에서 제기되는 요구들 가운데 어떤 것들이 정당하거나 받아들일 만한 것인지 올바른 잣대와 준거를 마련할 수 있다. 이것은 차이의 인정과 관련해서도 매우 중요하다. 차이의 존중이 필요하다고 해서 모든 차이들이 아무런 제한 없이 다 받아들여져야 하는 것은 아니기 때문이다. 예컨대 종교적이거나 문화적 차이라 하더라도 그것이 여성들이나 약자들을 억압하는 데 이용되고 있다면(예를 들어 음핵절제의 관행) 결코 인정의 요구를 받아들일 수 없다. 그럴 경우 예컨대 보편적인 정의의 원칙은 다양한 차이의 인정 여부를 결정할 때 사람들이 호소하거나 참조해야 할 준거로 기능한다.

이런 점들을 고려할 때 대체주의의 위험을 보편주의 그 자체에 대한 불신이나 회의적 태도를 통해 극복하려 해서는 안 된다. 그보다는 보편적 원칙임을 표방하거나 보편적인 것으로 받아들여진 원칙들이 충분히 보편적일 수 있는지 비판적으로 검토하는 일이 필요하다. 또한 보편적 도덕 원칙이 현실에 적용될 때 그것이 다양한 처지와 조건 속에 놓여 있는 모든 이들에게 실질적인 힘을 발휘할 수 있도록 기존의 이론을 재구성하거나 변화시키려는 노력이 중요하다.


## 일원화된 도덕을 넘어, 더 보편적인 도덕을 향해

'한쪽으로 심하게 휘어진 막대는 반대 방향으로 세게 비틀어줘야 바로잡을 수 있다.' 어떤 이들에게 페미니즘 윤리학의 시도는 이런 인상을 줄지도 모른다. 오해를 살 우려도 있을 만큼 강력하게 여성의 관점을 부각시키면서 과거의 남성 편향적 도덕 이론을 비판하고 있기 때문이다. 그러나 사실 이런 비유는 페미니즘 윤리학의 기본 정신과 이론적 시도를 잘 보여주기는커녕 오히려 왜곡한다. 마치 한 편향을 또 다른 편향을 통해 극복하려는 것처럼 묘사하기 때문이다. 그러나 페미니즘 윤리학은 남성 중심적 편향을 여성 중심적 편향을 통해 극복하려는 이론이 아니다. 사실 그런 방식은 편향을 없애는 것이 아니라 오히려 또 다른 편향을 만들어낼 뿐이다. 페미니즘 윤리학은 기존의 남성 중심주의적 도덕에 대해, 세상에는 그런 도덕만 있는 것이 아니라 그것과는 다르지만 충분히 설득력이 있는 도덕적 관점이 존재한다는 것을 보여줌으로써 일원화된 도덕을 당연시하는 사람들의 고정 관념에 도전한다. 또한 여성을 포함한 다양한 사회적 약자들의 관점을 반영하여 기존의 도덕 이론이 덜 편파적이고 좀 더 보편적인 방향으로 재구성될 수 있도록 이론적 노력을 기울이고 있다.

대부분의 이론이 그렇듯이, 이런 시도가 늘 성공적으로 수행되지는 않았다. 기존의 윤리학을 비판하고 여성주의적 관점을 정당화하는 과정에서, 예컨대 도덕적 성차가 과도하게 강조되고, 남성적 도덕의 특징으로 제시된 개인주의, 자율성, 정의 등에 대한 비판이 충분히 정교하게 펼쳐지지 못한 것이 사실이다. 그러나 이런 약점에도 불구하고 페미니즘 윤리학은 보살핌의 관점이나 여성주의적 문제의식을 기존의 윤리에 접목시키고 공적 영역에 확대 적용함으로써 여성들뿐 아니라 그들과 마찬가지로 소외되고 배제된 사회 집단들이 겪고 있는 억압의 문제를 적극적으로 이론화하는 등 충분한 존재가치와 발전 가능성을 보여주었다.

● 캐럴 길리건, 허란주 옮김, 《다른 목소리로》, 동녘, 1997.

남성과는 달리 여성은 관계와 책임에 중점을 둔 윤리적 관점이 발달했으며, 이를 결코 남성적인 기준으로 평가절하해서는 안 된다고 주장한다.

● Nel Noddings, *Caring*, University of California Press, 1984

길리건과 마찬가지로 보살핌의 윤리를 여성의 도덕으로 긍정하고, 이것이 남성적 관점과 어떻게 다른지 분석하고 있다. 길리건보다 강한 논조로 남성 중심적 도덕관을 비판한다.

● 존 스튜어트 밀, 서병훈 옮김, 《여성의 종속》, 책세상, 2006.

여성의 종속을 정당화하기 위해 동원된 남성 중심적 이데올로기를 철저히 비판한다. 또 이런 이데올로기에서 성별화된 도덕이 어떤 역할을 하는지 잘 보여준다.

● Martha Nussbaum, The Feminist Critique of Liberalism, *Sex and Social Justice*, Oxford University Press, 1999.

자유주의에 대한 페미니스트들의 비판을 검토하면서 일부 페미니스트들이 자율성, 개인주의, 합리성 등 자유주의적 가치가 성평등을 실현하는 데 기여하는 바를 너무 과소평가했다고 주장한다.

● Iris M. Young, *Justice and the Politics of difference*, Princeton University Press, 1990.

분배 패러다임에 갇혀 있는 기존의 정의론을 비판하면서 다양한 억압과 부정의의 유형을 분석하고, 다양한 집단적 차이를 인정하고 반영하기 위해서는 정의론이 어떻게 재구성되어야 하는지 논의한다.

● 안네 마리 피퍼, 이미원 옮김, 《페미니즘 윤리학은 있는가?》, 서광사, 2004.

페미니즘 윤리학에 대한 전반적 이해를 돕는 책으로, 기존 윤리학에 깔려 있는 남성중심주의적 형이상학을 설명하고, 보살핌의 윤리와 그에 대한 찬반 논의를 소개하고 있다.

# 진화론에 기반을 둔 윤리학은 어떻게 가능한가?

정연교

이 글은 2002년 철학연구회 가을 학술대회의 원고를 모은
《철학연구》, 59집의 별책, 《진화론과 철학》(철학과현실사,
2002)에 수록된 필자의 원고 〈진화생물학과 윤리학의
자연화〉를 이 책의 목적과 취지에 맞추어 수정, 보완한 것이다

윤리학은 도덕 현상을 인문학 혹은 철학적으로 이해하려는 노력의 소산이다. 반면 진화심리학, 특히 '사회생물학'은 도덕 현상의 생물학적 기원과 특징을 과학적으로 연구하려는 시도이다. (진화심리학 중 사회현상, 즉 사회적 인식과 행동을 진화론적 관점에서 설명하려는 시도는 '사회생물학'이 대변해왔다. 그러나 이제 '진화심리학'과 '사회생물학' 사이의 경계나 구분은 거의 의미가 없을 정도로 모호해지고 있다. 더구나 이 글의 성격에 비추어 볼 때, 구태여 이 둘을 구분할 필요는 없어 보인다. 따라서 이후 관습이나 제도와 같은 사회현상을 다원주의적인 방식으로 이해하려는 시도는 물론, 인간의 의식과 행동을 과학적 탐구에 토대를 두고 설명하려는 모든 유형의 연구를 '진화심리학'으로 통칭한다.) 따라서 모든 윤리학자가 진화심리학에 관심을 갖는 것은 당연하다. 그러나 의외로 많은 윤리학자들이 진화심리학을 무시하고 그에 토대를 둔 '진화윤리학'의 가능성을 폄하한다.

진화심리학을 무시하는 이유는 대체로 진화심리학이 학문적으로 믿을 만하지 못하다는 판단에 기초한다. 비록 생물학이 괄목할 만한 발전을 이루었다고는 하나 아직 인간을 규명하기에는 역부족일 뿐만 아니라, 어떤 의미에서는 인간을 '과학적인 방법'으로 규명할 수 있다고 생각하는 것 자체를 거부해왔기 때문이다.

이에 비해 진화윤리학의 가능성을 폄하하는 이유는 대체로 진화론적 탐구결과가 윤리학과 무관하다고 생각하는 데서 찾을 수 있다.

전통적인 견해에 따르면 우리가 도덕의 기원에 대해 모든 것을 알게 된다고 해도, 그것은 윤리에 대해 아무 것도 말해주지 않는다. 사실과 당위는 본질적으로 다른 것이어서 전자에 기대어 후자를 정당화하려는 그 어떤 시도도 소위 '자연주의의 오류Naturalistic Fallacy'로부터 자유로울 수 없다고 보기 때문이다.

과연 진화심리학은 '그렇고 그런 얘깃거리'에 지나지 않는가? 정말 그 어떤 과학적 발전에도 불구하고 '당위의 세계'는 영원히 '속세'로부터 초연한 상태로 존재할 수밖에 없는가? 이 글에서 우리는 진화심리학의 요체를 살펴보고, 이를 토대로 진화윤리학설의 특징을 분석한 후, 그것이 전통 윤리학과 어떻게 다른지 살펴봄으로써 이 물음에 대해 답할 것이다. 특히 진화윤리학이 '새로운 윤리학적 패러다임'으로 자리 잡기 위해 어떤 논의가 필요하고 가능한지 가늠해볼 것이다.


## 진화심리학적 설명의 구조와 특징

진화심리학은 인간의 심리를 진화생물학에 토대를 두고 설명하려는 시도이다. 진화심리학자들은 진화론이 생명현상의 기작을 설명할 수 있는 주된 원리라고 생각할 뿐만 아니라, 사회현상 역시 생명현상의 일부이기 때문에 이 또한 진화론적인 관점에서 해명되어야 한다고 믿는다. 물론 생명과학에 있어 진화론이 차지하는 비중을 전적으로 무시할 수는 없을지 몰라도 진화론이 인간의 의식과 행동까지 설명할 수 있을 정도로 막강하다고 생각하는 사람은 그리 많지 않다. 적어도 아직까지는 그러하다. 무엇보다 복잡하고 다양한 의식세계를 '적응과 선택'이라는 다분히 성긴 준거 틀에 의존하여 설명하는 일이 학문적으로 부담스럽기 때문이다. 더구나 사회진화론과 같이 과거에 유사한 방식으로 시도되었던 설명방식이 극단적인 우익 이데올로기를 양산했다는 사실 또한 우려를 자아내기에 충분하다. 그러나 그 같은 우려가, 학문적이든 이념적이든, 진화심리학의 학문적 타당성을 부정하는 충분한 근거일 수는 없다. 결국 이론의 타당성은 객관적 설명력에 의해 결정될 수밖에 없기 때문이다. 진화심리학적 설명의 구조와 특징을 이해하는 것이 중요한 이유도 여기에 있다.

먼저 진화심리학이 의거하고 있는 두 개의 전제에 초점을 맞추어보자. 너무나 명백해서 자주 간과하게 되는 진화심리학의 특징 중 하나는 사회현상을 과학적으로 다룰 수 있는 현상으로 이해한다는 사실이다. 다시 말해, 진화심리학은 과학적인 개념 틀을 통해 구성된 현상으로서의 사회를 다룬다. 혹자는 과연 사회가 과학적으로 탐구될 수 있는 대상인지 의문을 제기할지도 모른다. '사회현상'이라는 말 자체가 주체와 의지적 행위를 가정한다고 볼 수도 있기 때문이다. 만약 그렇다면 벌이나 개미의 '사회'는 그 자체로 모순적인 표현이거나, 온전한 의미에서 사회를 지칭하는 말일 수 없다. 같은 맥락에서 도덕 역시 법칙, 패턴, 경향 등을 통해 '설명'할 수 없는 것이라고 생각할 수도 있다. 그러나 이 시점에서 무엇이 사회현상을 탐구하는 올바른 방식인지 따지는 것은 적절하지 않다. 실증주의와 해석학적 전통 사이의 해묵은 학문 방법론을 굳이 진화심리학의 타당성을 논하면서 해결해야 한다고 생각할 필요는 없기 때문이다. 여기에서는 진화심리학이 과학적으로 논구 가능한 대상만을 설명의 대상으로 삼지만, 진화심리학만 그런 것은 아니라는 사실을 인식하는 것으로 충분하다.

둘째로 진화심리학은 명시적이 아니라면 암묵적인 방식으로라도 선천적 성향이나 기질을 강조하지 않을 수 없다. 진화심리학자들에 따르면, 사회현상은 그것을 구성하는 유기체가 나타내는 행태의 총합이다. 그리고 유기체의 행태는 유기체가 선천적으로 가지고 태어난 본능적 성향과 후천적 환경이 상호작용함으로써 발생한다. 물론 이러한 가정은 신체와 독립적으로 생성, 변화, 소멸하는 정신이나 이성의 존재를 상정하지 않는 이상 크게 문제될 것이 없어 보인다. 오히려 그러하기 때문에 진화심리학의 개념 틀 자체가 동어반복적인 것처럼 보일 수 있는 위험을 내포하고 있다는 데 문제가 있다. '유기체'라는 용어가 이미 환경에 따라 유기적으로 반응하는 생명체, 즉 일종의 복제기계를 의미하기 때문이다. 따라서 진화심리학적 설명이 여타의 사회과학 이론과 확실히 구별될 수 있는 설명적 특징을 확보하기 위해서는 한편으로는 이성이나 정신의 신체적, 선천적 제약성을 강조해야 하며 다른 한편으로 문화나 환경보다는 선천적인 성향에 상대적으로 비중을 두고 설명해야 한다.

진화심리학적 설명이 대체로 행동과 태도의 관찰에 근거한 현상 분석과 그에 상응하는 유전자의 기작이라는 이항체제로 구성되는 것도 이 때문이다. 물론 분석의 단계는 경우에 따라 매우 다층적일 수도 있다. 그러나 궁극적으로는 모든 진화심리학적 설명은 한편에 피설명항explanandum에 해당하는 각종 제도, 행태, 정서, 성향 등을 배치하고 다른 한편에 설명항explanans에 해당하는 유전자 프로그램을 설정하는 것이 보통이다. 도덕 현상에 대한 분석도 사람들의 '도덕적 행태'로부터 시작해서, '도덕감'에 대한 분석을 거친 후, 최종적으로는 "유전자에 의한 무의식적 성향"으로 환원하여 설명하게 마련이다. 윌슨Wilson이 사회생물학의 특징을 "기존의 행동학과 심리학 지식 속에서 사회 조직에 관련된 주요 사실들을 추출해내고, 그렇게 추출해 낸 사실들을 재구성하여, 사회 집단이 진화를 통해 환경에 어떻게 적응해왔는지 그 방법을 보여주고자 한다는" 데 있다고 말한 것도 같은 맥락으로 이해할 수 있다(Wilson, *On Human Nature*, 1978, p. 43).

만약 진화심리학자의 주장처럼 도덕 현상이 사회현상의 일종이라면, 도덕 현상 역시 다양한 선천적 요인, 즉 본능이나 충동drives 혹은 유전적 프로그램 등에 의거해서 설명 가능해야 한다. 물론 설명이 제 기능을 다하기 위해서는 존재하는 것의 기본 단위인 실재entities를 정의함과 동시에 현상phenomena을 근저에서 야기하는 작동 원리를 밝혀야 한다. 그러나 그보다 더 우선해서 해명해야 할 문제는 실재가 지속적으로 존재하는 방식이다. 말할 것도 없이 진화심리학자들이 무의식적으로 발현되는 성향이나 본능의 기원과 작동기제를 정당화하는 근본적 토대는 자연선택설이다. 예를 들어 만약 도덕감의 토대가 되는 무의식적 성향이 유전자의 적응도를 증가시키는 동시에 후대로 유전될 수 있다면, 어떻게 도덕감과 같은 성향이 팽배하게 되었는지 자연선택설에 의거해 설명할 수 있어야 한다. 그렇기에 진화심리학의 성패는 궁극적으로는 무의식적 성향에 대한 진화론적 설명이 지닌 설득력에 달려 있다고 보아도 무리가 아니다.

　물론 선천적 성향에 무게를 둔다고 해서 그것이 곧 문화나 환경적 요인을 부정하는 것은 아니다. 오히려 진화심리학자들은 인간이 지닌 가장 현저한 특징 중 하나로 '가소성plasticity, 可塑性'을 든다. 이때 가소성이란 환경에 따라 다른 방식으로 반응할 수 있는 가능성을 가리킨다. 따라서 진화심리학자들을 소박한 유전자결정론자라고 보는 것은 잘못이다. 따지고 보면 성향이나 본능이라는 개념 역시 주어진 환경에서 특정한 방식으로 반응할 가능성 즉 상대적 빈도수를 지칭하기 때문에, 애초에 본능과 성향에 의거한 설명을 유전자결정론이라고 지칭하는 것 자체가 잘못이다. 더구나 하부구조결정론이나 문화결정론이라고 해서 결정론이 아닌 것도 아니기 때문에, 결정론 운운하는 것은 이미 학술적인 논쟁의 범위에 속한다고 보기 어렵다.

## 도덕의 성격에 대한 진화심리학적 이해

도덕 현상을 설명함에 있어 진화심리학자들이 봉착할 수 있는 본질적인 문제는 유전자 결정론이 아니라 도덕이 지닌 규정성 prescriptivity의 기원을 밝히는 일이다. 진화심리학에 따르면 도덕이 궁극적으로는 사람들의 도덕적 판단에서 기인하고, 도덕적 판단은 규범에 따라 생각하고 느끼고 행동하려는 선천적 성향이며, 선천적 성향은 유전자에 각인되어 있는 프로그램의 일종이다. 그러나 동서고금을 막론하고 그 내용에 있어 약간의 차이가 있을 수는 있어도, 어느 문화권에나 절대적인 권위를 지닌 도덕률이 존재해왔다. 이는 보편화 가능한 규정이나 명령의 성격을 갖는 도덕이 인류의 역사와 함께 해왔다는 사실을 시사한다. 도덕이 특별한 강제적 제재를 동원하지 않고도 보편적 구속력을 가질 수 있다는 사실도 도덕의 보편적 규정성을 입증하기에 충분하다. 따라서 도덕의 기원에 대한 진화심리학자의 설명이 설득력을 갖기 위해서는 무엇보다 어떻게 도덕이 이와 같은 규정적 성격을 갖게 되었는지 설명할 수 있어야 한다.

전통적으로 도덕의 규정적 성격을 설명하는 일은 난제 중의 난제로 여겨져 왔다. 규정성의 근거를 확보하자면 실재하는 어떤 것을 상정하지 않을 수 없는데, 자연에 존재하는 것들 중에서는 규정성에 대응하는 것을 찾기 마땅하지 않은 반면 초자연적 실재에 호소하자니 신비주의나 회의주의에 빠질 경향이 농후하기 때문이다. 진화심리학자들 역시 이 같은 규정성 문제가 달가울 수는 없지만, 진화와 생명의 역사는 문제의 해법이 답의 제공에 있기보다 문제 자체에 있음을 자각하도록 만들기에 모자람이 없다.

진화심리학자들은 도덕의 규정성문제가 처음부터 잘못 설정된 것이라고 본다. 우리가 설명해야 하는 것은 도덕이 지닌 객관적 구속력이 아니라, 도덕이 객관적인 구속력이 있다고 믿는 우리의 생각이나 믿음이기 때문이다. 분명 사람은 특정한 부류의 판단이 객관적인 진리라고 여긴다. 그러나 반드시 그러한 믿음에 대응하는 사실이 있어야만 그렇게 믿을 수 있는 것은 아니다. 오히려 그렇게 믿는 것이 생존과 번식에 유리하다면, 아니 그렇게 믿는 것만이 '선택' 가능성을 제고할 수 있다면, 설사 실재로는 '환상'에 지나지 않을지 몰라도 그렇게 믿을 수밖에 없었을 것이라는 설명이다. 다시 말해, 도덕의 객관적 규정성에 대한 진화심리학적 설명은 인간의 적응력fitness에 대한 도덕의 기여도에 기초해 있다. 그러나 어떤 도덕이 얼마나 기여할 수 있느냐의 문제는 인간이 어떤 존재이고 어떤 환경에서 삶을 영위하는가와 무관하지 않다. 따라서 도덕의 적응력 기여도는 종편향적species-specific이다.

만약 도덕이 종편향적이라면 인간의 도덕과 매우 다른 '도덕'도 존재할 수 있다. 화성인이 존재한다면 그들의 도덕은 인간의 도덕과 매우 다를 것이다. 그리고 비록 인간의 도덕과 화성인의 도덕이 서로 다른 정도를 넘어 양립 불가능하다 할지라도, 이들 중 어떤 것이 더 나은 도덕인가를 묻는 것은 무의미한 일이다. 각각이 나름대로 그 종의 생존과 번식에 필요해서 진화한 것일 뿐, 그 이상의 의미는 찾을 수도 없고 찾아서도 곤란하다. 사실 같은 종 내에서 서로 다른 도덕적 체계가 존재할 경우에도, 어떤 것이 보다 생존과 번식에 효율적인지는 따질 수 있어도 무엇이 더 '윤리적으로 올바른지'는 따질 수 없어 보인다. 결국 진화윤리학이 옳다면 인간의 생존이나 번식과 무관한 도덕적 진리나 사실은 있을 수 없다.

도덕의 종 편향적 성격은 불가피하게 주관주의적 메타윤리학설로 몰고 간다. 도덕적 진리를 부정한 상태에서 도덕적 속성이나 판단에 대응하는 객관적 실재를 승인할 수는 없기 때문이다. 여하튼 도덕의 기원과 특징에 대한 진화심리학적 탐구는 도덕 현상에 대해 중립적 입장을 견지하기 어렵게 하는 것이 사실이다. 이는 진화심리학이 전통적인 윤리학자들의 기대와 달리 과학적 분석에 머물러 있을 수 없음을 의미한다. 의도하든 그렇지 않든 도덕에 대한 진화심리학적 탐구는 사실의 차원을 넘어 당위와 규범의 세계가 어떠한지 말하지 않을 수 없는 것이다.

## 주관주의와 진화론적 메타윤리학

진화심리학이 도덕의 기원과 성격을 이해하는 데 있어 요긴하다는 데 이견을 갖는 사람은 많지 않다. 그러나 진화심리학이 칸트의 윤리학이나 공리주의 윤리학을 대체할 수 있는 윤리학적 토대를 제공한다고 보는 사람 역시 거의 없다. 전통적인 윤리학의 관점에서 보면도덕적 현상의 원인이나 기원에 대해 발생론적으로 설명하는 것과 도덕법칙의 정당성을 논구하는 것은 전혀 다른 작업이기 때문이다. 전자는 어떻게 그리고 왜 특정 도덕 현상이 일어나고 있는가에 대한 설명인 반면, 후자는 도덕적 규범의 체계를 그 체계의 근저에 있는 논리적, 인식적 근거를 해명함으로써 정당화하는 작업이다. 그렇기에 전통적인 윤리학자들의 입장에서는 도덕에 대한 진화심리학적 탐구에 기초해서 메타윤리학설이나 규범윤리학설을 전개하려는 진화윤리학은 애초부터 서로 다른 성격의 작업을 분간하지 못해 발생하는 논리적 오류처럼 여겨질 수밖에 없다. 정녕 진화윤리학은 처음부터 가당치 않은 시도인가?

먼저 메타윤리학적 문제를 생각해보자. 앞에서 보았듯이 진화심리학은 메타 윤리학적 문제에 있어 주관주의적 입장을 지지하는 듯하다. 과연 이를 토대로 주관주의적 진화윤리학설을 입론할 수 있을까? 주지하듯이 진화의 산물이라고해서 모두 주관적인 것은 아니다. 예를 들어 물리학, 생물학, 수학 등도 진화의 산물이지만 이들이 주관적인 감정이나 느낌의 표현에 지나지 않는다고 생각하는 사람은 없다. 물론 자연과학과 수학은 다르다고 응수할 수 있다. 자연과학은 물리적 대상을 다루며, 궁극적으로 물질계에 의거하여 정당화할 수 있기 때문이다. 이에 비해 수학은 직접적으로 물리적인 대상에 관여하지 않는다. 그럼에도 불구하고 수학이 주관적 느낌이나 감정의 표현에 불과하다고 생각하는 사람은 없을 것이다. 그래서인지 전통적인 윤리학자들은 만약 도덕이 수학과 같다면 그리고 수학이 객관적일 수 있다면, 도덕도 객관적일 수 있다고 지적한다.

그러나 이러한 비판은 부당하다. 왜냐하면 도덕과 수학은 중요한 면이 서로 다르기 때문이다. 예를 들어 기하학은 몇 개의 자명한 공리와 정의 및 논리적 추론 법칙에만 의존해 모든 결론을 도출해낸다. 따라서 공리와 정의 및 논리 규칙이 정당하다면 모든 결과가 객관적으로 정당할 수밖에 없다. 이에 비해 도덕에 만약 누구나 받아들일 수 있는 명제가 있다면, 황금률과 같이 극히 소수의 추상적인 원리로 제한된다. 더구나 도덕적 추론은 결코 순수한 의미의 논리적 추론으로 한정될 수 없다. 그 결과 수학이나 기하학과 달리 도덕규범은 도덕원리로부터 '도출'될 수 없을 뿐만 아니라 그 정당성이 원리에 의해 '확보'될 수도 없다.

사실 수학이 궁극적으로 정당화될 수 있는 근거도 수학과 도덕의 차이를 보여준다. 수학은 자연계와의 대응관계에서 그 정당성을 확보한다. 흔히 수학은 공리나 논리 규칙이 자명하기 때문에 정당화된다고 말한다. 그러나 그것이 자명한 이유가 전적으로 개념 간의 논리적, 의미적 관계 때문이라면, 수학은 체계 내적 정합성은 몰라도 체계나 맥락을 초월할 수 있는 외부적 진리 근거를 확보할 수 없게 된다. 따라서 전통적인 진리관을 좇아 외부에 존재하는 실재와의 대응관계를 진리의 필요 조건으로 삼는다면, 수학적 객관성 역시 궁극적으로는 자연과학과 마찬가지로 자연계와의 대응에 의해서만 보증 가능하다. 이에 비해 도덕은 자연주의를 취해 자연 속성에 수반하는 속성의 일종으로 간주하지 않는 이상, 자연계에는 존재하지 않는 규정성의 담지자를 상정하지 않을 수 없기 때문에 애초부터 자연계와 대응 불가능하다.

결국 도덕의 기원에 대한 탐구결과가 메타윤리학적 주관주의를 함축한다고 입증할 수는 없을지 몰라도 그러한 입장을 취하는 것이 그 가능성을 부인하는 것보다 타당하지 않다고 보기는 어렵다. 특히 도덕과 수학의 차이, 수학의 특성, 수학적 객관성의 근거 등에 대한 철학적 논의에 기초해서 주관주의적 입장을 취하는 것은 전체적으로 '합당하다reasonable'고 할 수 있다.

여기에서 중요한 이슈는 과연 메타윤리학과 같은 형이상학적 입장을 선택함에 있어 논리적인 증명을 통해 '정당화'하는 것이 필요한가이다. 오히려 이 문제에 있어서 만큼은 '믿을 만한 근거'를 확보하는 것이 우리가 할 수 있는 전부일 수도 있다. 이 이슈가 중요한 이유는 도덕 형이상학을 포함해서 형이상학 자체를 어떻게 이해하는 것과 무관하지 않기 때문이다. 이 문제에 대한 입장 차이가 갖는 중요성에도 불구하고 도덕의 기원에 대한 진화심리학적 탐구가 최소한 여러 다른 메타윤리학적 입장 중 유독 주관주의를 지지하는 것처럼 보인다면, 그리고 메타윤리학적 입장이 연역적 추론에 의거해서 '입증'되어야만 정당한 것이 아니라면, 진화심리학자가 주관주의적 메타윤리학설을 지지하는 것이 근거 없다고 볼 이유는 없어 보인다.


## 자연주의와 진화론적 규범윤리학

대체로 전통적인 윤리학자들은 진화론적 윤리학자들이 일종의 생태적 자연주의를 표방한다고 이해한다. 생명의 역사와 진화의 법칙에 대한 이해는 곧잘 생명과 자연에 대한 경외로 이어지기 때문이다. 진화심리학자들이 규범윤리학설을 취해야 한다면, 생태적 자연주의 이외에는 선택의 여지가 없을지도 모른다. 그러나 진화윤리학자들이 실제로 어떤 규범윤리학설을 취하는지는 중요하지 않다. 적어도 전통적인 윤리학자들과의 관계에서는 그러하다. 문제는 생태적 자연주의에 있는 것이 아니라 그것이 무엇이든 규범윤리학적 입장을 취했다는 사실에 있기 때문이다.

전통적인 윤리학자들은 진화윤리학자들이 필연적으로 도덕의 기원에 대한 명제로부터 올바름에 대한 규정으로 추론해나갈 수밖에 없으며, 그렇게 하는 것은 사실적 판단으로부터는 당위적 판단을 (연역적으로 타당하게) 추론해낼 수 없다는 흄의 논제Hume's thesis를 위반하는 것이라고 비판한다. 이에 반해 진화윤리학자들은 만약 누군가 규범윤리학설을 주장할 수 있는 권리가 있다면, 그 사람은 도덕 현상에 대한 진화심리학적 지식을 갖춘 자신들과 같은 진화윤리학자라고 주장한다.

규범윤리학의 일차적인 기능은 우리가 가치 있다고 여기는 것, 올바르다고 생각하는 것, 훌륭하다고 인정하는 것을 정의하는 일이다. 더 나아가 규범윤리학은 다양한 가치, 권리, 덕 사이에 질서를 부여하여 포괄적이고 체계적인 행위 지침의 위계를 구성할 수 있어야 한다. 특히 다원주의 사회에서는 다양한 가치관을 가진 수많은 관계자의 권리, 이해, 책임 등이 가늠함으로써 옳고 그름의 객관적인 기준을 제시해야 한다. 이 같은 규범윤리학의 성격으로 보아 누가 되었든지 규범윤리학설을 전개하기 위해서는 적어도 두 가지는 확실히 제공할 수 있어야 한다. 좋음/옳음의 정의와 가치의 우선순위가 그것이다.

진화윤리학자들은 진화심리학이 바로 가치를 정의하는 데 있어 결정적인 정보를 제공한다고 생각한다. 왜냐하면 진화심리학은 수백만 년에 이르는 진화의 여정 속에서 인간이 무엇을 필요로 하고 무엇을 갈구하게 되었는지 보여줄 수 있기 때문이다. 다시 말해 우리가 지닌 다양한 욕구나 충동 중 어떤 것이 더 근원적이고, 더 억제하기 힘든 것이며, 각각의 욕구와 충동 사이에는 어떤 관계가 있는지 보여줄 수 있다는 것이다. 그렇기에 만약 도덕적 가치와 인간이 바라는 것, 원하는 것, 필요로 하는 것 등이 무관하지 않다면 진화심리학적 지식은 도덕적 가치를 정의하는 일에 필수불가결하다.

규범윤리학을 구성하는 또 다른 핵심 요소는 옳음을 정의하는 일이다. 이 경우 역시 진화심리학의 역할은 중요하다. 좋은 것을 정의할 때와 마찬가지로 진화심리학을 통하지 않고는 사람들이 무엇을, 왜, 어떻게 해서, 옳다고 여기게 되었는지 이해하기 어렵다. 실제로 '진화심리학'이 단지 분과 학문이라기보다는 융·복합적 학문에 가깝다는 사실, 즉 진화심리학은 생물학이나 심리학이라기보다는 생물학에 토대를 둔 인문, 사회, 자연과학적 융합 이론을 지칭한다는 것을 인식한다면, 이 같은 주장은 거의 자명한 이치처럼 들릴 수도 있다. 인간과 세계에 대한 융·복합적 지식 없이도 또는 그러한 지식과 무관한 방식으로 무엇이 옳은지 규정할 수 있을 수는 없어 보이기 때문이다. 옳음을 어떤 교조적인 신념이나 신앙에 입각해서 작위적으로 정의하지 않는 한, 옳음의 정의가 의거할 수 있는 가장 신뢰할 만한 근거는 당연히 오랜 기간 사람들이 옳다고 여겨온 것이다. 그것이 무엇이든 그것을 밝혀내 보여줄 수 있는 학문이 진화심리학이라면, 당연히 옳음의 정의 역시 진화심리학에 의존적일 수밖에 없다.

끝으로 현대 규범윤리학의 최대 과제라 할 수 있는 가치다원주의 사회에서 지속가능한 가치관의 확립 역시 진화심리학의 도움을 필요로 한다. 진화심리학은 인간이 무엇을 공정하다고 느끼는지, 누가 무엇에 책임이 있다고 여기는지, 그리고 무엇이 용인 가능하다고 보는지 탐구한다. 만약 정의가 사람들이 다양한 가치들 사이에 무게를 부여하는 것과 무관하지 않다면 정의론의 구성 역시 진화심리학적 지식과 무관하다고 말할 수 없을 것이다. 특히 어떤 방식으로든 가치들 사이에 비교 우위를 부여하지 않고서는 다양한 가치에 질서를 부여하는 일 자체가 불가능하다는 사실을 인식한다면, 그리고 이에 더해 단지 논리적으로 정합적인 방식으로 가치에 질서를 부여할 수 있는 방법은 무수히 많다는 사실을 인식한다면 진화심리학에 도움을 청하는 것은 선택의 문제가 아니다.

사실 가치관의 핵심을 이루는 근본 가치는 여럿 있으며 그 조합방식 또한 매우 다양할 수 있다. 일례로 '책무obligation', '의무universal duty', '공리utility', '본래적 가치intrinsic value', '헌신commitment' 등을 생각할 수 있다. 이들은 가치관의 소재이다. 이들 근본 가치를 어떻게 구성하는가에 의해 가치관의 기본 틀이 결정된다. 그런데 우리는 무엇이 근본 가치인지에 대해 판단할 수 있는 합의된 기준을 가지고 있지 못하다. 더구나 근본 가치를 어떻게 배열하여 가치관을 구성해야 하는가에 대해서도 명확한 기준이 없다. 그 결과 우리는 어떤 가치관을 객관적으로 평가하는 일도 가치관 사이에 등급을 매기는 일도 할 수 없게 된다. 따라서 만약 진화심리학에 의거하여 가치에 질서를 부여하는 작업이 선택적이라면 그것은 전통적인 형이상학적 가정과 과학적인 지식 사이에서 후자를 선택했기 때문이지, 전자는 자명한 것으로부터의 필연적 도출인 반면, 후자는 가설에 불과한 경험과학적 지식으로부터 유추해냈기 때문이 아니다.

이러한 논의는 설사 그 자체가 흄의 논제에 기초한 전통적 윤리학자의 비판을 완전히 반박하지 못할지라도 진화론적 윤리학자들에 대한 비판은 규범윤리학에 대해 가지고 있는 전형적인 도덕 형이상학적 편향성으로부터 기인할 수도 있음을 함축한다. 전통에 입각해 있는 윤리학의 관점에서 보면 규범윤리학은 독자적인 법칙에 따라 움직이는 당위적 세계에 관여하기 때문에 자연계와 무관하다. 플라톤의 '선의 이데아', 칸트의 '예지계' 그리고 공리주의의 '불편부당한 방관자' 모두 이러한 세계를 상정한다. 그러나 진화심리학과 그것이 토대를 삼고 있는 과학적 유물론의 본질적 특징은 바로 이러한 비자연계를 부정하는 것이다. 말하자면 진화론적 규범윤리학은 '철학적 자연주의'를 전제한다. 따라서 사실과 당위의 세계 사이에 다리를 놓는 일이 아예 불가능하다고 말하기 위해서는 먼저 철학적 자연주의를 타파할 수 있어야 한다. 물론 그 역의 경우도 과업의 성격은 마찬가지로 막중하다.

## 새로운 패러다임으로서의 진화윤리학

전통적인 도덕 형이상학을 폐기하지 않고는 과학에 기초한 윤리학, 윤리학의 자연화가 불가능한 듯이 보이는 것이 사실이다. 그러나 과연 전통적인 윤리학의 개념 체계를 폐기하고 전혀 다른 형태의 도덕철학을 세우는 것이 가능할지는 여전히 의문이다. 아마 이를 위해서는 우선 지난 수천 년 동안 서양철학을 지배해왔던 절대주의, 초월주의, 주지주의적 전통에 입각한 윤리학적 체제와 설명방식이 지닌 난점을 부각시켜야 할 것이다. 더 나아가 도덕철학의 기능과 방법도 새로이 정의할 수 있어야 한다. 이는 우선 기존의 메타/규범윤리학의 필요성을 부정하는 일과 이들을 대신할 수 있는 새로운 도덕철학적 패러다임의 골격을 구상하는 일로부터 시작할 수 있다.

메타윤리학은 도덕적 속성이나 도덕적 사실의 존재론적 위상에 대한 논의이다. 분명 도덕의 성격을 이해하기 위해서는 이 같은 논의가 필수적이다. 그러나 문제는 이러한 논의가 전통적인 입장만을 고집하는 윤리학자에 의해 독점되어왔다는 사실에 있다. 좋음이나 옳음의 존재론적 위상에 대한 고찰은 필연적으로 생물학을 포함한 개별 과학적 지식과 형이상학적 체계 전체에 대한 조망을 요구한다. 메타 윤리학적 논의는 전통적인 윤리학자들이 독점할 수 있는 문제도, 선험적으로 규정된 틀 내에서 개념의 분석이나 논리적 관계의 해명만을 통해 해결할 수 있는 문제도 아니다.

이미 언급했듯이 메타윤리학은 기본적으로 도덕적 사실의 존재론적 위상에 대한 논의이다. 그러나 어떤 철학자도 도덕적 사실의 존재 여부가 여타의 존재자와 무관하다고 생각하지 않는다. 예를 들어 누구도 영혼의 존재를 탐구함에 있어 물질이나 생명과의 관계를 생각하지 않을 수 없으며, 도덕적 속성을 수학이나 미적 실재의 문제와 분리시켜 다룰 수도 없다. 사실 어렴풋이나마 형이상학에 대한 전체적인 조망을 갖지 못한 상태에서는 메타윤리학적 논의를 시작조차 할 수 없다. 더구나 형이상학적 조망은 개별적인 현상에 대한 경험·과학적 이해를 '초월'한다. 다시 말해 형이상학은 물리학, 생물학, 사회학 등의 개별 과학에 대한 이해가 논리적으로 함축하는 결과가 아니다. 그것은 다양한 개별 과학적 지식과 철학적 조망과 정서적 태도가 때로는 논리적으로, 때로는 상징적으로, 때로는 비유적으로 어우러진 그물과 같은 것이다. 따라서 메타윤리학은 개별 과학에 의해 논리적으로 도출가능하지 않을 뿐만 아니라, 메타윤리학적 탐구도 도덕성에 대한 존재론적 탐구에 국한될 수 없다.

만약 도덕성의 존재론적 성격에 대한 논의가 형이상학의 일부로서 세계관이나 패러다임을 구성한다면, 그리고 이에 더해 서로 다른 세계관이나 패러다임은 그 본질적 성격에 있어 서로 '통약 불가능'하다면 어떤 메타윤리학적 입장이 옳은지 따지는 일은 무의미하다. 만약 비교가 가능하다면 그것은 세계관이나 패러다임 전체이지 도덕성에 대한 논의로 제한될 수 없다. 따라서 도덕성의 존재론적 위상에 대한 전통적인 의미의 메타윤리학은 학문적 자율성을 가질 수 없다. 도덕성의 존재 역시 형이상학의 전체적 조망하에서 다른 존재와의 관계를 고려한 상태에서 이루어져야 하기 때문이다. 물론 메타윤리학적 논의가 아주 불가능한 것은 아니다. 그러나 그것은 동일한 형이상학, 동일한 세계관을 공유하는 학자들 사이에서만 가능하다. 예를 들어 진화윤리학자들은 과학적 유물론 체계 내에서 도덕성이 지니는 존재론적 위상을 보다 정치하게 정의할 수 있는 방법에 대해 서로 의견을 교환할 수 있다. 그러나 전통적인 메타윤리학에서와 같이 서로 다른 세계관을 갖고 있는 사람들이 도덕성의 존재론적 위상에 대해 논구하는 일은 무의미하다.

그렇다면 규범윤리학은 어떠한가? 과연 규범윤리학설이 없이도 객관적인 도덕적 판단의 준거를 확보할 수 있는가? 아마도 진화윤리학자들은 대부분의 경우 객관적인 도덕적 판단의 준거는 가능하지도, 필요하지도 않다고 주장할 것이다. 진화윤리학에 따르면 도덕은 열린 본능open instinct이나 열린 프로그램과 같은 열린 방식으로 작동한다. 그러나 열린 프로그램은 한편에서 환경에 따른 가소성을 의미하면서도 다른 한편에서 무제약적인 가능성을 배제한다. 따라서 대부분의 경우에 있어 우리는 무엇이 가치 있고, 무엇이 정당한지 따질 필요조차 없이 분명히 알고 있다. 무구한 아이를 고문하는 것이 왜 나쁜지, 테레사수녀가 왜 훌륭한지 묻거나 정당화할 필요는 없다는 것이다. 규범윤리학적 문제가 존재한다면, 그것은 다양한 가치관 때문에 관계자의 권리나 이해 주장이 상충할 경우, 이를 조정할 수 있는 객관적 척도를 마련하는 것이다. 이에 대해 진화윤리학자들은 애당초 불가능하다고 말한다. 열린 프로그램이라는 말 자체가 다양한 가치 질서를 함축하기 때문이다.

　　그래도 어떤 방식으로든 객관적인 판단 기준이 필요하지 않은지 반문할 수 있다. 만약 객관적인 기준이 없다면, 현재 문제가 되고 있는 수많은 도덕적 문제들이 '탈도덕화'하여 개인의 판단에 맡겨질 수밖에 없기 때문이다. 예를 들어 낙태, 매춘, 자살, 복제 등의 문제에 대해서 어떻게 판단해야 할지 모르게 된다. 그러나 오히려 반문할 수도 있다. 왜 모든 것에 답하려고 하고, 답할 수 있다고 생각하는지. 사실 모든 것에 답할 수 있다는 생각이 문제를 야기하는 가장 주된 원인일 수도 있다. 전통적인 윤리학자들은 마치 자연계가 일정한 법칙에 따라 질서 정연하게 돌아간다면, 도덕계도 그러할 것이기에, 도덕법칙만 발견하면 모든 것을 풀 수 있다는 생각하는 듯하다. 그러나 진화윤리학의 입장에서 보면, 도덕은 애초부터 불투명한 성정에 기초해 있으며, 우리가 발견할 수 있는 일반성은 기껏해야 일종의 경향뿐이다.

　　진화윤리학자들은 전통적인 도덕철학이 문제를 해결하기보다는 문제를 야기하는 원인이라고 본다. 객관적인 판단이 불가능한 문제들조차 그렇지 않게 보이게 만들어 사회문제화하고 있기 때문이다. 20세기 후반 갑자기 유행하기 시작했던 '응용윤리applied ethics' 역시 그 명칭이 시사하듯 전통적인 도덕관의 현실 '응용' 내지 '적용'에 불과하다. 사실 대부분의 응용윤리학자들 역시 개별적 유형의 사건에 기존의 추상적이고 보편적인 도덕원리를 적용해 문제를 해결하려고 시도한다. 그러나 개별적인 사례는 결코 보편적이고 일반적인 원리로부터 도출가능하지 않다. 왜냐하면 원리 중심의 윤리학은 일반적인 원리보다 개별적인 현상에 대해 잘 알지 못하는 경우에 유용한데 비해 도덕적인 문제의 경우 우리는 원리보다는 개별적인 것에 대해 더 확실히 알고 있기 때문이다.

　　사실 윤리 이론은 기껏해야 개별적인 사례를 성공적으로 다루게 된 경우, 왜 그러했는지를 이해하는 데 도움이 될 뿐이다. 다시 말해 이론은 도덕적 실행을 구성할 수 있는 확고한 토대가 아니라, 우리가 행위자로서 겪는 경험과 일치할 수 있는 경험 외적 신념external commitment을 도입하는 장치에 불과하다. 물론 전통적인 윤리학자들은 윤리 이론과 도덕적 실행 모두가 영원하고 보편적인 원리에 기초할 수도 있다고 희구해왔다. 그러나 이제는 그것이 미혹에 불과하지 않았던지 의심할 시점에 와 있다. 어쩌면 다양한 의견을 주고받고, 이견을 좁힐 수 있는 포럼을 만드는 것이 우리가 마련할 수 있는 최선일 수도 있기 때문이다.

전통적인 윤리학자들이 보편적인 도덕법칙을 개별적인 윤리적 지각perception보다 더 중요하고 확실하다고 생각했던 이유는 그렇게 생각할 만한 근거가 있어서라기보다는 그들이 정확성, 엄격성, 논리적 증명 등에 경도되어 있는 학문관을 가지고 있었기 때문이다. 주지주의적 전통에 서 있던 이들은 개별적 사례는 철학적 논증에서 요구하는 '확실성'을 갖추지 못했다고 불평한다. 그래서 그들은 명백한 증거에도 불구하고, 윤리학과 수학의 차이를 인정하기보다는 '도덕기하학' 이론을 구성하는 데 희망을 걸어왔다. 그러나 이제 이론이 우리가 상식적으로 지니고 있는 도덕적 판단을 정리하는 역할을 넘어 그 자체로 도덕적 명령을 생산해낼 수 있다고 생각하는 사람은 거의 없을 것이다. 더 이상 가만히 앉아 도덕적 원리를 발견하거나 이론을 구성함으로써 온갖 문제들을 단번에 해결할 수 있다고 믿을 수 없게 된 것이다.

만약 규범윤리학을 폐기해야 한다면, 대안은 무엇인가? 무엇으로 빈자리를 메울 수 있는가? 두 가지 가능성을 생각해볼 수 있다. 한편으로는 규범윤리학을 문화인류학화하는 것이다. 규범윤리학자들은 다양한 도덕 현상으로부터 보편적인 원리를 추출해내고 다시 이로부터 규범과 준칙 등을 도출해내어 구체적인 상황에 적용한다. 이는 특정한 문화의 도덕 현상을 탐구하는 문화인류학자의 작업과 그 내용에 있어 크게 다르지 않다. 예를 들어 어떤 인류학자가 호피 인디언의 도덕에 대해 연구한다고 가정해보자. 그는 호피 인디언의 언사, 행동, 제도 등을 고찰함으로써 이들이 옳음과 좋음 등에 대해 가지고 있는 생각을 추상화해내고 이를 토대로 이들이 규범으로 삼고 있는 생활 규칙 등을 설명하려고 할 것이며, 경우에 따라서는 이를 통해 호피가 다음에 어떤 도덕 판단에 이를 것인지 예측하려고 들 것이다. 그러나 문화인류학자는 규범윤리학자와 달리 호피의 도덕관에 상응하는 객관적 실재가 존재한다거나 우리도 그들과 같이 생각하고 행동해야 한다고 주장하지는 않을 것이다. 이는 기존에 규범윤리학자들이 해왔던 작업을 완전히 부정하지 않으면서도 규범윤리학의 학문적 성격을 제거하는 방법이다. 내용을 그대로 두면서도 형식은 완전히 '자연화'할 수 있기 때문이다.

규범윤리학의 문화인류학화에 더불어 사용할 수 있는 또 다른 방법은 규범윤리학을 구체적인 사례에 대한 미시적微視的 기술로 대체하는 것이다. 규범윤리학은 통시적이고 추상적이며 보편적인 원리를 대상으로 한다. 그러나 진화생물학은 그러한 원리의 존재를 부정한다. 따라서 현재 우리에게 문제가 되고 있는 제 문제에 접근하기 위해서는 원리에 대한 탐구를 포기하고 각각의 사례를 역사적, 사회적, 개인사적 맥락에서 구체적으로 기술하는 것이 최선이다. 물론 미시사적 접근이 문제를 '해결'하는 것은 아니다. 그러나 진화윤리학의 관점에서 보면 그것이 우리가 할 수 있는 전부이다. 미시사적 기술은 적어도 문제의 복잡성을 인식하게 하고, 자신과 다른 입장을 갖는 사람을 이해 가능하도록 만들어주기 때문이다. 어차피 미리 주어진 답이 존재하지 않는다면 합의를 통해 답을 만들어내는 것이 유일한 대안인데, 진정한 합의란 상대에 대한 이해와 관용이 있어야 가능하기 때문이다. 이러한 의미에서 미시사적 기술은 민주적 의견수렴을 가능토록 하는 전제 조건이며, 현대 다원주의사회에서 요구되는 덕목이기도 하다.

규범윤리학을 문화인류학화하거나 사례 중심적 기술윤리학으로 대체하기 위해서는 앞으로도 많은 연구와 개발이 필요하다. 이제 겨우 그러한 작업의 가능성과 의미가 감지되기 시작했을 뿐이다. 그러나 대안의 제시가 그 가능성을 모색하는 것만으로도 충분할 경우도 있다. 특히 전통적인 윤리학과 같이 기존의 체제가 아무 것도 할 수 없는 경우 더욱 그러하다.


## 우리의 선택

진화윤리학에 대한 필자의 이해가 정당하다면, 그것은 이제까지 우리가 접해왔던 윤리학설과는 전혀 다른 새로운 형태의 윤리학설이다. 단지 때가 되면 새로 등장하는 '시대의 산물'이 아닌 것이다. 그도 그런 것이 진화윤리학은 서양 윤리학을 지배해왔던 전통적인 형이상학, 즉 세계관과 양립 불가능한 토대 위에 서 있기 때문이다. 진화생물학은 인간에 대해 철저하게 유물론적이고 기계적인 세계관을 반영한다. 그렇기에 진화생물학과 전통 윤리학설의 충돌은 단지 윤리학설 사이의 충돌이 아니라, 세계관 사이의 충돌이다.

짧은 논의를 통해 과연 진화윤리학이 실재로 21세기를 주도하는 새로운 도덕철학적 패러다임으로 자리 잡을 수 있을지 가늠할 수 있다고 판단했다면 분명 오산이다. 그러한 논의가 성사되는 것을 보기까지에도 상당한 시간과 노력이 필요할 것이다. 학문의 역사를 감안할 때, 진화심리학은 이제 막 걸음을 내딛은 아이와 유사한 처지에 놓여 있다. 상당 기간 좌충우돌하며 시행착오를 겪는 것이 불가피하다. 그러나 지금 이 순간에도 분명한 사실이 하나 있다. 그것은 이제 철학자가 더 이상 과학을 외면한 채 '인문학적 전통' 속에 안주해 있을 수 없다는 사실이다.

이미 150여 년 전 다윈의《종의 기원》이 등장하면서 도덕에 대한 과학의 '도전'은 시작되었고 이제는 더 이상 외면할 수 없는 현실로 다가왔다. 인문학과 과학이 마치 서로 다른 영역을 전담하는 것처럼 생각할 수 있는 시기가 지나간 것이다. 이제 다른 모든 분야에서와 마찬가지로 윤리학자 역시 선택의 기로에 서 있다. 전통적인 입장을 고수하느냐 아니면 과학을 수용한 입장을 취하느냐.

● 데이비드 버스 저, 이충호 역, 《진화심리학》, 웅진지식하우스, 2012.

대표적인 진화심리학자 데이비드 버스의 *Evolutionary Psychology*의 번역이다. 진화론, 식량과 생존, 짝짓기, 양육과 친족, 협력과 분쟁, 지위와 명성 등 진화심리학의 거의 모든 것을 일별할 수 있는 저서다.

● 에드워드 윌슨 저, 이한음 옮김, 《인간본성에 대하여》, 사이언스북스, 2011.

사회생물학의 태두 에드워드 윌슨의 *On Human Nature*를 번역한 책이다. 동물행동학과 생태학적 탐구방식과 연구 결과를 인간에게 적용하기 시작한 과감한 시도를 엿볼 수 있는 대표적인 저서다.

● 피터 싱어 저, 김성한 옮김, 《사회생물학과 윤리》, 연암서가, 2011.

실천윤리학 분야의 대표적인 학자인 싱어의 *The Expanding Circle*의 번역이다. 진화생물학의 탐구결과를 배척하기보다는 이를 활용하여 자신이 주창해온 생태주의적 공리주의를 강화하려고 시도. 생물학과 윤리학의 연계협력을 보여주는 대표적인 저작이다.

● Marc Hauser, *Moral Minds: How Nature Designed Our Universal Sense of Right and Wrong*, Harper Perennial, 2007.

도덕을 '보편문법'의 일종으로 인식하고 그 기원을 진화생물학과 동물행동학 및 인류학 등에서 찾아 설명하려는 시도. 특히 인위적으로 창출한 '도덕적 딜레마'를 활용하여 직관과 도덕의 관계를 연구한 책이다.

● Matt Ridley, *The Origin of Virtue*, Penguin Books, 1998.

사회생물학적 관점에서 본 도덕과 이타성의 기원과 특징에 대한 저서다. '죄수의 딜레마' 등을 활용하여 어떻게 사회적 협력관계가 유전자의 '이기성'으로부터 진화 가능할 수 있는지 설명한다.

# 경제학적 도구들과 사고방식은 윤리학에 어떤 도움을 주는가?

정훈

## 윤리학 vs 경제학

기본적으로 윤리학Ethics(좀 더 구체적으로는 규범윤리학Normative Ethics)은 도덕적인 관점에서 보았을 때, '좋은 것'은 무엇인가?What is Good?, '옳은 것'은 무엇인가?What is Right?에 대한 체계적인 답변을 구하려고 시도하는 철학 분야라고 할 수 있다. 우리는 이러한 질문을 두 가지 층위에서 제기하는 것이 가능하다. 하나는 한 '개인'의 입장에서 어떻게 행동을 하는 것이 도덕적인 관점에서 보았을 때, 좋거나 옳은지에 대한 것이고, 다른 하나는 '사회 전체'의 입장에서 사회적 체제 혹은 제도를 어떻게 구성하는 것이, 도덕 혹은 정의의 관점에서 보았을 때, 좋거나 옳은가 하는 것이다. 후자의 질문에 집중을 하는 철학 분야를 우리는 흔히 '정치철학political philosophy'이라고 부른다. 이런 점에서 정치철학은 넓게 보아서 윤리학의 한 하위 분야라고 생각할 수가 있다.

경제학은 기본적으로 어떤 한정된 희소자원을 개인 혹은 사회적 차원에서 어떻게 분배를 하는 것이 가장 '효율적efficient' 혹은 '최적optimal'인가에 대해서 연구를 하는 학문 분야라고 할 수 있다. 여기서 분배를 해야 될 어떤 대상이 한정되어 있고 희소하다는 것은, 그것을 분배하는 데 있어서, 어떤 '제약 조건'이 따른다는 것을 의미한다. 일반적으로 경제학은 이처럼 어떤 제약 조건이 있는 상황에서 어떻게 자원을 분배하는 것이 가장 효율적 혹은 최적인지에 대해 연구하는 분야라고 할 수 있다.

　언뜻 보았을 때, 윤리학과 경제학 사이에는 어떠한 연관관계도 없는 것처럼 보인다. 오히려 혹자에 따라서는 윤리학과 경제학이 아주 근본적인 가정과 전제에서부터 서로 대립하고 상충할 수밖에 없는 학문이라고 생각할 수 있을지도 모르겠다. 이러한 생각도 전혀 근거가 없는 것은 아니다. 방금 살펴보았듯이, 윤리학과 정치철학자들은 어떤 사회적 상태가 도덕적으로 옳은지 혹은 정의로운지에 대해서 묻는 반면에, 경제학자들은 기본적으로는 (비록 일부의 비주류 후생 경제학자들이 경제현상을 평가하는 윤리-도덕적 잣대를 적용시키긴 하지만) 그러한 사회적 상태가 효율적인지에 혹은 최적인지 대해서 묻는다. 아무리 어떤 사회적 상태가 효율적이고 최적이더라도 그러한 상태가 도덕적으로 옳거나 정의로운 것은 아니지 아니한가?

　때문에 많은 윤리학과 정치철학자들은 경제학이 근본적으로 잘못된 전제 위에서 근본적으로 잘못된 질문을 던진다고 생각하여 경제학과 경제학적 방법론 자체에 대한 태생적 거부감을 느끼는 경우가 많은 듯하다. 하지만 필자는 이러한 이유로 경제학이 이루어낸 많은 학문적 성과들을 윤리학과 정치철학자들이 거부하는 것은 옳지 않다고 생각한다. 왜냐하면 경제학은 복잡한 윤리학적 정치철학적 문제들을 매우 엄밀하게 분석하고 해결할 수 있는 여러 유용한 개념들과 방법론적 도구들을 제공하기 때문이다. 이러한 경제학적 개념들과 방법론적 도구들은 그동안 윤리학과 정치철학자들이 다루었던 수많은 철학적 난제들을 전혀 새로운 관점에서 분석하고 해결할 수 있는 실마리들을 제공할 잠재력을 가지고 있다고 생각한다. 본 글에서는 경제학적 방법론이 윤리학-정치철학적 문제들을 해결하는 데 어떠한 도움을 줄 수 있는지에 대해 개괄적으로 소개하고자 한다.

## 윤리학-정치철학에 유관한 경제학적 개념들

본 절에서는 윤리학과 정치철학에 유관한 몇 가지 기초적인 경제학적 개념들을 살펴볼 것이다. 이중에서 일부 개념들(합리성과 효용)은 이미 철학에서도 널리 사용되는 것들이다. 한쪽 분야에서 이미 널리 사용되고 있는 개념들이 다른 분야에서는 어떠한 특정한 방식으로 사용되는지 살펴보는 것은 그러한 개념들을 폭넓고 명확하게 이해하는 데 도움을 줄 수 있다.

### 1) 합리성의 두 조건: 완비성과 이행성

'합리성rationality'은 윤리학과 정치철학뿐만 아니라 거의 모든 철학 분야의 근간이 되는 가장 기초적이고 핵심적인 개념이라고 할 수 있다. 우리는 일반적으로 사람들이 합리적이기 때문에 참과 거짓, 옳은 것과 그른 것, 아울러 이로움과 해로움을 구별하여 그에 걸맞게 행동할 수 있다고 생각한다. 이처럼, 철학에서 합리성은 모든 인식 행위, 도덕 행위뿐만 아니라 개인과 사회의 행복의 근간이 되는 개념이라고 할 수 있다.

철학에서는 '합리성'을 이해하는 두 가지 상이한 전통이 있다. 하나는 독일 철학자 칸트로부터 비롯되는 전통이고, 다른 하나는 영국 철학자 흄으로부터 비롯되는 전통이다. 칸트에 따르면, (실천) 합리성은 그 자체로 도덕적 선을 추구하면서 사람들로 하여금 무엇이 도덕적으로 옳고 그른지를 판단할 수 있게 해준다. 이때, 누군가 (자신의 (실천) 합리성을 통해) 무엇이 도덕적으로 옳은지에 대한 판단을 하게 되면, 그러한 도덕 판단은 필연적으로 그 사람으로 하여금 도덕 판단의 내용을 실천하도록 하는 '동기'로 연결이 된다고 칸트는 보았다. 칸트적 이성관에 따르면, 만약 누군가가 무엇이 도덕적으로 옳은지 알면서도 그것을 실천하지 않는다면, 그 사람은 단순히 부도덕할 뿐만 아니라 '비합리적 (혹은 비이성적)'이라고 할 수 있다.

흄은 칸트와는 달리 인간의 합리성에 어떤 도덕적인 목표를 부여하는 것을 거부했다. 흄에 따르면, 인간의 합리성은 애초부터 사람들이 마땅히 추구해야 될 어떤 목표를 설정해줄 수 없으며, 합리성이 기여할 수 있는 역할은 오직 어떠한 방식으로든 이미 설정된 목표를 가장 효율적으로 달성할 수 있는 수단과 방법을 제시해줄 수 있는 것뿐이다. 흄에 의하면, 인간의 합리성 (혹은 이성)은 '정념의 노예이다Reason is slave to the passions.' 합리성에 관한 흄의 이러한 입장을 가리켜 철학자들은 보통 '수단적 합리성' 혹은 '도구적 이성관'이라고 부른다.

미시경제학에서는 여러 경제적인 현상들을 설명하는 데 있어서 그 분석의 기본 단위를 각 '개인의 선택'으로 상정한다. 이때, 경제학자들은 기본적으로 사람들이 선택을 '합리적'으로 한다고 가정한다. 따라서 합리성은 경제학에 있어서도 학문의 근간을 이루는 매우 중요한 개념이라고 할 수 있다.

경제학적 관점에서 보았을 때, 사람들이 선택을 합리적으로 한다 함은, 사람들이 자신들에게 주어진 여러 옵션들에 대하여 내적으로 일관된 '선호preference'를 가지고, 자신의 선호 체계preference-ordering상 순위가 높은 옵션들부터 우선적으로 선택한다는 것을 의미한다. 이때, 경제학자들은 한 사람의 선호 체계가 내적인 일관성을 유지하기 위해서 몇 가지 형식적인 조건들을 따를 것을 요구하는데, 한 사람의 선호 체계가 충족해야 될 바로 이와 같은 형식적인 조건들을, 경제학자들은 한 사람이 합리적이기 위해 충족해야 될 조건들로 해석을 하는 경향이 있다. 결국 경제학에서 전제하고 있는 합리성이란 곧 한 개인의 선택의 근간이 되는 그 사람의 선호 체계의 내적인 일관성을 의미한다고 볼 수 있다.

그렇다면, 한 사람의 선호 체계는 어떠한 형식적인 조건들을 충족해야 합리적이라고 할 수 있는가? 많은 경제학자들은 어떤 사람의 선호 체계가 합리적이기 위해서는 적어도 그것이 '완비적Complete'이고 '이행적transitive'이어야 한다고 생각한다.

이후부터 어떤 옵션 A가 다른 옵션 B보다 선호된다는 것을 'A≳B'라는 기호로 표현하도록 하자. 만약 선호에 있어서 두 옵션 A와 B가 서로 무차별하다면 'A~B'라는 기호로 그러한 상태를 표현하도록 하자.

어떤 사람의 선호가 '완비적'이라 함은, 그 사람에게 어떠한 두 옵션 A와 B를 제시했을 때 그 사람의 선호가 반드시 'A≳B' 혹은 'B≳A' 혹은 'A~B' 세 가지 양태들 중 하나로 나타난다는 것을 의미한다. 즉 어떤 사람의 선호가 완비적이라면, 두 대상 A, B에 관해서도 그 사람은 '나는 A를 B보다 선호한다' 혹은 '나는 B를 A보다 선호한다' 혹은 '나에게 A와 B는 무차별하다'라고 대답할 수 있다는 것을 뜻하는데, 이것은 결국 그 사람에게 비교가 불가능한 두 대상이 존재하지 않는다는 것을 의미한다.

어떤 사람의 선호가 '이행적'이라 함은 만약 그 사람의 선호가 A≳B이고, B≳C이면, 이것은 그 사람의 선호가 B≳C를 함축한다는 것을 의미한다. 즉, 어떤 사람이 옵션 A를 옵션 B보다 선호하고, 옵션 B를 옵션 C보다 선호한다면, 그 사람은 결국 옵션 A를 옵션 C보다 선호해야 한다는 것을 의미한다. 예를 들어서, 어떤 사람이 축구를 야구보다 선호하고, 야구를 핸드볼보다 선호한다면, 이행성의 조건은 그 사람에게 축구를 핸드볼보다 선호할 것을 요구한다고 할 수 있다. 만약 어떤 사람이 축구를 야구보다 선호하고, 야구를 핸드볼보다 선호함에도 불구하고, 핸드볼을 축구보다 선호한다면, 이 사람의 선호는 이행성의 조건을 충족시키지 못하고 축구≳야구≳핸드볼≳축구……와 같은 끝없는 '순환구조'를 갖게 되는데, 경제학적 합리성의 관점에서 봤을 때 이러한 선호구조는 비합리적이다.

만약 어떤 사람의 선호구조가 완비적이고 이행적이라면, 우리는 각각의 대상들을 그 사람의 선호에 따라 '순서대로 나열'하는 것이 가능해지는데, 결국 경제학에서 요구하는 합리성의 조건들은 단지 한 사람이 자신의 선호에 따라서 각각의 대상들을 '순서대로 나열할 수 있을 것'만을 요구하는 형식 조건들이라고 할 수 있다.

여기서 나는 경제학에서 채택하고 있는 이러한 합리성 개념에 대한 올바른 이해를 위해 두 가지 사항을 짚고 넘어가고자 한다. 우선적으로 어떤 사람의 선호 체계가 합리적이기 위해서 그것이 완비적이고 이행적이어야 한다는 것은, 한 사람의 선호에 대해서 오직 어떤 '형식적인 일관성'만을 가질 것을 요구한다는 의미이다. 한마디로 경제학에서 내세우는 합리성은 사람들이 가지고 있는 선호의 구체적인 '내용'을 문제 삼지 않는다. 한 사람은 클래식 음악을 대중가요보다 더 선호할 수 있고, 다른 사람은 이와 반대로 대중가요를 클래식 음악보다 더 선호할 수 있다. 그러나 만약 이 두 사람의 선호 체계가 모두 합리성의 형식적인 조건(즉, 완비성과 이행성)들만 제대로 충족시켜서 각각의 대상들을 순서대로 나열할 수만 있다면, 경제학적 관점에서 볼 때, 이 두 사람의 선호는 어느 쪽도 다른 쪽에 비해 더 혹은 덜 합리적이라고 말할 수 없다.

두 번째로, 많은 사람들은 경제학이 모든 사람들을 '이기적'이라고 가정을 하고, 경제학에서 내세우고 있는 합리성도 다름 아닌 '자신의 이익을 극대화할 수 있는 능력'이라고 생각하는 경향이 있다. 그런데 이것은 경제학에서 가정하고 있는 합리성 개념에 대한 잘못된 이해이다. 앞서 살펴보았듯이, 기본적으로 경제학자들은 사람들이 자신의 선호가 반드시 이기적이라고 가정할 필요는 없다. 하지만, 그렇다고 해서 한 사람이 가진 선호가 반드시 이기적이지는 않다. 이 세상에는 지극히 이기적인 선호를 가진 사람들도 있을 수 있고, 지극히 이타적인 선호를 가진 사람들도 있을 수 있다. 중요한 것은 경제학에서는 사람들이 이타적인 선호를 가질 수 있다는 것을 원칙적으로 배제하지 않는다는 점이다. 자신과 아무런 관계도 없는 어떤 낯선 사람을 살리기 위해 불 속으로 뛰어드는 사람이라도, 그 선호 체계가 형식적인 일관성을 충족시켜서 각 옵션들을 순서대로 나열할 수만 있다면, 경제학적 합리성의 관점에서 볼 때, 충분히 합리적이라고 할 수 있다.

뒤에서 살펴보겠지만, 경제학자들이 합리성에 대하여 이와 같은 형식적인 일관성만을 요구하는 이유가 있다. 경제학적 분석을 위해서는 사람들의 선호 체계를 어떤 '효용함수Utility Function'에 의해 수치로 표현해야 할 필요가 생기는데, 사람들의 선호를 수치로 표현할 수 있기 위해서는 여러 대상들을 선호에 따라 순서대로 나열할 수 있으면 되기 때문이다.


## 2) 효용과 효용함수

합리성과 더불어 '효용' 개념 역시 철학(특히, 윤리학 정치철학)에서 일반적으로 널리 사용된다. 윤리학-정치철학에서 효용에 대한 언급은 주로 역사적으로 가장 영향력 있는 규범윤리학 이론 중 하나인 '공리주의Utilitarianism'에 대한 논의에서 자주 등장한다. 영국의 근대 철학자 벤담과 밀에 의해 최초로 주창되기 시작한 공리주의에 따르면, 이 세상에 최대한 많은 양의 '공리' 혹은 '효용utility'을 결과적으로 산출시키는 행위나 규칙이 도덕적으로 옳다. 여기서 '공리' 혹은 '효용'이란 말은 문맥과 그 말을 사용하는 철학자에 따라 다양하게 해석되는데, 일부는 그것을 '쾌락pleasure'으로 일부는 그것을 '행복happiness'으로 해석한다. 우리에게 익숙한 공리주의의 기본 모토, '최대 다수의 최대 행복', 역시 이러한 맥락에서 나온 것이라고 할 수 있다. 여기서 중요한 것은 철학에서 'utility(공리 혹은 효용)'라는 용어가 사용될 때는, 대개의 경우 그 의미가 공리주의와 결합되어, 양적으로 측정 가능한 '좋은 결과good consequence'를 통칭하는 의미일 경향이 높다는 것이다.

이것은 경제학에서 사용하는 '효용'의 의미와 전혀 다르며, 이처럼 동일한 말이 분야에 따라 매우 다른 의미로 사용되기 때문에, 효용이란 말은 매우 조심스럽게 사용되어야 한다. 그렇지 않을 경우, 논의가 불필요한 혼란에 빠지기가 쉽다. 경제학에서 효용이란 단순히 한 사람의 선호를 표상해주는 수치일 뿐이다.

앞서 살펴보았던 것처럼, 만약 자신에게 주어진 여러 옵션들에 대한 한 사람의 선호 체계가 형식적으로 일관적(=합리적)이라면, 우리는 여러 옵션들을 그 사람의 선호에 따라 순서대로 나열하는 것이 가능한데, 이때, 우리는 그 사람의 선호 체계에서 우선순위가 높은 항목들에 보다 큰 '수number'를 부여함으로써 각각의 옵션들에 대하여 그 사람이 가진 선호의 순서를 수로 표현해주는 것이 가능해진다. 이처럼, 각각 옵션들에 대하여 일정한 수를 부여함으로써 한 사람의 선호 순서를 표현해주는 함수를 두고 경제학자들은 '효용함수'라고 부른다. 그렇다면, 왜 경제학자들은 사람들의 선호를 어떤 효용함수에 의해 수로 표현하려고 하는 것일까? 그 이유는 다음과 같다.

첫째, 사람들의 복잡한 선호를 보다 간결하게 수로 표현할 수 있다. 즉, '철수는 축구를 야구보다 더 선호하고, 야구를 핸드볼보다 더 선호하고, 축구를 핸드볼보다 더 선호한다'라고 말하는 것보다 'U는 철수의 선호를 표현하는 효용함수이며, U(축구)=10, U(야구)=5, U(핸드볼)=1이다'라고 표현하는 것이 더 간결하다.

둘째, 일단 사람들의 선호를 효용함수를 통해 수로 표현하고, 사람들의 효용함수가 몇 가지 형식적 조건들(이를테면, 연속성, 미분 가능성,

등)만 더 충족하게 되면, 우리는 우리에게 익숙한 여러 수학적인 연산 및 미적분학적 테크닉들을 활용하면서, 어떤 선호 체계의 최적(혹은 극대화) 지점을 수학적으로 계산하고 그것을 분석하는 것이 가능해진다. 이렇게 함으로써, 그동안 우리가 미처 인식하고 있지 못했던 다양한 결론들을 이끌어내는 것이 가능해진다.

경제학에서는 보통 합리적인 사람들은 '효용 극대화utility maximization'를 목표로 한다고 가정한다. 윤리-정치철학자의 입장에서는 이 말이 '모든 사람들은 자신의 이익 극대화를 목표로 하는 이기적인 존재들이다' 혹은 '모든 사람들은 사회 전체의 행복을 극대화하는 것을 목표로 하는 완벽한 공리주의자들이다'를 의미한다고 생각하기 쉽다. 하지만 경제학에서 이 말이 의미하는 바는 단순히 사람들은 자신의 선호에 따라 (그것이 어떠한 선호이든 간에) 행동한다는 것일 뿐이다. 그리고 앞서 설명하였듯이, 사람들이 이타적인 선호를 가질 수 있다는 사실을 경제학은 결코 부정하지 않는다. 예수님, 부처님, 간디, 테레사 수녀와 같은 헌신적이고 이타적인 사람들도 경제학적 관점에서 볼 때는 저마다 자신의 효용을 극대화하는 사람들이라고 할 수 있다.


### 3) 균형과 최적

어떤 사회현상을 경제학적으로 분석하는 데 있어서 가장 대표적으로 사용되는 두 개의 개념이 바로 '균형Equilibrium'과 '최적Optimalily'이라고 할 수 있다.

기본적으로 어떤 상태가 '균형 상태'에 놓여 있다는 것은, 어떤 외부적인 충격이 없을 경우 계속해서 그러한 상태로 남아 있으려는 속성을 가지고 있다는 것을 의미한다. 그동안 경제학자들 사이에서는 다양한 균형 개념들이 제시되기도 하고, 기존의 균형 개념들이 보다

세련된 형태로 변하는 과정이 반복되었다.

이런 식으로 제시된 여러 균형 개념들 중에서 윤리학-정치철학적으로 가장 관련이 깊은 균형개념들 중 하나가 바로 '내쉬 균형Nash Equilibrium'(이후 '균형')이라고 할 수 있다. 뒤에서 좀 더 논의가 되겠지만, 기본적으로 어떤 상황이 균형이라는 것은, 그 상황에 처한 모든 행위 당사자들이 현재 자신들의 행위를 유지한다고 가정했을 때 그 어느 누구도 자신의 행위를 변경하고자 하는 유인동기가 없는 상태에 있다는 것을 의미한다. 다시 말해 어떤 상황에 관여하고 있는 행위 당사자들 모두가 다른 모든 행위 당사자들에 대하여 '최선으로 대응하고 있는 상태'를 경제학에서는 균형 상태라고 부른다. 일단 균형 상태에 도달하게 되면, 그 누구도 자신의 행동을 바꾸려고 하지 않는다는 측면에서 사회적 균형 상태는 매우 '안정된 상태'라 할 수 있다.

다음으로 최적 개념에 대해서 살펴보도록 하자. 현대 경제학에서 사용하는 최적 개념은 주로 '파레토-최적Pareto-Optimality'의 개념을 따른다. 어떤 사회적 상태가 (파레토) 최적 상태에 놓여 있다는 것은, 그 상태에 놓인 어느 누군가의 처지를 악화시키지 않고서는, 다른 누구의 처지도 개선시킬 수 없는 상태에 있다는 것을 의미한다. 어떤 분배 상황에서 어느 누구의 처지를 악화시키지 않고도, 누군가의 처지를 개선하는 것이 가능하다는 것은 자원의 분배가 '효율적'으로 이루어지지 않는다고 해석될 수 있다. 경우에 따라서는 파레토 최적의 개념을 '파레토-효율성Pareto-Efficiency'으로 표현하기도 한다. 파레토 최적성 (혹은 효율성)은 어떤 재화에 대한 사회적 분배가 얼마나 잘 이루어졌는지를 평가하는 데 있어서 하나의 중요한 가치 기준이 될 수 있다.

여기서 한 가지 짚고 넘어 가야 할 것은 '최적' 개념과 '평등' 개념 사이의 관계이다. 결론부터 말하자면, 최적과 평등은 서로 아무런 연관이 없는 독립된 개념들이라고 할 수 있다. 굉장히 평등하지만 최적이지 않는 분배도 있을 수 있고, 최적이지만 굉장히 불평등한 분배도 있을 수 있다. 예를 들어서, 총 다섯 개 단위의 재화를 영희와 철수 두 사람에게 분배해야 된다고 가정해보자. 만약 영희와 철수에게 각각 두 개 단위의 재화를 분배하고 나서, 남아도는 한 개 단위의 재화를 버려두었다면, 이것은 완전히 평등하지만 최적이지 않은 분배이다. 왜 냐하면, 우리는 나머지 한 개 단위의 재화를 영희와 철수 둘 중에 아무한테나 분배함으로써 그 누구의 처지도 악화시키지 않으면서 누군 가의 처지를 개선시킬 수 있기 때문이다. 반면에 영희 한 사람에게 다섯 개 단위의 재화를 몰아주고 철수에겐 단 한 개 단위의 재화도 주지 않는다면, 이것은 심각하게 불평등한 분배이지만 여전히 최적인 분배이다. 왜냐하면, 이와 같은 분배 상황에서 철수에게 재화를 어느 정도 분배하기 위해서는 반드시 영희가 가지고 있는 재화 중 일부 (혹은 전부)를 빼앗아서 철수에게 주어야 하기 때문이다. 즉, 이러한 상황에서는 철수의 상황을 개선시키기 위해서 반드시 영희의 상황을 악화시킬 수밖에 없다. 이처럼 최적과 평등은 서로 독립적이다 — 이 둘은 어떤 분배 상태를 평가하는 데 활용될 수 있는 서로 다른 가치 기준이라고 할 수 있다.

균형과 최적의 개념에 대해 이해하고 있는 것은 다양한 윤리학적, 정치철학적 주제들을 다루는 데 많은 도움을 줄 수 있다. 윤리학이나 정치철학에서 다루는 가장 중요한 주제들 중 하나가 다양한 사회적 분배 상태를 도덕적 관점 혹은 정의의 관점에서 분석하고 평가하는 것이라고 할 수 있다. 이때 경제학적 균형과 최적의 개념을 이해하고 있는 윤리학자와 정치철학자는 어떤 특정한 사회적 분배 상태를 평가하는 데 있어서, 그러한 분배 상태가 과연 '균형 상태'라고 할 수 있는지, 아울러, 그러한 분배 상태를 야기한 근본적인 분배 원칙이 과연 '최적'의 분배를 보장할 수 있는 원칙인지에 대해 질문할 수 있다.

　만약 어떤 분배 상태가 균형 상태가 아니라면 그것은 매우 불안정한 분배 상태라고 할 수 있다. 즉, 그러한 분배 상태에서는 일부 혹은 전부의 사람들에게 그러한 분배 상태를 벗어나고자 하는 유인 동기가 있다는 것을 의미한다. 따라서 그러한 분배 상태는 안정적으로 지속될 수 없다. 윤리학-정치철학자들은 자신들이 생각하는 정의로운 분배 상태가 안정된 상태이기를 바랄 것이다. 경제학적 균형 개념은 윤리학-정치철학자들에게 어떤 분배 상태의 안정성을 평가할 수 있는 중요한 개념을 제공해준다.

　그 다음으로 윤리학-정치철학자들은 자신들이 제시하는 분배적 정의의 원칙을 통해서 사회적 재화를 분배하는 것이 가능하다면 '최적'인 분배 상태를 보장하기를 바랄 것이다. 만약 어떤 분배적 정의 원칙이 최적인 분배 상태를 보장하지 못한다면, 그 원칙은 어디에선가 비효율을 발생시킨다는 것을 의미한다. 즉, 그 원칙은 어느 누구의 처지도 악화시키지 않으면서 누군가의 처지를 개선시킬 수 있는데도 못하고 있다고 할 수 있다.

　물론, '평등'과 같은 다른 가치 기준에 의거해서 최적이지 않은 분배도 도덕 혹은 정의의 관점에서 정당화되는 것이 충분히 가능할 수 있다. 하지만, 어쨌든 최적이지 않은 분배 상태를 발생시키는 어떤 분배적 정의 원칙을 우리가 채택하기 위해서는, 그것이 적어도 ('평등'을 근거로 해서든, 다른 어떤 도덕적 가치 기준을 근거로 해서든) 어떠한 방식으로든 '정당화'가 되어야 한다는 것이다. 최적이란 개념을 모른다면, 최적이지 않은 분배 상태에 정당화가 필요하다는 사실조차 인식하지 못할 수가 있다.

　한 가지를 언급하고 넘어가자면 고전 경제학의 가장 핵심적인 결론 중 하나는, 완전한 정보에 바탕을 둔 완전자유시장경제체제하에서는 항상 (시장)균형 상태가 사회적 최적 상태를 보장한다는 것이다. 아울러, 완전자유시장경제체제하에서는 정부가 개입을 하면 할수록 어디에선가 '비효율'이 발생한다 — 즉, 정부가 개입하면 할수록, 누군가의 처지를 악화시키지 않고도 다른 누군가의 처지를 개선시킬 수 있는 상황이 점점 많아진다. 이것은 완전자유시장경제체제의 모형으로부터 연역적으로 도출되는 수학적 결론이다. 여기엔 이론의 여지가 없으며, 완전자유시장경제체가 최적이지 않은 분배를 발생시킨다는 이유로 완전자유시장경제체제를 비판할 수는 없다.

따라서 자유시장경제체제를 비판하기 위해서는 다음 두 가지 방식 중에서 한 가지를 택할 수밖에 없다. 한 가지 방법은, 현실세계에서 작동하는 시장은 완전자유시장체제의 조건들을 제대로 충족시키고 있지 않은, 따라서 각종 '시장실패'가 발생하는 불완전한 시장경제체제라고 지적하는 것이다. 실제로 불완전한 시장에서 시장실패가 발생할 경우, 시장의 균형 상태는 더 이상 사회적 최적 상태를 보장해주지 못한다. 다른 한 가지 방법은, '평등', '기회균등', '공정성', 혹은 '사회정의'와 같이 최적과는 다른 도덕적 가치 기준을 내세움으로써, 완전자유시장경제체가, 비록 사회적인 최적 상태를 보장해주긴 하지만, 그러한 최적인 분배 상태가 이러한 다른 도덕적 가치 기준들에 비추어 보았을 때, 결코 바람직한 것만은 아니라고 주장할 수 있을 것이다. 여기서 중요한 것은 이와 같은 다른 도덕적 가치 기준들을 충족시키기 위해서는 많은 경우 사회적 최적 상태를 포기해야 될 때가 많다는 점이다. 아울러, 이러한 다른 도덕적 분배 기준을 적용시켰을 때, 사회적 균형 상태가 존재하지 않을 수도 있다.

앞서 말했듯이, 최적 상태가 아닌 사회는 비효율적이고, 균형 상태가 없는 사회는 불안정하다. 따라서 다른 도덕적 가치들을 바탕으로 완전자유시장경제체제를 비판하는 사람들은 자신들이 내세우는 대안적 분배 기준이 사회적 균형 상태와 최적 상태를 보장하는지 곰

곰이 따져볼 필요가 있으며, 만약 자신들의 분배 기준이 경우에 따라서는 균형 상태와 최적 상태를 보장하지 못한다면, 그럼에도 불구하고, 그것이 완전자유시장경제체보다 정확하게 어떤 측면에서 나은지를 정당화해야 할 필요가 있다. 경제학에 나오는 균형과 최적의 개념을 모른다면, 그와 같은 정당화의 필요성 자체를 스스로 자각하지 못할 가능성이 크다.

## 윤리학–정치철학에 유용한 경제학적 사고방식 및 방법론

우리는 앞에서 윤리학–정치철학적 주제들과 관련이 깊은 몇 개의 경제학적 개념들에 대하여 살펴보았다. 본 절에서는 어떤 사회적 현상을 분석하는 데 있어서 경제학자들이 지닌 기본적인 사고방식과 그들이 주로 사용하는 방법론이 윤리학–정치철학을 하는 데 어떻게 기여할 수 있는지 논의해보고자 한다.

### 1) '제약 조건'하에서의 분석

일반적으로 우리가 결정해야 되는 수많은 선택에는 어떤 '제약 조건'이 따르는 경우가 많다. 무언가를 구매하려고 할 때, 대개의 경우 사람들은 자신이 가진 예산의 범위와 한계 안에서 선택할 수밖에 없다.

이것은 사회적 분배문제에 있어서도 마찬가지다. 만약 이 세상에 있는 가용 자원들이 희소하지 않았다면, '분배적 정의문제'는 애초부터 발생하지도 않았을 것이다. 모든 사람들에게 각자가 원하는 모든 것을 원하는 양만큼 분배하면 문제가 해결되기 때문이다. 우리가 분배적 정의와 같은 골치 아픈 철학적 문제를 고민해야 되는 근본적인 이유는, 이 세상에는 모든 사람들에게 각자가 원하는 모든 것을 원하는 양만큼 분배해주기에는 가치와 재화들이 턱없이 부족하다는 데 있다.

하지만 윤리학과 정치철학만 공부한다면 다양한 사회적 가치와 재화들을 분배하는 데는 이와 같은 제약 조건이 따른다는 사실을 잊어버리기가 매우 쉽다. 한 예로, 유명한 윤리학이자 이자 정치철학자인 누쓰밤에 따르면, 한 인간의 삶이 번영을 누리기 위해서는 다음과 같은 10가지 조건들을 충족시켜야 한다. (1) 장수, (2) 건강, (3) 신체적 자율권, (4) 감각, 상상력 및 사고, (5) 감성, (6) 실천적 이성, (7) 사회적 관계, (8) 다른 종들과의 관계, (9) 유희, (10) 자신의 정치적-물리적 환경에 대한 통제력이 그것이다. 문제는 누쓰밤은 한 인간의 삶이 번영을 누리기 위해서 이러한 10가지 조건들이 충족되어야 한다고만 강조할 뿐, 이 조건들을 전부 충족시키기 힘든 현실적인 제약 조건 하에서는 각 조건들을 어떤 우선순위에 의해 어떤 방식으로 충족을 시켜야 되는지에 대해 어떠한 지침도 주고 있지 않다는 점이다. 이와는 반대로 경제학자들은 모든 선택에는 이와 같은 제약 조건이 따른다는 것을 오랜 시간에 걸친 훈련을 통해서 체화하게 된다. 경제학과 학부생이 제일 처음 미시경제학 수업을 들으면서 매주 연습문제를 풀면서 풀게 되는 문제들이 바로 어떤 예산의 제약 내에서 소비나 생산 활동을 최적화시키는 문제들이다.

이러한 문제해결의 과정을 반복함으로써 경제학과 학생들이 몸소 체화하게 되는 것은 두 가지이다. 첫째는 이 세상에 있는 거의 대부분의 선택문제에는 어떤 제약 조건이 따른다는 것이고, 둘째는 이처럼 제약 조건이 따르는 선택의 문제를 해결하는 데 있어서 모든 종류의 선택이 동일한 가치를 지닌 게 아니라는 점이다. 여기서 경제학자가 궁금해하는 것은 어떤 제약 조건을 만족시키는 다양한 선택의 조합 중에서 과연 어떤 선택이 '최적'이고, 이처럼 최적인 선택이 존재하기 위해서는 문제와 관련된 여러 구성요소들이 구체적으로 어떠한 조건들을 충족시켜야 되는가이다.

이러한 사고훈련은 윤리학-정치철학자에게도 매우 유용하다. 왜냐하면, 거의 대부분의 선택에는 제약 조건이 따르고, 이러한 제약 조건하에서 행하는 모든 종류의 선택들이 동일한 가치를 지니지 않고, 최적인 선택이 존재할 수도 있다는 것을 명확히 인식하는 것은 윤리학-정치철학자들이 자신의 이론을 전개하는 데 매우 큰 도움을 줄 수 있기 때문이다.


### 2) '비교'와 '한계'를 통한 분석

앞에서 우리는 수많은 경제학적 분석들이 어떤 제약 조건하에서 '최적인 선택'이 무엇인지를 밝혀내는 것을 목표로 한다는 것을 알게 되었다. 여기서 어떤 선택이 '최적'이라는 것은 우리가 다양한 선택들 중에서 무엇이 더 좋은 선택인지 혹은 무엇이 더 나쁜 선택인지 구분하여 각각의 선택들을 '비교'할 수 있고, 이를 통해 여러 옵션들 중에서 '가장 좋은' 옵션을 골라낼 수 있다는 것을 함축한다. 이처럼 경제학자들은 수년 간의 훈련을 통해서 어떤 선택의 문제를 해결하는 데 있어서 다양한 옵션들을 비교해서 분석하는 것에 매우 익숙해져 있는데, 이것을 위해 경제학자들이 사용하는 여러 분석 방법들 역시 윤리학-정치철학자들에게 많은 도움을 줄 수 있다.

일반적으로 우리가 어떤 옵션을 선택했다는 것은 그러한 옵션을 선택하기 위해서 선택이 가능했던 다른 모든 옵션들을 '포기'했다는 것을 의미한다. 우리가 어떤 선택이 지닌 가치를 객관적으로 평가하기 위해서는 그러한 선택이 그 자체로서 독립적으로 지니는 가치 이외에 그러한 선택을 통해서 포기하게 된 다른 모든 선택들이 지닌 가치를 고려할 필요가 있다.

예를 들어서, 주말 내내 친구들이랑 놀이동산에 놀러 가서 즐겁게 시간을 보내다 오는 것은, 그 자체만을 놓고 보았을 때는 좋은 선택이라고 할 수 있을 것이다. 하지만 주말 동안 친구들이랑 놀이동산에 놀러 갔다 옴으로써, 당장 그 다음 주 월요일에 있을 중요한 시험을 준비하는 것을 포기하였다면 얘기는 달라질 수 있다. 이 경우 우리가 정말로 주말 동안 친구들이랑 놀이동산에 놀러 갔다 오는 옵션이 훌륭한 선택인지를 객관적으로 평가하기 위해서는, 주말 동안 친구들이랑 놀이동산에 가는 것이 지닌 가치가 시험준비를 포기해 시험을 망치게 될 가능성이 높아짐으로써 잃게 될 가치보다 큰지 작은지를 고민해볼 필요가 있다.

이처럼 어떤 옵션을 선택함으로써 포기해야 되는 여러 옵션들 중에서 가장 가치 있는 옵션이 지닌 가치를 경제학에서는 '기회비용 opportunity cost'이라고 부른다. 앞의 예에서 선택이 가능한 옵션이 두 개밖에 없다고 가정하면, 주말 내내 친구들이랑 놀이동산에 놀러 갔다 오는 옵션을 선택하는 데 따르는 기회비용은 주말 동안 시험공부를 열심히 함으로써 시험을 잘 볼 수 있는 가능성을 높이는 것이 지니는 가치이다. 이에 반해, 집에서 시험공부를 하는 옵션을 선택하는 데 따르는 기회비용은 시험공부 대신 친구들과 놀이동산에 놀러 가서 즐거운 시간을 보내는 것이 지닌 가치이다. 경제학적 관점에서 봤을 때, 선택이 가능했던 모든 옵션들 중에서 기회비용이 가장 적은 옵션을 선택하는 것이 가장 현명하다. 즉, 경제학적 관점에서 어떤 것이 현명한 선택이 되기 위해서는 그러한 선택을 하기 위해 포기하는 것이 다른 가능한 선택들에 비해 적어야 한다.

어떠한 선택을 하는 데 있어서 포기해야 되는 가치가 있고, 현명한 선택을 하기 위해서는 포기해야 되는 다양한 옵션들의 가치들을 상호 비교해야 한다는 인식을 갖는 것은 다양한 윤리적, 정치적 결정을 내리는 데 매우 중요하다.

예를 들어 한 여성이 임신중절을 선택하는 것에 대한 도덕적 정당성을 논의할 때, 우리는 잠재적으로 한 명의 온전한 인간으로 성장할 수 있는 태아의 생명이 지닌 가치와 자신의 몸의 일부에서 일어나는 일에 관해 스스로 결정할 수 있는 산모의 신체적 자율권이 지닌 가치를 서로 비교해야 되는 문제에 직면한다. 또 이런 예도 가능하다. 법에 의해 개발이 묶여 있던 어떤 녹지에 대한 규제를 풀고, 녹지에 대한 개발을 허용할지 말지를 정치적으로 결정을 하는 과정에서, 우리는 그러한 녹지가 지닌 환경적인 가치와 그것을 개발함으로써 얻게 될 경제적 가치를 상호-비교해야 되는 과정을 피할 수 없다. 이처럼 어떤 선택을 내리는 데 있어서 여러 옵션들이 지닌 다양한 가치들을 상호-비교해야 된다는 인식은 윤리학-정치철학자들이 경제학자들로부터 배워야 하는 사고방식 중 하나이다.

하지만 이처럼 다양한 가치들에 대한 상호-비교가 학문적인 차원에서 좀 더 엄밀하게 이루어지기 위해서는 단순히 어떤 선택이 어떤 다른 선택보다 가치가 있다고 '질적Qualitatively'으로 평가를 하는 것을 넘어서 어떤 선택이 다른 선택에 비해 정확하게 얼마만큼 더 가치가 있는지에 대한 '양적Quantitatively'인 평가가 이루어져야 할 것이다. 이러한 분석을 위해서 경제학자들은 '한계Marginal' 개념에 입각한 다양한 분석 방법들을 개발하였다.

어떤 현상을 '한계' 개념에 입각해서 분석을 한다는 것은 그 현상을 구성하고 있는 여러 요소들 중에서, 어떤 특정한 요소가 한 단위 증가하거나 감소하였을 때, 그것이 전체적으로 어떤 영향을 미치는지를 파악한다는 것이다. 이것을 이해하기 위한 다소 인위적인 예를 하나 살펴보도록 하자. 한 사람이 주관적으로 느끼는 웰빙 수준이, 그 사람이 가진 부와 명예, 이 두 가지 요소에 의해서만 결정된다고 가정해보자. 아울러, 사람들은 자신들이 보유한 부와 명예가 많아지면 많아질수록 자신들이 주관적으로 느끼는 웰빙 수준이 높아진다고 가정해보자. 이를 바탕으로 철수라는 구체적인 인물에게 우리가 원하는 대로 부와 명예를 얼마든지 분배하는 것이 가능하다고 생각해보자. 우선 철수의 명예를 고정시킨 채, 철수에게 부를 한 단위, 한 단위씩 더 주는 상황을 상상해보자. 철수가 대부분의 사람들과 비슷한 선호 체계를 가지고 있다면, 부를 한 단위 제공받을 때마다, 철수의 웰빙 수준은 빈털터리였던 시절에서 급속히 상승하였다가, 철수의 부가 점점 축적이 됨에 따라, 그 상승하는 속도가 점차적으로 둔화될 것이다. 이것은 같은 만 원이라도 거지와 부자가 그것에 부여하는 가치가 다르다는 것을 생각하면 쉽게 이해할 수 있을 것이다. 경제학에서는 이러한 현상을 두고 '한계 효용marginal utility'이 체감한다고 표현한다. 한마디로, 부를 한 단위 증가시킴으로써 철수가 느끼게 되는 주관적인 웰빙의 상승이, 철수가 보유한 부가 늘어남에 따라, 점차적으로 감소를 한다는 것이다.

명예 역시 부와 마찬가지로, 철수에게 있어서 그 한계효용이 체감한다고 가정을 해보자. 이때, 어떤 특정한 웰빙 수준으로 철수에게 부와 명예를 분배하였다고 가정해보자. 여기서 우리가 궁금한 것은, 우리가 철수의 부 혹은 명예 둘 중에서 어느 한 요소를 한 단위만큼 철수로부터 빼앗았을 때, 이전과 동일한 수준으로 철수의 웰빙을 유지시키기 위해서, 우리는 철수에게 다른 요소를 얼마만큼이나 보상을 해줘야 하냐는 것이다. 한마디로 철수는 부(혹은 명예) 한 단위를 과연 명예(혹은 부) 몇 단위와 교환할 의향이 있느냐 하는 것이다. 이처럼 어느 한 가지 요소를 포기하였을 때, 이전과 동일한 수준의 만족도를 유지하기 위해서, 다른 요소들을 얼마만큼 보상받아야 하는지 측정해주는 비율을 경제학자들은 '한계대체율Marginal Rate of Substitution'이라고 부른다.

중요한 것은 어떤 한 요소의 다른 요소에 대한 한계대체율은 대개의 경우 각각의 요소를 얼마만큼 보유하고 있는지에 따라 달라진다는 것이다. 예를 들어서 철수가 이미 많은 양의 부를 축적하고 있다면, 한 개 단위의 부를 포기하였을 때 동일한 수준의 웰빙을 유지하기 위해서, 그다지 많은 명예를 보상해주지 않아도 될 것이다. 그러나 만약 철수가 축적해놓은 부가 없을 경우에는, 한 개 단위의 부를 포기하고 이전과 동일한 수준의 웰빙을 유지하기 위해서 상당히 많은 명예를 보상해주어야 할 것이다. 이러한 한계대체율의 변화는 조금 전에 살펴본 것처럼 부와 명예가 각기 한계 효용이 감소한다는 것에서 발생한다고 볼 수 있다.

지금까지 직관적인 말로 설명했던 모든 것들을 경제학자들은 무차별곡선Indifference Curve에 대한 분석을 통해서 수학적으로 정확하게 계산해낸다. 어느 두 가치를 비교하고 한계 개념에 입각하여 사회적 현상을 분석하는 이와 같은 경제학적 방법론에 노출되는 것은 전통적인 윤리학적 주제들 중에서 다양한 가치들 간의 관계를 분석하는 것을 주요 목적으로 하는 '가치론axiology'을 엄밀하게 전개하는 데 많은 도움을 줄 수 있다.


### 3) '수학적 모형'을 통한 분석

철학자들이 어떤 철학적인 문제를 다루는 데 있어서 가장 크게 의존을 하는 방법론 두 개를 꼽으라면, 그것은 바로 '개념 분석Conceptual Analysis'과 '직관에 의거한 사고실험Thought Experiments Based On Intuition'이라고 할 수 있을 것이다.

"'정의'란 무엇인가?'란 질문에 대한 철학적인 답변을 찾기 위해,

윤리학-정치철학자들이 가장 먼저 하는 일은 '정의'라는 단어가 일상적으로 어떠한 의미를 지니는지 꼼꼼히 따져보는 것이다. 그 다음 윤리-정치철학자들은 그런 식으로 곰곰이 생각해낸 정의에 대한 의미가 여러 문제적인 상황에서 우리의 일반적인 직관에 부합하는 결론과 처방을 내리는지를 다양한 사고실험을 통해서 테스트를 해보게 된다.

테스트 결과에 따라, 윤리학-정치철학자들은 기존의 정의에 대한 개념을 우리의 직관에 맞게 수정하기도 하고, 그 반대로 우리의 직관을 제시된 정의에 대한 개념에 맞게 수정하기도 한다. 이러한 과정을 반복적으로 거쳐서 우리의 개념과 이론 체계가 우리의 일반적인 직관과 아무런 충돌 없이 하나의 일관되고 정합적인 체계에 도달했을 때, 정치철학자 롤스는 우리가 '반성적 평형Reflective Equilibrium'에 도달하였다고 설명하였다. 이러한 방법론은 비단 윤리학-정치철학자 뿐만 아니라, 거의 대부분의 철학자들이 자신들의 이론을 정교화하기 위해 채택하는 방법론이라고 할 수 있다.

앞에서 설명하였듯이, 어떤 철학자가 자신의 이론을 정교화하면서 반성적 평형에 도달하는 과정에서 '사고실험'과 '직관'의 역할이 매우 중요하게 작용한다. 이미 정립된 기존의 이론들 역시 최초에는 대부분 이와 같은 사고실험과 직관에 의해 정립되었다는 것을 고려하면, 철학자들이 철학을 하는 데 있어서 사고실험과 직관에 대한 방법론적 의존도가 얼마나 높은지 알 수 있다. 필자는 현대 윤리학-정치철학이 방법론적으로 가장 취약한 부분이 바로 여기에 있다고 생각한다.

기본적으로 하나의 사고실험은 '어떤 가상의 상황이 이러이러한 조건들을 충족시킨다면 이러이러한 결과가 도출될 텐데, 이 결과는 우리의 일반적인 직관에 비추어 보았을 때 어떠어떠하다'와 같은 기본 구조로 이루어져 있다. 이때 문제의 사고실험에서 상정하고 있는 여러 가정과 조건들이 충족되면 실제로 그 사고실험의 고안자가 기대하는 것과 같은 결론이 과연 논리적으로 도출되는 것인가를 엄밀하게 따져보는 일이 중요하다. 대개의 철학자들은 이 경우에도 일반적인 직관에 호소하는 것 이외에는 별다른 방법론적 도구가 없다는 것이 문제라고 할 수 있다.

다시 말해 대개의 철학자들에겐 '그러한 상황에서는 대충 그럴 것 같다'라고 말하고 넘어가는 것 외에는 별다른 분석 방법이 없다. 이것이 가진 문제는, 어떤 상황에서 어떤 특정한 조건들이 충족되었을 때, 어떤 일이 일어날 것이라는 게 아무리 직관적으로 명확하게 느껴진다고 하더라도, 우리가 예상했던 것과는 달리 그러한 조건 속에서 일어나게 되는 실제 결과는 우리의 직관이 예상했던 결론과 배치되는 경우가 상당히 많다는 데 있다.

필자는 이러한 방법론적 취약점을 보완해줄 수 있는 것이 바로 경제학에서 주로 사용하는 수학적 모델링 혹은 수학적 모형 테크닉이라고 생각한다. 경제학에서는 복잡한 경제현상들을 설명하거나 어떤 새로운 학문적 결론을 도출하기 위해서 수학적 모형을 자주 사용한다. 경제학에서 사용하는 수학적 모형들은 기본적으로 논의에서 일반적으로 받아들이고 있는 전제들Axioms(공리들)과 그러한 전제들로부터 논리적으로 도출되는 결론Theorem(정리)으로 이루어져 있다. 여기서 중요한 것은 우선 논의에서 가정되고 있는 전제들을 수학적으로 정확하게 표현하는 것이고, 그 다음으로는 그렇게 수학적으로 표현된 전제들로부터 문제의 결론을 수학적으로 엄밀하게, 연역적인 방식으로, 논리적으로 도출하는 것이다. 한마디로 말해서, 경제학자들이 사용하는 수학적 모형은 매우 정교화 된 사고실험이라고 할 수 있다.

이러한 방법론이 지닌 장점은 다음과 같다. 첫째, 이와 같은 수학적 모형을 사용함으로써, 우리는 문제의 결론을 논리적으로 도출하기 위해 어떠한 전제들을 사용하였는지 명확하게 파악할 수 있다(바꿔 말하면, 논의가 진행되는 동안 어떠한 전제도 '숨어 있지' 않다). 이러한 방법을 사용함으로써, 우리가 원하는 결론이 우리가 가정하지 않은 전제로부터 도출되는 것을 명시적으로 막을 수가 있다. 둘째, 수학적 모형을 사용하는 논변이 가진 특징은 전제들이 참이라는 전제하에서는, 거기서 논리적으로 도출되는 결론 역시 참이라는 게 확실하게 보장된다는 것이다(논리학적으로 봤을 때, 수학적 모형은 '타당Valid'한 구조를 가지고 있다).

하지만 이와 같은 수학적 모형은 단점도 있다. 우선 그 수학적 모형이 가정하고 있는 전제들이 거짓이라면, 그 수학적 모형으로부터 도출되는 결론 역시 참이라는 것이 보장되지 않는다. 따라서 수학적 모형을 학문적으로 유의미하게 사용할 수 있기 위해서는 항상 그 모형이 가정하고 있는 전제들이 참인지를 따져보는 것이 중요하다. 그 다음으로 수학적 모형을 사용하는 것이 가진 큰 단점은 한마디로 어렵다는 데 있다. 수학적인 모형은 그것을 직접 제시하는 것뿐만 아니라, 다른 사람이 제시해놓은 것을 읽고 이해하는 데만 어느 정도 이상의 수학 수준이 요구된다. 물론, 얼마나 복잡한 현상을 얼마나 정교하게 수학적으로 모형화하고 싶으냐에 따라 그것에 요구되는 수학 수준에 대한 편차는 꽤 크다. 하지만 아무리 간단한 수학적 모형이라 하더라도, 그것을 제대로 이해하고 경우에 따라서는 본인이 새로운 모형을 직접 제시할 수 있기 위해서는 따로 수학과 경제 이론을 공부하는 데 시간을 할애해야 한다는 것은 보통의 윤리학-정치철학자들에겐 상당한 부담이 아닐 수 없다.

하지만, 이 세상에는 힘들더라도 '중요'하기 때문에 해야 되는 것들이 있다. 필자는 수학적인 모형을 이해하고 더 나아가서 구성할 줄 아는 것은, 여러 복잡한 윤리학-정치철학적 이슈들을 다루는 데 매우 중요하기 때문에 다소 힘들더라도 시간을 투자해서 배워야 되는 기술이라고 생각한다. 이것은 많은 현대의 정치철학 이론들이 '절차주의

Proceduralism'를 채택하고 있다는 사실을 고려할 때, 더욱더 그러하다고 생각한다.

기본적으로 현대 절차주의에 따르면, 어떤 원칙이 정당성을 확보하기 위한 필요충분 조건을 그러한 원칙이 어떤 '이상적인 절차'에 의해 도출되었는지의 여부로 찾는다. 다시 말해 어떤 원칙이 지닌 철학적 정당성은 그 원칙의 구체적인 내용에 의해서 결정된다기보다는, 그러한 원칙이 어떤 이상적이고 합당한 절차를 통해서 도출되었다는 '그 사실 자체'로부터 기인한다고 보는 것이 절차주의의 핵심이라고 할 수 있다.

이와 같은 절차주의는, 사회정의의 원칙들을 '원초적 입장original position'에서 '무지의 베일veil of ignorance'을 쓴 사람들이 자발적으로 합의하게 될 내용으로부터 도출하고자 했던 롤스를 비롯한 현대 사회계약론자들이나, 사회의 기본 원칙은 의사소통적 합리성을 제도화하고 있는 정당한 민주주의적 절차를 거쳐서 사람들의 숙고와 토론을 통해 결정되어야 한다는 하버마스Jürgen Harbermas를 비롯한 현대의 토의(혹은 심의)민주주의자들 모두 따르고 있는 기본적인 원칙이라고 할 수 있다.

기본적으로 현대 절차주의자들이 이론을 전개하는 과정은 다음과 같이 요약될 수 있다. 절차주의자들은 기본적으로 어떤 도덕이나 제도적 원칙을 그것을 도출시킨 '적법한 절차'를 통해서 정당화하고자 한다. 따라서 절차주의를 따르는 이론가들이 해결해야 할 1차적인 과업은, 어떤 절차가 도덕적으로 정당화될 수 있는 원칙을 도출할 수 있기 위해서 충족해야 할 이상적인 조건들이 무엇인가에 대해서 명확히 밝히는 것이다. 이처럼, 1단계에서 무엇이 '이상적인 절차'인지에 대해서 명확하게 밝혔다면, 2단계에서 절차주의적 이론가들은, 자신들이 옹호하고 싶어 하는 어떤 특정한 원칙들이 바로 그와 같은 이상적인 절차를 통해서 도출된다는 것을 보임으로써, 자신들이 제시하는 원칙을 철학적으로 정당화하게 된다. 여기서 우리가 기억해야 하는 것은, 절차주의 이론가들이 옹호하고 있는 도덕 혹은 사회정의의 원칙들은 그들이 상정하는 이상적인 절차로부터 도출되었다는 '바로 그 사실로부터' 철학적 정당성을 확보한다는 것이다.

따라서 그러한 도덕이나 사회정의의 원칙이 그와 같은 이상적인 절차로부터 정말로 도출된다는 것을 보이는 것은 절차주의적 방식으로 어떤 이론을 정당화하는 데 있어서 이론적으로 가장 핵심 부분이라고 할 수 있다. 바로 이러한 역할을 하는 데 있어서 그 어떤 방법론보다도 강력한 힘을 발휘하는 것이 바로 경제학적 수학 모형을 사용하는 것이라고 필자는 생각한다.

윤리학-정치철학적 이론을 절차주의적으로 전개하는 데 있어서, 수학적 모형을 이해할 수 있고, 그것을 제대로 사용할 줄 아는 것이 얼마나 중요한지는 다음의 사례를 통해서 쉽게 이해할 수가 있다.

기본적으로 롤스와 같은 평등주의적 노선을 따르면서, 롤스의 정의 이론에 '개인적 책임'을 접목시킨 유명 정치철학자이자 법철학자가 바로 드워킨Dworkin이라고 할 수 있다. 드워킨은 한 개인이 겪을 수 있는 운의 종류를 '비선택적 운brute luck'과 '선택적 운optional luck'으로 구분하였다. 여기서, 선택적 불운이란 미리 보험에 가입함으로써 그것에 따른 피해를 방지하는 것이 사전에 가능했던 사고를 지칭한다. 예를 들어 사람들은 화재보험에 가입함으로써 자신들의 재산에 불이 났을 때 손해를 보는 것을 미연에 방지할 수 있다. 누군가가 화재보험에 가입할 수 있었음에도 불구하고, 화재보험에 가입하지 않고 화재를 당했다면, 그 사람이 당한 불운은 미연에 방지가 가능했던 '선택적 불운'이라고 할 수 있다. 이에 반해 어떤 보험에 가입함으로써 그것에 따른 피해를 방지하는 것이 원칙적으로 불가능했던 사건을 두고 드워킨은 '비선택적 불운'이라고 부른다. 이런 점에서 찢어지게 가난한 집에서 태어나게 되었거나, 선천적으로 신체적 혹은 정신적 장애를 가지고 태어나는 것은 비선택적 불운이라고 할 수 있다 — 즉, 그로부터 발생하는 피해를 미연에 방지할 수 있는 보험에 가입할 수 있는 기회가 처음부터 주어지지 않았다.

드워킨은 기본적으로 한 개인이 겪는 선택적인 불운은 그 개인 스스로의 책임이라고 생각하였다. 그러나 한 개인이 겪는 비선택적인 불운은 결코 개인의 책임이라고 할 수 없기 때문에, 그것은 정의란 이름으로 사회적으로 조정이 필요한 사항이라고 드워킨은 생각하였다.

드워킨의 기본적인 아이디어는 비선택적 불운에 의해 사람들 간에 발생하는 각종 사회적 혹은 자연적 재화의 불평등을 선택적 불운으로 전환시키는 것이었다. 이것을 위해, 드워킨은 롤스의 '원초적 입장'에서 이루어질 가상의 '보험시장Insurance Market'을 상정한다. 드워킨이 제시하는 원초적 입장에서 보면 사람들은 '얇은 무지의 베일'에 가려져, 자신들이 개인적으로 어떠한 선호 체계를 가지고 있는지에 대해서는 알면서도, 자기들이 어느 사회적 계층에 속하는지 아울러 자신들이 어떤 신체적 정신적 재능이나 장애를 가지고 있는지에 대해서는 모른다. 이때, 원초적 입장에 처한 사람들은 무지의 베일이 벗겨지는 순간, 자신들의 비선택적인 조건들로부터 발생할 수 있는 피해에 대비하기 위해 보험시장에서 각종 보험을 구입하는 것이 가능하다.

예를 들어서, 누군가 원초적 입장에서 신체적 장애에 대한 보험을 구입했는데, 무지의 베일이 벗겨지는 순간, 그 사람이 실제로 신체적 장애를 가진 것으로 드러났다면, 그 사람을 거기에 대한 보상을 제도적으로 받게 된다. 물론, 만약 그 사람이 원초적 입장에서 그러한 보험을 구입하지 않았다면, 그 사람은 그러한 제도적 보상을 받는 것에서 제외된다. 드워킨은 사회가 이와 같은 과정을 거쳐서 설립된다면, 부자들한테 세금을 걷어서 사회-경제적 및 신체적 약자들에게 보상을 해주는 '평등주의적 사회'가 도출된다고 주장하였다.

　여기서 드워킨이 평등주의적 사회를 '절차주의적으로 정당화'하고 있다는 것을 알 수 있다. 즉 드워킨이 지향하는 평등주의적 사회가 지닌 도덕적 정당성은 무지의 베일을 쓴 사람들이, 원초적인 입장에서 이루어지는 가상의 보험시장에서, 현실사회에서 자신에게 발생할지도 모르는 불행에 대비하기 위해 보험을 구입할 것이란 그 사실로부터 나오게 된다. 하지만, 원초적 입장에서 이루어지는 그와 같은 가상의 보험시장은 정말로 드워킨이 생각하고 있는 것과 같은 평등주의적 사회를 정당화해줄 수 있을까?

　저명한 경제학자이자 정치학자이자 정치철학자인 존 로머John Roemer는 정밀한 수학적 모형을 통해서 평등주의적 사회에 대한 드워킨의 정당화가 실패하였다는 것을 보여주었다. 로머는 우선 드워킨이 제시하고 있는 원초적 입장, (얇은) 무지의 베일, 가상의 보험시장과 같은 절차적인 조건들을, 드워킨의 설명을 바탕으로 수학적으로 엄밀하게 정식화하였다. 그 후에 로머는 드워킨이 설정하고 있는 원초적 입장에서 벌어지는 가상의 보험시장에 참여를 하고 있는 (얇은) 무지의 베일을 쓴 사람들이 각각 보험을 구입했을 때, 실제로 어떤 결과가 발생하는지를 자신의 수학적 모형을 통해서 논리적으로 도출하였다.

　그 결과, 정작 원초적 입장을 벗어난 현실사회에서는 매우 왜곡된 분배 결과가 나오게 되는 것이었다. 즉, 그러한 모든 과정을 거쳐 설립된 사회에서는 사회-경제적 및 신체적 약자들로부터 세금을 걷어서, 사회의 유능하고 부유한 자들에게 보상을 해주게 되는, 우리의 상식적인 직관에 반하는 어처구니가 없는 결과가 도출되어 버리는 것이다! 로머는 이러한 결과가 설사 원초적 입장의 가상적 보험시장에 참여를 하는 사람들이 위험기피risk-averse적 성향을 가진다고 하더라도 여전히 성립한다는 것을 수학적으로 보여줬다.

이러한 로머의 반론은 드워킨의 이론 전개에 있어서 치명적이라고 할 수 있다. 왜냐하면, 이것은 드워킨이 토대하고 있는 절차주의적 정당화 방식이 실제로는 자신이 옹호하고 싶어 하는 평등주의 사회를 제대로 정당화시켜주고 있지 못하다는 것을 보여주고 있기 때문이다. 드워킨은 훌륭한 법철학자이자 정치철학자이지만, 그는 그러한 사실을 깨닫지 못했다. 그리고 자신의 이론 구성에 있어서 그와 같은 치명적인 약점이 있다는 것을 드워킨 자신이 제대로 깨닫지 못했던 가장 큰 이유는 스스로 자기가 생각하는 가상의 보험시장을 수학적으로 정확한 방식으로 모형화하는 방법을 몰랐기 때문이다.

필자는 이 사례가 윤리학-정치철학자들이 수학적 모형을 다루는 방법을 배우는 것이 왜 중요한지를 보여주는 대표적인 사례라고 생각한다. 직관적으로 보았을 때, 어떤 가정이나 전제들로부터 너무나도 당연하게 도출될 것이라고 생각되는 결론도, 정말로 논리적으로 엄밀하게 따져보면 그렇지 않은 경우가 너무도 많다는 것을 철학을 조금이라도 공부해본 사람들은 잘 알 것이다. 수학적인 모형에 대한 훈련은 윤리학-정치철학자들로 하여금, 자신들이 가정하고 있는 각종 전제들로부터 논리적으로 도출될 수 있는 결론과 그렇지 않은 결론을, 그 어떤 방법론보다도 명확하게 분간할 수 있도록 해준다. 그런 점에서 정말로 논리적으로 정치한 이론을 전개하고 싶어 하는 윤리학-정치철학자라면, 다소 힘들더라도 반드시 거쳐야 되는 훈련과정이라고 생각한다.


### 윤리학+경제학=시너지 효과

지금까지 필자는 윤리학과 정치철학을 공부하는 데 있어서 경제학적인 개념, 사고방식, 방법론적 도구들이 윤리학과 정치철학을 하는 데 어떤 식으로 도움을 줄 수 있는지에 대해서 설명하였다. 여기서 구체적으로 소개하지는 않았지만, 사회선택 이론Social Choice Theory, 후생경제학Welfare Economics, 게임 이론Game Theory, 협상 이론Bargaining Theory, 메커니즘 디자인Mechanism Design 등은 단순히 그 방법론에 있어서 뿐만 아니라 실질적인 내용에 있어서도 윤리학-정치철학과 밀접하게 연관되어 있다.

근대 경제학의 아버지라고 할 수 있는 애덤 스미스Adam Smith는 대학교에서 도덕철학(윤리학)을 전공하고 스스로를 철학자라고 생각하였다. 우리에게 스미스는,《국부론Wealth of Nations》이라는 책을 통해 고전적인 자유시장경쟁체제를 옹호한 사람으로 유명하지만, 실제로 애덤 스미스는 자신이 쓴 최초의 책《도덕 감정론The Theory of Moral Sentiments》이 '국부론'보다 우월한 책이라고 스스로 생각하였다고 전해진다. 공리주의의 시초라고 할 수 있는 벤담과 밀 역시 당대의 일류 경제학자들이었고, 현대 정치철학의 대부인 롤스 역시 경제학에 조예가 깊다는 것은 그의 대표 저서인《정의론A Theory of Justice》을 읽어보는 사람이라면 누구나 알 수 있을 것이다. 1994년에 노벨경제학상을 수상한 하사니John C. Harsanyi와 1998년에 노벨 경제학상을 수상한 센Amartya Kumar Sen은 윤리학과 정치철학 분야의 최고 저널에 다수의 논문들을 발표하였고, 현존 윤리학의 대가인 기바드Allan Gibbard는 자신의 이름이 붙은 정리('Gibbard-Satterthwaite Theorem')가 경제학 교과서의 사회선택 이론 부분에 단골로 소개되고 있다. 이처럼, 역사적으로 철학(특히, 윤리학과 정치철학)은 경제학과 매우 밀접한 연관을 가지고 있었다. 그 이유는 철학과 경제학은 서로 결합이 되어 시너지 효과를 낼 수 있는 학문적 잠재력이 너무나도 크기 때문이다. 필자는 이러한 사실을 보다 많은 사람들이 깨달아서 두 분야에 걸친 활발한 학문적 연구 활동이 우리 학계에 정착되기를 간절히 바란다.

● Hal, Varian, *Intermediate Microeconomics*(8th Edition), W. W. Norton & Company, 2009.

전 세계적으로 가장 널리 쓰이고 있는 중급 미시경제학 교과서이다. 본문 자체는 고등학교 수학 수준이면 이해할 수 있도록 집필되어 있고, 동일 내용을 미적분학을 사용하여 분석하는 것은 각 단원의 부록에 수록이 되어 있다. 전체적으로 설명이 매우 잘 되어 있고 경제학의 전반적인 직 관을 배우는데 매우 유용하다.

● Wulf Gaertner, *A Primer in Social Choice Theory*, Oxford University Press, 2009.

윤리학-정치철학과 가장 밀접한 관련을 가지고 있는 경제학 분야들 중 하나가 바로 사회선택 이론이라고 할 수 있다. 하지만 그동안 사회선택 이론은, 그것을 소개해주는 마땅한 교재 자체가 없었다. 게다가 이 분야의 논문들은 지나치게 수학적이고 테크니컬한 측면이 강해서 일반 사람들이 이 분 야에 접근하는 데 많은 어려움이 있었다. 하지만, 최근에는 이 책이 나와서 이러한 문제가 해결되었다.

● Martin Peterson, *Introduction to Decision Theory*, Cambridge University Press, 2009.

철학 전공자들을 대상으로 집필된 이 책은 현대의 효용 이론, 확률 이론, 게임 이론, 사회선택 이론의 핵심적인 내용들을 매우 정확하고 잘 설명하고 있는 책이다.

● Daniel Hausman, *Economic Analysis, Moral Philosophy, and Public Policy*, Cambridge University Press, 2006.

이 책은 경제학적 윤리학의 개론서에 해당되는 책이라고 할 수 있다. 윤리학과 유관한 여러 경제학적 개념들과 그와 관련된 철학적인 논의를 잘 소개하고 있다.

● John Roemer, *Theories of Distributive Justice*, Harvard University Press, 1998.

현대 정치철학의 주요 이론들을 수학적 모델링을 통해서 재해석하고 재정리한 책으로 제대로 이해를 하기 위해서는 경제학과 대학원 수준의 미시경제학과 수학에 대한 배경지식이 요구된다.

# 3.

일상생활 속의
윤리학

환경윤리

# 환경문제의 원인과 해법은 무엇인가?

## 김명식

이 글의 3, 4절인 '인간중심주의를 넘어서'와 '인간과 자연, 그리고 사회'는《환경 생명 심의민주주의》(범양사출판부, 2002, 19~40쪽)와《숙의민주주의와 환경》(철학과현실사, 2009, 15~37쪽)에 실린 졸고를 수정한 것이다.

## 환경윤리의 시작

1960년대는 환경 위기에 대한 자각이 싹트기 시작한 시기이다. 이때 중요한 역할을 한 사람은 카슨Rachel Carson이다. 카슨이 1962년에 발표한 《침묵의 봄Silent Spring》은 환경에 대한 관심과 오늘날 환경운동을 일으키는 데 결정적인 계기가 된다. 이 책은 600만 부 이상이 팔렸고, 카슨은 이 책으로 언론인이 받는 최고의 상인 퓰리처상을 수상했다. 《침묵의 봄》의 배경은 1958년 미국 일리노이다. 봄이 왔건만 봄이면 들리는 새 생명들의 소리는 들리지 않았다. 지지배배하는 새끼들의 소리는 들리지 않고, 침묵의 정적만이 가득했다. 새들의 알이 부화되지 않았기에 새끼들의 소리를 들을 수 없었던 것이다. 그 원인을 추적해보니 살충제 DDT의 과도한 살포 때문이었다. 당시 미국에는 느릅나무 병충해가 심각해 그 원인으로 지목되었던 딱정벌레를 죽이기 위해 느릅나무 주변에 대량으로 살충제를 살포했다. 그런데 딱정벌레뿐만 아니라 지렁이, 개미, 구더기 등 다른 곤충들도 오염되고, 그 다음에는 곤충들을 먹는 종달새, 들쥐, 너구리, 마지막에는 최상위의 포식자인 독수리도 오염되었다. 특히 심각한 피해는 살충제에 취약한 새끼들이 입었다. 수정 자체가 잘 안 되었고, 수정이 되더라도 알을 보호해주는 알껍데기가 너무 얇아 부화되기 전에 죽었던 것이다.

환경에 대한 관심이 카슨으로부터 촉발되었다면, 환경윤리에 대한 관심은 화이트Lynn White로부터 촉발되었다고 할 수 있다. 1967년 《사이언스Science》지에 실린 〈환경 위기의 역사적 기원〉이란 글에서, 그는 환경 위기의 근원은 인간중심주의이며, 특히 기독교가 책임을 져야 한다고 주장했다. 그가 문제 삼은 것은 구약의 창세기이다. 창세기를 보면 신이 인간을 창조하면서 "당신의 모습대로 지어내시고", "자식을 낳고 번성하여 온 땅에 퍼져서 땅을 정복하라"(창세기 1장 26-26절)라는 대목이 나온다. 신은 유독 인간을 창조할 때만 자신의 형상을 본떠 만들었고, 자연의 다른 그 어떤 존재도 이런 영광을 부여받지 못했다. 창조자의 형상을 가진 자는 그렇지 않는 자와 출생부터 달랐고, 이렇듯 선택받은 존재인 인간에게는 다른 자연의 피조물들을 부릴 수 있는 특권을 부여했으며, 이것이 다른 자연의 존재들에 대한 인간의 존재론적 우위를 정당화하는 기원이 된다고 화이트는 보았던 것이다.

화이트의 글은 그야말로 파란을 불러일으켰다. 창세기 해석과 관련한 다양한 논쟁을 낳았고, 결국 이것은 생태신학으로 발전하게 되었다. 어떻게 보면 인간중심주의는 사실 기독교에 국한되지 않고, 서양 사상 전체에 퍼져 있었다. 아리스토텔레스나 데카르트, 칸트에서 인간중심주의는 더 하면 더했지 덜하지는 않았다. 어쨌든 화이트의 주장은 인간중심주의에 대해 철학자들이 성찰하는 계기가 되었고, 이런 관심이 오늘날 환경윤리학으로 발전하게 된다.

카슨의 책이 환경에 대한 경각심과 과학의 한계를 일깨워주었다면, 화이트는 오랜 기간 자신을 만물의 영장이라고 믿어왔던 인간의 통념을 비판했다. 만일 철학의 사명이 시대적 과제와 삶의 근본 전제에 대한 성찰이라면, 카슨과 화이트는 둘 다 직업 철학자는 아니지만 바로 그런 철학의 사명을 가장 잘 수행한 사람들이라고 말할 수 있을 것 같다.

## 환경 위기의 원인은 무엇인가?

1960년대 환경 위기에 대한 경각심이 점증하면서 환경 위기의 원인이 무엇이냐를 놓고 논쟁이 있었다. 환경 위기의 주요 원인으로 거론된 것에는 '인구', '사회체제', '과학기술', '세계관' 등이 있다.

환경 위기의 원인으로 처음 부각된 것은 '인구 증가'였다. 어찌 보면 이것은 당연한 발상이다. 인구가 증가하면 그에 상응해 거주지 및 식량 수요도 증가할 것이고, 이를 충족하기 위해서는 야생지도 파괴되기 때문이다. 이런 입장의 대표자는 하딘Garret Hardin과 에리히P. Ehrlich이다. 이들의 주장은 인류의 위기를 인구 증가에서 보았던 19세기의 경제학자 맬더스Thomas Robert Malthus의 시각을 계승했다고 해서 '신 맬더스주의'라고 불린다.

이 입장은 이후 제 3세계의 학자들로부터 저항을 불러일으킨다. 그 이유는 이 입장이 갖는 정치적 함의 때문이다. 선진국은 인구가 그대로인데 중국, 인도, 방글라데시, 에티오피아 등 제 3세계는 인구 증가가 심각한 상황에서 환경 위기의 원인을 인구 증가로 본다면, 그 책임은 제 3세계에 있다. 반면 커머너B. Commoner와 슈마허E. Schumacher 등은 지구온난화의 원인이 되는 화석연료의 80%가 세계 인구의 20%에 불과한 선진국에 의해 사용되고 있다는 사실에 주목해, 환경 위기의 책임은 제 3세계가 아니라 대량생산과 대량소비의 체제에서 화석연료를 많이 사용하는 선진국이 져야 한다고 본다.

여기서 더 나아가 몇몇 학자들은 자본주의 생산체제에 대한 비판으로 나간다. 가령 오코너J. O' Connor나 알트파터E. Altvater 같은 생태맑스주의자들은 자본주의 생산체제는 필연적으로 환경 위기를 낳는다고 본다. 이들에 따르면, 자본주의체제는 확대재생산을 추구하면서 무한히 생산품을 늘리려 한다. 그런데 이에 소요되는 자원을 공급하는 자연의 용량은 유한하다. 이런 자본주의 논리와 생태계의 현실 간의 모순에서 환경 위기가 발생하다고 본다.

환경 위기의 원인으로 지목되었던 다른 하나는 '과학기술'이다. 썩지 않는 플라스틱 등의 화학합성물, 농촌생태계를 파괴한 DDT, 그리고 하천의 생태계를 중간에 차단하는 댐 등은 모두 과학기술의 산물이기 때문이다. 특히 문제가 된 것은 과학기술이 가진 예측 능력의 한계이다. 예를 들어, DDT가 처음 개발되었을 때 우리는 그것이 곡물을 먹어치우는 해충들을 죽임으로써 농업 생산성을 증대시킨다는 사실만 주목했지, 생태계 전체를 파괴하리라고는 예상하지 못했다. 그리고 꿈의 에너지였던 핵에너지를 통해 무한한 에너지를 확보할 수 있다고만 믿었지, 그것이 인류의 생존을 위협하리라고는 생각하지 못했다. 이런 예들은 과학의 예측 능력의 한계를 잘 보여주며, 우리는 이를 겸손하게 인정해야 한다는 지적들이 나오게 했다.

철학자, 윤리학자들이 가장 관심 있었던 것은 우리가 갖고 있는 가치관이다. 욕망의 문제는 환경에 관한 논의에서 중요한 쟁점인데, 욕망을 줄이는 문제는 어떤 가치관을 갖느냐에 의해 좌우되기 때문이다. 크고 안락한 차를 탈 것인가 아니면 작은 차나 자전거를 탈 것인가는 환경과 욕망의 관계를 잘 보여주는 한 예이다. 욕망의 문제는 삶의 방식의 문제이기도 하다. 소로우, 슈마허, 프롬, 법정스님에 이르기까지 많은 문명비평가들은 물질문명을 비판하면서 양적인 행복이 아닌 질적 행복을 추구해야 한다고 주장한다.

한편 종의 멸종문제는 우리에게 자연과 인간의 관계에 대한 심각한 메시지를 던진다. 호랑이, 청색고래, 물범, 수달의 멸종현상은 우리 인간들에게는 하나의 자책거리였다. 계속되는 서식지의 감소와 인류의 남획으로 고통 받고 있기 때문이다. 과학기술의 발달로 현재 인류가 누리는 풍요도 전례 없는 것이지만, 자연의 여러 존재들은 전례 없는 파괴와 고통을 당하고 있다. 이런 현실이 과연 정당한가? 만일 우리가 역지사지易地思之의 태도를 취한다면 한쪽에서의 전례 없는 풍요와 다른 한쪽에서의 전례 없는 멸종사태를 용납할 수 있을까? 이런 문제의식에서 철학자들은 자연과 우리의 관계, 즉 자연 안에서 우리의 위치는 무엇이냐는 세계관의 문제를 제기하고 있는 것이다.

실로 환경 위기는 복합적인 양상을 띠고 있다. 식량 및 자원의 고갈, 멸종, 생태계 파괴 등 매우 다양하다. 이런 위기 속에서 인류의 풍요는 종지부를 찍고, 인류 또한 멸종의 길을 걸을지도 모른다는 막연한 불안의식이 맴돌았다. 위기에 대한 반응은 크게 두 가지로 하나가 인간의 생존에 초점을 맞춘 '생존의 윤리'라면, 다른 하나는 동물과 자연을 걱정하는 '공존의 윤리'이다.

첫 번째 유형을 대표하는 사람이 하딘이다. 하딘에 따르면, 제 3세계가 이미 과잉 승선으로 좌초 중인 배라면, 그래도 선진국은 아직은 수용 인원을 초과하지 않은 구명정이다. 가난한 나라의 국민들은 이제 자신들의 배에서 내려 선진국의 구명정으로 들어가기를 희망한다. 하딘은 더 이상 이들을 선진국의 구명정에 태워서는 안 된다고 주장한다. 만일 태운다면 그것은 공멸의 길이기 때문이다. 또한 하딘은 선진국 국민들만이라도 살기 위해서는 제 3세계에 대한 식량 원조를 중단하고, 이민도 동결해야 한다고 역설한다. 위기의식은 제 3세계를 굶어죽도록 방임해야 한다는 극히 비윤리적인 해법을 낳았던 것이다.

반면 대부분의 환경윤리학자들은 '공존의 윤리'를 모색한다. 앞서 말한 화이트가 그랬고, 인간중심주의를 둘러싼 1970~80년대의 논쟁이 그렇다. 첫 번째 입장과 두 번째 입장의 차이는 '도대체 무엇이 문제인가'에 대한 문제제기의 상이함에서 비롯된다. 하딘의 고민이 자원고갈과 인류의 생존이라면, 많은 환경윤리학자들의 고민은 인류의 풍요와 자연의 멸종이었던 것이다. 환경윤리에서 견해의 차이는 해법이 무엇인가에서도 발생하지만, 무엇이 문제인가에서도 발생하는 것이다.

### 인간중심주의를 넘어서

서양의 전통은 인간중심적인 경향을 띠어왔다. 고대와 중세를 대표하는 철학자인 아리스토텔레스와 아퀴나스는 인간만이 도덕적으로 존중받을 자격이 있다고 믿었다. 이들에게 동물은 인간이 사용하도록 운명 지워졌고, 그것은 자연의 법칙이요 신의 섭리였다. 우리의 목적을 위해 동물을 죽이는 것은 결코 부정의한 일이 아니었다. 도구적 존재에 대해서는 정의와 부정의의 문제가 개입될 수 없고, 다만 편의의 문제만이 개입될 뿐이었다.

인간중심주의는 근대에 들어와서 더욱더 두드러진다. 근대 철학의 출발점인 데카르트의 관점은 윤리학의 범위를 넘어 존재론과 인식론에 이르기까지 사유양식 전반에 관련된다는 점에서 특별히 중요한 의미를 지닌다. 데카르트에 따르면, 모든 실재는 마음mind과 육체body라는 두 범주로 환원되는데, 동물은 살아 있긴 하지만 기계이며 '사고 없는 존재'일 뿐이다. 데카르트에서는 의식이 도덕적 지위를 갖는 기준이 되며, 오직 인간만이 그 기준을 만족시킨다. 데카르트는 동물을 자동조절장치로 보고 동물의 신체와 행동원리를 알기 위해서는 물리적인 또는 화학적인 구성요소로 환원해서 수학적으로 해석하면 된다고 믿었다. 이렇게 되면 생물과 무생물의 차이는 없어지고, 생명체는 '영혼'이 결여된 물리적 대상으로 전락한다. 반면 인간은 '생각하는 존재'이고 '자연'의 범주에서 벗어난다. 인간을 오직 '생각하는 존재'로 보는 것은, 오직 질료만을 갖고 있는 나머지 자연의 존재들로부터 인간을 존재론적으로 분리시킨다는 것을 의미한다. 데카르트의 이원론적인 사고방식은 정신과 물질, 주체와 객체의 분리를 낳았고, 이는 인간과 자연의 분리를 상징한다. 데카르트의 생각은 뉴턴, 로크, 케플러 등을 거치면서 근대적 사유방식을 대변하게 되며, 여기서 자연은 영혼이 결여된 기계적인 대상으로, 주체가 아니라 단순한 조작 대상으로 파악될 뿐이다.

칸트 또한 마찬가지이다. 칸트는 자유롭고, 이성적인 행위를 할 능력이 있는 인간만이 목적적 존재요, 도덕적 존재라고 보았다. 반면 인간 이외의 다른 모든 생명체는 이성적으로 행위할 능력이 없기 때문에, 도덕적인 고려 대상에서 배제했다. 그에 있어서 자연을 존중하는 우리의 의무는 인간에 대한 의무에서 도출되는 간접적인 의무일 뿐이다. 그 또한 동물학대에는 반대했는데, 그 이유는 학대로 인해 동물이 고통을 받아서가 아니라, 그것이 인간에게 좋지 않은 영향을 미치기 때문이다.

환경윤리학자들은 대체로 인간중심주의에 대해서 비판적 태도를 취한다. 가령 라우틀리Val and Richard Routley 부부는 인간중심주의를 '인간분리human apartheid' 또는 '인간쇼비니즘human chauvinism'으로 표현한다. 그들에 따르면, 인간중심주의는 정당한 이유 없이 자기 집단의 구성원이 자기 집단에 속하지 않는 자들보다 더 우월하다고 믿는 다른 일체의 쇼비니즘의 형태와 마찬가지로, 아무런 근거가 없다.

인간중심주의 비판의 선봉장은 누가 뭐라고 해도 피터 싱어다. 1975년 그가 아직 20대였을 때《동물 해방》(김성한 옮김, 연암서가, 2012)을 발표하는데, 이 책은 오늘날 동물 해방운동의 바이블로 여겨진다. 그의 논의는 막연하고 추상적이지 않고 구체적인 현장조사에 기초한 것이어서 그대로 피부에 다가온다. 단지 싼값에 고기를 먹기 위해 동물을 마치 공산품 찍어내듯이 사육하는 공장식 사육factory farming 관행, 화장품의 독소실험을 위해 고통스럽게 실험당하는 토끼들에 대한 그의 묘사는 너무나 생생했다.

그는 이런 동물들에 대한 관행이 인간중심주의라는 통념에 기초하며, 이는 명백히 잘못된 것이라 비판한다. 그에 따르면, 성차별주의와 인종차별주의가 잘못된 것이라면, 종種차별주의도 잘못된 것이다. 즉 남성이 단지 남성이라는 이유에서 여자에 대한 우월성을 주장하는 것, 그리고 백인이 단지 백인이라는 이유에서 흑인에 대한 우월성을 주장하는 것이 비합리적인 것과 마찬가지로 단지 인간이라는 이유만으로 동물에 대한 우월성을 주장하는 것도 비합리적이다.

하지만 탈자연중심주의 진영 안에서 가장 눈에 띄는 것은 생명에 주목함으로써 새롭게 환경윤리를 정초하려는 시도들이다. 생명평등주의, 생명중심주의, 생명사상 등 다양한 이름을 가지고 등장하는 생명에 대한 관심은 환경윤리학 전체에서 차지하는 비중이 매우 크다. 이들은 도덕적 고려 대상을 동물로 확장하는 것만으로는 부족하며 모든 생명체로 확장해야 한다고 주장한다. 일찍이 생명사상을 펼쳐 많은 윤리학자들에게 범례가 되는 사람은 슈바이처와 간디이다. 이들은 일상생활에서 벌레도 죽이기를 꺼려했을 정도로 철두철미하게 생명 존중을 실천했다.

생명의 문제를 환경윤리학계에서 본격적으로 다룬 사람은 네스A. Naess이다. 네스는 1973년《Inquiry》에 실린 〈피상적 생태주의와 근본적, 장기적 생태운동〉이란 글에서, 지금까지의 환경 이론과 환경운동은 오로지 선진국 국민만을 위한 '피상적인shallow' 생태주의에 머물렀다고 진단하고, 환경문제를 해결하기 위해서는 근본적인 인식의 전환이 요구된다고 역설한다. 그가 말하는 근본적인 인식의 전환이란 인간만을 위한 사고에서 벗어나 자연과 함께 공존하려는 것이며, 이런 이유에서 자신의 이론을 '근본적인deep' 생태주의라고 주장한다. 네스는 이후 드볼Bill Devall, 세션즈George Sessions, 폭스Warwick Fox 등과 함께 근본생태주의라는 '학파'를 이끌게 된다. 환경윤리학계에서 네스가 차지하는 비중은 매우 크다. 그는 '근본적'인 인식의 전환을 촉구했고 환경문제에 대한 철학적, 윤리적 논의가 가능하며, 또 반드시 필요하다는 점을 보여줬기에, 어떤 의미에서는 환경윤리학이라는 학문 분과를 가능하게 한 인물로 평가할 수 있다. 1990년대 중반까지 그의 영향력은 막강해 환경윤리학계의 대표적인 저널《환경윤리Environmental Ethics》에 실린 글들은 대부분 그를 직간접적으로 건드리고 있다.

그의 핵심사상은 '생명평등주의'와 '큰자아실현'이다. "생태계에 존재하는 모든 것들은 자기를 실현할 평등한 권리를 가진다"라는 생명평등주의의 실천은 큰자아실현이라는 윤리적 강령의 실행을 통해 가능하다는 것이 그의 요지이다. 큰자아를 추구한다는 것은 자연과 나의 하나 됨을 추구하는 것이고, 이를 통해 자연의 아픔을 나의 아픔으로 깨닫는 것이다. '세계가 나의 몸이다', '모든 생명은 근본적으로 하나다'라는 근본생태주의의 표어도 이런 맥락에서 나온 것이다.

네스의 특징 중 하나는 동양적 사유에 귀를 기울인다는 점이다. 노장사상, 선불교, 인도의 우파니샤드가 그가 받아들인 동양적 지혜의 모범이고, '물아일체物我一體', '범아일여梵我一如'야말로 자연과 인간의 하나 됨을 밝히는 오래된 삶의 지혜라는 것이다. 이런 점에서 우리나라의 김지하, 장회익, 한면희는 서양의 생태주의와 동양의 지혜를 결합한 고유의 생명사상을 전개한 바 있다.

하지만 네스가 지닌 신비주의 색채를 대다수의 서양 윤리학자들은 받아들이기 어려웠다. 분석적 명료함이 서양철학의 기본 정신이었기 때문이다. 그들은 네스가 생명평등주의를 제창하면서도 왜 생명이 평등한지에 대해 합리적으로 설명하지 않는다는 점이 특히 불만스러웠다. 이 공백을 훌륭하게 채운 것이 윤리학자인 폴 테일러Paul Taylor이다. 그에 따르면, 모든 생명체는 인간의 필요와 무관하게 고유한 가치를 지니고 있는데, 이것은 '목표지향적 삶의 중심teleological center of life'

때문이다. 즉 아무리 미물이더라도 생명체는 자기의 생존을 유지하고, 성장하고, 종을 재생산하려는 목표를 추구하며, 이를 위해 변화하는 환경에 부단히 적응하려고 애쓴다. 그리고 생명체가 지닌 생명의 가치는 일종의 '내재적inherent' 가치이다. 내재적 가치는 생명체가 자기 스스로 갖는 가치라는 점에서 외부의 인간에 의한 가치평가와 무관하다고 선언한다. 이것은 자연에 대한 가치는, 그것이 단순히 도구적 가치가 아니라 목적적 가치라고 할지라도 어디까지나 인간에 의해 결정되는 변수라는 종전의 통념과 획을 달리하는 것이다. 인간의 절대적 존엄성에 대한 칸트의 통찰을 연상하게 하는 그의 논리는 생명의 가치를 입증하고 싶었던 당대의 많은 사람들에 의해 생명주의를 가장 잘 설명한 이론이라는 찬사를 받게 된다.

하지만 네스나 테일러가 채택했던 생명평등주의는 실천 가능성과 관련해 심각한 우려를 예고하고 있었다. 동물 해방에 대해 이념적으로 동조한다고 할지라도, 동물 해방론자가 되기 어려운 이유 중 하나는 그 이념의 실천이 부담스럽기 때문이다. 즉 동물 해방론자임을 자처하면서 고기를 먹는 것은 모순이고, 이 때문에 많은 사람들은 동물 해방론을 받아들이기를 주저한다. 그런데 생명중심주의는 생존을 불가능하게 하는 이론일 수도 있다. 즉 생명중심주의를 채택한다는 것은 식물을 포함해 모든 생명체들에게 인간에게 부여한 가치와 유사한 가치를 부여하는 것인데, 이런 가치를 지닌 존재를 먹는 것은 비도덕적인 행위이기 때문이다. 생명평등주의에 충실하다보면 인간은 자연 과정에서 이미 죽은 생명체, 가령 '낙엽' 정도를 먹을 수 있는 것이 아닌가 하는 우려가 나온다.

이와 관련해 네스나 테일러의 대안은 본질적basic 필요와 부수적nonbasic 필요를 구분하는 것이었다. 의식주를 위해 동물을 사냥하는 것은 본질적 필요에 해당하지만, 핸드백과 같이 없어도 되는 것을 충당하기 위해 희귀종인 악어를 사냥하는 것은 부수적 필요에 해당한다. 본질적 필요를 위해서는 어쩔 수 없지만, 부수적 필요를 위해 동식물의 생존을 해쳐서는 안 된다는 것이다. 또 인간을 포함해 자연의 모든 존재들이 본질적 필요를 위해서 다른 존재를 죽이는 것은 자연의 순리라는 주장이 가능하다.

그렇다고 생명평등주의의 난점이 모두 해소되는 것은 아니다. 우선 본질적 필요와 부수적 필요를 정확히 구분하는 것이 가능한지의 문제와 생태계 관리와 관련한 생명평등주의의 한계에 대한 문제가 있다. 특정 개체수 과잉은 생태계 전체의 피폐화를 초래하는데, 이를 어떻게 할 것이냐이다. 가령 코끼리 개체수가 과잉인 지역에서는 생태계 보호를 위해 코끼리를 죽이거나 불임수술을 해야 한다. 또 황소개구리 같은 외래종에 의한 생태계 교란을 막기 위해 외래종을 죽여야 하는 것이 우리의 현실인데, 이를 생명평등주의에서는 어떻게 정당화할 것인지가 문제가 된다. 코끼리도, 황소개구리도 다 귀중한 생명이 아닌가?

이런 점에서 생명평등주의의 약점을 훌륭하게 보완하는 것이 캘리코트J. B. Callicott의 대지윤리land ethics이다. 캘리코트는 미국 생태철학의 아버지라고 불리는 레오폴드A. Leopold를 계승한다고 표방하지만, 실제로는 그를 뛰어넘어 자신의 독자적인 철학 체계를 수립한 학자로 평가 받는다. 그들에 따르면, 윤리학의 고려 대상은 이제 인간이 아니라, 전체 생태계로 확대되어야 하고, "행위의 옳고 그름은 그것이 생태계의 온전함과 안정, 아름다움에 얼마나 이바지하느냐에 달려 있다."

캘리코트의 강점은 실천 가능성과 관련해 생명평등주의의 난점을 해결하면서, 동시에 생태계에 대한 종합적이고도 체계적인 관리를 가능하게 한다는 점이다. 가령 생태계의 안정이 최상의 가치이므로, 황소개구리와 코끼리에 대한 정리 작업이 전체 생태계의 안정과 온전함을 위해서는 가능하다는 논거를 마련해준다. 특히 캘리코트는 물리학, 생태학, 진화론 등 자연과학에 정통하며 이것들에 기초해 자신의 논리를 정당화하기 때문에, 1980년대부터 지금까지 환경윤리학계에서 가장 주목을 받는 학자라고 할 수 있다.

하지만 캘리코트 또한 약점이 없지 않다. 대표적인 것이 레건Tom Regan의 비판으로, 캘리코트의 입장은 '환경파시즘'을 함의한다는 것이다. 생태계의 가장 최대의 재앙은 코끼리나 황소개구리가 아니라 다름 아닌 인간이며, 결국 캘리코트의 입장은 생태계 보호를 위한 '대량적인 인간 사냥'을 함의한다고 반론했다.

어쨌든 탈인간중심주의가 갖는 문제점으로 인해 다양한 형태의 중도적인 견해들이 양산된다. 대표적인 것으로는 생명중심주의를 인정하면서도 공리주의를 포기하지 않는 애트필드Robin Attfield, 개체주의와 전체주의를 절충하는 롤스턴Homles Rolston III, 가치다원주의를 제안하는 스톤Christopher Stone을 들 수 있을 것이다.

한편 인간중심주의 진영에서도 기존의 윤리 체계를 유지하면서도, 환경에 대한 관심을 반영하는 여러 이론들이 등장한다. 대표적으로 노턴Brian Norton의 '약한 인간중심주의', 하그로브Eugine Hargrove의 '미학적 공리주의', 맥클로스키H. J. McCloskey의 '이상적 공리주의'를 들 수 있다. 이들의 일반적 경향은 자연중심주의가 갖는 낭만적인 측면을 비판하고, 가치론적 난점을 지적하는 것이다.

특히 노턴은 많은 환경윤리학자들이 인간중심주의 대신 탈인간중심주의를 지향하는 것에 대해 비판적이다. 그가 보기에 인간중심주의도 잘만 가꾸면 환경문제에 충분히 대처할 수 있기 때문이다. 그는 인간중심주의를 '강한strong' 인간중심주의와 '약한weak' 인간중심주의로 구분한다. 그는 강한 인간중심주의로는 환경보전의 문제를 해결할 수 없다고 본다. 그 이유는 자연은 인간의 선호를 만족시켜주는 견지에서만 가치를 갖고 있어, 자연은 필요할 때마다 개발될 수밖에 없기 때문이다. 반면 약한 인간중심주의는 일종의 '숙고된 선호'와 관련되고, 이때 자연의 심미적, 목적적 가치를 인정한다면 자연의 보전은 가능하다. 그리고 이는 탈인간중심주의를 채택한 것과 자연의 보전이라는 결과에서는 별반 차이가 없다. 굳이 가치론에서 난점을 보이고, 사람들이 받아들이기를 꺼려하는 탈인간중심주의를 채택할 필요가 없다는 '실용주의적pragmatic' 입장에서도 약한 인간중심주의는 매력이 있다고 주장한다.

약한 인간중심주의자들이 특히 관심을 갖는 것은 미래세대와 지속가능성의 문제이다. 인간중심주의에서도 미래세대는 중요한 관심의 대상이다. 왜냐하면 우리세대만 인간이 아니라 미래세대도 인간이며, 미래세대의 인간을 위해서도 우리는 자연을 아끼고 보전해야 하기 때문이다. 이런 맥락에서 미래세대의 필요를 훼손하지 않고 우리의 삶을 영위하는 '지속가능한 발전sustainable development'의 이념을 이해할 수 있을 것이다.


## 인간과 자연, 그리고 사회

환경윤리학을 사회철학적 관점에서 접근하려는 움직임도 활발하다. 어차피 인간의 의식과 행위는 사회의식, 사회제도와 무관할 수 없기 때문이다. 이러한 경향은 북친Murray Bookchin에서 가장 명확히 나타난다.

앞서 보았듯이, 근본생태주의는 환경문제가 인간과 자연의 대립관계에서 발생한다고 보며, 그 해법은 자연을 위한 인간의 '양보'로 귀결되는 측면이 강하다. 구체적으로는 국립공원을 설치하고, 늑대, 회색곰, 엘크의 보금자리를 위해 야생생물보호구역을 지정하라는 야생지 보전에 초점을 맞춘다. 하지만 근본생태주의와 야생지보전운동이 받아들여지는 곳은 특정 지역, 구체적으로 말하면 미국 서부, 캐나다, 뉴질랜드, 호주, 스칸디나비아 등이다. 그 이유는 이 지역들이 아직 개발되지 않는 야생지를 갖고 있고, 또 야생지를 남겨둘 수 있을 정도로 인구가 희박하기 때문이다. 이 지역들이 아닌 다른 지역에서는 근본생태주의와 야생지 보전이 환영 받지 못한다. 미국 동부 지역만 해도, 생태계에서 인간적 요소를 배제하는 것은 불가능하며, 이 지역의 환경운동은 대기 및 수질의 개선에 더 관심을 갖는다. 또 환경 이념과 환경운동은 사회적인, 문화적인 지평과도 연관이 깊다. 서유럽의 경우 전통적인 자연보호운동도 존재하지만, 반핵운동이나 정치적 생태운동이 더 활발하다. 정치적 생태운동은 신사회운동과 연관되며, 참여 정치에 관심을 갖는다. 이 운동의 성격을 굳이 따지자면, 자연중심주의보다는 인간중심주의에 가깝다.

사회생태주의social ecology를 표방하는 북친이 보기에, 근본생태주의는 모든 원인을 인간중심주의로 귀착시키는데, 이것은 매우 위험한 발상이다. 환경 위기의 원인을 인간중심주의로 본다면, 모든 인간은 인간이라는 이유만으로 다 똑같이 환경문제에 책임을 져야 한다. 이는 환경을 파괴하는 기업의 악덕 사장이나, 가난한 빈민가의 아이에게 동일한 책임을 전가한다는 문제점을 지닌다. 북친에게 환경문제는 광범위한 사회문제의 하나일 뿐이다. 그는 사회문제의 원인을 지배domination와 위계hierarchy에서 찾는다. 사회 전반에 존재하는 지배와 위계가 갖가지 문제를 낳았는데, 환경문제도 이것의 일환이라는 것이다. 남성의 여성 지배, 이성의 감성 지배, 정신의 육체 지배, 자본가의 노동자 지배, 도시의 농촌 지배, 노인의 젊은이 지배, 인간의 자연 지배가 그것이다. 환경문제의 극복은 사회에 만연한 지배와 위계관계를 깨고, 자유와 해방을 추구하는 전체 사회운동의 맥락에서 찾아야 하며,

이런 의미에서 그는 자신의 주저를 《자유의 생태학Ecology of Freedom》 (2005)이라고 했다. 일체의 지배관계를 부정한다는 점에서 그는 아나키즘적인 색채를 다분히 보이는데, 오늘날 마르크시즘이 쇠퇴하면서 아나키즘이 학계의 중요한 관심사항이라는 점을 상기할 필요가 있다. 프럼우드Val Plumwood 등이 제안하는 생태페미니즘도 북친의 문제제기에 힘입은 바가 크다. 생태페미니스트들은 바로 (인간의) 자연 지배와 (남성의) 여성 지배의 연관성에 주목한 것이다.

여기에 덧붙여할 것은 환경문제를 정의의 문제와 연관시켜 보는 흐름이다. 1971년 롤스의 《정의론》이 발표된 이후 사회정의의 문제는 윤리학과 사회철학에서 중요한 주제였다. 환경윤리 분야에서 이와 관련한 논의로는 환경문제를 세대 간 정의, 종種 간 정의의 문제로 보는 웬츠Peter Wenz의 논의와 인종 간 정의, 계급 간의 정의로 보는 벌러드 Robert D. Bullard의 논의가 있다. 벌러드에 따르면, 미국에서 유독성 폐기물이 폐기된 장소는 백인 거주 지역이 아니라 흑인 거주 지역이며, 부자가 아니라 가난한 노동자의 거주 지역이다. 환경문제에 대한 문제제기도 이 점을 전제로 해야 한다.

제 3세계의 환경운동과 환경 이념은 제 1세계의 그것과는 판이하다. 경제난에 허덕이는 아시아와 아프리카 국가들은 자연의 권리나 환경보호보다는 아무래도 경제발전과 생활수준의 향상에 관심을 갖고 있다. 여기서 환경운동은 주거, 식량, 고용, 안전한 노동환경, 보건 등 인간의 생존문제와 결합된다. 대표적인 예가 인도에서 발생한 '칩코운동'이다. 칩코운동에서는 여성이 주축이 된 지역 주민들이 벌목회사에 대항해 싸웠다. 이 지역에서 숲은 오랜 기간 주민들에게 땔감을 제공했고, 또 버섯채취 등을 통해 주요 수입원의 역할을 했다. 그런데 다국적기업이 들어와 대량벌목을 하자 여성들이 나무를 껴안고 이에 항거한 것이다. 이것은 환경운동이 '가진 자'의 운동이라는 사회통

념을 깬 것이었고, 환경운동의 새로운 가능성을 제시했다고 평가받는
다. 제 3세계의 빈곤계층도 생존권을 위협받게 되면 환경운동을 조직
한다는 것이고, 이런 측면에서 환경운동을 하나로 규정할 수 없는 것
이다. 구하Ramachandra Guha나 시바Vandana Shiva 같은 인도의 학자들이 야
생지보전운동을 '미국의 이데올로기'라고 비판한 것도 이런 맥락에서
이해할 수 있다.

1980년대 후반, 1990년대에 접어들면서, 환경 정책의 실제 수립
과정을 분석하고, 그것에 대한 철학적, 윤리적 분석을 하는 학자들이
나타나는데, 그 대표자는 새고프Mark Sagoff와 오닐John O' Neill이다. 새고
프는《지구의 경제학The Economy of the Earth》(1990)에서 환경 정책 결정이
주로 환경경제학자들의 비용편익분석cost-benefit analysis을 통해 이루어
진다는 사실에 주목하고, 그것에 대한 철학적 분석을 도모한다. 그에
따르면, 비용편익분석은 질적인 것을 양적인 것으로 환원하는 오류를
범하고, 비용지불 능력이 있는 자와 없는 자를 구분하지 못하며, 미래
세대를 적절히 배려하지 않는다. 이것은 환경윤리 연구에서도 중요한
의미를 지닌다. 과거의 환경윤리학자들은 환경문제의 원인과 해법과
관련해 섬세한 설명을 하지 못했는데, 이제 윤리학이라는 도구를 가
지고 실제 정책과정을 분석하고, 그것의 문제점을 지적한 것이다.

한편 환경경제학의 한계는 대안이 무엇이냐는 후속 논의를 낳으
면서 환경철학은 숙의민주주의 정치철학과 결합되는 양상을 보인다.
환경문제는 양적인 것으로 환원될 수 없고 거기에 질적인 가치판단의
문제가 개입된다면, 결국 일반 시민들의 숙의가 어떤 식으로든 요구되
기 때문이다. 숙의민주주의 정치철학의 대표자인 하버마스와 롤스,
그리고 이들의 핵심 개념인 의사소통적 이성communicative reason과 공적
이성public reason이 숙의의 이념적 모델로 떠오르고 있다. 드라이젝John
Dryzek이 환경철학에서 숙의민주주의를 추구하는 대표적인 학자라고

할 수 있다. 1990년대 초반부터 구체적인 숙의적 장치들이 개발되기 시작했는데, 여기에는 시민배심원제, 합의회의, 공론조사들이 포함된다. 이것은 사회적으로 중요한 의사결정과정에는 어떤 식으로든 시민의 참여가 필수적이라는 참여민주주의의 전통과 맥을 같이 한다.

## 기후윤리, 물의 윤리, 음식윤리

최근 환경윤리는 다양한 환경 관련 쟁점을 다루면서 분화하고 있다. 여기서는 그중 대표적인 흐름인 '기후윤리', '물의 윤리', '음식윤리'를 소개하고자 한다.

먼저 기후 논쟁은 얼핏 보면 기후과학의 문제인 것 같지만, 그 배후에는 적지 않은 윤리적인 쟁점들이 깔려 있다. 기후변화를 야기한 존재와 그로 인해 피해를 받는 존재가 공간적으로, 그리고 시간적으로 일치하지 않는다는 점에서 사회정의의 문제가 제기되기 때문이다.

공간적으로 볼 때 기후변화의 주된 책임은 북반구에 몰려 있는 선진국에 있지만, 가장 피해를 보는 지역은 남반구의 빈국이다. 북반구 미국에서 발생하는 대규모 에너지 소비는 남아시아와 태평양의 섬에게는 죽음과 질병을 야기한다. 그런데 이 지역의 사람들은 온실가스를 가장 적게 배출하기 때문에 어떤 의미에서는 오늘날 환경문제에 가장 책임이 적은 사람들이다. 여기서 기후변화의 가해자와 피해자의 분리라는 이른바 '지구적 정의global justice'의 문제가 제기된다.

'지구적 정의' 문제 이외에 '세대 간 정의intergenerational justice'의 문제도 중요한 쟁점이다. 왜냐하면 기후변화의 원인은 화석연료 때문인데 이로 인한 탄소배출은 18세기 후반 산업혁명 후 비약적으로 증가했다. 이 화석연료를 사용한 이는 과거세대 및 현재세대다. 반면 그로 인한 피해는 미래세대에 더 심각해진다. 이런 맥락에서 기후 논쟁에서 미래세대의 문제는 매우 중요한 비중을 차지한다. 미래세대의 문제는 핵발전소 논쟁에서 다시 재연된다. 핵발전으로 인한 이득은 현세대가 누리지만 그것이 배출하는 폐기물은 미래세대에게 큰 부담이 되기 때문이다.

이런 점 때문에 기후윤리climate ethics 또는 기후변화윤리climate change ethics의 필요성이 요구되고 있고, 실제 많은 기후 관련 협약에서도 윤리학적 접근이 이루어지고 있다. 가령 1992년 제정된 유엔의 기후변화 협약은 '현세대와 미래세대 인류의 보호' '기후 체계에 대한 인간의 위험한 간섭의 방지' 등을 목적으로 한다고 명시하는데, 이런 목적들과 관련된 원리들은 가치 의존적 개념들이다. 또 '평등', '공통적이지만 차별적인 책임'(3,1항), '개발도상국들의 특별한 필요'(3.2항), '개발에의 권리들'(3.4항) 등도 다 넓은 의미의 도덕 정치철학과 연관되는 것들이다

아울러 기후변화는 정의의 문제 이외에 책임의 문제도 제기한다. 이것은 기후변화의 원인과 결과의 분산, 행위자의 파편성 문제와 관련된다. 기후변화가 발생하는 원인을 어느 한 지역, 어느 한 시점으로 국한시킬 수 없다. 또한 기후변화를 일으킨 행위자도 특정 개인과 특정 국가에 귀속시키기는 어렵다. 기후변화는 단일 행위자가 일으킨 것이 아니라 막대한 다수의 개인들, 복잡한 구조가 영향을 미친 것이기 때문이다. 그래서 기후변화에 대한 책임의 문제를 '내가 한 것도 아닌데 그리고 나만 한 것도 아닌데 내가 왜?'라는 물음에 대한 해답을 찾는 것으로 보기도 한다.

한편 기후변화는 '우리는 어떻게 살아야 하는가'라는 철학적 문제를 제기한다. 기후변화가 심각하다고 동의할 경우, 우리는 현재 우리의 소비양식을 바꿔야 한다는 요구에 직면하기 때문이다. 환경 위기는 화석연료에 기반을 두는 대량생산, 대량소비의 사회에서 발생하는

것이다. 그렇다면 우리는 지속가능한 소비, 윤리적 소비에 대한 문제제기로 나갈 수밖에 없다. 이것은 위험과 이득의 분배문제를 넘어 과연 어떤 삶이 바람직한가에 대한 근본적 성찰을 필요로 한다.

'물의 윤리water ethics'는 최근에 나온 개념으로 강의 윤리river ethics, 또는 담수의 윤리freshwater ethics라 불리기도 한다. 마치 약 80년 전 미국 생태철학의 아버지인 레오폴드가 대지大地, 즉 생태계를 윤리의 새로운 대상으로 인식했던 것처럼, 물도 윤리의 대상으로 인식하기 시작한 것이다.

물의 윤리가 부각된 이유는 물에 대한 다양한 종교적, 문화적, 생태적 신념이 존재하고 있고, 이런 신념들이 물의 사용에 대한 서로 다른 가치판단을 내리게 하기 때문이다. 가령 거북이를 강에 방생하는 것이 어떤 이의 눈에는 영성적인 환경의 재생으로 비치기도 하지만, 다른 이의 눈에는 생태계의 오염으로 보이기도 한다.

실로 물에 대한 관점은 다양하다. 물을 절대적인 존재로 신성시하는 종교적 관점들(기독교, 이슬람교, 힌두교)이 있는가 하면, 물을 인간을 위한 단순한 자원으로 보는 공리주의적 관점도 있다. 한편 물을 공동체의 공유자원으로 보는 관점도 있다. 이런 관점에서 물의 관리는 공동체의 역사와 규범, 문화를 반영하는 방향으로 추진되어야 한다고 본다. 더 나아가 물을 인간공동체가 아니라 생명공동체의 공유자산으로 보는 관점도 있다. 여기서 공동체는 인간이 아니라 모든 생명을 포괄하며 때로는 무생물까지 포괄한다. 이런 관점에 선다면 우리는 보다 생태학적 관점과 전일적인 생태철학의 관점을 수용하는 방향으로 물의 문제에 접근해야 할 것이다.

이 점은 우리나라의 4대강 논쟁에서도 잘 드러난다. 4대강 논쟁에서 가장 강력한 반대세력을 형성하고 있는 집단이 천주교였다. 천주교 주교회의 의장 강우일 주교는 가톨릭교회가 4대강 사업 강행 중단을 촉구하는 이유를 다음과 같이 밝힌 바 있다. 그에 따르면, "자연은 여기저기 흩어져 있는 쓰레기더미가 아니라 창조주의 선물"이다. 그런 데 "인간의 탐욕이 도를 지나치면서 모든 생명체의 어머니인 강의 숨통을 끊고 있다." 창조주께서 인간에게 주신 무생물과 생물에 대한 지배권은 절대적인 것이 아니다. 이 지배권은 미래세대와 피조물 전체에 대한 세심한 배려를 요구한다. 이런 입장에서 본다면 4대강 사업은 창조주가 설계한 생명의 질서를 어지럽히는 사업으로 도저히 용납될 수 없다.

'음식윤리food ethics' 또한 환경윤리학의 중요한 쟁점이 되고 있다. 원래 음식윤리는 동물 해방을 주장하는 피터 싱어가 제시한 채식주의 전통과 관련이 깊다. 즉 동물의 고통을 고민해야 하는 동물 해방론의 관점에서 보면 육식은 도덕적으로 문제가 된다. 그래서 강한 동물 해방론자들은 일체의 육식을 거부하는 경향이 있고, 온건한 동물 해방론자들은 육식은 하되 동물의 고통을 최소화하는 방향을 추구한다. 가령 사육과 도살과정에서의 고통을 줄이는 것이다.

최근 음식윤리는 채식주의를 넘어 공정무역과 로컬푸드운동과 결부되고 있다. 우리가 소비하는 많은 음식들은 불공정한 형태로 생산, 유통되고 있다. 가령 베트남의 커피 재배농민은 원두 1킬로그램을 1~2달러 남짓에 파는데, 이 양으로 5,000원 하는 커피를 200잔 만들어 팔 수 있다. 이는 초콜렛의 원료인 카카오도 마찬가지이다. 1,000원짜리 초콜릿 중에서 아프리카의 카카오 농민에게 돌아가는 돈은 20원에 불과하다고 한다. 돈의 대다수는 카카오의 생산, 유통, 가공, 초콜릿 판매를 장악한 다국적기업에 돌아가는 것이다. 그러다보니 싼 임금을 위해 아프리카에서는 어린이들을 고용해 혹사시키는 경우까지 발생하고 있다. 이런 문제를 극복하기 위해 공정무역운동가들은 선진국 소비자와 제 3세계 생산자의 새로운 관계 맺기 운동을 벌이고 있다. 가령 필리핀에서 유기농법으로 생산된 설탕, 팔레스타인 소농들이 생산한 올리브유, 네팔과 동티모르에서 유기농법으로 생산된 커피를 공정무역운동을 통해 생활협동조합에서 판매하는 것이 그것이다.

한편 로컬푸드운동도 활발하다. 우리나라는 식량자급율이 25% 정도에 머무르면서 대부분의 먹을거리를 수입에 의존하고 있다. 가령 숙주나물은 중국에서, 연어는 노르웨이, 포도는 칠레, 오렌지는 미국, 쇠고기는 호주에서 오는 식이다. 그 거리를 환산하면 숙주나물은 907km, 연어는 8,180km, 포도주는 2만 362km, 오렌지는 9,549km, 쇠고기는 8,283km를 건너온 셈이다. 이것들이 수송되는 과정에서 화석연료가 많이 사용되었다는 사실은 두말할 필요가 없다. 최근에는 이를 탄소발자국carbon blueprint으로 계량화해 문제 삼고 있다. 또 오랜 기간 수송되는 과정에서 음식이 신선할 수도 없다. 반면 지역음식(로컬푸드)을 소비할 경우, 먹을거리가 신선하기도 하고, 먹을거리의 생산과 운송 단계에서 발생하는 환경 피해도 줄일 수 있다. 또 생산과 소비과정에서 발생하는 부가 다시 그 지역 안에서 순환해 새로운 일자리와 소득을 만들어낸다는 점도 주목할 필요가 있다.

## 전 지구적으로 사고하고 지역에서 실천하기

공정무역과 로컬푸드운동은 '생각은 국제적으로, 행동은 지역에서'라는 생태주의자들의 표어와 일맥상통하다. 공정무역운동을 통해 우리의 관심은 좁은 민족주의나 국가주의의 경계를 넘는다. 가난한 나라의 국민이 겪는 고통을 이해하고, 그들과의 공정한 거래를 추구하는 것이다. 또한 로컬푸드운동은 지역에서의 실천을 중시한다. 그것을 통해 이산화탄소 배출을 줄이고 생태계의 건강을 추구하며, 아울러 공동체와 자기의 건강을 지킨다.

　　음식윤리를 표방하는 사람들은 '내가 먹는 것이 나이다'I am what I eat'라고 주장한다. 내가 먹는 것이 나의 육체를 규정하고, 나의 정신, 그리고 경제적, 사회적, 문화적 관계도 규정한다고 보는 것이다. 추상적인 자기 이해에서 구체적인 자기 이해로 나가는 셈이다. 여기서 우리는 생태철학과 환경윤리의 지향점을 알 수 있다. '인식과 실천의 통일'이라는 철학의 고전적인 이상을 추구하는 것이다. 어쩌면 그것은 문명을 비판하고 숲에 묻혀 살자는 낭만주의적 생태주의를 넘어 사회 속에서 생태문제를 고민하는 노력의 일환일 것이다.

**더 읽어 보기**

- **J. R. 데자르뎅, 김명식 옮김, 《환경윤리》, 자작나무, 1999.**

환경윤리에 대한 기본적인 이해에 유용하다. 환경윤리 이론을 기후변화, 동물 해방, 생태계관리 등 구체적인 현실에 적용시키고 있는 것이 특징이다.

- **레이첼 카슨, 김은령 옮김, 《침묵의 봄》, 에코리브로, 2011.**

오늘날 환경운동을 불러일으키는 데 결정적인 역할을 한 책이다. 살충제가 생태계에 미치는 영향을 섬세하게 분석하고 고발한다.

- **E. F. 슈마허, 이상호 옮김, 《작은 것이 아름답다》, 문예출판사, 2002.**

생태사상 분야의 고전이다. 환경을 보전하기 위해서는 양적인 행복이 아니라 질적인 행복을 추구해야 한다고 말하며 거대기술공학 대신 적정기술공학을 대안으로 추천한다.

- **피터 싱어, 김성한 옮김, 《동물 해방》, 연암서가, 2012.**

공장식 사육, 동물실험을 통해 동물들이 당하는 고통을 세밀하게 묘사하고 있다. 오늘날 동물 해방운동의 바이블로 평가된다.

- **머레이 북친, 박홍규 옮김, 《사회생태주의란 무엇인가》, 민음사, 1998.**

환경문제의 근원을 인간사회에 만연한 위계와 지배관계로 설명한 북친의 대표적인 저술로 북친의 다른 책에 비해 비교적 이해하기 쉽다.

- **한면희, 《미래세대와 생태윤리》, 철학과현실사, 2007.**

미래세대, 동물권, 환경정의, 생태주의, 동아시아 생태사상 등을 소개하면서, 서양의 생태주의와 동양의 생태지혜를 결합시킬 것을 제안한다.

# 왜 새로운 철학함이 요구되는가?

## 최경석

이 글은 필자의 〈생명윤리와 생명윤리법: 다원주의 사회에서 학제적 생명윤리학의 학문적 정체성과 미래〉,《법학논집》 제17권 제1호, 이화여자대학교 법학연구소, 2012), 〈생명윤리에서 윤리적 허용가능성 담론과 법제화〉《법철학연구》 제15권 제1호, 한국법철학회, 2012), "'Bioethics' as a New Challenge to Philosophy," (*Biomedical Law & Ethics*, Vol.3. No.1., Ewha Institute for Biomedical Law & Ethics, 2009)의 내용을 바탕으로 작성하였다.

## 생명의료윤리의 대두

1970년대 미국을 중심으로 시작된 '생명윤리bioethics'란 학문 영역은 의·생명과학의 발달로 발흥되었다. 이와 같이 생명윤리를 비교적 최근에 성립되어 발전한 학문으로 이해하는 이유는 일반적으로 생명윤리가 의·생명과학의 발달이 제기하는 윤리적·법적·사회적 문제에 대한 탐구로 정의되어 왔기 때문이다. 생명윤리의 성립과 발전은 역사적으로 크게 두 가지 연원을 지닌다. 하나는 인간을 대상으로 하는 연구에 대한 윤리 확립의 역사이다. 제2차 세계대전 중 인간을 대상으로 한 각종 비인간적인 인체실험이 독일과 일본에 의해 자행되었다. 전후 이러한 비인간적인 인체실험을 수행한 독일 의사들에 대한 전범재판이 뉘른베르크에서 열렸고, 1947년에 '뉘른베르그 강령Nuremberg Code'이 발표되었다. 이후 1964년에 세계의사협회는 인간을 대상으로 연구하는 경우 의사들이 준수해야 할 지침을 자율적으로 제정하여 선포하기도 했는데, 그것이 바로 '헬싱키 선언Dedararion of Helsinki'이다. 그 후 2005년에는 유네스코에서 '생명윤리 및 인권에 관한 보편 선언'을 제정하기도 하였다.

또 다른 연원은 1970년대에 등장한 신장투석기와 같은 당시 새로운 의·생명과학기술의 등장이 야기했던 문제들에 대한 대응이었다. 당시 신장투석기의 이용 여부는 환자의 생사를 결정하는 문제였기 때문에 어떻게 결정해야 하는지에 대한 윤리적 문제가 대두되었다. 이후에도 첨단 의·생명과학기술이 야기하는 윤리적·법적·사회적 문제들에 대한 대응이 요청되면서 이런 문제들에 대한 학문적인 연구가 필요하게 되었다. 흔히 '체외수정'이라 불리는 IVF^In Vitro Fertilization 시술이야기하는 문제, 유전자검사 및 치료기술의 발전과 관련된 문제, 인간복제 가능성의 대두에 대한 우려, 줄기세포 연구에 대한 사회적 관심의 고조, 그리고 최근에는 신경과학과 나노과학기술이 제기하는 문제들에 이르기까지 첨단 의·생명과학기술은 끊임없이 다양한 문제들을 야기해왔다. 그리고 이런 문제들에 대한 대응으로서 생명윤리라는 학문 연구가 촉발되었다.

생명윤리는 흔히 '생명의료윤리^biomedical ethics'라고도 불린다. 그 이유는 의·생명과학기술의 발달로 야기된 윤리적·법적·사회적인 문제들은 많은 경우 의료문제이기도 하기 때문이다. 생명윤리와 의료윤리를 구분하려는 시도도 있지만, 양자를 구분하는 기준은 사실 모호하다. 굳이 차이점을 설명하자면 의료윤리는 의사와 환자의 관계문제를 포함하여 의사들의 전문직 윤리에 해당하는 문제들을 포함하는 반면, 생명윤리는 동물실험과 관련된 문제를 포함시키고 있다. 하지만 인간 생명의 시작과 관련된 문제로서 낙태문제와 인간배아 연구의 문제, 인간 삶의 마지막 단계와 관련된 문제로서 안락사나 연명치료 중단이나 유보의 문제와 죽음의 기준과 관련된 문제, 인간 삶의 과정 중에 발생하는 난자와 정자의 제공문제나 대리모문제와 같은 보조생식술의 문제, 장기이식의 문제, 인간을 대상으로 하는 경험과학적 연구의 문제, 성체줄기세포나 역분화전분화능줄기세포 연구, 유전자검사 및 유전자치료 등의 문제는 생명윤리의 문제이기도 하고 의료윤리의 문제이기도 하다. 따라서 생명윤리와 의료윤리를 구분하는 실질적인 이득은 없다고 본다. 그러나 생명윤리와 의료윤리를 통칭하기 위해

‘생명의료윤리’라는 용어를 종종 사용하기도 한다.

　그런데 위와 같이 생명의료윤리를 의·생명과학이 야기하는 윤리적·법적·사회적인 문제들에 대한 탐구라고 이해하는 것은 좁은 의미의 생명의료윤리에 대한 정의라고 볼 수 있다. 왜냐하면 이와 같이 이해된 생명의료윤리는 생명에 대한 철학적 탐구 그 자체를 그 학문 영역에서 배제하는 결과를 낳고 있기 때문이다. 이와 같은 축소는 ‘생명사상’ 또는 ‘생명철학’이라 불릴 수 있는 상당히 오래된 역사를 지닌 학문적 탐구 영역을 배제시키는 문제점이 있다. 사실 생명사상이나 생명철학은 미국을 중심으로 한 생명의료윤리의 주요 교재에서는 직접적으로 다루지 않고 있는 탐구 영역이다.

　이런 점에서 ‘bioethics’를 ‘생명윤리’가 아닌 ‘생물윤리’라는 용어로 번역되지 않은 이유가 무엇이었는지 궁금해지기도 한다. 생명윤리를 의·생명과학기술의 발달에 따른 윤리적·법적·사회적 문제를 다루는 학문 분야로 좁게 이해했을 경우, 어떤 측면에서는 ‘생명윤리’보다는 ‘생물윤리’가 더 적합했을 수도 있다. 그런데 한자어를 사용하는 한국, 중국, 일본은 모두 ‘bioethics’를 ‘생명윤리’로 번역하고 있다. 어떤 의도에서 동양에서 ‘생명윤리’라는 번역어가 사용되었든 간에, 현재 서구학문의 분위기와는 달리, 학문으로서의 생명윤리학은 전통적인 생명사상 및 생명철학에 대한 담론까지 포함하는 학문으로 발전해야 한다고 생각한다.


## ‘윤리’의 이중적 의미와 생명의료윤리학의 쟁점들

　‘생명의료윤리’라는 용어를 사용함에 있어 흔히 사람들은 ‘윤리’와 ‘윤리학’을 구분 없이 사용하고 있다. 그러나 영어의 ‘ethics’가 ‘윤리’와 ‘윤리학’을 구분하지 않는 것은 그렇다 하더라도, 우리나라에서는 엄연히 '윤리'와 '윤리학'이란 별개의 용어가 있는데도 양자를 구분하지 않고 사용하는 것은 문제가 있다. 이러한 혼용을 좋게 해석하자면 아마도 '생명윤리'가 이론적 측면에서뿐만 아니라 실천적 측면에서도 중요하기 때문이었다고 볼 수 있겠다. 그러나 바람직한 윤리적 규범이나 규칙의 체계를 의미하는 '윤리'와 규범적인 문제에 대한 학문적 탐구 영역을 지칭하는 '윤리학'은 엄연히 구별된다.

예를 들어, 의과대학의 의료윤리 교과목에서 다루어야 하는 것은 무엇인가? 의과대학의 의료윤리 교과목에서 가르쳐야 하는 것은 '윤리'인가 '윤리학'인가? 유사한 질문이 생명과학자를 대상으로 하는 '생명윤리' 교과목에 대해서도 제기될 수 있다. 필자는 이 질문에 대해 윤리학이 아니라 윤리라고 생각한다. 왜냐하면 의사를 대상으로 하는 의료윤리나 생명과학자를 대상으로 하는 생명윤리는 학문으로서의 의료윤리학이나 생명윤리학이라기보다는 전문직 윤리로서의 의료윤리나 생명윤리이기 때문이다.

전문직 윤리가 아닌 학문으로서 생명의료윤리 즉 생명의료윤리학은 어떤 학문인가? 학문은 문제와 방법으로 구성된 지적 활동이다. 하나의 학문이 다른 학문과 구별되는 것은 대체로 문제의 차별성 때문이다. 대부분의 학명은 문제의 영역이 무엇인지 표시함으로써 무엇을 다루는 학문인지 알 수 있게 한다. 어떤 문제를 다루는지 직접적으로 밝히지 않는 학문은 '과학'과 '철학'이다. 이것은 분야를 가리키기보다 연구의 방법론을 가리키고 있다.

이런 점에서 '생명의료윤리'는 막연하게나마 이 학문이 다루고자 하는 문제가 무엇인지 '생명'과 '의료'라는 말을 통해 암시하고 있다. 그러나 '생명'이라는 말만으로는 어떤 문제 영역을 지칭하는지 분명하게 알기 어렵다.

이제 학문으로서의 생명의료윤리학이 다루는 문제가 무엇인지 살펴봄으로써 생명의료윤리학을 좀 더 구체적으로 이해해보도록 하자. 앞서 간단하게 언급했듯이, 생명의료윤리학은 낙태문제, 인간배아 연구의 문제, 안락사나 연명의료결정의 문제, 죽음의 기준과 관련된 문제, 난자와 정자의 제공문제나 대리모문제와 같은 보조생식술의 문제, 장기이식의 문제, 인간을 대상으로 하는 경험과학적 연구의 문제, 줄기세포 연구, 유전자치료, 의사와 환자의 관계문제, 동물실험과 관련된 문제 등을 다루고 있다.

우선, 낙태의 문제는 매우 복잡한 다음과 같은 문제들을 포함하고 있다. 낙태는 허용되는가? 어느 경우의 낙태가 어떤 사유에서 허용되는가? 심각한 장애를 가진 태아의 낙태는 허용되는가? 심각한 장애의 기준은 무엇인가? 강간에 의해 임신한 경우 낙태가 허용된다면 그 근거는 무엇인가? 여성의 생식자율권은 어떤 성격의 권리인가? 어느 범위까지 그리고 어느 정도까지 이 권리가 존중되어야 하는가? 한 태아의 형성에 관여한 남성과 여성이 낙태에 대해 서로 의견을 달리 한다면 어떻게 해야 하는가? 인간 생명의 시작은 언제부터인가? 인간은 언제부터 인간으로서의 권리를 지니는가? 인간의 생명권은 절대적인가? 생명권은 다른 권리와 비교되고 평가될 수 있는가? 생명권과 생명의 가치는 어떻게 구별되는가? 나아가 인간배아 연구는 허용되는가? 허용된다면 어느 경우에 허용되는가? 배아의 발달과정상 어느 단계까지 연구가 허용되는가? 낙태와 관련된 쟁점들 중 인간 생명의 시작이나 생명권과 관련된 문제들은 인간배아 연구에 대해서도 동일하거나 유사한 쟁점들을 제기하고 있다.

안락사나 연명치료 중단 및 유보에는 다음과 같은 문제들이 포함된다. 연명치료 중단 및 유보의 결정은 안락사의 한 형태인가? 안락사는 어떻게 정의되는가? 죽음을 앞당긴다는 것이 안락사의 정의라면 무엇을 기준 시점으로 해서 앞당긴다는 것인가? 자연사 시점, 즉 자연적으로 죽는 것의 시점을 우리는 알 수 있는가? 적극적인 안락사와 소극적인 안락사는 윤리적으로 유의미하게 구별되는가? 의학적 처치의 중단과 유보는 윤리적으로 다르게 취급되어야 하는가? 통상적인 치료나 처치와 비통상적인 치료나 처치는 어떻게 구분되는가? 의료에 대한 환자의 자기결정권은 어느 범위까지 존중되어야 하는가? 환자가 자신의 생명을 위태롭게 하는 결정을 내리더라도 존중되어야 하는가? 존중되어야 한다면 그 근거는 무엇인가? 이러한 결정이 자율적인 판단이라면 자율적인 판단 여부는 어떻게 확인하는가? 사전의료지시에는 어떤 형태가 있는가? 생전유언의 문제점은 무엇인가? 대리인 지정 제도의 문제점은 무엇인가? 사전의료지시를 통해 환자가 급식관 삽입 중단이나 유보에 대한 의사를 밝혔다면 존중되어야 하는가?

죽음의 기준과 관련된 문제는 다음의 문제들을 포함한다. 죽음의 기준은 무엇인가? 심폐사와 전뇌사 중 어느 것이 죽음의 기준으로 타당한가? 한국사회는 여전히 심폐사를 유지할 필요가 있는가? 장기이식의 경우에만 전뇌사를 판정하고 그렇지 않은 경우 심폐사를 적용하는 한국의 이중적 구조는 바람직한 것인가? 전뇌사의 판정 기준이나 절차에 문제점은 없는가? 대뇌사를 죽음의 기준으로 받아들일 수는 없는가? 대뇌사를 죽음의 기준으로 받아들일 경우 어떤 현실적인 문제들이 발생할 것인가? 지속적 식물인간 상태에 있는 환자들 중 어느 정도가 대뇌사 상태에 있는가? 대뇌사인지 여부는 의학적으로 정확하게 구별해낼 수 있는가? '죽었다'라고 할 때 우리는 무엇이 죽었다고 보아야 하는가?

의·생명과학기술의 발달은 인간의 생식 과정 즉 임신과 출산 과정에도 많은 변화를 야기하였으며, 많은 윤리적 쟁점들을 야기하였다. 보조생식술이라 불리는 이러한 기술과 관련된 문제는 다음의 문제들을 포함하고 있다. 우선 미혼 여성이 정자를 기증받아 체외수정IVF 기술을 이용하여 아이를 출산하는 것은 허용될 수 있는가? 생식을 위한 정자기증은 바람직한 것인가? 체외수정은 누구에게 허용될 수 있는가? 오로지 불임부부에게만 허용되어야 하는가? 체외수정을 하고 남은 배아들은 어떻게 처리되어야 하는가? 남은 배아들은 얼마 동안 보관해야 하는가? 난자와 자궁을 함께 제공하는 대리모는 윤리적으로 허용되는가? 자궁만 제공하는 대리모는 윤리적으로 허용되는가? 허용된다면 어떤 조건에서 허용되는가? 상업적 대리모와 비상업적 대리모 모두 윤리적으로 허용 가능한가? 상업적인 것과 비상업적인 것의 기준은 무엇인가? 소위 '정상적인 가정'에서 태어날 권리라는 것이 존재할 것인가? 태어나는 것은 태어나지 않는 것보다 언제나 더 좋은 가치인가? 보조생식술을 통해 태어난 아이의 권리나 복지를 위해 무엇이 필요한가? 정자나 난자의 기증을 통해 태어난 아이들이 자신에게 유전자를 제공한 기증자를 알고 싶다거나 찾겠다고 하면 이를 허용해야 하는가?

장기이식에는 다음의 문제들이 포함된다. 장기매매는 허용되어야 하는가? 장기매매를 금지하는 윤리적 또는 철학적 근거는 무엇인가? 살아 있는 동안 장기를 기증하는 생체 장기기증은 어떤 문제점을 지니고 있는가? 전뇌사 판정을 받은 후 장기를 적출하는 뇌사자 장기기증이 활성화되기 위해서는 무엇이 필요한가? 뇌사자 장기기증 후 유족에게 장례비 등의 보상을 해주는 것은 바람직한 것인가? 보상과 매매는 어떻게 다른가? 장기기증을 하기로 결정하고 전뇌사 판정을 받았으나 가족들이 장기기증을 반대하면 가족의 반대 의견은 존중되어야 하는가? 장기기증에 대한 반대의사를 밝히지 않았던 경우, 가족의 결정으로 장기를 기증할 수 있도록 하는 것은 윤리적으로 어떤 정당화 근거를 가지고 있는가?

과학으로서의 의학의 발전은 인간을 대상으로 하는 경험과학적 연구를 전제로 한다. 그러나 인간을 대상으로 하는 연구에는 다음과 같은 문제들이 포함되어 있다. 충분한 정보에 의한 동의informed consent는 인간 대상 연구의 윤리성 확보에 대한 충분조건인가? 충분한 정보에 의한 동의는 무엇을 의미하는가? 어느 정도의 정보가 제공될 때 충분한 것인가? 동의는 언제 누가 획득해야 하는가? 반드시 서면동의만을 받아야 하는가? 대리 동의가 정당화되는 근거는 무엇인가? 동의 철회는 언제나 가능해야 하지만 동의 철회 후 어떤 조치가 뒤따라야 하는가? 동의를 철회했다면 더 이상 연구에 참여하지는 않겠지만, 그동안 축적해둔 자료는 어떻게 처리해야 하는가? 연구 목적이나 방법이 결정되지 않은 경우, 연구 목적이나 방법에 대한 대략적인 막연한 설명만으로도 동의 획득은 정당화되는가? 이러한 포괄 동의는 언제 허용될 수 있는가? 동의 없이도 연구가 가능한가? 동의가 면제되는 조건은 무엇인가? 개인을 식별할 수 있는 정보는 어떻게 보호되어야 하는가? 개인 식별 정보를 익명화한다는 것은 무엇인가? 코드화된 익명화에서는 그 코드를 어떻게 관리해야 하는가? 인간 대상 연구에 참여하는 사람들에게는 어느 정도의 보상이 바람직한가? 과도한 보상은 윤리적으로 어떤 문제를 발생시키는가? 연구가 시작되기 전에 연구계획서를 연구자가 소속된 기관의 동료들이 심사하는 IRBInstitutional Review Board 심의제도는 설문조사 등의 사회과학 연구에도 적용되어야 하는가? IRB의 심의가 면제되는 경우는 어떤 경우인가? 건강한 사람들을 대상으로 하는 임상시험이 정당화되는 근거는 무엇인가?

줄기세포 연구나 인체유래물 연구는 위에서 언급한 인간 대상 연구에서 언급되었던 문제들을 대부분 포함하고 있으며, 다음과 같은 문제들을 추가로 포함하고 있다. 배아줄기세포와 성체줄기세포는 윤리적으로 다르게 취급되어야 하는가? 이들 세포에 기술력이 부과되어 줄기세포가 치료제 개발의 재료가 된다면 이 줄기세포는 매매의 대상이 될 수 있는가? 그렇다면 그 근거는 무엇인가? 인체로부터 유래된 혈액이나 세포, 조직 등과 같은 물질은 물질과 동일하게 취급해도 되는가? 인체유래물을 생필품 개발에 이용해도 되는가? 아니면 단지 질병의 치료나 예방에만 사용되어야 하는가? 그렇다면 그 이유는 무엇인가? 화장품 등과 같은 미용재료로 사용되면 안 되는가? 인체유래물은 무상기증으로 획득되지만, 연구자의 기여로 그 특성이 변화되어 상업적 재료로 사용될 수 있다면, 판매의 대상이 될 수 있는가? 비록 인체유래물을 무상으로 기증했지만 이러한 기증으로 인해 엄청난 수익이 발생했다면 그 수익의 일부에 대해 보상을 요구할 수 있는가?

유전자검사 및 치료는 다음의 문제들을 포함하고 있다. 유전자검사의 결과는 어떻게 해석되어야 하는가? 의료인의 상담 없이 유전자검사를 받아도 되는가? 체외 배아를 착상시키기 전에 시행하는 착상전 유전자 진단이나 태아를 출산하기 전 시행하는 산전 유전자 진단은 금지되어야 하는가? 낙태가 금지되는 상황에서 산전 유전자 진단은 어떤 의미를 지니는가? 일부 유전자검사를 국가가 금지시키는 것은 정당한가? 비과학적인 유전자검사를 금지하는 것은 국민의 알 권리를 침해하는가? 유전자 질환을 치료할 방법이 없는 경우에는 해당 질환과 관련된 유전자검사를 거부할 권리가 존재하는가? 유전자를 알 권리뿐만 아니라 모를 권리도 존재하는 것은 아닌가? 유전자치료는 안전한가? 유전자치료라고는 하지만 결국 유전자조작이며, 이러한 조작으로 인해 예측하지 못한 심각한 부작용이 야기되는 것은 아닌가? 체세포를 대상으로 한 유전자치료와 생식세포를 대상으로 한 유전자 료는 어떤 차이가 있는가? 유전자치료는 언제 허용되어야 하는가? 질병 치료가 아닌 미용을 위한 유전자치료도 허용되어야 하는가?

의료자원의 분배에는 다음과 같은 문제들이 포함된다. 제한된 의료자원은 어떻게 분배되어야 하는가? 인간 생명은 신성하므로 인간의 생명을 구하기 위해 의료자원은 언제나 최대한 투여되어야 하는 가? '건강할 욕구'가 아니라 '건강할 권리'가 인정될 수 있는가? 건강권 이란 무엇인가? 의료보험 제도는 모든 국민에서 적용되어야 하는가? 모든 질병 치료에 의료보험이 적용될 수 없다면, 어떤 질병에 적용되 어야 하는가? 의료보험의 적용 여부는 어떻게 결정되어야 하는가? 의 료보험의 낭비를 막거나 줄이기 위해 질병별로 의료보험의 적용 기준 을 미리 정하고 엄격히 관리하는 것은 타당한가?

의사와 환자의 관계문제와 관련하여, 의사와 환자는 진료 및 치 료에 관한 의사결정에 있어 어떤 관계인가? 의학 전문지식의 유무나 이해 수준이 다르기 때문에 의사의 결정에 대해 환자가 따르는 수직 적 관계가 바람직한 것인가? 아니면 전문지식을 바탕으로 의사가 몇 가지 안을 제시하면 환자가 함께 결정하는 수평적 관계 또는 협력적 인 관계가 바람직한 것인가? 이러한 모델은 진료의 성격에 따라 달라 질 수 있는가? 의사는 환자에게 선의의 거짓말을 할 수 있는가? 진실 을 말한다는 것은 사실을 어느 정도 정확하게 설명해야 하는 것인가? 환자의 개인정보는 기밀유지의무에 해당하는 것으로서 그 비밀이 지 켜져야 하지만, 이 의무는 절대적인가? 기밀유지의무에 해당하는 정 보가 공개되거나 다른 사람에게 알려질 필요가 있다면 그것은 언제인 가? 다시 말해 언제 개인정보가 예외적으로 공개되거나 그 정보를 필 요로 하는 사람에게 알려지는 것이 정당화되는가? 그 정당화 근거는 무엇인가?

동물실험과 관련해서는 다음과 같은 문제들이 포함된다. 동물실 험은 언제 정당화되는가? 정당화의 조건들은 무엇인가? 동물실험이 제한적으로 허용된다면 어떤 기준에 따라 허용되어야 하는가? 동물 권이라는 것이 존재하는가? 이런 권리를 지니고 있다면 그 근거는 무 엇인가? 인간종중심주의는 인종차별주의만큼 부당한 것인가? 인간종

중심주의는 동물 차별을 함축하는가? 동물실험은 인간에게 유용하기는 한 것인가?

지금까지 해당 주제와 관련하여 제기되는 문제들 특히 윤리적인 문제들을 살펴보았다. 이를 통해 학문으로서의 생명의료윤리학이 어떤 내용을 다루는지 파악할 수 있었을 것이다. 이제 생명의료윤리학은 어떤 방법론을 사용하는지 살펴봄으로써 그 특징을 이해해보기로 하자.

## 생명의료윤리학의 방법론과 학문적 특성

생명의료윤리학의 학문적 특성을 살펴보기 위해 "낙태는 허용되는가?"라는 문제를 좀 더 천착해보도록 하자. 우리는 "낙태는 허용되는가?"라는 문제에 답하기 위해 낙태라는 행위가 언제 어떤 이유에서 행해지는지, 어떤 방법으로 낙태가 시행되는지, 낙태와 유산의 생물학적 차이는 무엇인지, 낙태의 대상이 되는 초기 인간 생명의 특성은 무엇인지 탐구해야 한다. 이것들은 주로 의학적인 질문들이다. 또한 존중받아야 하는 인간 생명의 시작은 어디인지, 사유에 따라 윤리적으로 정당화되는 낙태가 있는지, 어떤 규범이나 가치에 호소하여 낙태를 정당화하는지, 자율권의 범위는 무엇이며, 생명권 또는 인간존엄이란 가치는 어느 정도 존중되어야 하는지, 그리고 '허용'이란 것의 의미가 무엇인지 등등. 이러한 질문들은 대체로 윤리적 질문들이다. 나아가, 낙태에 대해 누구나 생각하고 있는 결론과 유사한 생각을 나는 하고 있는지, 윤리적으로 옳다고 생각하는 자신의 답변을 법이나 정책의 내용으로 만들 수 있는지, 만들 수 있다면 그 근거가 무엇인지, 낙태라는 문제는 헌법에서 보장하고 있는 어떤 권리들과 관계를 맺고 있는지, 외국은 어떤 법이나 정책을 가지고 있는지, 형법과 모자보건

법의 낙태 관련 규정은 어떤 문제점을 갖고 있는지, 생명윤리 및 안전에 관한 법률과 모자보건법은 정합적인지, 제안된 법 또는 정책의 시행이 가져올 결과는 무엇인지, 제안된 법 또는 정책이 실행 가능한지 등등을 고민해야 한다. 이러한 질문들은 법학적 질문들이다. 무의미한 연명치료의 문제에 대해서도 유사한 질문이 가능하며, 여타 생명의료윤리적 문제들에 대해서도 유사한 질문들이 가능하다.

위와 같은 세부 질문들을 고려해볼 때, 하나의 생명의료윤리적 사안을 해결하기 위해 검토해야 하는 몇 가지 주요 세부 질문들은 과학, 의학, 윤리, 법 또는 정책에 대한 질문들로 분류될 수 있다. 이것은 단지 개별 학문의 영역을 병렬적으로 놓고 위 질문들이 어떤 개별 학문들의 연구 결과로부터 답변될 수 있는지 고려하는 것이다. 물론 우리는 각 개별 학문들과 관련하여 해당 개별 학문에서 보다 심층적으로 연구해야 하는 해당 학문에 대한 근본적인 질문들, 예를 들어, 과학의 목표가 무엇인지, 윤리적 옳음이 무엇인지, 윤리적 가치가 객관적으로 실재하는지, 법이 무엇인지, 권리가 무엇인지와 같은 질문들도 제기할 수 있다.

그러나 개별 학문들 사이를 넘나드는 질문들도 존재한다. 그래서 윤리와 법의 관계에 대한 질문들, 윤리와 의료 및 의학의 관계에 대한 질문들도 제기할 수 있다. 윤리적으로 허용되는 모든 것이 법적으로 허용되는 것은 아니며, 법적으로 허용되고 있는 모든 것이 윤리적으로 정당한 것도 아니다. 법과 윤리는 매우 복잡한 관계를 맺으면서 서로에게 영향을 미치고 있다. 그래서 낙태에 대한 윤리적 판단들이 언제 어떤 근거에서 법에 반영되어야 하는지 살펴보아야 하고, 낙태에 대한 의사의 윤리적 판단이 낙태를 요구하는 환자의 요청과 어떤 관계에 놓여야 하는지 생각해보아야 한다. 아울러 다음과 같은 좀 더 큰 질문이나 메타적 차원의 질문이 존재한다. 예를 들어, 윤리적 판단에도 참

거짓이 있는지, 가치는 실재하는지, 윤리적 상대주의는 잘못된 것인지, 철학이 생명윤리적 쟁점들에 대해 어떤 기여를 할 수 있는지 등등. 법학과 관련해서도 좀 더 큰 질문이나 메타적 차원의 질문이 존재한다. 예를 들어, 법학은 왜 인人과 물物로만 존재자들을 구분하는지, 인간 배아 및 동물 등에 대한 최근 쟁점들을 고려할 때 위와 같은 이분법이 극복되어야 하는 것은 아닌지 학문적으로 연구할 필요가 있다.

따라서 생명의료윤리의 현안문제를 다룰 때는 과학과 의학, 철학 및 윤리학, 나아가 법학 및 정책학의 문제를 함께 고민할 것을 요구한다. 뿐만 아니라 좀 더 세부적으로는 개인의 가치관과 우리 사회의 가치관, 우리 문화 및 전통에 대한 이해, 사회적 파급효과에 대한 고려 등등과 같은 매우 다각적인 시각에서의 문제들을 고려할 것이 요구된다. 상기 질문들은 규범적 차원의 질문을 포함하며, 이러한 규범적 차원의 질문에 답하기 위해 우리는 과학 발달의 세부 내용에 대해 이해해야 할 뿐만 아니라 우리 사회의 규범적 인식에 대한 통계적 이해 역시 필요한 경우가 많다. 어떤 사안에 대한 통계적 분석은 그 자체 기술적descriptive 학문 방법론을 사용하는 것인데, 이러한 기술적 내용은 규범적 판단의 중요한 자료로 활용될 수 있고, 향후 어떤 연구가 필요한지 분석하는 데 중요한 역할을 한다. 그러나 이러한 기술적인 연구 결과 그 자체가 규범적 질문에 대한 정당한 답변이라고 인식하는 것은 대단히 위험하다. 윤리적 문제에 대한 답변이 정당한지 그렇지 않은지는 통계에 의존할 문제가 아니기 때문이다.

이상의 논의를 통해 필자가 말하려는 바는 다음과 같다. 첫째, 생명의료윤리학이 다루는 학문적·실천적 쟁점들은 전통적인 개별 학문이 다루는 문제와는 달리, 학문들 사이를 넘나드는 통합적 질문들이며, 이론과 실천을 넘나드는 실제적인 질문들일 뿐만 아니라 개별 학문의 정체성을 다시 생각하게 하는 근본문제들을 담고 있는 질문들이라는 것이다.

둘째, 위와 같은 학문 통합적이고 실제적인 질문들에 대한 해답을 얻고자 하는 생명의료윤리학의 바람직한 연구 방법론은 단순한 다학문적multidisciplinary 연구 방법을 넘어서서, 학제적interdisciplinary 연구 방법이어야 한다는 것이다. 필자가 주장하는 '학제적 연구 방법'이란 생명의료윤리학의 학문 통합적 현안문제에 대한 탐구와 개별 학문의 근본문제에 대한 탐구 사이에 순환적 환류가 발생하는 방법을 의미한다. 왜냐하면 생명의료윤리학의 학문 통합적 현안문제들의 해결은 이들 문제와 관련된, 개별 학문의 근본문제에 대한 재조명과 답변 없이는 불가능하기 때문이다.

개별 학문과 생명의료윤리학 사이의 이러한 순환적 환류가 발생하기 위해, 생명의료윤리학 연구자에게는 자신이 주력하는 개별 학문이 존재해야 한다. 그리고 그 개별 학문의 시각에서 생명의료윤리학의 복잡하고 통합적인 성격을 지닌 현실의 생명의료윤리의 문제들과 씨름해야 한다. 서로 다른 학문의 시각을 존중하면서, 가능한 한 다른 학문의 시각을 반영하면서 그러면서도 자신이 주력하고 있는 학문의 시각을 견지하면서 현안문제를 탐구해야 한다. 이것이 학제적 연구 방법의 일차적 작업이다. 그리고 이제 현안문제의 해결을 위해 자신이 주력하고 있는 개별 학문에서의 문제들을 탐구해야 한다. 경우에 따라 근본문제들이 무엇인지 인지하고 이 문제들로 다시 돌아와야 한다. 현안문제를 통해 재조명된 개별 학문의 문제들은 개별 학문의 학자들을 청중으로 하여 생명의료윤리적 문제가 개별 학문의 발달과 전개에 어떤 함의를 지니는지 밝혀주면서 이 문제에 천착해야 한다. 이것이 학제적 연구의 이차적 작업이다. 그리고 이러한 논의를 바탕으로 다시 현안문제에 접근해야 한다. 개별 학문에서 심화된 논의나 개념을 바탕으로 다시 생명의료윤리의 현안문제를 다룸으로써 학제적 학문 영역의 생명의료윤리학이 풍부해지고 좀 더 발전될 수 있도록 해야 한다. 생명의료윤리학이 다루는 많은 문제들이 아직도 어떤 뚜렷한 해결책을 찾지 못하고 끊임없는 의견 대립을 보이는 이유는 무엇인가? 이런 현상을 설명하는 방법은 여러 가지겠지만 필자는 개별 학문과의 환류가 제대로 일어나고 있지 않음도 한 원인이라고 판단한다.

셋째, 생명윤리의 학문 통합적 쟁점들과 관련된 근본문제들에 대한 답변들은 많은 경우 어느 한 입장으로 수렴되기 어려운, 상호 대립적인 입장을 대변한다. 롤스가 언급했던 '이성적 불일치reasonable disagreement'로 이해되는 이러한 이견들은 '생명의료윤리학'이라는 학문적 활동이 다원주의사회의 특수성을 떠나서는 논의될 수 없음을 보여준다.

위와 같은 주장을 통해 필자는 학제적 생명의료윤리학이 다른 개별 학문들과 동등하게 비교되는 또 다른 분과 학문이라기보다, 근대 이후 학문 탐구의 분업화가 야기한 문제점을 극복하기 위해 노력하는 새로운 학문함의 모델이기도 하다는 점을 지적하고자 한다.


## 생명의료윤리적 쟁점들의 성격

우리는 행위를 윤리적 관점에서 '해야 하는 행위'와 '하지 않아야 하는 행위'로 흔히 구분한다. 그리고 전자에 대해서는 '윤리적으로 옳음ethically right'이란 가치 속성을, 후자에 대해서는 '윤리적으로 그름ethically wrong'이란 가치 속성을 부여한다. 그런데 행위에 대한 이러한 이분법적 사고는 윤리적 담론에 등장하는 많은 행위들을 포섭하지 못한다. 왜냐하면 윤리적 담론의 대상이 되는 행위들 중에는 '윤리적으로 권장되는 행위'가 존재하기도 하고, '윤리적으로 허용되는 행위'도 존재하기 때문이다.

윤리적으로 권장되는 행위는 자선을 베푸는 것과 같이 윤리적인 의무로까지 인식되지는 않지만 윤리적으로 바람직하다고 판단되는 행위를 의미한다. 그리고 '윤리적으로 허용된다'는 것은 '윤리적으로 그르지 않은 행위로서 윤리적으로 정당화된다'는 것을 의미한다. 예를 들어, 응급환자를 태우고 병원 응급실로 달려가던 중 차나 보행자가 없는 도로에서 신호를 위반하고 질주하는 행위는 윤리적으로 그른 행위라기보다 윤리적으로 정당화되는 행위라고 판단될 것이다. 우리가 윤리적으로 권장되는 행위와 윤리적으로 정당화되는 행위에 옳음과 그름이란 윤리적 가치 속성을 부여해야 한다면, 이 행위들에는 '윤리적으로 옳음'이란 속성이 부여되어야 할 것이다.

이런 점에서 '윤리적으로 옳음'이란 속성은 윤리적으로 '해야 하는 행위', '권장되는 행위', '허용되는 행위' 모두에 적용되는 매우 다의적인 용어임에 유의할 필요가 있다. 흔히 구체적인 행위를 염두에 두지 않고, '윤리적으로 옳은 행위가 무엇인가?'라는 질문에 답할 때에는 윤리적으로 해야 하는 행위, 즉 적극적인 윤리적 의무에 대해서만 주목하는 경향이 있다. 하지만 구체적인 행위에 대해 '윤리적으로 옳은가?'라는 질문을 던지는 경우에는 위와 같이 행위들의 폭넓은 분류 속에서 해당 행위가 윤리적 의무인지, 권장되는 행위인지, 허용되는 행위인지 따져볼 필요가 있다.

우리가 행위들에 '윤리적으로 좋음ethically good'과 '윤리적으로 나쁨ethically bad'이란 가치 속성을 부여해야 하는 경우를 생각해 보더라도, 우리의 행위들이 윤리적으로 '좋음'과 '나쁨'이란 이분법으로 깔끔하게 정리되지 않음은 마찬가지이다. 윤리적으로 '권장되는 행위'와 '해야 하는 행위'에는 '윤리적으로 좋음'이란 속성이 부여될 것이고 '하지 않아야 하는 행위'는 '윤리적으로 나쁨'이란 속성이 부여될 것이다. 그러나 '윤리적으로 허용되는 행위'는 윤리적으로 나쁜 행위는 아니지만 윤리적으로 정당화되는 행위여서, 굳이 윤리적으로 '좋음'과 '나쁨'의 속성을 부여해야 한다면 '좋음'이란 속성이 부여될 것이다.

위 구분은 생명의료윤리에서 쟁점이 되는 많은 윤리적 쟁점들의 특성을 이해하는 데 도움을 준다. 왜냐하면 생명의료윤리적 쟁점들은 '윤리적으로 허용되느냐?'라는 측면에서 '윤리적으로 옳으냐?'라는 것을 따지는 경우가 많기 때문이다. 많은 경우, 생명의료윤리의 주요 쟁점들은 '윤리적으로 해야 하느냐?'라는 측면에서 '윤리적으로 옳으냐?'라는 문제를 다루는 것이 아니며, '윤리적으로 권장되느냐?'라는 측면에서 '윤리적으로 옳으냐?'라는 문제를 다루는 것은 더더욱 아니다.

예를 들어, 낙태라는 쟁점에서 논제의 핵심은 '낙태를 해야 하는가?'가 아니라, '낙태가 윤리적으로 허용되는가?'이다. 따라서 '낙태를 하지 않아야 하는가?'와 '낙태가 허용되는가?'가 논란의 핵심이며, 부속되는 질문으로 '낙태가 허용된다면, 어느 경우 낙태가 허용되는가?'가 쟁점이 된다. 안락사나 연명치료 중단 및 유보의 문제에 있어서도 논쟁의 성격은 유사하다. '안락사나 연명치료 중단 및 유보를 해야 하는가?'가 아니라, '안락사나 연명치료 중단 및 유보가 윤리적으로 허용되는가? 허용된다면 언제 허용되는가?'가 핵심 논제이다. 보조생식술을 둘러싼 비배우자 간 생식세포기증, 결혼하지 않은 남녀의 보조생식술 이용, 동성애자의 보조생식술 이용, 자궁대리모 등의 문제 역시 이런 형태의 행위를 '해야 하는가?'가 핵심이라기보다 이런 형태의 행위를 '윤리적으로 허용해야 하는가?' '허용한다면 어느 경우에 허용해야 하는가?'가 논란의 핵심이다.

그렇다면 우리는 어떤 행위들이 '윤리적으로 허용 가능하다'고 판단하는지 좀 더 구체적으로 살펴볼 필요가 있다. 첫째, 해당 행위가 윤리적인 문제와 관련을 맺고 있지 않아, 그 행위가 윤리적으로 옳고 그른지 판단할 수 없기 때문에 윤리적으로 허용 가능한 행위로 분류되는 경우가 있을 수 있다. 예를 들어, 우리가 오른손으로 밥을 먹어야 하는지, 왼손으로 밥을 먹어야 하는지는 윤리적인 문제가 아니어서 어느 손을 사용하든 윤리적으로 허용된다. 이런 행위는 사실상 '윤리적으로 무관한 행위'이다. 사회적으로 통용되는 규칙이나 규범 중에는 이와 같이 윤리적인 문제에 해당하지 않는 규칙이나 규범이 존재한다. 이 경우조차 '윤리적으로 허용된다'라고 부를 때 '윤리적으로'라는 표현이 사용되는 것은 윤리적으로 검토했다는 것을 의미할 뿐, 특별히 윤리적으로 유의미한 의미를 지니고 있어서는 아니다. 굳이 의미를 부여하자면 윤리적으로 그른 행위는 아니기 때문에 허용된다는 의미를 지닐 뿐이다.

둘째, 윤리적으로 허용되는 행위들 중에는 해당 행위가 윤리적인 사안과 관련되기는 하지만, 윤리적으로 그르다고 판단하기는 어렵고, 나름 그 행위를 윤리적으로 정당화하는 이유가 있다고 판단되는 경우가 있다. 필자는 이것을 '윤리적으로 정당화되는 행위'라고 부르고자 한다. 이와 같이 해당 행위가 '윤리적으로 정당화되는 행위'여서 윤리적으로 허용 가능한 행위로 판단되고, 나아가 윤리적으로 옳은 행위로 분류되는 것들이 존재한다.

그런데 지금까지 윤리적으로 허용 가능한 행위를 논의함에 있어 윤리적으로 허용 가능하다는 판단 주체에 대해서는 특별히 언급하지 않은 채 논의를 전개해왔다. 우리가 판단 주체들 사이의 이견까지 고려하는 경우, 다음과 같은 세 번째 성격의 '윤리적으로 허용 가능한 행위'가 존재할 것이다.

셋째, 해당 행위가 '윤리적으로 그르다'는 견해가 입증되거나 사회적으로 공유되지 않아서, 윤리적으로 허용 가능한 행위가 존재한다. 대부분의 생명의료윤리의 쟁점에서 거론되는 행위는 이런 종류에 해당한다. 해당 행위의 윤리적 옳고 그름에 대한 판단에 대해 사회 구성원 사이에 서로 이견이 발생하여, 어떤 사람들은 윤리적으로 그르다는 판단을 내리지만, 어떤 사람들은 윤리적으로 그른 것은 아니고 나름의 정당화 근거를 지니기에 윤리적으로 허용되는 행위라고 판단하는 경우이다. 따라서 많은 경우, 생명의료윤리의 쟁점에 대한 의견 대립은 해당 행위가 윤리적으로 그른 것이라는 입장과 윤리적으로 해야 하는 것은 아니지만 윤리적으로 정당화된다는 점에서 윤리적으로 허용된다는 입장 사이의 대립이라 하겠다.

그런데 이런 대립이 쉽게 해소되지 못하는 것은 서로 어느 한쪽을 합리적으로 납득시키지 못하기 때문이다. 따라서 해당 행위가 윤리적으로 그르다는 것이 확정적이지도 않고, 윤리적으로 허용된다는 것도 확정적이지 않다. 그러나 이런 경우 사회적으로는 '윤리적으로 허용된다'는 결론을 잠정적으로 받아들이는 것이 타당하다. '잠정적으로'라고 표현하는 이유는 해당 행위가 그르다는 인식이 보편적으로 공유되기 전까지 유지되는 잠정적인 결정이기 때문이다.

비록 '잠정적으로'라는 단서를 붙이고는 있지만 위와 같은 행위가 윤리적으로 허용된다고 결론 내리는 것은, 의견이 대립했음에도 불구하고 해당 행위가 윤리적으로 허용된다고 주장하는 쪽에 손을 들어주는 것처럼 보인다. 그럼에도 위와 같은 행위를 사회적으로는 '윤리적으로 허용되는 행위'라고 판단해야 한다는 근거는 필자가 다원주의를 인정하고 관용을 수용해야 한다는 입장을 받아들이고 있기 때문이다.

끝으로, 생명의료윤리적 쟁점들은 쉽게 정치적 쟁점이 될 수 있다는 특징을 지니고 있다. 생명의료윤리적 쟁점들에 대한 답변은 당사자들의 이해관계와 직접적인 관련을 맺고 있다. 이런 점에서 이 쟁점들은 쉽게 정치화될 수 있다. 윤리적 문제에 대한 담론이 정치화되는 것은 윤리적 문제에 대한 해결을 더욱 복잡하게 만든다. '프로 라이프

pro-life’와 ‘프로 초이스pro-choice’의 대립은 단순히 윤리적 담론을 넘어서서 정치문제로 변질되며, 이러한 생명의료윤리적 문제들의 정치화는 생명의료윤리학이 씨름해야 할 또 다른 과제이자 부담이다.

## 생명의료윤리학과 철학함의 새로운 과제들

적어도 필자가 주력하고 있는 윤리학 또는 철학이란 영역에서는 다음과 같은 근본 질문들에 대한 진지한 논의가 없었기에 생명의료윤리학의 쟁점들이 더 표류하고 있다고 생각된다. 생명의료윤리학의 주제들과 관련된 좀 더 근본적인 철학적 질문들은 다음과 같다. 인간이 왜 존엄한가? 우리는 인간이 존엄하다는 이념을 지니고 있을 뿐 왜 인간이 존엄한지 논증해보지 못했던 것 같다. 아니 어쩌면 이것은 논증의 대상이 아닌지도 모르겠다. 이것은 참거짓의 문제가 아니라 윤리와 법, 나아가 사회 속에서의 인간 삶이 가능하도록 하는 전제인지도 모르겠다. 아무튼 우리는 인간이 왜 존엄한지 진지하게 논의할 필요가 있다. 나아가 다음과 같은 질문에 답할 필요가 있다. 인간존재자a human being란 무엇인가? 무엇이 어떤 존재자를 인간이라고 부르게 하는가? 그리고 무엇이 인간을 도덕적으로 존중받도록 하는가? 인간과 사람 또는 인격체a person을 구별한다면 어떻게 구별 가능한가? 또한 생명이란 무엇인가? 생명권이라는 것은 어떤 성격의 권리인가? 이상의 질문들은 인간 삶의 시작과 관련된 질문뿐만 아니라 생명의료윤리적 문제들 전반에 걸쳐 중요한 영향을 준다. 인간 삶의 마지막과 관련하여 우리는 다음과 같은 근본적인 철학적 문제들에 직면해 있다. 죽음이 삶에서 갖는 의미는 무엇인가? 가족이나 타인을 위해 살아야 하는 의무뿐만 아니라 죽어야 하는 의무가 존재할 수 있는가? 윤리적으로 정당화되는 자살이 존재할 수 있을까? 또한 인간 삶과 사회에 대한 좀 더 깊이 있는 이해가 필요한 질문들도 있다. 인간 삶의 질은 생명 그 자체보다 항상 낮은 가치를 지니는가? 죽음보다도 더 두렵고 고통스러운 삶이 존재하는가? 아이를 낳고 가족을 형성한다는 것은 무엇인가? 가정이란 무엇인가? 존재하지도 않은 아이의 권리나 복지를 유의미하게 논할 수 있는가? 병이란 무엇인가? 병이란 정말 의학적으로 정의되는 것인가? 의학의 목표는 무엇이며, 생명과학의 목표는 또한 무엇인가? 미리 작성해둔 사전의료지시서가 존중되어야 한다고 하지만 한 인간의 정체성이 변화하지 않고 유지되고 있다는 것은 어떻게 판단할 수 있는가? 한 개인의 정체성이란 무엇인가? 윤리적 이견 대립의 해소 또는 해결을 위한 철학적 문제들도 존재한다. 이성적 불일치를 판단할 수 있는 기준은 무엇인가? 윤리적 참에 대한 인식적 한계에 직면한 상황에서 윤리적 문제에 대한 사회적 합의는 가능한가? 윤리적 문제에 대한 합의라는 것은 어떤 지위를 지니는가? 규범윤리학의 이론은 생명의료윤리학에 어떤 도움을 주는가? 과연 우리는 하나의 옳은 규범윤리학이란 것을 가질 수 있을까? 이와 같은 근본적인 질문들에 대한 탐구가 생명의료윤리적 쟁점과 연결되어 논의될 필요가 있다.

위에서 언급했던 질문들 중 일부는 생명사상이나 생명철학과 관련된 것들이다. 이런 점에서 철학은 다시금 인간 삶의 근본적인 문제들에 대한 논의를 활성화할 필요가 있다. 샌델은《공동체주의와 공공성》(김선욱 외 옮김, 철학과현실사, 2008)에서 "복제 그리고 유전공학과 관련된 논쟁은 철학자들로 하여금 자신들이 다루는 주제에 대해 생각하는 방식을 변화시키도록 할 것"(242쪽)임을 강조하면서, 다음과 같이 역설하고 있다.

우리가 복제와 유전공학의 윤리적 함축과 씨름하기 위해서는 현대에는 사라져버린 질문들, 즉 자연의 도덕적 지위에 대한 질문 그리고 주어진 세계에 대한 인간의 적절한 태도에 대한 질문을 다룰 필요가 있다. 하지만 현대 철학자와 정치학자들은 이런 질문들을 회피하는 경향이 있다. 왜냐하면 이 질문들은 거의 신학적 질문에 가깝거나, 최소한 인간이 자신의 삶을 가장 잘 영위하는 방법에 대한 견해와 관련되기 때문이다. 그러나 우리의 생명공학이 지닌 새로운 힘은 이런 질문들을 피할 수 없게 만든다.(《공동체주의와 공공성》, 243~244쪽)

복제와 유전공학을 중심으로 논의한 샌델의 위 지적은 의·생명과학기술로 확대하여 해석할 수 있으며, 형이상학적 질문들을 회피해왔던 영미 철학의 역사를 생각해보면, 샌델의 지적은 영미 철학의 변화와 나아가 철학적 생명의료윤리학의 변화를 요청하고 있다고 볼 수 있다. 이런 점에서 향후 생명의료윤리학은 전통적인 생명사상과 생명철학의 담론을 포함시켜야 할 뿐만 아니라, 철학도들은 현대 과학과 문명의 발달이 인간과 인간의 사회에 제기하는 문제들을 살펴보면서 무엇이 철학함doing philosophy의 새로운 과제인지 우리 시대가 어떤 철학함을 요구하는지 진지하게 숙고해볼 필요가 있다.

**● 권복규·김현철,《생명윤리와 법》, 이화여자대학교출판부, 2009.**

이 책은 의학 전공자와 법철학 전공자의 공저로 생명의료윤리의 쟁점들과 관련된 과학적 내용, 윤리이고 법적인 문제를 함께 다루고 있어 균형 잡힌 시각에서 학제적 생명의료윤리학을 볼 수 있게 한다. 평이한 서술로 전개되어 생명의료윤리를 개괄적으로 이해하는 데 도움을 준다.

**● 김상득,《생명의료윤리학》, 철학과현실사, 2000.**

이 책은 생명의료윤리의 다양한 쟁점들을 거의 모두 포괄하고 있을 뿐만 아니라, 각 쟁점과 관련된 다양한 입장들을 세밀하게 소개하고 있어 해당 쟁점과 관련된 논의의 복잡성에 대해 진지하게 접근하고자 하는 독자들에게 유익할 것이다. 또한 장마다 맺음말로서 성서적 세계관의 관점에서 본 저자의 시각을 제시하고 있다.

**● 구영모 엮음,《생명의료윤리》(제3개정판), 동녘, 2010.**

이 책은 생명의료윤리에 대한 개론서로서 낙태, 안락사, 자살, 장기이식, 임상시험, 동물실험, 개인정보의 문제를 다루고 있다. 해당 주제별로 다양한 학문 분야의 전문가들이 해당 부분을 집필하였다. 특히 이 책은 낙태에 대한 뜨거운 찬반 논쟁이 돋보인다.

**● 이인영,《생명의 시작과 죽음》, 삼우사, 2009.**

이 책은 생명의 시작과 죽음과 관련된 쟁점들을 중심으로 윤리 논쟁에 관심이 있거나, 한국사회의 법 현실에서 이러한 논쟁들이 법적인 관점에서 어떤 논쟁들을 불러일으키고 있는지 궁금해 하거나 관련된 한국의 법제와 해외 법제에 대해 알고자 하는 독자들에게 도움을 줄 것이다

# 현대사회의 맥락에서 우리에게 필요한 성윤리는 무엇일까?

김은희

성문제는 윤리적 판단의 대상이다. 타인의 몸을 향한 욕구와 행동이 성문제에 포함되어 있기 때문이다. 한 사람이 다른 사람을 향해 가지는 욕구와 행동의 성격이 근본적으로 그들의 공존을 위협할 때 윤리적 문제가 발생한다. 인간의 성욕, 성행위가 일으킬 수 있는 이러한 윤리적 문제들을 다루는 것이 바로 성윤리다. 그런데 우리 앞에는 단일한 하나의 성윤리만 놓여 있지 않다. 현대사회라는 맥락 하에서, 우리 인간은 그동안 지배적인 성윤리로 받아들였던 패러다임의 문제해결 능력에 대해 크게 회의하고, 대안적인 성윤리 패러다임의 부상에 직면하며 혼란을 느끼고 있다.

이 글은 대표적인 성윤리 패러다임들을 소개하고, 이중에 현대사회의 맥락에서 가장 문제해결을 잘 해낼 수 있는 것을 탐색한다. 그리고 가장 적절한 성윤리 패러다임 탐색을 위해 몇 가지 대표적인 성문제들을 소개한다. 이 글은 각 성윤리 패러다임이 성문제들에 대해 제시하는 해법을 살펴보고 그 해법들을 윤리적으로 검토하면서 현대사회의 맥락에서 우리가 가장 적절하다고 생각하는 문제해결을 도모하는 패러다임을 식별하도록 이끈다.

본격적인 논의에 앞서, 몇 가지 예비적 논의를 해둘 필요가 있다.

첫째, 이 글은 현대사회의 맥락에서의 성윤리를 살펴보고 있다. 성윤리 논의를 할 때 고려되어야 할 현대사회의 맥락은 크게 두 가지 특징을 지닌 것으로 보인다. 하나는, 현대사회는 피임을 할 수 있는 과학기술이 있는 사회라는 점이다. 몸의 생리적 주기를 바탕으로 한 자연주기법 피임은 성공률이 낮다. 반면, 도구나 약을 이용한 현대의 과학적인 피임기술들은 우리가 그것들을 최대로 활용할 경우, 가령 중복 사용할 경우 99% 이상의 성공률까지도 보장한다. 이로써 인간은 자연의 운에서 자신의 삶을 분리하여 자신의 행동과 진로를 자신의 통제하에 놓을 수 있는 기반을 얻게 되었다. 피임기술의 개발은 단순한 과학기술의 개발이 아니라 성문제를 자연의 운에서 인간의 자율성 영역 안에 옮겨 놓게 했다는 의미를 지닌다. 이에 따라 성에 대해 가지고 있던 공포와 불안은 상당 부분 제거되었고, 성문제를 새롭게 설정하고 해결해야 할 필요성이 대두되었다. 다른 하나는, 현대사회는 다양한 가치관들의 민주적인 공존을 존중하는 사회라는 점이다. 한 사회에 단일한 가치관만이 공식적으로 통용되던 전근대적 사회의 성원들은 결국 각자가 달리 가지고 있는 가치관과 신앙, 신념을 앞세워 유혈 충돌하기에 이르렀다. 종교전쟁 이후 그들이 얻은 것은 공존의 가장 기본적인 원리를 해치지 않는 한, 다양한 가치관들을 상호 관용하자는 정신이었다. 따라서 이러한 교훈 위에 성립된 현대의 가치 다원적 민주사회에서는 특정한 집단만이 지지하는 신앙이나 가치 체계의 어법을 가지고 그것을 받아들이지 않는 타인을 도덕적으로 판단하고 제재하는 것은 사회 성원들의 합당한 시인을 받기 어렵게 되었다. 현대사회의 이러한 두 가지 특징은 현대사회를 살아가는 우리가 성문제에 대해 고민할 때 해결방식의 조건을 부여한다.

둘째, 이 글에서 논하는 성문제의 의미를 명확히 할 필요가 있다. 성문제는 적어도 세 가지 의미로 구분된다. 첫 번째는 생물학적 성sex에 관련된 문제이다. 이 문제는 신체의 생리적 구조나 메커니즘을 다루는 의학의 관심사이다. 두 번째는 문화적 성gender에 관련된 문제이다. 이때 성문제라 함은, 생물학적으로 남성과 여성으로 분류되는 인간 집단 각각에 사회적으로 부여된 것으로 간주되는 성역할, 성각본과 관련한 문제이다. 여기서 말하는 '성' 즉, 젠더는 사람들의 모든 범위의 활동과 심리에 대해 남녀가 각기 달리 갖는 것으로 간주되는 특징을 말하기 때문에 성욕, 성행위만을 의미하지 않는다. 물론, 성행위와 성욕도 인간의 활동 범위에 포함되기 때문에, 성행위와 성욕에 관련한 젠더문제도 있을 수 있다. 하지만, 젠더문제는 직업, 교육, 취향, 성격 등 인간의 모든 범위의 활동과 심리문제를 포함한다. 세 번째는 성욕, 성행위에 관련된 문제이다. 이것을 섹슈얼리티<sup>sexuality</sup>의 문제라고 한다. 성윤리의 관심사는 일차적으로 세 번째 의미의 성문제이다. 하지만 성욕, 성행위에 있어서 남여에게 사회적으로 부여된 성역할, 성각본이 있을 수 있다는 점을 고려한다면, 두 번째 의미의 성문제, 즉 젠더문제도 성윤리의 관심사가 될 수 있다. 성문제의 의미를 이렇게 명확히 밝혀야만 우리는 성윤리가 다뤄야 할 문제를 식별할 수 있게 된다.

　셋째, 성에 관한 윤리적 접근과 윤리와 무관한 접근을 구분할 필요가 있다. 윤리와 무관한 접근들은 크게 둘로 구분할 수 있는데, 그중 하나는 '생물학주의'이고, 다른 하나는 '사회 구성주의'이다. 생물학주의는 인간의 성욕, 성행동을 생물학적 메커니즘하에 해석하고 설명하는 입장이다. 이 관점에서는 남녀의 성욕, 성행동 차이 역시 유전자의 선택과 결정으로 설명한다. 유전자는 자신의 생존과 번성을 향해 가는 선택을 하게 되어 있고, 남자의 몸, 혹은 여자의 몸에 있는 유전자는 그 몸의 특징에 맞게 생존에 유리하도록 성과 관련된 선택을 한다는 것이다. 이것은 인간이 지닌 무의식적 행동을 과학의 어법으로 설명한다. 하지만 이 관점은 생물적 기반이라는 변수 외에 사회적 변수에 따라 형성되는 성 심리와 행동들을 고려하지 않고 있다는 비판을 사회 구성주의적 입장으로부터 받는다. 한편, 사회 구성주의는 인간의 성욕, 성행동이 사회적 구조의 영향력에 의해 구성된다고 해석하고 설명하는 입장이다. 이 관점에서 남녀의 성욕, 성행동은 지배 권력이 만든 사회구조를 반영한다. 구조는 개인의 무의식을 주조하며 그것은 성욕과 성행동으로 나타난다는 것이다. 많은 여성주의 이론들이 이 관점을 받아들이고 있다. 생물학주의적 관점과 사회 구성주의적 관점은 서로 날카롭게 대립하지만, 놀랍게도 공통점이 있다. 그것은 바로 두 관점 모두 성욕과 성행동을 논함에 있어, 무의식의 기제를 '설명'하고 있다는 것이다. 또한 두 관점 모두 인간 개인을 각기 유전자나 사회구조에 의해 움직이는 존재로 놓고 그 움직임의 메커니즘을 밝힐 뿐이다. 많은 이들이 성 관련 고민을 이러한 과학이나 사회학에서 해결하고자 한다. 그런데, 문제는 그 관점들이 설정한 인간 개인은 무력한 존재라는 점을 함축하고 있다는 것이다. 물론, 그 관점들은 개인의 자기 재량의 가능성을 인정하기는 하지만, 그런 인정이 그 설명 체계가 기반을 둔 큰 전제를 무너뜨릴 정도는 아니다. 그 관점들을 접한 많은 이들이 인간의 성욕과 성행동에 대해 도덕적으로 판단하기를 포기할 수 있다는 점이 문제이다. 그 관점들을 접하는 사람들이 갖게 될 또 다른 문제는 정반대의 문제일 수도 있다. 그것은 바로 그들이 암암리에 과학적, 사회학적 설명 가설로부터 우리 행동들에 대한 규범적 결론을 내리려 한다는 점이다. 성적 다양성을 추구하는 것이 유전자적 차원에서 보았을 때, 남성의 자연스러운 심리나 행동방식이라는 설명을 접한 이들은 남성의 성적 다양성 추구의 심리와 행동에 관해 도덕적으로도 정당화된다고 느낀다. 도덕적 정당화 작업을 따로 거치지 않고 말이다. 인간의 성향과 경향성에 대한 궁금증을 해소해주기 위해 이런 관점들이 새로운 정보를 제공할 수 있지만, 이것 자체가 곧바로 성윤리를 성립시키지는 않는다는 점을 유념할 필요가 있다.

지금까지 성윤리 패러다임들과 문제들을 소개하기에 앞서 유념해야 할 세 가지 예비 사항들을 검토해보았다. 이제 본격적으로 성윤리 패러다임들과 문제들에 대해 알아보자.

## 성윤리 패러다임

### 1) 보수주의

보수주의 성윤리는 현대사회가 성립되기 이전에 긴 역사를 통해 많은 문화권에서 유지되었다. 보수주의 성윤리를 검토하기 전에 알아두어야 할 것은 이것은 가부장주의와는 구별된다는 것이다. 가부장주의는 유독, 여성의 섹슈얼리티에 대해서 더욱 무거운 도덕적 통제와 도덕적 비판을 가하는 입장이다. 어떤 하나의 주장이 윤리적 주장이 되기 위해서는 보편적인 적용이 가능해야 하는데, 가부장주의는 그 이름에서도 알 수 있듯이 보편적 적용을 거부한 일종의 특권주의라고 할 수 있다. 이에 반해 보수주의 성윤리는 남녀를 구분한 도덕적 요구를 하지 않는다. 보수주의 성윤리가 중시하는 순결, 정절과 같은 성도덕은 남녀 모두에게 적용된다. 따라서 이것은 윤리적 입장의 기본적인 형식을 가진다.

보수주의 성윤리 패러다임 내에는 조금씩 다른 많은 사상들이 있다. 하지만 공통적으로 그것들은 대체로 섹슈얼리티가 출산이나 결혼, 혹은 결혼을 염두에 둔 사랑과 연결되어야만 도덕적인 것이라고 본다. 현대사회의 우리들에게도 매우 강하게 자리 잡고 있는 이 생각은 몇 가지 사상적 원천들로부터 나온 것이다.

보수주의 성윤리를 이루고 있는 사상들은 크게 네 가지 정도로 정리될 수 있다. 첫째, 고전적인 목적론적 세계관이다. 목적론적 세계관은 삼라만상 모든 존재들은 목적을 가지고 있고, 그 목적은 그 존재들이 실현해나아가야 할 본질과 같은 것이라고 해석한다. 목적론적 세계관의 대표자는 아리스토텔레스이며, 이를 신학적으로 받아들여 해석한 이는 아퀴나스이다. 그에게 있어 신은 모든 존재에게 목적을 부여하는 최고 존재이다. 모든 자연계의 원리와 인간의 행동원리는 신의 뜻, 즉 섭리에 부합할 때 가장 자신의 본질에 가깝게 된다. 이런 세계관하에서 성기와 성욕의 목적은 출산이라고 간주된다. 그에 따르면, 출산에 이르지 못하는 방식으로 성기를 사용하는 것과 그런 행위에 대한 성욕은 인간에게 해악을 주기 때문에 부도덕하다기보다, 신이 성기와 성욕에 부여한 출산이라는 목적(섭리)에 어긋나기 때문에 부도덕한 것이다. 따라서, 아퀴나스에 따르면 출산에 이르지 못하는 자위, 동성애는 모두 부도덕한 것이다. 하지만, 모든 자연물의 존재나 성질을 목적론적으로 해석하는 아리스토텔레스적 생물학, 자연과학은 근대 이후 자연과학계에서 더 이상 받아들이지 않는 낡은 이론이다. 근대 이후 자연과학에서는 별이 존재하는 목적, 바위가 존재하는 목적을 찾지 않는다. 다만, 어떤 생물체의 기관이나 기타 다른 자연현상에 대해서 우리는 생물학적 기능이나 어떤 현상의 특성 등을 논할 수는 있겠다. 하지만, 그것 자체가 그 기관이 존재해야 할 목적이라고 보지는 않는다. 가령, 지구의 일정 기후대에서 발생하는 편서풍이 대류현상을 일으켜 지구 전체의 온도를 적정 수준으로 맞춰주는 기능을 할 수 있겠지만, 지구 전체의 온도를 맞춰주기 '위해' 편서풍이 존재하는 것은 아니라고 보는 것과 마찬가지이다. 근대 이후 우리는 자연물이나 자연적 현상을 설명할 때 목적론의 어법보다는 인과의 어법으로 한다. 자연물이나 자연현상에는 의도가 없기 때문이다.

하지만, 근대 과학에 근거한 이런 비판으로 인해 목적론을 성윤리에서 폐기해야 한다는 결론에 이를 수 있을까? 그렇지 않다. 인간의 행동은 자연과학에서처럼 원인과 결과의 어법으로 분석되는 것이 아니기 때문이다. 인간의 행위는 많은 부분 어떤 목적을 향하여 있고 그 목적하에 해석되기 때문에 인간의 행위를 다루는 윤리학에서 목적론은 함부로 폐기되어서는 안 된다. 생물학적 목적론에 기반을 둔 목적론을 그대로 도입하지만 않는다면 말이다. 매킨타이어<sup>Alasdair MacIntyre</sup>는 현대 윤리학에 목적론의 복원을 시도한다. 그는 도덕의 삼중구조를 밝힌다. 하나는 현재의 내 삶의 상태이고, 다른 하나는 이상적인 삶의 상태이며, 나머지 하나는 전자에서 후자로 가기 위한 길로서의 도덕이다. 여기서 이상적인 상태가 바로 삶의 목적이고 규범적 기준을 제공한다. 매킨타이어가 보기에 근대 철학자들은 도덕의 삼중구조에서 목적을 제거하였다. 이렇게 인간의 목적을 형이상학적으로 규정하는 시도가 폐기되었지만, 그로 인해 근대인들은 목적을 잃고 방황하게 되었다는 것이 매킨타이어의 진단이다. 매킨타이어 역시 아리스토텔레스 특유의 생물학적, 형이상학적 목적론을 폐기하지만, 목적 자체를 폐기하기보다 목적의 자리에 실천양식<sup>practice</sup>의 합리성, 전통 합리성이 제시하는 덕<sup>virtue</sup>을 놓는다. 이러한 그의 시도는 역사적으로 형성된 기존의 전통과 관행 안에서 규범적 기준을 찾아야 한다는 점에서 도덕적 진보와 변화를 설명하지 못한다는 비판과 각기 다른 전통들을 평가할 보편적인 평가기준을 제시하지 못한다는 비판을 받는다. 그럼에도 불구하고, 인간의 삶과 행위는 목적을 생각하지 않고 논하기 어렵다. 따라서 근대에서 폐기된 생물학적, 형이상학적 목적론적 세계관에 근거한 성윤리에 대해서는 비판의 여지가 많지만, 그런 류의 목적론이 아닌 대안적 목적론에 대해서는 계속 탐구할 필요가 있다.

둘째, 고전적인 금욕주의가 있다. 이 입장은 성행위와 성욕의 해로움을 강조하여 성행위와 성욕에 보수적인 태도를 취하게 한다. 대표적으로 스토아주의와 에피쿠로스주의가 이에 속하며, 이런 사상들은 기독교의 성립에 크게 기여한 바오로 사도에게 영향을 주었고 그 이후 기독교 성윤리의 기본 태도를 형성하였다. 고전적 금욕주의는 진정한 행복(쾌락)에 이르는 방법을 제시한다. 스토아주의와 에피쿠로스주의가 인식론과 형이상학에 있어 상반된 입장을 취함에도 불구하고 행위에 관한 지침에서는 공통적인 제안을 하는데, 그것이 바로 욕구를 줄여야 행복을 얻을 수 있게 된다는 것이다. '행복=실현/욕구'라는 분수에서 분모인 '욕구'를 0에 가깝게 할수록 행복의 양이 커지는 것을 염두에 둔 방법이다. 이것은 비단 성욕에만 해당되는 것이 아니라 인간의 모든 욕심, 욕망에 해당된다. 이 방법은 고대종교들도 공통적으로 취하던 행복 추구의 방법이다. 불교에서도 욕심을 버릴 것을 요구하고, 기독교에서도 자아를 내려놓으라고 요구한다. 하지만, 이 방법은 분자에 해당되는 '실현'이 합리적으로 기대될 수 없는 사회적 상황, 즉 인간 개인이 자연의 운에 휘둘리고 비합리적인 사회체제에 의한 사회적 운에 휘둘리던 상황에서 한 개인이 행복을 위해 쉽게 취할 수 있는 소극적 방법일 뿐이라는 비판을 받는다. 즉, 욕구 부정과 체념에 의해 행복을 얻는 방법일 뿐이라는 것이다. 그런데 인간의 역사는 '실현'을 키우는 방향으로 발전하였다. 자연의 운을 과학기술을 통해 통제하게 되었고, 비합리적인 사회체제에서 발생한 사회적 운을 타파하여 민주적이고 자유롭고 평등하고 합리적인 기대가 가능한 사회 진보를 이루어 내었다. 이제 더 이상 자신의 욕구를 줄이는 소극적 방법만이 행복 추구의 방법이 아닌 것이다. 그렇다면 이제 금욕주의는 폐기되어야 할까? 그렇지 않다. 현대인들은 여전히 행복하지 않기 때문이다. 우리의 욕구를 실현시켜주는 많은 상품들이 등장했지만 여전히 행복하지 않다. 우리의 욕구 역시 비대해졌기 때문이다. 실현도 커졌지만, 욕구도 계속 커지고 있기 때문에 행복의 양은 늘지 않는다. 이제 우리는 자신의 욕구에 대해 성찰할 필요가 있다. 현대인들은 상품들을 지속적으로 팔기 위해 자본주의가 형성해놓은 소비자적 욕망들이 내가 진정 욕구한 것들이라고 착각하기 쉽다. 이제 우리에게는 고전적 금욕주의가 명한 대로 단순히 그 욕구의 양을 줄이라는 의미에서 성찰이 필요한 것이 아니라, 내 욕구를 끊임없이 비대하게 만들고 내 욕망구조를 뒤틀어 나가는 비가시적인 힘들의 작용과 그 작용이 만들어낸 욕구의 성격에 대해 성찰하게 하는 새로운 의미의 금욕주의가 필요하다.

셋째, 칸트의 성윤리가 있다. 칸트의 성윤리는 섹슈얼리티에 대한 칸트의 독특한 관점과 인격의 수단화 금지를 명하는 정언명령의 관점이 결합되어 제시된다. 칸트는 성행위가 타인의 몸, 즉 성기나 성적 속성을 점유, 이용하는 것이고 몸은 인격과 동일하게 간주되므로, 성행위는 성적 파트너의 인격을 수단화하는 것이라고 본다. 따라서 성행위는 원칙적으로 볼 때 부도덕하다는 것이 칸트의 주장이다. 하지만 칸트는 결혼 내에서의 성행위는 용서한다. 결혼을 통해 두 사람은 자신의 인생을 온전히 상대방에게 헌신하기로 약속하기 때문에, 두 사람은 서로의 몸을 이용하기를 허락할 수 있다는 것이다. 여기서 알 수 있는 것은 칸트가 성행위 자체에 대해 도덕적으로 부정적인 입장을 가지고 있다는 점이다. 칸트에게 있어 결혼 내의 성행위는 사랑의 표현으로 긍정적인 의미를 지닌다기보다, 원칙적으로는 회피되어야 하지만 자기가 수단으로 삼은 대상에게 자기 헌신과 희생을 대가를 치렀기에 용인된 행위이다. 이러한 칸트의 성윤리에 대해서 현대 윤리학자들은 서로의 자율성을 훼손하지 않고 서로의 의도를 실현시키는 행위를 주고받는 것이 왜 인격을 수단화하는 것인지 묻는다. 그들은 칸트의 정언명령을 인정하더라도, 칸트가 주장한 식의 성윤리가 반드시 성립되지는 않는다고 비판한다. 왜냐하면 인격의 수단화를 금지하는 칸트의 정언명령을 인격 상호간의 호혜성reciprocity의 충족으로 해석할 경우, 결혼을 담보로 하지 않은 성행위도 충분히 부도덕하지 않을 수 있기 때문이다. 하지만, 칸트의 성윤리는 일부 급진 여성주의에서 진지하게 고려되고 있다. 비록 칸트는 젠더 명시적인 어법을 사용하지 않고 남녀 모든 인격에 대해 말하지만 수단화, 사물화를 금지하는 그의 윤리적 명령은 남성의 성행위가 여성을 수단화한다는 일부 급진 여성주의적 통찰의 단서를 제공한다.

마지막으로, 사랑을 강조하는 입장이 있다. 이 입장을 대표하는 이는 스크루턴Roger Scruton이라는 철학자이다. 그가 말하는 사랑은 짧은 시간에 빠질 수도 있는 낭만적이고 에로틱한 연애 감정이라기보다 타인을 배제하는 둘만의 관계에 들어가 인생을 서로에게 헌신하는 결혼에 이를 정도의 의지를 가진 상태를 말한다. 이 입장은 고전적인 보수주의 성윤리가 강조하는 출산이나 결혼 상태를 도덕적 조건으로 강하게 내세우지 않지만, 여전히 결혼에 준하는 사랑의 상태를 요구하고 있다. 또한 이 입장은 사랑과 연결되지 않은 성은 인격의 파편화를 초래하며, 사랑과 연결된 성은 인격의 통합성을 이룬다고 본다. 성행위와 성욕은 상대방과의 진정한 합일의 상태를 향해 가는 것이 자연스러운데, 사랑이 없는 섹슈얼리티는 그 합일의 상태인 사랑을 겨냥하지 않으므로 몸과 마음이 분리되는 인격의 파편화를 겪게 된다는 것이다. 하지만 과연 이때 '인격'이란 무엇일까? 스크루턴은 인격이라면 당연히 인생을 합칠 정도의 합일을 향한 성욕을 가지는 것이 자연스럽다고 전제하는 것으로 보인다. 하지만, 그러한 것만 인격의 통합인가? 몸과 마음이 분리되고 파편화되는 것은 마음먹은 바와 몸의 행동이 다를 경우를 뜻한다. 우리는 항상 성행위에 대해 종착점으로서 사랑을 마음먹는가? 사랑을 마음먹지 않는 경우, 우리의 성행위는 사랑을 종착점으로 두지 않고서도 인격의 파편화를 초래하지 않을 것이다. 마음먹은 바와 몸의 행동을 분리시키는 대표적인 상황은 성폭력이나 혹은 어쩌다 보니 자신이 마음먹은 바와 다른 행동을 하게 된 때이다. 하지만 스크루턴은 인간이 마음먹은 바에 대한 특정한 견해, 즉 성욕은 사랑을 향해 간다는 견해를 보편적인 것으로 제시한다. 스크루턴의 특수한 해석은 좀 더 입증이 필요하다.

보수주의적 성윤리는 고전적인 형태를 유지할 경우, 가치 다원적 사회적 맥락과 과학기술의 발달의 맥락에서 볼 때, 섹슈얼리티에 대한 다양한 생각들 사이에 공통된 승인을 받기 어려운 상황에 놓인다. 이제 대안적 성윤리 패러다임으로 자유주의 성윤리를 검토해보자.


### 2) 자유주의

자유주의 성윤리는 성행위와 성욕이 반드시 출산, 결혼, 사랑(결혼에 이를 정도의 사랑)과 같은 목적과 연결되어야만 도덕적이라는 것에 반대한다. 골드만Alan Goldman은 자신의 논문 〈그 자체로서의 섹스 plain sex〉에서 성욕은 단지 타인의 몸을 접촉하고자 하는 욕구, 혹은 그러한 접촉에서 발생한 쾌락에 대한 욕구일 뿐이라고 규정한다. 그리고 그는 출산, 결혼, 사랑과 같은 것들은 성욕과 성행위 그 자체에 있는 본질적 가치가 아니라 외래적 가치라고 지적하면서 그런 외래적 목적에 대한 수단으로서만 성행위와 성욕을 인정하는 견해들을 하나씩 논박한다. 골드만 이외에도 많은 자유주의자들은 이렇듯 성의 본질을 쾌락에 둠으로써 보수주의 성윤리에 맞선다.

자유주의 성윤리의 또 다른 강조는 자율성에 있다. 타인에게 해악을 끼치지 않고, 타인의 자율성을 존중하는 한에서 한 개인의 다양한 성행위는 도덕적으로 허용 가능하다. 이 견해에 따르면, 도덕적인 차원에서 볼 때 성행위에 대한 판단은 다른 일반적인 행위에 대한 판단과 차이가 없다. 따라서 다른 일반적인 행위에 적용되는 기본적인 도덕인 자율성 원칙, 해악금지 원칙 등이 성행위에도 적용된다. 보수주의자의 입장에서 보면, 자유주의자에게는 성윤리가 없는 것으로 보일 것이다. 왜냐하면 '성'에 특유한 윤리적 어법, 가령 순결이나 정절과 같은 개념이 없기 때문이다. 하지만, 자유주의자들에게 성윤리가 없는 것이 아니다. 자유주의자들에게는 일반 윤리로서의 성윤리가 존재한다.

쾌락을 성의 본질로 두는 견해와 자율성을 중시하는 견해는 자유주의 성윤리의 큰 틀 안에 공존해왔다. 하지만 두 견해가 항상 조화롭게 공존하는 것으로 보이지는 않는다. 두 요소가 충돌을 일으키는 때는 일단, 쾌락 중심적 성의 추구로 인해, 타인을 강제로 폭행하는 경우일 것이다. 하지만, 쾌락어법으로 성을 논했던 골드만은 성관계를 하는 양자 모두의 쾌락을 중시했으므로, 상대를 폭력하거나 강제하여 일방적으로 성욕을 관철시키는 성행위가 자유주의 성윤리 안에서 허용 가능하다고 간주하지는 않는다. 그리고 골드만은 성의 본질은 쾌락에 있지만, 쾌락을 극대화하라는 명령이 성윤리의 명령이 되는 것은 잘못되었다고 지적하였다. 따라서 이 경우는 두 견해가 충돌을 일으킨다고 볼 수 없다. 두 요소가 진정으로 충돌을 일으키는 경우는 다음과 같다. 어떤 두 사람이 자율적으로 합의하여, 쾌락을 목표로 하지 않고 다른 가치를 목표로 성행위를 하는 경우이다. 두 사람은 출산을 염원하여 성적쾌락이 덜하지만 출산이 잘 되는 방식의 성행위를 할 수도 있다. 혹은 어떤 한 사람은 쾌락을 원하지만 다른 한 사람은 돈을 원하여 자율적으로 합의하여 돈을 매개로 성서비스를 주고받는 성행위를 할 수도 있다. 쾌락 중심의 자유주의 성윤리에서 이런 경우들은 모두 성행위가 아니다. 그것들은 단지 재생산 행위이거나 돈벌이라는 것이다. 이때, 쾌락 중심적 규정들은 성에 대한 자율적 접근을 제한한다. 쾌락의 요소와 자율성의 요소가 자유주의 성윤리 안에 조화롭게 공존하는 것처럼 보인 것은, 우리들이 암암리에 자율적 성은 곧 쾌락적 성이라는 전제를 의심 없이 받아들였기 때문이다. 자율성 중심의 성윤리에서 보면 이 경우들은 재생산 행위이거나 돈벌이인 동시에 분명 성행위이며, 그 성행위의 주체가 자율적으로 의도한 것이므로 도덕적으로 저열한 것일 수 없다. 어떤 이에게 등산은 운동이지만, 다른 이에게는 등산은 데이트이고 또 다른 이에게는 돈벌이일 수 있다. 등산의 사전적 정의를 정할 수는 있지만 우리가 등산의 목적, 본질을 정할 수 있을까? 쾌락 중심의 자유주의 성윤리는 출산, 결혼, 사랑 등의 외래적 목적들과 성행위, 성욕이 본질적 관계에 놓여 있지 않다는 점을 잘 분석해내었지만, 쾌락을 중심으로 한 또 다른 본질론에 빠졌다는 비판을 받을 수 있다.

그렇다면, 자율성 중심의 성윤리는 구체적으로 어떤 윤리 원칙을 내세울까? 바로 일반적인 행위에도 적용되는 일반적인 윤리 원칙인, 해악금지의 원칙과 자율적 합의의 원칙을 제시한다. 해악금지 원칙은 공리주의적 자유주의자 밀이 그의 책《자유론On Liberty》(1859)에서 내세운 원칙이다. 자유를 누릴 수 있으려면 타인에게 해악을 주어서는 안 된다는 것이다. 하지만, 해악이라는 개념은 애매하게 적용될 수 있다. 빨간색 옷을 싫어하는 사람이 빨간색 옷을 입은 사람을 보면서 심리적 해악을 입었다고 할 수 있을까? 권리론적 자유주의자 드워킨Ronald Dworkin은 공리주의자들이 최대 효용을 창출하는 행위를 알아내기 위해 선호를 계산할 때 외재적 선호external preference를 계산에 넣으면서 개인의 자율성과 권리를 무시하게 된다는 점을 지적하였다. 외재적 선호란, 어떤 이의 생활방식이나 선호사항들에 대한 타인의 선호를 말한다. 내가 타인에게 해악을 입히지 않아야 하는 것은 맞지만, 타인이 나에 대해 외재적 선호를 가졌기 때문에 생긴 심리적 해악까지도 나 자신의 자유로운 행위의 한계조건으로 받아들일 필요는 없을 것이다. 그것을 받아들일 경우 우리는 지나치게 간섭주의적인 사회에 살게 될 것이다.

　이제 자율적 합의의 원칙을 살펴보자. 이 원칙은 판단능력이 있는 성인들 간의 충분한 정보에 근거한 자발적 동의가 자유로운 행위의 윤리적 기준임을 말해준다. 이 원칙을 이루는 하위 원칙에는 기만금지와 강제금지가 있다. 기만은 관련된 정보에 대해 거짓을 말하는 적극적인 거짓말과 중요한 관련 정보를 말하지 않는 소극적 은폐를 모두 포함한다. 강제는 완력을 사용하여 타인에게 어떤 행위를 가하는 발생적 강제와, 불이익을 예고하며 타인이 원하지 않는 행위를 하도록 협박하는 추이적 강제를 모두 포함한다. 추이적 강제를 제안과 혼동해서는 안 된다. 추이적 강제는 '당신이 X하지 않는다면, 당신의 처지가 악화될 것이다'라고 제시하는 것이고, 제안은 '당신이 X한다면, 당신의 처지가 좋아질 것이다'라고 제시하는 것이다. 추이적 강제는 명백히 자율성을 침해하는 것으로 보인다. 그렇다면, 제안은 어떠한가? 상대에게 충분히 자유롭게 선택할 수 있는 여지를 주는 것으로 보인다. 그렇다면 제안과 그 수락은 언제나 합당한가? 어떤 교수가 한 학생에게 '자네의 성적평가를 모두 해보았는데, C+가 나왔다네. 하지만 나와 성관계를 할 경우 A+로 올려주겠네'라고 제안하고 학생이 이 제안을 받아들이는 것은 자율성 중심의 성윤리에서 볼 때 도덕적으로 허용 가능한 것인가? 결코 그렇게 보이지 않는다. 기만과 강제가 없다고 해서 모든 제안이 합당하게 되는 것은 아니다. 그 이유는 첫째, 성관계와 학점은 교환 가능해서는 안 된다고 우리 사회가 공정한 학점 시스템을 만들어 놓았기 때문이며, 둘째, 제안이라는 형태로 암암리에 학생에게 가해질 강제력이 충분히 있을 수 있는 불평등한 관계에 대해 약자를 보호하는 정의 시스템을 만들었기 때문이다.

　이렇게 볼 때, 우리는 자유주의 성윤리가 단지 해악금지의 원칙과 자율적 합의의 원칙만을 견지해서는 진정한 자유를 보장할 수 없다는 것을 알 수 있다. 그런데, 두 원칙만 지키면 모든 합의와 그 결과들이 도덕적으로 정당하다고 보는 자유주의적 입장의 한 부류가 있다. 그것은 바로 노직Robert Nozick이 대표하는 자유지상주의이다. 노직이 성윤리를 직접 논의한 것은 아니지만, 그의 자유지상주의를 성윤리에 대입할 경우, 사회구조의 정의로움보다는 개인 간 합의에서 발생하는 미시적 차원의 정의로움만을 기준으로 삼는 성윤리가 나타날수 있다.

이에 반해, 사회구조의 정의로움 여부를 도덕 판단의 또 다른 조건으로 내세우는 자유주의 입장이 있다. 우리는 죽음에 직면한 절박한 처지의 사람에게 '당신이 나와 성관계를 해준다면, 당신의 생명을 살려주겠소'라고 제안한 사람과의 합의와 그 결과를 도덕적으로 옳다고 할 수 없다. 인간이 최소한 유지하고자 하는 삶의 적정 수준에 대한 권리는 거래될 수 없는 것이기 때문이다. 벨리오티Raymond A. Belliotti는 이것이 바로 칸트의 정신이라고 말하면서, 노직의 자유지상주의는 이러한 '칸트적 보충'을 받아들여야 한다고 주장한다. 벨리오티의 '칸트적 보충'이란 인격을 단지 수단으로만 보지 말고 항상 동시에 목적으로도 보아야 한다는 칸트의 정신으로도 볼 수 있겠지만, 롤스의 자유주의 정신과 일맥상통한 것으로도 볼 수 있다. 롤스는 개인 간의 합의라는 미시적 차원에서 정의를 논하기보다 사회구조의 정의로움에 주목하였고, 사회적 약자를 우선적으로 고려하는 정의론을 제시했다. 자유주의 성윤리를 받아들이는 많은 철학자들은 노직의 자유지상주의적 입장보다는 롤스적인 자유주의 입장이 그들이 제시하는 성적 자유의 상태를 진정으로 표현한다고 생각한다.

요컨대, 자유주의 성윤리로 간주되는 견해들을 구분해보자면, 첫째, 성의 본질에 관한 담론과 관련하여서, 성의 본질과 목적을 쾌락에 두는 쾌락 중심적 자유주의와 성의 본질과 목적을 정하지 않는 자율성 중심적 자유주의가 구분된다. 둘째, 성윤리를 일반 윤리와 동일하게 보는 자율성 중심적 자유주의 내부의 구분이 있다. 즉, 개인 간 자율적 합의만이 성행위의 도덕적 기준이 된다고 보는 자유지상주의적 입장과 개인 간 자율적 합의 외에도 사회구조의 정의로움과 기본적인 인권이 모두 고려되어야 성행위의 도덕성을 판단할 수 있다는 롤스적 자유주의 입장으로 구분된다. 이중에서 현대사회 맥락에서 성공적인 대안적 성윤리 패러다임을 구성할 수 있는 것은 쾌락 중심적 자유주의보다는 자율성 중심적 자유주의, 노직의 자유지상주의보다는 롤스의 자유주의로 보인다. 그렇다면, 이런 견해들로 구성된 자유주의 성윤리는 대안적 패러다임으로 충분할까? 아직 그렇게 보이지 않는다. 자유주의는 젠더문제를 진지하게 고려하지 않는 것으로 보이기 때문이다. 자유주의는 젠더 중립적인 도덕 개념을 사용하는데, 현실의 성문제에서 젠더 중립적 판단은 기존의 남성 중심적인 판단을 반영할 가능성이 많다는 비판이 제기될 수 있기 때문이다. 따라서 우리는 젠더 명시적 어법으로 성문제를 바라보는 여성주의를 살펴볼 필요가 있다.

### 3) 여성주의

여성주의에는 매우 많은 다양한 입장들이 있지만 공통적인 목적이 있다. 바로 여성에 대한 모든 억압 기제를 진단해내고, 그것을 타파하는 방법을 찾는 것이다. 이때 그 억압 기제가 무엇이며 어떤 진로를 택하는 것이 여성 억압을 종결시키는가에 관한 다양한 답을 제시하는 다양한 분파가 생겨났다. 시기적 순서로 보았을 때, 여성의 정치적, 법적, 사회적, 경제적 위치를 분석하면서 여성의 제한된 참정권, 교육권, 노동권 등에서 여성 억압의 원인을 찾고 이런 여건들을 타파하여 여성 해방을 도모하는 자유주의적 여성주의, 맑스주의적 여성주의가 순차적으로 여성 해방운동을 이끌었다. 이 두 입장은 역사에 일정 시기 동안 참정권 획득, 여성노동자 권리 강화 등 여성 예속을 타파하는 일정 정도의 성과를 거두었다. 하지만 그 입장들은 결국 자유주의 운동과 맑스주의 운동에 기대어 여성 해방을 도모하기 때문에 여성 특유의 문제를 진단하거나 해결하지 못한다고 급진 여성주의로부터 비판받는다.

급진 여성주의는 여성 억압이 남성 중심적인 성체제에서 발생한다고 진단한다. 즉, 기존의 여성주의가 여성문제를 여성의 정치, 경제, 사회적 위상의 차원에서 바라보았다면, 급진 여성주의는 여성문제를 섹슈얼리티문제의 차원에서 바라보게 된 것이다. 그들에 따르면 남성은 여성의 섹슈얼리티를 통제함으로써 여성을 지배한다. 남성 중심적인 섹슈얼리티체제와 개념들 안에서는 여성의 섹슈얼리티가 왜곡된 의미를 부여받기 때문에, 여성은 평등한 정치적, 경제적, 사회적 지위를 얻었음에도 불구하고 진정으로 자유롭지 못하고 예속된 존재가 된다는 것이다. 이에 급진 여성주의는 여성들이 남성 중심의 섹슈얼리티체제를 벗어나 섹슈얼리티에 대해 여성 스스로의 통제력을 획득할 것을 요구한다. 그런데 이 입장 내부에도 다시 두 분파가 존재한다. 이 분파들은 남녀 사이의 성애의 문제, 즉 이성애의 문제를 각기 특유의 방식으로 진단, 해결한다.

급진 여성주의의 첫 번째 분파는 '급진적-자유의지론적 여성주의'다. 이 입장은 남녀 간 성애(이성애)의 문제적 특징을 '억제'라고 보았다. 가부장주의적 섹슈얼리티의 기준들은 사람들에게 소위 일부일처의 이성애적 결혼제도 안에서의 섹슈얼리티만을 정상적이고 순수하며 유일한 섹슈얼리티라고 제시하고, 다양한 섹슈얼리티들을 억압한다. 남성, 즉 가부장에게 있어 가장 중요한 섹슈얼리티는 가계를 잇는 출산과 관련된 섹스이기 때문이다. 이에 따르면, 여성의 성욕은 남성이 원할 때에 필요한 것일 뿐 독자적으로 인정될 만한 것이 아니며, 출산에 이르지 못하는 성욕과 성행위 역시 인정될 만한 것이 아니다. 그 체제하에 여성들, 그리고 다양한 성적 소수자들의 다양한 성욕은 '억제'되며 자신들의 근본적인 욕구를 부정하는 성체제 안에서 여성과 성적 소수자들은 진정한 해방을 누리지 못한다. 이 입장에 따르면, 여성들은 자신에게 즐거움과 만족을 주는 섹슈얼리티를 실천할 수 있는 권리를 요구할 수 있어야 하며, 그렇게 함으로써 여성의 섹슈얼리티에 대한 지배력을 가부장 남성으로부터 되찾아올 수 있다. 요컨대, 이 입장은 섹슈얼리티에 대한 가부장 중심적인 성 위계질서를 무너뜨릴 것을 요구한다. 그리고 성적 억제가 종식되면, 여성뿐만 아니라 남성의 성도 해방될 것이라고 본다. 남성의 성 역시 이른 바 '순수'한 '정상'적인 성 위계질서 안에 억제되어 있다고 보기 때문이다. 그렇다면 이 입장은 이성애에 대해 어떤 판결을 내릴까? 이 입장에서 보면, 이성애적 섹슈얼리티 자체가 잘못된 것은 아니다. 이성애만을 순수하고 정상적인 것으로 보는 관점, 즉 가부장주의에서 명령하는 이성애'주의'가 잘못된 것이지, 이성애도 다양한 섹슈얼리티 중 하나라고 본다면 그것 역시 인정되어야 할 것이다. 하지만 급진 여성주의 안에는 이성애에 대해 또 다른 시각을 보이는 입장이 존재한다.

　즉 급진 여성주의의 두 번째 분파인 '급진적-문화적 여성주의'이다. 이 입장에서 보면, 이성애적 성관계의 문제적 특징은 여성에 대한 남성의 성적 폭력을 지지해주는 성적 대상화 이데올로기가 그 성관계에 구현되어 있다는 것이다. 이 입장의 여성주의자들은 가부장사회에서 모든 남성의 섹슈얼리티에는 여성에 대한 폭력을 유발하는 각본이 깃들어 있다고 본다. 이 입장에 따르면, 남성의 섹슈얼리티는 내몰리고, 무책임하고 성기 집중적이고 잠재적으로 치명적이다. 여성을 성적 대상화하기 때문이다. 그에 반해 여성의 섹슈얼리티는 그런 섹슈얼리티를 선호하지 않는다. 여성들이 선호하는 섹슈얼리티는 행위보다 친밀함에 더 많은 관심을 두고 부드럽고 확산적이며 관계 지향적이고 자비로운 것이다. 이렇게 남녀가 서로 다른 선호를 가지고 있는데도 인류는 늘 성관계를 유지해왔다. 따라서 이 입장의 여성주의가 볼 때, 이 관계는 폭력적이고 일방적인 의지의 관철일 수밖에 없었다는 것이다. 또한 남성의 성욕과 성행위를 여성이 받아들이는 것은 여성 스스로의 섹슈얼리티를 포기하고 상대에게 통제권을 내주며 폭력을 당하는 것과 같으므로 거부되어야 할 행위이다. 따라서 이 입장에서는 여성 자신의 독자성과 통제력을 지키기 위한 도덕적인 결단, 정치적인 결단으로서 남성과의 성관계를 끊는 정치적 레즈비어니즘, 즉 분리주의를 여성들에게 요구하게 된다. 요컨대, 여성이라면 누구나 잠재적으로 폭력적이고 성기 집중적이고 급격한 진행을 하는 남성적 섹슈얼리티를 거부하고 관계 지향적이고 확산적이며 부드러운 여성적 섹슈얼리티를 증대시킴으로써 섹슈얼리티에 대한 여성의 통제력을 되찾아야 한다는 것이 이 입장이 제시하는 해결책이다.

그렇다면, 두 입장에는 어떤 차이가 있는가? 급진적-자유의지론적 여성주의는 모든 성적 위계질서를 거부하고 성적 다양성을 실현하는 것을 여성의 성해방으로 본다. 이때 여성은 집단으로서의 여성이 아니라 개개인으로서의 여성이다. 모든 개개인 여성들은 각자 다른 섹슈얼리티를 가지고 있을 테고, 이런 자신의 섹슈얼리티를 가부장체제가 명령한 위계질서 안에 가둘 때보다, 모든 위계를 넘어서서 그대로 실현할 때 해방을 얻게 된다는 것이다. 따라서 어떤 여성이 우연히 남성적 섹슈얼리티를 가지고 있어도 그것은 하나의 성적 다양성으로 인정될 수 있으며, 어떤 남성 역시 이데올로기의 지배를 받지 않은 본연의 모습에 있어 남성적 섹슈얼리티를 가지고 있어도 그것 역시 그 자체로 나쁜 것은 아니다. 그에 반해 급진적-문화적 여성주의에서는 기존의 가부장 중심적 성 위계를 부정함과 동시에 새로운 위계를 함축하게 된다. 그들에 따르면, 관계 중심적이고 친밀하고 부드럽고 완만하고 확산적인 여성적인 섹슈얼리티가 이상적인 섹슈얼리티가 되며, 여성은 이를 추구해야 남성 섹슈얼리티의 지배력을 막을 수 있다. 이 입장에서 볼 때 거칠고 급격하고 폭력의 가능성을 안고 있는 남성적 섹슈얼리티는 어떤 남성 개인이 지니고 있든, 어떤 여성 개인이 지니고 있든 그릇된 것이다. 여기서 여성적 섹슈얼리티를 정점으로 하는 새로운 의미의 위계가 다시 성립된다. 요컨대, 전자의 입장은 개인의 성적 다양성에 대한 존중이 여성의 성해방을 가져온다고 보며 후자의 입장은 여성적 섹슈얼리티의 증대와 관철이 여성의 성해방을 가져온다고 본다. 이 양 입장의 차이를 분명히 보여준 사건은 두 레즈비언 간의 가학피학 성행위를 묘사한 포르노그래피에 대한 논쟁이었다. 급진적-자유의지론적 여성주의자들이 보기에 이 포르노그래피는 그 안의 두 사람이 즐거움에 합의한 일을 나타내고 있기 때문에 다양한 섹슈얼리티의 묘사로 인정되어야 한다. 반면, 급진적-문화적 여성주의자들이 보기에 이 포르노그래피는 여성이 부드럽고 평화롭고 완만한 섹슈얼리티를 추구하지 않고 남성적인 잘못된 섹슈얼리티를 모방하였기 때문에 비난받아야 할 것이다.

섹슈얼리티에 관한 급진 여성주의 내의 이런 두 입장은 보수주의 성윤리와 자유주의 성윤리의 젠더 중립적인 보편적 주장이 은폐하고 있는 현실 속의 남성 중심적 성 관념과 성체제에 대해 반성하게 하는 의의를 지닌다. 따라서 우리는 인류 역사의 오랜 기간 동안 억압되고 은폐된 지위에 놓여 있었던 여성과 성적 소수자의 현실을 고려하기 위해 섹슈얼리티문제에 집중한 급진 여성주의의 관점을 반드시 성윤리에 포함시켜야 할 것이다. 그러나 다양한 남녀 개인들이 섹슈얼리티에 대한 다양한 생각과 성향을 가지고 있는 현대사회의 맥락에서 볼 때, 급진-문화적 여성주의는 또 하나의 특정한 본질론, 목적론에 기반을 두고 있다. 급진-문화적 여성주의자들은 그들이 '여성적'인 것으로 간주하는 섹슈얼리티에 대한 특유의 신념을 바탕으로 '여성적' 섹슈얼리티를 이상적으로 보고 명령하기 때문이다. 이러한 점은 그들의 입장이 현대사회 맥락에 있어 다양성을 존중하는 대안적 성윤리 패러다임을 성립시키는 하나의 관점이 되기에 어려움을 준다.

지금까지 기존의 패러다임으로서 보수주의 성윤리와 그 대안적 패러다임으로서 자유주의 성윤리와 여성주의의 성윤리적 함축을 살펴보았다. 이제 현대사회에서 이 패러다임들이 직면하고 있는 대표적인 성문제 세 가지를 살펴보도록 하겠다. 첫 번째는 혼외정사의 문제이고, 두 번째는 동성애의 문제이며, 마지막 세 번째는 성매매의 문제이다.

## 성문제

### 1) 혼외정사

우리 사회에서 결혼에 대한 관습적이고 통상적인 의미는 두 남녀의 성적인 결합에 대한 사회적 인정을 포함한다. 이때 성적인 결합에 대한 인정은 결혼 당사자 서로에게 타인의 성적 접근을 배제하는 성적 배타권을 포함하는 것이 통상적이다. 그래서 우리 사회의 통상적인 기대치를 가진 남녀들은 결혼 상태에 들어가면서 서로가 성적으로 배타적 권리와 의무를 지님을 암묵적으로 인정하고 약속하게 된다. 하지만 현실에서 많은 이들이 이 약속을 저버린다. 그들은 배우자를 속이거나 자신의 성적 파트너를 속인다. 혹은 이런 기만을 바탕으로 가정에 심각한 해악을 주고 관계를 파멸로 이끈다. 이러한 형태가 바로 우리가 텔레비전 드라마에서 흔히 보게 되는 혼외정사이다. 보수주의 성윤리는 이러한 파국을 일으키는 혼외정사를 비판한다. 상대방을 기만하고 해악을 주기 때문이다. 하지만 자유주의자들은 이때 보수주의자들이 부도덕을 발생시키는 것을 혼외정사라는 행위 자체라기보다 상대방을 기만하고 해악을 주는 행위 자체로 본다는 점을 간과한다. 상대방을 기만하고 해악을 주는 행위는 배우자가 아닌 타인과 성관계를 하는 일 외에도 타인과 사업관계를 맺거나, 함께 운동을 하는 일에 있어서도 나쁜 것이다. 우리는 사업과 운동에 있어 기만과 해악행위가 포함되는 사례가 있다고 해서 그 일 자체를 부도덕하다고 판단하지 않는다. 따라서, 자유주의자들은 누군가가 배우자를 속여서 혼외정사를 할 경우 그 행위를 부도덕하다고 하겠지만, 배우자와 합의된 상태로 해악을 주지 않고 혼외정사를 할 경우에는 부도덕하다는 결론을 내릴 수 없다고 본다. 이렇게 볼 때, 혼외정사 반대론의 논거가 상대방에 대한 기만과 해악일 경우, 이것은 혼외정사 허용론과 반대론의 진정한 쟁점을 만들어내지 못한다.

보수주의와 자유주의가 대립하게 되는 진정한 쟁점은 바로 결혼 당사자 상호 간에 합의되고 해악을 주지 않는 상태의 혼외정사이다. 즉, 성개방 결혼문제가 진정한 쟁점이 된다. 성개방 결혼은 일부일처의 결혼 형태를 유지하고 자신들의 자녀를 양육하면서 성생활에 있어 배타적 권리를 행사하지 않고 서로가 자유로운 활동을 하는 결혼상태를 말한다. 이것은 일부일처를 부정하는 군혼과는 다르다. 성생활만 개방한 것이다. 보수주의자들은 이러한 결혼 상태에서의 자유 섹스free sex 입장은 결혼의 의미 자체를 부정한 것이라고 비판한다. 이에 맞서 자유주의자들은 결혼의 관습적 의미가 성적 배타성을 포함하고 있지만, 그것은 관습적이고 통상적인 기대치일 뿐 도덕적으로 정당화된 것은 아니기 때문에 사회나 국가는 관습적 기준을 근거로 어떤 한 개인의 자유로운 생활방식을 좌절시킬 수 없다고 대응한다. 이렇듯, 보수주의자들에게 있어 배타적인 성생활은 결혼의 본질에 포함되지만 자유주의자들에게 있어 배타적인 성생활은 결혼의 본질을 이루지 않는다. 결혼의 본질이 어떤 가계의 성립과 출산, 상속을 통한 유지의 한 경로라고 볼 수 있었던 전근대 시절에는 출산과 성생활이 강하게 연결되어 있었고, 따라서 성생활은 개인의 선택의 문제라기보다 가계의 성립과 유지라는 결혼의 본질에 가까울 수 있었다. 하지만 개인이 성생활과 출산의 연결을 조정할 수 있는 현대사회에 이르러 성생활은 점차 결혼의 본질에서 멀어지게 되었다. 이러한 맥락의 변화를 받아들이면서 보수주의의 혼외정사 반대론은 다른 것을 겨냥하게 된다. 그것은 바로 질투의 문제이다. 현대의 보수주의자 스크루턴은 질투는 인간 본성적인 감정인데, 성개방형 결혼 상태에서의 혼외정사는 아무리 처음에 합의된 것이어도 그 합의 내용이 인간 본성에 거스르는 명령을 하기 때문에 결국 합의 당사자들을 파국에 이르게 한다고 봤다. 하지만 1970년대에 《결혼과 도덕》을 통해 자유 섹스 사상을 설파한 러셀Bertrand Russell은 이러한 질투의 감정이 본능적으로 발생한다는 점을 인정하면서도 동시에 이것이 타인의 자유를 구속하는 부당한 감정이라는 것을 인정할 경우, 우리의 이성에 의해 통제될 수 있고 통제되어야 한다고 주장했다. 러셀 외에도 많은 자유주의자들은 질투의 감정은 물건에 적용되어야 할 소유 개념을 인격에 적용해서 생긴 것이며 따라서 비합리적인 감정이라고 생각한다. 그래서 그들은 결혼 상태에서의 자유 섹스는 용납되어야 한다고 주장한다. 하지만 이런 입장에 맞서, 질투는 인간에게 기본적으로 필요한 애정을 확보하기 위한 자기 보호의 감정이므로 합리적이라고 대응하는 의견이 있다. 이 문제에 대한 해결은 부부 간의 성적 배타성이 그들 간의 연대와 헌신(사랑)에 핵심적인가 아닌가에 대한 대답에 따라 달라질 것으로 보인다.

### 2) 동성애

동성애는 동성의 상대에게 감정적, 사회적, 성적인 이끌림을 느끼는 사랑의 형태이다. 동성애와 이성애는 성적 지향성의 대상이 다를 뿐이다. 하지만 동성애는 출산을 신의 섭리와 연결하던 보수주의 성윤리가 지배적이던 시기에 대표적인 금기행위였다. 동성애가 부도덕함을 입증하려는 대표적인 논거들은 다음과 같다.

첫째, 동성애는 부자연스럽고 자연의 이치에 어긋나기 때문에 부도덕하다는 논거이다. 이것은 섹슈얼리티의 본질을 출산에 놓는 특정한 성 개념에 기반을 둔다. 이러한 내용의 목적론은 '자연'이라는 말을 통해 단순히 자연계에서 벌어지는 현상을 지칭하기보다 인간사회가 유지하기를 바라는 규범적 의미를 전달한다. 이 견해에 따를 경우, 출산에 이르지 못하는 자연계의 많은 성적 현상들은 자연스럽지 않다는 판단을 받는다. 이 견해에는 출산 가능성만이 성의 본질이라고 한 목적론이 암암리에 작용하기 때문이다. 따라서 이 논거는 그러한 특정한 성 본질론과 목적론을 받아들이지 않는 이들에게는 기각된다. 우리가 출산을 의도하여 섹스할 경우 남녀 각각의 생식세포가 필요하다는 자연법칙과 관련된 지식을 알고 따를 필요가 있지만, 출산을 의도하지 않은 섹스에 있어서도 출산에 이를 수 있는 경우만 자연스러운 섹스라고 보는 것은 특정한 성관념을 필요로 한다. 이런 특정한 성관념은 모든 이들이 받아들이는 전제가 되기 힘들다.

둘째, 동성애는 쾌락적이고 문란하기 때문에 부도덕하다는 논거이다. 이 논증의 전제는 동성애가 쾌락적이고 문란하다는 것이며 결론은 동성애는 부도덕하다는 것이다. 이 논증은 두 가지 방식으로 비판을 받는다. 우선, 전제가 참이 아니라는 비판이다. 어떤 동성애자들이 쾌락적이고 문란한 경우가 있을지도 모르지만, 그것은 이성애자들에게서도 나타나는 개인적 차이의 현상이다. 많은 동성애자들은 쾌락추구적이지 않다. 따라서 동성애 자체가 쾌락적이고 문란하다는 전제는 참이 아니라는 비판이다. 그리고 혹시라도 동성애가 쾌락적이고 문란하다는 전제가 참이라고 해도 그 전제로부터 동성애가 부도덕하다는 결론이 나오는 것은 아니라는 비판이 제기된다. 타인의 권리를 해치지 않는 이상 쾌락적인 것 자체가 부도덕한 것은 아니며, '문란'의 기준도 애매하기 때문에 그로부터 부도덕성이 도출되지 않는다.

이렇게 볼 때, 인간에 대한 특정한 본성론, 목적론을 은밀히 가정하지 않는 이상, 어떤 이가 동성애 지향성을 가지고 있거나 동성애 관계를 가지는 것에 대해 그를 부도덕하다고 입증할 수는 없다고 보인다. 그렇다면 동성애자는 이성애자와 기본적인 시민의 권리에 있어 동등한 도덕적 지위를 인정받아야 한다. 따라서 우리는 동성애에 관한 도덕적 논의로부터 동성애자에 대한 차별금지와 동등한 존중의 의미에 관한 정치적 논의로 이동하게 된다. 동성애를 한다는 이유만으로 어떤 사람의 시민자격과 자유를 박탈하고 그를 처벌하는 현대 민주주의사회는 거의 없다. 종교, 성별, 인종의 차이와 마찬가지로 성 정체성의 차이로 인해 정치적으로 차별받지 않을 권리는 인권에 해당되기 때문이다. 그렇다면, 동성결혼 역시 동성애자들이 마땅히 누려야 할 인권인가? 이에 대해서는 현대 민주주의사회 내에서도 의견이 분분하다. 동성결혼 반대론자들은 결혼이 출산할 수 있는 이성부부에게만 접근 가능한 실천양식이기 때문에 이 양식에 진입하게 해달라는 동성애자의 요구는 무리라고 주장한다. 결혼의 권리는 누구나 누릴 수 있는 인권right이 아니라 자격에 따라 주어지는 자격 부여적 권한entitlement이기 때문이다. 따라서 동성애자들을 결혼으로부터 배제하는 것은 동성애자의 인권을 부정하거나 정치적 차별을 하는 것이 아니라고 반대론자들은 말한다. 하지만 동성결혼 찬성론자들은 불임의 이성부부에게 불임을 이유로 국가가 그들의 결혼을 불허하지 않으면서 동성애자들에게는 똑같은 판단을 내리지 않는 것 자체가 정치적 차별이라고 응수한다. 그리고 동성애자들은 그들이 출산이 아닌 다른 방식으로 사회 구성원 재생산에 기여한다고 생각한다. 사회 구성원 재생산이란 인간의 생물적 발생 외에 사회적 구성원을 길러내는 양육도 포함한다. 동성애자들은 결혼을 하여 자녀를 입양, 양육하면서 사회 구성원 재생산에 기여한다는 것이다. 이에 대해 반대론자들은 동성애자는 자녀 양육에 적합하지 않다고 반론한다. 동성애자의 자녀는 성역할을 배울 수 없으며 그 가족의 특이성으로 인해 심리적 상처라는 해악을 입게 된다는 이유에서이다. 하지만, 이에 맞서 동성결혼 찬성론자들은 성역할이 반드시 가정 안에서만 이뤄져야 하는 것은 아니며, 설령 성역할을 학습할 수 없다고 해도 성역할 자체가 건전한 젠더 평등한 시민의 형성에 반드시 필요한 것은 아니라고 응수한다. 그리고 가족의 특이성으로 인해 자녀가 받는 상처에 대한 책임을, 차별적 시선을 가한 사회에 귀속시키지 않고 동성부부에게 귀속시키는 것은 이미 동성애 자체에 대한 부정적인 도덕 판단을 가정할 경우에만 성립하는 것이라고 응수한다. 다른 한편, 찬성도 반대도 아닌 입장으로서 다수결에 맡기자는 입장이 있다. 즉, 판사에 대한 자격부여가 법률적으로 정해지듯이, 결혼에 대한 권리도 인권적 차원에서 정해지기보다 다수결에 의해 관련 법률을 만들어 정하자는 것이다. 하지만 동성결혼 찬성론 쪽에서는 그것은 마치 미국의 남북전쟁 시기에 노예제도의 존폐 여부를 각 주의 표결에 부치자는 처사와 같다고 응수한다. 이제 동성결혼 금지가 동성애자들에 대한 정치적 차별을 의미하는지 아닌지의 여부는 과연 결혼이 무엇인지, 그 사회적 의미를 재정립해야 판결이 날 것으로 보인다.

### 3) 성매매

성매매는 가부장주의, 보수주의 성윤리, 자유주의 성윤리, 그리고 여성주의 패러다임이 함께 부딪히는 문제이다. 게다가 자본주의의 문제까지 결부되는 매우 복잡한 문제이다. 일단 성매매는 개념적으로만 볼 때 젠더 구분 없이 개인들끼리 금전적 보상을 매개로 성행위를 주고받는 것을 말한다. 현실에서는 대부분 남성이 돈을 주고 여성의 성행위를 받지만, 개념적으로는 여성이 돈을 주고 남성의 성행위를 받을 수도 있고 동성 간에 이 거래가 이루어질 수도 있다. 이렇듯 성매매는 개념적으로 볼 때 젠더 불평등의 문제를 함축하고 있지 않다. 하지만, 현실에서 성매매는 젠더 불평등을 전형적으로 드러내는 실천양식으로 충분히 인식될 만하다. 왜냐하면 거의 대부분의 성매매는 남성 구매자와 여성 판매자로 이루어져 있고, 그 일이 벌어지는 사회 대부분은 남성들이 여성들보다 유리한 사회적 지위를 갖고 있기 때문이다. 그런데 이러한 개념 중심적 규정과 현실 중심적 규정은 성매매에 대해 서로 다른 문제의식을 가지고 전혀 다른 해결을 도모하게 된다. 왜냐하면 개념적 규정은 성매매 자체가 부도덕한 행위인지를 검토해보고, 만약 그 자체의 부도덕성을 입증하지 못할 경우 현실의 부도덕한 성매매 실태에 대해 폐지라는 해결보다 그 행위들을 둘러싼 폭력적이고 착취적인 맥락과 구조들의 개선이라는 해결을 도모하겠지만, 현실적 규정은 성매매의 현실이 곧 성매매 자체라고 보기 때문에, 성매매 현실에서 벌어지는 다양한 악들을 없애기 위해서는 성매매라는 실천양식 자체를 철폐해야 한다고 볼 것이기 때문이다. 개념 중심적인 규정과 검토는 대체로 자유주의자들이 받아들이며, 현실 중심적인 규정과 검토는 주로 일부 여성주의자들이 받아들인다.

　일단, 성매매에 대한 다양한 입장을 살펴보자. 가부장주의에서 볼 때 성매매는 허용되어야 한다. 그런데, 이 허용 논리는 성매매에 대한 도덕적인 비난을 포함하고 있다. 악한 것이지만 어쩔 수 없이 필요하므로 허용해야 한다는 것이다. 남성에게는 자신들의 폭력적인 성욕을 받아줄 여성 집단이 필요하며, 이런 집단이 없을 경우에는 가부장에 속한 여성들이 성폭력의 위협에 놓이게 되기 때문이라는 것이다. 이것은 성매매 여성을 동등한 시민으로 바라보기보다, 사람들의 폭력성을 감당하는 집단으로 정해놓고 도덕적 차원에서도 시민적 차원에서도 차별적으로 간주하는 것을 의미하므로 진지하게 고려될 만한 입장이라 할 수 없다.

　보수주의 성윤리의 입장에서 볼 때, 성매매는 그 자체로 그르다. 성매매는 출산과 결혼, 사랑 어느 것도 향해 있지 않기 때문이다. 출산, 결혼, 사랑에 이르지 않는 성욕과 성행위는 인격을 파편화하기 때문에 부도덕하다. 하지만 성을 이런 가치들에 연결시켜야만 성의 본질이 충족된다고 생각하는 것은 특정한 목적론을 가정해야 입증된다. 자유주의 입장에서는 어떠한가? 자유주의 입장 중에 쾌락 중심적인 자유주의는 성매매를 처벌해야 할 일이라고까지 결론 내리지 않지만 한쪽의 쾌락이 무시되기 때문에 가치가 없는 섹스라고 판단한다. 즉, 성매매는 저열한 섹슈얼리티를 함축한다. 하지만 성행위는 반드시 쾌락을 목적해야 하는가? 자율성 중심적 자유주의 입장에서 보면, 성매매는 돈벌이를 위한 섹스노동일 뿐이다. 즉, 성매매 여성은 다른 일반적인 행위를 통해 노동하는 이들과 같은 도덕적인 수준에서 노동을 하고 있다는 것이다. 그렇다면, 아무런 기만과 강제를 당하지 않은 상태로 자기 스스로 성매매 노동계약에 합의한 여성의 성매매 실천과 그 결과에 아무런 부당함은 없는 것일까? 노직과 같은 자유지상주의의 관점에서 볼 때, 이 질문에 대한 대답은 '부당하지 않다'일 것이다. 개개인 간 합의에 있어 기만, 강제, 폭력이 없었는지만 따지기 때문이다. 하지만, 롤스적인 자유주의의 관점에서 볼 때, 이 질문에 대한 대답은 해당 사회의 불평등 여부, 즉 젠더 불평등구조에 대한 검토에 따라 달라질 것이다. 미시적인 차원에서 볼 때 개인 간 거래에 강제 요소가 없다고 해서 그 행위가 진정 당사자들의 평등한 자유를 보장하였다고 보기 힘든 사회가 있다. 사회적 약자에 대한 고려가 전혀 없이 거래의 양측이 가진 배경적인 권력 차이를 그대로 두고 이뤄진 합의를 정당하다고 인정하는 것은 개개인을 진정으로 평등하고 자유롭게 만드는 결과를 낳지 않는다. 따라서 롤스적 자유주의의 관점에서 보면, 우리는 성매매가 발생한 그 사회에 전반적인 젠더 평등의 측면을 먼저 고려한 후에 성매매문제에 접근하게 될 것이다. 자발적인 계약행위로 보이는 행위도 그 행위를 발생시킨 구조를 고려할 때 매우 불평등하고 부당한 결과를 함축하고 있다면 부정적인 판단을 내려야 한다는 것이다. 하지만 롤스적 자유주의의 관점에서 보더라도, 모든 사회 성원들이 거의 정의로운 구조 안에서 사는 상황이 되면, 성매매 자체가 부도덕한 행위라고 입증하기는 어렵다.

성매매 반대 여성주의자들은 자유주의자들이 말하는 동의라는 기준이 현실의 불평등한 권력관계를 은폐한다고 비판한다. 현실에서는 가부장주의가 사람들의 성의식을 지배하고 있는데 자유주의는 이를 교정하지 않은 채, 겉으로 보이는 자유로운 계약행위만을 가지고 도덕적 허용을 한다는 것이다. 이런 비판은 사회구조의 정의로움 여부까지도 검토하는 자유주의로 자유주의 성윤리 패러다임을 구성할 경우 대답될 수 있지 않을까? 하지만 노직적인 자유지상주의를 유지할 경우 이런 비판에 대답하기 어렵다.

성매매 반대 여성주의자들은 롤스적 자유주의를 적용한 입장에도 간단히 물러서지는 않을 것이다. 급진적-문화적 여성주의의 관점에서 보면, 성매매는 폭력적인 남성의 성적 대상화 이데올로기를 돈이라는 합법적으로 보이는 수단을 통해 관철시키고자 하는 실천양식으로서 그 자체로 나쁜 것이다. 그들에 따르면, 아무리 성매매를 둘러싼 노동환경 개선, 산업구조 개선, 노동자 권리 보장이 이루어져도 성매매는 남성의 폭력적 성을 그대로 여성의 선호사항에 관련 없이 관철시키는 것을 합법화하는 잘못된 행태이다. 하지만, 이런 식으로 성매매 자체의 부정의함을 입증하기 위해서는 여성적 선호사항과 섹슈얼리티에 대한 급진-문화적 여성주의의 특유한 규정을 입증해야 한다. 그렇다면, 성매매 자체가 부정의하다는 것을 입증할 다른 방식에는 어떤 것이 있을까? 젠더 불평등을 떠나 성매매라는 행위 자체는 성행위를 제공하는 인격을 수단화한다는 혐의를 검토해볼 필요가 있다. 혹은 성매매는 성적 자율성에 위배되는 행위이기 때문에 부도덕성을 낳는다는 혐의도 검토해볼 필요가 있다. 성매매가 인격을 수단화한다는 입장에 따르면, 다른 노동과 달리 성매매는 몸 자체를 타인에게 내어준다는 점이 그것을 부도덕하게 한다는 것이다. 하지만 유모나 누드모델도 그런 일을 한다. 유모의 경우 젖을 물리는 일을 관련행위로 보고 그것만을 허용한다. 누드모델의 경우, 그림의 대상이 되는 일을 관련행위로 보고 그것만을 허용한다. 성매매의 경우도, 섹스의 대상이 되는 일을 관련행위로 보고 그것만을 허용하는 것으로 본다면, 이것이 지금 열거된 행위와 어떤 점에서 도덕적 차이를 가지는지 밝히기는 어렵다. 성 구매자가 성 판매자의 몸을 어떻게 해도 괜찮다는 것은 성매매 자체에 반드시 포함된 생각이 아니기 때문에, 이런 논거만을 제시하는 경우라면 인격의 수단화 논증은 입증되기 어렵다. 남은 것은 성매매 자체가 성적 자율성을 위배한다는 것이다. 여기서 문제해결을 위해 더 논의되어야 하는 것은 성적 자율성의 의미이다. 성적 자율성은 성행위를 결정함에 있어서의 자율성일 것이다. 이것은 성행위에 포함되는 모든 행위 하나하나를 모두 내 마음대로 할 수 있어야 완성되는 자율성일까? 연인 사이라면 누군가는 오늘 밤에 상대방이 하고 싶은 대로 해보라고 자신의 몸을 자발적으로 내어주기도 할 것이다. 누군가는 사랑을 통해 자발적으로 그렇게 하고 누군가는 돈을 통해 자발적으로 그렇게 하는 차이가 있을 뿐이다. 우리가 어려운 규칙이 있는 경기에 진입한다고 해서 그 규칙하에 움직이는 것에 자율성이 결여되어 있다고 판단하지 않는다. 이런 판단을 성매매에 적용하는 것은 무리인가? 자율성은 바로, 자신이 자율적으로 받아들인 그 규칙과 조건에 맞는 행위를 하다가 마음에 들지 않을 경우 그 행위상황을 종결시킬 수 있는 능력이지, 모든 것을 자신의 기분에 맞게 하겠다는 마음이 아니다. 이렇게 볼 때, 자율성 중심의 자유주의에서는 성매매 자체가 부도덕하다는 결론에 이르지 않는다. 하지만 성매매는 그 행위 자체의 문제만을 고려해야 할 간단한 문제가 아니다. 모든 것을 돈으로 살 수 있게 만들어버리는 자본주의사회가 개개인의 성욕을 주조할 수도 있다는 것을 반성해본다면, 우리는 지금의 논의와는 다른 방식으로 성매매의 부정적 함축을 바라볼 수 있게 될 것이다.

지금까지 대표적인 성윤리 패러다임과 성문제들 몇몇을 검토해보았다. 보수주의 성윤리가 지금까지 대부분의 문명사회를 지탱해온 기존의 패러다임이라면, 그 패러다임이 가치다원적 민주사회와 과학기술의 발달이라는 현대사회의 맥락 속에서 계속 의심과 도전을 받게 되어 새로이 등장하게 된 대안적 패러다임은 자유주의 성윤리와 여성주의일 것이다. 대안적 패러다임들이 상호 보완하는 방식으로 좀 더 우리에게 설득력 있게 문제해결을 할 때, 성윤리 패러다임은 전환될 것이다. 새로운 성윤리 패러다임의 문제해결 능력은 아마도 현대사회에서 많은 논란이 낳고 있는 혼외정사, 동성애, 성매매문제와 같은 이슈들에 직면하여 발휘되어야 할 것이다. 하지만 이런 시도마저도 성공적이지 못할 경우, 우리는 어쩌면 대안적 패러다임이 성공적인 문제해결을 제시할 때까지 기존의 보수주의 성윤리 패러다임으로 다시 돌아가 그 안에서 현대사회 맥락에 맞는 문제해결 방식을 찾아내야 할 수도 있다. 중요한 것은 이 패러다임 모두 변화한 현대사회의 문제 상황을 부정하기보다 진지하게 받아들인 상태에서 해결을 모색해야 한다는 것이다.

• 로즈마리 통, 이소영 옮김, 《페미니즘 사상》, 한신문화사, 2000.

다양한 조류의 페미니즘들을 백과사전식으로 보여준다는 의미에서 여성주의에 있어 가장 총괄적이고 교과서적인 책이다. 2장은 섹슈얼리티문제에 집중한 급진 여성주의 입장을 기술하며, 이 내용 중에 급진 여성주의 중 두 분파, '급진-자유의지론적 여성주의'와 '급진-문화적 여성주의'가 소개된다.

• 레이몽 A. 벨리오티, 구승회 옮김, 《GOOD SEX》, 민음사, 2000.

성에 관한 여러 철학적 관점들을 총괄적으로 기술하고 검토하는 책이다. 플라톤, 칸트, 맑스주의, 여성주의, 노직 등의 관점들을 소개하기에 철학적 교양을 쌓기에도 적합하다. 단, 번역본이 원본과 다른 구성으로 되어 있어 그 점을 유념해야 한다. 저자의 입장은 대체로 자유주의적으로 보인다.

• 로저 스크루턴, Sexual Desire, Phoenix, 1986.

스스로 보수주의자라 일컫는 현대 철학자 스크루턴이 보수주의적 관점에서 섹슈얼리티와 그에 기반한 성윤리를 제시한 책이다. 현상학적 기법으로 인간의 성욕의 특징을 기술하면서 인간이 따라야 할 윤리적 함축을 이끌어낸다.

• Igor Primoratz, Ethics and Sex, Routledge, 1999.

보수주의적 문헌들과 자유주의적 문헌들을 검토하면서 섹스와 출산, 사랑, 쾌락, 의사소통 간의 관계를 살펴보고, 혼외정사, 동성애, 성매매, 성폭력 등의 성문제들을 다룬다. 저자의 입장은 대체로 자유주의적이다.

# 경제적 혜택을
# 어떻게 분배하는 것이
# 공정한가?

주동률

분배윤리distributive ethics는 세 가지 기본적 요소들로 규정될 수 있는 규범의 영역이다. 첫째로, 그것이 **분배**에 관한 윤리이기 때문에 그 윤리적 규범이 적용되는 개인이 한 명만 있는 경우가 아니라 여럿 있는 경우에 비로소 발생하는 윤리이다. 다시 말해 혼자 있을 경우에도 적용되는 윤리는 특징적으로 분배적 윤리가 아니다. 뒤에서 보겠지만, 단일 개인의 처지나 행위를 평가할 때 적용되는 이상('개인적' 이상)이 다수 개인들에 대한 분배에도 관여한다. 그렇기 때문에 그러한 이상도 넓은 의미에서 분배윤리의 일부일 수 있지만 다수 개인들에게 적용되어야 하는 분배윤리의 요체 혹은 전부일 수는 없을 것이다.

둘째로, 분배윤리는 분배되어야 할 것이 무엇인지에 따라 다양한 성격과 내용을 가진다. 분배되는 것은 정치적, 시민적 자유와 권리일 수도 있고 형벌일 수도 있다. 이 글에서는 주로 개인들의 삶의 수준을 결정하는 복지, 그리고 복지를 가능케 하는 자원과 기회를 분배되어야 할 것으로 간주하는 윤리의 영역이 논의될 것이다. 따라서 정치적 윤리와 형벌에 관한 윤리와 구분되는 경제적 차원에서의 분배윤리와 정의가 이 글의 주제이다(단지 분배에 관련된 규범적 이상과 분배적 **정의**distributive justice의 차이는 마지막 절에서 언급할 것이다). 하지만 복지-관련적 분배 이론이면서도 개인들의 정치적, 시민적 관계와 지위의 평등에 주목하는 입장이 있다. 이 입장도 (롤스의 영향 아래서) 많은 옹호와 논의 대상이므로 '민주주의적 평등'의 제목하에 설명할 것이다.

　마지막으로, 분배윤리는 분배에 관해서 윤리적 판단과 평가가 가능하고 필요하다고 보는 관점에서 출발한다. 따라서 최초의 분배 조건 혹은 최종의 분배 형태가 마땅히 어떤 윤리적 기준에 따라야 한다고 주장한다. 분배의 모든 초기 조건이나 결과가 모두 윤리적으로 수용되어야 하며 잘잘못을 논할 필요가 없다고 보는 입장은 분배윤리 자체를 거부하는 관점이다. 분배에 관심을 갖는 논자들은 대부분 이러한 극단적 의미에서 분배윤리를 부정하지 않는다. 자발적 계약이나 거래를 중시하고 시장을 통한 분배를 옹호하는 사람들도 대개는 **공정한** 계약과 거래의 조건을 제시하고, 시장이 효율적인 결과를 산출하기 위한 **공정한** 경쟁의 조건을 강조한다. 이 글에서는 넓은 의미에서 분배윤리에 속하는 입장으로 일단 자유와 재산권, 시장의 효율성을 중시하는 입장도 소개한다. 하지만 글의 후반부에 분배윤리의 주요 입장으로 부연 설명된 네 입장은 좁은 의미의 분배윤리적 입장들, 즉 시장의 분배적 결과를 조정하거나 재분배를 추진하는 정부의 역할에 상대적으로 큰 의미를 부여하는 입장들이다.

　본문은 크게 세 부분으로 이루어질 것이다. 다음 절에서는 경제적 혜택과 부담의 분배에 관여하는 일곱 가지 이상ideals들의 특징과 근거를 제시하고, 각각의 이상을 유일한 혹은 핵심적 분배 기준으로 삼는 윤리적 입장을 설명한다. 각 입장의 장단점을 자세히 논의할 여유는 없겠지만, 각각의 이상과 그에 근거한 입장이 독자적으로 **분배**윤리가 될 수 있는지, 혹은 다른 것과 연합할 필요가 있는지 간략히 언급할 것이다. 그 다음으로 최근 윤리학/정치철학계에서 주목을 받는 네 가지 입장의 기본구조와 공과를 조금 더 상세히 기술한다. 이 입장들은 먼저 제시된 분배적 이상들 중 일부를 연합하고 포섭하려는 시도이다. 대개의 주요 분배윤리가 다수의 이상을 포괄하려는 경향을 보이는 현실하에서, 마지막 절에서는 분배적 다원주의가 전개되는 유형들을 몇 가지 구분하여 제시한다.


## 분배에 관여하는 이상들과
## 각 이상을 중심으로 한 분배윤리의 입장들


### 1) 평등과 평등주의

평등은 가장 특징적인 분배윤리의 규범이다. 그것은 한 개인만 있을 경우 적용되지 않으며, 다른 개인들 간 비교의 관점에서 comparative 기준을 제공하는 대표적 규범이다. 경제적 영역에서 평등의 요구는 차별할 정당한 근거가 없으면 동일한 혜택이 분배되어야 한다는 기본 이념에 근거한다. 따라서 평등주의는 과연 개인들 간 차별할 정당한 근거가 무엇인가에 따라 다른 형태의 분배 유형을 지지할 것이다. 무조건적, 절대적 요구로서 개인들 간 격차를 부정하는 입장은 윤리적 이상으로서 정당화되기 힘들다. 무조건적 결과의 평등주의는 정치적 이상으로도 널리 수용되기 힘들고 경제적 효율성의 측면에서도 부정적으로 평가될 것이다. 물론 '정당한' 차별의 근거를 다 점검한 이후에 그러한 근거가 없다는 판단이 옹호될 수 있다면 (정치적, 경제적으로 수용되기 힘들다는 부담에도 불구하고) 결과적 동등분배가 분배정의의 이름에 값하는 이상이 될 것이다. 아래에서 우리는 '부당한' 차별에 관해 채택될 수 있는 기준들을 다시 보게 될 것이다. 그 기준을 적용하여 결과한 분배 유형에서 개인들 간 허용된 경제적 격차가 얼마큼인가가 그 분배윤리의 평등주의적 성격을 결정한다.

어떤 기준을 만족한 개인들 간 평등을 추구할 것인가의 문제와 함께 평등주의의 유형을 가르는 또 한 가지 요인은, 과연 무엇이 평등하게 되어야 할 것인가의 문제이다. 복지와 자원은 전통적인 대안들이었다. 그러나 두 대안들 모두 장단점이 있다. 복지가 개인에게 궁극적으로 중요한 문제이지만, 개인들의 선택과 책임을 무시한 결과적 복지 평등은 이념적으로, 현실적으로 정당화의 문제가 있다. 자원의 경우, 자원의 (평등) 분배 이후에 개인적 책임과 자유가 감안된다는 장점이 있지만, 초기 자원분배 이후의 선택과 활동에서 개인들이 가진 내외적 장애 때문에 자원을 복지로 전환하는 정도가 영향을 받을 수 있는데, 이러한 장애의 영향력을 무시하는 분배 이론도 문제가 있다. 따라서 복지를 위한 기회 혹은 복지를 달성할 역량opportunity/capability for welfare이 평등하게 되어야 한다는 제3의 노선이 제시되었다. 필자는 평등분배의 기준에 해당하는 선택과 활동(생산 기여 혹은 타산적 노력)이 기울여지기 전에는 복지를 위한 기회가, 그 다음에는 (기준을 동일하게 만족한 개인들 간에) 복지 자체가 평등하게 되어야 할 것이고 이를 위해 다양한 금전적, 의료적, 교육적, 문화적 자원을 차별적으로 분배해야 한다고 생각한다.

부당한 격차의 제거 혹은 축소로서의 평등은 왜 중요한 분배적 이상인가. 단지 공리 증진 혹은 사회 안정을 위한 수단으로서가 아니라면, 대개 평등의 정당성은 근본적이라 간주되는 다른 이상들과의 상호 지지와 보강에 근거하여 정당화된다. 분배의 공정성fairness, 자기 존중self-respect, 평등한 존중equal respect, 연대감fraternity 등은 평등과 규범적 차원에서 중첩되고 서로 근거를 내어주는 관계일 뿐 아니라, 인과적으로도 이 이상들은 평등을 필요로 하고, 그것들이 확립되는 정도에 따라 평등의 추구는 용이해질 것이다. 최근에는 운의 분배적 영향력이 상쇄되어야 한다는 이념을 가장 근본적 분배이상으로 삼고 이에 근거하여 평등을 추구하는 입장luck egalitarianism이 부각되는데 이는 뒤에서 다시 설명하겠다.

## 2) 필요충족과 충분성 분배 이론

인간다운 삶을 영위하기 위해 충족되어야 할 기본적 필요가 있음은 부정할 수 없는 사실이다. 의식주와 의료 영역에서 이 기본적 필요는 비교적 쉽게 그 내용을 식별할 수 있으며 이는 과거 행적이나 공과와 무관하게 모든 개인들에게 충족되어야 할 수준이다. 물론 혼자 있는 개인에게도 이러한 필요가 충족되는 것이 그렇지 않은 것보다 더 좋은 상태일 것이다. 따라서 필요만으로 분배 이론이 구성될 수는 없다. 자원이 희소할 경우 어떤 이의 필요충족이 더 시급한지 결정해야 하며, 기본적 필요충족 **이후에도** 분배윤리와 정의의 문제가 발생한다고 볼 여지가 있기 때문이다. 하지만 기본적 필요충족의 중요성 때문에 다른 이상들 위주로 구성된 분배윤리에도 그것은 필수적으로 처음 만족되어야 할 조건으로 포함될 가능성이 있다. 실제로 기본임금, 최소 계층에 대한 지원, 그리고 보편적 의료 등의 제도는 필요를 반영한 것이면서 (이를 위한 자원 이동의 여파로) 결과적 분배 유형에 영향을 준다.

개인들의 처지를 평등하게 하는 것이 아니라 그들에게 '충분히 많은' 혜택을 주는 것이 분배윤리의 요점이라고 보는 입장을 '충분성 입장'이라고 한다. 위에서 말한 대로 만약 그 문턱 조건threshold이 그야말로 인간다운 삶의 최소 요건인 **기본적** 필요에 해당한다면 그 충족요구에 모두 동의하겠지만 그것이 분배윤리의 전부일 수는 없다. 기본 수준으로 가능한 많은 개인을 올리는 것이 중요한지 아니면 그 수준 아래에 있을수록 그것에 접근할 때까지 우선성을 주는 것이 중요한지에 따라 다른 처방이 내려질 것이며, 기본적 필요충족 이후에도 공정한 분배의 추구는 필요하기 때문이다. '충분한' 문턱 수준이 올라갈수록 분배윤리의 요구는 강해지겠지만, 그 수준을 결정하는 것은 더 많은 논쟁의 대상이 될 것이다.

### 3) 응분과 응분주의

　　자신이 구현한 성품, 선택한 활동, 이룩한 업적 등에 의해서 개인들이 응당 어떤 몫을 받을 자격을 갖게 되는데 그 몫을 각자에게 주어야 한다는 것이 응분의 이상이다. 이것은 유서 깊은 분배적 이상이고 일상인들의 의식에도 깊이 뿌리를 내린 생각이다. 물론 이 직관적 호소력은 응분의 몫을 결정하는 기준의 내용에 의존한다. 응분은 개인적 이상일 수도 있고 분배적 이상일 수도 있다. 홀로 있어도 그 개인의 성품, 행적, 업적 등에 의해 그에게 주어져야 할 절대적 몫이 있을 수 있고 그에게 그 몫이 주어지는 것이 상황의 가치에 기여할 수 있다. 이러한 이념을 비상대적noncomparative 응분이라고 한다. 이에 따르면 심지어 다수 개인의 경우에도 각자가 비상대적 응분의 몫을 가지는 것이 요구되며, 모두가 자신의 몫 이상을 갖는 것은 그에 못 미치는 것만큼 좋지 않은 상황이다. 반면에 상대적comparative 응분에 따르면 개인들에게 응당 주어져야 할 몫의 절대량은 없으며 이는 분배되어야 할 전체 양과 **다른 이들이** 달성한 응분의 정도에 의존한다. 그리고 요구되는 결과는 응분의 패턴에 조응하는 분배의 패턴이다. 따라서 응분의 패턴에 조응한다면 개인들에게 주어지는 절대량과 상관없이 응분은 충족된다. 상대적 응분은 특징적으로 분배적 이상이다.

　　응분의 기저desert base가 될 수 있는 것은 개인의 어떤 측면인가. 그것이 개인의 선택과 책임의 영역이어야 한다는 것이 대체로 합의된 요건이다. 하지만 이 요건을 개념적으로 명료화하고 규범적으로 정당화하는 것은 논쟁적인 주제이다. 내가 X에 의해서 Y를 응당 받아야 한다면, X는 내가 선택하고 책임질 수 있는 것이어야 하지만, 이에 더해서 내가 X를 통제control하고 X 이외에 **다른 것을** 선택할 수 있어야 하는가?(내가 좋아해 선택한 것이 나에게 **유일한** 선택지일 수 있다.) 또한 X의 **원인이 된** (심리) 사건에 대해서도 통제와 현실적 대안이 있어야 하는가?

내가 선택하여 어떤 노동 강도를 가진 직종에 참여했지만, 만약 내가 다른 직업을 선호했다면 할 수 있었을 대안이 있어야 하며 직업 선택을 야기한 나의 선호와 직업관 자체가 완전히 내가 통제하고 나의 결정 이외의 다른 원인이 없어야 하는가? 이렇게 본다면 응분의 개념은 아주 의혹스런 형이상학적 요구(결정론적 세계관의 배제)를 담고 있는 것 같다. 응분주의자들은 이에 대해 다양한 방책을 내놓고 있다. 결정론 자체를 부인하는 노선도 있고, 현실적 대안을 가진 통제와 다른, 보다 약한 응분의 조건(선호의 반영)을 제시하기도 한다.

응분의 내용에 대해서는 '도덕적 응분(선한 성품 혹은 과거의 의무수행)'과 '타산적 응분(자신의 복지를 위한 노력)'이라는 두 가지 대안이 있다. 직업적 재능, 생산에서의 기여도 등이 현실 노동시장에서 채택되는 응분의 기준이지만 철학적 분배논의에서는 이것들이 배제되는 경향이 있는데, 이것들이 유전적 구조와 초기 가족/교육 환경에 영향을 받는 것들로 대개 개인들의 책임과 선택의 대상이 아니기 때문이다(물론 **만약** 도덕적 성품이나 활동, 타산적 노력조차 개인들의 통제를 완전히 벗어나 결정되어 있고, 책임과 선택에 그러한 통제가 필수적이라면 응분 개념은 공허한 것이 되고 분배윤리는 다른 기준을 채택해야 할 것이다. 평등과 응분을 겸한 입장에서는 응분의 차이가 없게 되므로 모든 경제적 차이가 제거된 엄격한 평등주의가 결과한다). 도덕적 응분을 따르는 입장은 비상대적 응분의 몫을 상정하는 경우가 많다. 성인과 악인은 혼자 존재한다고 해도 응당 받아야 절대적 몫이 있다는 생각이 그럴듯하기 때문이다. 반면에 타산적 노력은 응분과 평등을 함께 추구하는 경제학자와 철학자들이 주로 채택하는 응분 개념인데(동일한 노력에 대한 동일한 혜택, 그리고 노력의 차이를 반영한 분배패턴), 능력에 의존하지 않은 노력을 식별하고, 후자가 전자에 의해 영향을 받을 경우 현실적 노력과 (다른 능력이 주어졌을 경우의) 가상적 노력을 어떻게 함께 감안할 것인지가 주요 과제가 된다. 주로 분명하게 응분의 기저가 아닌 요인들(성별, 인종, 부모의 교육/재산 수준)을 배제하면서 타산적 노력의 상대적 정도에 조응하는 분배를 지향하는 것이 주요 목표이다.

### 4) 사유 재산권과 자유지상주의

개인들이 반드시 누려야 할 자유와 그 자유에 대한 권리의 보호는 모든 사회 이론에서 중시되는 이상인데, 정치적 영역에서는 정치적, 시민적 자유와 권리가, 경제적 영역에서는 사유재산에 대한 권리가 주요 보호대상이다. 사유재산이 소유자의 완전한 통제하에 있다고 보면서(그는 자기 재산을 마음대로 처분, 사용, 양도할 수 있다) 그러한 권리를 최대한 중시하는 입장을 자유지상주의라고 한다. 그런데 재산권의 중시는 두 가지 방향으로 구체화될 수 있다. 첫째는 권리의 존중honoring의 방향이다. 이 경우 그 권리의 침해가 절대적으로 금지된다. 사유재산을 소유자의 허가 없이 타인이 혹은 정부가 그의 의도와 다른 방향으로 사용하는 것은 어떤 목적과 경우에도 정당화되지 않는다. 둘째 방향은 권리의 촉진promotion이다. 이 경우 재산권의 **확산**과 확산된 차원에서 재산권의 의미 있는 **행사**를 위해 일부 (부유한) 개인들의 재산권이 제한될 수 있다. 재산이 없는 이들에게는 재산을 통한 자유와 권리의 행사가 무의미하므로 이 노선에서는 재산권을 보다 높은 정도로 촉진하기 위한 정부의 재분배 정책이 어느 정도 용인된다. 정치철학적 논의에서 자유지상주의라고 불리는 입장은 주로 전자이다(후자의 입장은 따로 좌파 자유지상주의로 불리기도 한다). 이 (우파) 자유지상주의에서 자유와 권리는 절대적이면서 소극적으로 이해된다. 촉진하는 것이 아니라 그 어떤 경우에도 침해되어서는 안 될 이상들이라는 말이다. 이 입장이 관철된 사회에서는 (재산과 관련된) 자유와 권리 행사의 대규모적인 불평등이 용인될 가능성이 있다.

자유와 재산권은 그것을 침해할 가능성이 있는 타인들을 전제로 하므로 형식적으로 분배적 이상이긴 하지만, 특정 분배 형태나 어떤 기준에 따른 분배를 옹호한다기보다는 그러한 패턴과 기준이 규범적으로 유지될 수 없다는 취지의 부정적 주장으로 분배윤리에서 입지를 차지하고 있다(이 입장의 한 체계적 대변자에 의하면 "자유는 패턴을 붕괴한다"). 어떤 근거에서 정당하다고 여겨진 분배 패턴도 개인들의 자발적 거래와 양도에 의해 무너질 가능성이 있기 때문이다. 이 입장에 의하면 정당하게 최초로 취득한 것으로부터 정당한(즉 자발적인) 이전 transfer 을 통해 결과한 그 어떤 분배도 정당하다. 정부의 역할은 정당하지 못한 취득과 이전의 과정을 교정하는 데 머물러야 한다.

자유지상주의가 자유와 권리에 대한 직관의 일단을 잘 대변하는 입장인 반면에 그 입장의 내부적 요소들을 제대로 규정하는 것은 아주 힘들고 논쟁적인 과제이다. 어떤 행위가 '정당한 최초 취득'에 해당하는가? 통상 아무에게도 소유되지 않은 자연자원을 가장 먼저 '자기 것으로 만든' 개인, 그리고 그 자원에 '자신의 몸을 섞는' 노동을 가하여 새로운 가치를 창출한 개인은 그 자원과 산출된 이득에 대한 소유권을 갖는다고 주장된다. 하지만 왜 자연자원을 가장 먼저 발견한 자가 그것에 대한 절대적 권한을 갖는가? (시력과 순발력에 의존하는) 최초 발견 능력이 어떤 규범적 효력이 있는가? 그리고 왜 산출된 잉여 이득만이 아니라 전체 자원에 대한 소유권을 갖는가? 자유지상주의자들은 이 점에서 최초 취득이 그 취득에서 배제된 이들에게 일정 부분의 몫을 남겨 놓아야 한다는 단서를 채택한다(사유로 되기 이전의 자연자원이 **아무에게도** 소유되지 않은 것이 아니라 **인류 공통**에게 소유된 것이라는 주장은 이미 언급된 좌파 자유지상주의자들의 모티브이다). 그리고 '자발적' 이전의 기준도 모호하다. 자발성은 개인들이 '부당한' 제약이 아니라고 여기는 심정적, 이념적 바탕을 통해 규정될 것이다. 일부 자유지상주의자들은 재분배나 복지를 위한 세금이 납세자에게 '강제된 노동'에 해당한다고 주장하지만, 미국이나 한국보다 훨씬 더 많은 소득세를 내는 북유럽 국가 시민들이 자신들의 **자유가** 훼손되었다고 여길지 의문이다. 또한 '자발적' 거래와 양도를 하는 사람들이 그러한 행위가 확산되고 누적될 경우의 (불평등이 산출하는) 모든 결과를 인지하고 있는지도 자발성의 평가에 개입한다. 무엇보다도 현재 재산의 분포 형태가 과거의 부당한 취득과 이전의 결과인 사례가 많을 터인데, 과연 '정당한' 취득과 거래가 행해졌을 경우의 가상적 상황을 기준으로 한 국가의 '교정적' 활동이 가능한지도 논쟁거리이다.

현실적인 거의 모든 국가에서 수용되는 재산권은 그 어떤 상황에서도 침해되지 말아야 한다는 의미에서 절대적이고 소극적인 이념이 아니다. 여러 공공 기능과 이상을 위해서 재산권은 다양한 형태로 제한된다(학교와 주거 지역에 성인을 대상으로 하는 상점과 숙박시설의 금지 혹은 광고 형태의 제한 등). 이념적으로도 과연 의미 있는 자율성과 행위 주체성agency을 위해 자신이 취득하고 양도 받은 재산에 대한 절대적인 처분권이 필요한지도 의문이며, 양도와 상속을 통해 재산(권)이 그 어떤 타산적 노력을 기울이지 않은 다음 세대에 이전될 경우의 불평등도 자유지상주의가 마주하고 있는 규범적 과제이다.


## 복지: 공리극대화, 효율성, 우선성

다른 점에서 동일하다면 개인들이 못 사는 것보다는 잘 사는 것이 더 나은 상황이다. (성품이나 활동 덕분에 각 개인에게 마땅히 주어져야할 비상대적, 절대적 응분의 몫이 있다고 보는 입장은 이를 부인할 것이지만) 따라서 분배에 있어서도 복지에 대한 관심이 관여한다. 물론 홀로 있는 개인도 잘 사는 것이 더 나을 것이므로 복지는 특징적으로 분배적 이상은 아니다. 여럿을 모두 동일한 정도로 잘 살게 할 수 없는 상황에서, 더욱이 이익이 충돌하는 상황에서는 **누구에게** (더 큰) 혜택을 줄 것인지를 말해주는 것이 분배적 이상의 역할이기 때문이다. 따라서 복지에 대한 관심만으로 분배윤리가 구성될 수는 없다. 하지만 다른 이상들이 만족된 이후에 복지는 분배에 관련되어야 하며, 혹은 다른 이상의 후퇴에도 불구하고 복지가 약진할 수 있다면 최종 정책에서 복지를 중시해야 한다는 생각은 직관적이다.

더 중요한 논쟁점은 복지를 감소시키면서도 만족될 수 있는 그 어떤 분배 이상도 잘못된 것이라는 일부 논자들의 주장이다. 하향 평등도 평등이라는 점에서는 좋은 평가를 받아야 한다는 주장을 반박하면서, 일부 복지주의자들은 이 반박이 타당하다면 상향 평등조차도 **평등이기 때문에** 좋은 것이 아니라 복지를 증가시켰기 때문에 좋은 것이라고 주장한다. 평등주의 편에서는 **응분이 감안된** 하향 평등의 경우 (작더라도) 가치를 가질 수 있으며(동일한 노력을 보인 개인들이 동일 혜택을 받는 상황에는 일정 분배적 가치가 있다는 주장), 평등들 사이에도 평등주의적 관점에서 평가가 이루어질 수 있다는 등의 방책을 내 놓고 있다. 이 논쟁의 배후에는 상황의 가치good가 항상 **누구에게** 향유되는 가치good for여야 하는지의 문제, 그리고 분배 이상이 항상 비교적/상대적comparative 관심을 대변해야 하는지, 즉 사람들 **사이의** 격차에 신경을 써야 하는지 아니면 사람들을 (절대적 수준에서) 잘 살게 만드는 것이 분배윤리의 핵심인지에 대한 의견 대립이 있다.

복지를 중시하는 관점은 세 가지로 구현될 수 있다. 첫째는 개인들의 복지를 더한 합을 극대화하는 공리주의적 입장, 둘째는 누구의 처지도 나빠지지 않는 가운데 한 개인 이상의 처지를 올리는 식의 개선을 가능한 추구하는 파레토 효율성의 원칙, 마지막은 일부 개인의 복지 향상에 상대적으로 더 커다란 비중을 두는 우선성 입장prioritarianism이다. 공리주의적 극대화는 많은 정책 결정에 사용되는 방식이지만 개인 간 복지 비교의 가능성이라는 경제학적으로 부담스런 전제를 요구한다. 파레토 효율성은 여전히 **누구의** 복지 개선이 우선시되어야 하는지의 규범적 질문을 회피한다. 처지의 절대적 수준이 낮은 이의 복지 향상에 큰 비중을 두는 우선성의 이상은 이 점에서 진전된 분배 이상인데, 뒤에서 다시 설명하겠다.


## 공동체

잘 작동하고 개인들에게 긍정적 효과를 갖는 공동체에 속하는 것이 하나의 가치이기 때문에, 그리고 분배 상태가 그 공동체의 유지와 활성화에 영향을 미칠 수 있기 때문에 공동체에 대한 관심은 분배에 관여한다. 공동체가 주된 관심사를 구성하는 두 사회 이론이 있는데, 첫째는 개인들의 정체성identity과 삶의 의미를 그들이 속한 공동체에서 구하는 공동체주의communitarianism와 '능력에 따라 생산하고 필요에 따라 분배한다'는 슬로건으로 대변되는 맑스적 이상인 공산주의communism다. 공동체주의에서는 분배적 기준이 그 공동체의 역사와 문화로부터 올 터인데, 이 공동체적 분배 기준이 과연 합당한 것인지는 평가의 대상이라고 생각된다. 공산주의는 하나의 분배 이상일 수 있지만, '필요'에 대한 규정에 따라 분배 이상으로서의 합당성과 완전성이 가늠될 수 있을 것이며 필요에 따른 분배가 복지-관련적 가치를 크게 손상하지 않으려면 일종의 공동체의식이 확산되고 내면화되어야 한다(그리고 맑스에 의하면 다른 분배 이상들과 그것들이 구현되는 전 단계들이 필요하다). 그 이외에 다음에 보게 될 롤스의 분배론도 궁극적으로는 상호성reciprocity에 근거하는데, 그 이상은 자유롭고 평등한 시민들로 구성된 협력적인 사회적 연합체social union 안에서 그들에게 정당한 것으로 수용될 만한 몫을 정의로운 것으로 지향한다. 공동체주의나 공산주의보다 약하고 그 역할이 제한적이지만 일종의 시민 공동체에 기반을 둔 분배론이라고 할 수 있다.

공동체가 분배에 제시하는 요구의 핵심은 개인들 간 격차가 긍정적 공동체를 훼손하는 정도를 넘지 말라는 것이다(더 나아가서 공동체를 유지하고 번성하게 하는 형태의 분배를 요구할 수도 있다). 경제학에서도 국가와 시장의 양자 구도의 경제체제 전통에서 벗어나 다양한 외연과 결속력을 가진 공동체들(소비자 운동단체, 환경관련 시민단체 등)이 불평등이나 오염의 부정적 외부효과를 억제하는, 경제문제의 해결의 한 통로가 될 수 있다는 생각이 이제 일각에서 하나의 합의minor consensus로 여겨질 정도로 확산되고 있다. 하지만 공동체와 양립 가능한 다양한 분배 형태가 있기 때문에, 그리고 '공동체'의 규정이 여전히 명료하게 주어지기 힘들기 때문에 공동체는 주로 다른 분배 이상들과 연합된 형태로 추구된다.


## 협상과 계약

다수의 이익이 갈등 상태에 있고 조정이 필요할 경우 이를 해결하는 가장 현실적 방안은 협상을 벌이는 것이고 모두에게 수용 가능한 계약을 맺는 것이다. 모두가 합의하는 협상 지점을 찾게 된다면 이익갈등이 해소되고 안정적 분배 형태를 갖게 될 것이다. 협상과 계약 중심으로 규범을 근거 지우려는 이념은 크게 두 가지 방향의 분배 이론으로 구체화된다. 첫째는 협상 시 당사자들의 처지와 부의 차이를 주어진 요인으로 보고 그들이 모두 수용할 수 있는 협상 지점을 찾는 노선이다. 현실적 개인들 간의 협상과 계약을 사회적 규범의 근거로 보는 입장을 계약주의contractarianism라고 부른다. 둘째는 현실적 조건 하에서 맺어진 협상과 합의가 규범적으로 문제가 있을 수 있다고 보고, 계약 조건의 공정성fairness을 추구하는 입장으로 계약론contractualism이라 따로 칭하기도 한다.

현실적 협상과 계약을 중시하는 입장에서는 상호 이익이 극대화되는 지점 혹은 상대적 양보가 최소화되는 지점 등의 협상 지점이 해결책으로 제시된 바 있다. 이 입장은 (예를 들어 노동자와 고용주 사이의) 현실적 협상력의 차이를 인정한 상태에서 수용 가능한 협상 지점을 추구하기 때문에 그 지점의 공정성에 대한 의혹이 생길 수 있다. 대체로 협상 시에 소유한 부가 적은 사람, 따라서 위험 회피의 정도가 더 클 수밖에 없는 사람은 더 빨리 협상 지점을 찾고자 할 것이고 상대적으로 불리한 지점에 합의하게 될 가능성이 많다. 안정성과 수용 가능성이 분배윤리에서 중요한 이념이지만, 공정성을 넘어서는 (혹은 대체하는) 이념인지는 의심스럽다. 계약의 공정성을 중시하는 입장은 대체로 개인적 편견과 편향을 넘어서기 위해 개인의 성향과 능력에 관한 정보가 제공되지 않는 가상적 상황에서의 합의에 초점을 둔다. 그 가상적 상황에 대해 다양한 이견들이 있으며, 보다 근원적으로 (그리고 현실적 협상에 기반을 둔 입장에 대한 문제제기의 반대편에서) 왜 현실적 개인들이 그러한 **가상적 공간**에서의 합의를 규범으로 채택하고 그것에 제약을 받아야 하는지에 대한 의혹이 생길 수 있다.


## 네 가지 주요 분배윤리 이론들

### 1) 운을 상쇄하는 평등주의

최근 많이 논의되는 평등주의는 무조건적인 결과의 평등이 아니라 비자발적인 불리함을 보상하고 개인적 책임과 선택에 의한 차등적 혜택을 인정하는 입장이다. 즉 적절하게 규정된 응분의 기준을 동일한 정도로 만족한 개인들 간 복지의 평등을 추구한다. 그 응분의 기준이 개인들의 선택과 책임의 영역이므로 이 평등주의의 주요 목표는 개인적 선택과 책임이 아닌 운의 분배적 영향력을 가능한 제거하는 것이다. 어떤 개인적 선택의 영역을 응분의 기준으로 볼 것인가에 대해 여러 대안들이 있지만 여기서는 타산적 노력을 그 기준으로 삼는 입장에 대해 알아보자. 이 입장이 평등과 응분이라는 두 가지 이상을 함께 추구한다는 매력이 있는 반면, 다양한 반론에 처해 있고 많은 과제를 안고 있다.

첫째로, 책임이 결정론과 배치되지만 결정론이 맞는다고 믿는 형이상학적 입장에선 타산적 노력과 '선택'조차 이미 결정된 것이기 때문에 운-상쇄 평등주의가 공허한 입장이라고 간주될 것이다. 물론 결정론이 우리가 가진 최선의 형이상학적 입장이고, 책임과 선택이 결정론과 배치된다는 주장이 타당하다면 운-상쇄 평등주의는 엄격한 결과의 평등주의로 귀환하게 될 것이다. 이 점에서 운-상쇄 평등주의는 자유의지와 도덕적 책임에 관한 유서 깊은 논쟁에 발을 디디고 있다.

둘째로, 운-상쇄 평등주의가 각 개인에게 주어져야 할 몫의 절대적 양이 정해져 있다는 입장을 버리고 상대적comparative 응분, 즉 개인들 간 응분의 패턴에 조응하는 분배를 지향한다고 해도, 이는 더 이상 평등주의가 아니라 응분주의로 된 것은 아닌지 의문이 생길 수 있다. 결국 개인적 응분의 만족도가 정해지면 그에 따른 분배를 하면 되기 때문이다. 이 지점에서 필자는 무조건적 결과의 평등을 떠난 운-상쇄 평등주의가 평등주의로 자리매김 되는 연유와 정도는 어떤 것을 분배적 응분으로 간주하는지, 개인적 선택과 책임이 어떻게 감안되어 응분에서 얼마큼의 개인차가 날 것인지, 그리고 궁극적으로 그 응분의 적용 결과 분배상의 개인 간 격차가 얼마나 허용되는지에 의존한다고 생각한다.

셋째로, 결정론을 부정하고 개인적 선택과 노력의 영역이 있다고 인정하더라도, 노력과 개인적 선택을 떠난 요인들(유전과 초기 환경에 의한 능력)의 상호작용과 뒤얽힘 때문에 노력 부분을 식별하고 그것의 상대적 정도를 측정하는 것이 현실적으로 불가능하다는 반론이 있다(이것이 롤스가 노력으로서의 응분 개념을 분배적 이상에서 배제한 중요 이유다). 재능과 노력의 상호 침투는 중요한 이슈이고 운-상쇄 평등주의자가 채택할 분배 기준의 설정에서 어떤 식으로든 반응을 보여야 할 문제이다. 일단 그 평등주의를 현실에 적용하려는 이론가들은 운에 해당하는, 개인의 선택을 확실하게 떠난 환경적 요소들(성별, 인종, 부모의 교육과 재산 상태, 유전적 요인)이 고정된 후에도 타산적 노력에 있어서 개인 차이가 존재하는지를 관찰하고, 환경의 요소들이 노력에 침투하는 지점을 최대한 섬세하게 추적하고 감안하는 노력을 기울일 수밖에 없다.

마지막으로, 운-상쇄 평등주의가 타산적 노력을 동일하게 기울인 개인들 간 평등을 추구하고 상이한 노력을 발휘한 집단들에 대해서는 그 노력의 패턴에 부응하는 분배상 차이를 지향하지만, 상이한 노력-집단들에 대해 **어떤** 분배상 격차를 두어야 하는지는 독립적 과제이다. 노력에 '비례한다'거나 그 '패턴에 부응한다'는 기준은 모호한 것이고, 대강의 비례와 대강의 패턴 일치가 요구될지언정 노력의 차이에 어떤 구체적인 보상reward의 차이를 둘 것인지를 결정하기 위해서는 운을 상쇄한다는 평등주의적 요구와 별개의 원칙이 필요하다. 여기서도 여러 대안들이 있지만, 필자는 위에서 언급된 분배적 이상들 중 하나인 공동체의 이념이 여기서 평등주의와 연결될 수 있다고 생각한다. 즉 상이한 노력-집단들 간 보상의 차이는 그 집단들이 모두 속해 있고 긍정적인 심정적 유대를 구현하는 공동체를 훼손하지 않는 범위

내에 머물러야 한다는 것이다.

다시 언급하지만 운-상쇄 평등주의의 **평등주의적** 성격은 두 가지 요인에 의존한다. 첫째로 어떤 응분의 기준을 도입하는가에 의존한다. 일부 이론가들은 타산적 노력뿐 아니라 개인적 취향이나 선호 등도 응분의 기준에 포함시켜서 그 차이에 의한 분배상의 차이를 허용한다. 그 취향이나 선호가 개인의 자발적 선택에 의존하지 않더라도 그러하다는 것이다. 예를 들어 비싼 대상을 소비해야 정상적 복지 수준에 다다를 수 있는 개인들의 경우, 그 '값비싼' 취향이 선택된 것이 아니라고 해도 그 취향을 버리려 하지 않고 선호하고 있다면, 그 만족의 어려움에 의한 복지 감소는 정당하고 보상될 필요가 없다는 것이다. 이 입장은 자발적이고 타산적 노력만이 분배상 차이의 근거일 수 있다고 보는 입장보다 더 큰 격차를 허용하고 그 점에서 덜 평등주의적이다(물론 이러한 명칭 구분이 그 입장에 대한 비판을 함축하는 것은 아니다). 둘째로 상이한 응분-집단들 간 격차를 정하는 원칙이 얼마나 큰 격차를 허용하는지가 부분적으로 결과적 분배 이론의 평등주의적 성격을 구성한다. 이 점에서 전체 공리 극대화에 필요한 격차를 추구하는 공리주의적 격차 원칙이나 애초의 운의 보상 이후에 분배적 개입을 최소화하는 자유방임주의적 격차 원칙을 채택한 입장들보다는 공동체에 의한 격차의 조정과 억제를 추구하는 입장이 더 평등주의적 성향을 가질 것이다.


### 2) 처지가 나쁜 개인들의 복지 향상에 대한 우선성 부여

자신을 평등주의자로 여기고 있던 일부 사람들은 최근 자신들이 진정 염려하고 있었던 것이, 개인들이 **남보다** 얼마나 더 못 사는지를 비교하는 불평등 자체가 아니라 못사는 사람들의 처지의 열악함이라는 사실을 고백한다. 즉 그들의 '배고픔이 더 크고 그들의 필요가 더 절박하며 그들의 고통이 더 뼈아프다'는 사실이라는 것이다. 이 지점에서 그들은 더 이상 비교에 근거하고comparative 격차의 제거나 축소에 집착하는 평등주의가 아니라 절대적으로 낮은 수준에 있는 개인들의 처지 향상에 우선성을 두는 입장으로 이행한다. 이 입장은 평등과 복지 혹은 파레토 효율성을 동시에 겸하려는 입장으로 이해될 수 있다. 동일한 크기의 복지 향상이 가능하다면 항상 낮은 수준에 있는 개인들에게 혜택이 가게 될 것이고, 그들의 복지 향상에 부여되는 상대적 비중이 커짐에 따라 결과적인 처지의 격차도 많은 경우 축소될 것이다. 동시에 복지의 **감소**에는 그 어떤 가치도 부여되지 않기 때문에 하향 평등은 언제나 (부정적 점수를 받는다는 점에서) 배제된다.

최근 논의되는 우선성 입장의 기조는 다음과 같다. 절대적으로 낮은 수준에 있을수록 개인의 한 단위 복지 향상에 가중치를 부여한다. 이 말은 그의 복지 향상이 그보다 위에 있는 개인의 (같은 크기의) 복지 향상보다 상황의 가치에 더 커다란 기여를 한다는 것을 의미한다. 이렇게 가중치가 부여된 복지가 가진 가치의 극대화를 꾀하는 것이 우선성 입장의 분배 기준이다. 두 개인들이 존재하고 처지가 낮은 개인(L)의 절대적 수준 때문에 그의 복지 향상에 높은 수준의 개인(H)의 복지 향상보다 두 배의 가치가 부여된다면, H에게 L보다 두 배 이상의 복지 향상이 가지 않는 한 L에게 혜택이 집중될 것이다. L에게 부여된 가중치가 높아질수록 이 입장의 평등주의적 성격이 깊어지겠지만, H에게 아주 많은 혜택을 주는 대안과 L에게 미미한 혜택을 주는 두 대안 사이에서 어느 지점에서는 H에게 가는 혜택이 용인될 수 있다. 이것이 우선성 입장의 복지주의적 측면이다. 이 입장은 절대적으로 낮은 수준의 개인에게 우선성을 부여할 뿐 아니라, (동일 수준에 있다면) 보다 응분을 많이 발휘한 개인에게 우선성을 주는 형식으로 평등,

복지, 응분을 고려한 3요소 입장이 될 수도 있다.

하향 평등을 막고 평등주의적 직관을 유지한다는 점, 그리고 평등 **이후에** 다시 복지를 고려하는 것이 아니라 가중치에 의해서 두 이념을 동시에 고려할 수 있다는 점에서 이 입장의 장점이 선전되고 있지만, 이 입장에 가해지는 비판도 만만치 않다. 첫째로, 이 입장은 응분을 고려하고 가중치를 조정한다고 해도, 응분에서 낮은 수준이지만 이미 잘 살고 있는 개인에게 엄청나게 큰 혜택이 가는 것을 허용할 수 있다. 우선성 입장의 지지자는 이 정도의 혜택이라면 응분이나 응분이 감안된 평등을 압도하는 중요성을 가진다고 주장할 것이다. 하지만 최선의 최종적 정책optimal policy은 그 방향으로 가야 한다고 해도, 만약 우선성 입장이 분배윤리 특히 분배적 정의의 기준으로 제시될 경우 응분이나 그 어떤 정당한 차별의 근거 없이 벌어진 복지상의 격차가 '정의로운' 것으로 판단되는 것은 규범적 혼란 혹은 착오로 간주될 수 있다. 둘째로, 같은 크기의 복지(향상)에 다른 가치를 부여한다는 점에서 우선성 입장도 이미 평등과 복지 혹은 효율성 사이의 충돌을 어떤 식으로든 조정trade-off하려고 시도한 것이며, 가중치의 크기를 결정하는 방식에서 그 갈등 조정을 수행하는 관점과 기준이 드러날 것이다. 이렇게 본다면 부당한 격차-축소로서의 평등을 추구하면서 최종 정책에서 다른 이상들을 감안하는 입장과 마찬가지로 우선성 입장도 다수 분배적 이상들 간의 (직관적) 조정과 가감의 부담에서 자유롭지 않다.


### 3) 롤스의 차등의 원칙

이미 언급된 대로 롤스는 협상력의 차이를 배경으로 현실적 개인들이 상호 이익을 극대화(혹은 상대적 양보를 최소화)하기 위해서 찾는 협상지점이 규범적으로 비판될 수 있다고 본다. 그는 단순한 합의나 계약이 아니라 **공정한** 계약의 조건을 추구한다. 이를 위해서 롤스는 성별, 세대, 재능, 취향, 인생관 등 개인적 특성에 대한 정보가 없는 상황에서 사회제도에 적용될 가장 근본적인 규범이 선택되어야 한다고 주장한다. 그 가상적 상황에서 선택의 주체들은 현실에서 다양한 특수성을 가지고 자신의 가치를 추구하게 될 개인들, 그러면서도 합의된 규범을 이해하고 준수할 만큼의 정의감을 가진 개인들이 모두 공정하다고 수용할 만한 원칙을 택하게 될 것이다. 롤스는 그 상황에서 선택될 것으로 자신의 두 정의의 원칙들을 제시한다. 첫째 원칙은 시민적, 정치적 자유들에 대해 가능한 완전한 평등을 요구한다. 둘째 원칙은 초기 환경의 불리함이 상쇄되어 동일한 재능과 열망을 가진 사람들이 동일한 삶의 전망을 가질 수 있어야 한다는 의미에서 '공정한' 기회평등을 요구하고, 시민적/정치적 평등과 공정한 기회평등을 통과한 사회적, 경제적 불평등은 가장 처지가 낮은 개인들의 수준을 향상시킨다는 조건하에서만 허용한다('차등의 원칙'). 첫째 자유의 원칙이 둘째 원칙보다 우선적이고, 둘째 원칙 중에서는 공정한 기회평등이 차등의 원칙에 우선한다. 이 우선성은 하위 원칙의 이상(경제적 혜택)이 상위 원칙(시민적 자유와 공정기회의 평등)을 희생하면서 추구될 수 없음을 의미한다.

분배윤리에 특히 관련되는 것은 차등의 원칙이다(다음 절에서 우리는 롤스의 첫째 자유의 원칙이 경제적 분배에 관련되는 방식을 볼 것이다). 그 원칙은 차별의 정당한 근거가 없으면 평등을 분배정의의 수준점 benchmark 으로 본다는 점에서 평등주의적이면서도, 불평등의 정당한 근거로서 낮은 처지의 개인들의 처지 향상을 들고 있다는 점에서 파레토 효율성도 감안한 원칙이다. 파레토 효율성이 누구의 처지도 악화시키지 않으면서 일부 개인의 처지 향상을 지향하고 있지만 **누구의**

처지가 향상되어야 하는지에 관한 규범이 빠진 원칙이라면, 롤스는 최소수혜자를 들어서 이 규범적 비결정성을 해소한다. 최소수혜자의 처지가 극대화된 지점은 완전히 정의로우면서도 동시에 효율적인 지점이다. 그러면서도 승자와 패자가 있는 상황에서도 최소수혜자의 처지 향상을 선결적으로 요구한다는 점에서 롤스는 정의의 원칙이 효율성에 우선한다고도 말한다.

롤스는 합산된 복지를 위해 일부 개인의 자유나 혜택을 희생할 수 있다는 점에서 공리주의를 거부한다. 또한 개인적 정체성과 삶의 통합성integrity을 위해 필요한 정도의 '개인적' 재산personal property이 보장되어야 하지만(일정 정도의 기본적 재화와 개인적 공간), 자유지상주의가 요구하는 사적 재산private property에 대한 절대적 처분권은 정의의 기본 요구가 아닌 상황적으로 결정되어야 할 부차적 문제로 간주한다. 개인적 선택이 아닌 재능상의 차이로 인해, 즉 희소성과 수요 때문에 노동시장에서 주목받는 선천적 재능 때문에 생긴 재산상의 차이는 정의의 요구에 의해 조정될 수 있다. 그리고 타산적 노력이 응분의 기반일 수 있지만, 개인적 선택을 넘어선 그런 의미에서 '도덕적으로 자의적인morally arbitrary 재능과 항상 얽혀 있기 때문에 노력중심의 응분주의도 배제한다.

차등의 원칙이 가상적 상황에서 선택될 근거는 무엇일까? 혹자는 그 상황이 자신이 최저 재능이나 장애를 지닌 것이 현실이 될 위험이 있는 상황이고, 그 불확실한 상황에서 위험기피의 성향을 가진 타산적 개인들이 최소수혜자 처지극대화maximin의 결정규칙을 발휘한 결과 차등의 원칙이 채택되리라고 본다. 롤스 자신은 이러한 근거를 부인한다. 그보다는 협력적 연합체인 사회에서 개인들이 합당한 것으로 여기는 다수 이념들이 있는데, 재능이 전부 선택된 것이 아니라서 그 재능으로 거둔 모든 혜택을 자신의 것으로 하는 것은 부당하다는 생각, 하지만 그 재능의 혜택을 다 제거하는 식으로 운의 영향력을 상쇄한다기보다는 그 혜택을 낮은 수준의 개인의 처지를 향상시키는 식으로 조정하는 것이 더 합리적이라는 생각도 그 이념들의 일부이다. 이러한 이념들이 적용될 경우 본인이 합당하게 기대할 수 있는 몫을 주는 체제를 개인들은 정의롭다고 합의할 것이다. 그 체제 안에서 개인들은 자유롭게 자신의 선good을 추구할 수 있고 (첫째 원칙의 선행된 만족으로 인해) 시민으로서 평등하기 때문에, 롤스의 이상인 자유롭고 평등한 개인들 간의 협력체가 가능해진다. 이것이 롤스적 의미에서의 상호성reciprocity이고 차등의 원칙이 선택되는 근거라는 것이다.

롤스의 분배정의론은 여전히 과도한 재분배를 시도한다는 자유지상주의로부터의 비판, 노력으로서의 응분이 완전하게 식별될 수 없지만 부분적인 확인만으로도 분배적 이상으로 기능할 수 있기 때문에 롤스의 응분 폐기가 시기상조라는 비판에 처해 있다. 보다 전통적인 평등주의 편에서는 두 가지 관련된 비판이 제기된다. 첫째는 차등의 원칙을 옹호하면서, 이미 더 높은 수준에 있는 재능 있는 자들이 분배될 더 커다란 파이의 산출을 위해 제시한 인센티브를 롤스가 허용한다는 점에 대한 비판이 있다. 만약 재능을 개발하고 발휘하는 데 필요한 비용의 보상수준(그리고 사회적으로 용인되는 사례honorarium의 수준)을 넘어선다면, 최소수혜자에게 일정 혜택이 가지만 불평등을 확대시킬 이 인센티브의 요구는 재능 있는 자 편에서 차등의 원칙을 진정 수용하고 준수하고 있는지를 의심하게 한다. 만약 롤스 분배론이 허용되는 인센티브에 대한 제한을 두지 않는다면 내부적 긴장 혹은 괴리를 노정하고 있는 셈이다. 둘째로 차등의 원칙은 최소수혜자의 처지 향상만을 요구할 뿐 개인들 간 처지의 허용되는 격차에 대해 정의에 입각한 원칙적인 제약을 두지 않는다. 하지만 어느 지점에서 응분이나 기타 근거에 의하지 않은 격차는 공정함과 분배정의를 위반하는 것으로 여겨질 수 있다. 롤스는 그 격차가 너무 심해지면 '우리를 혼란스럽고 놀라게 만들 것'이며, 자신의 정의 원칙이 지켜지는 사회에서 현실적 격차가 '부정의한 것처럼 보이지 않는 범위' 내에 머물기를 '희망'한다고 말한다. 하지만 우리는 분배정의에 관한 롤스적인 **판단**과 이러한 **느낌**과 **희망** 사이에 또 하나의 긴장 혹은 불편한 괴리의 요소를 만나게 된다.

### 4) 민주주의적 평등

방금 제기된 비판은 롤스의 차등의 원칙이 부당한 격차의 축소로서의 경제적 평등에 **독자적** 원칙의 자격을 부여하지 않는다는 점, 그리하여 다른 가치들의 약진에도 불구하고 이런 의미에서 경제적 평등이 후퇴했다면 그것의 시정을 요구하는 **독자적** 압력의 근거를 갖고 있지 않다는 취지의 비판이다. 일부 롤스 추종자들은 이 점을 인정하고 경제적 불평등에 대한 억제는 차등의 원칙이 추구하고 제공하는 것이 아니라 바로 롤스의 첫째 원칙인 자유의 원칙이 부여하는 제약에 의한다고 주장한다. 다시 말해서 차등의 원칙은 최소수혜자의 처지를 향상시키는 그 어떤 불평등도 허용하는 반면, 정치적이고 시민적인 자유의 가능한 완전한 평등을 요구하는 첫째 원칙은 경제적 영역에서도 상당한 평등을 함께 요구하리라는 것이다.

자유의 원칙과 경제적 평등의 상호 연관은 직관적으로 그럴듯한 추정에 근거하고 있다. 심각한 경제적 불평등 하에서는 정치적이고 시민적 자유의 평등이 구현되기 힘들 것이다. 따라서 후자의 평등을 구현하기 위해서 대규모적인 경제적 불평등은 시급하게 시정되어야 한다. 반면에 경제적인 평등이 진전될수록 정치적/시민적 영역에서의 평등도 쉽게 구현될 수 있으리라 짐작해볼 수 있다. 두 영역에서의 평등이 긴밀한 상호보강의 관계에 있다는 그럴 듯한 추정에서 더 나아가, 일부 논자들은 경제적 평등이 정치적, 시민적 자격과 관계에서의 평등이라는 **이유에서**, 그리고 **그 정도로만** 요구될 필요가 있다는 주장을 한다. 이 후자의 주장이 분배논의에서 '민주주의적 평등'이라 불리는 입장의 기조이다. 롤스 자신이 가끔 이러한 분배적 입장에 탄약을 제공하는 것으로 해석될 여지가 많은 언급을 하고 있다. 그에 의하면 자유롭고 동등한 시민적 자격을 안정되게 만든다는 점에 평등 이념의 '최고 수준의' 의의가 존재한다.

이 입장에 의하면 평등의 요점은 모든 이에게 동등한 시민적 자격을 확보해주는 것이다. 다시 말해서 개인들은 정치적, 시민적 열등감 없이 상호간 소통하고 관계를 맺을 수 있어야 하고, 이러한 동등한 자격과 사회적 관계를 위해 필요한 자원과 복지의 수준을 모두에게 보장해주는 것이 평등주의의 목표이다. 평등이 궁극적으로 없애야 하는 것은 운의 영향력이 아니라 억압과 일방이 지배하는 사회적인 관계이다. 민주주의적 평등의 관점에서는 자발적 노력의 부분을 식별하고 그 우열을 가리는 행위는 시민들의 사생활에 대한 과도한 침투를 야기할 것이며 일부 (노력에서 뒤진) 개인들에게 열등감을 유발할 것이다. '값비싼 취향'이 보상 대상인지를 논하는 것은 평등주의에 대한 우스꽝스런 상을 창출하리라는 것이다.

정치적/시민적 평등과 경제적 평등의 긴밀한 상호연관은 부정할 수 없는 현실이며, 가능한 완전한 전자의 평등이 상당한 정도로 후자의 평등을 동반 요구하리라는 점도 수긍할 수 있는 주장이다. 하지만 경제적 평등이 단지 정치적, 시민적 평등을 위해서만, 그리고 그 정도로만 추구되어야 할 것인가? 민주주의적 평등에 대해서 세 가지 비판이 주로 제기된다. 첫째로, 만약에 동등한 정치적, 시민적 자격과 관계를 위해 필요한 경제적 자원과 복지가 최소한의 혹은 기본적 수준이라고 해보자. 이를 모두에게 보장해주자는 원칙은, 위에서 본 필요에 기반을 둔 충분성입장과 유사하게 될 것이며 그 입장과 단점을 공유한다. 둘째로, 정치적, 시민적 자격과 사회적 관계의 동등성이 상당히 높은 수준의 경제적 혜택을 요구한다면 위의 단점은 극복될 것이다. 하지만 여전히, 그 수준 이상에서는 분배적 이상과 분배정의가 적용하기를 멈춘다는 주장은 이상스럽다. 정치적, 시민적 평등에 필요한 경제적 혜택이 모두에게 돌아 간 이후의 불평등은 분배정의의 관점에서 다 허용되는가? 정치적, 시민적 평등과 양립 가능한 다양한 수준의 경제적 불평등들에 대해서 분배윤리의 측면에서 평가와 비판이 가능하다고 본다면 민주주의적 평등은 분배윤리의 전부 혹은 핵심일 수 없다. 마지막으로 경제적 불평등이 아주 심해지면 민주주의의 생존이 위협을 받고 독재와 같은 비정상적 체제로 갈 가능성이 있고 일정 경제적 부의 축적과 분배가 확보되면 민주주의가 생존할 확률은 늘어나겠지만, 어느 수준 이상에서는 경제적 평등 없이도 정치적, 시민적 평등의 진전은 가능하다. 1960년대 이후 미국, 그리고 1990년대 이후 한국에서 인권과 정치적 참여가 확대되고 인종과 성차별이 줄어들고 시민적 평등이 향상되었음을 부정할 수는 없겠지만, 양국 공히 경제적 영역에서의 불평등과 양극화는 심화되었다는 사실에 주목하자.

### 분배적 이상의 다원주의: 세 가지 유형들

위에서 본 것처럼 대부부의 주요 분배윤리는 최종적 제안에서 응분, 평등, 복지 등 다수의 이상들을 함께 고려하고자 한다. 현금의 논의에서 분배적 다원주의는 세 가지 유형으로 제시되고 있다. 각 유형은 다수의 이상들을 감안하고 조정하는 방식에서 차이를 보인다.

첫째 유형의 다원주의는 미국의 정치철학자인 왈쩌<sup>Michael Walzer</sup>의 분배적 입장인데 세 가지 핵심 주장들로 구성된다. 첫째로 그는 상이한 사회적 삶의 '영역들spheres'에서 상이한 분배 기준들이 통용되어야 한다고 역설한다. 그 영역들에서의 활동에 필요한 재화들은 나름의, 그 영역과 재화의 본성에 내재적인 분배 기준을 갖는다. 의료혜택, 교육 서비스, 요트와 같은 사치품, 시민적 명예, 사랑과 같은 인간적 관계의 정감적 기반, 공직office 등은 때로는 필요에 의해 (필요가 깊을수록 많이 그리고 동등한 필요에는 동등하게), 때로는 기여도에 의해 때로는 지불 능력에 의해 분배되어 마땅하다. 고용employment의 사회적 중요성에 비추어 고용에서는 평등한 기회가 옹호되지만, 소비 영역에서는 동일성과 평등이 지배할 필요가 없다. 둘째로, 한 영역에서의 분배 기준이 다른 영역으로 침범 혹은 이월될 때 분배정의가 위반된다. 한 영역에서 (정당하게) 많은 지분을 소유한 개인이 영역을 넘나드는 침범이 허용되어 아무 근거 없이 다른 영역들에서도 우월한 위치를 점하게 될 때 왈쩌가 말하는 분배에서의 전제tyranny가 현실화된다. 예를 들어 필요의 기준이 지배해야 하는 의료 영역에서 일부 소비 영역에서 통용되어야 하는 지불 능력이나 성과의 기준이 적용되어 어떤 이에게 필요한 의료 혜택이 주어지지 않는다거나, 경제적 불평등이 사회적 지위, 고용기회, 정치적 권력, 그리고 심지어 건강상의 불평등으로 이어지는 것이 분배적 부정의이다. 마지막으로, 특정 영역에서 마땅히 통용되어야 하는 분배 기준은, 한 사회에서 해당 영역의 재화에 대해 역사적으로 누적되어 구성원들이 공유하고 있는, 그 재화의 의미("재화들의 사회적 의미")로부터 도출된다.

왈쩌의 분배 다원주의는 공동체적 연대감, 자기 존중, 평등한 존중, 그리고 지배적 사회관계의 철폐에 대한 관심들로부터 자연스럽게 도출되는 것 같다. 하지만, 그가 자신의 입장을 다원주의적인 '복합적 평등complex equality'이라고 부름에도 불구하고 어떤 의미에서 그의 이론이 평등주의일까? 물론 '평등주의'의 명칭의 적합성 자체가 비판적 논거를 제공하는 것은 아니다. 그러나 문제는 경제적 영역에 국한할 경우, 그 영역에서의 분배 기준이 공동체 내의 공유된 규범에 결정적으로 의존한다면 그 규범에 대한 공동체 내-외적인 비판적 평가가 가능할 것인가이다. 또한 경제적 재화들의 분배가 다른 영역들과 상호 침투함이 없지만 내적으로 상당한 격차를 보일 경우 어느 지점에서는 불공정과 불평등에 입각한 비판이 시도되어야 할 터인데 왈쩌의 이론적 자원이 이러한 비판을 근거 지울 수 있는지 의문이다.

둘째 유형의 분배 다원주의는 감안되어야 할 다수의 이상들(복지, 파레토 효율성, 평등)을 아우르는 (또) 하나의 분배 원칙을 구성하고 그 원칙의 만족 정도를 분배적 정의distributive justice의 척도로 간주한다. 그 전반적all-things-considered 원칙에 포함된 각각의 이상에는 일정 지분과 비중이 주어지겠지만, 전반적 원칙의 만족 정도가 같다면 포섭된 이상들의 만족에서의 편차는 정의 평가에 무관하다. 롤스의 차등의 원칙과 낮은 계층의 복지 향상에 가중치를 주는 우선성 입장이 이러한 유형의 다원주의의 사례들이다. 롤스의 경우, 차등의 원칙의 만족 정도가 같다면, 즉 최소수혜자의 처지 향상에서 동일하다면 최소수혜자와 최대수혜자 사이의 격차가 크던 작던 분배정의는 동일한 정도로 구현된 것이다. 우선성 입장에서도 낮은 계층에 주어진 작은 복지 혜택에 큰 가중치를 곱한 값과 높은 계층에게 돌아가는 큰 복지 혜택에 작은 가중치를 곱한 값이 동일하다면, 두 계층 간 상이한 격차에도 불구하고 분배정의의 측면에서는 동일하다. 따라서 전반적 원칙에 의한 분배정의 평가 이후에 개별적 이상의 실현 정도에 대한 더 이상의 평가는 불필요하다.

분배정의에 대한 이 전반적 입장은 한 원칙의 만족으로 다수 이상들의 분배 관련성을 종합적으로 평가한다는 매력을 가진다. 하지만 전반적 원칙이 만족된 상태를 분배정의와 **동일시**할 경우, 평등이 악화되었고 양극화가 심화되었지만 다른 이상들의 약진 때문에 어떤 정책이 용인된다면, '전반적 원칙의 만족 정도에는 진전이 있었지만 분배적 정의는 후퇴했다', '정의의 후퇴에도 **불구하고** 다른 가치들이 진전되었다' 등의 판단은 할 수 없게 된다. 하지만 이러한 분화된 판단을 내리는 것이 직관적으로도 더 합당하고 (차후의 상황이 변화하면) 평등이 회복될 것을 요청할 수 있다는 점에서, 그러한 판단이 가능한 입장이 원칙적으로 더 평등주의적 입장이며 실질적으로도 향후에 다른 정책으로 이어지질 가능성이 많다(물론 롤스도 최소수혜자의 처지 향상에도 불구하고 격차가 심화되면 이론과 직관 사이의 '반성적 평형이 어지럽혀지는 지점'이 있을 수 있음을 고백한다. 그리고 우선성이론가들도 낮은 계층의 복지 향상에 얼마큼의 가중치를 둘 것인지를 고민할 때 각 이상의 비중에 대한 평가를 수행하게 되는데, 허용되는 격차가 커지게 되면서 그 가중치를 조정할 가능성도 있다).

마지막 유형의 분배 다원주의는 일부 이상(들)을 분배정의의 기준으로 간주하고 최종 정책에서 다른 이상들을 분배정의인 이상(들)과 더불어 감안하는 입장이다. 이 입장은 최종 분배적 **정책**의 내용은 상황에 따라 가변적일 수 있지만 분배적 **정의**의 규정은 상황에 따라 바뀌는 것이 아니라고 본다. 이 유형의 한 사례로 다음의 운-상쇄 평등주의를 들 수 있다(이는 영국 정치철학자 코헨G. A. Cohen의 견해에 가까운 형태이다). 이 관점은 분배정의를 상대적 공정성comparative fairness로, 그리고 후자를 운의 분배적 영향력을 상쇄하는 보상과 타산적 노력에 따른 분배, 그리고 공동체 원칙을 적용한 노력 간 격차로 규정한다. 그리고 나서 경제적, 정치적 현실에 입각한 실행적 고려feasibility와 필요, 복지, 효율성 등 기타 분배 이상들의 감안을 통해 최종적 분배정책을 확립한다. 후자의 이상들은 분배에 관련되지만 단일 개인에게도 적용된다는 의미에서 상대적comparative 이상이 아니며, 따라서 특징적으로 분배적이지 않다.

　이러한 다원주의를 채택한 사람은 분배 이상들 간의 조정이나 가감에 대한 빈틈없는 가이드, 즉 위에서 언급된 전반적 원칙의 만족정도에 의한 정책들의 보편적 순위ranking를 지향한다기보다는 상황에 따른case-by-case 조정방식을 채택할 것이다. 그는 한 이상의 심각한 훼손을 막으면서 가능한 다수 이상들 간 조화로운 충족을 추구한다. 분배정의에 해당하는 이상에 더 큰 중요성을 부여하겠지만, 그 중요성의 부여 정도도 상황에 의존할 것이다. 예를 들어 운-상쇄 평등주의에서도 만약 사회의 전반적 복지 정도가 기본적 필요충족에도 못 미치는 상황이라면 (부당한) 격차에 주목하는 상대적 분배정의보다는 전반적 복지 수준의 향상을 더 우선시할 것이다. 사회의 전반적 복지 수준이 높아지면서 분배정의에 해당하는 운-상쇄 보상과 노력에 따른 분배가 더 중시된다.

　보편적 조정 메커니즘 혹은 우선성 규칙이 없기 때문에 이 입장의 현실적 정책 제안에 한계가 있는 것이 사실이다(하지만 현실적 적용의 완벽성을 위해 분배정의의 원칙을 변경하는 입장의 문제점도 상당하다). 이 입장에서 이상들의 조정/가감에 대해서 세 가지 사항만을 지적하자. 첫째로, 분배에 관여하는 이상들 모두를 진전시킨 정책은 전반적으로 높은 순위를 점할 것이다. 둘째로, 그 이상들 각각은 독자적이고 내재적인 가치를 가진다. 즉 다른 이상들에 의존하지 않는 근거에서 분배적 규범으로 간주되며, **다른 점에서 동일하다면** 한 이상의 진전은 항상 분배적 향상으로 판단될 것이다. 마지막으로, 이 관점에서는 최소한 평등과 효율성 각각이 (최종 정책의 결정에서) 상대방을 이기는 상황이 있음을 인정해야 한다. 정치적, 시민적 불평등을 함축하고 강화하는 경제적 불평등의 경우, 평등회복의 유일한 대안으로서의 하향 평등은 하향의 폭이 크지 않을 경우 다른 이상들의 후퇴에도 불구하고 최종적 정책으로서 정당하다고 판단될 수 있다. 이 입장이 평등주의라고 불리는 것은 그 입장이 평등에 절대적 우선성을 부여하기 때문이 아니라, 이론적 측면에서는 평등이 하나의 내재적 가치로서 독자적 압력을 행사할 수 있음을 인정하기 때문이고, 현실적 측면에서는 평등이 다른 이상들과 융합하고 상호 강화할 수 있는 방식을 부각하고 촉진하기 때문이다.

● 아마티아 센, 이상호·이덕재 옮김, 《불평등의 재검토》, 한울아카데미, 1999.

현대 평등주의 논의의 주요 주제들, 특히 무엇이 평등하게 되어야 하는지의 문제를 중심으로 다양한 제안들을 비판적으로 검토하고, 자신의 입장(능력의 평등)을 개진한다.

● 존 롤스, 황경식 옮김, 《정의론》, 이학사, 2003.

이 책은 롤스의 정의론의 성격, 정의 원칙들의 도출과정과 내용, 그리고 그 원칙이 정치, 경제적 영역에 적용되는 방식을 체계적으로 제시한다.

● 존 롤스, *Justice as Fairness: A Restatement*, Harvard Univ. Press, 2001.

이 책은 롤스가 1980년대 강의한 원고를 편집한 것인데 《정의론》의 구조를 따라가면서 논의의 근거와 교정된 해석, 현실적 적용에 대한 보충 설명을 포함하고 있다. 본문에 나온 롤스 인용문의 일부는 이 책으로부터 온 것이다.

● 로널드 드워킨, 염수균 옮김, 《자유주의적 평등》, 한길사, 2005.

운-상쇄 평등주의의 단초를 제시한 1980년대 논문과 그 이후 이론과 적용을 구체화 시킨 논의를 담고 있다. 드워킨은 개인적 통제와 선택하에 있는 타산적 노력보다 넓은 범위의 (선호와 취향도 포함된) 개인적 책임을 채택하고, 초기의 공정한 자원 분배 이후의 재분배를 배제한다.

● 로버트 노직, 남경희 옮김, 《아나키에서 유토피아로》, 문학과지성사, 1983.

정당한 최초 취득과 정당한 이전이 재산의 소유 자격을 구성한다는, 본문에 소개한 자유지상주의의 현대적 고전이다.

● 마이클 월쩌, 정원섭 외 옮김, 《정의와 다원적 평등》, 철학과현실사, 1999.

각 분배 영역에 내재적이고 독자적 분배 기준이 있다는 유형의 다원주의를 제시한 저서로 상이한 영역들 간 불평등이 이전되는 것을 경계하고 있다.

기업윤리

# 기업에는 어떤 윤리가 적용되어야 하는가?

김형철

## 두 가지 사례

한 택배회사에서 있었던 일이다. 그 회사의 모토는 '고객과의 약속은 무조건 지킨다'였다. 택배회사에서 고객과의 가장 큰 약속은 당연히 정시 배송이다. 그런데 어느 날 마지막 트럭기사가 정시 배송이 불가능한 상황에 처했다. 택배기사는 핸들을 잡기 전 심호흡을 했다. 그리고 기적이 일어났다! 정시 배송에 성공한 것이다. 고객으로부터 고객 만족카드에 사인을 받아서 회사로 돌아왔다. 그리고는 회사에 티켓 두 장을 동시에 내놓는다. 한 장은 속도위반서이고, 다른 한 장은 신호위반서이다. 만약 당신이 이 회사의 사장이라면 두 장의 교통 범칙금을 자비 부담시킬 것인가? 경비 처리할 것인가?

또 다른 사례를 보자. 콜라회사에서 있었던 일이다. 한 트럭기사가 거래처에 콜라 배달을 끝내고 돌아가는 길이었다. 그날따라 날이 정말 더웠다. 갈증이 목구멍 끝까지 차오른다. 트럭기사는 참다가 결국 자판기 앞에 차를 세운다. 아뿔사! 자사 콜라가 보이질 않는다. 에이 모르겠다! 잠시 망설이다가 경쟁사 콜라를 자판기에서 꺼낸다. 그 음료를 마시려는 순간, "찰칵"하는 소리와 함께, 지나가던 네티즌이 그 장면을 한 방 찍는다. 빨간 제복을 입고 파란 캔을 마시는 그 장면이 너무 신기하다고 생각한 것이다. 인터넷에 그 사진을 올린다. 결국 그 회사의 사장도 사진을 본다. 만약 여러분이 이 콜라회사의 사장이라면 경쟁 회사의 콜라를 제복을 입은 상태에서 마신 그 기사를 해고 시킬 것인가? 아닌가?

이 두 가지 문제에 대하여 주어진 정답은 없다. 그러나 정답이 없 다는 말이 좋은 답과 나쁜 답이 없다는 의미는 아니다. 좋은 답이라 고 함은 그 가치를 위해서 자신의 모든 노력을 다 기울이는 것이다. 나 쁜 답이라고 함은 남한테 말을 그런 식으로 하지만 정작 그렇게 행동 할 생각은 없는 경우이다. 우리는 정답은 아니더라도 자신에게 좋은 답을 꼭 찾아야 한다. 첫 번째 경우에, 회사에서는 그 택배기사를 징 계처리하고 당연히 교통범칙금을 자비 부담시킨다. 건전한 시민이라 면 고객과의 약속을 지키는 것도 교통법규를 지키는 범위 내에서 해 야 한다. 만약에 준법하면서 고객 만족이 불가능하다면, 고객에게 다 른 방식으로 사과하고 용서를 구했어야 한다. 더 나아가서, 길거리에 있는 수많은 잠재 고객이 과속하고 급정거하는 트럭을 보면서 "다음 에는 저 회사에 꼭 맡겨야 되겠네!"라고 생각할지, 아니면 "저 택배회 사에 맡겼다가는 상품이 다 깨지겠네!"라고 생각할지도 한번 고려해 볼 수 있다.

두 번째 경우에, 그 콜라회사는 배달기사를 해고한다. 만약 이때 기사가 법원에 부당해고 취소 소송을 냈다면 법원은 누구의 편을 들 어줬을까? 아마 회사의 손을 들어줬을 것이다. 제복을 입고 있는 순 간, 자신이 회사를 대표하고 있다는 사실을 기억해야 한다는 이유 때 문이다. 물론 자사 콜라 자판기를 충분하게 깔아놓지 않은 회사에게 도 책임이 있다고 항변할 수 있다. 왜, 그런 사진을 역마케팅에 활용하 지 않았느냐고 따질 수도 있다. 그러나 자신의 월급이 어디에서 나오 는지에 대한 최소한의 충성심을 이야기할 수도 있다. 이 세 가지 케이 스에 대한 정답은 없다. 어떤 기준과 판단을 갖고 회사를 운영해나가 는가에 따라서 회사의 문화가 달라진다는 사실을 기억해야 한다.

## 왜 기업윤리가 철학적으로 중요한가?

자신의 이익을 추구하는 것은 도덕적으로 그른 일일까? 다른 사람을 돕는 것은 도덕적으로 항상 옳은 일일까? 이 질문에 대한 답변을 제대로 하기 위해서 우리는 행위의 목적과 동기만이 아니라 그 수단을 동시에 봐야 한다. 즉, '목적은 수단을 정당화하는가?', '좋은 목적을 위하여 나쁜 수단을 사용하는 것은 정당화되는가?'라는 문제는 플라톤 이래 항상 철학자들이 관심을 갖고 탐구해온 것이다. 놀랍게도 플라톤은《국가》편에서 국가 지도자가 통치를 위하여 국민들을 속이는 것이 정당화된다고 말했다. 물론 국가의 지도자를 위대한 존재로 만들기 위하여 꼭 필요한 경우에 한한 것이긴 하지만, 대단히 놀라운 발상이다. 역시 오늘날 자유 민주주의에서는 쉽게 용납될 수 없는 발상이다. 칼 포퍼가《열린 사회와 그적들》에서 민주주의의 공적 1호로 지목한 플라톤다운 발상이기도 하다. 물론 마키아벨리도《군주론》에서 좋은 목적을 위해서는 나쁜 수단을 사용하는 것을 허용하는 정도가 아니라 반드시 필요하다고 주장했다. 부도덕하고 유능하지도 않은 자가 무능하고 도덕적인 이상주의자보다 훨씬 낫다고 말한 것이다.

이와는 달리 마키아벨리와 대척점에 서 있는 철학자는 절대적 도덕을 주장하는 칸트다. 만약 당신이 살고 있는 집에 한 사람이 와서 자신을 숨겨 달라고 한다고 가정하자. 지금 한 살인자에게 쫓기고 있기 때문이란다. 그러고는 재빨리 당신의 집에 숨는다. 조금 있으니까 과연 그 사람이 말한 대로 도끼를 손에 든 한 사람이 씩씩거리면서 당신 집에 온다. 그러고는 이렇게 묻는다. "그 도망자가 어디에 있소? 당신 집에 있는 것 아니오?" 일단 그 도망자는 무고한 사람이고 추격자는 나쁜 사람이라고 가정하자. 자, 당신이 그 집주인이라면 진실을 말할 것인가? 아니면 거짓말을 할 것인가? 당신은 무조건적으로 진실을 말해야 한다! 이것이 칸트의 정언명법이다. 만약 진실을 말했는데, 그 사람이 집에 숨어 있다가 잡혀서 죽는다고 가정하자. 그 책임은 당연히 그 도끼를 든 살인자에게 있다. 만약에 거짓을 말했는데, 그 사람이 당신을 믿지 못하고 뒤쪽으로 달아나다 추격자에게 죽는다면 그 책임은 거짓말을 한 당신에게 있다. 어떠한 경우에 어떠한 이유로도 거짓을 말하는 것은 정당화될 수가 없다는 것이 칸트의 정언명법이다. 여기서는 누가 옳은 처방을 하는지가 중요하지 않다. 중요한 것은 좋은 목적을 위하여 나쁜 수단을 사용하는 것이 정당화될 수 있는가에 대하여 철학자들이 관심이 많은 이유를 알아야 하는 것이다.

철학자들은 나쁜 목적을 위하여 나쁜 수단을 사용하는 것(예를 들면, 사기, 강도)에는 별 관심을 보이지 않는다. 깊이 생각해볼 것도 없이 그것은 너무도 당연하게 도덕적으로 그른 것이기 때문이다. 마찬가지 이유로 좋은 목적을 위하여 좋은 수단을 사용하는 것(예를 들면, 약자에 대한 보호, 기부, 봉사)에도 관심이 없다. 그것은 너무나 당연히 도덕적으로 옳은 일이기 때문이다. 철학자들은 딜레마를 좋아한다. 그 이유는 딜레마는 하드케이스를 우리에게 제시하는 것이기 때문에 그 문제에 대하여 철학자가 어떤 답을 제시할 수 있다면, 그것은 우리에게 새로운 지평을 열기 때문이다. 영국의 법철학자 하트H. L. A. HART가 한 말이다. 그런데 왜 좋은 목적과 나쁜 수단이 충돌하는 경우에 비해 나쁜 목적과 좋은 수단이 충돌하는 경우는 상대적으로 철학자들의 관심을 덜 끌었던 것일까? 아마도 일단 목적이 나쁘면 수단이 좋든 나쁘든 모두 도덕적으로 정당화될 수 없다고 쉽게 생각해버렸기 때문인 것 같다. 그럼에도 불구하고 마지막으로 남은 이 문제, 즉, "나쁜 목적을 위하여 좋은 수단을 사용하는 것은 정당화되는가?"는 대단히 중요하다. 나쁜 목적을 위하여 좋은 수단을 사용하는 것은 모두 그르지도 모두 옳지도 않기 때문이다. 이제 진정으로 중요한 것은 자신의 이기적 욕구를 충족하는 올바른 수단이 무엇이 있을지에 대하여 우리가 진정한 탐구를 해야 한다는 것이다. 이것이 바로 기업윤리의 영역이다.

　21세기 들어서면서 우리의 삶에서 기업이 차지하는 역할이 점점 더 커지고 있다. 정부의 역할을 기업이 대신하는 경우도 계속 발생하고 있다. 감옥을 민영화하는 경우 그 효율성은 올라간다. 만약 죄수와 결탁해서 사법집행을 방해하는 경우가 생길 것을 우려해서, 민영화를 우려한다면 현재 공권력에 의한 죄수 감시에는 구멍이 전혀 없다고 생각하는 것인가? 국민의 세금이 절약될 수만 있다면, 군대도 민영화하면 안 될 이유가 어디에 있는가? 이런 효율 만능주의에 대하여 우려가 된다면, 민영화를 반대할 것이 아니라 기업윤리를 강화하는 방향으로 우리의 사고를 넓혀 나가야 한다. 효율성만이 전부가 아니라, 정의와 공평성을 기업의 활동을 감시 감독하는 주요한 잣대로 삼는 것이 무조건 민영화를 반대하는 것보다 더욱 낫다. 이제 기업의 활동이 갈수록 더욱더 광범위해질 것에 비례해서 그만큼 기업윤리의 중요성은 점점 더 커진다.

## 나쁜 목적을 위한 좋은 수단은 정당화될 수 있는가?

　개인 이익을 추구한다는 것 자체가 도덕적으로 다 나쁜 것은 아니다. 만약 개인의 이익 추구 자체가 나쁜 것이라면, 우리가 행하고 있는 행동의 대부분은 도덕적으로 하지 말아야 할 것들이다. 사람들은 일차적으로 자신이 독립적인 존재로 살아갈 수 있도록 스스로를 도와야 할 일차적 의무를 갖고 있다. 이것은 기본적으로 모든 인간이 자신에게 갖는 의무이다. 이 기본적인 자기 이익 추구의 의무가 존중되지 않으면, 우리는 항상 서로서로에게 자신의 생존을 책임을 전가하는 권리를 지니는 존재로 전락하고 만다. 이것은 모두를 무임승차자로 전락시킬 수 있는 위험에 빠뜨린다. 70년에 걸친 사회주의 실험의 비극적 실패가 보여주고 있는 바다. 생명 구조대원의 1차 책임이 무엇인지 아는가? 바로 "자신을 위험에 빠뜨리지 말라!"이다. 자신의 안전을 지키는 것에 대한 책임은 일차적으로 자신에게 있다. 생존의 문제에서도 마찬가지다. 그러나 제도가 개인을 위험에 빠뜨리는 일차적 원인을 제공하는 경우에는 예외가 적용된다. 시장제도는 인간에게 풍요를 가져 왔지만, 동시에 양극화도 가져왔다. 시장에 내다 팔 물건이 없는 사람은 시장에서 소외된다. 이들에 대한 보호를 시장제도에 의해서 가장 많은 혜택을 받은 기업들이 제공해야 한다. 그러나 이것은 어디까지나 이차적 의무이지, 일차적 의무가 아니다. 기업 자체가 생존하지 못할 경우에는 그 의무가 없기 때문이다. 기업은 자신의 이윤을 극대화하려는 집단이다. 그래서 기업은 근원적으로 도덕적으로 타락한 집단이라는 결론이 바로 도출되지는 않는다. 오히려 기업이 나쁜 목적, 즉 이기적 목적을 성취하려고 하는 집단이기에 나쁜 수단을 취하는 순간 도덕적으로 지탄을 받는 것이다. 따라서 사익을 추구하는 기업은 반드시 좋은 수단을 취해야 할 의무가 있다. 공익을 추구하는 정치 지도자가 나쁜 수단을 사용하는 것은 경우에 따라서 정당화될 여지가 있지만, 사익 추구가 나쁜 수단을 통해서 이루어지는 것에 대해서는 변명의 여지가 있을 수 없다.

　　좋은 수단을 사용해서 사익을 추구하는 것은 시장경제에서 허용된다. 아니 그렇게 하라고 도덕적으로 요구된다. 사익 추구가 도덕적으로 정당화되는 경우에는 세 가지 필요충분조건이 있다. 첫째, 자신의 사익 추구가 타인의 행복에 도움이 되는 경우다. 흔히 이것을 윈윈게임이라고 부른다. 윈윈게임에 참여하는 사람은 자신의 행복 증진을 위하여 타인의 행복 증진에 도움을 주어야 한다. 최소한 피해는 주지 말아야 한다. 둘째, 자신의 정당한 생존에 필요한 경우이다. 그 상황에서 그렇게 하지 않으면 자신의 생존이 위협을 받는 경우 사익 추구가 정당화될 수 있다. 셋째, 사익 추구에 필요로 하는 도구와 수단이 관련 당사자들이 수긍할 수 있을 정도로 좋은 것이어야 한다. 달리 말하면, 각자는 서로 합의한 규칙의 범위 내에 들어 있는 수단을 사용해서 자신의 사익을 추구해야 한다.

## 비즈니스의 약속은 반드시 지켜야 하는가?

사례를 보자. 미국의 한 자동차회사에서 있었던 일이다. 인수합병을 앞두고 회사의 최고 책임자가 상대방 회사 임원들을 한자리에 불러 모으고는 이렇게 말한다. "여러분 제가 이 회사를 합병하게 되면, 여기 계신 임원 여러분들은 1년 내에 무능력을 이유로 해고되는 일이 없을 겁니다." 그로부터 1년 내에 그 회장은 그 임원들을 이런저런 이유로 모두 해고하고 만다. 여러분은 이 회장이 약속을 위반했기 때문에 부도덕하다고 생각하는가? 즉 임원들 앞에서 공개적으로 한 그 구두 약속은 반드시 지켜져야 하는가? 비즈니스 세계에서 구두 약속을 법적 효력이 없다. 문제는 도덕적인 책임이다. 그 회장이 그러한 약속을 한 이유가 무엇인지가 중요한가? 아니면 무슨 이유로 약속을 했든지 간에 한 번 한 약속은 지켜야 하는가? 아니면 정말 회사의 명운을 가를 수 있을 정도의 이유가 아니라면 그 약속은 지켜져야 한다고 생각하는가? 참고로 말하면, 피합병회사의 임원은 대개 해고되는 것이 일반적인 관행이다. 패장은 그래서 할 말이 없는 건가 보다. 그럼에도 불구하고, 해고하지 않겠다는 구두 약속은 지켜져야 하는 것 아닌가?

또 다른 사례를 보자. 한 회사의 대주주가 자신의 주식을 장외거래로 팔기로 한다. 물론 구두 약속이다. 그로부터 3개월 뒤, 이 회사

주식이 시장 가격의 3배로 폭등한다. 이런 저런 이유로 구두 계약 직후, 매매가 체결되지 못한다. 변호사는 이런 경우 새롭게 계약을 할 수 있는 법적 근거가 있다고 말한다. 자, 당신이 그 대주주라면 어떻게 할 것인가? 그 대주주는 아무 불평 없이 원래 판다고 했던 그 가격대로 판다. 자신의 말에 대한 책임을 진다. 그 대주주는 바보인가? 성인인가? 그가 판 주식의 총액은 5,000만 불이다. 시세대로라면, 1억 5,000만 불을 받을 수도 있었는데도 말이다. 적지 않은 손해를 감수한 것이다. "내가 판다는 말을 한 시점에 그것은 이미 내 주식이 아니었다." 반대로 주식이 3분의 1로 폭락했다면, 그 대주주는 아마 자신의 말에 책임을 지지 않았을 것이다. 여기서 중요한 철학적 문제는 상대방에 대한 배려가 약속을 기계적으로 지키는 것보다 상위의 개념이라는 것이다.

이 두 가지 사례에서 우리가 얻는 교훈은 법적 효력이 없는 구두 약속이라도 지켜야 할 경우에는 반드시 지켜야 한다는 것이다. 한 번 한 약속이라도 상대방에게 결정적으로 불리한 일이 발생할 경우 그 약속은 지키지 않아야 한다. 자신의 약속을 파기한 사람은 신뢰 상실을 감수해야 한다.

### 자신과 자신의 팀에게 불리한 것을
### 진술하는 것은 바보짓인가?

부당하고 부정의한 사실을 알리는 것을 내부자고발WHISTLE BLOWING이라고 한다. 자신이 속한 조직이 알고 보니 분식회계를 일삼고, 불법탈세를 자행하는 범죄 집단이라면 당신은 어떻게 행동할 것인가? 우선 상급자에게 그 사실을 보고한다. 그리고 그가 행동하는 것을 지켜본다. 아무런 조치를 취하지 않는다. 오히려 이 사실을 아무에게도 말하지 말 것을 지시한다. 그렇다면 차상급자에게 이 사실을 알려야 한다. 그도 동일한 방식으로 행동한다면, 차차 상급자에게 보고한다. 조직 내 아무도 이 문제를 합법적으로 도덕적으로 행동할 생각이 없다는 것이 분명해지는 순간, 그 사실을 외부 미디어에 알리거나, 사법 당국에 고발하는 것이 내부자고발이다. 중요한 점은, 이렇게 외부에 자신의 조직의 불법과 부도덕성을 알리는 작업은 자신이 해고되기 전에 해야 한다는 것이다. 해고되고 난 뒤에 하면, 자신이 받은 개인적 불이익에 불만을 품고 저지른 행동으로 간주되기 때문에, 그 도덕적 순수성에 훼손이 가해진다.

정작 힘든 일은 내부 고발이 이루어지고 난 후에 발생한다. 자신의 고발로 인하여 한솥밥을 먹던 동료들이 감옥에 간다. 또 다른 동료들이 평소 자신의 근무 행태에 대해서 문제가 많았다고 증언하기 시작한다. 심지어 미친 사람으로 몰아가기도 한다. 정말 견디기 힘든 고행의 길이다. 그래서 내부고발한 사람들의 대다수가 "다시 그와 같은 일을 하겠느냐"라고 물어보고 다들 고개를 설레설레 젓는다. 대기업의 임원들은 퇴임 후에도 전직 회사로부터 대접을 일정 기간 잘 받는다. 섭섭하게 생각하지 않도록 품위를 유지할 대우를 해준다. 내부고발한 임직원이 그런 혜택을 누리지 못하는 것은 당연하다. 정말 많은 것을 각오할 때에만 내부고발을 결심할 수 있다. 많은 기업들이 내부고발제도를 가지고 있으면서도 제대로 활용되지 않는 이유는 자신의 발등을 도끼로 세게 찍는다는 것이 말만큼 쉽지 않기 때문이다.


### 존경받는 기업이 되기 위해서는
### 무엇을 해야 하는가?

일본의 한 우유업체에서 최악의 사태가 발생했다고 해보자. 그 회사 제품을 복용한 고객이 식중독에 걸린 것이다. 그것도 무려 14만 8,000명이나. 그전까지 식중독 사례가 접수되더라도, "그 식중독이 자사 제품 음용과 무관하다"라는 식으로 안이하게 대처했다. 그러다가, 오사카시 보건 당국이 리콜을 명령한다. 그때서야 마지못해서 리콜에 나서면서 회장이 대국민 사과 성명을 발표한다. "국민 여러분, 대단히 죄송합니다. 식중독은 공장에 한 기계가 박테리아에 감염되었기 때문입니다. 이제 문제의 기계를 가동중단 시켰습니다. 앞으로도 저희 제품을 애용해주세요." 이런 취지의 기자회견이다. 얼마 후, 그 공장에 기자와 시민단체 회원들이 들이닥친다. 그리고는 그 문제의 기계가 한 번도 쉰 적이 없이 계속 작동하고 있다는 사실을 폭로한다. 이 사실이 텔레비전을 통해 보도되자 소비자 반응은 최악이다. 매출은 곤두박질 치고, 주가는 폭락하고, 회장은 사임하고, 회사는 끝내 부도 처리된다. 소비자의 신뢰를 상실한 비윤리적 기업이 어떤 길을 가게 되는가를 보여주는 극명한 케이스다.

이 사례에서는 대체 무엇이 잘못된 것일까? 세 가지를 들 수 있다. 첫째, 소비자에게 안전하지 못한 우유를 만든 것이 우선 문제다. 소비자의 건강과 생명을 최우선으로 하는 우유회사가 제품 생산에 소홀한 점은 분명 문제다. 그러나 신이 아닌 이상 실수가 있을 수 있다. 둘째, 식중독 사건이 발생한 후에 회사는 늑장 대처를 한 것이다. 정부의 개입이 있고 나서야 비로서 제품을 시장에서 회수한 것이다. 외양간을 고칠 수 있는 최적기가 언제인가? 당연히 소를 잃고 난 직후이다. 소를 잃기 전에는 외양간을 굳이 고칠 이유가 없다. 문제는 소를 잃고 난 후에도 외양간을 고칠 생각을 하지 않을 때, 심각해지는 것이다. 소비자의 건강은 안중에도 없다는 식으로 행동하면 대가를 치르게 마련이다. 셋째, 소비자들에게 거짓말을 한 것이다. 가동이 중단되었다는 기계는 한 번도 멈춘 적이 없었다는 것이 밝혀진다. 이것이 바로 분노가 폭발하는 계기가 되는 것이다. 상대방이 자신을 속이는 것에 분노하지 않을 사람은 없다. 나는 바로 이 세 번째가 그 회사가 도산하게 되는 가장 결정적 이유라고 생각한다. 그리고 그것은 바로 윤리적 실수이기 때문에 용서하기 힘든 것이다. 모두 기업들이 윤리에 대하여 심각하게 생각해야 하는 이유는 남을 위해서만이 아니라 이제 자신의 생존에도 심대한 영향을 끼치기 때문이다.

1980년대 시카고에서 있었던 일이다. 한 노인이 샤워하고 나오다가 피를 토하면서 쓰러졌다. 청산가리로 부검 결과가 나왔다. 이렇게 청산가리를 먹고 쓰러진 사람들이 무려 7명이나 된다. 그들의 공통점은 모두 청산가리를 먹고 죽은 것이다. 왜 그들은 청산가리를 먹었을까? 심층 분석을 해보니 그들 모두가 동일한 회사의 진통제를 먹은 것으로 나타난다. 누군가에 의해서 진통제에 청산가리가 들어갔고, 사람들은 그것도 모른 채 구입해서 먹고 발생한 일이다. 그 제약회사에 전화 한 통이 걸려온다. 돈을 내놓지 않으면 앞으로도 계속 청산가리를 진통제에 넣겠다는 협박전화다. 그 회사에서는 중역 회의가 열린다. 결론은 상상을 뛰어넘는 것이다. 독극물 투입은 시카고에서만 발생했음에도 불구하고, 전 미국에서 해당 진통제를 수거해서 폐기처분하겠다는 것이다. 고객의 생명과 건강에는 어떠한 타협도 있을 수 없다는 자세다. 즉각적으로 전 미국에서 수거가 시작된다. 모든 미국 언론들은 이 사실을 실시간 중계하기 시작한다. 약속대로 수거해서 폐기시키는 것까지 언론의 감시하에 완료된다.

그로부터 1년 뒤 이 회사는 독극물을 외부에서 투입하지 못하도록 만든 진통제를 다시 시장에 내놓는다. 업계매출 1위의 위치를 불과 6개월 만에 다시 찾는다. 고객의 생명을 최우선으로 하는 이 회사의 방침에 감동한 소비자들은 이런 식으로 보답한다. 그로부터 10년 뒤 다시 동일한 제품에서 독극물투여 사건이 발생한다. 이번에 그 회사는 제품 생산을 완전히 중단하겠다고 선언한다. 소비자를 보호할 수 있는 완벽한 장치를 개발할 능력이 없다면 아예 생산하지 않겠다는 태도다. 그로부터 1년 뒤, 완전히 다른 제품을 시장에 내놓자 6개월만에 다시 업계 매출액 1위의 자리를 탈환한다. 이것이 바로 미국의 존슨앤존슨이라는 제약회사에서 생산하는 타이레놀 사건의 전말이다. 우리가 이 사건으로부터 얻는 교훈은 고객으로부터 신뢰받는 기업은 절대로 망하지 않는다는 것이다. 항상 고객을 먼저 생각하는 기업은 존경받게 되어있다. 고객들은 자신을 위하여 최선을 다한다고 믿는 기업에게는 두 번 아니라 세 번의 기회도 준다. 소를 잃고 난 뒤에 외양간을 잘고 친 케이스라고 할 수 있다. 완벽함이 중요한 것이 아니라 완벽을 추구해나가는 자세가 더욱 중요하다. 이제 사회에서 존경받는 기업이 되려면 단순히 타인에게 해를 끼치지 않는 소극적 방식만으로는 안 된다. 타이레놀 케이스에서 보듯이 고객을 감동시킬 수 있는 레벨의 활동을 적극적으로 해야 한다.

## 정의로운 가격은 존재하는가?

한 마을에 폭풍이 몰아닥친다. 전기가 끊기고 물 공급이 중단된다. 그 마을에 있는 한 슈퍼마켓에서는 생수를 평소보다 훨씬 비싼 가격에 팔기 시작한다. 여러분은 이 슈퍼마켓이 비윤리적인 행동을 하고 있다고 생각하는가? 샌델이 《정의란 무엇인가?》(이창신 옮김, 김영사, 2010)라는 책의 앞부분에서 제시하는 예이다. 샌델은 이에 대해 비윤리적이라고 단언한다. 마을 주민들의 고통을 약점으로 볼모삼아 가격을 책정한 것이기 때문이다. 인간의 고통에 대한 연대감을 상실한 인간들의 행동은 비윤리적이라는 것이다. 그러나 문제는 그렇게 간단하지 않다. 평상시와 동일한 가격을 책정한다고 해보자. 만약 어떤 사람이 와서, 자신이 실제로 소비할 양보다 훨씬 많은 양을 사려고 한다면 어떻게 할 것인가? 판매할 것인가? 말 것인가? 그런 유형의 사람은 놀랍게도 우리가 인정하고 싶은 것보다 훨씬 더 많이 실제로 존재한다. 아마도 그런 경우를 방지하려면 일인당 판매량을 제한해야 할 것이다. 뿐만 아니라 그러한 열악한 환경 속에서 영업을 하기 때문에 비용이 상승할 수도 있는 것이다. 상황이 극적으로 바뀐 속에서도 가격은 예전과 동일해야 하는 이유는 무엇인가? 또 그 슈퍼마켓 주인은 그 상황 속에서 계속 영업을 해야 할 도덕적 의무가 있는가? 있다면 그 근거는 무엇인가? 이런 문제에 대한 복합적 조치를 취하지 않는다면 그냥 가격을 동일하게 유지하라는 명령만으로 모든 문제가 해결되지는 않는다. 때론 윤리적 문제를 해결하는 것은 우리가 생각하는 것보다 더욱 복잡하다는 사실을 인식해야 한다.

한 가지 사례를 더 보자. 미국 병원들이 헌혈로 충분한 피를 공급받지 못하고 있던 시절의 얘기다. 미국 내에서 매혈하는 사람들은 대개 마약중독자 등과 같이 건강하지 못한 피를 제공한다. 이에 한 기업이 아프리카로 진출한다. 그곳에서는 미국보다 훨씬 건강한 사람들이 훨씬 저렴한 가격에 피를 제공한다. 그 기업은 그곳에서 수입한 혈액을 미국 병원들에 경쟁력 있는 가격에 공급한다. 그러고도 엄청난 이익을 남긴다. 미국의 한 신문이 이 사실에 관심을 가지고 접근한다. 그리고는 대서특필한다. 주 내용은 그 기업이 드라큘라와 같은 악덕 기업이라는 것이다. 한걸음 더 나아가서 아프리카로부터 수입하는 혈액의 원가를 공개하라는 것이다. 인간의 장기의 일부분인 혈액을 팔아서 폭리를 취하는 것은 비윤리적이라는 내용을 덧붙이면서. 여러분은 어떻게 생각하는가? 인간의 피를 파는 것은 비윤리적인가? 아닌가? 피는 재생 가능한 장기다. 재생 불가능한 장기를 판매하는 것은 당연히 불법이고 비윤리적이다. 그런데 재생 가능한 피는 매매 대상이 되어서는 안 되는가? 그리고 아프리카 현지 사정에 맞는 금액을 지급하는 것이 비윤리적이라면, 그보다 훨씬 비쌀 수밖에 없는 미국 가격을 지불해야 할 도덕적 의무가 있는가? 아프리카 주민들로부터 자발적 동의를 받아서 지불하는 가격이 단순히 싸다는 이유만으로 비윤리적이라고 할 수 있는가? 그 기업은 원가를 공개할 법적 의무는 없다고 하더라도 도덕적 의무는 있는 것이 아닌가? 다른 제품과 서비스를 판매할 때는 원가 공개 의무가 없다면, 왜 인간의 혈액을 판매할 때는 그러한 의무가 발생하게 되는가? 이러한 문제에 대한 진지한 토론은 기업윤리의 핵심을 건드린다.

오늘날 시장경제는 수많은 비판에도 불구하고 꿋꿋이 존재한다. 한편으로 모든 것이 상업적으로 변모시키는 것에 대한 우려가 있음에도 불구하고 인간의 필요에 의해서 존재하는 것이 시장경제이다. 이제껏 시장을 완전히 대체할 메커니즘을 찾지 못하고 있는 것이 현실이다. 물론 모든 것을 당사자 간의 합의만으로 해결하는 자유 시장에 맡기지 않는 것도 사실이다. 시장에 참여하고 있는 사람들의 의사를 무시하고 정부가 일방적으로 가격을 결정하는 것은 암시장과 같은 부작용을 반드시 낳게 되어 있다. 시장에서 결정된 가격은 성스러운 것이 아닌 만큼 절대 건드려서는 안 되는 것도 아니지만, 함부로 건드리면 부작용도 동시에 발생할 수밖에 없다는 사실을 인식해야 한다.

## 더불어 살아가는 세상은 어떤 곳인가?

"빨리 가려면 혼자 가라. 멀리 가려면 같이 가라If you want to go fast, go alone. If you want to go far, go together." 밀림과 사막으로 뒤덮인 아프리카의 속담이라서 더욱 가슴에 와닿는 말이다. 이 세상에 혼자서 살아갈 수 있는 독불장군이 없다는 것 정도는 누구든지 다 안다. 그런데 왜 우리는 그것을 실천하지 못하는 걸까? 상생협력하면 서로에게 도움이 되는 윈윈을 이룰 수 있다는 것을 알면서도 실천하지 못하는 것은 우리가 '죄수의 딜레마'에 빠져 있기 때문이다. 아니 더 정확하게 말하면 그렇다고 생각하기 때문이다. 내가 협력하는 데 상대방이 협력하지 않으면 나는 어떻게 되는가? 상대방이 협력할 때 나는 협력하지 않으면 더 큰 혜택을 볼 수 있는데 그 유혹을 왜 참아야 하는가? 더군다나 상대방이 협력하지 않은 타입의 인간으로 보이는 경우라면 더더욱 그렇지 않은가? 이러한 생각이 우리로 하여금 쉽사리 상생협력적 관계를 유지하는 비용을 지불하지 않으려는 경향을 부추긴다. 나는 왜 협력하며 더불어 살아야 하는가? 이 근본적 질문에 대한 답변은 쉽사리 구해지지 않는다.

- **마누엘 벨라스케즈, 한국기업윤리경영연구원 옮김, 《기업윤리》, 매일경제신문사, 2002.**

도덕 이론의 일반적 소개에서 출발해서, 기업이 현실에서 빠질 수 있는 윤리적 함정에 대한 자세한 소개를 사례별로 제시한다. 뇌물, 환경오염, 고용차별의 문제 등에 대한 구체적 사례를 통해서 윤리적 이론을 적용하고 있다.

- **톰 도날드슨, 류장선 옮김, 《기업윤리》, 서강대학교출판부, 2008.**

비즈니스 스쿨에서 기업윤리를 강의하고 있는 특이한 경력의 철학자가 쓴 책이다. 기업의 도덕적 지위에 대한 논의와 더불어서 기업이 져야 할 사회적 책임을 강조한다. 가령 종업원이 가지는 권리에 대한 옹호를 하고 있다.

- **박헌준 엮음, 《한국의 기업윤리》, 박영사, 2000.**

한국 기업들이 당면한 윤리적 문제의식을 다루고 있는 책이다. 철학자와 경영학 각 분야별 전문가들이 함께 쓴 책으로 한국 기업들에 대해 조망을 할 수 있다. 기업윤리를 잘 실천하고 있는 회사들에 대한 분석도 곁들이고 있다.

디지털윤리

# 온라인상의 익명성은 가능한가?

정원섭

## 사이버윤리의 의미

인터넷이라는 신기술 덕분에 우리는 새로운 윤리적 상황을 마주하고 있다. 역사상 인류는 무수히 많은 신기술을 창출해왔고, 그때마다 새로운 윤리적 상황에 직면하였다. 사실 신기술과 더불어 일견 새로운 것처럼 등장한 윤리적 문제 중 상당수는 기존 윤리규범이나 원칙을 적절히 응용함으로써 해결해왔다. 이런 점에서 그동안 신기술과 관련된 대부분의 윤리적 문제들은 응용윤리라는 시각에서 다루어졌다. 그렇다면 컴퓨터에 기반을 둔 인터넷, 특히 현재와 같은 비대면적 모바일 통신 상황에서 우리가 접하는 윤리적 문제들 역시 기존의 윤리규범들을 적절히 응용함으로써 해결할 수 있을까?

컴퓨터기술과 더불어 새롭게 등장한 것처럼 보이는 상당수의 윤리적 문제들 또한 기존 윤리규범들을 적절히 활용함으로써 모종의 해답을 찾을 수 있었다. 이 점은 적어도 1960년대 미국컴퓨터협회에서 컴퓨터 전문가들을 위한 윤리강령을 제정할 때까지만 해도 일반적인 인식이었다. 왜냐하면 이 윤리강령은 컴퓨터기술의 특성에 대한 근본적인 성찰에 기반을 둔 것이라기보다는 컴퓨터 전문가들의 윤리의식을 고양하여 컴퓨터기술의 오남용을 방지하는 것에 주목하였기 때문이다. 그러나 1969년 최초의 인터넷이라고 일컬어지는 아르파넷ARPANET이 등장하면서 이러한 인식에 균열이 발생하기 시작하였고,

소위 '컴퓨터 통신 시대'라고 일컬어지는 1980년대를 거쳐 1990년 월드와이드웹world wide web(이하 웹)과 더불어 인터넷 인구가 전 세계적으로 폭증하면서 기존의 윤리규범들로는 쉽게 해결할 수 없는 독특한 윤리문제들이 존재한다는 인식이 확장되고 있다.

일반적으로 신기술은 기존의 기술이 해오던 바를 기능적으로 더욱 효율적으로 수행할 것으로 기대된다. 이 점에서 신기술을 도입할 때 주요한 관심은 효율성에 있다. 즉 '얼마나 잘 그 일을 수행할 수 있는가'에 우선 주목한다. 그러나 신기술이 도입되어 사회 전체로 확산될 경우, 그 신기술은 기존에 미처 생각하지 못한 새로운 종류의 상황을 야기한다. 이때 우리의 주요 관심사는 애초의 효율성에서 그 기술이 초래한 변화 자체로 이동하게 된다. 왜냐하면 기존의 인간 활동을 단순히 대신해줄 것이라고 기대되던 기술이 사회 전반에 깊숙이 확산되면서 우리의 삶의 중요한 부분들을 구조적으로 변화시키고 전혀 새로운 사태를 일으키기 때문이다. 즉 기술의 도입 단계의 주요 관심사와 그 기술의 사회적 확산 단계 사이에는 중대한 차이가 있을 수 있는 것이다. 가령 산업혁명 초기에 도입된 증기엔진은 기존의 노동자들의 고된 노동을 효율적으로 대신해주었다. 그 결과 당시의 러다이트 운동Luddite에서 보듯이 증기기관이 기존 인간의 노동을 '얼마나 잘 대신하고 있는가'라는 질문을 넘어서 노동이란 '도대체 무엇인가'라는 질문을 하지 않을 수 없게 된다.

필자는 이 글에서 산업혁명이 이처럼 증기엔진이라는 신기술의 도입 단계와 사회적 확산 단계라는 두 과정을 거쳐 전개된 것과 마찬가지로 오늘날 흔히 말하는 정보통신기술의 혁명 역시 컴퓨터라는 신기술과 관련하여 '기술의 도입 단계'와 '사회적 확산 단계'라는 이중의 과정을 거쳐 진행되고 있다는 추정을 바탕으로, 디지털 환경에서 우리가 접하고 있는 윤리적 문제 상황의 특성을 살펴보고자 한다. 구체적으로 말하자면 이러하다. 베비지C. Babbage, 튜링A. Turing 등 컴퓨터기술의 도입 단계를 주도한 인물들의 주요 관심사는 기존에 인간이 해오던 복잡한 연산을 컴퓨터라는 기계를 통해 정확하고 효율적으로 수행하는 것이었다. 이와 달리 두 번째 단계, 즉 컴퓨터기술의 사회적 확산 단계는 인터넷이 본격적으로 대중화되는 1990년, 웹이 등장한 이후라고 할 수 있다. 웹의 등장으로 우리는 컴퓨터를 이용하여 단순히 기존의 활동을 더욱 효율적으로 수행하는 것을 넘어 사이버 금융거래나 재택근무의 확산에서 온라인게임이나 신종 디지털 상품의 등장에서 보듯이 기존의 활동 양상 자체가 근본적인 변화를 겪고 있기 때문이다.

이러한 변화는 대체로 '사이버cyber'라는 용어를 통해 다양한 모습으로 포착되고 있다. 물론 '사이버'라는 용어가 오늘날 다시 등장하게 된 것은 위너N. Wiener의 책《사이버네틱스Cybernetics》(M.I.T. Press, 1948)의 덕분이라고 할 수 있다. 그러나 지금처럼 광범위하게 사용되기 시작한 것은 앞서 말한 대로 1990년 월드와이드웹 등장 이후라고 할 것이다. 그동안 여러 학자들이 '사이버 공간cyber-space'이란 용어를 학문적으로 규정하고자 많은 노력을 기울였다. 가령 레인골드Howard Rheingold는 사이버 공간을 "지구 전체에 걸쳐 네트워크 되어 있는 컴퓨터에 의해 유지되고, 컴퓨터에 의해 접근 가능하며 또한 컴퓨터가 만들어내는 다차원적인 인공적 공간"(H. Rheingold, *The Virtual Community: Homesteading on the Electronic Frontier*, Addison-Wesley, 1993, p. 122)으로 규정한다. 그런가 하면 이봉재는 "인간과 정보가 함께 거주하며 만나는 공간"이자 "모든 사실들이 디지털 정보로 재구성되어 컴퓨터 통신망을 통해 자유로이 이동할 수 있는 공간"(이봉재, 〈경험의 양식으로서 가상현실〉, 철학연구회 편, 《정보사회의 철학적 진단》, 철학과현실사, 1999, 187쪽)이라고 규정하기도 하였다. 이러한 명료화 작업에도 불구하고 사이버라는 용어는 여전히 불명료하고 오해의 소지가 적지 않다. 그럼에도 이 글에서 필자는 컴퓨터기술 자체가 지닌 윤리적 의미와 통신수단으로서 인터넷이라는 매체가 지닌 윤리적 의미 양자 모두를 포괄하기 위해 '사이버윤리'라는 용어를 사용하고자 한다.

## 컴퓨터 및 인터넷의 특성: 비가시성과 네트워킹

인터넷을 통해 제공되는 사이버 환경은 다양한 편익을 제공하는 것뿐만 아니라 그만큼 역기능 역시 초래하는 바, 사이버윤리의 문제라고 할 때 우리는 우선 이러한 역기능에 주목하여 그 대책을 찾는 일에 관심을 두는 것처럼 보인다. 가령 한국인터넷진흥원에서는 우리나라 정보화 과정에 등장하는 대표적인 역기능을 여덟 가지로 제시하고 있다. 즉 개인 정보 및 프라이버시의 침해, 스팸 메일, 불건전 정보 유통, 컴퓨터 바이러스, 해킹(정보시스템 불법침입 및 파괴), 소프트웨어의 불법복제 및 지적 재산권 침해, 전자상거래 관련 피해, 정보의 격차 및 중독 등이다.

이러한 역기능들은 이와 관련된 법률, (기술적) 코드, 시장, 규범 등 크게 네 가지 방안을 통해 관리될 수 있을 것이다. 이런 관리 방안을 제시한 레식Lawrence Lessig의 주장은 이 네 가지를 적당히 상호 보완적으로 활용할 수 있는 것이 아니라, 법률과 코드 그리고 시장의 기제 밑바탕에는 규범적 가치가 존재한다는 데 그 핵심이 있다. 즉 인터넷과 관련된 법률은 사회의 규범적 가치를 반영하고 있으며 변화하는 규범적 가치도 적절히 반영할 수 있도록 개정되어야 한다는 것이다(L. Lessig, *Code and Other Laws of Cyberspace*, BasicBooks, 1999, pp. 85~99). 또한 가치중립적인 것처럼 보이는 기술, 즉 코드 역시 그 기술을 담당하고 있는 기술자들의 가치관을 암묵적으로 반영할 수밖에 없으며,

나아가 오로지 수요와 공급의 법칙이라는 탈가치적 경제 원리에 따라 작동되는 것처럼 보이는 시장 또한 근본적으로는 그 시대의 규범적 가치와 무관할 수 없다는 것이다. 결국 인터넷과 관련된 윤리적 문제들을 해결하는 궁극적 근거는 규범적 가치에 의존할 수밖에 없다고 하겠다.

이러한 인식은 이미 우리 사회에서 상당한 수준으로 공유되고 있을 뿐만 아니라 그에 따라 다양한 대처방안이 실제로 제시되고 있다. 가령 2013년 2월, 우리나라에서 인터넷 내용물 관리업무를 총괄하는 정부의 공식기구인 방송통신심의위원회는 1992년 설립된 정보통신윤리위원회에 뿌리를 두고 있다. 그러나 정보통신윤리위원회는 설립과 더불어 인터넷 내용물에 대한 적극적인 규제를 시도하면서 인터넷 이용자들로부터 격렬한 비난을 받았고, 2002년에는 이 위원회의 법률적 근거인 전기통신사업법 제53조가 헌법재판소로부터 위헌 판결을 받게 된다. 이러한 결과는 표면적으로는 해당 법률조항 자체의 불명료성에서 비롯한다. 하지만 더욱 근본적인 원인은 컴퓨터 및 인터넷기술이 야기하는 윤리적 상황에 대한 근본적 성찰보다는 기존의 법률 조항을 마치 윤리규범인 양 기계적으로 응용하여 특정 행위에 대한 보수적 금지 사항이나 도덕적 훈계들을 일방적으로 제시한 데 있다고 하는 편이 합당해 보인다. 그 결과, 인터넷윤리는 이에 대한 절실한 사회적 요청에도 불구하고 이를 실제로 준수해야 할 네티즌들이나 민간 사업체들로부터 조소 내지 회피의 대상으로 전락하고 있다.

2009년 우리나라의 주요 대형 포털 업체들을 중심으로 '한국인터넷자율정책기구(www.kiso.or.kr)'가 운영되고 있다. 이 기구는 "인터넷 사업자들이 이용자들의 표현의 자유를 신장하는 동시에 이용자들의 책임을 제고해 인터넷이 신뢰받는 정보소통의 장이 될 수 있도록 하고, 인터넷 사업자들이 이용자 보호에 최선의 노력을 기울이는 등

사회적 책무를 다하는”것을 목적으로 명시하고 있다. 그러나 인터넷 내용물 관리와 관련된 정부 정책에 맞서 거대 포털 사업자들의 이해관계를 대변한다는 의혹에서 자유롭지 못한 것으로 보인다.

그렇다면 인터넷 환경에서 등장하는 윤리적 문제들에 대해 어떻게 접근해야 할까? 인터넷과 관련된 모든 문제를 곧 사이버윤리의 문제라고 할 수는 없다. 휴대용 컴퓨터를 훔치는 것 자체는 빵집에서 빵을 훔친 것과 다름없는 절도일 뿐, 이를 두고 컴퓨터윤리 혹은 사이버윤리의 문제라고 할 수는 없다. 사이버윤리란 컴퓨터 혹은 인터넷의 고유한 특성에서 비롯하는 윤리적 문제들로 제한할 때 사이버윤리의 고유한 특성을 찾아볼 수 있을 것이다. 그렇다면 컴퓨터 및 인터넷은 왜 새로운 윤리문제를 제기하는가? 그리고 인터넷 때문에 제기되는 윤리적 문제들은 기존의 윤리적 문제들과는 어떻게 다른가? 필자는 컴퓨터기술이 지닌 비가시성과 인터넷이 기반을 두고 있는 개방적 네트워킹이 사이버윤리문제의 고유한 특성을 보여준다고 생각한다. 그리고 이 양자가 결부된 인터넷 사용 환경으로 인해 기존의 윤리들과는 구별된다는 의미에서 사이버윤리라고 일컬어질 다양한 윤리적 문제들이 새로이 등장한다.

## 비가시성, 악용 가능성 그리고 신뢰

인터넷이 근본적으로 컴퓨터기술에 바탕을 두고 있다는 점에서 먼저 컴퓨터기술의 특성을 살펴보자. 컴퓨터는 다양한 연산을 그야말로 순식간에 해치우지만 그 연산과정은 결코 눈에 보이지 않는다. 바로 이 때문에 컴퓨터는 기존에 등장한 다른 신기술과 달리 초기에는 특히 이 분야 전문가들에 의해 다양한 방식으로 악용되었다.

그 대표적인 사건은 1960년대 뱅크오브아메리카<sup>Bank of America</sup>의

금융 전산화 과정에서 발생하였다. 이자를 계산할 때 일정 단위에서 반올림이 아니라 내림으로 처리하면 낙전들이 발생하게 되는데, 한 프로그래머가 이 낙전들을 모두 자신의 계좌로 옮겨 놓은 것이었다. 이것은 컴퓨터 연산의 비가시성을 의도적으로 악용한 명백한 절도이지만, 개인 고객의 입장에서 보자면 눈치를 챌 수 없을 정도로 적은 돈이었고 은행의 입장에서는 어차피 지불되어야 할 금액이었기 때문에 새로운 전산 시스템으로 교체하기 위해 기존 전산 시스템에 대한 전반적인 점검을 하기 전까지는 오랜 기간 전혀 드러나지 않았다. 뿐만 아니라 전산 시스템을 점검하는 과정에서 장기 휴면계좌들의 잔금을 고객 몰래 제삼자의 계좌로 이체한 사실까지 드러나면서 컴퓨터 전문가에 의한 의도적인 기술 악용의 위험성에 대한 경각심은 더욱 높아졌다. 그 결과, 이러한 경각심은 컴퓨터 전문가 전체에 대한 사회적 불신으로 이어졌고, 결국 미국컴퓨터협회에서는 스스로 컴퓨터 전문가들을 위한 윤리강령을 제정하기에 이르렀다.

　　한편 'SABRE'라는 미국 항공기 예약 프로그램의 경우에는 컴퓨터가 지닌 비가시성과 관련하여 앞의 사례와는 조금 다른 성격의 윤리적 문제가 등장하였다. 공교롭게도 이 예약 시스템이 운영되고 일정 기간이 지난 후 도산한 브랜티프항공사Brantiff Airline는 이 예약 프로그램이 아메리칸항공사American Airline의 항공편을 먼저 보여주도록 설계되었고 그로 인해 자신들이 결국 도산하게 되었다고 주장하였다. 이 주장에 따라 두 항공사의 항공편이 온라인상에서 제시되는 방식을 검토한 결과, 브랜티프항공사의 주장이 부분적으로 설득력이 있다는 것이 확인되었다. 왜냐하면 비슷한 조건의 경우 예약에서 언제나 아메리칸항공사의 항공편이 브랜티프항공사의 항공편보다 우선적으로 제시되었고, 때로는 브랜티프항공사의 여정이 더 편리한 경우에도 아메리칸항공사의 항공편이 먼저 제시되기도 하였기 때문이다. 하지만 이

예약 시스템을 개발한 프로그래머들은 이러한 편향성은 알파벳 순서
상의 문제일 뿐, 프로그램 개발 당시 자신들의 의도와는 전혀 상관없
는 결과라고 주장하였다. 이것은 우리가 중립적으로 정보를 제공할 것
이라 간주하는 소프트웨어 프로그램이 사회적·문화적 요인으로 인
해 의도하지 않은 편파적인 결과를 낳을 수도 있다는 점을 보여준다.
특히 현실보다 더 생생하게 우리 눈앞에 구현되는 다양한 시뮬레이션
은, 만일 그 최초의 입력과정에서 적절히 관리되지 않는다면, '오도된
생생함'에 불과할 수 있다는 점에서 디지털 기술의 중립성에 대한 의
혹을 피할 수 없게 된다.

　　나아가 컴퓨터기술이 지닌 비가시성은 그 연산과정 자체에 대한
신뢰의 위기를 낳을 수 있다. 소위 '사색문제four color problem', 즉 네 가
지 색만으로 지도상의 인접한 지역을 모두 다르게 표시할 수 있는가
에 대한 문제는 수학자들을 한 세기 이상 괴롭혀온 문제였다. 그런데
1976년 일리노이대학 연구자들은 사색문제를 다양한 방식의 컴퓨터
연산을 통해 입증하였다고 주장하였다. 그런데 전통적인 증명 방식과
비교했을 때 이 증명에서 흥미로운 점은 그 증명 자체가 비가시적이었
다는 점이다. 비록 이 증명의 일반적인 구조 및 연산과정의 일부분은
확인되었지만, 연산과정이 너무나 복잡하여 전체를 확인하는 것은 불
가능하였기 때문이다.

　　그렇다면 이 증명은 신뢰할 만한 것인가? 컴퓨터 연산과정이 지
닌 비가시성이라는 특성은 단순히 컴퓨터 전문가들에 의한 의도적 악
용 가능성의 문제를 넘어 컴퓨터 연산과정 자체에 대한 신뢰에 의문
을 제기한다. 물론 비가시적 연산과정의 결과를 가시적인 방식으로,
즉 아날로그적인 방식으로 확인해볼 수도 있을 것이다. 그러나 문제는
'사색문제'처럼 이런 확인을 근본적으로 불가능하게 하는 상황에서는
컴퓨터 연산에 대한 신뢰 역시 컴퓨터기술 자체를 통해 구할 수밖에

없다는 점이다. 가령 귀류법이나 무리수를 이용하여 그 연산과정을 간접적으로는 확인할 수 있을 것이다. 그렇기 때문에 프로그래머들이 최선의 노력을 기울여 수많은 검증과정을 거쳤다 하더라도 그 검증은 근본적으로 간접적일 수밖에 없거나 아직까지도 미처 발견하지 못한 소위 '버그bug'가 치명적인 결과를 초래할 수도 있다. 이 점에서 컴퓨터 기술에 기반을 두고 있는 정보사회는 울리히 벡Ulich Beck이 말하는 것처럼 근본적으로 '위험사회'라고 할 수 있을 것이다.

### 개방적 네트워킹: 자율성

인터넷이란, 아주 간단히 말한다면 컴퓨터와 컴퓨터를 연결시키는 방식이라고 할 수 있을 것이다. 네트워킹에 대한 최초의 기록은 미국 국방성 산하 고등학술연구처DARPA의 컴퓨터 연구 프로그램 초대 책임자였던 MIT의 릭라이더J. C. R. Licklider가 1962년 8월, '은하수 네트워크Galactic Network'에 대해 작성한 일련의 메모이다. 이 메모의 핵심 아이디어는 세계 도처에 있는 컴퓨터를 하나로 연결하여 누구든지 어디에서나 데이터와 프로그램에 접근할 수 있도록 하자는 것이었으며, 이런 착상은 칸Robert E. Kahn의 '개방적 구조의 네트워킹open architecture networking'이란 아이디어로 구체화된다.

이들이 생각한 개방적 네트워크란, 첫째 개별 네트워크들이 고유한 특성을 유지하면서 관련 네트워크 자체의 내부 변화 없이 인터넷으로 연결되며, 둘째 가장 중요한 문제인 정보의 통신에서 송신할 정보가 최종 수신지에 정상적으로 도착되었는지 여부를 확인할 수 있어야 하며(전달되지 못한 정보는 그 즉시 반송되어야 한다), 셋째 네트워크를 서로 연결하기 위해 블랙박스를 사용하지만 그 블랙박스 자체는 특정 정보에 대한 편향성을 지니지 않도록 설계되어야 하며, 따라서 넷째 네트워크 전체에 대한 광역 제어global control가 일체 없어야 한다는 것이다. 즉 개방적 구조란 개별 네트워크를 통제할 수 있는 중앙 통제장치가 존재하지 않는 탈집중화된 구조이다. 이러한 개방적 구조를 바탕으로 전 세계에 존재하는 컴퓨터들은 단일한 주소 체계 안으로 포섭되어 언제 어디서나 다 대 다多對多의 통신을 가능하도록 한다.

최초의 네트워킹에서 이런 개방적 구조를 택하게 된 것은 우선 기술적 이유 때문이었다. 이미 독자적으로 구축된 다양한 시스템의 체계를 그대로 존중하지 않을 경우, 기존 시스템들은 새롭게 구성된 네트워크에 접속할 수 없을 것이며 그러면 네트워킹을 구현할 수 없기 때문이다. 개방적 구조를 택한 또 한 가지 이유는 정보 소통의 안정성 때문이었다. 중앙집중적 망구조에 비해 다양한 우회로를 확보하고자 하는 탈집중화된 개방적 구조는 상대적으로 많은 비용이 들지만 훨씬 안정적으로 정보를 소통할 수 있었기 때문이다. 기술적인 이유에서 채택된 이러한 개방적인 인터넷 망구조는 결과적으로 인터넷에 대한 중앙집중적 통제를 사실상 불가능하게 하면서 정보 소통과정에서 외부 권력의 간섭을 무력화한다. 이것은 인터넷 환경에서는 물리적 강제력을 이용하여 타율적으로 강제하는 것이 근본적으로 약화되었음을 의미한다. 그 결과 인터넷은 모든 사람이 정보의 발신자이면서 동시에 수신자인 쌍방향의 자율적 통신매체가 된다.

그러나 웹의 등장과 더불어 인터넷상에 정보가 폭증하면서 자율적 통신매체로서 인터넷은 일대 위기를 겪는 것처럼 보인다. 물론 웹은 '개방적 네트워킹'이라는 칸Robert E. Kahn의 발상에 충실하면서도 컴퓨터 및 인터넷에 대한 전문지식이 없는 일반인들도 인터넷을 쉽게 활용할 수 있는 길을 제시함으로써 인터넷의 폭발적인 대중화에 결정적 기여를 한다. 특히 윈도라는 사용 환경은 그래픽을 통해 쉬운 인터페이스를 제공하며 키보드로 명령어를 입력하는 대신 간단한 마우스

조작만으로도 거의 모든 일을 처리할 수 있도록 하였다. 뿐만 아니라 컴퓨터기술 자체가 지닌 논리적 변용성logical malleability이라는 특성은 그림, 음성, 텍스트 등 기존 아날로그적 형태에서는 영역을 전혀 달리 하던 정보를 단일화시킨다. 디지털화의 과정을 거치며 여러 정보들은 독자적인 존재방식을 뒤로한 채 모두 '0'과 '1'이라는 전기적으로 동일 한 단위로 환원되며 미디어들 사이의 경계가 허물어진다. 더욱이 디지 털화된 정보는 가공, 저장, 전송, 편집, 수정의 과정에서 아날로그 정보 와 비교할 수 없을 정도의 용이함을 제공한다. 이제 사이버 공간은 말 그대로 '정보의 바다'가 된다. '인터넷에는 없는 것이 없다.'

## 통신 3분할 이론

바로 이 때문에 이른바 음란물로 대표되는 '건전하지 않은' 내용 물indecent contents이 문제가 된다. 근대 이후 자유주의세계에서는 무엇 보다도 사상과 양심의 자유를 강조하였으며 이를 실질적으로 뒷받침 하기 위해 표현의 자유를 보장하고자 하였다. 그러나 이러한 표현의 자유는 기본적으로 서적이나 잡지 등 인쇄매체를 근간으로 옹호되었 지만, 라디오나 텔레비전 등 공중파가 등장하면서 오히려 축소되는 경 향을 보여주고 있다. 그렇다면 인터넷에서 표현의 자유는 어떤 방향으 로 나아가야 하는가?

이 문제에 대한 해결 방향은 인터넷이 근본적으로 어떤 성격의 매체인가에 따라 달라진다. 만일 인터넷이 인쇄매체에 가까운 것이 라면 표현의 자유가 적극 보장되어야 하겠지만, 공중파 방송에 가깝 다면 표현의 자유는 축소되어야 할 것이다. 이와 관련하여 1990년대 말 미국 법조계에서는 흥미로운 논쟁이 전개되었다. 1996년 1차 통신 예절법Communication Decency Act I이 통과되자 미국시민권연합American Civil

Liberty Union에서는 이 법률이 표현의 자유를 과도하게 침해한다는 이유를 내세워 위헌 판결을 이끌었고, 1998년 이를 수정한 2차 통신예절법Communication Decency Act II 역시 위헌 판결을 받았다. 그 근거 중 하나는 소위 통신 3분할 이론에 기초하여 볼 때 인터넷은 인쇄매체에 가까우며 따라서 표현의 자유가 더욱 존중되어야 한다는 취지였다(황승흠, 〈인터넷 표현의 자유: 미국 통신품위법 위헌 판결을 중심으로〉,《민주헌정과 국가 정보화》, 한국공법학회, 1998).

통신 3분할 이론이란 통신수단들을 크게 3분하여 그 각각의 특성에 따라 법률적 규제 원칙을 달리하려는 것이다. 흔히 우편 사업으로 일컬어지는 편지나 소포 등 개인 대 개인 사이의 통신매체들이 있다. 이러한 통신수단의 경우 가장 우선하는 가치는 통신과정에서 사적 자율성, 즉 사생활을 보장하는 것이다. 반면 서적이나 잡지, 신문의 경우 그 독자들이 적극적인 노력을 거쳐야만 그 내용물에 접근할 수 있다는 점을 들어 표현의 자유를 강조한다. 이와 달리 라디오나 텔레비전과 같은 공중파 방송의 경우, 전파가 지닌 침투성으로 인해 원하지도 않는 소위 불건전한 정보들이 소비자들에게 '우발적으로by accident' 전달될 수 있다는 점에서 사전 심의를 통해 표현의 자유를 제한하는 것이 일반적으로 수용되고 있다.

미 연방법원에서는 1998년 인터넷의 매체적 특성에 대한 판단을 하면서 인터넷 이용자들이 인터넷상의 내용물들을 찾기 위해서는 텔레비전 리모트 컨트롤러를 움직이는 것에 비해 훨씬 적극적인 노력을 기울여야 한다는 점을 들어 인터넷은 라디오나 텔레비전과 같은 공중파 방송보다는 인쇄매체와 유사한 성격을 지닌다고 판단하였다. 뿐만 아니라 소위 '건전성decency'에 대한 판단 기준이 미국의 경우 주州별로 다를 수 있기 때문에 미국 연방 전체에 공통 기준을 마련하기 힘들다는 이유를 추가하였다. 즉 동일한 내용물이 어떤 주에는 '건전한' 것으로, 어떤 주에서는 '불건전한' 것으로 간주될 경우, "같은 것은 같게 다른 것은 다르게" 대우해야 한다는 형식적 원칙을 훼손하게 된다는 것이다.

그러나 이 판결은 인터넷이 인쇄매체와 근본적으로 다른 한 가지 특성을 충분히 고려하지 못한 것으로 보인다. 정상적으로 유통되고 있는 인쇄매체들의 경우 신문이나 잡지는 말할 것도 없거니와 도서의 경우에도 시장구조 내에서 유통되고 있기 때문에 설령 정부에서 어떤 통제를 가하지 않더라도 발행인 혹은 편집인은 시장 원리가 지닌 통제 기능으로부터 자유로울 수 없다. 즉 '사상의 시장market of ideas'에서 소비자인 독자의 자율적 선택을 통해 표현의 자유를 간접적으로 관리하려는 것이다. 특히 18~19세기만 하더라도 상당한 출판 비용으로 인해 발행인 혹은 편집인은 그 출판물 시장에서의 성공에 대해 민감할 수밖에 없었으며, 따라서 어떤 내용물이건 시장 진입 자체가 이들에 의해서 직간접적으로 통제될 수밖에 없었다. 정부는 가령 학자들에 대해 표현의 자유를 허용하면서도 출판인들의 경제적 이해관계를 이용해 이를 간접으로 그러나 실질적으로 통제할 수 있었다. 이런 점을 고려해볼 때 인쇄매체에서 통용되던 표현의 자유를 옹호하는 논리가 인터넷이라는 매체에 그대로 적용될 수는 없다.

### 익명성과 비대면성

인터넷은 '시간과 공간이라는 제약을 넘어서는 비대면적 통신매체'라 할 수 있다. 대면적 의사소통의 경우 대화 당사자들은 그 대화의 직접적 목적과는 상관없는 환경적 요인들 때문에 자신들의 의지와는 달리 논점이 흐려지거나 일탈되는 등 효율적 의사소통에 장애를 받을 수 있다. 가령 얼굴 표정 때문에 엉뚱한 정보가 함께 전달되거나 최초 발신정보가 왜곡될 수도 있다. 반면 비대면적 통신매체들을 이용할 경우, 발신자는 자신이 원하는 정보만을 전달할 수 있는 길이 상당히 열린다.

인터넷이 통신매체로서 다른 매체에 비해 갖는 매우 중요한 매력은 정보 전달과정에서 과거 어쩔 수 없이 발생하던 '잡음'을 거의 완벽하게 제거할 수 있게 됨으로써 발신자의 의도에 매우 충실할 수 있다는 점이다. 그 결과 인터넷에서 발신자가 자신이 의도한 정보만 선별적으로 보여줄 수 있는 가능성이 점점 높아진다. 역설적으로 비대면적 인터넷 환경에서는 (논리적 모순을 범하지 않는 한) 자신의 뜻에 따라 얼마든지 편집하고 조작된 정보를 제공할 수 있다. 그리하여 인터넷 환경에 등장하는 개인들은 자신들의 열망에 따라 자신의 정보를 선별하여 표현하는 '편집된 존재', 즉 '뽀샵된 존재'이다. 이 때문에 온라인 환경에서는 자신의 정체성과 관련된 다양한 사칭들이 비일비재하게 등장하며 결국 정보의 신뢰적인 문제가 다시 대두된다.

인터넷상의 정보 소통과정이 지닌 이런 비대면성은 많은 경우 익명성이라는 시각에서 논의되었다. 그리고 이 익명성은 디지털 환경에서 윤리적 문제가 등장하게 되는 가장 큰 원인으로 간주되고 있다. 가령 비실명으로 등록된 ID를 통해 악성 바이러스나 근거 없는 악의적 소문을 생산·유포한 후 그 ID를 삭제할 경우, 거의 완전범죄가 가능한 것처럼 보인다. 그러나 사이버 공간은 일체의 증거를 남기지 않은 채 완전범죄가 가능한 공간이 결코 아니다. 패킷 전환방식 기술에 기반을 두고 있는 인터넷을 통해 오고가는 모든 정보에는 발신지와 수신지가 표시되며(IP 주소), 그 과정이 모두 기록되고 있기 때문에 설령 다양한 우회로를 경유한다 할지라도 근본적으로는 최초의 발신자를 추적 가능하다. 바로 그렇기 때문에 인터넷은 '기게스의 반지'라기보다는 거대한 '원형감옥'에 더 가깝다.

‘기게스의 반지’에 대해 플라톤은《국가》에서 다음과 같이 소개하고 있다. 리디아의 기게스라는 목동이 우연히 어떤 반지를 얻게 되었는데 이 반지를 낀 사람은 투명인간처럼 다른 사람의 눈에 보이지 않게 되었다고 한다. 인터넷 환경의 특징을 ‘익명성’으로 규정할 경우, 인터넷에서는 기게스의 반지를 낀 것처럼 다른 사람 몰래 어떤 일이든 할 수 있다는 느낌을 주게 된다. 그 결과 인터넷에서의 행위는 아무 증거도 남기지 않을 것이라는 오해를 낳게 되고 결국 이런 오해는 비윤리적 행동을 더욱 많이 유발할 수 있다.

이와는 달리 인터넷은 지구 전체를 ‘솔기 없는 하나a seamless whole’로 연결하고 있다는 점에서 국가의 공권력을 무력화할 수 있기 때문에 소위 ‘확신의 문제assurance problem’가 새롭게 부각된다. 확신의 문제란 약속 상대자가 그 약속을 이행할 것이라는 점을 어떻게 신뢰할 수 있는가이다. 이를테면 낯선 외국의 전자 상거래 사이트에 신용카드번호를 거리낌 없이 입력하지 못하는 것은 바로 ‘확신의 문제’가 걸려 있기 때문이다. 이런 이유 때문에 웹이 등장한 이후 사이버 아나키스트들의 맹렬한 기세 속에서도 일반 시민에서 국제기구에 이르기까지 다양한 층위의 행위 주체들 간 ‘협치governance’가 지속적으로 중요한 의제가 될 수밖에 없는 것이다.

여기서 우리는 법률과 도덕의 근본적인 구분에 대한 칸트의 통찰에 주목할 필요가 있다. 법률과 도덕은 동일한 명령을 우리에게 가할 수 있다. 그 규범적 명령의 내용만으로 볼 때 이 양자 사이의 차이점은 없을 수도 있다. 그러나 법률은 외적 강제에 호소한다는 점에서 타율성에 의존하여 그 규범을 강제하려 하지만, 도덕은 이성에 기초하여 자율성을 통해 그 규범을 행위자가 내면화할 것을 요구한다.

물론 법률은 윤리적 요구사항을 기능적으로 강제할 수는 있다. 이런 의미에서 법률은 윤리의 최소치라고 할 수 있을 것이다. 그러나 법률의 정당성은 근본적으로 자율적인 윤리적 성찰에서 그 원천을 구해야 한다. 인터넷 환경에서 윤리적 문제들에 대한 해결책을 고민하는 많은 사람들은 인터넷이 지닌 범세계적 특성으로 인해 지역적 한계를 지닌 법률적 강제가 무기력해지고 있다는 점을 들어 인터넷 환경에서 윤리적 문제에 대한 즉각적인 해결책을 구할 수 없다는 점을 비통해 하고 있다. 그러나 인터넷 환경에서 법률이라는 타율적 강제 장치가 무기력해지고 있다는 사실은 윤리적 문제들에 대한 자율적 해결의 필요성을 역설한다는 점에서 오늘날 인터넷은 우리에게 진정한 윤리적 성찰의 필요성을 웅변하면서 윤리규범에 대한 자율적 내면화를 위한 천재일우의 기회를 제공한다고 할 것이다.

- **리차드 스피넬로, 노병철 외 옮김, 《사이버윤리》, 인간사랑, 2001.**

이 책은 표현의 자유, 지적 재산권, 프라이버시, 그리고 보안 등 디지털 환경에서 중요하게 부각되고 있는 중요한 주제들을 해당 판례들을 제시하면서 명료하게 다루고 있다. 그러나 이 책의 더 큰 장점은 이러한 세부 주제들을 다루기 위한 이론적인 선결 작업을 제시한 점이며, 이것은 1장과 2장에 논의된다.

- **로렌스 레식, 이주명 옮김, 《자유문화》, 필맥, 2005.**

부제가 말해주듯 이 책은 디지털 환경에서 지적재산권의 문제를 창의성과 혁신이라는 시각에서 접근한다. '커먼스', '콘트라스트', '컨트롤'이라는 세 가지 키워드를 통해 창의성과 혁신의 의미에 대해 접근하고자 한다. 나아가 인터넷에서의 공유재의 의미에 대해 성찰할 기회를 제공한다.

- **드보라 G. 존슨, 추병완 옮김, 《컴퓨터 윤리학》, 한울아카테미, 1997.**

이 책은 컴퓨터 전문가가 지녀야 할 윤리, 프로그램의 기능 불량에 대한 법적 책임, 컴퓨터와 프라이버시, 컴퓨터와 권력, 컴퓨터 프로그램 소유권 등의 문제를 윤리적 시각에서 조명했다. 이 책이 지닌 큰 장점은 매우 간결 명료하게 핵심 주제들을 정리하고 있다는 점이다.

- **김주환 외, 《디지털시대와 인간 존엄성》, 나남출판, 2001.**

유네스코한국위원회에서 '정보사회성찰' 시리즈물로 기획한 첫 책이다. 이 책에는 인터넷에 대한 정부의 규제를 거부하는 대표적인 사이버 아나키스트인 바를로우뿐만 아니라 개인의 프라이버시 보호를 위해서는 정부의 규제가 필요하다는 입장까지 다양한 입장들이 망라되어 있다.

지구촌윤리

# 난민을 어떻게 대우해야 하는가?

목광수

세계화라는 시대적 흐름 속에서 물자와 상품 등의 이동은 비교적 자유롭지만, 사람의 이동은 여전히 자유롭지 않다. 이러한 현실에 대한 반성이, 자유로운 이주를 옹호하는 자유주의 진영과 주권국가the sovereign state의 가치를 중시하는 공동체주의 진영의 논쟁으로 나타나고 있다. 양 진영의 논쟁이 평행선을 달리고 있음에도 불구하고, 표면적으로는 이주 논의 가운데 난민 논의는 사안의 시급성과 인도주의적 관심으로 인해 공감대를 어느 정도 형성하고 있다. 세계인권선언을 시작으로 국제사회에서 난민의 권리를 인권 차원에서 보장하려는 시도가 계속되고 있지만, 현실적으로는 난민의 권리가 주권국가 중심적 사고로 인해 제약되고 있다. 이 글은 '난민을 어떻게 대우해야 하는가?'라는 문제의식 아래, 난민의 권리를 둘러싼 이러한 이론적 긴장과 갈등을 고찰하고 이에 대한 해결 방향성을 모색하고자 한다.

## 지구촌윤리에서의 난민 논의

베스트팔렌조약The Peace of Westphalia(1648)은 독일의 30년 전쟁, 그리고 스페인과 네덜란드 사이에 벌어진 80년 전쟁을 종결시킨 조약이다. 근대 외교 조약의 효시로 간주되는 베스트팔렌조약은, 유럽에서 로마 가톨릭 교회와 신성로마제국의 지배적 역할을 실질적으로 붕괴시켰을 뿐만 아니라, 주권국가 개념에 기반을 둔 새로운 정치질서 체계를 확립하는 계기를 마련하였다. 베스트팔렌조약 이후, 국제사회에서 주권국가가 절대적이라는 사고는 현실 정치의 실질적 패러다임이었을 뿐만 아니라, 학문적 사고의 토대가 되었다. 많은 학자들이 윤리적 규범을 고려하거나 정치공동체의 정의justice를 모색할 때 그 토대는 단일사회인 '국가'였다는 점이, 이를 보여준다. 이러한 베스트팔렌 패러다임은 국제사회에서 도덕이나 윤리는 논의될 수 없다는 현실주의realism를 유행시켰다. 현실주의는 상위 권력체가 존재하지 않는 자연상태state of nature에서는 정의나 부정의가 존재하지 않는다는 홉스의 논리에 기반을 두는데, 공통 규범으로 국가 행위를 통제할 세계 정부가 존재하지 않는 국제사회는 홉스의 자연 상태와 동일하다고 볼 수 있기 때문이다.

20세기 후반 들어 절정에 이른 세계화의 흐름으로 인해, 베스트팔렌 패러다임에 입각한 주권국가 중심적 사고는 실효성과 규범적 타당성이 의심스러워졌다. 상품, 자본과 금융, 노동 등이 자유 시장을 형성해가는 전 지구적 경제환경이 이루어졌고, 정보, 통신, 기술 등의 발달로 인해 국가들 사이의 관계가 긴밀해졌으며, 국제사회에는 다국적기업이나 국제기구와 같은 국가 이외의 다양한 행위 주체들이 등장하였기 때문이다. 이러한 세계화의 흐름 속에서 야기되는 윤리적 문제들은 개별 국가 단위의 사고를 넘어서는 새로운 것들이었다. 예를 들어, 한 국가에서의 화학연료 과다 소비가 지구온난화를 야기하여 다른 국가의 자연재해로 나타나기도 하고, 생산의 이익과 손해가 국가 사이에 야기되어 전 지구적 불평등이 생기기도 한다. 또한 오늘날 다른 국가에서 일어나는 심각한 윤리적 문제는 외면할 수 없는 사안이 되었다. 예를 들어, 2008년도 기준에 따르면 세계 인구의 5분의 1이 넘는 14억 명이 구매력 1.25달러 미만으로 하루를 살아가는 절대 빈곤에 시달리고 있는데, 이러한 현실이 부유한 나라의 국민들에게 대중매체를 통해 바로 옆의 소식처럼 생생하게 전달되기 때문이다. 이러한 절대 빈곤, 경제적 불평등, 지구온난화 등의 윤리적 문제들 앞에서 더 이상 국제사회에는 윤리가 존재하지 않는다는 현실주의의 주장은 타당성을 확보하기 어렵게 되었다. 이러한 윤리적 문제들의 해결책을 모색하기 위해 20세기 후반부에 등장한 실천윤리학의 영역이 지구촌윤리global ethics이다.

비교적 최근의 실천윤리학적 논의인 지구촌윤리의 주제들 가운데 이미 18세기에 철학적 논의가 시작될 정도로 인류의 핵심문제이지만, 동시에 난제이기도 한 주제가 난민refugee 논의이다. 난민 논의는 세계화에서의 이주migration와 시민권citizenship 논의의 한 유형으로 칸트의 《영구평화론》(1795)에서도 논의가 되었다. 또한 제2차 세계대전 이후 국제사회에서 가장 영향력 있는 규범 체계인 인권 체계International Human Rights Regime에서도 이민에 대한 논의, 특히 난민에 대한 논의가 다루어지고 있다. 1948년 제정된 '세계인권선언Universal Declaration of Human Rights'은 이주의 권리를 설정하고 있으며, 이에 대한 후속 조치로 제시된 1951년의 '난민의 지위에 관한 협약Convention relating to the Status of Refugees'(이하 '난민 협약')은 이주 자유권의 특수 형태인 난민에 대해 구체적인 논의를 담고 있다. 그러나 이러한 역사적 관심에도 불구하고, 난민을 포함한 이민immigration 논의는 학문 영역에서 활발하게 이루어지지 못했다. 이민 논의가 지구촌윤리의 핵심문제인 자유주의적 보편주의 윤리와 공동체주의적 특수주의 윤리 사이의 갈등, 이론적 정당성과 현실적 실현 가능성 사이의 긴장 등을 첨예하게 보여주는 주제이기 때문이다.

난민 논의는 이민과 관련된 많은 논의들 가운데 시급한 주제로 간주되기에 이론적 논란이 적어 보이지만, 실제로는 이민 논의를 둘러싼 논쟁을 그대로 갖고 있다는 점에서, 지구촌윤리에서의 난민 논의는 이민 논의로부터 시작할 필요가 있다. 이민 논의는 1980년대와 1990년대에 서구사회에서 활발하게 진행된 자유주의와 공동체주의 사이의 시민권 논의와 긴밀하게 관련된다. 왜냐하면 시민권은 개인주의적 권리와 자격entitlement이라는 자유주의적 개념과 연결되어 있을 뿐만 아니라, 공동체의 성원권membership이라는 공동체주의적 개념과도 연결되어 있기 때문이다.

## 자유주의에서의 이민 논의

이민에 대한 대표적인 철학 논문인 〈이방인과 시민: 국경 개방을 옹호하는 논거Aliens and Citizens: The Case for Open Borders〉(1987)에서 조셉 카렌스Joseph Carens는 자유주의 이론들이 이민 논의에 대해 우호적인 입장을 견지할 것이라고 주장한다. 이를 정당화하기 위해 카렌스는 현대 정치철학의 대표적인 이론이면서도 서로 상이한 입장을 제시하는 로버트 노직Robert Nozick의 자유지상주의libertarianism, 롤스의 자유주의적 평등주의liberal egalitarianism, 벤담 등의 공리주의를 이민 논의와 관련해서 검토한다. 분배정의, 공동체와 개인의 관계 등의 개별 주제에 대해서 첨예하게 대립하는 세 가지 이론은, 개인들의 평등한 도덕적 가치the equal moral worth of individuals를 전제할 뿐만 아니라 공동체보다는 개인의 우선성을 전제하고 있다는 점에서, 자유주의라는 공통분모를 가지고 있다.

노직의 자유지상주의는 개인의 자유권, 특히 소유권을 중시한다. 외국인 이민 제한 논의는 소유권 이론 가운데 집단적 또는 국가적 소유권에 의해 지지될 수 있다. 그러나 이러한 소유권 논의는 개인의 소유권을 옹호하는 자유지상주의와 상충한다. 자유지상주의가 지향하는 최소 국가는 자연 상태에서 개인들이 이미 향유하고 있는 권리를 강화하는 것을 제외한 어떤 행위를 할 권리가 없을 뿐만 아니라, 국가는 시민권 여부와 관계없이 해당 영토에 거주하는 모든 개인들을 보호해야 하기 때문이다. 예를 들어, 노직의 최소 국가 논의에서 한 개인이 외국의 노동자를 이주시켜 노동자로 삼고자 한다면, 국가는 이를 방해할 수 없다. 또한 외국인이 자국민의 소유권을 침해하지만 않는다면 외국인의 입국을 거부할 이유가 노직의 논의에서는 발견되지 않는다. 그렇지만 이러한 해석이, 노직의 자유지상주의가 외국인의 이민을 적극적으로 옹호하는 논의라고 주장하는 것은 아니다. 노직의 입장은 국가적 차원의 이민 거부에 대해서는 분명하게 반대하지만, 여전히 개인적 차원에서의 외국인 이민 거부는 인정할 수 있기 때문이다.

롤스의 자유주의적 평등주의는 노직의 논의보다 외국인 이민 허용에 더 우호적일 것이다. 롤스에게 출생지나 어떤 국적의 부모를 만나는 것 등의 자연적 우연성natural contingency은 도덕적으로 정당화될 수 없는 자의적 요소로 정의를 위해 극복되어야 할 대상이기 때문이다. 롤스는 이러한 자연적 우연성과 사회적 우연성을 제거하여 계약의 정당성을 확보하기 위한 장치로 '무지의 베일veil of ignorance'을 제시한다. 공평성을 훼손할 수 있는 자신에 대한 특수한 지식을 배제하는 무지의 베일 아래서의 계약 논의는 경제적 이익을 위해 기본 자유를 감소시키는 것을 금지할 것이며, 자유권에 대한 옹호를 보장하는 방향으로 이루어진다. 롤스의 논의는 이주의 자유를 기본 자유로 간주하기 때문에 전 지구적 상황에서 외국인 이민 제한을 반대하는 입장을 취할 것이다. 그러나 롤스의 논의가 외국인 이민을 무제한적으로 허용하는 것은 아니다. 왜냐하면 롤스의 논의에서 자유권은 무제한적인 것이 아니라 또 다른 자유에 의해서는 제한이 가능하기 때문이다. 이러한 입장에서 보면, 외국인 이민 허용이 공적 질서와 안전을 위협하여 개인의 자유를 침해할 정도가 된다는 합리적인 예상이 가능할 때는 외국인 이민이 제한될 수 있다. 그러나 전 지구적 차원에서 최소수혜자the least advantaged에게 경제적 이익이 주어지는 분배정의, 즉 차등원칙difference principle이 이루어질 때 그리고 자유주의적 민주주의 가치를 공유하고 있을 때, 이민 희망자가 많지 않을 것이기 때문에 그러한 예상은 확률이 높지 않을 것이다. 따라서 정의의 원칙이 작동하는 롤스의 논의에서 외국인 이민 제한은 거의 없을 것으로 예상된다.

공리주의는 어떤 행위가 더 많은 공리utility를 산출하는지의 여부에 따라 도덕적 판단을 내린다. 이러한 입장에서 외국인 이민 허용 여부는 다양한 변수들로 인해 다양한 해석이 가능하다. 이민 논의와 관련된 공리가 경제적 이익을 의미하는지, 아니면 쾌락을 의미하는지, 아니면 행복을 의미하는지 등에 따라 다양한 논의가 가능하며, 이와 관련된 사람들을 어떻게 설정하는가에 따라 다양한 논의가 가능하기 때문이다. 그러나 공리주의가 어떻게 논의를 구성하더라도 현재의 외국인 이민 제한의 현실보다는 덜 엄격할 것으로 보인다. 만약 공리를 경제적 이익으로 규정한다면, 이민 제한을 옹호하는 논의가 공리주의에 의해 지지될 것으로 예상될 수도 있다. 외국인 이민 수용이 시민들의 경제적 이익을 감소시킬 수 있기 때문이다. 그러나 이러한 공리주의에서도 관련자 모두의 공리를 고려해야 한다는 공리주의의 원칙에 충실한 입장을 취한다면, 자국민의 이익뿐만 아니라 외국인 이민 희망자의 이익도 고려해야 하기 때문에 공리주의적 계산에서 외국인 이민 제한에 덜 엄격할 것이다. 더 나아가, 일부 공리주의자들은 전 세계의 자원 불균형과 빈곤문제를 해결할 수 있는 방법은, 사람들이 그들의 복지와 행복을 증진시킬 수 있는 곳으로 이동하는 외국인 이민이며, 그것이 장기적으로 가장 효율적이라고 주장한다.

## 공동체주의에서의 이민 논의

개인들의 평등한 도덕적 가치를 전제하는 자유주의 논의는 현재의 자국민과 이민을 희망하는 개인들 사이의 근본적인 구분을 이론적으로 설정하기 어렵기 때문에 외국인 이민 제한 자체를 반대하거나, 이민 제한을 수용하더라도 현실보다는 덜 엄격할 것이다. 이러한 보편주의적 자유주의 입장에 반하여, 공동체주의는 공동체의 특수성particularity에 주목하여 외국인 이민 제한을 옹호한다. 자유주의에서와는 달리, 공동체주의에서의 개인은 특정 공동체의 역사, 전통, 문화, 언어 등을 통해 정체성이 구성된다고 규정되며, 공동체주의는 이러한 정체성을 보존하기 위해 공동체의 성원권을 중시하기 때문이다. 대표적인 공동체주의자인 마이클 왈쩌는 《정의와 다원적 평등Spheres of Justice》(1983)에서 사회 구성원이 되는 조건을 규제하는 능력, 즉 입국을 허가하거나 거부하는 규정을 정하는 능력은 공동체 독립의 핵심이라고 주장한다. 그렇지 않으면 "서로에게 특별히 헌신하고 공동의 삶에 특별한 의미를 부여하는 사람들이 모여 지속되며 역사적으로 안정된 '덕성 있는 공동체'는 존재할 수 없"기 때문이다(《정의와 다원적 평등》, p. 62: 국역본, 120쪽).

왈쩌의 논의에 따르면, 이러한 공동체의 역사적이고 문화적인 특수성을 토대로 공동체는 자기 결정권the right of communities to self-determination을 갖게 된다. 왈쩌는 "개인들이 자신의 덕성을 계발하는 것과 마찬가지로 정치공동체의 구성원들은 자신들의 자유를 추구해야 한다. 개인이 외부의 힘에 의해 자신의 덕성을 기를 수 없는 것과 마찬가지로 정치공동체의 구성원들은 외부의 힘에 의해서 자유로워질 수 없다"는 개인과 정치공동체 사이의 유비를 통해 외부 사회의 간섭을 반대한다(Walzer, *Just and Unjust War*, Basic Books, 1977, pp. 87~88). 왈쩌는 이러한 자기 결정권에 입각해서 외국인 이민 제한을 옹호한다.

왜냐하면 자유로운 이주는 해당 공동체를 붕괴시키거나 파괴할 우려가 있기 때문이다. 외국인 이민을 허용하면 가난한 이민자들로 인해 사회 복지 부담이 커지기 때문에, 기존 시민들의 윤택함은 줄어들 뿐만 아니라, 해당 공동체의 시민이 누려야 할 특혜 내지 보호가 훼손될 수 있다. 또한 저임금으로도 얼마든지 일할 이민자들이 몰려오면 자국의 노동자들이 당장 일자리를 잃게 될 우려가 있다. 자유로운 외국인 이민 허용은 또한 이질적인 문화와 언어, 종교, 관습 등을 갖고 있는 이민자들로 인해 해당 공동체의 문화적 통합성이나 정체성이 훼손되어, 그 사회의 강한 연대성이 상실될 우려가 있다. 이러한 우려들로 인해, 공동체주의에서는 외국인 이민 제한을 옹호하는 입장을 취한다.

### 난민과 칸트의 환대권

자유주의는 보편주의 윤리를 토대로 이민에 우호적인 반면에, 공동체주의는 특수주의 윤리를 토대로 이민에 비우호적이다. 개인을 보편적이고 추상적인 존재로 보는 입장과 개인을 특수적이고 공동체적인 존재로 보는 입장 사이의 근본적인 차이로 인해 이민에 대한 양 진영의 논쟁은 평행선을 달리고 있다. 그런데 난민 논의는 이민 논의 가운데 비교적 논란의 여지가 적은 것으로 보인다. 외국인 이민 제한에 대해 공동체의 자기 결정권을 중시하는 공동체주의에서도 난민의 경우는 그 인원이 소수이고 절망적인 상태에 있다는 근거 아래, 인도주의적 차원에서 난민의 이주를 허용할 것으로 전망되기 때문이다(《정의와 다원적 평등》, p. 51; 국역본, 104쪽). 심지어 왈쩌는 "일부 난민들에 대해서는 우리 국가의 동료 구성원들에 대한 의무와 동일한 의무를 가져야 한다"라고 주장하기까지 한다(《정의와 다원적 평등》, p. 49; 국역본, 100쪽). 그러나 자유주의와 공동체주의 진영의 난민 수용에 대한 입장이 동일함에도 불구하고, 그 근거가 상이하기 때문에 수면 아래에서는 여전히 이론적 갈등이 존재한다. 만약 난민의 수가 공동체의 정체성에 영향을 줄 만큼 늘어나거나 난민의 상태에 대해 다른 해석을 내리게 되면, 공동체주의자들은 난민 제한을 옹호할 것이기 때문이다. 이러한 갈등은 난민의 권리를 국가 주권을 넘어서는 인권으로 볼 것인지의 문제에서 세계주의적 시민권을 옹호하는 자유주의와 국가 주권의 시민권을 옹호하는 공동체주의 사이의 긴장으로 나타난다.

칸트는 《영구평화론》에서 난민의 권리가 갖고 있는 이러한 긴장을 그대로 인정하고 있다. 칸트는 난민의 권리에 대해 보편적 환대의 조건에 한정되어야 한다고 지적하면서, 자연적, 역사적 환경으로 말미암아 자국에 찾아온 이방인을 환대하는 것은 사교적 덕목이나 친절 등의 인류애로 이해되어서는 안 되고 모든 인류가 가져야 할 권리로 간주되어야 한다고 주장한다. 예를 들어 종교전쟁의 피해자, 해적이나 난파선의 피해자들에게 임시 체류를 거부하고, 또한 그런 거부가 그들의 파멸을 초래할 수 있다면, 이것은 정당화할 수 없다고 칸트는 주장한다.

환대란 다른 나라의 땅에 도착한 이방인이 적으로 간주되지 않을 권리를 뜻한다. 이방인을 파멸에 처하게 하지 않는 한에서 그를 받아들이지 않을 수도 있을 것이다. 그러나 그가 평화적으로 머물러 있는 한, 그를 적대적으로 대할 이유가 없다. 그가 주장할 수 있는 권리는 영영 머물고자 하는 영주권이 아니라, 모든 사람들이 가져야 하는 일시적인 방문권 내지 교제권이다. (자국민들과 동일한 권리를 일정한 기간 동안 이방인에게도 부여하는 영주권이 성립하기 위해서는 선의에 기초한 특별한 계약이 필요하다) 지구가 둥글기 때문에 사람들은 영원히 서로 떨어져 살 수 없고 결국 서로의 존재를 인정하지 않을 수 없다. 그리고 이로 인해 모든 사람이 지구 표면에 대한 공동 소유권을 갖게 되며, 이방인은 방문권을 갖게 된다. (임마누엘 칸트, 이한구 옮김,《영구평화론》, 서광사, 2008, 38~39쪽, 번역 수정)

칸트는 이방인들에게 잠시 체류할 수 있을 권리인 빙문권 내지 교제권, 즉 환대권을 부여하지만, 이러한 권리는 자국민이 누리는 거주권 또는 영주권, 즉 시민권과는 구분된다. 칸트가 보기에 시민권은 도덕적인 면에서나 법적인 면에서 타자에게 마땅히 부여되어야 하는 것 이상으로 자국민들의 특별한 동의에 의해 주어지는 것이다. 이러한 의미에서 칸트의 환대권은 인권과 시민권 사이의 공간, 즉 인격에 기초한 인간의 권리와 특정한 정치공동체의 구성원이 갖는 권리 사이에 위치한다. 칸트의 정식화는 진정으로 피난처를 찾는 사람들에 대한 국가의 도덕적 의무와 자국의 복지와 이익을 지켜야 하는 의무 사이의 절충을 모색하고 있을 뿐만 아니라 또한 이를 정당화하고자 한다. 그러나 체류 거부로 인해 난민의 생명과 신체가 위험에 처할 매우 명백한 경우를 제외하고는 타자의 도덕적 요청과 합법적 자기 이익 사이의 우선순위는 모호하다. 이런 점에서 칸트의 임시 체류권으로 나타나는 환대권은 불완전한 도덕적 의무를 우리에게 부여한다. 즉 환대권은 예외를 허용할 뿐만 아니라, 자기보존을 위한 합법적 이유로 무시될 수 있다는 점에서 조건적이다. 타인에게 피난처를 제공하는 것이 자신의 보존을 위태롭게 할 수 있을 경우, 이것은 의무가 될 수 없다. 그렇지만 어디까지 자기보존을 위한 합법적 이유로 받아들여질 수 있는지는 논쟁거리다. 우리의 문화적 풍습이 훼손될 수 있다는 이유로 피난처를 찾는 다른 문화권의 사람들을 외면하는 것, 현재의 풍요로운 생활수준이 조금 하락될 수 있다는 이유로 절대 빈곤을 피해 피난처를 찾는 가난한 사람들을 외면하는 것 등이 정당화될 수 있을지는 논란의 여지가 있다. 이런 이유로 자크 데리다Jacques Derrida는 칸트의 환대는 진정한 환대가 아니라고 비판한다. 환대는 어원상 무조건적이어야 하는데, 칸트의 환대는 자신의 조건을 고려해서 이루어지는 현실적인 응대에 불과하기 때문이다(Jacques Derrida, *On Cosmopolitanism and Forgiveness*, Routledge, 2001, pp. 1~24). 더욱이 칸트의 조건적 환대권은 뒤에서 논의될 것처럼, 난민에 대한 인권 침해로 악용될 수 있다는 문제점이 있다.

## 아렌트의 권리를 가질 권리와 난민

칸트는 난민의 권리인 환대권을 세계주의적 시민권인 인권과 국가 주권적 시민권 사이에 위치시킨다. 칸트의 논의는 모든 사람들에게 임시 체류를 허용해야 한다는 보편주의적 도덕 명령과 이런 임시 체류에 성원권 자격까지 인정해주지 않아도 되는 공화적 주권의 법적 권한을 모두 만족시키려는 시도이다. 그러나 한나 아렌트Hannah Arendt는 인권과 시민권 사이의 내적 연관성에 주목하여 앞에 기술한 칸트의 시도가 갖는 문제를 지적한다. 아렌트는《전체주의의 기원The Origins of Totalitarianism》(1951; 국역본은 박미애, 이진우 옮김, 한길사, 2006)에서 난민과 같은 무국적자의 등장에 주목하면서, 이들은 단지 시민권을 빼앗기는 데 그치지 않고, '권리를 가질 권리right to have a right', 즉 인권을 박탈당한 사람들이라고 주장한다.

자신이 출생한 공동체에 속하는 것이 더 이상 당연한 일이 되지 못하며, 그러한 공동체에 속하지 않는 것이 더 이상 선택에 의해 이루어지지 않는 상황이 벌어질 때, 그리고 죄를 지은 경우가 아님에도 불구하고 그가 한 것과 하지 않은 것에 따라 대우받지 못하는 상황이 야기될 때, 자유와 정의보다 더 근본적이라 할 수 있는 시민권이 위기에 처하게 된다. 이런 상황이, 사람들이 인권을 박탈당하는 더 할 수 없는 극한 상황이다. 사람들은 자유의 권리를 빼앗긴 것이 아니라 활동의 권리까지를 박탈당하는 것이며, 자유롭게 생각할 수 있는 권리를 빼앗기는 것이 아니라 생각 자체의 권리를 박탈당하는 것이다. (…) 전 세계적으로 발생한 새로운 정치 상황으로 인해, 수백만 명의 사람들이 권리를 가진 권리(이것은 누구든지 자신의 행위와 견해에 따라 처우 받는 체계에서 살아감을 뜻한다), 그리고 특정 공동체에 속할 권리를 잃게 되었고 그렇게 상실한 권리들을 더 이상 되찾을 수 없을 것만 같게 되었을 바로 그 때, 우리는 비로소 이러한 권리들이 있음을 깨닫게 되었다. (한나 아렌트,《전체주의의 기원》, pp. 296~297; 국역본, 532~533쪽, 번역 수정)

'권리를 가질 권리'라는 표현에서 전자의 권리는 특정한 법률적 시민적 공동체를 전제하는 반면, 후자는 누구든 일정한 인간 집단의 구성원으로 속해 있다는 인류공동체를 전제한다. 인권은 개인에게 시민사회의 한 구성원이 될 수 있는 자격을 부여하며, 이로 인해 개인은 사법적인 정치공동체인 국가의 시민권 자격을 갖게 된다. 칸트의 논의에서 난민이 향유하는 환대권이 시민권과 구분되는 것과 달리, 아렌트는 난민들이 시민권을 가져야만 인권을 향유할 수 있다고 주장한다. "인간 그 자체라는 가정된 존재에 근거하는 인권 개념은, 그것을 믿는다고 공언한 사람들이 여전히 인간이라는 사실만 제외하고 모든 다른 특성과 특정한 관계들을 실제로 잃어버린 사람들을 만나는 순간 파괴된다"(《전체주의의 기원》, p. 299;국역본, 537쪽, 번역 수정)라는 구절에서 볼 수 있는 것처럼, 아렌트에게 있어서 권리는 정치적 제도 속에 구체적으로 구현되지 않고 정치적 제도에 의해 보호받지 못한다면 공허하고 무의미하다. 이러한 입장에서 아렌트는 세계주의적 시민권을 담보할 수 있는 전 지구적 정치공동체를 상상하는 대신에 현실적 정치공동체인 주권국가를 통한 정치적 해결책을 모색한다. 칸트와 마찬가지로 전 지구적 정치의 가능성을 과소평가하는 아렌트는, 세계정부가 정치의 공간을 파괴하며 개인들이 공통의 공론장을 지켜나갈 수 없게 할 것이라고 우려하였기 때문이다.

> 우리의 정치적 삶은 제도를 통해 평등을 달성할 수 있다는 가정 아래 이루어진다. 즉 우리는 평등한 사람들끼리 모여, 그리고 오직 그런 평등한 사람들로 이루어져 공동의 세계를 만들고 변화시키며 또한 그 공동의 세계 속에서 행위하며 살아갈 수 있는 것이다. (…) 우리는 평등하게 태어나지 않았다. 우리가 평등하게 되는 것은, 우리 모두의 평등한 권리를 상호 보증하고자 하는 우리의 강력한 결단 아래 만들어진 한 집단의 구성원이 됨으로써이다. (한나 아렌트, 《전체주의의 기원》, p. 301; 국역본, 540쪽, 번역 수정)

난민의 인권을 위한 아렌트의 정치적 해결책은 결국 주권국가의 필요성을 옹호하는 입장으로 회귀한다. 자신 스스로 무국적자로서의 난민의 삶을 경험하고 자신과 같은 민족인 유태인들이 경험한 홀로코스트의 비극을 목도하면서 아렌트는 권리를 가질 권리, 즉 인권을 보장하기 위한 국가의 존재를 필수적으로 보았을 것이다. 그러나 구체적 방안 없이 주권국가를 통한 정치적 해결책을 모색하는 아렌트의 방식은, 다시 공동체주의적 특수주의 윤리와 자유주의적 보편주의 윤리의 긴장으로 돌아가는 것에 불과하다. 이러한 긴장에서는 난민과 같은 이방인에 대한 배제가 나타날 수 있다. 다른 조건이 없다면, 공동체주의 논의에서 본 것처럼 주권국가 옹호는 일정한 배제를 통한 내부적 결속을 확립하려고 하기 때문이다.

## 인권 체계에서의 난민 논의

아렌트는 시민권과 인권 사이의 내적 긴밀성을 분석하여 칸트의 환대권의 한계를 지적하였지만, 구체적인 방안 없이 인권을 보장할 수 있는 정치체계로 주권국가를 제시하면서 칸트의 한계를 벗어나지 못하고 있다. 아렌트의 권리를 가질 권리 논의가 난민과 같은 이방인에 대한 배제 없이 이루어지기 위해서는, 아렌트나 칸트가 우려했던 것처럼 세계정부로 가지 않아야 할 뿐만 아니라, 현실적인 국가의 존재를 인정하면서도 난민의 인권을 보호할 수 있는 새로운 상상력이 필요하다. 즉 개별 국가가 난민의 인권을 보장할 수 있게 하는 전 지구적 체계를 구축하는 것이 필요하다. 이러한 상상력은 제2차 세계대전 이래 몇 가지 제도적인 정비가 이루어지면서 확립된 인권 체계International Human Right Regime에서 조금씩 구현되고 있다. 오노라 오닐Onora O'Neill이 지적하는 것처럼 세계인권선언의 구체적인 내용은 여전히 국가 중심적 체계라는 한계를 갖고 있음에도 불구하고, 세계인권선언으로 확립된 인권 체계는 보편주의의 정신을 담지하고 있다는 점에서 국가 주권 중심적인 사고를 넘어설 동력을 인권 체계 스스로 갖고 있기 때문이다(O'Neill, Onora, "Global Justice: Whose Obligations?", In Deen K. Chatterjee (Ed.), *The Ethics of Assistance*, Cambridge University Press, 2004, pp. 242~259). 1948년 세계인권선언의 제14조를 통해 망명권이 보편적 인권으로 간주된 이후, 유엔은 1949년 국제난민기구를 설치하였고, 1949년 유엔 총회는 이를 실행할 유엔 난민고등판무관UN High Commissioner for Refugees을 설치하기로 결의하였다. 또한 난민과 무국적자를 보호하기 위한 일반적인 국제조약의 체결을 적극적으로 추진하였고, 그 결과가 바로 '난민 협약'(1951)과 '난민에 관한 의정서 the Protocol Relating to the Status of Refugees'(1966, 이하 '난민 의정서')이다. 난민에 대한 인권 체계의 근간을 이루는 세계인권선언의 14조는 다음과 같다.

> 14조 1항: 모든 사람은 박해를 피해 다른 나라에 가서 피난처asylum를 구할 권리와 그것을 누릴 권리가 있다.
> 14조 2항: 그러나 이 권리는 순수하게 비정치적 범죄로써 제기된 법적 소추, 또는 유엔의 목적과 원칙에 위배되는 행위로써 제기된 법적 소추의 사례에는 적용되지 않는다.

세계인권선언 14조는 정치적 성격의 박해일 경우 다른 나라에서 피난처를 구할 권리가 있다고 규정한다. 난민 협약에 따르면 난민이란 "1951년 1월 1일 이전에 발생한 사건의 결과로, 그리고 인종, 종교, 국적, 특정한 사회 집단의 구성원 또는 정치적 의견을 이유로 박해를 받고 있다는 충분한 근거가 있는 공포로 인해 국적국country of his nationality 바깥에 거주하고 있는 자로서 국적국의 보호를 받을 수 없거나 그와 같은 공포로 인해 국적국의 보호를 받기 원하지 않는 자 또는 이전에 상주하던 국가 바깥에 거주하고 있는 무국적자로서 그 국가로 돌아갈 수 없거나 그와 같은 공포로 인해 그 국가로 돌아가기 원하지 않는 자"(제1조 제A항 제2호)를 의미한다. 이후 의결된 난민 의정서는 난민 협약에서 정의하는 난민의 개념에서 "1951년 1월 1일 이전에 발생한 사건의 결과로서"라는 문구를 삭제함으로써, 시간적 제한 없이 나머지 요건에 해당된다면 난민 지위를 확보할 수 있는 계기를 마련하였다. 이러한 논의를 종합해볼 때 난민은 첫째 인종, 종교, 국적, 특정사회집단 구성원, 정치적 의견을 이유로(박해 사유), 둘째 박해를 받고 있다는 공포감fear을 가지고 있으며(주관적 심리적 요건), 셋째 그러한 공포감에 충분한 근거well-founded가 존재해야 한다(객관적, 상황적 요건) 등의 조건을 만족해야만 한다.

제2차 세계대전이라는 역사적 배경 아래 제정된 난민 협약은 난민 개념을 정치적 박해라는 협소한 개념으로 한정하고 있다. 이로 인해 난민 협약에 따르면, 경제적 사유로 인한 경제 난민(예를 들면 빈곤), 환경(자연재해) 난민, 전쟁난민과 같은 인도적 난민 등의 새로운 형태의 난민들이 외면된다. 그러나 이러한 새로운 유형의 난민들은 정치적 박해 사유보다 더 절망적이고 시급한 경우들일 수 있다. 예를 들어, 1991년 통계에 따르면 지구 전체 육지의 4분의 1인 36억 헥타르의 땅에 사막화가 진행되고 있으며, 매년 약 600만 헥타르의 땅이 사막으로 변해가고 있다(장 지글러 지음, 유영미 옮김,《왜 세계의 절반은 굶주리는가?》, 갈라파고스, 2007, 107~109쪽). 이러한 환경 재앙으로 인해 자신의 경작지를 상실한 사람들, 삶의 터전을 상실한 사람들이 환경 난민이라고 명명되며, 2004년 기준으로 볼 때 이들이 대략 2억 명에 이를 것으로 추산된다(Bell, Derek R., "Environmental Refugees: What Rights? Which Duties?", *Res Publica* 10, 2004, pp. 135~152). 난민 협약은 두 번의 세계대전을 경험한 유럽인들의 관점에서 정의되었지만, 실제로 난민 협약의 정신을 따라가 보면 난민은 박해의 희생자뿐만 아니라 많은 사안들의 피해자를 포함할 수밖에 없다. 이런 의미에서 아프리카 연합 기구the Organization of African Unity는 난민을 "외부적인 침략, 점령, 외국의 지배, 심각하게 자신의 본국의 공적 질서를 부분적이건 전체적이든 교란하는 사건들 때문에 자신의 본국 이외의 지역으로 피난처를 좇아 자신의 거주지를 떠날 수밖에 없는 사람"으로 규정한다(OAU Convention Governing the Specific Aspects of Refugee Problems in Africa, adopted 10 Sep. 1969). 이 정의에 따르면 1951년 난민 협약에 의해서는 배제되었던 사람들, 예를 들면 내전을 피해 피난처를 찾는 보스니아 인들이나 정치·경제적 이유로 자국을 떠난 탈북자와 같은 새로운 난민 유형들이 난민으로 포함될 수 있다. 이러한 난민 개념에 대한 확장에 대한 국제사회에서의 공감대로 인해 1990년대 들어서는 성적인 이유로 박해받는 사람들이 난민으로 인정되는 사례도 생겨나고 있으며, 논란이 많았던 탈북자들도 난민의 지위를 확보하는 경우들이 발생하고 있다. 2012년 미국의 소리VOA 방송이 유엔 난민고등판무관 통계를 인용한 발표에 따르면, 전 세계에 난민 자격으로 살아가는 탈북자가 2011년 기준으로 1,052명에 이른다. 이러한 난민 개념의 확대는 인권 체계 아래 보편주의적 요구인 인권 정신이 구현되어가는 흐름을 보여준다.

이러한 인권 정신의 구현 흐름과 달리, 난민의 권리를 인권으로 간주하려는 새로운 상상력의 시도가 충분히 발현되지 못하는 현실 또한 존재한다. 새로운 상상력을 뒷받침하는 제도적 장치가 이루어지지 못한 현실 속에서, 국가 주권의 옹호 논리 아래 세계인권선언이나 난민 협약 등의 정신은 문구 자체에 대한 자의적 해석이나 왜곡을 통해 희석되고 있다. 이로 인해 나타나는 오늘날 인권 체계에서의 난민에 대한 인권 침해는 난민 입국 자체 봉쇄, 난민 수용소의 장기간 체류, 난민 지위에 대한 까다로운 절차 등이 있다. 난민 희망자는 이주하고자 하는 국가 밖에서는 신청할 수 없다는 규정을 토대로 난민 희망자의 상륙 자체를 봉쇄하거나 거부한다. 예를 들어, 유럽 국가들은 아프리카로부터의 이민 희망자들이 자국에 들어오지 못하도록 봉쇄하는 정책을 시행하곤 하는데, 데이비드 밀러David Miller는 유럽으로의 이주를 희망하는 사람들이 겪는 비극을 다음과 같이 묘사한다. "밤 동안에 (…) 필사적으로 이주를 희망하는 수백 명이 사다리를 이용해 (북아프리카와 스페인 사이의) 바다에 설치해놓은 울타리를 넘으려고 시도했다. 몇몇은 해안 경비대의 총에 맞아 죽었고, 더 많은 사람들은 울타리에 설치한 철조망에 손이 찢기거나 사지가 잘려나갔다."(David Miller, *National Responsibility and Global Justice*, Oxford University Press, 2008, p. 2) 비슷한 맥락에서, 2001년 오스트레일리아 정부는 노르웨이 선박에 의해 구조된 난민들을 오스트레일리아에 상륙하지 못하게 하여 난민 지위를 확보하지 못하게 했다. 설령 난민 신청 자체의 봉쇄를 벗어나 신청을 했다고 하더라도 난민의 지위를 확보하기는 쉽지 않다. 난민의 보호가 필요할 경우에만 일시적으로 이주의 권리를 제한할 현실적인 필요로 설치되었던 난민 수용소가 난민의 지위를 확보하지 못한 사람들의 장기간 거주지로 악용되고 있다. 이러한 현실은 칸트의 환대권이 주권국가의 이익 옹호를 위해 악용된 사례로 볼 수 있다. 난민의 입국은 허락하지만 난민을 장기간 수용소에 체류시키는 방식은 난민의 이동권 등의 권리를 제한하는 인권 침해에 해당한다. 더욱이 전 세계적으로 경제 상황이 악화되면서 난민 자격심사도 점점 까다로워지고 난민 신청자를 범죄자 취급하는 분위기도 나타나고 있다. 예를 들어, 난민 자격심사에서 독일 법정은 공포감에 대한 객관적 요건을 강하게 해석하여 고문의 두려움을 피해 망명을 요구한 터키인들과 관련해서 박해의 공포를 주장할 만큼 충분한 근거가 되지 않는다고 선언했다(Chandran Kukathas, "Immigration" in Hugh LaFollette (Ed.), *The Oxford Handbook of Practical Ethics*, Oxford University Press, 2003, pp. 567~590). 왜냐하면 터키에선 고문이 정치범들에게만 가해지는 것이 아니라 모든 죄수들에게 일반적으로 가해지는 것이기 때문이다.


## 난민의 인권 실현을 위한 국제적 공조 체계

난민 개념이 확장되어가는 추세는 국제사회에서 인권으로서의 난민의 권리에 대한 그 정신이 올바르게 구현되어가는 측면을 보여준다. 그러나 개별 국가의 현실 정치에서 이러한 정신이 왜곡되고 제한되는 것은 인권 정신을 구현할 제도적 장치가 부재한 현실 속에서 칸트의 환대권이나 아렌트의 권리를 가질 권리 논의가 갖는 한계가 나타나는 사례들로 볼 수 있다. 유엔난민기구의 통계에 따르면, 세계 난민의 숫자는 매년 1,000만 명 안팎이며 주로 이라크, 아프가니스탄, 소말리아, 수단, 팔레스타인 등에서 발생하고 난민을 비호하여 체류시키는 주요 국가로는 파키스탄, 시리아, 이란, 독일, 요르단 등이 있다. 전체 난민의 40% 가까이를 차지하는 이라크 난민과 아프가니스탄 난민의 경우에 전자는 대부분 시리아와 요르단에, 후자는 거의 파키스탄과 이란에 체류하고 있지만, 미국이나 유럽 국가들처럼 부유한 국가들은 난민 인정 비율을 자국 이민 허가의 10% 안팎으로 설정하여 제한하고 있다. 대부분의 난민들이 내전이나 환경재해를 겪고 있는 주변 국가들, 특히 부유하지 못한 국가들에 체류하고 있지만 시민권의 인정으로까지 이루어지는 비율은 현저하게 낮다. 이러한 현실은 난민 수용에 있어서 개별 국가들 사이의 차이가 극심하며, 이로 인해 난민의 인권이 침해되고 있음을 보여준다.

　공동체주의의 이민 논의에서 보았던 것처럼, 많은 난민을 수용하는 것은 개별 국가의 현실적인 부담이기 때문에 난민의 인권을 보장하기 위해서, 즉 난민에게 시민권을 보장하기 위해서는 국제사회의 공조를 제도화할 필요가 있다. 예를 들면, 개별 국가에 일정 숫자의 난민을 할당하는 방식이나 비용을 부담하는 방식이 필요하다. 즉 난민 문제에 대해 인권 정신에 따라 전 세계가 공동의 문제로 인식하고 협력하는 것이 필요하다. 이러한 국제적 공조 체계는 아렌트의 한계를 넘어 인권 체계가 구현되는 방식에 도움을 줄 것으로 기대한다. 주권 국가가 사라지거나 세계가 단일 정부를 구성할 것이라는 비현실적인 전망이 아닌, 주권국가에 대한 인정 아래 난민의 인권이 보장되는 방식은 인권 체계라는 보편주의적 정신이 이미 확립되어 자체의 동력을 갖고 있는 현실에서 국제사회의 공조 체계라는 제도적 뒷받침을 통해서 일 것이다.

공동체주의적 특수주의 윤리와 자유주의적 보편주의 윤리 사이의 긴장, 즉 국가 주권과 난민의 인권 사이의 긴장은 국가 주권 체계가 지속되는 한 쉽게 해소되기 어렵다. 국가 주권 체계가 지속되는 현실 속에서, 난민문제에 대한 근본적 해결책은 환경오염 방지, 전 세계 분쟁의 평화적 해결, 모든 국가의 민주화, 절대 빈곤 해소 등을 통한 난민의 발생 자체를 막는 것일 것이다. 그러나 이러한 근본적 해결책이 이루어지기 전에는 인권 체계의 보편주의적 정신을 구현할 제도적 장치인 난민의 인권 실현을 위한 국제적 공조 체계를 통해 난민문제에 접근하는 것이 현실주의적 유토피아를 향한 하나의 모색이 될 것이다.

● 조효제, 《인권을 찾아서》, 한울, 2011.

이 책은 《인권의 문법》(후마니타스, 2007)을 통해 인권의 다양한 논의를 소개한 조효제 선생이 '인권이란 무엇인가?'라는 질문에 답하기 위해 쓴 개설서이다. 이 책은 현대 인권론의 가장 핵심적인 위치를 차지하는 1948년 세계인권선언을 소개하면서 인권의 철학적 토대와 배경을 알기 쉽게 설명하고 있다.

● 세일라 벤하비브, 이상훈 옮김, 《타자의 권리》, 철학과현실사, 2006.

이 책은 세계화 시대의 난제인 성원권과 시민권 문제에 대한 철학적 논의를 잘 소개하고 있으며, 세계시민주의와 국가주의를 모두 비판하면서 제3의 길로 민주적 반추democratic iteration를 통한 시민권 확장을 난제의 해결책으로 제시하고 있다.

● 윌 킴리카, 장동진 외 옮김, 《현대정치철학의 이해》, 동명사, 2005.

이 책에는 본 글에서 논의된 자유주의, 공동체주의, 공리주의 등의 윤리 이론이나 정치철학적 논의들을 대부분 담고 있으며, 킴리카 특유의 명료한 설명으로 이를 쉽게 설명하고 있다.

● 임마누엘 칸트, 이한구 옮김, 《영구평화론》, 서광사, 2008.

칸트는 이 책에서 자신의 평화론을 역사철학, 도덕철학 및 정치철학적인 관점에서 학문적으로 논의하며, 영원한 평화의 가능성을 이론적으로 논증하고 있다. 칸트의 환대권의 한계를 지적한 데리다의 《사해동포주의와 용서에 대하여On Cosmopolitanism and Forgiveness》(Routledge, 2001)와 칸트의 《영구평화론》을 함께 읽으면, 칸트 환대권이 도덕철학과 정치철학 사이의 긴장을 이해하는 데 도움이 될 것이다.

● 한나 아렌트, 이진우·박미애 옮김, 《전체주의의 기원 1·2》, 한길사, 2005.

이 책의 1권 9장 〈국민국가의 몰락과 인권의 종말〉은 당시의 제국주의와 무국적자에 대한 분석을 토대로 권리를 가질 권리에 대해 심도 깊은 논의를 전개하고 있다. 아렌트가 21세기의 가장 성가신 문제라고 지적했던 것 중의 하나인 무국적성 문제는 다른 책들에서도 논의되고 있는데, 이러한 논의들은 리차드 번스타인의 《한나 아렌트와 유대인문제》(김선욱 옮김, 아모르문디, 2008)의 3장 〈무국적 상태와 권리를 가질 권리〉에서 볼 수 있다.

전쟁윤리

# 도덕적으로 올바른 전쟁은 가능한가?

이민수

전쟁의 역사는 인류의 역사와 더불어 시작되었다. 실로 전쟁만큼 인간의 역사에 크게 영향을 끼쳐온 것은 없다고 해도 과언이 아니다. 역사를 보다 나은 세계를 향한 발전의 관점에서 본다면 전쟁은 역사의 발전과 퇴보에 있어서 크고 작은 획을 무수히 그려왔다. 아직도 지구상 어느 곳에서는 전쟁이 진행되고 있으며, 역사의 한 축을 떠받들고 있다. 인류의 역사에서 전쟁을 뺀다면 결코 올바른 역사가 아닐 것이다. 그만큼 전쟁이 역사에서 차지하는 비중은 크다고 하겠다.

하지만 전쟁은 그것이 진행되는 과정에서 많은 사람을 죽음으로 내몬다. 일단 전쟁이 시작되면 무수히 많은 사람들의 소중한 생명이 하루살이나 파리의 그것처럼 사라진다. 전쟁을 일으키는 정치지도자들이건, 직접 전투에 참여하는 군인이건 그 사실을 잘 안다. 평화 시에는 인간의 권리와 존엄성을 그토록 신성하게 다루면서도 정작 전시가 되면, 인권과 존엄성은 상황에 따라 파리처럼 무시되기도 한다. 직접 전투에 참여했던 사람들은 물론이요, 전쟁의 역사를 통해 간접 경험을 한 사람들도 모두 그 사실을 너무나 잘 알고 있다. 신으로부터 신성성을 부여받았다는 만물의 영장인 인간의 권리와 존엄성이 하찮은 미물에 불과한 곤충과 동일시되는 현실, 그것이 전쟁인 것이다.

그럼에도 불구하고 전쟁은 끊이지 않고 있다. 도대체 전쟁의 본질은 무엇이기에 소중한 인간의 목숨을 담보로 하면서까지 지속되고 있는 것일까? 동시에 전쟁의 본질이 어떻건, 전쟁 중이더라도 고귀한 인간의 생명이 하루살이처럼 하찮은 것으로 취급되는 게 정당한 일인가?

이 글에서 다루어질 주제들은 이와 같은 의문점에서 출발한다. 그 가운데 하나는 전쟁의 본질로서 전쟁의 필요성, 혹은 불가피성에 관한 것이고, 다른 하나는 전쟁의 또 다른 본질로서 전쟁의 해악성, 곧 전쟁이 가져오는 폐해에 관한 것이다.

전쟁이 인류의 역사만큼이나 오랜 역사를 가지고 있다는 점에서 인간에게 전쟁의 불가피성은 수용될 수밖에 없을 것이다. 하지만 그렇다고 해서 불가피한 전쟁이 가져오는 해악성과 폐해에 대해 이것 역시 불가피한 것으로 받아들인다는 것은 만물의 영장으로서의 인간답지 못한 일이다. 그래서 많은 철학자, 법학자는 물론이요 군사 사상가와 과학자들까지도 전쟁의 해악성을 해소하고자 노력해왔다. 그 노력의 산물 가운데 하나가 현대의 눈부신 과학적 성과가 빚어낸 똑똑한smart 무기, 크루즈 미사일이다. 이것은 그 정확성으로 말미암아 종래에는 무수히 많은 민간인의 살상을 불가피한 것으로 인정하게 했던 공중 폭격의 문제를 상당 부분 해소하고 있다.

하지만 전쟁의 해악성에 대한 과학적 성과와는 달리, 그동안 철학자, 법학자들의 연구 결과는 큰 주목을 받지 못해왔다. 그 까닭은 이 분야의 성과는 전쟁과 그것의 도덕성에 관한 논의가 주가 되는데, 전쟁과 도덕을 연관 지으려는 시도 자체가 학계의 관심을 끌지 못했기 때문이다. 전쟁은 승리를 목표로 하며, 따라서 승리에 도움이 되지 않는다면 도덕은 무시될 수 있다는 것이 종래 전쟁관의 주를 이루었던 것이다.

그러나 제2차 세계대전에서 원자탄과 수소탄의 가공할 파괴력을 지닌 무기가 등장한 이래 철학자들은 전쟁과 그것의 도덕성에 관해 점차 관심을 표명하기 시작하였으며, 특히 1960년대의 베트남전은 전쟁의 도덕성에 대한 논의를 불러일으키는 시발점이 되었다.

더욱이 베트남전에서 드러났던, 미군들에 의해 자행된 미라이My Lai 지역 거주민에 대한 대학살 사건은 전시 민간인 학살의 전쟁범죄 사건으로서 관련자에 대한 유죄평결을 통해 전쟁과 도덕성의 관계를 규명하는 촉진제가 되었다.

이밖에도 역시 미군들에 의해서 저질러진 전쟁범죄로서 한국전쟁 동안 발생했던 노근리 양민학살 사건과, 이라크전에서 드러났던 이라크 포로 학대 사건, 이스라엘의 레바논 무차별 폭격 사건 등은 비록 전쟁 중이라 할지라도 인권을 존중하고 인간의 존엄성은 보장되어야 한다는 측면에서 도덕이 살아 숨 쉬어야 한다는 주장들을 뒷받침하는 계기가 되었다.

전쟁과 도덕은 이제 더 이상 양립할 수 없는 상이한 존재가 아니다. 베트남전에서 도덕성의 결여로 패배를 경험하고, 그 교훈을 살려 도덕성을 중시함으로써 걸프전에서 승리했던 미군의 예에서 볼 수 있듯이, 도덕을 무시하는 군대는 종국에 패배하고 도덕으로 무장한 군대야 말로 전쟁에서 승리할 수 있다는 것이다. 이 글은 전쟁 중이라 할지라도 도덕의 중요성은 강조되어야 한다는 논리를 피력할 것이며, 동시에 도덕을 중시하는 전쟁이 그 결과에 있어서도 더욱 효율적임을 보여줄 것이다.

### 전쟁과 평화

칸트가 자신의 대표적 저술 가운데 하나인《영구평화론》을 쓴 것은 1795년이다. 그는 생애의 대부분을 역사상 가장 군국주의적 국가 중 하나였던 프러시아에서 보냈던 까닭에 전쟁의 폭력성을 가까운 데서 관찰한 인물이다. 전쟁의 잔인성과 폭력성을 경험한 자로서 칸트는 국제관계의 변화를 통해 평화를 유지하고자 하지 않는다면 세계는 절멸絶滅에 이를 것이라고 생각하였다. 그의 이러한 주장의 논리는 다음과 같다.

전쟁이 발발하면 전쟁은 오랜 기간 동안 국민들로 하여금 적을 이기기 위하여 개혁과 싸움에 몰두하게 한다. 전쟁이 끝난 뒤 황폐해진 시기에도 국가는 재무장과 적대 정책을 강조하게 되고 다시 전쟁이 일어났을 때는 이전보다 더욱 더 가혹한 싸움을 하게 된다. 전쟁이 끝난 후 평화가 찾아와도 국가들은 더욱 강화된 재무장과 적대 정책을 세우게 된다. 그리고 이런 악순환은 마침내 모두가 말살되는 최후의 전쟁에서야 끝이 나게 된다.

'영구평화란 바로 광대한 인간의 공동묘지 위에서나 존재할 수 있을 것'이라는 것이 칸트의 주장이다. 따라서 국제관계에 변화가 일어나지 않는 한 평화는 세상이 아무도 존재하지 않는 공동묘지 터가 된 후에나 달성된다는 것이다.

하지만 이성적인 사람들은 누구도 세상이 절멸 상태가 되기를 원치 않는다. 전쟁으로 인한 세계 절멸에 이르기 전에 전쟁을 미연에 방지하고자 할 것이다. 공동묘지 터 위에서의 영원한 평화가 아니라 전쟁의 파괴성으로부터 벗어나 평화를 유지할 수 있는 대책을 마련해야 한다. 이 하나의 대책을 칸트는 《영구평화론》에서 제시하고 있는데, 그것은 평화를 유지하기 위한 자유국가들의 연맹聯盟에 모든 국가들이 참여하는 일이다. 이 연맹에 참여하는 나라의 국민들은 자유와 평등이 보장되고, 또한 평화를 요구하는 시민들의 저항에 의해 국가 지도자들도 전쟁을 쉽사리 일으키지 못하게 되고, 따라서 세계는 평화를 유지하게 된다. 이것이 칸트의 주장이다. 오늘날 국제연합UN의 존재는 칸트의 이와 같은 논리에 입각하고 있다고 할 것이다.

《전쟁론Vom Kriege》(1832)으로 유명한 군사 사상가 클라우제비츠 Carl Phillip Gottlieb von Clausewitz는 칸트와 정반대의 입장에서 전쟁과 평화를 이해하고 있다. 1832년에 발표된 저술에서 그는 칸트의《영구평화론》에 대하여 그것이 근본적으로 도덕성에 기초하고 있다는 점에서 전쟁의 본질을 올바르게 이해하지 못한 사상이라고 비판한다. 전쟁의 맥락 속에서 도덕성을 논하는 것은 전쟁의 현실을 직시하지 못한 이상론에 불과하다는 것이다. 이 주장에 대한 그의 논리는 다음과 같다.

전쟁은 무력에 대한 호소로서 이는 기술과 과학의 발달에는 영향을 받을 수 있지만 법이나 관습, 혹은 도덕에는 거의 영향을 받지 않는다. 선량한 사람들이 유혈사태를 최소화하기 위하여 여러 가지 방안들을 강구하지만 이는 사태를 오히려 악화시킬 뿐이다. "전쟁은 몹시 위태로운 사업이기 때문에 마음의 선량함으로부터 오는 실수야말로 가장 나쁜 실수"이다. 도덕심이란 마음의 선량함이고 따라서 전쟁의 맥락 속에서 도덕을 들먹이는 것은 실수 중에서도 가장 큰 실수라는 것이다.

칸트의 항구적 평화달성을 위한 제안은 클라우제비츠의 관점에서 볼 때 비현실적일 뿐만 아니라 위험하기까지 한 사상이다. 인간의 본성과 삶의 조건이 바뀌지 않는 한 칸트의 제안은 실현될 수 없기 때문에 비현실적이요, 번영과 평화의 지속은 국민들의 마음을 유약하게 만들고 언젠가는 터질 수밖에 없는 사람들 간의 적대관계에 적합하지 못하게 만들기 때문에 종래에는 더욱 위험해진다는 것이다. 따라서 클라우제비츠에 있어서는 생존을 위한 필수조건은 유약한 '도덕'이 아니라 늘 전쟁에 대처하는 '과감성'일 뿐이다.

클라우제비츠에 의하면 전쟁의 목적은 우리의 의지를 적에게 부과하는 데 있다. 이 목적달성을 위하여 필요한 것이 전쟁수단으로서의 물리력이며, 이를 통해 우리는 적을 무력화할 필요가 있는 것이다.

인간이 존재하는 한 전쟁은 결코 사라질 수 없으며, 그렇다고 해서 칸트가 우려한 것처럼 전쟁으로 인하여 온 인류가 멸망하지도 않는다. 왜냐하면 전쟁은 불확실성과 우연성 속에서 치러지는 까닭에, 갖가지 장애물들을 만나게 되고, 따라서 쌍방이 절멸하는 사태에까지 이른다는 것은 논리적으로나 가능할 뿐, 현실에서는 그렇지 않다. 쌍방이 절멸에 이르기 전에 어느 한편이 패배할 것이므로, 칸트가 말한 것 같은 인류 공동의 무덤은 결코 형성되지 않는다는 것이다.

요컨대, 전쟁은 어떤 때는 질질 끌 수도 있고, 잠시 멈출 때도 있으며, 또 다시 재발할 수도 있고 설령 이번 전쟁에서 패배했다 할지라도 시간이 흐르면 언제고 다시 전쟁터에 뛰어들 수 있기 때문에 어떤 전쟁도 최후의 결전이 될 수는 없다. 따라서 양편 모두가 끝장나는 상태까지 가는 전쟁은 있을 수 없다는 것이다.

클라우제비츠에 의하면 전쟁이란 자국의 의지를 무력을 통해 관철시키는 행위인 까닭에 전쟁은 그 자체가 목적이 아니라 하나의 수단이다. 따라서 정치적 혹은 정책적 목적이 항상 군사적 목적보다 우위에 있다.

그렇다면 그에게 있어서 도덕은 어떤 존재인가? 만약에 도덕이 정치적 목적과 일치한다면 도덕이 군사적 목적에 우선할 것이다. 그러나 그렇지 않다면 도덕은 고려될 여지가 없다. 전쟁은 정치적 목적을 달성하는 수단일 뿐이기에 전쟁 중에는 도덕이 설 자리가 없다는 것이 클라우제비츠의 주장이다. 도덕이 의미를 가질 수 있다면, 가령 애국심처럼 오직 전쟁의 승리에 도움을 줄 수 있을 때뿐이라는 것이다.

여기서 칸트와 클라우제비츠의 견해 차이를 간략히 정리해보자. 우선 전쟁관에 대한 차이이다. 칸트는 전쟁이 존재하는 한 그 종말은 인류의 멸망에 있다고 본다. 그 까닭은 전쟁의 폭력성과 적대성이 악순환을 반복함으로써 종국에는 세계를 공동묘지화 한다는 데 있다.

하지만 클라우제비츠는 전쟁의 전면적 파괴나 폭력이란 있을 수 없는 까닭에 어떤 전쟁도 결코 최후의 전쟁이 될 수는 없으며, 따라서 공멸이란 있을 수 없다고 생각한다. 전쟁의 본질상, 유혈사태의 최소화를 추구하는 도덕성에 대한 강조는 오히려 사태를 악화시킬 뿐 생존을 위해 필요한 것은 과감성이라고 믿는다.

인간의 본성에 대한 이해에서도 두 사람은 차이가 있다. 칸트는 자유롭고 합리적인 존재로서의 인간의 존엄성을 인정하고 있는 까닭에 인간은 수단의 대상이 아니라 그 자체 목적이어야 한다고 생각한다. 하지만 클라우제비츠는 인간을 이기적이고 투쟁적인 존재로 이해한다. 투쟁적인 인간이 치르는 전쟁인 까닭에 전쟁은 잔인하고 갖은 해악으로 가득 차 있어서 전쟁에서 살아남은 자라 할지라도 전쟁이 가져오는 무제한적인 폭력과 기만, 속임수 등 전쟁의 실상으로 인해 지쳐 빠지고 만다. 따라서 클라우제비츠에 의하면 항구적인 평화란 결국 이상理想에 불과하고, 우리가 평화라고 느끼는 것도 실상은 전쟁이 잠시 중단되고 있는 상태일 뿐이다.

이처럼 전쟁관과 인간관이 서로 다른 까닭에 두 사람이 바라보는 전쟁과 도덕의 관계도 정반대로 이해되고 있다. 영구평화를 위하여 자유국가 간의 연맹을 제안하고 있는 칸트는 그 바탕에 인간의 자율적 도덕성을 깔고 있다. 평화를 위한 국가 간의 연맹은 전쟁을 해서는 안 되고 전쟁을 하지 말자는 제안인 까닭에, 그것은 상호 간의 약속이 지켜져야 할 것을 전제하고 있다. 이는 정의로운 전쟁과 불의의 전쟁을 구별하는 기준이 되며, 따라서 전쟁과 도덕은 밀접한 관계 속에 놓이게 된다.

반면 클라우제비츠는 전쟁이 정치 혹은 정책 수행을 위한 하나의 수단인 까닭에 용기와 야심, 집요하고도 강력한 승부 의지가 필요할 뿐 도덕은 고려 대상에서 제외된다고 본다. 전쟁은 정치적 혹은 정책적 목적에 비추어서 조정될 수 있을 뿐, 승자에게 부여된 기득권이나, 적에 대한 증오심, 전쟁의 타성에서 오는 속임수 등 그 어떤 것도 허용된다고 말한다.

칸트에게 있어서도 정치는 군사적 행동을 통제하지만 그 정치도 도덕적인 통제에 무릎을 굽혀야 한다. 그러나 클라우제비츠에게 있어서는 군사적 행동은 물론이요, 도덕도 정치적 목적 앞에서는 무릎을 굽혀야 하는 것이다.

이처럼 서로 상반되는 견해지만 칸트와 클라우제비츠 두 사상가의 견해는 모두 의미가 있다. 군인으로서 직접 전투에 참여하여 전쟁의 현실을 피부로 체험했던 클라우제비츠의 주장은 대단히 현실적이며 설득력이 있다. 그의 주장은 특히 우리나라나 이스라엘과 같은 특수한 상황에 처해 있는 국가에게는 훨씬 더 의미가 크다. 미국과 같이 늘 전쟁과 함께 있고 전쟁에서 패한다 할지라도 별 문제가 없는 나라와는 달리, 우리는 분단된 조국의 현실 위에 있으며, 전쟁이 발발하였을 경우 전쟁에서 패한다는 것은 곧 국가를 잃는 것을 의미한다. 그럴 때 전쟁에서의 승리냐 아니면 도덕이냐 간의 선택이 주어진다면 그럼에도 도덕을 선택할 사람이 과연 얼마나 있겠는가?

"아랍은 전쟁에 져도 나라는 남아 있지만 우리는 전쟁에서 패하면 그것으로 끝장이다"라고 말했던 이스라엘의 초대 수상 벤 구리온 David Ben Gurion 의 말을 음미해볼 때, 그가 과연 아랍과의 전쟁에서 승리보다는 도덕을 택함으로써 패배를 받아들일 수 있을 것인지는 매우 의심스럽다. 그런 점에서 클라우제비츠의 주장은 큰 의미를 지니고 있다고 말할 수 있는 것이다.

그러나 한편 전쟁이란 정치적 목적달성을 위한 수단이 아니라 인간의 가치 보존을 위해 필요하다는 관점에서 본다면 전쟁은 선善을 구현하기 위한 방편이기도 하다. 바꾸어 말하면 전쟁은 우리 사회의 소중한 가치들을 보존하기 위한 수단으로 치러지는 것이다. 도덕은 우리 사회가 보존해야 할 최고의 가치 가운데 하나이다. 그렇다면 전쟁이 도덕을 무시하고 치러진다면 그것은 전쟁의 목적 자체를 유린하는 셈이다. 따라서 전쟁은 비록 잔인하고 해악이 가득 찬 행위라 할지라도 도덕이 들어서야 할 자리를 마련해주어야 하는 것이다. 칸트의 주장이 바로 이것이며, 이 역시 의미 있는 주장이 아닐 수 없다. 그렇다면 도대체 어떤 주장이 전쟁의 본질을 올바로 담고 있다고 해야 할 것인가?

### 전쟁의 본질

전쟁이란 무엇이냐에 대한 질문은 매우 소박하면서도 결코 답변이 수월하지 않다. 한때 우리 정부는 '범죄와의 전쟁'이라는 용어를 사용하기도 하였는데, 엄격히 말한다면 이와 같은 표현은 전쟁의 의미를 올바르게 사용하였다고 할 수 없다. 무력도 불사不辭하는 강력한 수단을 동원해서라도 범죄를 퇴치하겠다는 정부의 강한 의지를 슬로건화한 것으로 보아야 할 것이다. 채드윅Ruth Chadwick의 《응용윤리학 백과사전Encyclopedia of Applied Ethics》에 나와 있는 전쟁에 대한 정의定義를 살펴보면 다음과 같다.

> 전쟁: 두 나라 간(혹은 동맹국 간), 또는 한 나라에 있는 정당 간 여러 가지 이유로 무력이 동원되어 대립된 상태. 제한전쟁, 일반전쟁, 핵전쟁 등 다양한 종류의 전쟁이 있다. 전쟁은 국가의 가장 심각한 안보가 관련된 상황으로서 최대의 긴장이 요구되는 상황으로 간주된다.(《응용윤리학 백과사전》, p. 507)

이 정의에서 눈여겨볼 부분은 두 나라 간 혹은 동맹국 간의 무력 충돌은 물론이요, 한 나라 안에서도 두 개의 정부 혹은 두 개의 정당이 무력으로 충돌하면 전쟁이라고 말할 수 있다는 점이다. 일반적으로는 국내에 혁명이나 독립운동이 발생하였을 경우, 혁명 또는 독립운동 단체와 정통정부 혹은 본국과의 사이에 벌어진 무력 투쟁은 전쟁이 아니라 내란內亂이라고 표현한다. 그렇지만 교전交戰 당사자 간에 전쟁법규가 적용되고, 또한 교전 단체로서 유엔으로부터 승인을 받게 되면 그것은 전쟁으로 인정되는 것이다(임덕규, 《전쟁과 국제법》, 법문사, 1985, 20쪽).

그렇다면 이와 같은 무력 충돌은 왜 일어나는가? 전쟁 발발의 원인에 대한 이 질문은 여러 가지 관점에서 답변이 가능하다. 가령, 전쟁은 사회진화의 과정에서 적자생존適者生存의 원리에 따라 자연적으로 발생한다는 사회적 다윈주의social Dawinism, 인간의 성향이 본래 공격적이기 때문에 공격 본능상 전쟁은 불가피하다는 공격 본능 이론, 그리고 개개인의 공격성이 문화로 전이轉移되어 전쟁으로 나타난다는 사회학습 이론social learning theory 등이 그러하다. 또한 국가사회의 성격과 집단행동 때문에 전쟁이 일어나게 된다는 사회심리학적 이론과, 계급 간의 갈등을 해소하기 위한 한 방편이라는 공산주의 이론, 그리고 전쟁은 국가 간의 갈등을 해결하기 위한 작용과 반작용이라는 이론 등도 전쟁 발발의 원인을 설명하는 대답들이다.

이 모든 이론들의 핵심이기도 하면서 전쟁의 본질을 가장 잘 표현한 것으로 정평이 난 이론이 클라우제비츠의 전쟁론이다.

클라우제비츠는 전쟁의 본질적 요소를 우선 '결투'에서 찾고 있다. 결투 행위에 임하는 두 결투자의 대결 논리에 입각해서 전쟁의 본질과 성격을 파악한 것이다. 그래서 그는 전쟁을 "우리의 적대자로 하여금 우리의 의지를 완벽하게 이행하게 하는 폭력 행위"라고 정의한다.

폭력은 물리적 힘을 의미하며, 이 물리적 힘은 적으로 하여금 나의 의지에 복종케 하는 수단이다. 이렇게 볼 때 전쟁의 본질문제는 적을 굴복시키기 위한 '물리적 힘 사용'의 문제가 되며, 따라서 승리하기 위해서는 쌍방 간의 힘의 사용이 점차 극한 상태로 나아가게 되고, 마침내 전쟁은 절대전쟁 혹은 총력전쟁의 의미를 갖게 된다. 바로 물리적 힘의 사용에 있어서의 무제한성이다.

이렇게 본다면 전쟁은 '무제한적인 힘'을 사용함으로써 상대방을 굴복시키게 되므로 전쟁의 결과는 항상 절대적일 것이다. 즉 논리적으로 보면 피아彼我 쌍방이 극단의 상태에 이를 때까지 싸우게 된다는 것이다.

그러나 클라우제비츠에 의하면 실제 전쟁은 그렇지가 않다. 어떤 전쟁도 극단의 상태에 이르게 되지는 않는데, 그 까닭은 현실생활의 우연성 혹은 불확실성 때문이다. 바로 이 우연성으로 말미암아 무제한적 힘의 사용 법칙이 스스로의 힘을 상실하게 되는데, 이때 힘을 발휘하는 것이 정치적 목적이다. 결국 정치적 목적에 의해서 무제한적인 힘의 사용이 제한될 수 있다는 것이 클라우제비츠의 주장인 것이다.

그렇다면 전쟁과 정치는 어떠한 관계인가? 전쟁은 '중요한 목적 달성을 위한 수단'으로서 '다른 방법에 의한 정치의 연속'이다. 따라서 '전쟁은 언제나 정치적 조건에서 출발하며, 동시에 정치적 동기에서 야기되는 것이다.' 곧 전쟁은 '정치적 행위'인 것이다.

클라우제비츠에 의하면 전쟁은 이처럼 정치적으로 중요한 목적 달성을 위한 수단이라는 데 그 본질이 있다. 전쟁의 본질에 관한 클라우제비츠의 견해를 요약한다면 다음과 같이 말할 수 있을 것이다.

모든 전쟁 행위는 모든 정치 행동과 직결되는 것이고, 따라서 모든 전쟁은 정치적 이유에서 유발되는 것이며, 그렇기 때문에 모든 전쟁은 이 '정치적 이유'를 자기정당화하기 위하여 실시되는 것이다.(김홍철,

《전쟁론》, 민음사, 1991, 134쪽)

클라우제비츠의 전쟁관은 전쟁의 본질을 정확히 규명한 것으로서 그 이론이 소개된 이래 오늘날까지도 많은 정치인, 학자, 군인들에게 커다란 영향을 끼쳐왔다. 전쟁에 관한 어떤 연구에서도 그의 이름과 견해가 논의되지 않는 경우가 거의 없다. 그럼에도 불구하고 전쟁에 관한 그의 이론은 몇 가지 문제를 지니고 있다. 그것은 전쟁과 정치적 목적과의 연관에 대한 그의 생각에서 비롯된다. 그는 전쟁을 '중요한 정치적 목적달성을 위한 수단'으로 이해하는데, 이 말의 적용은 서로 상반되는 두 개의 관점에서도 동일하게 이해될 수 있는 것이다.

가령, 하나는 침략전쟁이요, 다른 하나는 방어전쟁의 경우를 고려해보자. 일반적으로 침략전쟁은 부당한 전쟁unjust war이요, 방어전쟁은 정당한 전쟁just war으로 이해된다. 그렇지만 클라우제비츠의 전쟁관은 서로 다른 이 두 전쟁 모두를 정당화시켜준다. 방어전쟁의 경우는 전쟁 자체가 당연히 정당한 것으로 평가되겠지만, 침략전쟁의 경우도 정당화될 수 있는 정치적 목적만 있다면 정당한 전쟁이 될 것이기 때문이다. 그렇지만 '정당한 정치적 목적' 자체는 관점에 따라 달리 해석될 수도 있는 것이다. 요컨대 정의로운 전쟁과 불의의 전쟁을 가름해줄 기준이 모호하다는 것이다.

가령 제1차 세계대전의 경우를 생각해보자. 세계대전에 참여했던 연합국들은 그들의 전쟁이 정의의 전쟁이라고 생각할 것이다. 정당화될 수 있는 정치적 목적에 의해서 치러진 전쟁이라고 생각할 것이기 때문이다. 하지만 레닌Lenin은 이를 '불의의 전쟁'으로 규정한다. 오히려 자본주의적 압박에 대항해서 싸운 공산주의 혁명전쟁이야 말로 정당한 전쟁이라고 단정한다(씨셀라 복, 박상섭 옮김, 《평화를 위한 전략》, 인간사랑, 1991, 110쪽). 정당화될 수 있는 정치적 목적을 가지고 있기 때문이라는 것이다. 과연 클라우제비츠는 어느 쪽이 정당한 전쟁이라고 말할 것인가?

클라우제비츠의 전쟁관이 갖는 또 다른 문제는 도덕에 대한 중요성을 인정하지 않고 있다는 점이다. 오히려 그는 도덕의 중요성을 인정할 때 나타날 수 있는 폐해만을 논하고 있다. 하지만 전쟁이 정치적 목적달성을 위하여 치러지는 수단이라 할지라도, 방어전쟁의 입장에서 본다면 이 정치적 목적 자체가, 자유세계가 보존하고 싶어 하는 가치들을 파괴로부터 방어하는 것일 수도 있는 것이다. 도덕은 우리가 보존해야 할 가장 중요한 가치 가운데 하나이며, 따라서 전쟁 자체가 도덕을 구현하기 위한 수단이라는 주장이 성립할 수 있는 것이다. 그렇다면 결국 방어전쟁, 곧 정의로운 전쟁이라면 도덕을 도외시할 수가 없다.

더욱이 도덕을 떠난 군대가 전쟁에서 승리하기를 기대하는 것은 더욱 어려운 일이다. 도덕은 훌륭한 지휘자의 리더십에 필수적인 요소이며, 전쟁을 수행하는 군의 효율적 운영에 있어서도 매우 중요한 역할을 할 것이기 때문이다. 제2차 세계대전에서 연합군 승리의 주역이었던 마셜의 리더십이 인격적 진실성에 기초하고 있었다는 사실이 이를 입증한다.

전쟁의 본질에서 도덕성을 배제할 수 없다는 우리의 주장은 전쟁과 도덕의 관계에 대해 오랜 연구를 해왔던 와써스트롬<sup>Richard Wasserstrom</sup>의 견해에서 더욱 명백해진다.

와써스트롬에 의하면, 전쟁은 다음과 같은 세 가지로 정의된다.

① 전쟁은 개인이나 소규모 집단 간에 발생하는 것을 의미하는 것이 아니라 국가와 국가 간, 민족과 민족 간에 발생하는 것을 의미한다.
② 전쟁은 정당한 권리를 주장하는 다양한 형태의 무력(폭력) 사용과

관계된다.

③ 전쟁은 "제한되고 명백히 정의定義 가능한 외교정책의 한 수단"이
거나 "불확실하고 정의할 수 없으며 무제한적인 양국 간의 투쟁"
이다.(와써스트롬, "On the Morality of War: A Preliminary Inquiry",
*Standford Law Review*, Vol.21(1969), pp. 1629~1632)


이를 한마디로 요약하면, 전쟁이란 국가와 국가 간에 발생하는
것으로서, 무력 사용이 개재되고, 제한적이거나 무제한적인 투쟁이라
는 것이다. 여기서 눈여겨보아야 할 것은 전쟁이 '제한적이거나 무제한
적'이라는 주장이다. 전쟁의 제한성과 무제한성을 동시에 말하고 있는
이 주장은 아주 중요한 의미를 담고 있다. 전쟁의 무제한성과 제한성
은 어떤 의미를 지니고 있는지 살펴보자.

전쟁은 무제한적인 것인가? 많은 정치인과 군 지휘관들은 전쟁
이 '제한적'이라는 주장에 동의하지 않을지도 모른다. 전쟁의 본질은
게임의 그것과는 달리 결코 규칙에 따라 행해지는 것이 아니라고 주
장할 수 있기 때문이다. 그들은 '전쟁에서는 만사가 정당하다All is fare in
war'라는 주장을 신봉할 수도 있다.

이와 같은 전쟁관은 총력전쟁total war의 개념과 밀접히 연결된다.
일부 정치가나 군사 지도자는 전쟁을 총력전쟁(혹은 전면전쟁)으로 이
해한다. 총력전쟁의 개념은 클라우제비츠의 절대전쟁absolute war 개념
에서 비롯된다. 그에게 전쟁이란 상대방을 굴복시킴으로써 자신의 의
지를 실현하고자 계획된 폭력 행위였다. 따라서 전쟁은 한편이 상대편
을 완전히 굴복시켜 승리를 쟁취한 다음에 끝내야 한다. 전쟁에 있어
서의 중재란 어리석은 행위일 뿐이다. 왜냐하면 자국의 의지대로 무력
행사를 하지 못한다는 것은 전쟁의 목적을 상실했다는 것을 의미하기
때문이다. 클라우제비츠는 이를 '전쟁의 절대성' 혹은 '절대전쟁'이라

고 말한다(클라우제비츠, 강창구 옮김, 《전쟁론》, 병학사, 1991, pp. 36~37).

총력전쟁의 개념을 따르면 모든 것은 전쟁을 위한 수단이다. 전략적 근거의 경우를 제외하고는 적절히 배제될 수 있는 행동이란 있을 수 없다. 승리 아니면 패배가 있을 뿐이다. 따라서 총력전쟁의 개념 속에는 전쟁을 보다 인간적이게 하는 전통적인 도덕은 더 이상 위력도 타당성도 없는 것으로 간주된다.

이처럼 총력전쟁의 개념을 따를 때 전쟁은 일정한 규제와 규칙에 의해서 치러져야 한다는 논의는 비실제적인 것이 되고 만다. 이 개념이 적용된 것은 20세기 중반 이전의 전쟁, 특히 제2차 세계대전에서였으며, 이는 당시 추축국은 물론이요 연합국에도 그대로 적용되었다고 하겠다.

하지만 우리가 관심을 가져야 할 부분은 결코 '무제한적'인 총력전쟁의 개념이 아니다. 왜냐하면 미래의 전쟁에서 총력전쟁은 인류 공멸을 의미할 수 있기 때문이다. 이것은 전쟁이 '제한적'이어야 함을 뜻한다. 전쟁이 제한적이어야 한다는 사실은 전쟁에도 지켜야 할 규칙이 있음을 의미하는 것이고, 이는 도덕이 개재해야 함을 뜻한다.

전쟁의 이와 같은 제한성은 전쟁을 정치적 목적달성의 수단이 아니라 창조적인 사회 활동으로 승화시켜 이해하게 한다. 사회적 창조 활동으로서의 전쟁은 궁극목표가 인간적 가치의 보존에 있다. 전쟁은 사회적 가치를 보존하고 확장시키는 수단이기 때문이다. 따라서 사회적 창조 활동으로서의 전쟁은 일정한 규제에 따라 치러져야 하며, 전쟁의 발발 자체는 물론이요 전투 행위에 있어서도 도덕적 잣대가 있어야 하는 것이다. 물론 아직도 전쟁의 무제한성이 전혀 의미를 갖지 못한다고 말할 수는 없다. 오늘날에도 여전히 전쟁은 정치적 목적을 달성하기 위한 하나의 수단이기 때문이다. 와써스트롬이 전쟁을 제한적이거나 무제한적인 것이라 표현한 까닭이 여기에 있는 것이다.

하지만 전쟁의 참다운 본질은 전쟁이 갖는 사회적 창조 활동으로서의 의미에 있다고 보아야 할 것이다. 가공할 핵무기의 등장으로 무제한성은 인류의 공멸을 의미할 것이기에 '제한성'을 전쟁의 본질로 받아들여야 할 것이다. 그리고 그것은 전쟁에 있어서도 도덕적 평가가 따라야 한다는 주장이 될 것이다.

### 전쟁 규칙

앞에서 우리는 전쟁이 정치적 목적을 달성하기 위한 하나의 방편이긴 하되, 사회의 제반 가치들을 보호하고 확장하기 위한 수단으로서 사회적 창조 활동일 때 전쟁의 참다운 본질이 실현되는 것이라고 하였다. 그러나 그 과정에서 전쟁은 보호해야 할 많은 가치들을 파괴한다. 사회적 가치들을 보호하기 위해서 치러지는 전쟁이 그 가치들을 파괴하기도 하는 것이다. 이는 딜레마가 아닐 수 없다. 다음 주장은 그 같은 딜레마를 잘 보여준다.

> 자유사회의 가치는 그 사회의 무력에 의해서 보호되지만 동시에 무력에 의해서 위협을 받게 된다.
> 힘으로 무장된 선善은 부패하지만 힘없는 순수한 사랑은 파괴될 뿐이다.(프랭크Wilard C. Frank, Jr., "The Agony of Our Choosing: Military Power and Human Values", p. 170)

이 딜레마를 해소하고자 정치가들을 포함하여 많은 철학자 및 법학자들은 끊임없는 노력을 해왔으며 그 결과 탄생한 것이 '전쟁법the laws of war' 혹은 '전쟁 규칙the rules of war'이다. 전쟁이 바람직한 사회의 제반 가치들을 보호하기 위한 목적에서 치러지는 것이라면, 전쟁법은 전쟁의 발발은 물론이요, 전쟁 수행의 방식이나 무기 사용 등에 일정한 제한을 가함으로써 전쟁으로 인하여 빚어질 가치의 파괴를 최소화하기 위하여 제정된 것이다. 그리고 전쟁법이 제정된 이래 전쟁법이나 전쟁도덕은 가치 파괴범으로서의 전범戰犯, war criminals을 가려내어 응징하고, 그렇게 함으로써 전쟁범죄를 예방하는 데 큰 효과를 가져왔다.

물론 전쟁법이라는 이 잣대는 주로 승전국보다는 패전국의 범죄를 들추어내는 데 사용되어 왔다는 점에서 그 적용의 형평성을 의심받아 온 것 또한 사실이다. 전쟁법이나 혹은 전쟁도덕의 실질적인 효과에 대한 의구심의 제기인 것이다. 게다가 전쟁법은 그것의 적용에서 나타나는 비도덕성과, 불완전성, 비일관성 등 전쟁법의 불명확성으로 말미암아 제 구실을 하지 못한다는 지적도 받아왔다.

이렇듯 전쟁 규칙의 적용과 실용성에 있어서 적지 않은 문제가 제기되어 온 것이 사실이다. 그러나 전쟁 규칙이 존재함으로써 가져온 효과와 장차 가져오리라고 예상할 수 있는 기대치는 그것이 지니는 부정적인 요소를 상쇄하고도 남는다고 보아야 할 것이다. 와써스트롬의 말처럼 전쟁법은 존재하지 않을 때에 비해 존재함으로써 개인의 도덕감을 고양시킬 수가 있기 때문이다(와써스트롬, "The Laws of War", *The Monist*, Vol.56, No.1(1972), p. 404).

또한 1970년대의 베트남전은 물론이요, 1990년대의 걸프전, 2000년대의 아프가니스탄 전쟁에서도 볼 수 있듯이 정치가들과 군인들의 전쟁 규칙에 대한 반성은 비인간적이고 파괴적인 전쟁의 본질로부터 인류의 양심과 가치를 보호하는 데 크게 기여했다고 여겨지는 것이다.

미 공군사관학교 교수이자 전쟁법에 관해 많은 연구를 기울여온 웨이킨Malham Wakin의 분류에 따르면, 전쟁에 관한 도덕적 고찰은 두 가지로 나뉜다. 하나는 전쟁에 대한 도덕적 논의이고, 다른 하나는 전쟁에 있어서의 도덕에 관한 논의이다(웨이킨Malham M. Wakin ed., *War, Morality, and the Military Profession*, Westview Press Inc., 1986, p. 220). 전쟁에 대한 도덕(전쟁도덕)은 전쟁의 시작 내지 전쟁에의 참여가 도덕적으로 허용되는지 혹은 정당화되는지에 관한 물음에 답하고자 한다. 만약 국가가 정책의 한 수단으로서 전쟁을 이용할 수 있다면, 우리는 그 전쟁이 언제 그리고 어떤 조건 아래서 정당한 것인지에 물어볼 수 있을 것이다.

한편, 전쟁에 있어서의 도덕(전시도덕)은 전쟁 수행의 방식에 있어서 어떤 도덕적 제한들이 있는지에 관한 물음에 답하고자 한다. 가령, 전시에 독가스나, 세균, 혹은 대량살상무기 등의 사용을 금지하는 것이 그러하다. 요컨대, 전쟁에 대한 도덕적 논의가 전쟁이나 혹은 무력 사용의 정당화에 관한 논의임에 반해, 전쟁에 있어서의 도덕적 논의는 주로 무력 사용 방법의 도덕성에 관한 논의라 하겠다. 편의상 전자를 전쟁도덕, 후자를 전시도덕이라 칭하고자 한다.


## 전쟁도덕

전쟁도덕morality of war은 무엇보다도 정당한 전쟁just war과 부당한 전쟁unjust war을 구분하는 도덕적 기준을 문제 삼는다. 즉 전쟁을 하는 그 자체가 옳은 일인가, 옳지 못한 일인가를 따져보는 것이다. 전쟁은 군인이 폭력을 사용하여 인마살상, 공공건물의 파괴 등을 일삼게 되므로 평시 같으면 옳지 못한 행위들에 의해서 수행된다. 이러한 이유로 칸트는 전쟁을 악惡으로 보았으며, 유학에서도 병자흉기兵者凶器라 하여 군대나 전쟁을 필요악으로 간주했다.

비록 폭력과 살상에 호소하는 것이 일반적으로 악으로 간주된다 할지라도 폭력과 살상보다 더 큰 악이 발생한다면 이를 제거하기 위한 수단으로서 작은 악을 사용하는 것이 정당화된다는 논리가 가능하다. 이른바 공리주의적 도덕관이다. 전쟁도덕은 이 논리에서 시작된다. 누군가가 나와 내 가족을 살해하려고 한다면 나는 어떤 수단을 써서라도 이를 방어하려 할 것이다. 그 순간에는 폭력의 사용은 물론이요, 상대방에 대한 살해 마저도 정당방위로 인정된다. 이러한 맥락에서 적의 부당한 공격에 대응하는 방어전쟁은 정당화되는 것이다. 북한이 남침을 하고도 남한의 북침 운운하는 것은 6·25 전쟁을 방어전쟁으로 호도하고 그래서 그 행위의 정당성을 찾으려는 속셈에서 나온 것이다.

그렇지만 전쟁을 먼저 일으키는 것이 어떤 경우에도 반드시 정당화될 수 없다고 단정하기는 어렵다. 왜냐하면 결코 묵과할 수 없는 도덕적 악과 불의를 응징하기 위해 일으킨 전쟁을 부당한 전쟁이라고 평가할 수는 없기 때문이다. 인권이 유린당한 동족이나, 타민족이라 할지라도 그들의 노예생활과 비극을 종식시키기 위해 일으킨 전쟁, 또는 부당하게 점령당한 영토를 회복하기 위해 먼저 감행한 군사적 행동이 반드시 도덕적으로 비난받아야 하는지는 의문이 아닐 수 없다.

그러나 보복이나 세력 확장을 시도하고 종족이나 주민을 모두 살육하려고 감행하는 군사적 행동은 도덕적으로 정당화될 수 없으며 그 의도도 불순하다고 말할 수밖에 없다. 의도를 분명하게 밝혀낸다는 것은 매우 어렵지만 이것은 전쟁 수행에 있어서 취하는 수단의 선택과 밀접한 관계가 있다.

이처럼 전쟁 발발에 대한 도덕성에 관하여 많은 논의가 가능함을 알 수 있다. 전통적으로 정당한 전쟁과 부당한 전쟁을 말하는 사람들은 근본적으로 전쟁을 억제하고 평화를 유지하려는 정신을 지니고 있다.

그렇다면 정당한 전쟁과 부당한 전쟁을 구분하는 기준은 무엇인가? 오늘날 정당한 전쟁의 기준으로 대체로 다음과 같은 일곱 가지 원칙이 수용되고 있다(AHCP U.S. Air Force Academy, *Moral Dimensions of the Military Profession*, FORBES, 1999, pp. 84~85).

첫 번째 원칙은 정당한 명분just cause이 있어야 한다는 것이다. 이 원칙은 전쟁을 하는 이유가 타당해야 함을 의미하는 것으로서 사회적 제반 가치의 보호와 보전을 뜻한다. 예를 들면, 무장된 공격으로부터 무고한 인명과 재산을 보호하는 일이나 인권의 보호를 위해 일으키는 전쟁은 정당한 명분이 있는 전쟁이다. 또는 침해된 주권의 회복과 같은 대의명분大義名分이 있을 때 그 전쟁은 정당성이 있다고 보는 것이다.

두 번째 원칙은 합법적 권위competent authority가 있어야 한다는 것이다. 이는 국가의 통치권을 위임받고 있는 합법적인 당사자에 의해 전쟁의 선포가 이루어져야 하고 정규군에 의해 전쟁이 수행되어야 함을 의미한다. 합법적 권위에 의한 무력 사용이란 잘 조직되고 훈련된 지휘권에 의한 무력 사용의 통제를 의미한다. 따라서 자칭 '해방군'이나 '시민군'이라고 하는 집단이 전쟁을 선포하고 무력을 사용한다면 그것은 정당한 전쟁이라고 할 수 없다.

세 번째 원칙은 정당한 의도right intention가 있어야 한다는 것이다. 이는 전쟁의 시작 또는 개입의 의도가 정당한 명분(혹은 대의명분)과 일치되어야 함을 의미한다. 즉 전쟁 개입 속에 숨겨진 의도가 무엇이지 분명해야 하고 또 정당해야 함을 말하는 것이다. 예컨대 전쟁의 개입이 전쟁 종식과 평화 유지라고 한다면 정당한 전쟁이 되겠지만, 자국의 영토 확장이나 상대국에 대한 위협 혹은 종족 말살을 꾀하고자 하는 전쟁이라면 정당한 전쟁이라고 할 수가 없다. 설사 명분은 정당하다 할지라도 전쟁의 개입이나 발발 속에 불순한 의도나 동기가 숨어 있다고 한다면 정당한 전쟁이라고 할 수 없다는 것이다.

네 번째 원칙은 결과적 비례성proportionality in ends이다. 이 원칙은 전쟁을 통하여 얻는 이득이 전쟁을 통해 입는 손실보다도 더 커야 함을 의미한다. 즉 무력 사용을 통해 얻는 이익이 무력 사용을 통해 얻게 될 손실을 충족시키지 못한다면 정당한 전쟁으로 보기 어렵다는 것이다. 따라서 비록 전투에서 승리할 가능성이 높다 해도 전쟁의 결과가 민족의 전멸, 국가 재원의 완전 탕진 등을 초래한다면 전쟁에 호소하는 것이 올바른 선택이 되지는 못한다. 이 원칙은 전쟁의 개입 여부를 고려할 때 전쟁에서 얻을 수 있는 경제적 이해득실과 효율성 여부를 잘 판단해야 할 것을 요청한다.

다섯 번째 원칙은 전쟁은 최후의 수단last resort이어야 한다는 것이다. 이는 전쟁을 선포할 때는 정당한 목적을 충족시키는 방법이 전쟁 이외의 다른 대안이 없어야 함을 의미한다. 전쟁은 정치적 중재나 협상 등의 외교적 노력을 통해 문제해결의 방안을 모색했으나 전혀 다른 대안이 없을 경우에 한하여 최후의 수단으로 선택해야 한다는 것이다. 따라서 만약 무력에 호소하지 않고도 문제를 해결할 수 있는 방안이 발견된다면 그 전쟁은 부당한 전쟁이 된다.

여섯 번째 원칙은 전쟁에서 승리할 가능성reasonable hope of success이 있어야 한다는 것이다. 이는 정당한 목적을 성취하기 위하여 무력을 사용할 경우에는 그 무력 사용을 통한 성공 가능성이 높다는 판단이 나올 때만 전쟁을 해야 한다는 것을 의미한다. 따라서 무력 사용에 앞서서 신중한 계산이 필요하며, 아무리 자국의 정당한 목적 성취가 중요하다 할지라도 전쟁에서의 승리 가능성이 없으면서도 전쟁에 뛰어든다면 결코 정당한 전쟁이 될 수 없는 것이다. 대의명분이 아무리 크다 할지라도 승리할 가능성이 없는 전쟁은 나라를 파멸로 이끄는 행위가 될 것이기 때문이다.

일곱 번째이자 마지막 원칙은 평화를 실현하기 위한 목적the aim of peace이 있어야 한다는 것이다. 이는 어떠한 전쟁이든 전쟁은 국제적 안정과 안보 및 평화를 이루기 위해서 치러져야 하는 것임을 의미한다. 이것은 매우 중요한 원칙으로서 전쟁을 일으키는 정당한 명분에 대한 제한 요소로 작용할 수가 있다. 정당한 명분이 있는 전쟁이라 할지라도 그것이 국제적인 평화를 깨뜨리는 전쟁이라고 한다면 재고되어야 한다는 것이다.

이상 일곱 가지 정당한 전쟁의 원칙을 살펴보았거니와 결국 전쟁도덕이 추구하는 것은 결코 호전성이 아님을 알 수 있다. 오히려 가급적 전쟁을 억제하고 문제를 평화적으로 해결하려는 자세가 전쟁 도덕이 갖는 기본 정신이다. 그렇지만 전쟁의 시작과 개입에 대한 궁극적 결정은 군인이 해야 할 일이 아니다. 그것은 정책 결정자의 영역이다. 물론 정책을 결정하기에 앞서 군의 전투 수행 능력과 평가에 대한 조언은 군인의 역할이지만 궁극적 결정은 정치가들의 몫이다. 따라서 전쟁도덕의 문제는 정책 결정에 참여하는 정치인들과 고위 군 간부들이 잘 알아야 하고 또 실행해야 할 부분이라고 하겠다. 전쟁에 직접 참여함으로써 전투에 임해야 하는 군인들에게 있어서 보다 중요한 도덕문제는 전쟁 수행 중에 일어날 수 있는 도덕문제들, 곧 전시도덕 morality in war의 문제들이라 할 것이다.


## 전시도덕

전쟁도덕이 전쟁 자체의 정당성과 관련된 문제라면 전시도덕은 전투 중에 있는 군인의 행위, 전쟁의 수단, 전술, 전략 등의 도덕성과 관련된 문제이다. 전투 행위 자체가 무력에 의한 인명 살상, 공공건물의 파괴, 폭파 등을 통해 이루어지기 때문에 의무론적 윤리설의 관점에서 보면 군인은 악과 불의를 자행하는 부도덕한 사람이 될 수도 있다.

그렇지만 목적론적 관점에서 본다면 전투 중 군인의 행위는 정당성을 갖기도 한다. 그러나 정의正義나 선善 등의 대의명분을 실현하기 위한 필요악으로서의 무력 사용이라 하더라도 군인은 인도주의人道主義 정신과, 공정한 경기를 펼쳐야 할 신사도 정신을 지녀야 한다. 그와 같은 정신도 지키지 않으면서 치러지는 전쟁이라면 인간과 짐승이 다를 바가 없을 것이며, 밀림 속의 동물세계처럼 단 한순간도 긴장을 늦출 수 없는 상황이라면 평화란 존재할 수 없을 것이다. 비록 명분이 있는 무력 사용이라 할지라도 인도주의 정신에 입각해서 무력을 사용해야 한다는 것이 전시도덕의 핵심이다.

인간의 존엄성에 기초한 인도주의 정신은 1949년 8월 12일에 제정된 전쟁 희생자 보호에 관한 제네바협약에 잘 반영되어 있다. "전쟁 중에도 자비를 베풀어야 한다"는 제네바협약의 인도주의 정신은 4개의 협약과 2개의 추가 의정서에 담겨져 있는데 '전시인도법戰時人道法'이라 불리는 이 원칙들은 대략 다음과 같은 내용을 담고 있다.

첫째, 전투능력 상실자와 적대 행위에 직접 가담하지 않은 자는 그들의 생명과 육체적, 정신적 보존에 대하여 존중받을 권리가 있다. 그들은 모든 상황에서 차별 없이 보호되고 인도적으로 대우받아야 한다.

둘째, 투항하거나 또는 전투능력을 상실한 적군을 살상하는 것은 금지되어야 한다.

셋째, 부상자와 환자는 적대 행위에 있었던 충돌 당사자에 의하여 수용되고 진료되어야 한다. 의료요원, 시설, 수송기관 및 자재도 보호대상이 된다. 적십자의 표장은 이러한 보호를 위한 표지로서 반드시 존중되어야 한다.

넷째, 포로가 된 전투원과 적대국의 지배하에 있는 민간인들은 그들의 생명, 존엄성, 인권 및 신념에 대하여 존중받을 권리가 있다. 그들은 일체의 폭력 및 보복 행위로부터 보호된다. 그들은 자기의 가족과 서신을 교환하고 구호품을 받을 권리가 있다.

　다섯째, 모든 사람은 기본적인 사법상의 보장을 받을 권리가 있다. 누구나 육체적, 정신적 고문과 체벌 또는 품위를 손상시키는 잔혹한 대우를 받아서는 안 된다.

　여섯째, 충돌 당사자와 그 군대의 구성원은 전쟁의 방법 및 수단을 무제한적으로 선택할 수는 없다. 불필요한 손실 또는 과도한 고통을 유발하는 성질을 지닌 무기나 전쟁 방법의 사용을 금지한다.

　마지막으로, 충돌 당사자는 어떠한 경우에도 민간인과 그들의 재산을 보호하기 위해 민간 주민과 전투원을 구별하여야 한다. 민간인이나 개인이 공격 목표가 되어서는 아니 된다. 공격의 대상은 오직 군사적 목표물에 국한되어야 한다.

　이상에서 살펴본 제네바협약의 7대 원칙은 비전투원과 포로의 취급문제 그리고 인간으로서의 존엄성 보장을 골자로 하고 있는데 이와 같은 인도주의 정신과 신사도 정신이 전시도덕의 근간을 이룬다. 이와 같은 정신은 맥아더 Douglas MacArthur 장군의 다음과 같은 말 속에 잘 담겨 있다고 하겠다.

　군인은 그가 우군이건 적군이건 간에 약하고 무장하지 않은 사람을 보호할 책임이 있다. 이것은 군인의 존재 이유이며 본질이다. 이러한 믿음이 사라지면 군인의 모든 명예와 신성함이 더럽혀질 뿐만 아니라 국제사회의 구조가 위협받게 된다.(조승옥,《군대윤리》, 봉명, 2003, 57쪽)

　그러나 정작 전투에 임하고 있는 군인들에게 주어진 원칙은 이와 같은 인도주의 정신을 준수하는 것만이 아니다. 그들이 따라야 할 원칙들은 임무수행의 원칙, 복종의 원칙은 물론이요, 무엇보다도 반드시 승리해야 한다는 승리의 원칙이 있다.

　　인도주의 정신은 종종 군인들이 지켜야 할 다른 원칙들과 부딪칠 수도 있으며, 그럴 경우 그들이 선택해야 하는 것은 어떤 원칙이어야 하는지 문제가 될 수도 있다. 승리에 도움이 될 군사필요의 원칙이냐 아니면 인간의 존엄성과 도덕의 보호를 위한 인도주의 원칙이냐가 갈등을 일으킬 때, 군인들은 어떻게 해야 할 것인가? 승리는 군인의 존재 이유이지만, 인도주의 정신의 파괴는 인간에 대한 포기이며 동시에 전쟁범죄자로서 훗날 처벌을 감수해야 한다. 이와 같은 문제를 어떻게 극복해야 할 것인가? 이 물음은 자연스럽게 전쟁범죄란 무엇이며, 그 기준이 되는 전쟁법 혹은 전쟁 규칙에 대한 철학적 논의로 우리를 이끈다. 이 역시 전쟁윤리의 주요 주제들이 되겠지만 그에 대한 논의는 뒤의 '더 읽어보기'에서 책을 소개하는 것으로 그치고자 한다.

• 마이클 왈쩌, 권영근·김덕현·이석구 외 옮김, 《마르스의 두 얼굴》, 연경문화사, 2007.

전쟁의 정당성에 대한 이론서. 정의로운 전쟁과 부정의한 전쟁의 개념 정립과 더불어, 부정의한 전쟁은 전후에도 떠맡아야 할 책임이 크다는 사실을 이론과 사례로 보여주고 있다.

• 씨셀라 복, 박상섭 옮김, 《평화를 위한 전략》, 인간사랑, 1991.

칸트의 영구평화 이론과 클라우제비츠의 절대전쟁론의 입장을 비교하고, 현대전에서는 칸트의 입장이 보다 바람직한 것임을 피력하고 있다.

• 이민수, 《전쟁과 윤리》, 철학과현실사, 1998.

전쟁과 윤리라는 양립하기 어려운 개념들이 조화될 수 있음을 보여주는 이론서다. 특히 전쟁의 실상에서 딜레마에 빠진 리더에게 바람직한 선택을 위해서는 역사적 통찰력의 덕목이 필요함을 역설하고 있다.

• 조승옥·박연수·이택호·조은영·정은진, 《군대윤리》, 지문당, 2013.

군 장교 혹은 리더에게 요구되는 바람직한 덕목과, 올바른 군인의 길을 위한 기초 이론서. 동서양의 이상적인 장교상과, 다양한 사례를 통해 보다 나은 윤리적 갈등의 해법을 제시하고 있다.

• 철학연구회, 〈정의로운 전쟁은 가능한가?〉, 《철학연구》, 2005, 봄.

정의로운 전쟁과 부정의한 전쟁의 기준, 전쟁시작, 전쟁수행 중 도덕성의 문제, 전후에 대한 다양한 책임문제 등 전쟁과 철학을 주제로 국내 최초로 열린 학술회의에서 발표된 논문들이다.

다문화주의윤리

# 윤리적으로 적합한 다문화주의란 무엇인가?

박병섭

　　다문화주의는 근대 서구사회의 시작과 함께 출현했던 사상이다. 근대 서구사회는 16세기에 기독교왕국이 붕괴되는 가운데 민주주의 민족국가가 등장하면서 시작된다. 이러한 서구사회에서 다문화주의는 오랜 잠재 기간을 거치다가 서서히 표면화되었다. 그런 점에서 다문화주의에 대해 논할 때는 다음과 같은 사항을 유념해야 한다.

　　첫째, 다문화주의를 접근할 때에는 실천철학적 규범적 접근에 대해 주목해야 한다. 과거 다문화주의에 대한 구체적인 정책적 접근이나 사회과학적 통계적 접근에서 주장했던 견해들은 심각한 난점에 직면한 반면에 의외로 철학적 규범적 접근(윌 킴리카)은 성공했다. 이 교훈을 이해하지 못하면 여전히 사회과학적, 교육적, 문화적 접근을 선호하게 된다.

　　둘째, 다문화주의 접근에서는 영미권(영국, 미국, 오스트레일리아 그리고 캐나다)의 서구 민주주의(자유주의/ 공동체주의) 사상이 이론적으로도, 그리고 실제적으로도 지배적이다. 이 사실을 인정하고 싶지 않은 사람들은 독일, 프랑스 등 유럽전통에서 무언가를 찾는다.

　　셋째, 다문화주의 실천철학은 추상적인 철학 원리에서 출발하는 것도 아니고 구체적인 정책에서 출발하는 것도 아닌 양자 사이에서 출발한다. 다문화주의 실천철학은 법철학과 구체적 법 사이의 관계처럼 양자를 포용해야 한다.

넷째, 다문화주의가 옳든 그르든 다문화주의는 결코 이상주의적 열정에 지배당하지 않는다. 다문화주의는 시민민족 개념의 민족국가의 이익에 철저하게 충실하다.

다섯째, 다문화주의에 대한 일상적인 열정과 오해는 한국이나 서구사회(40년 이상)나 마찬가지다. 다음은 아마 그런 비난(오해)의 최신판들일 것이다. '다문화주의 정책은 민족주의에 반대한다', '다문화주의 정책은 한국어 교육, 한국사/한국문화 교육을 하는 것이 아니다', '다문화주의 정책은 현재 서구사회에서 실패하였다', '다문화주의는 몰락하고 상호문화주의가 떠올랐다', '서구사회는 다문화주의 정책을 수정해서 국가로의 통합 교육을 강화하고 있다', '다문화주의의 소수자 우대 정책은 역차별이 발생한다.' 이 쟁점 중 간단히 합의에 도달할 수 있는 것은 없다. 우리는 다만 지난 날의 논쟁에서 교훈을 얻을 뿐이다.

## 다문화주의의 규정: 민족국가와 다수집단, 소수집단

다음은 다문화주의에서 잠정적으로 도달한 합의사항이다. 실천철학에서 다문화주의는 민족국가를 전제로 다수집단이 소수집단(원주민, 소수민족, 그리고 이주민)의 권리를 존중해야 한다는 정책에 대해 규범적으로 주장한다. 우리는 문화, 인종, 시민권(국적) 그리고 언어 등 다양한 문화 쟁점에서 원주민indigenous people, 소수민족, 이주민에 대해 보통 다문화주의의 관용적 태도로 접근해야 한다고 주장한다. 이중에서 문화, 인종, 시민권 쟁점에서는 집단 간 조정을 통해 양립 가능할 여지도 있어 그나마 비교적 쉽게 관용적 태도를 실천할 수 있고, 또 국가는 법적으로 보장할 수도 있다. 다문화주의에서 보통 끝까지 남는 핵심 쟁점은 이런 다양한 쟁점이라기보다도 오히려 공적 언어에서의 권리 쟁점이다.

　민족국가는 단일민족이든 복수민족이든 학교 교육, 군대, 행정, 법정 등에서 하나의 언어를 채택하려는 요구에 직면한다. 민족국가는 하나의 민족으로 구성되기 위해 다수집단이 사용하는 언어로 학교 교육을 하는 것이 편리하다. 민족국가의 학교 교육 언어에서 배제된 집단들이 소수집단이 된다. 민족국가에서 배제된(불리한) 소수집단에는 원주민, 소수민족, 그리고 이주민집단이 있다.

　다문화주의 실천철학은 지리와 역사에 종별적인 민족국가가 자유주의이든 사회주의이든 학교 교육에서 사용하는 다수집단 언어와 배제된 소수집단의 언어를 구분하고 여기서 발생하는 집단권을 어떻게 취급할 것인가를 핵심 쟁점으로 다룬다. 민족국가는 국가공용어이든 상용어이든 공통 언어를 선택한다. 현대 민족국가라도 지리와 역사에 연루된 조건으로 보면 단일 언어만 사용하는 경우는 거의 없고 있다 해도 한국과 아이슬란드, 그리고 포르투갈의 경우처럼 단 두세 개의 경우만 존재해서 매우 드물다. 민족국가 내에서 소수집단들이 존재해 두 개의 언어가 있다면 결국 이중언어 교육문제에 직면한다.

　19세기에 자유주의(밀)와 맑스주의(맑스, 엥겔스)는 둘 다 후진 문명(문화)의 약소민족들이 선진 문명의 주요 민족들로 통합되는 것이 좋다고 생각했다. 서구사회(캐나다, 호주, 미국 등)는 1960년대 말부터 영어로의 동화가 아니라 다문화로의 통합을 지지했다. 서구 자유주의는 1991년 소권과 동구권의 붕괴 이후에 자유주의 사상의 수출을 예상했지만 실제로는 종족 갈등이 심화되자 민족주의와 소수집단문제가 전면에 부각되었다. 2006년 이래 미국과 유럽에서 신규이민 장벽이 강화되면서 주목받고 있다. 동아시아에서 이주자문제는 일본이 1988년 이래로, 대만이 1998년 이래로 증가하기 시작했다면, 한국은 2005년 이래로 정치권의 관심 속에서 급성장하고 있다. 킴리카에 따르면,

다문화주의는 1기 공동체주의의 다문화주의, 2기 자유주의의 다문화주의, 3기 민족국가 건설에서의 소수집단문제로 나누어진다.

다문화주의는 인권, 시민권, 개인권, 집단권 등을 다룬다. 다문화주의는 기존의 개인권에서 더 나아가 집단권까지 인정한다. 개인들은 소수집단의 개인이기 때문에 다양한 불이익들에 직면할 수 있다. 소수집단들이 받는 불이익을 상쇄시키기 위해서 소수집단을 위한 권리를 고려하기 시작하면 그것이 집단권의 시작이다. 집단권 분석에서, '집단'이란 그 집단 내 사람들은 전형적으로 그 안에서 태어난다는 것인데, 그 관계가 '본래적' 또는 '비자발적'이다. 게다가 이러한 집단들은 상호적 의존, 인정과 의무가 있고 '다차원'적인 관계로 함께 묶여 있는 것이다. 일단 사람들의 안녕이 그들이 속한 집단과 연결되어 있는 범위를 인지하면, 그때 개인권으로 환원되지 않는 자기보존권을 포함한 어떤 집단권의 존재를 인지한다.

집단권에는 두 가지 다른 경우가 있다. 한 경우에서는, 소수 문화가 보다 큰 인구의 경제적 또는 문화적 결정으로부터 그들 자신을 보호하기 위해 보다 큰 사회에게 권리('외부적 보호')를 요구한다. 다른 경우에서는, 소수 문화가 개인의 의견 차이에 대한 전통적인 삶의 방식을 보호하기 위해서 소수 문화의 구성원들에게 권리('내부적 제한')를 요구한다. 우리는 일반적으로 집단권이 다른 소규모 소수집단들의 권리를 해치지 않는 한 소수집단의 집단권을 지지할 수 있다.

## 소수집단들과 정의, 민주주의, 인권 사이의 관계

다문화주의 실천철학은 소수집단의 다문화주의 정책과 사회정의를 결합하려는 규범적 주장이다. 소수집단은 사회정의 차원에서 다수집단에 비해서 정치적, 경제적, 그리고 문화적으로 불리한 처지에

있다. 이런 문제를 해결하려는 것이 바로 다문화주의의 정의이다. 다
문화주의적 사회정의는 소수집단에게 자유, 평등, 연대의 권리를 보장
해주는 것이다.

다문화주의의 소수집단들에는 원주민, 소수민족, 이주집단이 있
고 각 집단에 대한 다문화주의 정책들은 다음과 같다.

① 원주민 정책: 토지권리 주장들, 자치 정부권, 관습법 주장들, 과거
　　조약 권리들.
② 소수민족 정책: 공식언어권, 지역 자율권, 통합적 권력공유권.
③ 이주자 정책: 종교적 특성 조율권, 종족 기관들의 기금 지원, 미디
　　어에서의 종족 이미지 고려, 다문화적/모국어 교육권, 적극적 보
　　완조치.

인권-민주주의적 가치들은 다음과 같다.

① 시민적이고 정치적 자유들: 언어, 양심, 의회의 자유, 효과적인 정
　　치적 참여의 권리.
② 기회의 평등권: 기술들을 습득하기, 직업을 얻기.
③ 연대권: 상호 존중, 재분배.

다문화주의의 소수집단권 보호 정책은 인권, 개인권, 민주주의,
그리고 헌법을 부정하는 것이 아니라 오히려 그런 기본 가치들의 보장
을 전제한다. 다문화주의의 정책은 인권, 개인권, 민주주의, 그리고 헌
법적 질서 같은 기본적 가치를 인정하는 것이 기본 조건이기 때문이
다. 다문화주의는 소수집단의 문화적 권리를 보장하지만 그 문화가
민주주의와 인권에 어긋나는 문화일 경우에는 그 권리를 인정하지 않

는다.

다문화주의는 원주민의 권리를 존중하지만 그것이 민주주의와 인권의 기본 질서에 어긋나는 경우에는 지원하지 않는다. 원주민의 권리 중에서 여성을 차별하는 관습이 있는 경우에 다문화주의는 민주주의와 인권을 지지할 뿐 원주민의 관습이라 해서 여성 차별에 대한 관습조차 지원하지는 않는다. 다문화주의는 소수민족의 권리 중에서 여성 차별도 마찬가지로 적용한다. 다문화주의는 이주민들의 문화 중에서 여성 차별 문화를 인정하지 않고 약탈혼, 조혼, 강제혼, 여성 음핵제거, 일부다처제 등을 거부한다.

소수집단문제는 인권의 교리로는 충분히 보호하지 못한다. 자유주의에서 국가 중립성 개념은 국가가 서로 다른 선(좋음)관이 지니는 본질적 장점을 등급화해서는 안 된다는 원칙이다. 자유주의적 선의의 중립성 모델은 다른 종교보다 한 종교에 특권을 부여하는 어떠한 정책을 지지해서도 안 된다는 국가와 종교 사이의 분리를 지지한다. 자유주의는 이런 국가의 종교의 자유와 종교에 대한 관용을 다른 정책들에도 원용한다. 자유주의는 민족국가 건설 또는 민족국가에서 절차적 자유주의, 절차적 민주주의, 절차적 공화제 등의 절차를 중시하고 그 내용에 대해서는 중립성을 취하면서 다수집단을 옹호한다. 자유주의는 다수집단들이 다수집단으로서 집단적 이익을 취하는 현상에 대해서 중립을 취함으로써 결과적으로 소수집단들이 언어적·문화적·종족적으로 불이익을 받는 현상에 대해 침묵해왔다.

그러나 자유주의 국가의 실제 국가건설과정은 특히 언어 정책을 중심으로 민족국가를 형성하고자 노력해왔다. 이것은 민족국가 또는 민족국가 건설에서 자유주의가 다수집단의 언어를 공용어로 한다는 것을 의미한다. 민족국가 건설은 반드시 학교 교육, 법정 등에서 공용어의 문제를 포함하게 되는데, 무엇을 공용어로 삼느냐는 구성원에게 커다란 영향을 미치는 결정적인 문제가 된다. 서구에서는 다수집단의 언어가 공용어로 되거나 아니면 복수의 공용어를 채택하는 방식으로 처리되었다. 인도와 아프리카에서는 식민지에서 해방될 때에 식민지 엘리트들이 많은 종족어들 중에서 공용어를 채택하지 않고 식민제국의 언어를 공용어로 채택했다. 자유주의는 절차적 민주주의와 중립성의 테제를 통해서 민족국가의 건설문제의 외부에 존재하지만 실제 자유주의 국가는 항상 공용어문제를 통해서 민족국가건설을 지지한다. 자유주의는 종족문제를 중립성의 대상이 아니라 집단적 권리의 문제로 보아서 자유주의적 문화주의가 되어야 한다.

## 소수집단들의 분류: 다민족국가와 다종족국가

소수집단문제는 크게 소수민족과 소수종족(이주민) 문제로 나누어 보는 것이 매우 중요하다. 즉 '다문화'사회'multicultural' society 내에서 '다민족'국가들'multination' states과 '다종족'국가들'polyethnic' states을 구별해야 한다. 다민족국가에서의 '소수민족들national minorities'과 다종족국가들에서의 '종족 그룹들ethnic groups'은 성격이 전혀 다르다.

이 구별은 독립운동 여부와 국제 정의 쟁점 여부 차원에서 중요하다. 첫째, 일반적으로 소수민족과 원주민은 영토분리운동을 전개할 수도 있지만 이주민은 영토분립운동을 전개하지 않는다. 둘째, 일반적으로 이민자문제는 국내 정책문제로 그치지만 소수민족과 원주민문제는 국제 정의문제로 비화하기 쉽다. 원주민과 소수민족 사이는 보통 잘 구별된다. 하지만 양자가 항상 잘 구별되는 것은 아니다. 소수집단의 문제는 일국 내에서 발생하지만 국제적인 정의문제이다. 국제적인 정의에서는 원주민문제와 소수민족문제가 주로 취급된다. 소수집단들은 국제 결의가 소수민족보다도 원주민에 호의적이기 때문에 영토적 쟁점을 요구하는 소수집단들이 원주민인지 소수민족인지 애매모호한 경우에는 원주민의 권리에 기대서 권리를 호소하려는 경향이 있다.

다문화주의의 소수집단 정책 중에 원주민의 정책은 계속 영향력을 확대하고 있다. 다문화주의 원주민 정책은 미국, 캐나다, 호주에서 각종 법률로 보호가 강화되고 유엔에서도 보호가 강화되고 있다. 다문화주의 소수집단권 중에서 원주민집단권은 일반적으로 전진하고 있다. 원주민은 그들의 전승된 토지가 이주자들에 의해 침략되어서, 강제적으로 또는 조약에 의해서 그들이 외국인으로 간주하는 사람들에 의해서 국가에 편입된 사람들이다. 원주민에는 미국의 인디언, 사모스섬의 사모스족(Sami), 일본의 아이누족(Inuit), 뉴질랜드의 마오리족(Maori), 캐나다의 원주민들, 호주의 원주민들, 러시아의 원주민들 등이 있다.

원주민들은 자신의 학교, 법원, 언론, 정치 제도를 유지하거나 회복하기를 요구한다. 이것은 분리 독립일 수도 있지만 보통 연방정부를 추구하는 경우가 많다. 원주민의 권리는 대개 그들의 생활방식 유지를 위해서 주거 지역 그리고 자연환경에 대한 권리를 주장하면서 등장한다. 자유민주국가는 한때 원주민들이 비문명적이기 때문에 강제로 문명권에 편입되는 것이 그들에게 더 이익이라고 주장하였다. 원주민을 소위 문명사회에 강제로 편입시키려는 정책은 거의 모두 중단되었고 이제는 과거의 강제편입 정책에 대해 보상책을 제공하는 중이다. 2000년대에 국제사회는 원주민들의 권리를 위한 각종 결의를 하였다. 다문화주의 실천철학에서 소수집단 원주민에 대한 영역은 2000년대에 서구의 어느 나라에서나 전진할 뿐 후퇴한 적이 없다. 적어도 당분간 원주민의 권리는 전진 중일 것이며 역전될 수 없을 것이다. 비서구 지역에서도 원주민문제는 국제사회의 지원에 힘입어 전반적으로 전진할 뿐이다.

소수민족들national minorities(종속 지위의 민족들substate nations)은 자신들이 국가를 건설하기를 원했지만 정치적 투쟁에서 패배한 집단들이다. 테일러는 민족주의에서 다수집단의 언어가 그들을 유리한 처지에 있게 한다고 말한다. 그는 민족건설과정에서 다수집단 문화의 구성원들이 얻는 특권에 주목한다. 근대 국가가 '공식' 언어를 그 용어의 완전한 의미에서 갖고 있다면, 즉 국가로부터 지원받고 국가로부터 주입되고 국가로부터 정의된 언어와 문화로서 경제적이고 국가적인 기능을 모두 하게 되는 공식 언어라고 한다면, 그것은 분명 그러한 언어와 문화를 구사하는 사람들에게 광범위하게 유리하다. 다른 언어를 구사하는 사람들은 분명히 불이익을 받는다. 이런 이유로 소수민족들은 국가 내의 자신들의 지역에서 언어와 학교 교과과정, 정부 공무원들의 언어, 이민과 귀화의 조건, 그리고 내부 경계의 구획 등에 대한 지배권을 추구한다. 그런 사례로는 플랑드르인(벨기에)과 퀘벡인(캐나다) 등이 있다.

소수민족은 원주민과 소수민족을 합한 의미로 볼 수 있고, 이 경우에 양자 모두 다문화적 연방주의를 추구할 수 있다. 소수집단 민족주의에 대해 자유민주제는 오랫동안 탄압했다. 이제 자유민주주의는 경험적인 이유와 규범적인 이유로 소수집단 민족주의에 대한 억압이 잘못되었다는 것을 점진적으로 인식하게 되었다. 다민족국가는 모두 다민족 연방제의 쟁점에 연루되어 있고, 항상적으로 소수민족의 독립이라는 쟁점에 직면해 있다. 국제사회는 2000년대에 소수민족의 권리에 대한 각종 결의를 하였다. 또한 국제사회는 소수민족의 권리에 대해서는 원주민의 권리와 달리 가끔 주저하기도 하는데 그것은 바로 코앞의 자국문제로 연루된 서구국가가 많기 때문이다. 다문화주의 실천철학에서 소수민족 다문화주의에는 일국적 차원에서 가끔 오락가락할 수도 있지만 국제적 차원에서는 거시적으로 보아 전진할 뿐 후퇴가 없었다. 서구 다문화주의는 원주민, 소수민족 쟁점 같은 오래된 소수집단권 쟁점에서 전반적으로 전진할 뿐 후퇴가 없다.

세계 이주집단들immigrants의 약 70% 정도가 삼대 이민국가에서 이루어졌기에 이민자집단과 이주자 타국인의 구별은 의의가 있다. 이민 수용 국가의 이주 정책에 따라 이민자집단과 이주자 타국인 집단들이 구분된다. 이주국가의 이민자집단(캐나다, 호주, 미국 등)은 애초에 이민취득 절차가 존재하는 합법적인 이주자이고, 비이주국가(보통 독일 등)의 이주자 타국인metics은 이민 취득 절차가 사실상 존재하지 않아 합법적인 지위에 도달하지 못하는 집단이다.

이민자집단은 개인 또는 가족이 자신들의 고향을 떠나서 종종 그들의 친구들과 친척들을 뒤에 남겨둔 채 다른 사회로 이민하기로 결정함으로써 형성된 집단을 의미한다. 주요 세 개의 이민국가들은 상대적으로 짧은 기간(3~5년) 이후에 단지 일정한 조건들(국익에 입각한 이민 가능대상 한정, 공식 언어, 공식 역사와 정치제도를 아는 것; 피난민)을 통과하면 시민이 될 수 있는 권리를 부여하는 이민 정책 아래에서 이주한 사람들이다.

서구(적어도 영국, 미국, 캐나다, 호주, 프랑스 등의 현재 혹은 한 때)의 경우에는 이주 노동자가 취업을 하다가 자녀를 낳으면 속지주의에 따라 그 나라의 국민이 되어 언어문제-실업문제가 발생한다. 이주 노동자들의 자녀들은 이중언어(부모의 언어와 국적의 공용어, 예 프랑스어) 이중문화의 상황에 처한다. 자유민주주의의 주요 이민국가(미국, 캐나다, 호주)는 1960년대까지 다문화주의 요구에 대항해서 동화주의적 '앵글로순응Anglo-conformity'모델을 채택했다. 동화주의 순응모델은 불필요하고 정당화될 수 없다고 점차 사고하게 되었다. 얼마 전까지 이주자들의 권리는 지속적으로 확장되어 왔다. 이런 반성과정에서 이중언어 교육과 다중언어 교육모델이 발전했다.

다문화주의적 화합에도 관용의 제한이 있는데, 이주자들이 인권, 개인권, 성적 평등, 타종족 문화에 대한 존중 등과 같은 자유민주제적 기본권 또는 헌법적 기본질서를 수용해야 한다는 것이다. 이런 제한을 가진 국가의 사례로는 호주, 캐나다, 뉴질랜드, 영국, 스웨덴 등이 있다. 다문화주의 정책에서 통합의 조건과 타협의 한계를 분명히 하는 것이 특히 신참자를 위해 필요하다. 한국이 이민자들에게 한국에서 지켜야 하는 기본 가치에 대해 확실하게 교육하지 않으면 이민 신참자들은 적응에서 불필요한 혼란에 직면하기 때문이다.

한국 국적을 취득한 이민자들이 한국 정부에 요구하는 것은 통합 조건에 대한 재협상이다. 이민자들은 음식, 옷차림, 여가, 종교와 관련된 관습들의 일부를 유지하고 이러한 관행들을 유지하기 위한 집회 자유의 권리를 요구한다. 이민자들은 보통 공정한 통합 조건으로 다음의 권리를 가진다. 첫째, 이민자의 통합이 단번에 이루어지는 것이 아니므로 특수한 편의로서 모국어 서비스가 필요하다. 둘째, 이민자들에게도 다수집단에게 있는 존중, 인정, 그리고 편의가 제공되어야 한다.

자유주의적 문화주의는 종족적 편견들에 대한 다양한 해결책들을 제시한다. 종족 그룹들의 권리는 구체적 상황에 따라 다양하게 제시된다.

1. 적극적 조치 프로그램을 채택한 것. 이 프로그램은 다수집단의 교육적 그리고 경제적 제도 내에서 이주자 (혹은 여성, 장애자) 그룹의 대표권을 강화시키고자 한다.

2. 이주자 (혹은 여성 그리고 장애자) 그룹을 위해 입법부, 혹은 정부자문 기구 내에 특정수의 좌석을 남겨두는 것.

3. 공립학교 내 역사와 문학 커리큘럼을 (이주자의 사회적 공헌을 반영

해) 개정하는 것.

4. 작업 일정표나 학교 일정표에서 소수집단 이주자 그룹의 종교적 휴일을 수용하는 것.

5. 복장-규정을 개정해서 이주자 그룹의 종교적 신념을 수용하는 것.

6. 반인종주의적 교육 프로그램을 채택하는 것.

7. 작업장 혹은 학교 괴롭힘 방지 규정을 채택하는 것.

8. 경찰 혹은 의료, 법률 전문가를 양성하는 데 문화적 다양성을 요구하는 것.

9. 매체에서, 종족적 고유 관념에 대한 정부의 규정적 지침을 채택하는 것.

10. 종족적 문화 축제와 종족적 연구 프로그램에 정부기금을 제공하는 것.

11. 성인 이주자들이 공공 서비스에 접근하는 전제 조건으로서 한국어를 배울 것을 요구하기보다는, 오히려 그들에게 그들 모국어로 된 특정 서비스를 제공하는 것.

12. 이주자 자녀들을 위해 이중언어(한국어:이주 출발국 언어) 교육 프로그램을 제공해 젊은 시절 모국어로 부분적이나마 교육을 실행하는 것.

13. 이주자 자녀들도 영어, 논술 등 방과 후 보충교육 프로그램에 접근 가능하게 할 것.


이것은 포괄적인 목록은 아니지만, 이런 숙고는 이주자 다문화주의에 대해 (서구)정부에 의해 채택되었거나 최소한 심각하게 제기된 쟁점들에 관한 것이다. 이런 다문화주의를 한국사회에 적용하면, 다문화주의는 단수의 사상이 아니라 수용 수준에 따라 다른 복수의 사상이 된다.

## 역사적 부정의, 민족통일 교육,
## 그리고 자유주의적 관용의 한계

만일 과거(선조, 일제강점기의 친일파)의 역사적 부정의(원주민 말살과 영토 차지 범죄, 친일파 부의 상속)를 현재 용인하면 현재의 후손에게 이익이 된다. 이 경우 우리는 현재의 역사적 부정의(부정부패)도 공소시효가 지나 미래에 용인되어 후손에게 이익이 된다고 상정할 것이다. 다문화주의 정책은 거시적으로 소수집단이 당한 역사적 부정의를 보정하는 정책을 추구한다.

다문화주의는 다수민족과 소수민족문제를 해결하는 민족연방제모델을 지지한다. (캐나다식) 민족연방제모델이란 다수민족과 소수민족 사이의 갈등을 하나의 연방 주권과 민족 주들의 주권이라는 이중주권으로 해결하는 방법이다. 민족연방제에서 유의할 사항은 이중주권을 명확하게 확정해두지 않고 민주주의적 선거로 그 쟁점을 해결하려고 하면, 선거를 통해 갈등이 해결되기는커녕 심화되어 마침내 심각한 내전에 직면하게 된다는 것이다. 한국사회에서 민족연방제의 쟁점은 남북한 통일이라는 소연방제모델, 남북한/몽골을 통칭하는 중연방제모델 그리고 동아시아 칠국(남북한, 중국, 일본, 대만, 몽골, 베트남)을 포용하는 대연방제모델을 고려할 수 있다. 한국에는 분단 상황 때문에 특수 쟁점인 '북한 이탈주민'의 문제도 있다.

다문화주의 정책은 민족주의 교육 사이의 관계를 설정해야 한다. 민족주의 교육이란 민족주의 정체성, 민족주의 시민정체성, 민족주의 언어 교육, 민족주의 역사 교육, 민족주의 문화 교육 등을 의미한다. 한국은 세계적으로 드문 단일 종족 민족국가이다.

오늘날 대부분의 국가들은 문화적으로 다양하다. 연구에 따르면 세계 184개 독립국들이 600개가 넘는 언어집단과 5,000개의 종족 집단을 포함하고 있다. 아주 극소수 국가에서만 시민들이 같은 언어를 공유하거나 같은 종족 집단에 속한다고 할 수 있다.(윌 킴리카, *The Rights of Minority Cultures*, Oxford University Press, 1995. p. 4)

다문화주의 실천철학이 민족주의 교육 자체를 부정한다면 한국 같은 민족분단국가에서는 다문화주의 정책과 교육이 아예 한국사회에 부적합할 것이다. 다문화주의 정책이 민족주의 교육을 배제한다는 발상은 근대의 민족국가 탄생이라는 기본 전제를 무시하는 것이다. 다문화주의는 한국과 같은 종족민족국가에서 시작된 것이 아니라 서구 같은 시민민족국가에서 시작된 것뿐이지 민족주의 자체를 부정하는 것이 아니다. 시민/종족 민족주의 개념 구분은 한국 식의 열린/닫힌 민족주의 쟁점과는 무관하다.

한국의 다문화주의 교육은 한국의 민족통일 교육 사이에 균형을 고려해야 한다. 한국의 다문화주의 교육은 민족국가를 준거로 한 소수집단의 권리를 주장하면서 동시에 한국의 남북한 민족통일을 위해 다수집단으로서 한국인 정체성에 대해 항상 유의해야 한다. 또한 다문화주의 교육은 그 자체로 민족교육에 대한 거부를 포함하지 않지만 항상 잠재적 갈등 가능성을 고려해야 한다.

자유주의 국가에서 자유주의를 견지하면서 소수집단들의 불이익을 축소시켜주기 위해서 집단권을 인정해주면, 이러한 사상을 자유주의적 문화주의라고 부를 수 있다. 자유주의적 문화주의는 윌 킴리카Will Kymlicka가 자유주의자이면서 동시에 집단권을 인정해서 다문화사회를 지지하는 사상들을 지칭하는 용어이다. 이런 이유로 자유주의적 문화주의에는 자유주의를 비판한다고 알려진 공동체주의 사상가 찰스 테일러Charles Taylor도 포함될 수 있다. 현재 자유주의적 문화주의는 다문화 현상의 해결책에 대한 가장 유력한 사상이다. 자유주의적 문화주의(윌 킴리카)는 그것이 다른 사상들과의 경쟁관계에서 승리해서 가장 유력한 사상이 된 것이 아니라, 다른 경쟁 사상들이 좋은 대안들을 제시하지 못해 부전승으로 유력한 사상이 되었다. 이것은 현재 세계 최고의 다문화주의 철학자로 평가되는 킴리카가 자기 다문화주의 철학에 대한 자평이라고 볼 수 있다. 다문화 상황에서는 멋진 견해 제시가 어렵다는 것을 우회적으로 겸손하게 표현한 것이다.

자유주의의 기본 전제는 개인주의, 선거, 민주주의, 인권, 권리 등이다. 자유주의 입장에서 다문화주의에 접근하면 자유주의의 기본 전제만 거부하지 않으면 소수집단들의 문화 차이, 언어 차이 등은 용인된다. 자유주의적 다문화주의는 원주민의 권리, 소수민족의 연방 국가에서의 권리, 이주민집단들의 권리에 대해 일반적 원리로만 다루는 것이 아니라 지리적이며 역사적인 경우에 의존하는 매우 세세하고 구체적인 방식으로 접근한다. 자유주의 입장에서 다문화주의와 충돌하는 지점은 하나의 자유주의와 두 개(다수)의 소수집단 사회(윌 킴리카, *Politics in the Vernacular*, Oxford University Press, 2001)인지 두 개의 자유주의와 두 개(다수)의 독자 사회(찰스 테일러, "Politics of Recognition"(1992) in *Multiculturalism and the Politics of Recognition*, Princeton University Press, 1994, pp. 25~73)인지의 쟁점, 자유주의적 페미니스트가 소수집단들의 여성차별문화에 직면했을 때 취해야 하는 태도와 자유주의적 동물권주의자가 다수집단이나 특히 소수집단들(원주민 등)의 생계를 위해 희귀 동물에 대한 식용문제에 직면했을 때 취해야 하는 태도 등이 있다.

다문화주의 집단권과 여성권은 모두 진보적 쟁점이다. 여기서 여성권은 처녀권과 모권을 포함하고, 여성권에서 성매매, 강간, 근친결합에 대한 반대를 포함하지만 논란의 여지가 있는 매매혼, 성추행, 성희롱의 쟁점을 직접 포함하지는 않는다. 여성권자들은 다문화주의 집단권이 여성권을 해치는 두 가지 사례를 제시한다. 하나는 다문화주의 집단권이 원주민 문화를 보호할 때 원주민 문화가 남성 중심 사회라면 발생하는 문제이다. '원주민'이 정부에 의해 특별히 지원받는 일종의 법적인 특권지위에 있는 캐나다의 맥락에서 발생한다. 원주민 남성과 비원주민 여성 사이에 태어난 아이는 원주민 법적 지위를 유지하지만 원주민 여성과 비원주민 남성 사이에 태어난 아이는 원주민의 법적 지위를 유지하지 못한다. 이 문제는 지극히 해결하는 어려운 문제로 남아 있다.

다른 하나는 다문화주의 집단권이 전근대적 이주민집단을 수용할 때 이주민집단의 문화가 전근대적 여성차별을 포함하고 있을 때 발생한다. 전근대적 이주민집단의 사례로는 일부 지역에 남아 있는 약탈혼, 이슬람 지역이 가진 여성조혼 풍습, 여성할례 풍습, 일부다처제 등이 문제될 수 있다. 현실에서 이런 쟁점은 이주자들이 개별적으로 이주해오는 경우에는 나타나지 않고, 이주자 집단이 역사적인 이유 등으로 집단적으로 이주해올 때 발생한다. 다문화주의와 여성권이 충돌할 때 다문화주의는 민주주의와 헌법을 해치는 이주자의 풍습까지를 보호하지 않기 때문에 민주주의, 인권, 여성권이 소수집단의 풍습에 대해 우선적으로 적용된다.

다문화주의 집단권과 동물권은 모두 진보적인 쟁점이다. 동물권은 서구사회에서 공장제 가축농장방식이 등장하면서 본격적으로 제기되었다. 킴리카는 다문화주의 실천철학에 대응해서 동물권 실천철학을 제시한다. 동물권 사상은 인권, 개인권, 다문화주의 시민권 등과 대응해서 전개된다. 인간이 인권을 가진 것과 마찬가지로 동물도 보편적인 동물권을 가진다고 한다. 우선 동물들을 가내동물, 야생동물, 그리고 근린동물로 구별한다. 가내동물에게는 인간의 시민권과 마찬가지의 공시민권이 있고, 야생동물에게는 인간의 주권과 마찬가지의 주

권이 있고, 근린동물에게는 인간 이주자의 거주권과 마찬가지의 공
거주권이 있다고 주장한다. 소수집단이 동물권에 대한 존중의식이 없
는 경우라면 현실적으로 원주민과 소수민족은 해결책이 없고 신규 이
주민은 진입 장벽 마련이 해결책이다.


## '진리의 언어'로서 위신재 영어, 한국어,
## 그리고 이중언어 교육

(테일러의) 식민지 엘리트란 엘리트가 외래의 계몽주의(인간존엄성)
사상을 배워 엘리트가 되었지만 그의 종족민족집단이 식민지가 되면
서 자문화(민족어)의 열등성에서 오는 엘리트로서의 자존의식에 대한
상처로서 딜레마에 봉착하는 현상이다. '식민지 엘리트의 딜레마'는
엘리트의 민족 문화에 대한 자존감 상처가 완화되면서 이제 민족국가
들은 자본주의 세계체제의 기축화폐Key money(달러와 유로화 등)와 국내
화폐에 상응하는 기축 언어(영어)와 국내 언어의 위계구조, 또는 세계
체제의 중심부-반주변부-주변부 국가의 위계적 노동시장에 상응하
는 '기축 언어(영어)-역내 유력어(이주대상국, 주변무역대상국 : 유럽어들; 일
본어·한국어 등)-민족어 사이의 삼층 언어구조'가 성립된다. 민족국가
내에 삼중/이중언어인 모델이 자리 잡았고, 그 결과로 자국 내에서 단
일 민족어 사용자 집단이 민족국가 내에서 양적으로는 다수집단라고
해도 정치-사회-교육-취업-심리적으로 소수집단으로 자리 잡은 현
상이 나타난다. 소수집단이란 양적 규모 차원의 용어가 아니라 질적
내용 차원의 용어이다.

국가는 내부에서 공식 언어 교육을 둘러싸고 종족갈등이 첨예화
하기 쉽다. 비판적 다문화주의자 맥라렌Peter McLaren가 보기에 보수적
다문화주의자 브룩히저Richard Brookhiser의 서구 WASP(백인, 앵글로,색슨

계, 신교도)와 비 WASP를 구별한 특징들은 '비서구 언어에 비해서 서
구 언어(영어, 프랑스어, 독어 그리고 고대 그리스어)는 특권의 언어이고, '에
센스'로서 진리를 파악할 수 있는 언어'라고 부당 가정하는 것이다. 그
런 서구 언어의 정점에는 영어가 있다.

한국에서 영어는 실용성 여부를 떠나 식민지 엘리트의 위신재威
信財이다. 식민지 엘리트의 위신재는 당-신라 때에는 한문이었고, 미
국-남한 때에는 영어이다. 한국의 대학은 대학의 평가수준을 높이기
위해 영어강의, 영어논문을 요구한다. 한국 대학에서 영어강의가 대학
의 수준을 결정하는 표준이 되는 것은 전형적인 정신적 지적 식민지
현상이다. 한국의 상류층은 자녀에게 언어 위계의 상층에 진입시키기
위해서 영어권 국가에 유학 보내서 '아동유학자'문제에 직면한다.

이민자집단은 민족 건설을 추구하지 않고 자신들이 보다 확장된
사회적 문화로 통합될 것을 기대하고 또 공용어도 배운다. 한국에서
다문화주의에 대한 심각한 오해 중 하나는 한국 정부가 기금을 지원
해서 결혼이민센터들이 제공하는 한국어 교육을 다문화 정책이 아니
라 동화 정책이라고 비판하는 것이다. 이민자들은 항상 이민 선택국가
의 언어를 배우기 원한다. 삼대 이민국가들도 모두 이민자들에게 자국
어 교육을 지원한다.

다문화주의적 이중언어 교육은 민족국가 내에서 명시적 혹은 사
실상의 공용어인 다수집단 언어와 소수집단(원주민, 소수민족, 그리고 이
주민) 언어 사이의 이중언어 교육으로 나타난다. 이중언어 교육 방법
으로는 학교 교육에서 이중언어 몰입 교육, 한 개의 공용어와 제2외
국어, 그리고 방과 후 이중언어 교육으로 나타난다. 결국 정당화의 초
점은 자유주의/공동체주의나 시행/불시행이 아니라 어느 정도 지원금
을 제공해야 하느냐 정도의 문제이다. 정부의 지원 규모에서 가장 적
은 것이 방과 후 교육을 위해 (전문성 여부와 무관하게) 부모와 교사에게

지원금을 주는 것이다.

## 한국의 이민자 다문화주의 성공 여건

현재 서구에서 다문화주의 정책이 후퇴했다는 주장들은 모두 이민자 다문화주의와 관련해서만 주장되는 쟁점들이다. 이민자 다문화주의에서도 이미 시민권 혹은 영구권을 얻은 이민자에 대해서는 다문화주의에 대한 지원책이 대부분 확대되었다. 서구 국가는 신규 이민자들에 대해서는 국가 이익을 좀 더 철저하게 고려하는 방향으로 후퇴했고 이것은 이민자 다문화주의의 후퇴 혹은 실패라고 표현된다. 유럽의 여러 나라는 알 카에다의 '자살테러' 이후에 이슬람 이주민들에 대해 공포심이 생겼고, 그 결과 이주민 일반에 대한 적대감으로 확대되었다. 유럽 몇 개국의 소위 다문화주의 정책 실패 발표는 이런 이주민 다문화주의 정책 상황에서의 궁지를 반영하는 것이다.

다문화주의의 '실패'를 주장하는 사람들은 보통 그 대안으로 상호문화주의 교육을 내세우는 경우가 많다. 우리는 상호문화주의가 매혹적인 구호라는 것을 안다. 상호문화주의가 상호 집단 간에 문화를 존중해야 한다는 주장이라면 이런 견해에는 어떤 문제도 없다. 상호문화주의를 주장하는 것과 상호문화주의 교육은 구별되어야 한다. 상호문화주의 교육은 문화 간 상호 교육이 문화 간의 갈등을 해결하는 방법이라 주장한다. 그렇지만 상호문화주의 교육이 실제 현장에서 성공한 사례가 없다. 상호문화주의 교육은 특히 다른 종교 간 교육일 경우에 상호 식별 능력만 높여서 갈등이 고조되면 되었지 갈등이 해소된 사례가 없다. 상호문화주의 교육은 심층적인 상호문화 교육을 하지 않고 표층적인 상호문화 교육만 해서 실패했다고 본다. 만일 상호문화주의 교육이 교육 후에도 실패하면 표층적인 교육 때문이라 변명하고 심층적인 교육의 기준을 성공할 때까지로 규정하다면 상호문화주의 교육은 공허한 구호가 된다.

캐나다의 다문화주의가 성공한 이유는, 캐나다 정부의 공적이라기보다도 다문화주의 수용에서 지리적 호조건과 시간적 적기를 갖추었기 때문이었다. 반면 유럽의 다문화주의가 실패한 결정적인 이유는, 공간적으로 주변의 빈국과 연결되어 불법이민자를 통제할 수 없었고 시간적으로도 초반부터 난제에 직면했기 때문이다.

캐나다의 다문화주의는 지리적 조건에서 잠재적 불법이민자들로부터 차단되어 있다. 캐나다는 육지로는 부국 미국이 차단하고 해양으로는 태평양과 대서양이 차단하며 오직 하늘의 항공로만 열려 있다. 캐나다는 하늘의 항공로가 이민국이 강력하게 통제하는 영역이라 불법이민이라는 고민거리에 직면할 가능성이 적다. 이에 비해서 독일은 터키에 연결되어 있고 프랑스는 과거 식민지 알제리와 동유럽의 빈국들, 그리고 이슬람권에 연결되어 있고, 영국도 과거 식민지 출신들에게 연결되어 있다. 유럽은 주변에 과거사와 연루된 불법이민자집단들에게 포위되어 있기 때문에 국가가 통제할 수 없는 불법이민자집단에 대해 긴장관계를 가지게 된다.

캐나다의 다문화주의는 시간적 조건에서 제2차 세계대전 후에 유럽계 이민자만 받아서 문화 차이가 적었고, 이런 실험 기간을 거친 후에 1970년대에 다문화주의를 선포했으며, 1990년대에는 이민자의 폭을 다양화해도 사회 전반에 다문화주의가 이미 확고하게 자리 잡아 2000년대에 이민자들(특히 이슬람계)의 문화 차이라는 쟁점에 직면해도 충격을 충분히 견딜 수 있는 내성이 있었다. 이에 비해서 유럽은 다문화주의가 제대로 자리 잡기도 전에 비유럽계 이민자들이 밀려와서 문화 충격의 갈등이 감당할 수 없게 심화되어 버렸다.

중국은 소수민족들(티베트, 위구르, 내몽골, 월남 등)의 분리독립운동이라는 장애가 있다. 일본은 소수민족문제, 원주민문제, 그리고 내부의 순수 일본과 부정한 부락구민이라는 카스트제도의 장애가 있다. 이에 비해 한국은 상대적으로 원주민, 소수민족 그리고 이민자문제에서 모두 자유롭다.

한국은 지리적 여건에서 캐나다처럼 주변의 빈국으로부터 육지, 해상에서 차단되어 있고 오직 하늘의 항공로만 열려 있다. 한국의 주변에는 해상으로 부국 일본이 있고 육지로는 북한과 대치 상태라 강력하게 국경선이 통제되고 있다. 그 외 바다로는 중국과 역시 해상으로 차단되어 있다. 한국은 캐나다처럼 하늘의 항공로만 통제하면 이민자집단을 적절하게 통제할 수 있다. 이 말은 한국이 캐나다의 이민자 수용모델을 적용할 수 있는 적절한 지리적 조건을 갖추고 있다는 의미이다.

한국은 시간적 여건에서 2006년에서 현재(2013년)까지 아직은 큰 장애에 직면하지 않았다. 한국의 여성결혼이민자집단은 다문화주의적 소수집단권 부여에 어떤 장애 요소도 없는 다루기 좋은 조건의 집단이다. 한국의 이주 노동자 집단은 한국이 하늘의 항공로 통제를 통해 입국심사를 거쳐 선별 수용한 집단이다.


## 한국의 결혼이민자 사례와 철학자의 역할

한국 정부는 이민 신참자가 한국 국적을 얻는 동안 한국어 교육, 한국사 교육, 한국문화 교육, 그리고 한국법 교육을 해야 했다. 한국 정부가 이주민들에게 제공하는 한국어 교육, 한국사 교육, 그리고 한국문화 교육도 그 자체로는 전혀 문제될 것이 없는 정상적인 다문화주의 교육과목이다. 세계 어디에도 이주민들에게 이주 국가의 국어, 역사, 그리고 문화를 교육하지 않는 나라는 없다. 한국에서 이민자들이 이런 교육을 어느 수준까지 받아야 하는지 결정하는 것이 법적 차원의 시민권(국적법) 교육문제이다.

한국 정부는 한국인 남성과 외국인 여성결혼이민자 사이의 결혼에 대해 균형 잡힌 기준을 마련해주는 것이 필요하다. 한국 정부는 결혼이민여성의 인권보호에 대해 진지하게 노력한다는 신호를 한국인 남성결혼자들에게 분명하게 보내야 한다. 한국 정부는 한국 남성이 여성결혼이민자를 학대하는 사례가 발생하면 즉시 한국 남성을 구속해서 법과 인권 정신이 살아 있다는 사실을 보여주어야 한다. 또 한국 정부는 여성결혼이민자가 한국인 남성과 결혼해서 영주권이나 국적(시민권)을 취득한 후에 이혼을 해서, 결혼을 한국에 발을 들여놓는 수단으로 활용하려는 반인륜적 처신의 경우에 대해 엄격하게 규제하려고 한다는 신호를 여성결혼이민자에게 분명하게 보내야 한다. 한국 정부가 결혼이민여성의 소위 위장결혼까지 보호해주는 것은 다문화주의 정책도 인권보호 정책도 아니다. 한국 정부가 여성결혼이민자에게 어느 기준으로 영주권이나 국적(시민권)을 부여해야 하느냐는 양측면의 칼날을 고려해서 결정되어야 한다.

한국 정부는 예컨대, 파키스탄 이민자가 본국의 관습에 따라 사촌 간의 결혼을 요구하는 것을 인정하지 않는다는 것을 알려주어야 한다. 파키스탄 남성이 한국 여성과 결혼한 후에 한국국적(시민권)을 얻고, 그 후 이혼을 하고 다시 파키스탄에서 자기 사촌과 결혼해서 다시 사촌도 한국국적(시민권)을 얻으려는 행위는 한국법에 의해 인정되지 않는다.

지난 40여년 반복된 역사적 경험을 통해 "항상 매 시대마다 '새로운' 다문화주의 사례"에 직면해서 고군분투하며 어려움을 겪다 실패로 끝나 버린 쓰디 쓴맛을 보아왔다. 그 원인은 물론 다양하겠지만 이미 경험한 서구의 경험과 교훈에서 볼 때, 무엇보다 미래 지향적이며 장기적인 철학적 관점에서 정책을 결정하기보다 현재 정권의 영향 아래에서 눈앞에 보이는 이익에 급급한 이들의 입김이나 정책이 결정 적이었기 때문이다. 예를 들어 '대응 자금' 요구나 비용 절감을 운운하 며 이민자의 기본적인 시민권 교육에 대한 체계적인 대안이나 방향제 시도 없이 종교집단에게 맡겨 버리는 현상을 볼 때 안타까울 따름이 다. 이때 할 수 있는 위안이란 철학자는 현재를 위해 철학을 하는 것 이 아니라는 탄식뿐이다.

- 윌 킴리카, 박병섭 옮김, 《다문화주의 개론》, 실크로드, 2014.

윌 킴리카가 원주민, 소수민족, 그리고 이주민을 모두 다룬 책으로 다문화주의에 대한 가장 일반적인 개론서이다

- 윌 킴리카, 장동진·황민혁·송경호 옮김, 《다문화주의 시민권》, 동명사, 2010.

다문화주의에 대한 초기 입장을 정립한 저서이다.

- 윌 킴리카, 장동진·장휘·우정렬·백성욱 옮김, 《현대 정치철학의 이해》, 동명사, 2008.

윌 킴리카가 1995년 다문화주의(개인권, 집단권, 자유주의 등)에 대해 초기입장을 정립한 저서이다.

- 박병섭, 《이주민과 다문화 가정과 함께 하는 다문화주의 철학》, 실크로드, 2008.

이민가정 자녀 교육을 위해 한국어, 어머니의 모국어, 그리고 영어의 삼중언어 교육을 제안하고 있다.

- Goldberg, D. T., *Racist culture: philosophy and the politics of meaning*, Blackwell. 1993.

다양한 다문화주의에 대해 소개하고 있는 책이다. 특히 비판적 다문화주의는 자유주의적 다문화주의가 위선이라고 비판하고 있다.

- 윌 킴리카, *Multicultural Odysseys*, Oxford University Press, 2007.

다문화주의의 국제정치에서 '신규' 이민자 다문화주의의 '후퇴'에도 불구하고 원주민과 소수민족 쟁점에서는 소수집단권의 전진을 보여준다.

세대윤리

# 세대 간 정의의 의무는 무엇인가?

김현섭

과학기술의 발전으로 우리 세대는 미래 사람들의 삶의 질에 유례 없는 영향력을 갖게 되었다. 의학 발전과 보건환경 개선으로 평균 수명이 늘고 유전병 등을 예방·치료할 수 있게 된 반면, 재생 불가능한 천연자원의 고갈과 자연환경의 파괴는 큰 우려를 낳고 있다. 최근 우리가 일상생활에서 무심코 배출해왔던 이산화탄소 등 온실가스가 기후 변화를 통해 먼 미래세대까지 해를 끼칠 수 있다는 것이 알려지면서, 미래세대에 대한 우리의 도덕적 의무를 성찰하는 것은 누구도 피할 수 없는 시급한 과제가 되었다.

### 미래세대의 존부와 인구

우리가 미래 사람들에게 어떤 의무를 지는가의 문제보다 전제가 되는 것은, 우리가 미래세대를 존재하도록 할 의무가 있는지의 문제이다. 만약 현존하는 사람 이외의 사람이 존재하지 않도록 하는 것이 허용된다면, 우리 세대는 예를 들어 전면적으로 출산을 중단함으로써 미래 사람들의 복지 수준을 고려할 의무에서 벗어날 수도 있을 것이다.

누군가를 태어나게 하는 것이 그 사람에게 이로운 것인지, 해를 끼치는 것인지에 대하여 여러 의견이 있다. 삶은 존재하지 않는 상태와 비교할 수 없기 때문에 이로운 것도 해로운 것도 아니라는 견해,

삶의 질이 아주 나쁘지 않다면 혜택이라는 견해, 노병사老病死 등의 고통·번뇌를 감안하면 언제나 그 사람에게 해를 끼치는 것이라는 비관적 견해 등이 있다. 이러한 비관주의자들은 우리가 최대한 인구를 줄여야—가능하다면 아무도 존재하지 않도록—한다고 주장한다.

지상에 아무도 존재하지 않도록 하는 것이 도덕적으로 옳지 않다는 상식적 입장을 받아들이더라도, 그 이유에 대해서는 다양한 견해가 엇갈린다. 인류가 멸망하는 과정상의 해악을 논외로 하더라도, 미래에 존재할 수도 있었던 수많은 사람들의 이익이 없어지기 때문이라는 견해, 인류라는 생물학적 종種이 없어지는 것이 나쁘기 때문이라는 견해, 인류가 축적해온 과학·예술 등 문화유산이나 합리성과 같이 인간만이 발현시킬 수 있는 탁월성의 손실 때문이라는 견해 등을 생각해볼 수 있다.

인류 전체가 출산을 중단하여 자멸한다는 것은 공상 과학소설에나 나올 시나리오이기 때문에 그 규범적 평가는 별론이다. 그러나 지속적으로 미래 사람들이 존재할 것이라고 전제하더라도, 인구를 얼마로 해야 할 것인가는 현실적인 문제이다. 20세기 중반 이래 인구 폭발로 인한 자원고갈과 환경오염에 대한 신-맬서스적neo-Malthusian 우려로 인구를 줄이는 것이 세대 간 정의 문제를 해결하는 관건이라는 견해가 힘을 얻었고, 적어도 21세기 중반까지 세계 인구가 증가할 것이라는 예측에 비추어 적절한 인구 통제는 여전히 중요한 과제이다. 하지만 선진국을 중심으로 인구 전이demographic transition 현상이 일반화하고 우리나라를 비롯한 일부 국가에서는 인구의 현상 유지에 필요한 대체출산율 이하의 저출산이 지속되면서 인구 조절을 단순히 산아제한과 동일시할 수는 없게 되었다. 일단 이 글에서는 아주 먼 미래까지 현재와 비슷한 수의 사람들이 존재할 것이라는 가정하에 논의를 진행하고자 한다.

## '세대 간 정의'의 한 세대가 속하는 집단의 크기

조부모, 부모, 자녀들의 3세대가 함께 거주하는 한 대가족이 이사할 장소에 대해 의견이 분분하다고 가정하자(예를 들어 자녀들은 친구들과 만나기 쉬운 도시에, 부모는 한적한 교외에, 조부모는 먼 조상들이 살았던 시골 고향에 살고 싶어 한다). 이와 같은 가족 구성원 사이의 견해 차이를 해결하기 위해 '세대 간 정의'에 호소하는 것은 어색해 보인다. 화목한 가정이라면 식구들이 각자의 권리나 공정한 몫이 존중되는 '정의正義'로운 절차를 요구하면서 대립을 노정하기보다는, 자애慈愛와 효孝의 덕에 따라 서로 이해·배려하고 자발적으로 양보하면서 정감 있게 문제를 해결할 것이기 때문이다. '세대 간 정의'가 적용되는 '세대世代'는 주로 한 가구 또는 세대世帶보다 큰 집단 내에서, 비슷한 시기에 태어난 동일 연령층의 사람 전체cohorts를 가리키는 것으로 보인다.

한 국가 내에서 배출된 이산화탄소$CO_2$, 아산화질소$N_2O$와 같은 온실가스는 전 세계로 확산될 뿐만 아니라, 한 번 배출되면 수십, 수백 년 동안 대기에 머물면서 기후 변화로 인한 자연재해를 일으킨다. 우리가 일상생활에서 불편함을 감수하고 사회적으로는 산업구조를 재편하면서 화석연료의 사용을 줄이지 않으면, 21세기 초 배출된 온실가스로 인해 21세기 말 사람들이 가뭄, 홍수, 태풍 등에 시달리게 될지도 모른다. 이와 같은 문제를 해결하기 위해 '세대 간 정의'에 호소하는 것은 자연스러운데, 여기서 '세대'는 전 세계에 존재하는 비슷한 연령층의 사람 전체의 의미로 쓰일 수 있다. 그런데 이 경우 (특히 화석연료를 사용한 국가와 자연재해를 입는 국가가 일치하지 않을 때) 한 세대가 다음 세대에게 부담하는 의무를 국가 간에 어떻게 분담할 것인지의 문제가 남는다. 세대 간 정의와 국제적 정의의 문제가 함께 발생하는 것이다. 이 글에서는 문제를 단순화하기 위해 주로 '세대'가 한 국가 내에서 비슷한 시기에 태어난 동일 연령층의 사람 전체를 가리키는 것으로 상정하고 논의를 진행할 것이다. 이 경우에도 미래세대에 대한 의무를 국민들 간에 어떻게 분담할 것인가의 문제가 여전히 남는데, 이러한 사회 내 정의의 문제는 주로 국가를 단위로 한 기존의 정의 이론에 의해 해결될 것으로 기대하고 이 글에서는 직접 다루지 않는다.

## 중첩하는 세대와 먼 세대

흔히 신문 등 언론에서 세대 간 정의의 문제로 다루어지는 대표적인 사례는 연금과 청년실업이다. 사회보장제도의 일환인 국민 전체를 대상으로 하는 의무적 연금제도는 개인의 생애 내 또는 가까운 세대 간 위험을 분산하여 국민의 생활안정과 복지증진에 기여한다. 그런데 일부 국가에서 실제로 연금제도가 시행된 지 얼마 지나지 않아 적립된 연금기금보다 지급해야 할 급여액이 많아지면서 연금재정이 만성적자 상태에 빠질 위험에 처하게 되었다. 게다가 출산율 저하로 일하는 청장년세대보다 은퇴한 노년세대의 인구율이 커진 경우, 미리 기금을 적립하지 않고 현재의 근로세대가 납부하는 보험금으로 은퇴세대에게 연금을 지급하는 부과방식pay-as-you-go의 연금제도는 장기적 지속가능성을 위협받는 상황에 이르렀다. 부모세대가 자식세대 또는 그다음 세대에게 그들의 의지와 무관하게 태어나면서부터 감당하기 힘든 큰 빚을 지게 하는 경우, 이를 세대 간 부정의의 문제로 볼 수 있겠다. 또한 여러 나라에서 청년실업률이 경제 전체 실업률보다 두 배 이상 높은 현상이 일어나고 있는데, 흔히 기술개발 등의 원인으로 사회 전체적으로 일자리가 한정된 상황에서 중년세대가 정년이 보장된 일자리를 선점한 것이 높은 청년실업률 비율의 원인으로 여겨지기도 한다. 만약 중년세대의 정년제도가 청년세대의 취업을 구조적으로 구축驅逐하는 것이 사실이라면 이 역시 세대 간 부정의의 문제로 볼 여지가 있다.

연금과 청년실업의 사례는 이해관계가 대립하는 세대가 연속하는 또한 동시에 생존하는 시간이 있다는 의미에서 중첩하는 세대successive, overlapping generations 간 정의의 문제이다. 청년실업을 둘러싼 세대 간 갈등을 완화하기 위해 영국에서 청년 신고용 협정New Deal for Young People이 사회적 합의하에 시행되는 것에서 볼 수 있듯이, 중첩하는 세대 간 정의의 문제는 원리상 세대 간 의사소통을 통한 타협과 합의가 가능하다는 특징을 지닌다. 이와 같이 당면한 사회현안에 관련된 중첩하는 세대 간 정의를 이론화하는 것도 중요한 과제이지만, 동시에 생존하는 시간을 갖지 않는 먼 세대non-overlapping, remote generations 간의 이해대립은 동시대 사람들contemporaries 간 정의를 주로 다루어온 기존 이론에 까다로운 문제를 야기한다. 이 글에서는 흥미로운 이론적 문제를 제기하는 중첩하지 않는 세대 간 정의를 주로 다루기로 한다.


### 비동일성 문제

지금까지 이 글에서 다룰 '세대 간 정의'의 범위를 살펴보았다. 이제 다음과 같은 상황을 가정해보자.

21세기 초 한국사회가 천연자원을 보전할지 써 버릴지를 놓고 정책을 결정하려고 한다. 현존하는 천연자원을 보전하면 산업구조를 재편해야 하고 불편을 감수하면서 일상의 생활방식을 변경해야 하기 때문에 우리 세대의 삶의 질 또는 복지 수준(앞으로 이 두 용어를 같은 의미로 사용한다)이 자원을 사용할 때보다 약간 낮아질 것이다. 반면 자원을 써버리면 우리 세대는 편리하겠지만 수백 년 후 미래 한국인들은 대체 자원을 찾기 위해 한참 고생해야 하기 때문에 삶의 질이 우리 세대가 자원을 보전했을 때보다 훨씬 낮아질 것이다. 그렇기는 해도 그 미래세대의 삶이 살만한 가치가 없을 만큼 나쁘지는 않을 것이라고 가정하자.

　여기서 간과하기 쉽지만 흥미로운 것은 우리 세대가 자원을 보전했을 때의 미래 한국인들과 써버렸을 때의 미래 한국인들이 동일한 사람들이 아니라는 사실이다. 우리 세대의 자원 정책은 다양한 형태로 수많은 사람들의 생활양식에 영향을 줄 것이고, 일견 사소해 보이는 수많은 차이들이 누적된 결과 누가 누구와 만나 자녀를 낳을지가 달라질 것이다. 만에 하나 같은 사람들이 부모가 된다 하더라도, 자원 정책이 야기한 산업구조·생활형태의 변화가 그들이 자녀를 가질 시점에 수개월 또는 수년의 차이를 낳는다면 결국 다른 사람들이 태어나게 된다. 게다가 자원 정책이 달랐더라면 태어나지 않았을 사람의 비율은 시간이 흐를수록 높아질 것이기 때문에, 수백 년 후 자원 고갈로 고생할 미래 한국인들은 — 적어도 그들 거의 대부분은 — 우리가 자원을 보전한다면 태어나지 않을 것이다. (젊은 독자라면 만약 우리나라가 일본으로부터 해방되지 않았더라면 혹은 6·25전쟁에 패배하여 북한에 점령되었더라면 '내'가 존재했을지 스스로 생각해보자.)

　많은 사람들은 아마 우리 세대가 자원을 써버리는 것이 옳지 않다면 그 이유는 미래 한국인들에게 피해를 주기 때문이라고 생각했을 것이다. 그런데 대체 자원을 찾으려 고생하는 미래 한국인들의 입장에서 보면 우리의 자원 정책이 그들에게 피해를 주었다고 보기 어렵다. 가정상 우리가 자원을 보전했다면 그들은 태어나지 않았을 것이고, 그들의 삶의 질은 안 태어나는 것만도 못할 만큼 나쁘지 않기 때문이다. 자원이 넉넉해서 안락하진 않더라도 살만한 삶을 누릴 수 있도록 태어난 것이 아예 존재하지도 않는 것에 비하면 그들에게는 복이라고 할 수도 있을 것이다. 자원이 보전되었더라면 그들 대신 한국에 태어났을 다른 사람들이 향유했을 풍족한 삶만큼 그들의 복지 수준이 높지 않다는 이유로 자신들이 손해를 보았다고 하긴 어려울 테니 말이다. 하지만 우리 세대의 복지 수준을 조금 높이기 위해 미래에 그보다 훨씬 큰 정도로 복지 수준을 낮추는 것은 여전히 옳지 않아 보인다. 자원을 써버리는 정책이 그로 인해 태어난 미래 한국인들에게 피해를 주기 때문에 그른 것이 아니라면 도대체 왜 옳지 않은가? 동시대 사람들 간에는 어떤 행위가 그 누구에게도 피해를 주지 않는다면 결과 때문에 그르다고 할 수는 없을 것이다. 이와 같이 우리의 행위에 따라 누가 미래에 태어날지 달라지기 때문에 생기는 이론적 문제를 파핏Derek Parfit은 '비동일성 문제The Non-Identity Problem'라 부른다.

## 세대 간 정의에 관한 공리주의적 설명

일부 철학자들은 비동일성 문제 때문에 위 사례에서 자원을 써버리는 정책이 그르지 않다고 주장한다. 하지만 자원을 써버리는 것이 옳지 않다는 상식적인 판단을 도출·설명할 수 있다면 보다 나은 이론일 것이다. 그런데 기존의 모든 정의 이론이 비동일성의 문제를 해결하는 데 어려움을 겪는 것은 아니다. 예를 들어 모든 사람들의 복지 또는 행복의 총합이 최대인 상태가 가장 좋은 결과이며, 우리는 항상 최선의 결과를 야기하도록 행동해야 한다는 고전적 공리주의를 바탕으로 자원을 써버리는 것이 도덕적으로 옳지 않다는 결론을 쉽게 도출할 수 있다. 자원을 써버림으로써 얻는 우리 세대 복지의 합보다 대체 자원을 찾으려 고생하면서 잃는 미래세대 복지의 합이 크기 때문에 자원을 보전해야 더 좋은 결과를 낳기 때문이다. 공리주의는 특정한 사람(들)에게 피해를 주느냐의 문제보다 객관적, 전체적으로 최선의 결과인지가 옳은 행위의 여부를 결정하므로 누구에게도 피해를 주지 않더라도 그른 행동일 수 있다.

그러나 존재하는 모든 사람들의 복지 또는 행복의 총합이 최대인 상태가 가장 좋은 결과라는 고전적 공리주의의 총합 원칙은 복지의 총합을 극대화할 수 있다면 복지 수준 또는 삶의 질을 희생하더라도 인구를 증가시켜야 한다는 비상식적인 결론을 낳는다. 모든 사람들의 행복을 증대하는 것이 사회 정책의 목표라고 생각하는 공리주의자들도 대부분은 그 목표가 존재하는 사람들을 더 행복하게 함으로써make people happy 달성되어야지 행복한 사람들을 더 태어나게 함으로써make happy people 이루어져야 한다고 생각하지 않는다. 또한 총합 원칙은 파 팟이 고약한 결론the Repugnant Conclusion이라 부르는 받아들이기 힘든 결론을 함축한다. 즉 모든 사람들이 겨우 살만한, 안 태어나는 것보다 기껏해야 조금 나은 삶을 사는 세계의 인구가 아주 늘어나다 보면, 결국 10억 인구 모두 매우 높은 삶의 질을 누리는 세계보다도 더 좋은 상태가 된다는 것이다.

비고전적 공리주의자 중에는 모든 사람들의 복지 총합이 최대가 아니라 복지 수준의 평균이 최대인 상태가 가장 좋은 결과라고 주장하는 사람들도 있다. 하지만 이러한 평균 원칙 역시 세상에서 가장 삶의 질이 높은 사람 한 명만 존재하는 상태가 그보다는 못하지만 역시 매우 높은 복지 수준의 삶을 누리는 10억 명이 추가로 존재하는 상태보다 낫다는 등의 받아들이기 힘든 결론을 낳는다. 총합 원칙, 평균 원칙 이외에 인구, 복지 수준이 다른 상태들의 가치를 비교·결정하는 많은 원칙들이 제시되었지만 모두 비상식적인 결론을 피하지 못하는 것으로 알려져 있다.

설령 매 세대의 인구가 일정하게 유지된다고 가정하더라도, 공리주의는 현재세대가 미래세대를 위해 극단적으로 많이 저축해야 한다는 결론을 낳는 것으로 보인다. 많은 경제학자들이 받아들이는 전제에 의하면, 현재세대가 자원을 소비하지 않고 이를 현명하게 투자하면 미래세대는 보다 많은—그 양은 시간이 지날수록 기하급수적으로 증가한다—자원을 소비할 수 있기 때문이다.

공리주의가 현재세대에게 너무 큰 희생을 요구한다는 주장에 대해 공리주의자들은 주로 다음과 같이 반론한다. 첫째, 축적된 자본·기술로 인해 미래세대는 현재세대보다 많은 자원을 가질 것이고, 따라서 자원의 한계효용 체감 법칙에 의해 같은 양의 자원이 미래세대의 복지 증진에 기여하는 정도가 우리 세대가 소비할 때보다 적다. 그러므로 투자 이익을 감안하더라도 복지 극대화 원칙이 반드시 과중한 저축·투자를 요구하는 것은 아니다. 둘째, 미래 사람들의 복지는 그 발생 시점이 나중이기 때문에 현재 사람들의 복지보다 그 가치, 즉 결과의 좋음에 기여하는 정도가 적어야 한다. 그러나 많은 윤리학자들은 순수 시간 선호pure time preference라 불리는 이 주장의 근거를 찾기 어렵다고 본다.

## 세대 간 정의에 관한 사회계약론적 설명

롤스는《정의론》에서 공리주의가 상대적으로 가난한 현재세대에게 부유할 미래세대의 보다 큰 이익을 위해 지나치게 부담스런 희생을 요구한다고 비판하며 대안으로 정의로운 저축 원칙the Just Savings Principle을 제안한다. 정의로운 저축 원칙에 의하면 사회발전의 초기 단계에서는 각 세대가 이전 세대로부터 물려받은 것보다 더 많은 자본을 다음 세대에게 남겨주어야 한다. 하지만 일단 정의로운 사회의 기본구조a just basic structure of society — 한 사회의 정치적, 사회·경제적 주요 제도가 기본적 권리와 의무를 배정하고 사회적 협력으로부터 생긴 이익의 배분을 규율하는 방식의 전체 체계—가 확립되면 자본을 더 축적할 의무가 없고 단지 정의로운 기본 제도들just basic institutions이 유지되도록 기존의 물적 토대를 보존하는 것으로 족하다.

정의로운 저축 원칙의 내용은 상식적으로 합당해 보이지만, 이를 호혜성reciprocity의 원칙 또는 계약론contractarianism의 틀에서 정당화하는 것은 쉽지 않다. 자유롭고 합리적인 사람들이 각자의 이익을 도모하기 위해 사회적 협력에 관해 서로 합의할 사항으로부터 정의의 원칙이 도출·설명된다는 것이 사회계약론의 기본 아이디어라면, 이는 동시대 사람들 간의 정의를 해명하는 데 설득력이 있을지는 몰라도 세대 간 정의를 설명하기에는 다음과 같은 문제가 있는 것으로 보인다.

우선 동시에 생존하지 않는 먼 세대 간에는 서로의 이익을 위해 협력하기로 명시적으로 약속하는 것이 물리적으로 불가능하다. 보다 중요한 사실은 축적된 자본 — 물적 생산 수단, 과학적 지식, 숙련된 기술, 문화, 환경 등 — 의 이익이 윗세대에서 아랫세대로 내려갈 뿐이라는 점이다. 따라서 현세대가 미래세대를 위해 자본을 축적·보전하더라도 미래세대로부터 그에 대한 현실적 보답을 받을 수 없고, 만약 현세대가 축적된 자본을 파괴하더라도 미래세대는 이를 이유로 윗세대에게 보복할 수 없다. 이처럼 먼 세대 간의 관계는 일방적이고 호혜관계가 성립하지 않기 때문에, 타인의 이익에 상호 무관심하다는mutually disinterested 계약론의 일반적 가정에 따르면 현세대는 미래세대를 위해 정의로운 기본 제도들의 설립을 위한 자본을 축적하기는커녕 자신들의 사소한 편의를 위해 재생 불가능한 자원을 고갈하고 자연환경을 파괴하게 될 것이다. 상호 이익을 위한 합리적 선택으로부터 정의의 원칙을 설명하려는 사회계약론은 먼 세대 간에는 최소한의 정의의 요구를 도출하는 데도 실패하는 것으로 보인다.

이러한 결과를 피하기 위해 롤스는 상호 무관심한 사람들이 아니라 가까운 세대 간의 정서적 유대로 인해 자손을 돌보는 가계家系 대표들의 합리적 선택에 의해 정의로운 저축 원칙이 도출된다고 주장했다.

하지만 이처럼 수정된 가정은 임시 변통적ad hoc일 뿐만 아니라, 그로부터 롤스가 원하는 정의로운 저축 원칙이 도출되는지도 불분명하다. 자식과 손자 세대면 몰라도 먼 후손과의 유대감은 세대가 멀어질수록 급격히 줄어드는데, 가계 대표들이 정이 가는 두어 세대만 배려하고 그 이후 세대들은 고통 받는 근시안적 정책(예를 들어 고준위 방사성 폐기물을 수십 년 동안만 안전할 깊이·장소에 매립하거나 수백 년 이후에 발생할 해수면 상승을 아랑곳하지 않는 기후 변화 정책)을 선택하지 않을 이유가 무엇일까? 롤스는 《정의론》의 개정판에서 정의로운 저축 원칙이 도출될 가설적 상황에 대해, 한 세대가 자기 이전의 모든 세대가 준수해왔기를 바라는 저축 원칙을 선택한다는 조건을 부가한다. 이 부가 조건에 의하면 근시안적 정책들이 선택되지 않을지는 몰라도, 롤스의 기대대로 정의로운 사회의 기본구조가 확립될 때까지만 자본을 축적하는 정의로운 저축 원칙이 도출될지는 여전히 불분명하다.

## 세대 간 정의에 관한 공동체주의적 설명

롤스의 사례는 동시대 사람들 간의 호혜적 관계를 모델로 한 사회 계약론으로부터 만족스런 세대 간 정의의 원칙을 도출하는 것이 쉽지 않음을 시사한다. 롤스는 세대 간 협력의 목표가 각 개인이 평등하게 자유를 누리는 정의로운 사회의 기본구조의 설립·유지로 한정된다고 전제하면서, 사회발전의 최종 단계가 그에 이르는 전 과정에 의미와 목적을 부여하는 것이 아니라고 강조한다. 자유주의사회 내의 시민들이 무엇이 인간의 삶을 가치 있게 하며, 이상적인 삶의 형태가 무엇인지 등에 대한 포괄적 견해comprehensive doctrines에 따라 각자 인생의 목표를 갖는 것과 달리, 자유주의사회 자체는 독자적인 공동체의 목표를 갖지 않는다. 이처럼 각 세대가 따로따로임을 강조하고 여러 세대에 걸쳐 이루어야 할 공동체의 목표 또는 공동선a common good을 부정하는 것이 세대 간 정의를 설명하는 데 어려움을 겪는 이유는 아닐까?

일찍이 버크Edmund Burke는 국가사회가 '살아 있는 자들 사이뿐 아니라 산 자와 죽은 자들 그리고 태어날 자들 사이의 연대partnership'라고 보았다. 당사자들이 기분에 따라 해산할 수 있는 일시적이고 저속한 물질적 이익을 위한 동업 계약과 달리, 국가의 연대는 한두 세대가 아니라 수많은 세대를 거쳐야 달성될 수 있는 학문, 기예, 덕과 탁월함 등을 목표로 하기 때문이다.

우리 한국사회를 돌이켜 보아도 국가는 각자의 이익을 도모하기 위해 일시적으로 협력하는 개인들이 모인 개별세대가 전후세대와 단절된 상태로 반복되는 것이 아니라, 여러 세대에 걸쳐 자손의 안전과 자유와 행복을 확보하기 위해 노력해온 역사를 가진 공동체인 것으로 보인다. 현재세대가 산업화, 민주화를 거쳐 온 독립된 민족국가에 살 수 있는 것도 이전 여러 세대가 근대 국가를 건설하고 이를 지키고 발전시키기 위해 노력하고 희생해온 덕분이다. 우리 세대가 조상으로부터 자연환경, 물적·인적 자본 등을 상속받았기 때문에 인간다운 삶을 살 수 있게 되었음에도 후손에게 상응한 이익을 물려주지 않는다면 배은망덕한 태도가 아닐까? 또한 미래세대의 이익을 돌보지 않는 것은 여러 세대에 걸쳐 후손의 복지를 배려해온 관행practice에 의해 혜택을 받고서도 우리 세대의 몫을 하지 않고 무임승차free ride하는 것이기 때문에 공정하지 않다고 볼 여지도 있다.

우리 세대는 이전 세대로부터 자산뿐만 아니라 공동체의 목표를 달성할 의무도 승계한 것으로 보인다. 예를 들어 민주사회인 대한민국의 공적인 정치 문화의 핵심 요소인 헌법은 '국가는 전통문화의 계승·발전'에 노력해야 하고, '평화적 통일의 사명에 입각하여' '자유민주적 기본 질서에 입각한 평화적 통일 정책을 수립하고 이를 추진한다'라고 명시하고 있다. 이러한 의무들은 우리 세대가 완수할 수 있는 것이 아니라 세대를 이어 달성해야 할 과제이다. 우리 세대가 이전 세대로부터 전통문화를 계승·발전했다면, 다음 세대에게 우리가 발전시킨 전통문화를 다시 계승·발전할 의무를 넘겨주게 된다. 통일이 단순한 법적 절차가 아니라 경제·사회적 통합을 거쳐 명실상부한 하나의 국가를 이루는 과업이라면, 이 역시 여러 세대에 걸쳐 달성해야 할 사명이므로 다음 세대에게 남은 통일의 의무를 넘겨주게 될 것이다. 이전 세대가 우리 세대에게 이러한 역사적 과제를 전달하고 이를 수행할 것을 기대했던 것과 마찬가지로 우리 세대도 다음 세대가 세대에 걸친 과업을 승계하고 이를 그 다음 세대에게 다시 전달할 것을 기대한다면, 이로부터 그에 필요한 토대를 마련해줄 의무가 발생한다. 즉 우리 세대는 다음 세대에게 전통문화를 계승·발전하고 통일 정책을 수립·추진할 의무만 부과하는 것이 아니라, 다음 세대가 그 의무들을 달성할 수 있도록 문화유산을 전달하고 통일에 필요한 물적·인적 환경을 조성해줄 의무를 부담한다. 이처럼 국가는 과거, 현재, 미래 세대가 서로 권리와 의무를 주고받는 관계로 얽혀 있는 초세대적 공동체transnational community를 형성하는 것으로 보인다.

국가사회의 목표로부터 결국 개인들이 부담해야 할 세대 간 정의의 의무를 도출하는 것은 전체주의적 발상으로 보일지 모른다. 하지만 공동체주의자들은 각 개인이 사회로부터 절연되어 독립한 자아로 존재하는 것이 아니라, 공동체 내의 관계 그리고 역사적으로 형성된 공동체의 문화유산을 통해 정체성을 형성한다고 강조한다. 예를 들어 우리는 태어나서부터 여러 세대를 거쳐 전수된 모국어를 통해 생각하고 말하는 법을 배우고, 공동체의 관습·생활양식은 무의식적으로 우리가 세계를 보는 관점, 원하는 대상과 삶의 모습에 깊은 영향을 준다. 돌이켜 보면 우리는 자발적으로 선택하지 않았더라도 사회적 관계망에 놓여 있는, 공동체의 문화·가치 체계와의 상호 작용을 통해 정체성을 형성해온 자신을 발견하게 된다. 이처럼 우리의 자아를 구성하는 공동체의 일원임membership은 그 자체로 공동체 및 다른 구성원들에 대한 의무를 함축한다. 만약 내가 친구라는 관계에 있기 때문에 내 친구에게 낯선 사람에게는 부담하지 않는 의무를 진다고 여기지 않는다면, 나는 진정한 의미의 친구라고 할 수 없을 것이다. 마찬가지로 오랫동안 계승되어 온 전통문화, 평화적 통일의 사명 등을 대한민국의 본질적 요소라고 할 때, 내가 이에 관한 세대에 걸친 의무를 이해하고 받아들이지 않는다면 나는 형식적·법적으로는 몰라도 진정한 규범적 의미에서 한국 사람이 아닐 것이다. 실제로 많은 한국인들은 역사적, 초세대적 공동체로서의 국가사회의 유지·발전이, 살면서 누리는 즐거움 못지않게 중요하며, 나아가 유한한 개인의 삶에 의미를 부여하는, 자신의 이익의 일부라고 생각하는 것으로 보인다.

그러나 모든 한국인들이 이처럼 고유한 역사와 전통에 기초한 공동체의 이익과 개인의 이익이 일치한다는 견해를 공유하는 것은 아니다. 또한 자유로운 사회에서 국가가 시민들에게 무엇이 가치 있는 삶인지에 대한 견해를 강요할 수 없고 시간이 흐를수록 사회가 다문화적multi-cultural, 세계시민적cosmopolitan으로 변해가는 경향을 감안하면, 공동체의 역사와 전통이 미래세대의 가치관에 미칠 영향은 제한적일 것이다. 먼 후손들이 우리 세대가 소중히 여기는 전통문화, 평화적 통일의 사명을 계승할 것이라고 보는 것은 비현실적일지 모른다. 공동체주의적 이론이 이처럼 유사한 문화와 가치관을 공유하지 않는 먼 세대 또는 다른 나라의 미래세대에 대한 의무를 설명할 수 있을지는 불분명하다. 기후 변화의 사례에서 알 수 있듯이 시간적으로나 지리적으로 멀리 떨어진 세대에게 해를 끼치지 않는 것이 세대 간 정의의 중요한 항목이라는 점을 감안하면, 공동체주의적 이론으로 세대 간 정의의 전부를 설명하기에는 어려움이 있을 것으로 보인다.

## 자유지상주의, 소유권, 지속가능성

자유지상주의Libertarianism에 의하면 각 개인은 자신의 신체와 자신이 소유한 재산을 사용하여 만든 인공물에 대해 다른 사람들의 간섭을 받지 않고 마음대로 처분할 수 있는 완전한 소유권을 가진다. 하지만 자유지상주의자들 간에도 우리가 대지를 비롯한 자연자원에 대해 이와 같은 소유권을 갖는지에 대해서는 견해가 대립한다.

많은 자유지상주의자들이 받아들이는 사유 재산에 관한 로크John Locke의 이론에 의하면, 자연 상태의 대지와 그로부터 자연적으로 산출된 과실, 지하자원 등은 일단 인류의 공동 소유이다. 하지만 각 개인은, 다른 사람들에게 충분한 그리고 그만큼 가치 있는 공유물이 남아 있다는there is enough, and as good left in common for others 조건proviso을 만족하는 한, 다른 사람들의 동의를 받지 않고도 점유한 또는 노동을 부가한 자원에 대한 소유권을 획득한다. 이러한 기준에 의할 때, 재생 가능한 자연자원을 다음 세대가 우리 세대와 마찬가지로 사용·수익할 수 있는 상태로 물려주는 방식으로 사용·수익하는 것(예를 들어 나무가 자라 숲이 다시 우거질 수 있도록 하는 속도의 벌채, 남은 물고기들이 번식하여 어족량이 유지되도록 하는 정도의 어획)은 허용될 것이다. 하지만 우리 세대가 사용·수익한 결과 다음 세대의 가용 자원량이 줄어드는 경우, 즉 재생 불가능한 지하자원의 사용이나 원칙적으로 재생 가능한 자연자원을 지속 불가능한 방식으로 사용하는 경우는 어떨까?

자연자원은 누가 생산해낸 것이 아니므로, 모든 사람이 이를 사용할 기회를 동등하게 요구할 수 있다고 보아야 할 것이다. 따라서 자연자원을 일단 공유하는 인류에는 미래세대 전부가 포함되어야 한다.

지금 우리 세대가 미래세대보다 앞서 자연자원을 점유하고 있는 것은 사실이지만, 그로부터 미래세대의 이익을 고려하지 않고 이를 마음대로 써버릴 수 있는 소유권이 도출되는 것이 아니다. 그런데 수많은 미래세대가 우리 세대와 마찬가지로 재생 불가능한 지하자원의 사용을 요구할 수 있다면, 한정된 지하자원 중 우리 세대가 사용할 수 있는 몫은 극히 제한될 것으로 보인다. 실제로 우리 세대는 석유와 같은 화석연료를 그 총량을 미래세대를 포함한 전체 인구로 나눈 몫보다 많이 사용하고 있는데, 이는 로크의 이론에 의할 때 잘못된 것일까? 만약 그렇다면 로크의 조건이 우리 세대의 자유를 너무 제한하는 것은 아닐까?

로크의 조건이 반드시 우리 세대에게 재생 불가능한 지하자원의 사용을 거의 전면적으로 금지하는 것은 아니다. 이러한 자원을 사용함으로써 써버린 천연자원 못지않게 유용한 지식과 기술(예를 들어 대체 에너지원을 생산·이용하는 기술) 및 물적 자본(경작된 토지, 공장 등의 생산 수단)을 생산할 수 있기 때문이다. 우리 세대의 노동으로 산출해낸 이러한 유·무형의 자본을 미래세대에게 물려주는 경우, 결국 우리 세대가 자원을 소비하기 이전만큼 가치 있는 공유물을 다음 세대에게 남겨 주기 때문에 로크의 조건을 만족할 것이다. 우리 세대가 존재하지 않았더라면 다음 세대가 물려받았을 자연자원만큼 가치 있는 가공된 자원 또는 인적·사회적 자본을 물려주기 때문에 우리 세대의 자원 사용이 미래세대에게 해를 끼친다고 보기 어렵고, 따라서 남에게 피해를 주지 않는 한 마음대로 행동하도록 용인되어야 한다는 자유지상주의 원칙에도 어긋나지 않을 것이다.

이와 같은 주장은 자연환경의 악화·파괴를 수반하는 경제발전을 정당화하기 위해 종종 제기되는데, 실제 경제성장의 과실로 미래세대에게 전달되는 인적·물적 자본이 고갈된 자연자원만큼 미래세대의 삶의 질에 기여하는지는 매우 복잡한 경험적·규범적 문제이다. 이와 관련하여 1987년 발표된 〈우리 공동의 미래Our Common Future〉라는 제목의 유엔 보고서에서 '미래세대가 그들의 필요를 충족시킬 능력을 저하시키지 않고 현재세대의 필요를 충족시키는 발전'을 지속가능한 발전sustainable development이라고 부른 이래, 경제성장과 환경 보전을 조화시키는 기준으로 지속가능성sustainability 개념이 널리 논의되었고, 우리나라에서도 한때 '지속가능발전 기본법'을 시행하였으며 현재도 지속가능발전법이 유지되고 있다.

경제발전이 지속가능해야 한다는 점에는 많은 사람들이 동의하지만, 무엇을 평등하게 분배해야 할지equality of what에 대해 다양한 견해가 있었던 것과 유사하게 무엇을 미래까지 지속하도록 해야 할지에 대해서는 의견이 분분하다. 예를 들어 미래세대의 '삶의 질'을 현재세대보다 낮지 않게 유지해야 한다는 견해, 미래세대가 무엇이 좋은 삶인지에 대한 그들의 견해에 따라 (우리와 선호·가치관이 상당히 다를 수 있기 때문에) '좋은 삶을 살 수 있는 기회'를 현재세대와 평등하게 주어야 한다는 견해, 유엔 보고서에서 시사한 것처럼 미래세대의 '기본적 필요basic needs의 충족'이 지속되면 충분하다는 견해, 미래세대의 '가용 자원량'을 현재와 같이 유지시켜야 한다는 견해 등이 제기되었다. (롤스의 정의로운 저축 원칙을 '정의로운 사회의 기본구조'를 지속시켜야 한다는 견해로 볼 수도 있겠다.) 또한 자연자원이 인공자본을 어느 정도까지 대체할 수 있는지와 관련하여, 일정한 자연자원은 반드시 지속시켜야 한다는 견해(소위 강한 지속가능성)와 인공자본을 포함한 총자본량이 지속되면 족하다는 견해(약한 지속가능성)가 대립한다.

또한 지속가능성이 세대 간 정의의 요구를 만족시키기 위한 필요·충분조건인지에 대해서도 논의의 여지가 있다. 예를 들어 미래에 불가항력적으로 발생할 자연재해로 인하여 후손들의 삶의 질이 크게 악화될 우려가 있는 경우, 이를 상쇄하여 미래세대가 삶의 질을 현재 세대보다 낮지 않게 지속할 수 있도록 도와야 할 의무가 있을까? 자유지상주의자들은 아마 우리 세대가 피해를 입힌 것이 아니기 때문에 세대 간 정의의 요구는 그러한 의무를 포함하지 않는다고 볼 것이다. 하지만 후손들이 아무런 잘못이 없음에도 상대적으로 불리한 상황에 처하도록 내버려두는 것이 세대 간 정의를 만족시키는지는 불분명해 보인다. 반대로 이전 세대로부터 물려받은 자본이 미래세대의 삶의 질을 현재보다 낮지 않게 지속시키고도 남을 만큼 넉넉한 경우, 여유 자원을 불필요하게 파괴해도 세대 간 정의에 반하지 않을까? 우리 세대가 자연자원과 상속받은 인공물에 대해 흔히 자유지상주의자들이 주장하는 바대로 파괴할 권한을 포함한 완전한 소유권을 갖는 게 아니라 이를 사용·수익할 권한usufruct만 가진다면, 이 경우 세대 간 정의가 지속가능성 이상을 요구한다고 볼 여지가 있다.

## 새로운 정의 이론은 필요한가?

지금까지 주로 동시대 사람들 간의 정의를 설명하기 위해 발전해 온 공리주의, 사회계약론, 공동체주의, 자유지상주의 등의 이론이 세대 간 정의를 설명하기 위해 어떻게 적용 또는 확장될 수 있는지 살펴보았다. 세대 간 정의에 대한 합당한 결론을 도출할 수 있는 이론이 일반성을 갖는 보다 좋은 이론이라는 점에서 세대 간 정의의 문제는 정의 이론들의 실험장test bed이다. 짧은 논의였지만 기존의 정의 이론으로 우리가 미래세대에게 부담하는 의무를 설명하는 것이 쉽지만은 않음을 알 수 있었다. 만약 기존의 이론 틀을 수정·변경하여 이러한 문제들을 극복하는 것이 어렵다면 새로운 정의 이론이 필요할지도 모른다. 세대 간 정의는 비교적 새롭게 부각된 윤리적·정치 철학적 문제이

다. 기존 이론의 창조적 재해석으로 세대 간 정의에 대한 만족스러운
설명이 가능할지 아니면 새로운 이론·개념이 개발될지 우리 세대의
철학적 대응이 주목된다.

**더<br>읽<br>어<br>보<br>기**

● Derek Parfit, *Reasons and Persons*, Oxford University Press, 1984.

4부에서 미래세대에 대한 도덕적 의무를 주로 공리주의적 관점에서 다룬다. 비동일성 문제, 부조리한 결론the Absurd Conclusion, 고약한 결론에 이르게 하는 단순 부가 역설the Mere Addition Paradox 등이 논의된다. 이러한 난제들 때문에 미래세대에 대한 도덕적 의무를 이론적으로 설명하는 데 실패했음을 자인한다.

● 존 롤스, 황경식 옮김, 《(사회)정의론》, 서광사/이학사, 1985/2003.

사회가 자유롭고 평등한 시민들 간의 공정한 협력 체계라는 이념에 기초한 국가 내 정의의 원칙들의 확장extension으로 세대 간 정의의 문제를 다룬다. 44절에서 정의로운 저축 원칙을 옹호하는데, 초판과 개정판 사이에 이를 정당화하는 방법에 상당한 차이가 있다.

● Avner de-Shalit, *Why Posterity Matters: Environmental Policies and Future Generations*, Routledge, 1995.

세대 간 정의에 관한 공리주의적, 계약론적, 권리 중심적 설명을 비판하고 초세대적 공동체 개념에 기초한 공동체주의적 이론을 제안한다.

● Andrew Dobson(ed.), *Fairness and Futurity: Essays on Environmental Sustainability and Social Justice*, Oxford University Press, 1999.

환경문제와 지속가능성 개념을 중심으로 세대 간 정의의 문제를 다루는 글들을 모았다.

● Axel Gosseries·Lukas Meyer (eds.), *Intergenerational justice*, Oxford University Press, 2009.

세대 간 정의에 관한 여러 이론적 설명의 최근 논의를 모았다. 1장의 논문은 공동체주의적 설명, 2장은 자유지상주의적 설명, 3, 4장은 계약론적 접근, 6, 7장은 롤스의 이론을 다룬다.

### 주동률

서울대학교 미학과를 졸업하고 미국 매디슨 소재 위스콘신대학교 철학과에서 박사학위를 취득했다. 샌디에이고 소재 캘리포니아 주립대학교(철학과)와 예일대학교(정치학과) 방문교수를 역임했으며, 현재 한림대학교 철학과 교수로 재직 중이다.

메타윤리학에서는 도덕 실재론 논쟁, 규범윤리학에서는 결과주의와 평등주의의 다양한 유형들의 공과가 중요한 연구 관심 분야이다. 논문으로 〈수반과 도덕 실재론〉, 〈좋은 삶이란 어떤 것인가: 개인적 복지에 관한 개념적 연구〉, 〈결과주의와 우정〉, 〈자유주의와 완전주의: 연합의 가능성〉, 〈평등과 응분〉, 〈롤즈와 평등주의: 경제적 혜택의 분배에 관한 철학적 논의의 한 사례〉, 〈하향평등 반론과 평등주의의 대응〉, 〈예술과 도덕〉, 〈진화론과 메타윤리학: 도덕 실재론과 진화론의 양립 가능성 변호〉 등이 있다. 옮긴 책으로는 《경제 분석, 도덕철학, 공공 정책》이 있다.

### 황경식

서울대학교 철학과에서 학부 및 석박사 과정을 거치면서 철학, 특히 윤리학을 공부하였다. 하버드대학교 철학과 대학원에서 객원 연구원을 지낸 후 동국대 철학과 교수를 역임하였고, 1985년부터 현재까지 서울대학교 철학과 교수로 재직 중이다.

한국윤리학회 회장, 철학연구회 회장, 한국철학회 회장, 국가생명윤리심의위원을 역임하였고, 1996년부터 명경의료재단 이사장으로 현재까지 재직 중이다.

연구 초기에는 롤스의 《정의론》을 번역한 뒤 정의의 문제를 중심으로 사회윤리를 연구하는데 골몰하였고, 후반기에는 동서의 전통 윤리를 관통하는 덕윤리의 현대적 의의를 천착하는 데 몰두하고 있다.

전반기의 연구 성과들은 《사회정의의 철학적 기초》, 《개방 사회의 사회윤리》, 《이론과 실천》, 《자유주의는 진화하는가》 등의 책으로 출간됐고, 《덕윤리의 현대적 의의》는 후반기 연구 성과를 대변하는 첫 번째 저술이다.

### 정원섭

서울대학교 철학과를 졸업하고, 같은 대학 대학원에서 석사학위 및 박사학위를 받았다. 미국 퍼듀대학교 철학과에서 박사 후 과정을 거쳐 현재 건국대학교 교양학부에 재직하고 있다. 롤즈와 왈쩌 등 도덕철학 및 정치철학에 관심이 많고 디지털 기술이 야기하는 윤리적 문제들에 대하여 꾸준히 관심을 기울이고 있으며, 최근에는 인권에 대한 철학적 정초 작업을 과제로 삼아 전쟁과 평화의 문제에 대해 주목하고 있다.

《존 롤즈의 공적 이성과 입헌민주주의》, 《롤즈의 정의론과 그 이후》등을 썼고, 《정의와 다원적 평등》, 《자유주의를 넘어서》, 《전환기의 새로운 직업윤리》, 《아시아의 인권교육》, 《기업윤리》등을 옮겼다. 이외에도 〈인권과 아시아적 가치〉, 〈인권의 현대적 역설〉, 〈공적 이성과 정치적 정의관〉, 〈디지털 환경에서 자아 정체성〉, 〈영미 윤리학계의 최근 연구 동향과 도덕 교육〉 등 다수의 논문을 발표했다.

### 강순전

한국외국어대학교 독일dj과를 졸업하고, 서울대학교 대학원에서 석사학위를, 독일 보쿰대학교에서 《반성과 모순》으로 박사학위를 받았다. 서울대학교에서 박사 후 연구원, 서울시립대 연구교수를 거쳐 현재 명지대 철학과 교수로 있다. 주된 연구 분야는 칸트와 헤겔의 철학이다.

《칸트에서 헤겔로》, 《헤겔의 정신현상학》, 《생각하고 토론하는 철학 수업》, 《철학, 윤리, 논술 교육을 위한 철학 수업》등의 저서와 〈반대Kontrarietät와 모순 Kontradiktion 혹은 대립Gegensatz과 모순 Widerspruch에 대한 아리스토텔레스와 헤겔의 해석〉, 〈칸트와 헤겔의 절대자 파악〉, 〈쉘링의 자유론에서 악과 책임의 문제〉, 〈헤겔 변증법 이후의 변증법 비판과 변증법 기획: 아도르노와 들뢰즈를 중심으로〉, 〈헤겔과 하이데거〉 등 헤겔 철학과 관련된 다수의 논문을 썼다.

### 백승영

서강대학교 철학과에서 학사와 석사 과정을 마친 후, 독일 레겐스부르크 대학교에서 철학 박사학위를 받았다. 현재 서울대학교 철학사상연구소 연구원이자, 홍익대학교와 서강대학교에서 강의를 하고 있으며, 한국 니체학회의 편집위원으로도 활동하고 있다. 저서로 *Interpretation bei Nietzsche. Eine Analyse*, 《니체, 디오니소스적 긍정의 철학》, 《니체》 등이 있으며, 《차라투스트라는 이렇게 말했다》, 《도덕의 계보》, 《우상의 황혼》, 《유고》를 디지털 텍스트 형태로 제공했다. 또한 *Rüttler an hundertjähriger Philosophietradition*, 《서양 철학과 주제학》, 《오늘 우리는 왜 니체를 읽는가》 등을 함께 썼으며, 《바그너의 경우·우상의 황혼·이 사람을 보라·디오니소스 송가·니체 대 바그너》, 《유고》 등을 옮겼다. 이밖에도 형이상학, 인식론, 도덕론, 예술론 및 법론에 이르는 철학적 주제들에 대한 논문과 글을 발표했으며, 제24회 열암학술상 및 제2회 출판문화대상을 받았다.

### 이남인

서울대학교 철학과와 동 대학원에서 석사과정을 졸업하고, 독일 부퍼탈 대학 철학과에서 박사학위를 취득했다. 1995년부터 현재까지 서울대학교 철학과 교수로 재직하고 있다. 저서로 《현상학과 해석학》, 《후설의 현상학과 현대 철학》, *Edmund Husserls Phänomenologie der Instinkte* 등이 있으며 국내외 학술지에 다수의 논문을 발표했다. 또한 현재 *Continental Philosophy Review*, *Phenomenology and Cognitive Sciences* 등을 비롯한 다수의 국제학술지 편집위원/자문위원으로 활동하고 있으며, 2008년부터 IIPInstitut International de Philosophie 정회원으로 활동하고 있다.

### 박찬국

서울대학교 철학과를 졸업하고, 같은 대학 대학원에서 석사학위를, 독일 뷔르츠부르크 대학에서 철학 박사학위를 받았다. 호서대학교 철학과 교수를 거쳐 현

재 서울대학교 철학과 교수로 재직하고
있다. 니체와 하이데거의 철학을 비롯한
실존철학에 관심이 많으며, 최근에는 서
양 철학과 불교철학을 비교하는 것을 주
요한 철학적 과제 중 하나로 삼고 있다.

지은 책으로는《하이데거는 나치였는
가》,《에리히 프롬과의 대화》,《하이데거
와 윤리학》,《들길의 사상가, 하이데거》,
《원효와 하이데거의 비교연구》등이 있
고, 옮긴 책으로는《헤겔 철학과 현대의
위기》,《마르크스주의와 헤겔》,《실존철
학과 형이상학의 위기》,《아침놀》,《정신
에 대하여》,《비극의 탄생》,《니체 I, II》,
《상징형식의 철학 I》등이 있다.

### 김창래

고려대학교 철학과와 같은 대학원을
졸업했다. 그리고 독일 본 대학에서 요세
프 지몬 교수를 사사하며, 한스-게오르
크 가다머의 언어 존재론에 관한 연구로
철학 박사 학위를 받았다. 현재 고려대학
교 철학과 교수이다. 존재론, 인간학, 해
석학 등에 강한 학문적 관심을 가지고
있고 이 분야에 많은 논문을 썼다. 빌헬
름 딜타이의《정신과학에서 역사적 세계
의 건립》을 옮기기도 했다.

### 김상록

서울대학교 외교학과를 졸업하고 동
대학원 철학과를 거쳐 프랑스 렌느 I 대
학교에서《레비나스와 윤리적 운동》이라
는 논문으로 철학 박사학위를 받았다. 현
재 충북대학교 철학과 교수로 있다. 데리
다의《목소리와 현상》을 번역했고 같은
저자의《우편엽서》를 번역 중이다. 종교,
윤리, 정치 등의 문제를 중심으로 서양
사유와 동양 사유를 비교하는 작업을 진

행하고 있다.

### 김상환

연세대학교 철학과와 같은 대학 대학
원을 졸업하고, 1991년 프랑스 파리 4대
학에서 '데카르트의 형이상학에 대한 연
구'로 박사학위를 취득했다. 연세대 문리
대 조교수를 거쳐 1995년부터 서울대학
교 철학과에 재직하면서 프랑스 철학을
가르치고 있다. 데리다와 들뢰즈를 중심
으로 현대 프랑스 철학의 주요 쟁점들을
정리하는 데 몰두하고 있으며, 최근에는
고등과학원KIAS에서 초학제 연구단의 책
임자로서 인문학과 자연과학 사이의 생
산적인 대화의 장을 운영하고 있다.

지은 책으로《해체론 시대의 철학》,
《예술가를 위한 형이상학》,《사랑과 죽음
혹은 풍자와 해탈: 김수영론》,《니체, 프
로이트, 맑스 이후》,《철학과 인문적 상
상력》등이 있고,《차이와 반복》을 혼자,
《헤겔의 정신현상학 I》을 함께 옮겼다.

### 하주영

부산대학교 영어영문학과를 졸업하
고, 서울대학교 대학원에서 철학과 석사
와 박사학위를 받았다. 경기대학교, 서울
대학교, 영산대학교, 부산대학교 등에서
강의했으며, 현재 전자책 전문 출판사인
'비글 인디북스'를 운영하고 있다. 페미니
즘, 윤리학, 사회철학을 주로 공부했고,
현재는 인문교양서 집필에 몰두하고 있
다.

지은 책으로《우리 사랑은 영원할까》
가 있으며,《정의의 타자》,《서구의 분열》,
《자아의 원천》등을 함께 옮겼다. 또한
〈가족과 성불평등〉,〈성불평등과 차별시
정정책〉,〈성매매는 범죄인가?〉,〈롤즈의

보편주의적 정의론과 여성주의: 차이의 문제〉 등 다수의 논문이 있다.

### 정연교

로체스터대학교에서 철학 박사학위를 취득했으며, 현재 경희대학교 철학과에 재직하고 있다.《인간이란 무엇인가》,《맥루언을 읽다》,《철학의 전환점》등을 함께 썼으며 현재 고전적 자유주의와 진화론 및 과학기술 혁명이 현대 문명에 미친 영향에 대해 주로 연구하고 있다.

### 정훈

서울대학교 철학과를 졸업하고, 미국 코넬대학교에서 철학 석사학위와 박사학위를 받았다. 철학에서 주 전공 분야는 분석윤리학과 분석정치철학이다. 그 외에도 미시경제 이론, 합리적 선택 이론, 게임 이론, 사회선택 이론에 많은 관심을 가지고 있으며, 수학적 모형과 경제학적인 방법론을 윤리학과 정치철학적 주제들에 적용시키는 것에 연구 관심이 있다. 현재는 합리적 선택 이론과 수학적-형식적 모델링에 대한 보다 체계적인 훈련을 받기 위해 미국 로체스터대학교 정치학과에서 두 번째 박사과정을 밟고 있다.
〈중첩적 합의와 공리주의: 셰플러에 대한 반론〉,〈페어플레이의 의무에 대한 재조명과 Richard Arneson에 대한 답변〉, "Firth's Ideal Observer Theory and Its Problems" 등의 논문이 있다.

### 김명식

고려대학교 철학과를 졸업하고, 같은 대학교 대학원에서 석사학위와 박사학위를 받았다. 현재 진주교육대학교 도덕교육과 교수로 재직하고 있다. 영국 랭커스터대학교 '환경, 철학, 공공정책 연구소' 포스트 닥 연구원, 미국 노스 텍사스대학교 방문교수,《과학사상》편집주간,《환경철학》편집이사를 지냈고, 현재는 국제저널《Environmental Ethics》편집위원이다. 환경윤리가 주요 관심 분야이고, 생명윤리와 과학윤리, 숙의민주주의 정치철학도 관심을 갖고 있다.
《환경, 생명, 심의민주주의》,《숙의민주주의와 환경》,《연구윤리와 학습윤리》(편저),《과학기술의 철학적 이해》(공저),《생태문화와 철학》(공저),《철학으로 과학하라》(공저) 등을 썼다. 또한《환경윤리》를 우리말로 옮겼다.

### 최경석

서울대학교 미학과를 졸업하고, 같은 대학 대학원에서 석사학위를, 미국 미시간주립대학교 철학과에서 철학 박사학위를 받았다. 가톨릭대학교 교양교육원 강의전담 교수를 거쳐 현재 이화여자대학교 법학전문대학원 및 생명윤리정책협동과정 교수로 재직하고 있다. 생명윤리학과 메타생명윤리학에 관심이 많으며, 최근에는 자율성 개념을 비판적으로 검토하면서 한국 문화의 특수성이 어떤 특수한 문제와 보편적인 문제를 야기하는지 고찰하는 것을 주요한 철학적 과제 중 하나로 삼고 있다.
지은 책으로는《인간생명의 시작은 어디인가?》가 있고, 논문으로는 〈자유의지와 신경결정론〉, 〈생명윤리에서 윤리적 허용 가능성 담론과 법제화〉, 〈생명의료윤리에서의 '자율성'에 대한 비판적 고찰〉, 〈인간배아의 도덕적 지위와 잠재성 개념〉 등 다수가 있다.

### 김은희

서울대학교 철학과를 졸업하고, 같은 대학교 대학원 철학과에서 석사학위와 철학 박사학위를 받았다. 현재 서울대학교, 건국대학교, 서울과학기술대학교에 출강하고 있다. 정치철학, 성윤리 및 응용윤리, 도덕적 추론과 비판적 사고론 등의 분야를 연구하고 있다. 발표한 논문으로 〈롤즈와 왈쩌의 정치철학 비교 연구: 정치관과 방법론을 중심으로〉(박사 논문), 〈롤즈의 공적 이성 개념의 한계와 중첩적 합의 개념의 재조명〉, 〈섹슈얼리티 개념 분석과 성윤리의 정립〉, 〈흄의 정치철학과 보수주의〉, 〈왈쩌의 반이상주의 정치철학: 상대주의와 보수주의 반론에 답하기〉, 〈왈쩌와 흄의 자연주의 정치철학: 이상주의 정치철학에 대한 두 가지 대응〉, 〈샌델의 시민적 공화주의는 '민주주의 불만'을 해소할 수 있는가?〉, 〈자유주의 성윤리의 수정: 쾌락 중심에서 자율성 중심으로〉가 있다. 또한 마이클 왈쩌의 《해석과 사회비판》을 옮겼고, 마이클 샌델의 《다산기념철학강좌9: 공동체주의와 공공성》을 함께 옮겼다.

### 김형철

연세대학교 철학과를 졸업 후, 미국 보울링그린대학에서 철학 석사학위를, 미국 시카고대학에서 철학 박사학위를 받았다. 현재 연세대학교 철학과 교수로 재직하면서, 분배정의, 기업윤리, 리더십 철학 등에 관심을 갖고 연구하고 있다. 또한 철학적 문제는 현실에서 나온다는 전제하에 철학의 현실 적용에 힘을 쏟고 있다. 대표 저서로는 《한국사회의 도덕개혁》이 있고, 《자유론》, 《도덕적 사유》, 《이 모든 것의 철학적 의미는?》, 《합의 도덕론》 등을 옮겼다.

### 목광수

서울대학교 철학과를 졸업하고, 동대학원에서 석사 학위를 미시간 주립 대학에서 박사 학위를 받았다. 현재 경상대학교 철학과 교수로 재직하고 있으며, 한국윤리학회 총무이사이다. 지구촌 정의, 민주주의, 생명의료윤리 등의 실천윤리학적 주제들을 중심으로 연구하고 있다.

주요 논문으로는 〈민주주의적 덕성과 공론장〉, 〈현대 다원주의 사회에 적합한 자율성 모색〉, 〈장애(인)와 정의의 철학적 기초〉, 〈홉스의 이성 개념 고찰〉, 〈나노과학과 관련된 리스크 분석과 윤리적 대응〉, 〈아마티아 센의 정의론에 대한 비판적 고찰〉, 〈이상론과 비이상론의 관계에 대한 고찰〉 등이 있다.

### 이민수

육군사관학교를 졸업하고 서울대학교 철학과와 동대학원을 졸업하였다. 미국 테네시대학교에서 철학 박사학위를 받은 뒤, 육군사관학교 철학 교수를 거쳐 서울과학기술대학교 기초교육학부 교수로 재직 중이다. 윤리학과 전쟁철학, 특히 전쟁윤리학에 관한 글들을 주로 써왔다.

주요 논문으로 〈반성적 평형과 윤리학의 방법〉, 〈과학 기술의 발달과 전쟁윤리〉, 〈공동체의 정의와 개인의 선은 정합 가능한가?〉 등이 있고, 주요 저서로 《전쟁과 윤리》, 《열린 군대와 리더윤리》, 《멋의 본질과 군인의 멋》, 《위대한 군인 정신》, 《멋·멋있는 사람, 아름다운 세상》, 《지휘통솔의 철학적 원리》가 있다.

**박병섭**

전북대학교 철학과를 졸업하고, 한신대학교에서 경제학 석사학위를 받고, 전북대학교에서 동양철학 석사와 서양철학 박사학위(찰스 테일러 철학 연구)를 받았다. 캐나다 퀸스대학교에서 윌 킴리카 아래 포닥을 하며(2008.9.1~2013.8.31) 다문화주의 철학을 연구하였다. 다문화주의 철학에서 이민자, 민족연방제, 민족주의(시민, 종족, 신화), 그리고 다문화콘텐츠 연구에 관심이 있다.

저서는《이주민과 다문화 가정과 함께 하는 다문화주의 철학》과《고조선을 딛고서 포스트고조선으로》 등이, 역서로《다문화주의 개론》이 있다. 또한 〈이민자의 다문화주의와 민족주의〉, 〈한국의 다문화주의의 성공 조건〉, 〈다문화주의 정치철학이란 무엇인가?: 민족국가, 이중언어 교육, 다수 집단 한국인〉, 〈다문화적 소수자 문제에 대한 철학적 접근〉, 〈세계사와 한국사에서 근대성, 자유주의 그리고 소수자들〉등 다수의 논문을 집필했다.

**김현섭**

서울대학교 법학과를 졸업하고, 같은 대학 철학과 대학원에서 석사학위를, 미국 뉴욕대학에서 철학 박사학위를 받았다. 사법연수원을 수료하고 판사로 잠시 근무하였으며, 현재 미국 스탠포드대학 사회윤리학 센터에서 박사 후 과정에 있다. 미래세대에 대한 도덕적 의무에 관한 다원주의적 이론을 주제로 박사논문을 썼고, "The Uncomfortable Truth about Wrongful Life Cases", 〈삶의 기여 가치는 불변적인가?〉 등의 논문을 발표하였다. 최근에는 롤즈의《만민법》을 중심으로 한 국제 정의, 기후 변화의 윤리학적·정치철학적 함의, 가족 간의 정과 가정 내 정의의 조화, 메타윤리 등을 연구하고 있다.